VOENIX

# ASGARD-SAGEN

## BRAGIS LANGE HEIMKEHR

ARUN

## Der Autor

Voenix (Jahrgang 1968), Autor, Maler und Mythenkenner, ist freischaffender Künstler und lebt in Nordrhein-Westfalen. Frei nach dem Motto: „Nicht Einzelner sondern Drama ist der Mensch, und Drama ist die Welt der Mythen", gilt sein Hauptinteressengebiet den Mythologien des Abendlandes, die er seit über 20 Jahren auf schriftstellerischer wie künstlerischer Ebene bereist. Erklärtes Ziel ist, die bunt schillernde Welt der Mythen und Sagen wieder verstärkt ins Bewusstsein zu heben und hierfür Räume zu schaffen, in denen uns die alten Götter und ihre Widersacher nicht mehr als ausgelagerte, übermächtige Wesen begegnen, sondern als zeitlose Archetypen, deren Wirken und Walten wir ebenso in uns selbst beobachten können.

Voenix' Maltechniken umfassen Tusche, Acryl, Tempera, Aquarell und AirBrush. Sein künstlerisches Tätigkeitsfeld spannt sich von Buch- und Kartenillustrationen über Comics, Tattoo-Vorlagen, Poster und CD-Covers bis hin zu großformatigen Wandgemälden. Er hat Bildbände zu den Göttern der Germanen, Kelten und Griechen verfasste und bereits mehrere Bücher wie z.B. die „Edda" von Wilhelm Jordan illustrierte. Beim Arun erscheinen außerdem sein Nachschlagewerk „Weltenesche-Eschenwelten" sowie das dazugehörige Kartenspiel „Das germanische Götterorakel". (www.voenix.de)

---


Arun-Verlag, Engerda 28, D-07407 Uhlstädt-Kirchhasel,
Tel.: 036743-23311, Fax: 036743-23317
e-mail: info-@arun-verlag.de, www.arun-verlag.de
Umschlagmotiv: Voenix (www.voenix.de)
Gesamtherstellung: GGP Media GmbH, Pößneck.



ISBN 978-3-86663-058-1

# Inhalt

# Vorwort

Vorweg ein paar Zeilen in eigener Sache, vor allem aber für all jene treu gebliebenen Leser, die die letzten Jahre so geduldig auf dieses Buch gewartet haben. Ja, es hat eine Zeit lang gedauert, bis dieser fünfte Roman nun endlich das Licht der Welt erblicken durfte. Bereits im Herbst 2004 im Anhang von „In Lokis Feuerschmiede" das erste Mal angekündigt, hatte ich für 2005 eine weitere Sammlung von Göttergeschichten unter dem Titel Asgardsagen vorgesehen. Inhaltlich wollte ich mich mit der Wiederbeschaffung Odrörirs durch den Göttervater Odin auseinandersetzen und darauf eine Geschichte um seinen Sohn Bragi folgen lassen. Dazu eine weitere Reise der Liebesgöttin Freyja schildern und zuletzt noch ein Abenteuer von Thor zum Besten geben. Soweit der Plan.

Doch wie so oft im Leben, sollte alles anders kommen. Nachdem die Absatzzahlen der Romane zurückgingen, bekam ich vom Verleger das Signal, dass eine Fortsetzung der Reihe aus wirtschaftlichen Gründen momentan nicht möglich sei. Was dazu führte, dass ich meine Arbeit erst einmal unterbrach, um mich anderen Projekten zuzuwenden. „Künstler müssen auch essen und trinken", wusste schon der alte Sokrates. Dennoch ließen mich die Asgardsagen all die Jahre über nicht wirklich los. Sporadisch klemmte ich mich immer wieder mal dahinter und stellte bald voller Verwunderung fest, dass die anfänglich auf maximal hundertfünfzig Seiten angedachte Geschichte um Bragi immer weiter auszuufern begann. Die Regeln und Eigenarten der nordischen Skaldenkunst begannen mich mehr und mehr in ihren Bann zu ziehen und die Recherche isländischer Sagen und Volksmärchen ließ mich bald erkennen, dass dieser fünfte Roman den Umfang der bisherigen Geschichten klar sprengen würde. Oder, um es mit einem von mir immer wieder gern aus der Edda zitierten Satz zu sagen: Werk verlieh mir das Werk!

Begonnen hatte alles im Jahre 1999 mit dem Buch „Auf Wotans Pfaden", das neun Kurzgeschichten um den wandernden Gott enthielt. Nach den Sachbüchern „Magie der Runen" und der „Weltenesche", mein literarischer Erstling (und wie ich in den vergangenen Jahren feststellen durfte, inzwischen heiß begehrtes Sammlerobjekt), wurde jeder Roman ein klein wenig umfangreicher und die Geschichten darin zusammenhängender. So gesehen stellt „Bragis lange Heimkehr" also lediglich die folgerichtige Fortsetzung meiner eigenen Entwicklung als Schriftsteller dar, der sich Schritt für Schritt immer tiefer in den dichten und weit verzweigten Urwald der nordischen Götterwelt vorwagt.

Denn dass man sich in einem solchen unweigerlich zu verirren droht, sobald man beschlossen hat, ein solch umfangreiches Werk in Angriff zu nehmen, wurde mir bald deutlich vor Augen geführt. Was einen mit Ehrfurcht und Respekt zu all jenen aufblicken lässt, die bereits weit „fettere Schinken" geschrieben oder sogar ganze Romanzyklen verfasst und auf die Menschheit losgelassen haben. Und ich bin mir sicher, dass die wenigsten Autoren dies von Anfang an geplant hatten. Der Umfang vieler Bücher entsteht erst beim Niederschreiben, wenn auf der Bühne der inneren Bilder die Akteure ihr Eigenleben zu entwickeln beginnen und dich als ihren Schöpfer irgendwann nicht mehr freizugeben gewillt sind. Denn wer tatsächlich glaubt, dass Schreiben stets ein vergnügliches Unterfangen sei, wofür man sich einfach ein paar nette Geschichten ausdenkt, den muss ich an dieser Stelle leider bitter enttäuschen. Schreiben, vor allem aber das Fertigwerden, kann zur echten Folter werden. Insbesondere dann, wenn ein Abgabetermin immer näherrückt. Doch auch ohne einen solchen sitzt einem oftmals der eigene Antreiber im Nacken, der einen ständig ermahnt, das begonnene Werk auch zu vollenden. Und den Göttern sei's gedankt - denn ohne ihn würden die meisten Ideen wohl gar nicht erst zu Potte kommen.

In den letzten Jahren erhielt ich immer wieder Anfragen von Lesern, die von mir wissen wollten, wann denn nun endlich mit den Asgardsagen zu rechnen sei. Eigentlich ja ein schöner Gedanke, dass da draußen Leser auf die neusten Ergüsse von einem warten, und doch hat eben alles seine Zeit. Und zum Schreiben kommt bei mir ja noch das Zeichnen hinzu, weshalb ich diesmal, nicht ganz ohne Stolz, bekannt geben darf, dass dieser Roman ganze 111 Illustrationen enthält.

In den vorausgehenden Romanen fand sich an dieser Stelle stets eine kleine Zusammenfassung des Protagonisten, dem der Titel des jeweiligen Buches gewidmet war. Aus verschiedenen Gründen habe ich diesmal darauf verzichtet. Zum einen, weil das Buch ohnehin schon recht umfangreich geworden ist, zum anderen, um dem Leser nicht schon vorab eine Reihe von Hintergrundinformationen zu liefern, die diesmal von Beginn an in die Geschichte mit einfließen. Weiterführende Erklärungen und diverse Begriffe sind jedoch wie gewohnt am Ende des Buches zu finden. Möglicherweise werden die zahlreichen Recherchen an diesem Buch irgendwann doch noch zu einem eigenen Artikel über Bragi führen, der dann später an anderer Stelle erscheinen wird (z.B. im Heidnischen Jahresbuch).

Da die ersten Götter-Romane bereits vergriffen sind, freut es mich ganz besonders hier mitteilen zu können, dass der Arun-Verlag sie im nächsten Jahr alle vier als Sammelausgabe unter dem Titel Asgardsagen neu veröffentlichen wird. Anlass genug, für diese Neuauflage ein paar zusätzliche Zeichnungen anzufertigen. Und allen Widrigkeiten zum Trotze, bin ich voll der Hoffnung, dass der Nachfolgeroman von Bragi, der sich dann den gemeinsamen Reisen von Thor und Loki widmet, diesmal nicht wieder solange auf sich warten lassen wird.

Bis dahin wünsche ich viel Spaß beim Lesen und Schauen,
mit Heil und Segen!

im Sommer 2011

Von Leidenschaft und kühnen Recken,
hell erklingen alte Mären,
bewahren kunstvoll hehre Taten,
durch der Worte Zauberkraft.

Vers um Vers sich bildet,
weiß Kraft und Ruh zu spenden,
erfreut dein Herz und findet,
zeitlose Weisheit im endlosen Wyrd.

Heil dir Bragi!

# VORSPIEL

Weit oben im kalten Norden, dort, wo die ewigen Nebel wallen, erhebt sich Asgard, die Heimstätte der alten Götter. Seine Bewohner werden Asen geheißen, und sie leben hinter einer gewaltigen Trutzmauer. Diese liegt hoch über den Nebeln und schützt ihre reichen Ländereien vor ihren Feinden, den Riesen. Keinem Sterblichen ist es vergönnt dorthin zu gelangen, solange sie selbst einem nicht den Weg zu sich weisen. Den von Midgard, der Welt der Menschen, einzigen Übergang zu ihren Gefilden, bildet die schillernde Regenbogenbrücke Bifröst. Doch sie zu betreten ist jedem Unbefugten versagt, und Heimdall, der Wächter der Götter, steht streng blickend an ihrem Fuße.

Asgards Herrscher ist Allvater Odin, weitschauender Führer seiner ruhmreichen Sippe und von den Menschen gleichsam verehrt wie gefürchtet. Nur selten gleitet ein Lächeln über Odins Gesicht, hinter dessen Stirn sich das bittere Wissen jenes unerbittlichen Schicksals verbirgt, dass die Herrlichkeit der Götter eines fernen Tages wird untergehen müssen. Bis zum letzten großen Kampf aber waltet er umsichtig seines Amtes. Einen hohen Sitz hat er sich erbaut mitten in Asgard, von dem aus er über die ganze Welt hin blickt, in die er täglich seine beiden Raben als Kundschafter entsendet. Nur einmal im Jahr ist auch der Göttervater von all seinen Sorgen enthoben. Dann feiern die Asen den Tag seiner himmlischen Thronbesteigung, den sie stets mit einem großen Fest begehen.

Auch dieses Mal sollten alle Asen wieder zusammen kommen, um ihrem glorreichen Führer zu huldigen, dem einäugigen Graubart, der ihnen stets Schild und Fahne war. In Odins prachtvoll geschmückter großer Festhalle wurde aufgetragen, was Küche, Kammer und Vorratshaus hergaben, sodass alle ausgiebig zu schmausen hatten. Spiele und Tänze fanden statt und die weiblichen Schenken gaben so reichlich Met und Äl aus, dass keiner der goldenen Becher lange leer blieb. Am Abend schließlich saß man mit in geruhsamer Runde beisammen, um einer von Odins Erzählungen zu lauschen, die jener an diesem besonderen Tag selbst vortrug. Eine Tradition, die sich über die Jahre hin herausgebildet hatte, denn Odins Wissens- und Erfahrungsschatz war größer und weiter, als der Verstand eines gewöhnlichen Sterblichen jemals zu fassen vermag.

Zuweilen dauerte es ein wenig, bis unter den Anwesenden Einigkeit darüber herrschte, welcher Begebenheit von Odins zahlreichen Abenteuern man denn gerne lauschen wolle. Als die Diskussionen darüber gar kein Ende nehmen wollten, trat schließlich Loki, ein Blutsbruder Odins, hervor und sagte: „Warum gibst du uns heuer nicht einmal ausführlichen Bericht deiner Fahrt nach dem verlorenen Wunderwein, die sich sonst nur auf wenige Schilderungen stützt?"

Als dieser Vorschlag Lokis allgemein auf laute Zustimmung traf, warf Odin seiner Gattin Frigg einen bedenklichen Blick zu und sprach: „Nun, ich weiß nicht recht, ob diese öffentliche Zusammenkunft, an der Männer wie Frauen gleichermaßen vertreten sind, der rechte Ort ist, um jenes Abenteuer in allen Einzelheiten wiederzugeben?"

„Nur keine Hemmungen, teurer Gemahl", bestärkte ihn die Himmelsgöttin jedoch, „oder glaubst du ernsthaft, die schlüpfrigen Begebenheiten dieser Geschichte könnten mir oder ein paar anderen der hier anwesenden Frauen die Schamesröte auf die Wangen treiben?" Ihr schmales Lächeln war das einer Frau, die wusste, von was sie sprach. „Jeder hier kennt deine Verschlagenheit, die einzusetzen du jederzeit gewillt bist." fuhr sie in leicht spöttischem Ton fort. „Und wenn sich dir dabei, wie im vorliegenden Fall, die Möglichkeit eines Lust verheißenden Abenteuers eröffnet und du diese nicht nutzen würdest, wärest du nicht der Sohn deines Vaters Bor, dessen Lüsternheit selbst beim Riesenvolk ihresgleichen suchte."

Odin räusperte sich etwas verhalten und sagte gedehnt „Unsere Aufgabe ist es nun einmal unsere Schöpferkraft zu gebrauchen und Nachkommen in diese Welt zu setzen, weshalb..."

„Schön, schön,"", unterbrach ihn Loki schmatzend, der gerade im Begriff war, eine Hähnchenkeule mit seinen Zähnen zu bearbeiten. „nachdem nun also auch der häusliche Segen für diese feine Geschichte erteilt wurde, lass dich nicht länger bitten, alter Freund, uns dieses vortreffliche Abenteuer vorzutragen, das, nebenbei bemerkt, übrigens ganz nach meinem Geschmack ist!"

Als Loki abermals Beifall erntete, nahm Odin noch einen großen Schluck Met zu sich, sah in die Runde und beugte sich etwas nach vorne. Sogleich rückten alle Anwesenden näher heran, ihre Aufmerksamkeit nun gänzlich jenem graubärtigen Manne schenkend, aus dessen Worten das eigene Erleben sprach. Die Augen der Frauen begannen zu leuchten und aus den ernsten Gesichtern der Männer sprach die Sehnsucht.

„Wer erinnert sich nicht an den gewaltigen Krieg, den unsere Völker in alter Zeit gegeneinander führten." hob der Göttervater mit seiner Erzählung an. „Was waren das für gewaltige Schlachten, in denen wir gegenseitig unseren Heldenmut maßen und täglich die Köpfe der Erschlagenen zählten!" Odins verbliebenes Auge begann in die Vergangenheit zu schweifen und bekam einen feuchten Glanz. „Ruhmreiche Tage waren uns damals beschienen, als wir auszogen..."

Doch ein von Frigg seitlich ausgeführter Rippenstoß, unterbrach ihn. „Ich denke," sagte sie energisch und deutete auf die Götter Njörd, Freyja und ihren Bruder Freyr, die bereits mit etwas steifen Mienen dasaßen, „dass du gut damit beraten wärst, vor unseren wanischen Gästen nicht mit einstigen Kriegstaten zu prahlen. Auch glaube ich für alle Frauen hier sprechen zu können, wenn ich die Bitte äußere, uns die Schwärmereien von blutigen Kämpfen zu ersparen. Du wolltest von Odrörirs Rückgewinnung berichten, also verschone uns bitte mit der Glorifizierung einer Zeit, die unseren beiden Völkern damals fast den Untergang gebracht hätte. Oder hast du schon all die Söhne vergessen, die wir damals zu Grabe getragen haben?"

„Schon gut, schon gut", gab Odin klein bei und setzte eine verdrießliche Miene auf. Wie vielen anderen Kriegsherrn, lief auch ihm schon mal das Mundwerk davon, wenn er über die Schlachten vergangener Tage ins Schwärmen geriet. Etwas, das nur die wenigsten Frauen nachzuvollziehen vermochten. Dennoch war Friggas Einwand sicherlich berechtigt, die in solchen Dingen stets die diplomatischere von ihnen beiden war.

„Um dem Anliegen meiner Gemahlin zu entsprechen", fuhr er fort, „will ich also dort beginnen, wo die Kampfhandlungen ihr Ende fanden und die höchsten Gesandten unserer beiden Völker zusammenkamen, um die Bedingungen für einen allgemeinen Frieden auszuhandeln."

„So tat ich einen Trunk
von dem kostbaren Met,
geschöpft aus Odrörir.
Dann begann ich wohl
und weise zu sein,
zu wachsen und zu gedeihen.
Wort verlieh mir das Wort,
Werk verlieh mir das Werk.“
- Havamal -

# Die Sage von Odrörir

## Seine Entstehung und Rückgewinnung

Als wir uns nach langen Verhandlungen endlich einig geworden waren, besiegelten wir unseren Friedenspakt, indem wir alle gemeinsam in einen riesigen Kessel spuckten. Mein Sohn Balder, der diesen Vorgang sorgsam überwachte und unseren Speichel mit einem goldenen Stab vermengte, ersann den Einfall, aus diesem Sud ein lebendiges Wesen zu erschaffen, damit uns dieses fortan an unser Bündnis gemahne. Dieser Gedanke ward von allen Führern gut aufgenommen und so sprachen die Schamanen und Völvas ihre Schwüre über den Kessel. Holz, Blut und Knochen wurden mit beigemengt, worauf wir den Kessel auf kleiner Flamme gleichmäßig sieden ließen. Einundzwanzig Tage später trat daraus eine fertig entwickelte menschliche Gestalt hervor, die von männlichem Geschlecht war. Nach dem vergorenen Rauschgetränk aus Rinder- und Ziegenmilch, welches wir an jenem besonderen Tag genossen hatten, gaben wir ihm den Namen Kvasir. Auf seinen eigenen Wunsch hin verblieb er zunächst in Asgard.

Schon bald stellte sich jedoch heraus, dass es keine Frage gab, die dieser zutiefst vergeistigte Mann nicht hätte beantworten können. Und so lernbegierig, gescheit und gewitzt war Kvasir, dass er sich bei uns bald zu langweilen begann. Also bat er um Erlaubnis, Asgard verlassen zu dürfen, um andere Gegenden zu durchstreifen, von denen er sich neue Erfahrungen und Erkenntnisse erhoffte. Wer mich kennt, weiß, dass ich ihm diese Bitte niemals hätte verweigern können. Ich gab ihm meinen Segen, jedoch nicht ohne ihn eindringlich zu warnen, dass er dort draußen eine gänzlich andere Welt vorfinden werde. Dies schrecke ihn nicht, erklärte mir Kvasir darauf so unverblümt, dass ich fürchten musste, mit meiner Warnung bei ihm auf taube Ohren gestoßen zu sein. Auch war ich nicht der einzige, der ihn schweren Herzens ziehen ließ, denn es gab einige unter uns, die seinen Abschied als schlechtes Vorzeichen deuteten. Sie befürchteten, Kvasirs Fortgang könne einen erneuten Krieg zwischen unseren Völkern entfachen. Diese Ahnungen ernst nehmend, ließ ich Kvasir auf seiner Wanderschaft fortan heimlich von Hugin und Munin überwachen. Nichts entging den scharfen Augen meiner beiden Raben, die mir abwechselnd mitteilten, wo immer er sich gerade aufhielt.

Nicht lange aber und der schlaue Kvasir hatte seine gefiederten Schatten entlarvt, deren er sich ohne große Mühe zu entledigen verstand. Von da an setzte er seinen Weg unbeobachtet fort, bis er schließlich, zu meinem großen Bedauern, an einer flachen Furt den breiten Streitachstrom überschritt, jenes

Gewässer, das unser Reich vom Land der Riesen scheidet. Von da an verlor sich seine Spur und manches Jahr verging, bis wir wieder von Kvasir hören sollten.

Nachdem nun Asgard und Wanaheim endlich befriedet waren, nutzte ich die wiederhergestellte Ruhe im Reich, um mich seit langem wieder einmal nach Jötunheim zu begeben. Vieles überblicke ich von meinem weitschauenden Hochsitz aus, doch was Riesen, Alben und die Menschenkinder hinter verschlossenen Mauern treiben, entzieht sich auch meiner Blicke. Aufklärung tat Not, denn der lange, auszehrende Krieg hatte unseren eigentlichen Feinden, den Riesen, viel Zeit gelassen, um neue Pläne gegen uns zu schmieden. Sollten solche versteckten Machenschaften tatsächlich existieren, beabsichtigte ich sie aufzuspüren und aufzudecken. So durchwanderte ich manches Gebirge und kehrte verkleidet hier und da in Häusern, Höfen oder bewohnten Höhlen ein. Ich ging Gerüchten nach und begann Hinweise zu sammeln, sobald sich ein Verdacht erhärtete.

Eines Tages nun begegnete ich auf meiner Wanderschaft einem Riesen Namens Svarang, durch den ich zum ersten Male wieder etwas über Kvasirs Verbleib erfuhr. Allerdings ahnte ich zum Zeitpunkt unserer Begegnung nicht, dass er etwas mit Kvasirs Verschwinden zu tun haben sollte. Svarang nun, dessen Name ‚der Schwerfällige' lautet, führte diesen Titel nicht zu unrecht, denn sein vom Schlemmen gezüchteter Wanst wölbte sich über den Bund seiner Beinkleider wie eine hart gespannte Trommel. Da ich im Riesenland meine Gestalt durch einen einfachen Zauber stets größer erscheinen lasse, hielt er mich für einen aus seinem Geschlecht. So lud mich Svarang ohne Arg ein, mich an sein Feuer zu setzen, um mit ihm sein üppiges Abendmahl zu teilen. Nachdem wir unsere Mägen mit dem gebratenen Fleisch einer Bergziege reichlich gesättigt hatten, fiel es mir nicht schwer, Svarangs Vertrauen zu erschleichen. Mit gewitzter Rede und derben Zoten gelang es mir bald diesen Burschen auszuhorchen, der mehr herumkam, als seine Leibesfülle es vermuten ließ. Manch aufschlussreiche Begebenheit erfuhr ich von meinem Gegenüber, der in einem Fluss plauderte, als würde er dafür entlohnt. Ich lauschte seinen Geschichten von blutigen Stammesfehden, erfolgreich durchgeführten Raubzügen sowie Stammesbündnissen, die durch Hochzeiten besiegelt worden waren.

Aufhorchen ließ mich jedoch erst Svarangs Kunde von einem Mann namens Suttung, der mit seinem buckligen Bruder Baugi am Fuße des Schattengebirges einen großen Hof mit weiten Ländereien betreibe. Dieser Suttung nun war ein grimmiger Bergriese, der sich Zeit seines Lebens einen Namen durch seine Einfältigkeit, seine Habgier und seinen schlimmen Geiz gemacht hatte. Nichts Ungewöhnliches für einen Burschen seines Schlages wie ich fand, doch Svarang berichtete weiter, dass sich Suttungs verblödete Gesinnung seit neuestem ins Gegenteil verkehrt habe. Nicht lange sei es her, dass Suttung das Erbe seines gewaltsam verstorbenen Vaters Billing angetreten habe. Doch anstatt dessen ohnehin recht beträchtlichen Reichtum weiter zu mehren, könne man bei Suttung seither die Führer und Kriegshäuptlinge verschiedener Bergstämme ein und ausgehen sehen. Was diese denn bei Suttung suchten, erkundigte ich mich weiter, bemüht, recht gelangweilt zu klingen. Da sprach der dicke Svarang, dass Suttung seit neustem verkünde, dass er Mittel und Wege gefunden habe, wie man sich schon bald ihrer größten Feinde, der Asen, entledigen könne. Das seien große Worte, entgegnete ich, um mein Gegenüber zu foppen und ihn somit dazu zu bringen fortzufahren. Das tat er. Auch er, Svarang, hätte anfänglich nur gelacht über diese Kunde. Dann aber wären ihm nach und nach immer mehr Männer begegnet, die bei Suttung gewesen wären. Sie alle hätten einstimmig zu berichten gewusst, dass Suttung neuerdings mit solch ungeheuerlicher Klugheit ausgestattet sei, dass man als Vergleich nur noch den allwissenden Mimir heranziehen könne. „Der weise Mimir", fragte ich aufhorchend, „jener, der von den Wanen enthauptet worden sei, weil er sich von den Asen nach dem Krieg habe vergeiseln lassen?" Svarang nickte ob meiner Skepsis und beteuerte, dass er erst neulich zwei Burschen getroffen habe, die hätten Stein und Bein darauf geschworen, dass seither weder Sterbliche noch Götter es vermochten, sich mit Suttung im Wissensstreit zu messen. Soweit Svarangs Worte.

Verständlich, dass dieser Bericht meine Neugier weckte. War doch bereits ein erster Verdacht in mir aufgekeimt, der sich im Nachhinein als richtig erweisen sollte. Als ich weiter nachhakte, wie dieser Suttung denn zu solch einem Wissensschatz gelangt sei, fuhr der gewichtige Svarang fort, dass ein Gerücht umgehe, Suttung habe vor einiger Zeit einen gar wundersamen Trank in seinen Besitz gebracht. Jedem, dem es vergönnt sei, einen Schluck davon zu tun, solle sich augenblicklich in einen Zustand von berauschender Gescheitheit versetzt finden.

Da lachte ich spöttisch und höhnte stichelnd, dass dies wirklich eine vergnügliche Geschichte sei, der ich aber kaum Glauben schenken könne. Da blickte mich der dicke Riese verdrießlich an, legte sich zwei Finger auf die teigige Brust und schwor mir beim Leben seiner Mutter, dass er die Wahrheit spreche. Also fragte ich ihn weiter aus. Ob es denn vielleicht möglich sei, gegen entsprechende Entlohnung einen Schluck von diesem Wundertrunk zu bekommen? Ein wenig mehr Klugheit habe bekanntlich ja noch keinem geschadet.

Doch da lachte der Dicke so schallend auf, dass die Bäume wackelten und ringsum die Tannenzapfen zu Boden prasselten. Sich fröhlich glucksend die Tränen aus den Augenwinkeln reibend, schalt er mich einen besonderen Narren. Dieses Ansinnen solle ich mir nur gleich wieder aus dem Kopfe schlagen, denn so weise könne selbst einer wie Suttung nicht werden, dass er darüber seinen Geiz verlöre. Dann aber wurde der alte Tratschsack plötzlich ganz ernst und blickte sich verstohlen um, als fürchte er ungebetene Lauscher. Ächzend beugte er sich zu mir hin und flüsterte mir über seinen dicken Bauch zu, dass Suttung davon zu kosten nicht einmal seiner eigenen Sippe gestatte: möglicherweise aus Furcht, ein anderer könne ihm mit seinen Plänen auf die Schliche kommen, es ihm gleich tun oder sonst was. Dann halte er seinen kostbaren Trank wohl in einem guten Versteck verwahrt, folgerte ich. Da lächelte Svarang verschlagen und flüsterte, dass man munkele, dass Suttung den Trank tief in einem Berg verborgen halte. So wie ein alter Drache auf seinem Goldhort liege, wache Suttung seither Tag und Nacht über das Wohl seines geheimnisvollen Gesöffs.

Diese Nachricht nun hatte mein Interesse vollends geweckt, sodass ich mich bei Svarang nach dem Weg zu Suttung erkundigte. Der grinste breit, maß mich mit prüfendem Blick und schlug mir darauf einen Handel vor, den ich später noch bitter bereuen sollte. Während unserer Unterhaltung war mir nicht Svarangs gieriger Blick entgangen, der immer wieder auf Draupnir, meinem goldenen Fingerring, haften blieb. Geschäftstüchtig schlug mir der Dicke nun vor, mir im Gegenzug für Draupnir bereitwillig den Weg zu Suttungs Ländereien weisen zu wollen. Solle es mir dort tatsächlich gelingen, einen Schluck von diesem sagenhaften Getränk einzuheimsen, wolle er mir mein Goldringlein bei unserem nächsten Treffen wieder aushändigen. Falls mein Unterfangen aber fehlschlage, würde ich damit verhindern, dass der Ring künftig an Suttungs Finger prange, dessen Besitz zu mehren doch sicherlich nicht in meinem Sinne sei. Dann nämlich würde unser nächstes Treffen so aussehen, dass mein Kopf die Spitze eines von Suttungs Holzpfählen ziere. Auf diese Weise nämlich pflege der Riese gewöhnlich mit ungebetenen Gästen zu verfahren.

So gewitzt sprach mein Gegenüber Svarang. Und da ich keine Zeit mehr mit irgendwelchen Nachforschungen über Suttungs Aufenthaltsort verschwenden wollte, schlug ich kurzerhand ein. Als Svarang mir den Draupnir jedoch schon gierig vom Finger streifen wollte, zog ich meine Hand rasch wieder zurück und vertröstete den enttäuscht dreinblickenden Kerl damit, dass ich den kostbaren Ring diese letzte Nacht noch einmal am Finger behalten wolle. Am Morgen dann, wenn er mir den Weg zu Suttung weise, solle er das Kleinod bekommen. Wenig begeistert über meinen Vorschlag, zeigte sich der Dicke schließlich einsichtig, rollte sich in seine Decke ein und verfiel bald darauf in ein sägendes Schnarchen, das die Bäume ringsum erzittern ließ.

Ich aber benötigte die folgenden Stunden, um aus meinem Zauberring einen gleichgroßen Goldring abtropfen zu lassen, den ich meinem geschwätzigen Gesellen am kommenden Morgen bereitwillig aushändigte.

Nachdem ich mich von Svarang verabschiedet hatte und sicher sein konnte, dass uns bereits ein gutes Stück Weges trennte, warf ich mir mein Adlergewand über und erhob mich in die Lüfte. Zwölf rüstige Tagesmärsche über manch hohen Gipfel müsse man bis zu Suttungs Ländereien zurücklegen, hatte mir Svarang in Aussicht gestellt. Dank meiner Adlergestalt ließ ich das mir gewiesene Gebirge jedoch weit unter mir und schaffte die Strecke bereits bis zur kommenden Nacht. Am nächsten Morgen sah ich mein Ziel bereits vor mir liegen. Bis an die Ausläufer des Gebirges erstreckte sich eine weite Ebene, in der zahlreiche Getreidefelder angelegt worden waren. Da wir Spätsommer hatten, schimmerten die reifen Ähren golden im Licht der Morgensonne. Nach allen Richtungen spähend segelte ich zu Boden, nahm wieder meine menschliche Gestalt an und verstaute das Federgewand in meiner Reisetasche.

Es dauerte nicht lange, da entdeckte ich den von Svarang beschriebenen Schmuck aus Köpfen. Auf einer langen Reihe von Holzpfählen schimmerten die von Vögeln blank genagten Schädelknochen getöteter Feinde. Ein halb verwester oder gerade erst kürzlich aufgespießter Kopf war nicht darunter. Offenbar hatte es seit längerem kein Feind mehr gewagt, Suttungs Ländereien zu betreten. Gut für mich, dachte ich mir, dann wird der Trank wohl noch dort sein.

Zufrieden ging ich weiter und kam bald an ein breites Weizenfeld, das zur Ernte bereit stand. Am Rande entdeckte ich neun wilde Gesellen, die sich gerade bereit machten, ihre Sensen durch die Ähren zu ziehen. Ich beobachtete sie eine Weile, wie sie recht mühsam das Korn schnitten. Ihre groben Sensen schienen nicht sonderlich scharf, denn die Arbeit ging ihnen nur schleppend von der Hand. Ein Umstand, aus dem sich für mich ein Vorteil ziehen lassen würde. Ich ging also auf den erstbesten Mäher zu, begrüßte ihn freundlich und erkundigte mich, auf wessen Land ich mich denn gerade befände. Der stark schwitzende Bursche maß mich misstrauisch vom Scheitel bis zur Sohle und antwortete mürrisch, dass ich auf den Feldern des reichen Bauern Suttung stehe. Dann wäre das wohl Suttungs Korn, das sie hier mähen müssten, folgerte ich überflüssig. Der Bursche bejahte und brummelte, dass sie das Feld bis zum Abend geschnitten haben müssten, weshalb ich ihn nun in Frieden lassen solle. Damit wand er sich wieder seiner mühevollen Arbeit zu und ließ mich stehen.

Nach einer weiteren Weile fühlte ich mich bemüßigt laut vernehmbar festzustellen, dass dieses Feld zu mähen sie in diesem Schneckentempo bis zum Abend wohl kaum würden bewerkstelligen können. Nun verharrten auch die anderen Kornknechte und blickten mich teils interessiert, teils aber auch recht finster an. Jedenfalls hatte ich mir ihre Aufmerksamkeit erworben. Also tat ich großspurig kund, dass heute ihr Glückstag sei, da ich etwas bei mir führe, dass ihnen die Arbeit nicht nur um einiges schneller, sondern vor allem leichter würde von der Hand gehen lassen.

Da kamen sie nun alle herbei getrottet, neugierig, ob hier ein Aufschneider stand oder einer, der wusste von was er sprach. Nach meinem Namen befragt, stellte ich mich ihnen als Bölwerk vor und bot ihnen erneut meine Hilfe an. Ein paar von ihnen freuten sich über die unverhoffte Hilfe, andere aber wurden unfreundlich, da sie wohl fürchteten, ihren ausbedungenen Lohn mit mir teilen zu müssen. Zwei drohten mir sogar Prügel an, wenn ich mich nicht sogleich packte und wieder meines Weges machte. Einige wollten mich jedoch erst anhören, und wissen, was ich denn so wertvolles bei mir führe. So ging es bald hin und her. Darüber gerieten die Burschen nun in eine heftige Auseinandersetzung, dass ich meinte, auch daraus meinen Nutzen ziehen zu können.

Als einer von ihnen, es war wohl der Ernteführer der kleinen Gruppe, daran erinnerte, das in Kürze der Aufseher vorbeikäme und man doch bis zum Sonnenuntergang das Feld gemäht haben müsse, da es sonst für alle keinen Lohn gäbe, hob ich schlichtend die Hände. Erneut fand ich sämtliche Augen auf mich gerichtet, griff in meine Reisetasche und zog daraus ein kleines Rindshorn hervor. Mit großen, staunenden Augen verfolgten die Riesen mein Tun, während ich aus dem Horn nun einen handlichen Wetzstein hervorzauberte. Mit dem hat es auf sich, dass er jeder noch so groben Klinge in Kürze die allerhöchste Schärfe verleiht. Ein von Zwergeshand gefertigtes unentbehrliches Kleinod, das ich auf meinen Reisen stets bei mir führe. Um die uneinigen Burschen zu überzeugen, ließ ich mir nun eine der Sensen reichen und zog vergnügt pfeifend den Wetzstein ein paar Male über das roststumpfe Schneideblatt. Dann fasste ich die Sense in beide Hände und sichelte mit ihr mühelos eine so große Garbe um, dass allen neun Kornknechten vor Staunen die Kinnladen nach unten klappten.

Wie zu erwarten, wollte nun ein jeder der Erste mit seinem Werkzeug sein, um ebenfalls in den Genuss meines Wetzsteines zu gelangen. So sehr bedrängten sie mich, dass ich das wertvolle Stück schließlich in die Höhe schleuderte und dabei ausrief, dass jenem der Wetzstein gehören solle, der ihn aufzufangen verstehe.

Das war ein wahrer Meisterstreich, denn alle neune stürzten, sprangen oder hechteten nun gleichzeitig an jene Stelle, wo der Wetzstein zu Boden fallen würde. Gut ein Dutzend schwieliger Hände reckten sich nach dem Schleifstein, und als er in ihrem Pulk verschwand, entbrannte darum eine wilde Keilerei, wie ich selten eine zu Gesicht bekommen habe. Die einen wurden niedergetrampelt, andere schlugen so grob mit den Ellbogen aus,

dass dabei manch Auge und Zahn auf der Strecke blieben. Doch es sollte noch besser kommen. Nachdem einer die Faust eines anderen geschmeckt hatte, griff er nach einem klobigen Stein, um diesen seinem Kameraden kurzerhand über den Schädel zu ziehen. Blut spritzte auf und der Getroffene fiel der Länge nach in den Staub. Es dauerte nur einen Augenblick, da hatten zwei andere ihre Sensen erhoben. ‚Ratsch' machte es und schon rollte anstatt der Ähren ein abgeschnittener Kopf übers Feld. Er sollte nicht der einzige bleiben, denn nun griffen auch die restlichen Burschen nach ihren Hiebwaffen und sichelten brüllend aufeinander ein was das Zeugs hielt.

Selbst wohnte ich dem blutigen Gemetzel aus sicherer Entfernung bei, nicht ohne ihm meine unverhohlene Bewunderung zu zollen. Denn welcher Führer würde sich nicht glücklich preisen, solch todesverachtende Gesellen in seinem Heerhaufen zu wissen? Ihr fehlender Grips indes wusste diesen Vorzug freilich zu mindern; ein leidiger Nachteil, der sich bedauerlicherweise nicht nur unter Riesen findet.

Nachdem sich also die Staubwolke des Kampfgetümmels wieder verzogen hatte, hielt sich lediglich einer der Knechte noch auf den Beinen. Seine Kameraden lagen allesamt erschlagen in ihrem Blute, das der trockene Acker sogleich durstig aufsog. Schwankend stand der letzte Mäher da, denn auch er hatte die Auseinandersetzung nicht ohne böse Blessuren überstanden. Mein Wetzstein ragte als kostbare Siegestrophäe aus seiner rechten Hand hervor. Gleich einem Betrunkenen kam er damit auf mich zugetaumelt, starrte mich aus hasserfüllten Augen an und stammelte röchelnd: „Elender Bosheitsstifter... jetzt kannst du das verfluchte Feld ... alleine mähen..." Sprach's und sank mir mit gebrochenem Blick vor die Füße. Zufrieden betrachtete ich das Ergebnis meines Wirkens, ging gemächlich in die Knie und befreite meinen Wetzstein aus dem Klammergriff des Toten, um ihn wieder an mich zu nehmen.

Auf den angekündigten Verwalter brauchte ich nicht lange zu warten. Vom Geschrei und Kampfgetümmel angelockt, kam er mit fuchtelnden Armen herbeigelaufen. Dabei fiel mir sein krummer Rücken auf. Dies war zweifelsohne Baugi, Suttungs buckliger Bruder. Als er herangeeilt war und auf dem staubigen Boden alle seine Knechte erschlagen vorfand, verfiel er in ein klagendes Wehgeschrei, das sich aber recht bald in zorniges Fluchen wandelte.

„Was seit ihr doch für ein Haufen nichtsnutziger Schlagetots!?" schimpfte er ihre Leichen an. „Wer soll mir jetzt mein Feld mähen, wo ihr euch entschlossen habt, mit euren Gebeinen das Feld lieber zu düngen als es abzuernten? Krähenfutter seid ihr jetzt, nichts weiter!"

Dann endlich schien Baugi mich zu bemerken. Er hielt ein und starrte mich grimmig an: „Und wer bist du, Fremder? Was hast du hier verloren? Hast du sehen können, wie es zu diesem Streit kam?"

Ich zuckte die Schultern, deutete auf die leblosen Körper am Boden und log: „Nein, ich kam gerade zufällig des Weges, als mich das Kampfgeschrei dieser Burschen hier anlockte. Aneinander scheinen sie mit ihren Sensen ja ganze Arbeit geleistet zu haben", stellte ich anerkennend fest.

„Eben nicht!", heulte der Riese erbost auf und begann seine Schimpftirade von Neuem. „Vierundzwanzig Felder gilt es noch zu mähen" klagte er mir weiter sein Leid. „Hätten sie mit ihrem Streit doch wenigstens gewartet, bis die Arbeit getan wäre. Die Ernte wäre eingefahren gewesen und ich hätte mir den Lohn für diese dummen Halunken gespart. Doch nun weiß ich nicht, woher ich so schnell neue Mäher auftreiben soll!" Verzweifelt raufte er sich die Haare.

Amüsiert von solch aufrichtiger Anteilnahme am Schicksal seiner Knechte, sprach ich zu Baugi: „Was ist mit mir? Ich könnte dir deine Knechte wohl ersetzen und deine Felder mähen."

„Du?" Der Riese machte ein gequältes Gesicht, woraus nicht zu schließen war, ob er auf meinen Vorschlag hin in lautes Gelächter oder in erneutes Gejammer ausbrechen wollte. Baugi machte eine ausladende Bewegung über das Feld und klagte: „Alleine dieser Acker hier besteht aus neun Morgen Land, weshalb ich neun Arbeiter eingestellt hatte, damit sie damit bis zum Abend fertig werden!" Er musterte mich von Kopf bis Fuß. Ich maß zwei Köpfe kleiner als er. „Pah", schnaubte er verächtlich und schüttelte spottend den Kinnbart. „Und jetzt kommst du schmächtiger Bursche dahergelaufen und behauptest, alleine die Arbeit von neun Mähern bewältigen zu können?"

„So ist es", entgegnete ich unbeeindruckt. „Ich Bölwerk, Sohn des Troin, werd dir dein Feld bis zum Abend umlegen. Doch wenn wir hier noch lange dumm rumstehen und Maulaffen feilhalten, wird's mir wohl kaum gelingen!"

Von soviel Überheblichkeit offenbar beeindruckt, machte Baugi zwei Schritte auf mich zu. „Sohn des Troin?" hakte er nach und beäugte mich misstrauisch. „Habe nie von einem Troin oder dir vernommen. Aber nun gut, Fremder, wenn es dir tatsächlich alleine gelingen sollte, bis Sonnenuntergang dieses große Feld zu mähen, sollst du dich auch über den gesamten Lohn dieser neun Lumpen freuen können. Und einen Zehnten leg ich sogar noch oben drauf!"

„Gemacht", sprach ich zuversichtlich, spuckte mir in die rechte Handfläche und hielt sie dem Riesen hin. Der tat es mir nach, und wir besiegelten unsere Abmachung mit einem festen Händeschlag. Alsdann machte ich mich mit geschärfter Sense an die Arbeit und Baugi staunte nicht schlecht, als er sah, mit welcher Geschwindigkeit sich die ersten Ähren unter meinen weit ausholenden Streichen lichteten. Er schien wieder zufrieden, als er sich verabschiedete und versprach, am frühen Abend zurückkehren zu wollen. Dann würde sich ja herausstellen, ob ich Wort gehalten hätte.

Als Baugi am Abend wieder aufkreuzte, versank die glutrote Sonne gerade hinter den Berggipfeln. Gleichzeitig fiel das letzte Kornbüschel unter meiner Sense. Nicht eine Garbe zu Ehren meines Sohnes Thor und seiner Gattin Sif, die mich hätte verraten können, hatte ich stehen lassen. Zufrieden gewahrte ich das anerkennende Staunen im Blick des buckligen Riesen, der nun ungläubig sein gemähtes Feld abging. Freudestrahlend kam er bald wieder auf mich zu und schlug mir auf eine meiner schmerzenden Schultern: „Wohlan, Bölwerk, du hast Wort gehalten. Deshalb empfange nun auch den Lohn aus meiner Hand." Er kramte einen Lederbeutel hervor, um mir daraus ein paar kleine Stücke Silber auf die Hand zu schütten. „Ha, wenn ich das meinem Bruder Suttung erzähle." freute er sich.

Doch ich rieb mir den Schweiß von der Stirn, betrachtete die roten Wundschwielen in meinen Handflächen und erwiderte: „Behalt ihn wohl, deinen Lohn und lass mich dir stattdessen einen Gegenvorschlag unterbreiten. Wie du bereits erwähntest, gilt es noch eine große Anzahl weiterer Felder umzulegen. Die will ich dir im Gegenzug für einen kleinen Gefallen wohl ebenfalls mähen."

Baugis struppiger Kinnbart schob sich wieder misstrauisch nach vorne: „Ein Gegenvorschlag? Lass hören!"

Jetzt galt es und beherzt sagte ich: „Bring deinen Bruder dazu, mir einen Schluck von seinem kostbaren Met zu gewähren. Dafür will ich dir zusätzlich noch die gesamte Ernte einfahren!" Einen besseren Plan hatte ich zu diesem Zeitpunkt nicht, da ich weder wusste, wo sich besagter Berg, noch der vermutete Met befand. Also wollte ich es zunächst mit ehrlicher Arbeit versuchen. Eine andere Möglichkeit würde sich möglicherweise zu einem späteren Zeitpunkt ergeben.

Ob meines Angebots legte sich des Riesen Stirn in runzlige Falten. „Hrmh ... das also ist der Grund deines Auftauchens", stellte er nachdenklich fest und kratzte sich am Kopf. So angestrengt grübelte er vor sich hin, dass ich den Kampf seiner Gedanken fast schon hören konnte. Ein einziger Schluck Met, für den man sich den Lohn für ein gutes Dutzend Feldarbeiter einsparen konnte - ein wahrlich verlockendes Angebot. Doch wie würde sein Bruder auf diesen Vorschlag reagieren?

„Nun gut, Bölwerk", kam Baugi zum Schluss. „Ich kann nur mutmaßen, wie du von dem Trank meines Bruders hast erfahren können, dessen Bedeutsamkeit sich mir bis zum heutigen Tage verschließt. Doch muss wohl etwas daran sein, wenn ein beschlagener Bursche wie du für einen einzigen Schluck davon all diese Arbeit auf sich zu nehmen gewillt ist. Hm, versprechen kann ich dir nichts, denn Suttung hütet diesen Trank wie einen kostbaren Schatz. Doch da seine Knickrigkeit ihresgleichen sucht und es sein

Silber ist, das er durch deinen Vorschlag einsparen wird, denke ich, dass er diese Abmachung wohl gutheißen wird. Zu gegebener Zeit will ich Suttung dein Anliegen wohl vortragen, doch die endgültige Entscheidung trifft er!"

Diese Zusage Baugis genügte mir einstweilen und so verbrachte ich die folgenden Wochen damit, eifrig Suttungs Korn zu sensen. Und Abend für Abend kam Baugi herbeigelaufen, um stets zufrieden das Ergebnis meiner Mühen zu begutachten. Auf mein Fragen hin, ob er seinem Bruder mein Anliegen denn bereits vorgetragen habe, wich Baugi jedoch jedes Mal aus, um mich auf den folgenden Tag zu vertrösten.

Wie ich richtig vermutete, hatte Baugi bereits mit Suttung gesprochen. Der hatte ihn mit seinem Ansinnen jedoch kurzerhand wieder hinausgeworfen und ihm erbost befohlen, mich unverzüglich loszuwerden. Am besten mich gleich zu erschlagen. Dieser Starrsinn seines Bruders bescherte Baugi nun argen Verdruss. Zum einen, weil er Suttung gegenüber zu Gehorsam verpflichtet war, dem als Erstgeborenem seit dem Tod der Eltern Hof und Ländereien gehörten, über die er Baugi lediglich als Aufseher eingesetzt hatte. Zum anderen machte ihn Suttungs Uneinsichtigkeit wütend, denn schließlich waren es ja dessen Felder, die so ertragreich und erschwinglich wie möglich zu bestellen Baugi stets nach bestem Gewissen bemüht war. Und da Baugi fürchtete, dass ich ihm nun den Dienst aufkündigen würde, gedachte er mich mit Ausreden solange hinzuhalten, bis die Felder von mir allesamt abgemäht und die Ernte eingebracht waren. Danach, so hatte er beschlossen, würde er sich mit mir schon irgendwie zu einigen wissen. Im Zweifelsfalle konnte man ja Suttungs Weisung, mich zu beseitigen, immer noch in die Tat umsetzen.

Als nun einen Mond später meine schwere Arbeit getan und der Zeitpunkt gekommen war, dass ich meinen Lohn in Empfang nehmen sollte, rückte Baugi endlich mit der Wahrheit heraus. Unermüdlich beteuerte er mir, mehrmals vergeblich versucht zu haben, Suttung umzustimmen.

Als ich darauf auf unsere Abmachung pochte und Baugi auf seine Ehrenschuld hin ansprach, kam der Riese in arge Bedrängnis. Wohl plagten ihn doch ein paar Schuldgefühle. Auch konnte und wollte er die hartherzige Verweigerung seines geizigen Bruders, mir nicht mal einen einzigen Schluck des Mets zu gewähren, nicht gutheißen. Ich drang also weiter auf ihn ein, packte ihn bei seiner Mannesehre als Bauer und schimpfte, dass es mich unredlich und ehrlos dünke, einem fleißigen Mäher im Gegenzug für all die verrichtete Arbeit solch eine kleine Gefälligkeit zu verweigern.

Schließlich kam Baugi mit sich überein, dass mir dieser geringe Lohn wohl zustehe und wenn es so nicht gehe, es eben einen anderen Weg geben müsse. Also nahm er mich beiseite und deutete mir flüsternd, ihn bei Anbruch der kommenden Nacht am Fuße jenes Felsenberges zu erwarten, den man Hnitbjörg, den Stoßfelsen, nenne; ein Felsenberg, der sich nur unweit der Felder vor unseren Blicken erhob. Bestens, dachte ich, denn wenigstens das Versteck des Mets hatte ich somit schon herausgebracht.

Baugi hielt Wort und als die Nacht hereingebrochen war, begannen wir gemeinsam den Aufstieg des Berges. Der Mond war bereits aufgegangen. Nur wenige Tage von seiner vollen Größe entfernt, spendete er uns ausreichend Licht, um uns unsere Tritte sicher finden zu lassen. Vorsichtig kletterten wir einen schmalen Felsgrat entlang, bis Baugi kurz unterhalb der abgeflachten Spitze anhielt. Er bückte sich und wies auf eine Felswand, von der er wusste, dass dort der Stein zum Inneren des Berges hin am dünnsten sei.

„Wir müssen sehr vorsichtig sein", flüsterte der bucklige Kerl und zog aus einem Rucksack einen klobigen Steinbohrer hervor, der mir recht primitiv anmutete. Baugi versicherte mir jedoch, dass seine Spitze aus einem angeschliffenen Diamant bestehe, der mühelos jegliches Gestein durchdringen könne. Deshalb wohl auch nannte er ihn liebevoll Rati, den Rattenzahn. Baugi setzte den Bohrer an und murmelte: „Suttung hat schon überlegt, zusätzliche Felsbrocken an diese Stelle schaffen zu lassen, weil er von allen Seiten einen Raub seines gut gehüteten Trankes fürchtet. Ich hielt ihn stets für verrückt, aber dein Interesse beweist, dass seine Besorgnis wohl nicht unbegründet ist!"

Ich nickte nur kurz und beobachtete, wie Baugi emsig drauflos kurbelte. Der bucklige Riese hatte nicht zuviel versprochen, denn in der Tat fraß sich der schwerfällige Rattenzahn Zoll um Zoll durchs harte Gestein. Doch noch bevor der Kerl ernsthaft zu schwitzen begann, setzte er den Bohrer wieder ab und erklärte mir, dass er fertig sei. Argwöhnisch schob ich ihn beiseite und beugte mich zu der gebohrten Öffnung nieder, in die ich kräftig hineinblies. Als mir daraus die Späne entgegenflogen, wusste ich, dass Baugi mich betrügen wollte. Gedachte er vielleicht mich von hinten zu erschlagen, sollte ich in dem halbfertigen Loch erst einmal feststecken? Darauf wollte ich es nicht ankommen lassen.

Ich zog also meinen Dolch hervor und drohte ihm, damit er seine Sache diesmal besser machte. Auf diese Weise genötigt setzte Baugi den Rattenzahn erneut an. Und als er ihn eine halbe Stunde später stark schwitzend wieder absetzte, da flogen auf mein Blasen hin die Späne endlich nach innen. Baugi drückte mir nun den Bohrer in die Hand und erklärte mir, dass wenn ich mich ranhielte, ich bis zum Morgengrauen wohl ein faustgroßes Loch in den Felsen treiben könne. Wenn ich diese Arbeit dann die kommenden

Nächte um die gleiche Zeit fortsetzen würde, könne ich mir auf diese Weise in der vierten oder fünften Nacht wohl Einlass in den Berg verschaffen.

Ich wog seinen Vorschlag kurz ab und befand ihn als brauchbar. Bedingte mir aber von ihm aus, dass er mir während meiner Bemühungen unten am Berg Wache stehen solle. Ein Vorschlag, der Baugi erbleichen ließ. Dieser Bitte könne er auf gar keinen Fall nachkommen, jammerte er. Ohnehin nehme er mit diesem Verrat an seinem Bruder bereits ein gefährliches Wagnis auf sich, weshalb er nichts unternehmen könne, was Suttungs Verdacht noch verstärken würde. Auch ließ mich Baugi wissen, dass, würde mich Suttung bei meinem Einbruchsversuch überraschen, er jegliche Beteiligung weit von sich weise.

Damit könne ich leben, entgegnete ich und ließ den feigherzigen Tropf wieder ins Tal hinabsteigen. Dass ich keine weiteren Nächte benötigen würde, verschwieg ich ihm allerdings. Nur schwer ließ sich einschätzen, ob ich Baugi wirklich trauen konnte. Da mir jedoch nichts anderes übrig blieb, entschloss ich mich, meinen Plan weiter auszuführen und mich erneut des Gestaltwandels zu bedienen. Nachdem ich das Loch noch ein wenig vergrößert hatte und der Rattenzahn abermals ins Leere biss, verbarg ich meine Reisetasche, in der sich auch mein Gewand aus Adlerfedern befand, unter einem großen Stein. Sollte mir mein Diebstahl gelingen, würde mir das Adlerkleid auf meiner Flucht sicher wertvolle Dienste leisten.

Dann machte ich mich daran, sämtliche Spuren meines nächtlichen Wirkens zu beseitigen. Nachdem dies getan war, schlüpfte ich diesmal in die

Tierhaut einer Schlange, für deren Ausmaße das gebohrte Loch eben so ausreichte. Auf diese ungewöhnliche Weise wand ich mich darauf kriechend und schlängelnd ins Dunkel des Berges hinein. Im Herzen die bange Hoffnung tragend, dass mein Wagnis all der durchstandenen Mühen auch wert war. Doch ich sollte nicht enttäuscht werden.

Kaum aber war ich mit dem Kopf in die enge Öffnung hineingeglitten, spürte ich an meinem Schwanzende eine Berührung. Baugi, der treulose Halunke, war still und heimlich zurückgekehrt, um nachzusehen, wie meine Arbeit voranschritt. Als er nun sah, dass ich mich eines Verwandlungszaubers bediente, wusste er, dass ich ein Zauberer war und bekam es mit der Angst zu tun. Also war er hervorgesprungen, um mich am Schwanzende zu packen, an dem er mich aus dem Loch wieder hervorzuziehen gedachte. Meinen Kopf einmal kurz gegen einen harten Felsen geschlagen und die leidige Angelegenheit wäre für ihn ausgestanden gewesen. Doch die Nornen waren mir gewogen, denn mein schlüpfriger Leib glitt ihm durch die Finger, und Baugi hatte das Nachsehen.

Glücklich im Berginneren angelangt, umfing mich völlige Dunkelheit. Baugi, dieser ehrlose Verräter! Wie viel Zeit würde mir nun verbleiben, bis er zu seinem Bruder hetzte, um diesem mein Eindringen zu melden? Ich wusste es nicht, musste aber eine Entscheidung treffen. War es aufgrund von Baugis Verrat überhaupt klug, meine Suche fortzusetzen? Oder sollte ich lieber abwarten, bis die Luft draußen wieder rein war und darauf schleunigst das Weite suchen? Angestrengt wog ich meine Möglichkeiten ab. Sollte ich tatsächlich aufgeben, jetzt, da ich schon so weit gekommen war und mich bereits in Suttungs Berg befand? War doch ebenso ungewiss, ob Baugi seinen Bruder über meinen Plan überhaupt in Kenntnis setzen würde. Schließlich war dieses Kunststück auf seinem Mist gewachsen und wenn er mich verriet, würde Baugi seine Beteiligung an dem Diebstahl kaum leugnen können. Hatte er mir doch verraten, dass er mit Suttung der einzige war, der von der dünneren Felswand wusste.

Schließlich entschied ich mich darauf zu vertrauen, dass Baugis Furcht vor Suttungs Zorn schwerer wog, als sein ihn plagendes Gewissen, den Bruder hintergangen zu haben. Wohlgemerkt eine vage Hoffnung, doch stand außer Frage, dass meine Unternehmung von mir eine gewisse Kaltblütigkeit verlangte. Ich beschloss also mein Abenteuer fortzusetzen und schlängelte mich kühn weiter durch die völlige Finsternis.

Die Schlangengestalt fürs erste beizubehalten war eine kluge Wahl, da der ausgezeichnete Tastsinn meiner ständig hervorschnellenden Zunge mir so manch böse Beule ersparte. Dann nahm ich den feinen Geruch von verbranntem Holz wahr, dessen Quelle ich instinktiv zu folgen begann. Längst hatten sich meine Augen an die Dunkelheit gewöhnt, sodass ich bald ein schwaches Glimmen gewahrte, das von irgendwoher weiter unten zu mir heraufdrang. Behutsam glitt ich weiter darauf zu, bis ich schließlich in einen größeren Hohlraum gelangte, der mir ohne Mühen erlaubte, in meine gewohnte Gestalt zurückzuwechseln. Ächzend streckte ich meine wiedergewonnenen Glieder, die bis eben noch einheitlich über den kalten Felsen gekrochen waren. Eine Rückverwandlung in den aufrechten Gang ist stets mit einigen Unannehmlichkeiten verbunden.

Zu meiner großen Überraschung drangen plötzlich die zarten Töne einer Frauenstimme an meine Ohren. Offensichtlich gab jemand ein Lied zum Besten. Lautlos schlich ich weiter, neugierig zu erfahren, wer sich hinter diesen lieblichen Klängen verbergen mochte. Behutsam setzte ich Fuß vor Fuß, bis mich nur noch eine letzte Kante von meiner Neugier trennte. Vorsichtig äugte ich dahinter hervor und erstaunte.

Zwar hatte ich mich bereits auf Einiges gefasst gemacht, doch nicht darauf, in dieser klammen, unwirtlichen Düsternis solchen Liebreiz anzutreffen. Vor mir erstreckte sich eine in den Fels getriebene Höhlenkammer, in der ein prächtig anzuschauendes, junges Riesenweib saß, das jetzt leise vor sich hin summte. Vor ihr stand ein grob zusammengenageltes Spinnrad, an welchem sie geschickt einen dicken Faden Flachs aufdrehte. Licht spendeten zwei Fackeln, die an den Höhlenwänden in klaffenden Rissen steckten. Ich entdeckte ein ebenso grob gezimmertes Bett und eine schiefe Kommode mit einer Steinschale als Waschschüssel darauf. Kurz, die Kammer war zwar kärglich, den Umständen entsprechend aber freundlich eingerichtet. Offenbar hauste sie hier unten im Inneren des Berges.

Seltsam, verwunderte ich mich, dass dieser grimmige Riese seinen kostbaren Trunk von einer schönen Jungfer bewachen lässt. Gleichzeitig beschlich mich der Zweifel, ob Baugi mir vielleicht doch schon zuvorgekommen war. Konnte ich doch nicht sagen, wie viel Zeit vergangen war, seit ich den Berg bestiegen hatte. Möglicherweise kannte Baugi ja eine Abkürzung in den Berg hinein und diese holde Maid dort war Teil eines ausgefeilten Planes, den der Riese blitzschnell ersonnen hatte, um meine Aufmerksamkeit abzulenken und mich in die Falle zu locken. Womöglich standen er und sein Bruder bereits mit Keulen bewehrt in einer der angrenzenden Nischen, erregt darauf lauernd, mir den Schädel einzuschlagen?

Da ich erneut keine Antwort auf meine Frage bekam, entschied ich mich dafür, noch eine Weile abzuwarten und dem schönen Kind beim Spinnen zuzusehnen. Sie hatte langes, dichtes, braunes Haar und schöne, volle Lippen. Obwohl zweifelsohne eine Riesin, war sie an Wuchs nicht sonderlich groß geraten. An weiblichen Rundungen und Formen gab es jedoch nichts auszusetzen, ein Mädchen war sie jedenfalls keines mehr. Nicht lange, da beendete sie ihre Arbeit, streckte sich gähnend und erhob sich von ihrem Schemel. Jetzt gab sie den Blick auf eine zweite Öffnung frei, die hinter ihr in eine Art Schacht mündete. Offenbar war dieser Berg von einem ganzen Tunnelsystem durchzogen, dessen genauere Erkundung mir für einen gelungenen Ausgang meines Vorhabens unabdingbar erschien.

Leise wie ein Luchs erkletterte ich einen schmalen Sims, auf dem ich mich nun gut drei Meter über der jungen Frau befand. Die bückte sich inzwischen über einen Eimer, aus dem sie sich mit einer Holzkelle Wasser schöpfte. Ich machte mich lang und versuchte mich vorsichtig ein wenig weiter an den Rand zu schieben. Hierdurch würde ich eine bessere Sicht auf den angrenzenden Schacht erhalten, in dem ich diesmal Suttungs Met zu erblicken hoffte. Unglücklicherweise löste sich dabei jedoch ein loser Stein, der abbröckelte und in einer Wolke aus Staub zu ihr hinabrutschte.

Die Frau zuckte zusammen und starrte erschrocken zu mir hinauf in die Dunkelheit. „Ist da wer?" ertönte ihre helle Stimme durch das Gewölbe, von dem sie auf gespenstische Weise zurückgeworfen wurde.

Da meine Entdeckung ohnehin kurz bevorstand, entschloss ich mich, ihr Antwort zu geben. „Bitte ängstigt Euch nicht!" sagte ich überaus freundlich, erhob mich langsam und machte Anstalten, zu ihr hinabzuklettern. Sie griff sich einen stämmigen Holzknüppel und verfolgte mit zusammengekniffenen Augen jede meiner Bewegungen, schlug aber keinen Alarm. Als ich schließlich mit einem gewagten Sprung vor ihr landete, wich sie einen Schritt zurück. Den Knüppel, bei dem es sich um eine Art Eisenkeule handelte, zum Schlag erhoben, starrte sie mir wachsam entgegen. Eine Weile standen wir nun so voreinander, während außer dem Knistern der Fackeln und unserem Atem nicht der geringste Laut zu vernehmen war. Ihre blauen Augen maßen mich neugierig vom Scheitel bis zur Sohle und ich stellte erleichtert fest, dass sie noch immer keinerlei Anstalten machte, Alarm zu geben. Jetzt konnte auch ich sie besser ins Auge fassen. Für eine Riesin, die oft sehr plump und hässlich daher kamen, war sie wirklich von ungewöhnlicher Schönheit. War dies vielleicht der Anlass, warum man sie hier unten eingesperrt hatte, damit kein ungewolltes Auge sie erblickte? Sie schien jedenfalls keine Furcht vor mir zu haben, denn sie ließ den Knüppel wieder sinken und stellte ihn sogar an die Wand zurück. So überließ ich es ihr, den ersten Schritt zu tun und mich anzusprechen.

„Wer seid Ihr, Fremder und was wollt Ihr hier? Nie zuvor habe ich euch gesehen." sagte sie, mit einem leisen Zittern in der Stimme, die ebenso Furcht wie Neugier verriet.

„Svafnir ist mein Name", stellte ich mich ihr vor und machte eine tiefe Verbeugung. Mein Instinkt riet mir dazu, mich nicht erneut als Bölwerk auszugeben.

„Und was ist Euer Begehr, Herr Svafnir auf den leisen Sohlen?"

Sie hatte sich wirklich schnell gefasst. Nun, da sie mich so offen fragte, erschien es mir das Beste, mit der Wahrheit herauszurücken. Ich erzählte ihr also von den Ereignissen der vergangenen Wochen, wie ich zu Baugi gekommen war und mit ihm eine Abmachung getroffen hatte, die einzuhalten mir sein Bruder Suttung jedoch verweigert hatte. Nur deshalb sei ich in diesen Berg eingedrungen, um mir zu nehmen, was mir rechtmäßig zustehe.

Die junge Riesin, die mir sehr aufmerksam zugehört und mich dabei nicht einen Moment aus den Augen gelassen hatte, stellte sich mir darauf als Suttungs Tochter vor. Ihr Name war Gunnlöd und ich erfuhr von ihr, dass ihr Vater sie hier unten mit der Bewachung seines wertvollen Tropfens betraut hatte.

Ich schenkte ihr ein mitfühlendes Lächeln und hob zu einem Kompliment an: „Nicht gerade der passende Ort für eine junge Frau, deren volle Lippen und zarte Hände sich bestimmt nach anderem sehnen, als hier unten müßig das Flachsrad zu drehen und einsam zu verkümmern."

Auf meine Feststellung hin entrang sich ihrer Brust ein tiefer Seufzer. „Ach, Eure Worte sprechen mir aus der Seele, Herr Svafnir", sprach sie traurig und wurde sogleich vertrauensselig. „Diese finstere Behausung erscheint mir immer mehr wie ein Grab, in das mich mein Vater lebendig weggesperrt hat. Seit mehreren Monden, ich habe vergessen sie zu zählen, habe ich kein Tageslicht mehr gesehen, nicht mehr das Rauschen des Windes noch das Gezwitscher eines Vogels vernommen. Und das alles nur, damit ich über diesen unseligen Wein wache, von dem zu kosten mein Vater nicht einmal mir gestattet!"

„Nicht einmal Euch, seiner eigenen Tochter?", stieß ich empört hervor, während bereits ein neuer Plan in mir heranreifte. Offensichtlich führte mein Weg nur an diesem lieblichen Geschöpf vorbei, dessen aufmerksamer, ja, fast flehendlicher Blick mir nicht entgangen war. Langsam machte ich einen Schritt auf die Riesin zu und blickte ihr dabei tief in die Augen. „Was ist das für ein Vater, der seinem eigenen Fleisch und Blut verwehrt, woran er selbst sein Begehren stillt?" Sie verstummte, schlug errötend die Augen nieder und senkte den Kopf. Ich aber führte meinen Zeigefinger unter ihr Kinn und drückte es sanft wieder nach oben, sodass unsere Gesichter sich nun unmittelbar voreinander befanden. „Mich dünkt, lieblichste Gunnlöd, dass Euer einsames Schattendasein in der Tiefe dieses Berges schon viele zu lange währt."

Tränen stiegen ihr in die Augen und glitzerten wie Perlen darinnen, als sie mir zögernd eingestand: „Recht habt Ihr, Svafnir. Das Alleinsein zerfrisst mir unablässig das Gemüt, und der Gedanke daran, hier unten, von der Welt vergessen, weiterhin dieses erbärmliche Dasein fristen zu müssen, droht mir manches Male bereits den Verstand zu rauben." Plötzlich ballte sie die Fäuste und rief zornig: „Oh dieser verwünschte Wein! Ich wollte er würde..." Weiter kam sie nicht, denn verwegen drückte ich meine Lippen auf die ihren und zog sie an mich. Dass ich damit recht getan hatte, bewies das Erschaudern ihres Leibes, der unter den Berührungen meiner Hände erbebte.

Als ihr vor Aufregung die Beine zu versagen drohten, fing ich sie kurzerhand auf, und trug sie auf meinen Armen auf ihre Bettstatt. Nicht gerade ein leichtes Unterfangen bei einer Riesin, doch gab ich mir alle Mühe, mir die Last ihres süßen Leibes nicht anmerken zu lassen. Der jedoch dürstete mit jeder Pore nach Nähe, denn je weiter meine Bemühungen ihr beizuwohnen voranschritten, desto ungestümer drängte sie sich mir entgegen. Als ich sie zu entkleiden begann, kam sie mir zur Hilfe und streifte ihr Gewand rasch über die Schultern. Ihr vom Sonnenlicht vernachlässigter schneeweißer Leib schimmerte wie Alabaster. Wie lange schon mochte sie hier unten darben, kein Tageslicht mehr gesehen haben? Die schöne Riesin seufzte unentwegt und glich jetzt einer sich entfaltenden Rose, die sich, nach Wärme dürstend, zur Sonne hin öffnet. Und das war ich.

Sie umklammerte mich heftig und ihr erwartungsvolles Keuchen ließ auch mir fast die Sinne schwinden, sodass ich für einige Momente sogar die mich umlauernde Gefahr zu vergessen drohte. Noch immer musste ich jeden Moment meine Entdeckung fürchten, dass eine Falle, durch ihren Oheim oder Vater gestellt, zuschnappen konnte. Doch vergeblich forschte ich in Gunnlöds fiebrigem Antlitz nach Anzeichen berechnender Tücke. Alle Zurückhaltung und Scheu waren jetzt von ihr gewichen. Die nach Vereinigung drängende Erdkraft der Riesen war in sie eingefahren und ihr nach Liebe ausgehungerter Leib verlangte bebend danach, aufs inniglichste geminnt zu werden. Nein, so wonniglich windet sich kein Weib unter deinen Küssen, das dir eine Falle stellen will, dachte ich mir, und gab meinen Argwohn endlich auf.

Zunächst liebten wir uns grob und wild, fast brünstigen Tieren gleich, die ihren rohen Instinkten nicht zu widerstehen vermögen. Dann, nachdem wir unser erstes Verlangen gestillt hatten, begegneten wir einander zärtlicher und begannen uns nun mit Liebkosungen zu überschütten. Ausgiebig erforschten wir gegenseitig unsere Leiber, bis die Glut zwischen uns aufs Neue entfacht war. Also fochten wir ein zweites Mal unseren Liebeskampf, und dumpf hallten Gunnlöds erstickte Lustschreie durch den Berg, die von den nackten Felswänden zurückgeworfen wurden. Das war ein rechter Lärm. Verständlich, dass meine Furcht, von ihrem Vater ergriffen zu werden, wieder zurückkehrte. So waren all meine Sinne geschärft, während ich mit Gunnlöd weiter die Lustreise flog. Ein brodelnder Kessel voll geiler Torheit und tollkühnem Wahnwitz, in den ich mich da selbst hineinbefördert hatte. Nur wer sich selbst einst in solch einer Lage befunden hat, kann ermessen, wie diese Mischung aus Furcht und Erregung mit der Glut seiner Lenden ungehemmt nach Entladung drängt. Und da uns niemand stören kam, ließen wir der Natur ihren freien Lauf. Ausgiebig und bis zur Erschöpfung wohnten wir einander bei, bis unsere verschwitzten Körper endlich bereit waren voneinander abzulassen. Ermattet, schnaufend und zutiefst befriedigt lagen wir schließlich beieinander, uns dabei glücklich in die Augen blickend.

Nachdem unsere Lust gestillt war, befand ich es an der Zeit, Gunnlöd an den Grund meines Besuches im Berg zu erinnern. Doch gleichwohl nun sichtlich vertrauter, wollte ich nicht gleich mit der Tür ins Haus zu fallen, indem ich sie aufforderte, mir nun unverzüglich meinen mir zustehenden Schluck zu überlassen. Also verlegte ich mich zunächst darauf, meine neue Gespielin mit etwas Bettgeflüster zu unterhalten, indem ich sie bat, mir mehr über die Herkunft des so kostbar gehüteten Wundertrankes zu verraten.

Sogleich begannen ihre Augen wieder zu flirren und verrieten den unschlüssigen Kampf, der tief in ihrem Innersten tobte. Jetzt, da die brennende Woge der Leidenschaft zwischen uns verflogen war, kehrten Scham und Reue zu ihr zurück. Berechtigte Zweifel, ob sie dem Fremden trauen sollte, um den sie soeben viel zu bereitwillig ihre Schenkel geschlungen hatte, verdunkelten ihr Gemüt.

Dann, nach einer nicht unerheblichen Zeitspanne ihres Zögerns, die ich, wie ich eingestehen muss, nicht untätig verstreichen ließ - meine Finger wanderten und glitten in Falten ihres Körpers, die zu nennen mir hier nicht geziemt, sie bei ihrer Entscheidung jedoch sicherlich günstig beeinflussten - brach sie endlich ihr Schweigen. Anfänglich noch in stockendem Flüsterton, vertraute Gunnlöd mir an, was sie von ihrem Vater über Odrörirs Entstehung wusste. Ich erfuhr, dass der Trank vor einiger Zeit angeblich von zwei Schwarzalben angesetzt worden war. Ihre Namen hätten Galar und Fjalar gelautet, zwei Brüder, die gemeinhin für ihre Gier und tückische Bosheit berüchtigt gewesen seien. Da der Trank sich nun in Suttungs Besitz befand, schloss ich daraus, dass die genannten Zwerge nicht mehr unter den Lebenden weilten.

Eines Tages nun, so Gunnlöd weiter, war wohl ein Mann zu den beiden Alben gekommen, der sie mit klugem Wortwitz und Reden so vortrefflich zu unterhalten gewusst habe, dass die Brüder aus dem Keller ihren besten Honigwein herbeigetragen hätten. Natürlich war der Met ihrem Gast nicht ohne Berechnung vorgesetzt worden. Besaßen die beiden Alben doch ein untrügliches Gespür dafür, wann ein zu lüftendes Geheimnis in der Luft lag. Und ein solches musste wohl diesen seltsamen Fremden umweht haben, dessen beredsame Gescheitheit bei den beiden Alben großen Neid erweckte. Schon

bald war die erhoffte Wirkung des guten Tropfens eingetreten und der weinselige Gast hatte vor seinen arglistigen Hausherren das Geheimnis seiner Herkunft ausgeplaudert. Wie dieses Geheimnis lautete, konnte mir Gunnlöd zwar nicht offenbaren, doch ahnte ich bereits, dass es sich bei dem beschriebenen Fremden um keinen anderen als den von uns so lange schmerzlich vermissten Kvasir handeln musste. Offenbar hatte ein böses Geschick unseren erschaffenen Friedenspfand seinen Weg zu diesen beiden raffgierigen Alben finden lassen.

Von Habgier und Neid zerfressen, all das Wissen, das Kvasir in seiner Brust trug, selbst besitzen zu wollen, hatten die beiden kleinen Halunken nun beschlossen, ihrem Gast kurzerhand den Garaus zu machen. Da sie um das Geheimnis des roten Lebenssaftes wussten, der in sich das Gedächtnis und damit die Weisheit seines jeweiligen Trägers bewahrt, stachen sie den vom Honigwein berauschten Kvasir ohne viel Federlesen ab und spießten ihn wie ein geschlachtetes Schwein auf einen Haken. Sie fingen sein herauslaufendes Blut in drei großen Schalen auf und entsafteten ihn hernach nach bestem Können. Darauf hatten sie das Blut in einen großen Kessel geschüttet, mit gegorenen Beeren, Honig und Quellwasser vermengt und alles auf einem Feuer so lange sieden lassen, bis sie daraus schließlich jenen Rauschtrank gewonnen hatten, der fortan Odrörir geheißen werde und den sie, Gunnlöd, nun für immer zu hüten verdammt sei.

„Eine spannende aber auch grausige Geschichte“, merkte ich hochinteressiert an und ermutigte sie fortzufahren. „Wie aber gelang es deinem Vater, den Met in seinen Besitz zu bringen? Denn nur unschwer ist zu vermuten, was Riesen, Asen und Wanen gleichermaßen wissen: Niemals geben Zwerge ihre gewonnenen Schätze freiwillig wieder heraus. Welchen Kunstgriff übte dein Erzeuger, um diesen wundersamen Trank zu erbeuten? War er es, der die beiden Alben erschlug?“

Doch anstatt mir zu antworten, gähnte Gunnlöd nur ausgiebig und räkelte sich wohlig seufzend in meine Arme zurück. Offenbar begann diese Unterhaltung sie zu langweilen. Vielleicht aber waren es auch meine fingerfertigen Ermunterungen, die ihr den Sinn nach anderem verkehrt hatten. Jedenfalls machte sie sich nun mit einem liebestrunkenen Lächeln daran, mir mein Brusthaar zu kraulen und ihre rosigen Lippen darin zu versenken. Offenbar war sie erst gewillt mir weiter zu berichten, nachdem ich mit ihr ein weiteres Male die Lustreise geflogen war. Dann wurde sie forsch, das kann ich euch sagen, denn ihr Mund fiel mir zu Tale. Wie zu erwarten, hatte mein Spiel mit dem Feuer in diesem Berg einen Vulkan zum Erwachen gebracht.

Als sie meinem Gemächt auf diese Weise wieder Leben eingehaucht hatte, raunte sie mir leise ins Ohr: „Komm her zu mir, Svafnir mit den kunstfertigen Fingern, und erlöse mich von meiner bitteren Sehnsucht. Komm und lindere mein quälendes Verlangen, indem du meinen Leib wieder und wieder mit deinen heißen Küssen bedeckst. Zerwalke meine Brüste, reibe ihre Höfe und lutsch dich satt an ihnen. Zerbeiß mir den Bauch, wühl dich in meinen Nabel und versenke deinen harten Schaft in mir. Wieder und wieder..."

Wahrlich, ich wäre kein Mannsbild, hätte ich dieser lustfrohen Aufforderung widerstanden. So verfuhr ich also ein weiteres Male nach besten Kräften, um Gunnlöds erwachtes Ansinnen zu stillen. Ihr süßer Leib drängte sich mir abermals entgegen, in dessen Genuss zu kommen bisher keinem Mann vergönnt gewesen war. Ich verfuhr mit ihr wie gehabt und tat mein Bestes, ihr erstes Mal gebührlich zu feiern.

Als sie endlich gewillt war, von meinen ermatteten Gliedern abzulassen, strahlten mich ihre Augen dankbar an. Nur solange wie es mir die Höflichkeit gebot, fasste ich mich in Geduld, um meine Frage nach dem Verbleib des Mets zu wiederholen. Die Zeit drängte, denn war mein Lendenfeuer mittlerweile auch restlos gelöscht, so saß mein Hintern doch nach wie vor auf glühenden Kohlen. Meinen Ring hätte ich in diesem Moment dafür hergegeben, um zu erfahren, was sich derweil außerhalb des Berges bei Suttung und Baugi tat.

Gunnlöd schien zu erraten, welche Sorgen mich plagten und hatte ein Einsehen. „Wo war ich also?", erkundigte sich die schöne Riesin und lächelte verschmitzt.

„Die Alben hatten den Trank angesetzt und ich wünschte zu erfahren, wie er nun in Deines Vaters Hände gelangt ist." half ich ihr.

„Richtig. Meine Großeltern, die Erzeuger meines Vaters, hatten damals zu ihren Lebzeiten einen Handel mit den beiden Schwarzalben getroffen. Galar und Fjalar, die beide Schmiede waren, hatten ihnen die rasche Wiederinstandsetzung eines gebrochenen Pfluges zugesagt. Doch als meine Großeltern an die Türe der Albenschmiede pochten, um ihr gerichtetes Eigentum wie abgemacht in Empfang zu nehmen, da fanden sie den gebrochenen Pflug noch unverrichteter Dinge. Die Brüder redeten sich damit heraus, dass sie die letzten Tage einen unerwarteten Gast bei sich hätten beherbergen müssen. Dieser habe ohne Unterlass ulkige Geschichten zum Besten gegeben, sodass er schließlich am Gelächter seiner eigenen Witze erstickt sei. Da sie sich um die Beseitigung seiner Leiche hätten kümmern müssen, sei der Pflug noch nicht gerichtet worden. Mein Großvater Gilling, ein jähzorniger Mann, fand das nun wenig lustig und geriet darüber in solchen Grimm, dass er die beiden erschrockenen Zwerge am Halse ergriff und solange schüttelte, bis sie ihm in heulender Todespein versprachen, kein Auge mehr zutun zu wollen, bis der geborstene Pflug wieder in Stand gesetzt sei. Mein Großvater aber traute den beiden Halunken nicht über den Weg und beharrte darauf, mit seiner Frau ihr Heim nicht eher wieder verlassen zu wollen, bis er den gerichteten Pflug mit nach Hause nehmen könne.

Das hätte der alte Gilling aber besser bleiben lassen, denn die bösartigen Alben gingen darauf in ihr Haus zurück und nahmen einen tiefen Schluck des inzwischen fertig gereiften Mets. Durch diesen im Geiste angeregt, ersannen sie sogleich eine Heimtücke, wie sie ihre ungebetenen Gäste wieder loswerden konnten. Es gelang ihnen, meinen Großvater unter einem Vorwand auf ihr Boot zu locken. Sie sagten ihm, sie wüssten von einer nahegelegenen Insel, auf der ein alter Schmied lebe, der sei zaubermächtig und könne ihm seinen Pflug mit nur wenigen Handgriffen wieder richten. Mein Großvater war's zufrieden und erklärte sich bereit, sich mitsamt seinem kaputten Pflug von den Schwarzalben zu dieser Schäre rudern zu lassen. Meine Großmutter sollte währenddessen zurückbleiben, um solange deren Feuer in der Schmiede zu hüten.

Mein Großvater bestieg also das Ruderboot dieser heimtückischen Meuchler. Damit es nun vorwärts ging, nahm er die Riemen, während Galar und Fjalar das Steuer hielten. Nach einer Weile log einer der Brüder, dass vorne, durch eine faule Stelle am Boot, Wasser eindringen würde, er also mal nach dem rechten sehen müsse. Gilling ließ ihn gewähren und bewegte weiter rüstig die Riemen, während der Zwerg nun zwischen seinen Beinen hindurch im Bilgewasser herumkroch, um besagtes Leck zu flicken. In Wirklichkeit aber nahm er ein Tau und band dieses meinem Großvater heimlich um eines seiner Beine. Das andere Ende des Seiles befestigte er an Gillings Pflug. Als dies unbemerkt getan war, steuerten die Alben kurzerhand auf eine unterseeische Klippe zu. Es gab einen Aufprall, der das Boot zum kentern brachte, worauf sie alle drei ins Wasser stürzten. Zwar konnte Gilling wohl etwas schwimmen, aber da das Gewicht des Pfluges ihn erbarmungslos nach unten zog, musste er jämmerlich ersaufen. In den rabenschwarzen Herzen der beiden Zwerge aber frohlockte der grausige Nidhöggdrache. Sie richteten ihr Boot wieder auf, ruderten zurück und waren froh, auf diese Weise den bedrohlichen Riesen samt seinem Pflug losgeworden zu sein.

Als sie wieder an Land gekommen waren, gingen sie schnurstracks zu meiner Großmutter hin und sagten ihr, es habe ein Unglück gegeben, bei dem ihr Gatte ertrunken sei. Hierauf brach meine Edda in lautes Klagen und Wehgeschrei aus und wollte sich gar nicht mehr beruhigen. Da sagte Fjalar zu seinem Bruder, dass er das Gegreine der Alten nicht länger ertragen könne. Galar solle sich draußen mit einem alten Mühlstein aufs Dach setzen und warten, bis die Riesin herauskäme. Dann solle er ihr den Stein aufs Haupt fallen lassen. Galar tat also wie ihm geheißen und schleppte den Stein aufs Dach. Drinnen schlug Fjalar meiner trauernden Großmutter Trost heuchelnd vor, mit ihm doch raus an die Klippen zu kommen. Von dort aus könne man gut übers weite Meer hinaussehen und er könne ihr jene Stelle weisen, wo ihr Gatte ertrunken sei. Hierdurch könne sie sicherlich leichter von Gilling

Abschied nehmen. Und so geschah es. Meine Edda trat voller Kummer vor die Türschwelle, Galar ließ von oben den Mühlstein fallen ... und ... und alsbald waren meine Großeltern wieder vereint..."

Aufschluchzend brach Gunnlöd erneut ab und barg ihr Gesicht zwischen den Händen. Sie weinte bitterlich und wollte sie gar nicht mehr beruhigen. Da diese Geschichte sich als umfangreicher erwies, als ich zunächst vermutet hatte, tröstete ich meine Bettgenossin auf bereits bewährte Weise, sodass sich ihre Stimmung schon bald wieder aufheiterte. Lässt sich die Trauer über einen Toten doch kaum rascher vertreiben, als durch jenen lustvollen Akt, mit dem wir neues Leben zu zeugen imstande sind. Langsam aber sicher begann dieser Raubzug einen standfesten Einsatz zu erfordern, den zu bewerkstelligen einem jüngeren Recken wohl besser angestanden hätte. Nun, ich will mich nicht beklagen, doch deuchte mir, dass Gunnlöd die Unterbrechungen ihrer Geschichte wohl zu wählen wusste.

„Drei Tage verstrichen nach dem Mord an meinen Großeltern", fuhr die von mir so redlich Getröstete endlich fort, „dann schöpfte mein Vater Verdacht. Da er wusste, wohin meine Großeltern gegangen waren, machte er sich nun selbst auf den Weg, um den beiden Mordbuben aufzulauern. Lange musste er warten, bis er herausfand, dass sie immer wieder für Tage in diesem Berg hier verschwanden, in den sie eine lange Treppe schlugen, um bequem zum Versteck ihres Mets zu gelangen. Dann fand er heraus, dass sie zuweilen Nachts zwischen dem Berg und ihrer Schmiede hin und herwanderten. Also hob Suttung auf ihrem Weg eine Grube aus, deckte diese nach Waidmannsart ab und legte ein glänzendes Stück Geschmeide darauf. Als die beiden Alben endlich des Weges kamen, entdeckten sie gleichzeitig das Kleinod, das im Mondlicht verlockend schimmerte. Natürlich wollte jeder von ihnen der erste sein, der es sich schnappte und so stürzten sie gemeinsam in die Falle. Mein Vater erzählte, dass diese beiden Gierhälse sich sogar noch um das Schmuckstück gezankt hätten, als er bereits an den Rand der Grube getreten war, um sie in Empfang zu nehmen.

Zu meiner Beschämung muss ich bekennen, dass mein Vater vor allem dann durch großen Einfallsreichtum glänzt, wenn es daran geht, andere Kreaturen zu quälen. Er verschnürte die beiden zappelnden Würmer also zu einem Bündel, schob zwischen ihnen einen dicken Ast wie einen Bratspieß hindurch und begann Holz zu sammeln, um die zwei Erdmaden auf kleiner Flamme zu rösten."

Liebe Zuhörer, Ihr mögt Euch gut denken, dass es für mich, der ich bereits eine nicht unerhebliche Zeit im warmen Liebesnest dieser willigen Ohrraunerin dahin dümpelte, genau solcher Erwähnungen bedurfte, um mich unversehnes wieder daran zu erinnern, in welcher Gefahr ich schwebte. Kurzum, ich ermahnte mich zu höchster Wachsamkeit, denn von Suttung ohne Hosen im Bett seiner entjungferten Tochter ertappt zu werden, die ich verführt hatte, um seinen Trank zu rauben, erschien mir anhand dieser Schilderungen als wenig ratsam.

Doch die schöne Riesin schien meine Sorge nicht zu bemerken und fuhr unbeirrt fort: „Es brauchte nicht viel Überredungskunst, um den um ihr Leben bangenden Alben das Geständnis ihres schändlichen Mordes zu entreißen. Doch anstatt die beiden Giftnattern gleich zu erschlagen oder wenigstens zu braten, sann mein Vater nun auf andere Vergeltung. Er nahm das verschnürte Zwergenbündel unter den Arm, warf sie in die Kieljauche ihres eigenen Bootes und ruderte damit nun gleichfalls aufs Meer hinaus. Suttungs Ziel war eine der zahlreichen kleinen Schären in Küstennähe, die nur bei Ebbe sichtbar werden. Auf solch einer winzigen Felseninsel setzte er die beiden Mörder aus. Dann teilte er ihnen vom Boot aus mit, dass er jetzt mit großem Vergnügen die Flut abwarte, die ihnen das gleiche Ende bescheren werde, wie sie es zuvor Gilling bereitet hätten. Der Umstand, dass ihr Sterben auf diese Weise etwas länger andaure, würde seinen Verlust so ein wenig abmildern. Die Aussicht, in kalter, salziger Flut langsam den Seemannstod zu sterben, veranlasste die jammernden Alben dazu, meinem Vater um Gnade anzuflehen und ihm für ihre Schonung all ihr Hab und Gut anzubieten. Doch hartherzig lachend erklärte mein Vater, dass es ihn nicht nach der Habe zweier ärmlicher Erdmaden verlange. Dank ihres erfolgten Totschlags verfüge er ja nun über den reichen Besitz seines Vaters, weshalb er sich lieber an ihrem Todeskampf weide.

All ihr Jammern und Flehen halfen also nichts. Erst, als ihnen die Wellen bereits die Bärte und Lippen netzten, besannen sie sich in höchster Not ihres Trankes. Japsend riefen sie Suttung an, dass sie in einer Höhle einen wundersamen Trank verborgen hielten, dessen Genuss seinem Eigner die Gabe höchster Gescheitheit verschaffe. Dieser solle fortan allein ihm gehören, wenn er sie nur wieder laufen lasse. Da nun wurde mein Vater hellhörig und ... und...", Gunnlöd geriet erneut ins Stocken, „...und verriet das Ansehen meiner Großeltern für diesen verfluchten Trank!" Die Riesin machte ein ausspuckendes Geräusch und rief verächtlich: „Pfui, Schande über Suttung und seine Habgier, die den Schwarzalben in nichts nachstand. Und jetzt zwingt er mich, über den Lohn seines liederlichen Leichenhandels zu wachen. Dafür werde ich ihn bis an mein Lebensende verachten!"

Ich nicht, dachte ich dankbar, froh darüber, dass die beiden Alben ihr Geheimnis nicht mit in den Tod genommen hatten. Es war offensichtlich, dass Gunnlöd keine Ahnung darüber besaß, welch kostbaren Wissensschatz zu hüten ihr von Suttung anvertraut worden war. Auch verschwendete ich keinen weiteren Gedanken an die beiden Alben, denen gegenüber Suttung sicherlich ebenso wortbrüchig geworden war.

Gunnlöd nahm meine Gedanken auf: „Natürlich ließ mein Vater die beiden Mörder nicht am Leben. Nachdem sie ihn in dieses geheime Bergversteck hier hinabgeführt und ihm den Trank ausgehändigt hatten, machte er ihnen den Garaus. Nur so konnte er sicher sein, dass niemand außer ihm vom Versteck des Trankes erfahren würde. Einzig mir, seiner halbwaisen Tochter, vertraute er sein Geheimnis an, das ich seither mit meiner Freiheit teuer bezahlen muss."

Ich nickte verständig. „Und dennoch ist Suttungs Geheimnis irgendwie an die Außenwelt gedrungen, denn warum sonst könnte ich hier sein?"

Nachdenklich legte sich die Stirn der schöne Riesin in Falten: „Da mein Vater häufig einen über den Durst trinkt, vermute ich, dass er sein Geheimnis einst im Rausch verraten hat. Im Prahlen stand er nie weit hinten an." Sie atmete tief durch und blickte mich jetzt ernst an. Bitterkeit und Verzweiflung lagen in ihrer Stimme als sie sagte: „Höre mich an, Svafnir. Nun kennst du das dunkle Geheimnis dieses schrecklichen Trankes, an dem bisher nur Blut und Unglück kleben. Und du weißt jetzt um mein beklagenswertes Schicksal, das auf Gedeih und Verderb mit diesem Trank verbunden ist. Ich durchschaue nicht, was noch alles geschehen muss, bis mein Vater endlich erkennt, dass unserer Sippe durch Odrörirs Entstehung seit Anbeginn nur Unheil beschert ist. Darum, bester Svafnir, sei gewarnt vor seinem Genuss, denn nicht sicher ist, dass auch dein Wyrd sich ungünstig stimmen wird, sobald du ihn versuchest."

Doch gelassen entgegnete ich: „Mein Wyrd hat sich bereits in jenem Augenblick mit dem deinen verflochten, als ich diesen Berg betrat und dein Bett bestieg." Wie sehr ich mit diesen Worten Recht behalten sollte, ahnte ich zu diesem Zeitpunkt freilich nicht. Zunächst einmal hatte ich beschlossen, Gunnlöd nicht näher über die Umstände von Kvasirs Herkunft einzuweihen.

„Das heißt", wollte sie wissen, „dass du von deinem Vorhaben nicht abzurücken gedenkst, gleichwohl dir nun die Umstände über das grausige Zustandekommen des Trankes bekannt sind?"

„Mein Entschluss steht fest", antwortete ich entschieden und nickte, „ich will und werde von Odrörir kosten, ganz gleich, welchen Preis ich dafür zu entrichten habe!"

„Nun gut, Svafnir, es sei!" Die Riesin rollte sich auf mich, sodass unsere Gesichter sich jetzt unmittelbar voreinander befanden. Mit ihrem Zeigefinger stupste sie mir an die Nase. „Doch wie weit bist du wirklich bereit für einen Schluck vom Met meines Vaters zu gehen?" erkundigte sie sich mit einem tiefgründigen Lächeln.

Ich hob die Augenbrauen und erwiderte scherzhaft: „Habe ich das nicht bereits mehrmals redlich unter Beweis gestellt?"

Ihre Augen blitzten schelmisch: „Oh ja, das hast du, in der Tat. Und darum nun lasse mich dir ein Angebot unterbreiten. Eines, wie du es bisher wohl kaum vernommen haben dürftest." Ihr Lächeln wurde breiter, anzüglich, und flink netzte ihre Zunge die vollen Lippen.

Meine Neugier wuchs.

„Solltest du gewillt sein und dich dazu bereit erklären, zwei weitere Nächte bei mir zu liegen", fuhr sie mit rauchiger Stimme fort, „so will ich dir nicht nur den einen, sondern zwei weitere tiefe Schlucke des so begehrten Wunderweines gewähren." Sie deutete mit großer Gebärde auf eine der nackten Felsenwände. „Denn nicht ein Kessel, sondern drei Trinkhörner, randvoll angefüllt mit dem kostbaren Nass, erwarten dich im Schoß dieses Berges. Sie ruhen in drei geheimen Nebenkammern, die zu öffnen mir alleine beschieden ist. Mein Vater ist misstrauisch genug, seinen kostbaren Trank in drei Behältnissen an drei verschiedenen Orten aufzubewahren. Dadurch wähnt er sich sicher, beim Raub eines Hornes nicht gleich den ganzen Trank zu verlieren."

„Ein kluger Mann, dein Vater", murmelte ich, um mir etwas Zeit für eine Antwort zu verschaffen. Ich musterte sie scharf und musste schlucken. Seit unseren Lustbarkeiten schien Gunnlöd wie verwandelt. Keine keusche Jungfer räkelte sich mehr in meinen Armen, sondern ein reifes, selbstbewusstes Weib, das genau abzuwägen wusste, welchen Nutzen es aus meinem Auftauchen für sich zu ziehen verstand. Doch war es ihr zu verdenken?

Ein Grinsen überzog mein Gesicht. „Du ausgefuchste Hexe", tadelte ich sie bewundernd und musste eingestehen, dass ihr Angebot äußert verlockend klang. Die Aussicht, auf diese Weise aller drei Trankgefäße ansichtig werden zu können, ließen die dräuende Gefahr, in der ich schwebte, auf ein erträgliches Maß zusammenschrumpfen. Denn hatte ich die drei Hörner erst einmal vor mir, dann... Und obendrein würde das Ganze durch einen wahrhaft sahnigen Lohn versüßt werden, den sich Gunnlöd von mir als Gegenleistung ausbedungen hatte. Ein in der Tat schurkischer Handel, an dem Loki seine helle Freude gehabt hätte.

„Was ist, stimmst du zu?", hauchte sie, ob meines Zögerns wieder etwas unsicher geworden. Ihr flehender Blick sprach mehr als tausend Worte. Doch ich ließ sie noch ein wenig zappeln.

Erst, als sie die Augen beschämt niederschlug und ihr Angebot bereits zu bereuen begann, erwiderte ich mit so gelassener Stimme wie möglich: „Ich wäre kein Mann, würde ich einer solch bezaubernden Maid dieses verlockende Angebot abschlagen." Und nicht ohne Berechnung fügte ich schmeichelnd hinzu: „Zumal sich meine Entlohnung hierfür nicht nur verdreifachen sondern verhundertfachen würde!"

Ich hatte wohl die richtigen Worte gewählt, denn auf Gunnlöds eben noch bekümmertem Gesicht ging strahlend die Sonne auf. Überglücklich fiel sie mir um den Hals und begann mich abermals wild zu küssen. Dabei blieb es nicht. Schon saß sie wieder rittlings auf mir, und im rhythmischen Stoßtakt unserer Leiber begannen ihre Brüste vor meiner Nase auf und abzuwippen. Konnte es eine passendere Besiegelung unseres getroffenen Abkommens geben? Gunnlöd aber schien unersättlich, denn kaum hatten wir erneut miteinander die Lustreise geflogen, begann sie sich weiter an meinem besten Stück zu vergnügen.

„Ho, ho, gemach, gemach!", hob ich entschuldigend an und drückte sie sanft aber bestimmend etwas von mir. „Verzeih mir, meine Schöne, doch meine Eier sind inzwischen so leer wie mein knurrender Magen. Willst du mich auf diese süße Weise also nicht entseelen, dann gönne mir zuvor ein wenig Ruhe. Bin ich doch nun seit mehr als zwei Tagen und Nächten ohne Rast auf den Beinen." Asenfürst hin oder her. Die nicht unerheblichen Anstrengungen dieser Nacht forderten ihren Tribut.

Gunnlöds bis eben noch unverständiger Blick wich weiblicher Fürsorge. „Essen oder Schlafen?", erkundigte sie sich.

„Etwas Wasser und Nahrung wären fein", gab ich zur Antwort. „Und wenn du mir bei deinem Leben schwören kannst, hier unten nicht unerwartet von deinem Vater überrascht zu werden, würde ich mich gerne ein, zwei Stunden niederlegen."

Unversehens verfiel sie in ein glucksendes Gekicher: „Mein Vater schaut nur alle drei bis vier Tage nach mir und verließ mich, kurz bevor du hier auftauchtest. Du hattest ihn gerade verpasst. Du siehst also, ich habe mein Anliegen an dich wohl durchdacht, denn auch mein Leben wäre verwirkt, würde mein Vater uns beide hier unten aufgreifen."

Sie reichte mir einen Krug Wasser, den ich dankbar entgegennahm und durstig an die Lippen setzte.

Gunnlöd sah mir dabei aufmerksam zu und sagte fast heiter: „Mit Grausen erahne ich die Strafe, die mich erwarten würde. Doch dir..." sie kicherte erneut, „würden bis zu deinem langsamen Tode sicherlich die fürchterlichsten Martern drohen..."

Unversehens verschluckte ich mich und musste ausprusten. Das Wasser sickerte mir den Bart entlang. Die gewitzte Gunnlöd schien der Ansicht, mit derartigen Aussichten unseren Lustgewinn noch zu steigern. Argwöhnisch blickte ich sie an, doch mein Unbehagen schien sie ernsthaft zu belustigen. Hatte der Verstand dieses armen Mädchens hier unten vielleicht schon Schaden genommen? Oder war sie wirklich so abgefeimt wie ihr Vorschlag es mich glauben machen sollte? Jedenfalls trug ihr amüsierter Blick nicht gerade zu meiner Entspannung bei.

Auf meine Frage hin, woher sie denn wissen könne, wann in dieser ewigen Dunkelheit Tag und Nacht anbrächen, erzählte sie mir von einer gefundenen Erzader, die vom Gipfel des Berges bis in ihre Behausung hinab reiche. Immer dann, wenn sich Tag und Nacht ablösten, könne sie dies anhand der feuchten Beschaffenheit des Erzes erkennen. Ich solle mich also entspannen, mich schlafen legen und alles Weitere ihr überlassen. Dies allerdings war einfacher gesagt als getan und schmeckte mir freilich wenig. Doch selbst der durchtriebenste Dieb sieht sich zuweilen genötigt, sein Geschick in die Hände einer anderen Person zu legen. Leichtfertiges Vertrauen schien mir hier jedoch fehl am Platze. Und da ich nicht beabsichtigte, ihr in diesem gefährlichen Spiel gänzlich die Zügel zu überlassen, ließ ich Gunnlöd zuvor einen heiligen Eid schwören, mich nicht an ihren Vater zu verraten. Ich wusste, dass ich damit ihre Gefühle verletzte, wollte ihrer liebestollen Schwärmerei aber bewusst einen Dämpfer versetzten, um sie nicht die Gefahr vergessen zu lassen, in der wir beide schwebten.

Sie hatte kein Problem damit. Mit dem Blick eines gelangweilten Kindes gelobte sie mir, was ich hören wollte. Dann gab sie mir einen flüchtigen Kuss, begab sich an ihr Spinnrad und versprach über meinen Schlaf zu wachen.

Kaum hatte ich die müden Lider geschlossen, war ich auch schon eingeschlummert.

Wenige Stunden später ließ mich eine Berührung wieder hochschrecken. Blitzschnell fuhr meine Hand zu meinem Dolch, doch es war nur Gunnlöd, die mich über den Rand ihres Wasserkruges verliebt anlächelte. Diesmal um mich zu waschen. Sie hatte Recht. Ich roch mittlerweile wie ein Iltis und etwas Körperpflege tat dringend Not.

Während sie mich mit einem feuchten Lappen säuberte und aufmerksam inspizierte, ging ich erneut meinen Plan durch. Der Ausgang meines Unternehmens hing einmal mehr an einem seidenen Faden. An seinem einen Ende befanden sich zwei gefährliche Riesenbrüder, deren maßlose Gier anscheinend nur noch von ihrer Missgunst aufeinander übertroffen wurde, denn einen anderen Schluss ließ Baugis Tatenlosigkeit nicht mehr zu. Und am anderen Ende des Fadens fand ich mich zwischen Gunnlöds fordernden Schenkeln wieder, die Rache an ihrem grausamen Vater übte, indem sie beschlossen hatte, ihr eigenes Blut zu verraten. Wollte ich mein Leben behalten, galt es die schöne Riesin also weiterhin bei Laune zu halten. Wie zu erwarten, flogen die zwei folgenden Tage und Nächte nur so dahin. Ein Rauschfest der Sinne, in das wir beide vollständig mit Leib und Seele eintauchten. Was mich unversehens an meinen eigenen ersten Frühling erinnerte. Jene Zeit des geschlechtlichen Erwachens, in der frisch Verliebte ihr neu entdecktes Spiel mit der Lust allenfalls unterbrechen, um anderweitige Bedürfnisse ihres Körpers zu stillen. Nahrung, die einzig und alleine neuer Kraftzufuhr dient, wird nach Möglichkeit im noch warmen Liebesnest zu sich genommen. Gunnlöd und ich verfuhren nicht anders.

Und während ich mich auf ihrem Lager von unseren Anstrengungen erholte, bereitete sie uns in der Nebenkammer einfache Speisen zu, die sie mir sodann liebevoll auftrug. Bis Suttung anhand der dahingeschmolzenen Vorräte seiner Tochter bemerken würde, dass sie einem ungebetenen Gast Obdach gewährte, würde ich längst wieder verschwunden sein. Gönnte sie sich etwas Schlaf, hielt ich die Wache. Dann betrachtete ich sie lange und spürte, wie das schlimme Schicksal dieser schönen Frau meine Empfindsamkeit berührte. Ich beklagte ihr Los, gleich einem eingepferchten, vergessenen Tier in diesem steinernen Grab dahinzudarben. Zur Untätigkeit verdammt, alleingelassen mit all ihren Hoffnungen und Träumen. Wer mochte erahnen, welche Nöte und Sehnsüchte sie in ihren einsamsten Stunden diesen nackten Felsenwänden bereits flüsternd anvertraut hatte.

Als nun die dritte Nacht glücklich hinter uns lag und ich aus meinem Halbschlaf erwachte, fand ich Gunnlöd schnarchend an meiner Seite. Mit dem nahenden Ende unserer Abmachung schien auch ihre Wachsamkeit verloschen. Kein Wunder, waren wir beide doch restlos übermüdet und erschöpft. In den vergangenen Stunden hatte das liebesbedürftige Mädchen unseren Leibern noch einmal alles abverlangt, uns zu wahren Höchstleistungen angetrieben. Wie eine Ertrinkende hatte sie sich während des Aktes an mich geklammert, als wolle sie mich niemals wieder aus ihrem Bett fortlassen. Je bitterer das Schicksal, desto größer die Sehnsucht.

Ich seufzte verdrossen. Mein Körper schmerzte von all den vollführten Verrenkungen, die ich in diesem Maße beileibe nicht mehr gewohnt war. Aber was half alles jammern? Der Trank harrte meiner. Jegliche meiner zunächst noch zärtlichen Bemühungen Gunnlöd wachzubekommen, scheiterten jedoch kläglich, sodass ich sie schließlich laut anzischen musste. Endlich blinzelte sie mich schläfrig an und stieß ein missmutiges Brummeln aus. Doch anstatt wach zu werden, wälzte sie sich nur mürrisch auf die andere Seite und schloss die Augen wieder. Meine Befürchtung, dass sich Gunnlöd, jetzt, da unser gemeinsames Stelldichein sein absehbares Ende gefunden hatte, weit weniger offenherzig zeigen würde, schien sich zu bestätigen. Aber so hatten wir nicht gewettet! Schließlich wurde ich ungehalten, packte sie grob an den Armen und hieß sie mit barscher Stimme unsere Abmachung einzuhalten. Die Zeit brannte mir unter den Nägeln, und so scheuchte ich sie aus dem Bett, mir die drei Methörner herbeizuschaffen.

„Ihr Mannsbilder seid doch alle gleich", jammerte sie schimpfend, sich dabei ein Laken um die runden Hüften wickelnd. „Kaum ist der Lustschweiß auf eurer Haut getrocknet, drängt ihr schon wieder zum Aufbruch!"

Noch während ich mich fragte, wo meine riesische Jungfer diese altweiberkluge Weisheit wohl aufgeschnappt hatte, erklärte ich ihr, nun wieder mit etwas milderer Stimme, dass ich von ihr lediglich meinen verdienten Lohn zu empfangen wünsche. Betrübt von der Gewissheit, dass dies gleichzeitig unseren Abschied bedeutete, setzte sie sich endlich in Bewegung und verschwand tappend in einem der vielen dunklen Gänge.

Kaum war ich alleine, waren all meine Sinne wieder zum Zerreißen gespannt. Würde sie Wort halten? Oder mich nun, da sie bekommen hatte, was sie wollte, an die ihren verraten? Schließlich schienen Wortbruch und Meineid in ihrer Sippschaft Gang und Gebe.

Ich schlüpfte in meine Hosen, ging nervös auf und ab und schalt mich bald selbst einen Narren. Wie nur hatte ich es soweit kommen lassen können? Mein Leben lag gänzlich in den Händen einer verliebten Riesin, deren Wankelmut ich nicht kannte. Zwar hatte unsere drei Nächte andauernde Lustreise ein unsichtbares Band des Vertrauens zwischen uns geflochten, doch angesichts meines in Kürze erfolgenden Abschieds, würde darauf nicht länger zu bauen sein. Auch dass ich nun ungehalten auf meinen Lohn drängen musste, wog nicht gerade zu meinen Gunsten.

Die Minuten zogen sich qualvoll in die Länge, und mein übermüdeter Verstand begann mir bereits Schreckensbilder vorzugaukeln. Schon sah ich vor mir aus dem Dunkel Suttungs wütende Gestalt auf mich zueilen, in der Hand ein Schwert oder eine Keule. Sollte ich fliehen? Nein. Ich hatte keine Wahl. Zu viel stand auf dem Spiel. Unser Handel musste um jeden Preis eingehalten werden. Vertrauen war erneut das Zauberwort, von dem jetzt alles abhing. Vertrauen in einen ausgeklügelten Plan, aus dem ich am Ende nicht als Geprellter hervorzugehen hoffte.

Man konnte den Stein förmlich poltern hören, der mir vom Herzen abfiel, als Gunnlöd endlich wieder auftauchte und das erste Horn hereintrug. Behutsam stellte sie es vor mir auf einen flachen Felsensims. Dann entfernte sie sich wieder, um das zweite Horn zu holen. Im schwachen Schein der Fackeln nahm ich die erste schimmernde Kostbarkeit näher in Augenschein. Seiner Größe nach musste das Horn von einem Auerochsen aus dem Sumpfland stammen. Seine glatt abgesägte Oberkante war in fein getriebenes Gold gefasst, in dem ich manche Zauberrune entdeckte. Kunstvolle Zwergenarbeit, die verriet, wie wertvoll den einstigen Besitzern ihr Inhalt gewesen war. Ein perfekt eingepasster Aufsatz, ebenfalls aus vergoldetem Horn, verhinderte, dass der Met verdunsten konnte.

Schließlich standen alle drei Trinkbehältnisse vor mir, die nun aufrecht in eigens geschmiedeten Stützvorrichtungen ruhten.

Gunnlöd, die sich hinter mir wieder auf ihr Lager begeben hatte und sich fröstelnd ein Fell über die Schultern zog, beobachtete mich aus traurigen Augen. Was kümmerte es mich? Meine gesamte Aufmerksamkeit gehörte allein Odrörir. Kvasirs Blut, das nun auf diese drei Gefäße verteilt zum

Greifen nahe vor mir stand. Während ich die Trinkhörner mit gierigen Blicken verschlang, hörte ich, wie Gunnlöd in meinem Rücken mit den Tränen kämpfte. Jetzt, da der wahre Beweggrund meines Erscheinens so offenkundig zwischen uns stand, schien ihre jungfräuliche Befangenheit zurückgekehrt. Schamhaft bemüht vor mir ihre nackte Blöße zu verbergen, war die Kühnheit, mit der sie sich zuvor meine Gesellschaft ausbedungen hatte, wie weggeblasen. Zweifel und Reue standen ihr im Gesicht. Ein heikler Moment, dem ich begegnen musste. Also wandte ich mich Gunnlöd wieder zu, beugte vor ihr ehrerbietig mein Knie und bat sie darum, meinen Lohn aus ihren huldvollen Händen empfangen zu dürfen.

Ein kurzes Zögern, dann ein dankbares Lächeln. Sie rutschte von ihrer Lagerstätte, trat neben mich und hob das erste Horn vorsichtig aus seiner Halterung, um es mir zu überreichen. Feucht schimmerten ihre Augen im Schein der Fackel, während sie feierlicher Stimme sagte: „Dies ist Odrörir, der heilige Rauschmet und zur Ekstase Anregende. Die anderen beiden Hörner werden Bodn und Són geheißen. Aus jedem von ihnen sollst nun du, Svafnir, einen Schluck tun dürfen. So ward es abgemacht und so soll es sein!"

Mit weit von sich gestreckten Armen hielt sie mir das Horn entgegen. Eine Geste, die die Kluft zwischen uns bereits offenbar werden ließ. Tränen rannen ihr nun die blassen Wangen hinab. Mein Interesse galt jedoch ausschließlich wieder dem mir dargereichten Trank, dessen dunkler Schimmer all die wundersamen Segnungen barg, die zu gewinnen ich dieses Wagnis auf mich genommen hatte. Der Met roch säuerlich und süß zugleich, ein wahrlich auserlesener Tropfen. Endlich, der wohlverdiente Siegespreis. Ich setzte das Horn an und schloss die Augen, um mich mit all meinen Sinnen ganz dem kostbaren Nass zu öffnen. Dann der Schluck. Als der kühle Met wie flüssiger Honigseim durch meine Kehle rann, schien sich meine Wahrnehmung schlagartig zu erweitern. Lichtflecken tanzten vor meinem Blick und ich fühlte mich auf eine Weise berauscht, wie sie nur dem Schöpfenden ansteht, sobald der Geist der Inspiration in ihn einfährt und sich vollständig seiner bemächtigt. Weder Haus noch Hof, weder Weib, Familie noch Sippe sind von Belang und Bedeutung, bis das zu Schöpfende in jene Form gebracht wurde, nach der es verlangt. Abertausende von Wortsilben schienen gleichzeitig auf mich einzustürzen, um sich vor meinem geistigen Auge zu leuchtenden Versen zusammenzufügen. Mein Geist begann sich auszudehnen, zu wachsen und zu gedeihen. Und es kostete den Dichter in mir alle Willenskraft, nicht sogleich eine Ode zu Ehren dieses vortrefflichen Trunkes anzustimmen.

Nicht weniger musste ich mich zwingen, das schwere Horn wieder abzusetzen. Denn eines war mir in diesem Augenblick unzweifelhaft klar geworden - kein noch so geringer Tropfen dieses Trankes durfte in der Hand der Riesen verbleiben! Doch alle drei Hörner bedeuteten eine Last, die ich auf meiner Flucht niemals würde unversehrt bewältigen können. Ich musste umsatteln. Ein neuer Plan tat dringlich Not! Doch nun war ich hellwach und wusste, was zu tun war.

Doch mein Mienenspiel schien mich zu verraten, denn Gunnlöds Gestalt begann zu wanken. Plötzlich glomm die Furcht in ihren Augen. Ihre Hände, immer noch ausgestreckt, bedeuteten mir mit den Fingern, ihr das Horn zurückzureichen.

Als sie jedoch meine Entschlossenheit sah, presste sie sich zitternd die Hände auf den Busen und stieß keuchend hervor: „Was ist Euch, Svafnir?" Ihr Argwohn hatte sie zur alten Anrede zurückkehren lassen. „Gier leuchtet auf in Eurem Blick. Finsterste Albenglut gewahre ich darinnen ... die dunkle Gier, sich mit Gewalt einzuverleiben, was Ihr soeben kosten durftet..."

Jegliche falsche Holdseligkeit war aus meinem Gesicht gewichen, als ich ihr mit kalter Stimme entgegnete: „Wahr sprichst du, Gunnlöd, Suttungstochter. Und keinen Grund gibt es mehr, dir meine wahre Absicht länger zu verhehlen. Schon lange bin ich auf der Suche nach jenem Manne, aus dessen Blut seine beiden Mörder diesen Trank einst gewannen. Dieser Mann nannte sich Kvasir und kam aus Asgard. Genau wie ich!"

Meine Worte ließen die Riesin erbleichen und wankend zwei Schritte zurückweichen.

„Ja, ich bin ein Feind deiner Sippe", fuhr ich finster fort. „Und dennoch habe ich einen Sommer lang deinem Vater und Oheim treulich den Dienst als Kornknecht verrichtet. Habe tagein tagaus die schwere Fron von neun Feldarbeitern getan. Aber anstatt des versprochenen Lohnes, ließ Suttung nur meinen Totschlag befehlen."

Gunnlöds Augen waren jetzt weit geöffnet. In ihnen spiegelte sich blankes Entsetzen. Furcht, Beschämung und die Abscheu über ihre eigene Rolle in diesem bösen Spiel, stürzten gleichzeitig auf sie ein. Nur unter Mühen brachte sie die folgenden Worte über die Lippen: „Dann … dann hast du dir meine Huld aus dem einzigen Grunde erschlichen, um an Odrörir zu gelangen?!"

Ich nickte. „So wie du dir meine Leidenschaft erworben hast, um mit deinem Vater abzurechnen. Sei jedoch versichert, dass ich nicht wusste, was mich hier unten erwartet, als dein Oheim mir dazu verhalf, in diesen Berg einzusteigen."

Sie keuchte: „Dann ist es dir also auch gelungen, Baugi zu täuschen..."

Ich nickte. „Wahr ist's, dass ich dein Vertrauen missbraucht habe, um an jene Kostbarkeit zu gelangen, die zu hüten dein Vater dich in dieses finstere Verließ einsperrte. Odrörir zu kosten und zu besitzen aber steht alleine uns Asen zu, da wir es waren, die Kvasir einst erschufen. Und nicht länger soll der Trank in den unwürdigen Händen mordgieriger Alben oder ränkischer Riesen verbleiben, wie dein Vater einer ist!"

„Ha, da urteilt der Rechte!", kreischte sie schrill. Ihre Worte wurden noch einmal von den nackten Felswänden zurückgeworfen, dann folgte eine unangenehme Stille. Es war die Stille vor dem Sturm. Wie ein gefährlich anschwellender Gebirgsbach, der nach der Schneeschmelze als brausender Strom ins Tal hinabpoltert und dabei über die Ufer seines viel zu klein gewordenen Flussbettes tritt, dehnte sich mit jeder weiter verstreichenden Sekunde die Kluft aus, die nun unüberbrückbar zwischen uns stand.

Laut hörbar sog Gunnlöd die Luft ein. Und als sie diesmal sprach, war ihre Stimme so frostig wie die eines Reifreisen: „Du elender Unhold. Natterngezücht. Schamlos hast du mich und meine Liebe missbraucht, auf die du nun spuckst, nachdem du mir auf der Bettstatt schmeichelnd alle Geheimnisse über deine künftige Beute entlockt hast. Zeit hattest du ja reichlich in diesen drei Tagen und Nächten, in denen du meinen Körper besitzen durftest…"

„Wie du den meinen, lieblichste Gunnlöd", konterte ich nicht maulfaul. Angespannt erwartete ich ihren nächsten Schritt. Würde ihre Enttäuschung in Wut umschlagen und sie dazu treiben, sich auf mich zu stürzen? Und würde ich sie dann überwältigen, niederstrecken oder gar töten müssen?

Doch das Gegenteil trat ein.

Aufheulend sank die Riesin vor mir auf die Knie und begann sich das Haar zu zerraufen. „Schande! Schande über dich, meinen Vater, meinen Oheim, die Alben, mich und mein ganzes elendes Geschlecht!", schrie sie von einem Weinkrampf geschüttelt und krümmte sich schmerzverzagt zusammen.

Für mich die Gelegenheit, meinen tollkühnen Plan weiter auszuführen. Erneut setzte ich das volle Horn, das ich noch immer in den Händen hielt, an die Lippen. Diesmal jedoch wesentlich steiler, um so mit einem gewaltigen Zug seinen gesamten Inhalt in mich hineinzukippen. Jetzt erwiesen sich die trinkfesten Männervergleiche meiner Jugend als nützlich, denn dort hatte ich gelernt, gefüllte Trinkhörner auf Zeitmaß ohne zu Schlucken hinabzustürzen. Noch bevor die arme Gunnlöd richtig begriff, zu was ich mich vor ihren verheulten Augen erdreistete, hatte ich auch schon die beiden anderen Hörner geleert und mir auf diese Weise den gesamten Zaubermet einverleibt.

Als ich ob dieses Gewaltaktes einen monströsen Rülpser tat, starrte sie mich mit offenem Mund und nicht weniger weit aufgerissenen Augen an. Offenbar fiel es ihr schwer zu erfassen, wessen Zeuge sie soeben geworden war, denn in einem Moment hatte ich in ihrem Beisein vertilgt, wofür sie all die bitteren Monate in diesem Kerker ausgeharrt hatte.

Hastig wischte ich mir mit dem Handrücken die verschütteten Tropfen aus dem Bart und griff nach meiner Tunika. Gunnlöd, noch immer auf ihren Knien kauernd, brach in glucksendes Gekicher aus. Enttäuschung, Wut und Ohnmacht sowie die Gewissheit, als Wächterin des Mets rundweg versagt zu haben, brachen als chaotischer Gefühlsreigen über sie herein und überforderten die junge Riesin restlos. Sie kicherte irr, lachte laut kreischend auf und begann aufs Neue zu heulen. Sie klagte, zeterte, jaulte wie ein Hund und riss erneut an ihren Haaren. Ein Bild des Jammers.

Ich ging vor ihr auf die Knie, schlug ihr mit der flachen Hand ins Gesicht und packte sie fest bei den Schultern. „Höre mich an, Gunnlöd." herrschte ich sie an. „Ich und dein Vater haben ein böses Spiel mit dir getrieben. Doch nun gibt es keinen Grund mehr für dich, länger in diesem kalten Gefängnis zu verharren, hörst du?" Ich schüttelte sie kräftig, denn ihr glasiger Blick deutete darauf hin, dass sich die letzten Reste ihres Verstandes gerade verabschiedeten. „Wenn dir vor dem Unsegen deines Vaters graut", redete ich weiter auf sie ein, „dann folge mir mit nach Asgard. Dort will ich mich für dich verwenden und dir Obdach und Schutz vor Suttungs strafender Hand gewähren!" Aufrichtiges Mitleid für das arme Ding hatten mir diese Worte auf die Zunge gelegt, doch sie schienen nicht bis zu Gunnlöd vorzudringen.

„Suttung...", murmelte sie leise vor sich hin. „...mein Vater, ...wo ist er...?" Dann plötzlich schien sich ihr Blick wieder aufzuklaren und verächtlich zischte sie mir entgegen: „Suttung wird dich niemals entkommen lassen, du elender Schuft! Räuber! Jungfrauenschänder! Hörst du? Niemals!"

Ich ließ sie so rasch los, als sei ihr Körper aus glühendem Eisen und erhob mich wieder.

Böse funkelte sie mich von unten an. „Glaubst du wirklich, dass ich dich so gehen lassen kann, Svafnir Schlangenzunge, oder wie immer du dich zu nennen pflegst?“ kreischte sie nun in einer solchen Lautstärke, dass die Wände ihr Gekeife als schauriges Echo zurückwarfen. „Nie und nimmer! Nach meinem Vater werde ich rufen, der wird dir falschherzigem Strolch das Fell über die Ohren ziehen. Dich aufspießen wird er und dich solange metzen, bis er den gestohlenen Met Tropfen für Tropfen wieder aus dir herausgepresst hat!“ Erneut verfiel sie in ein hysterisches Lachen.

Zeit für mich, die Beine in die Hand zu nehmen und endlich das Weite zu suchen. Ich griff mir eine der Fackeln und rannte los. Mein am Gipfel gebohrtes Felsenloch als Fluchtweg zu benutzen, konnte ich getrost vergessen. Selbst mit dem Licht meiner Fackel würde ich mich hoffnungslos verirren und Tage brauchen, die enge Öffnung wiederzufinden. Zudem lag die Vermutung nahe, dass Baugi das Loch längst wieder verschlossen hatte - sei es, um mir den Rückweg zu versperren oder um jegliche Spuren seiner Beteiligung zu verwischen.

Also vorne raus!

Ich hastete an Gunnlöd vorbei. Und ohne mich noch einmal nach ihr umzudrehen, steuerte ich die lange Steintreppe an, die hinauf zum Ausgang des Berges führte. An ihrem Fuße fiel meine Aufmerksamkeit auf eine mannshohe, rundliche Metallplatte, die an einer schweren Eisenkette hing und im Fackellicht matt schimmerte. Noch während ich über ihren Zweck nachdachte, nahm ich die ersten vier Stiegen auf einmal. Was meinem Magen ordentlich zusetzte, schwappten doch mehrere Liter schweren Honigweins in meinen Gedärmen. Die Stufen waren von den Zwergen recht grob aber gleichförmig in den Fels getrieben worden. Dafür waren sie stellenweise feucht und glitschig. Ein falscher Tritt und man konnte sich den Hals brechen. Bald begannen meine Lungen wie alte Blasebälge zu pumpen, während ich mit jedem weiteren Schritt das Zunehmen von Odrörirs berauschender Wirkung verspürte, der entgegenzustemmen mich all meine Willenskraft kostete. Bereits leicht schwankend hetzte ich weiter der erhofften Oberfläche entgegen.

Unter mir schrie die Riesin wie irr nach ihrem Vater. Im nächsten Moment erfuhr ich den Zweck der gedengelten Metallscheibe, denn ich vernahm ein schepperndes Dröhnen, das dermaßen laut durch den gesamten Berg fuhr, dass ich meinte, selbst die Stufen unter meinen Füßen erzittern zu spüren.

Gunnlöd hatte sich bis zum Fuß der Treppe geschleppt, an der sie nun mit ihrer mächtigen Eisenkeule auf den mannshohen Metallschild eindrosch. Offensichtlich eine von Suttung erdachte Alarmvorrichtung. Ich verdoppelte meine Anstrengungen. Drei Windungen weiter und ich konnte über mir bereits das Ende der Treppe ausmachen. Schnaufend kam ich zum Stehen. Natürlich war die Öffnung des Berges verschlossen. Ein gewaltiger Findling versperrte den Eingang, den zu bewegen selbst Thor Schwierigkeiten berei-

tet hätte. Diesen Fels zu überwinden war das letzte große Hindernis, das mich von der Freiheit trennte. Fieberhaft sann ich auf eine Lösung, als ich glücklich bemerkte, wie Odrörir mich zur Ruhe anhielt. Natürlich, warum sollte ich mich hier abmühen, wenn doch Suttung mir diese Last abnahm. Alles, was ich brauchte, war ein Versteck, um mich vor den Blicken des Riesen zu verbergen. Gedacht, getan. Ich lief wieder ein paar Stufen zurück, drückte mich in eine der dunklen Nischen, löschte die Fackel und wartete.

Nicht lange und der Riese kam. Schon war über mir jenes hässliche Knirschen zu vernehmen, das entsteht, wenn sich Stein an Stein reibt. Im nächsten Moment wurde der gewaltige Findling zur Seite gerückt und ein Lichtstrahl, so hell wie die Sonne selbst, schoss an mir vorbei in die Dunkelheit. Nur jener, der selbst schon einmal länger in absoluter Finsternis verweilt hat, vermag zu ermessen, welch ungeheure Kraft das Tageslicht besitzt, wenn es einem nach Tagen das erste Mal wieder begegnet. Und das, gleichwohl ich bis eben noch eine Fackel besessen hatte.

Schon im nächsten Augenblick verdunkelte sich die lichthelle Öffnung wieder und Suttungs massiger Leib quetschte sich laut fluchend hindurch. Noch tiefer presste ich mich hinein in meine Felsenspalte. Dabei gereichte mir zum Vorteil, dass Suttung, der vom Licht ins Dunkel hinabstieg, die ersten Momente ebenso wenig sehen konnte wie ich, der aus der Finsternis ins blendende Tageslicht wollte. Polternd stampfte der Riese an mir vorbei und verschwand in der Tiefe, aus der noch immer Gunnlöds Schläge dröhnten, die den gesamten Berg zum Erzittern brachten. Staub und kleinere Steinchen rieselten bereits von der Höhlendecke. Wenn sie weiter so verfuhr, würde am Ende noch der gesamte Berg einstürzen und sie mitsamt ihrem Vater unter sich begraben.

Keine so unangenehme Vorstellung wie ich fand, denn mir war nicht die große Steinaxt entgangen, die Suttung in seiner Rechten führte, als er an mir vorbei in die Dunkelheit getrampelt war. Kaum war er um die erste Biegung verschwunden, reckte ich vorsichtig meine Nase hervor, um zu sehen, ob die Luft rein war. Zu meiner großen Freude folgten Suttung keine Wächter nach. Gunnlöd sollte also Recht behalten. Das Misstrauen ihres Vaters, der nicht einmal dem eigenen Bruder über den Weg traute, kam mir nun zupass. Ich kletterte aus meinem Versteck hervor und eilte die restlichen Stufen nach oben. Hell erstrahlte die halbrunde Öffnung des Berges und wies mir den Weg. Ein letzter Sprung und ich hatte mein Tor in die Freiheit passiert!

Tatsächlich, ich konnte es kaum glauben. Ich stand alleine auf dem Gipfel des Berges und war gänzlich unversehrt an Leib und Leben. Selbst der bucklige Baugi ließ sich weit und breit nicht blicken. Ein Hoch auf den Neid und das Misstrauen in Suttungs Sippe!

Nachdem ich mich einigermaßen orientiert hatte, begab ich mich kletternd auf die andere Seite des Berges, dorthin, wo ich meine Reisetasche samt Adlergewand zurückgelassen hatte. Ich konnte nur mutmaßen, was sich derweil in der Tiefe des Berges abspielte, wusste aber, dass mir nicht viel Zeit blieb, bis Suttung die Wahrheit herausfinden und mir nachfolgen würde. Doch es war nicht leicht, mein Versteck auszumachen, denn der Felsen, den ich vor drei Nächten im Dunkel ausgewählt hatte, bot sich nun in einem anderen Licht dar. Endlich aber entdeckte ich meine Sachen, die ich vor Baugis Blicken gut genug verborgen zurückgelassen hatte. Hastig riss ich das Federkleid aus meiner Tasche und streifte es mir über. Noch bevor ich es mir am Halse verschlossen hatte, vernahm ich Suttungs wütendes Lärmen. Nachdem der Riese den Raub seines Trankes entdeckt hatte, war er wie erwartet die Treppe wieder hinaufgestürmt.

Und Gunnlöd, plötzlich von einer jäh aufkeimenden Furcht um das Leben ihres treulosen, aber bisher eben auch einzigen Liebhabers ergriffen, war ihm nachgestolpert. Oben angekommen, schlug sie sich schmerzhaft geblendet die Hände vors Gesicht. Ihre Rückkehr ans Tageslicht hatte sie sich wohl anders vorgestellt. Da sie mich nicht entdecken konnte, sank sie kraftlos in sich zusammen, und begann wieder ihr Wehgeschrei aufzunehmen.

Währenddessen hastete Suttung mit fuchtelnder Axt auf dem Gipfel herum und hielt weiterhin fluchend nach mir Ausschau. „Zur Hel mit deinem Gegreine, du dumme Gans!" herrschte er seine Tochter wütend an. „Wo ist er hin, dieser räuberische Halunke und Mädchenschänder? Wo steckt er bloß? Rede! Hat er etwa Flügel bekommen, dieser ehrlose Schuft?!"

Noch ahnte Suttung nicht, wie richtig er mit seiner Vermutung lag. Angespannt presste ich mich gegen einen großen Felsvorsprung, um von dort auf eine günstige Gelegenheit zur Flucht zu warten.

Da der Riese keine Spur von mir fand, packte er die arme Gunnlöd brutal am Haarschopf und dröhnte: „Wer war dieser Mann? Erkläre dich, Weib? Hockst hier splitternackt auf dem Boden herum und quiekst wie ein Ferkel vorm Schlachten. Ich hätte es wissen müssen, dass dieser ausgebuffte Schurke nicht klein beigibt, nachdem Baugi ihn mir angeschleppt hatte. Den Schädel hätte er diesem Bölwerk einschlagen sollen. Doch er hat ihn laufen lassen, dieser strohköpfige Blutsverräter von einem Bruder. Und alles, weil er angeblich ein paar Felder gemäht hat. Ha! Das kommt dabei heraus, wenn man sich nicht selbst um alles kümmert. Und dieser Bölwerk, anstatt sich zu trollen und seines Lebens zu erfreuen, hat sich darauf mit List und Tücke in meinen Berg hineingeschlichen, dir wohl restlos den Kopf verdreht und sich nun meines Trankes bemächtigt. Ausgetrickst hat er uns alle, dieser Erzgauner von einem jauchesaufenden Halunken!" Suttung schien jetzt wie von Sinnen.

In seinen Augen glomm der Wahnsinn und bedrohlich schwang er die Steinaxt über Gunnlöds Haupt. „Ich weiß nicht, was mich davon abhält, dich...!"

Aus meiner Position war nur schwer auszumachen, ob er seine Tochter im nächsten Augenblick nicht köpfen würde. Doch stattdessen gab er ihr eine schallende Ohrfeige, sodass sie ihr Laken verlor und zu seinen Füßen nackt in den Staub rollte. Zorngeschwollen schrie er weiter auf sie ein: „Hab ich dafür etwa all mein Vertrauen in dich gesetzt, dass du dich dem erstbesten Lumpen an den Hals wirfst? Los, mach endlich dein verdammtes Maul auf, du läufige Metze! Wohin ist er geflohen? Seine eigenen Eingeweide lass ich ihn fressen, diesen Bastard!" Doch je lauter Suttung brüllte, desto gellender wurde auch Gunnlöds Gezeter.

Da hatte er mich plötzlich entdeckt. Endlich vollständig verwandelt, hüpfte ich auf meinen krallenbewehrten Fängen zu einer Kante des Berges, die sich etwas unterhalb des Gipfels befand. Von dieser aus gedachte ich mich in die Tiefe hinabzustürzen, um hierdurch genügend Auftrieb für meine Flucht zu erhalten. Stellte doch der Met in meinen Eingeweiden eine nicht unerhebliche Zusatzlast dar, die erst einmal in die Lüfte gestemmt werden wollte.

Augenblicklich ließ Suttung von der wimmernden Gunnlöd ab, die sich ihm jedoch, kaum hatte sie mich ebenfalls gewahrt, sogleich an sein Bein krallte und nicht mehr losließ.

„Ha, wusst' ich's doch!" frohlockte der Riese und mühte sich, Gunnlöd abzuschütteln. „Aber wart nur, Bürschchen, du sollst nicht lange Grund zur Freude haben!" Er gab seiner Tochter einen bösen Tritt und machte sich daran, mit gewaltigen Sätzen den Hang zu mir hinabzupoltern. Ich machte, dass ich wegkam und schlug nun rudernd mit den Armen, die als federbesetzte Schwingen bereits ihre Arbeit taten. Nur noch wenige Meter bis zur Kante. Doch Suttung, schnaubend wie ein wildgewordener Keiler, stampfte mit solcher Geschwindigkeit heran, dass etliche Felsen sich lösten und mir als staubige Geröllawine entgegendonnerten.

Fast gleichzeitig erreichten wir die Kante. Suttung hatte seine Steinaxt bereits erhoben, doch ließ ich ihm keine Zeit nach mir zu schlagen, denn ich stürzte mich geradewegs über den Kamm des Gipfels in die Tiefe hinab. Bange Sekunden lang sackte ich wie ein Stein, dann endlich fanden meine Schwingen den rechten Winkel zur Windströmung, die mich darauf pfeilschnell wieder nach oben trugen. Kräftig schlug ich aus und kam so wieder auf Höhe des Gipfels, auf dessen Grad ich den vor Wut schäumenden Riesen wähnte. Doch war ich es, der sich überrascht fand, denn mit all seiner Kraft hatte mir Suttung seine Axt hinterhergeschleudert. Nur um Haaresbreite verfehlte die schwere Schneide ihr Ziel, bis die Waffe in weitem Bogen unter mir in der Tiefe verschwand.

Doch damit nicht genug. Auch der Riese schien ein Meister der schamanischen Verwandlungskunst, denn zu meinem großen Entsetzen zauberte er ebenfalls ein Federkleid hervor. Sein rechter Arm hatte sich bereits zur Adlerschwinge gestaltet, während sich seine Nase zu einem Schnabel formte. Ich legte mich abermals rüstig ins Zeug. Noch war dieser Raubzug also nicht gewonnen. Suttungs dröhnendes Geschrei übertönte jedoch das Rauschen meiner Flügel.

„Und wir beide sprechen uns wieder, wenn ich mit dem Kopf dieses Lumpen zurückkehre," bellte er seiner Tochter mit bereits krächzender Stimme zu. Seine Verwandlung war fast abgeschlossen. „Dann lasse ich dich seine Lippen noch einmal küssen!"

Wer Suttung kannte, weiß, dass der Riese nicht gezögert hätte, seine Drohung wahr werden zu lassen. Doch dafür musste er mich zunächst einmal erwischen. Zwei gewaltige Adlerflügel waren ihm jetzt gewachsen. Und als er sich mit ihnen gleichfalls abstieß, um mir laut rauschend hinterherzujagen, da wusste ich, dass ich erneut um mein Leben bangen musste. Mit einem letzten Blick auf den Hnitbjörg-Felsen gewahrte ich die süße Gunnlöd. Mit wild zerrauftem Haar, tränennassen Augen und ihre Nacktheit nur notdürftig mit einer Decke verhüllend, kauerte sie auf dem Gipfel ihres ehemaligen Kerkers. Ihre winkende Hand zu einem letzten wehmütigen Gruß an mich erhoben.

Auf Aaresschwingen kam nach Asgard geflogen,
laut rauschend der oberste Rater der Asen.
Doch Suttung, der grimmige Sudverderber,
auf Flügeln geschwind folgte nach,
über Klüfte von tausend Klaftern,
dem vom Rauschtrank beschwerten Räuber.

Während unsere gefiederten Schwingen die Wolken zerteilten, zogen unter uns weite Täler und schneebedeckte Gebirgskämme dahin. Noch lange wird mir diese wilde Verfolgungsjagd in Erinnerung bleiben, denn Suttung und ich schenkten uns nichts. Während ich mich nun, dank Odrörirs Wirken, unseren heimischen Gefilden mit geradezu berauschender Leichtigkeit weiter entgegenschraubte, wurde Suttung von seiner unbändigen Wut angetrieben. Der Umstand, dass ich nicht nur sein wertvollstes Eigentum gestohlen, sondern darüber hinaus seine einzigste Tochter entehrt hatte, ließ keinen Zweifel darüber offen, was mir blühte, sollte der grimmige Riese mich in die Fänge bekommen.

Diese unangenehme Aussicht im Nacken gebot meinem bereits siegestrunkenen Höhenflug Einhalt. Wer vermag zu erahnen, was sonst geschehen wäre? Die berauschende Kraft Odrörirs pulsierte mittlerweile durch jede einzelne Zelle meines Seins. Nicht viel hätte wohl gefehlt und ich hätte in meiner Verblendung nach den Sternen gegriffen. Denn längst drängte mein Geist danach, meinen Körper zu verlassen. Überlebenswille, Pflichterfüllung oder Sippentreue schienen unendlich weit fort und scherten mich nicht länger. Meine Gedanken kreisten bereits um andere Sonnen. Nicht viel hätte gefehlt, um aus meinem Abenteuer eine Reise ohne Wiederkehr werden zu lassen. So aber war es die Kraft, der unerbittliche Hass meines Verfolgers, die mich vor mir selbst bewahrten.

Nach einer wilden Hetzjagd, die Suttung und mich bis an den Rand der Erschöpfung brachte, passierten wir endlich Asgards Grenzen. Glücklicherweise blieb mein Kommen dem scharfen Auge unseres stets treulich wachenden Heimdall nicht verborgen. Als er mich und meinen Jäger am Firmament entdeckte, zog er sogleich die richtigen Schlüsse. Doch noch während der brave Heimdall warnend in sein Horn stieß, um die unseren sich zur Gegenwehr rüsten zu lassen, kamen mir Suttungs rasiermesserscharfe Fänge so nahe, das ich das Rauschen seines Gefieders bereits im Nacken spürte. In einem letzten verzweifelten Versuch mich zu packen, setzte der Riese alles aufs Spiel. Im Sturzflug ließ ich mich nach unten sinken. Zwei weitere kräftige Flügelschläge und endlich überflogen wir unsere Festungsmauer. Auf dem großen Exerzierhof vor der Walhall, wo Abertausende von Einherjern sich in täglichen Kampfübungen messen, entdeckte ich einen großen, leeren Bierkessel. Den hatten die Mägde nach dem letzten großen Festgelage ins Freie getragen, geschrubbt und nun zum Trocknen in die Sonne gestellt. Dieser Kessel war es, dessen ich in diesem Augenblick höchster Not bedurfte. Pfeilschnell lenkte ich meinen Sturzflug darauf zu.

Und während Suttung noch mit sich rang, ob er mir mitten in des Feindes Feste folgen sollte, bremste ich meinen Flug so rasant ab, dass ich den gesamten Inhalt meines Magens in den bereit stehenden Kessel spie. Suttung indes, der seinen blindwütigen Sturzflug hinter mir nicht mehr zu bremsen vermochte, krachte mit solch gewaltigem Getöse aufs Dach der Walhall, dass ihr altes Sparwerk kläglich knarrte und ächzte. Zu Hunderten strömten die Krieger nun herbei und rasch wurde der Gestrauchelte eingekreist und schließlich erschlagen. Als sie mit Suttung fertig waren, war kaum mehr als ein blutiger Haufen von ihm übrig, während seine losen Federn in Massen über den Exerzierplatz wirbelten. Lediglich der Kopf des Riesen war unversehrt geblieben.

Ich indes war froh, dieses Abenteuer heil an Leib und Seele überstanden zu haben. Kaum aber hatten meine herbeigeeilten Söhne mich aus dem Adlergewand gepellt, wurde ich auch schon mitsamt dem Kessel auf einen breiten Schild gehoben. Odrörir wurde zwischen meinen Beinen abgestellt und mir Gungnir in die Hand gedrückt. Und unter dem frenetischen Jubel meines Heeres stemmtet ihr, meine Söhne, mich alsdann auf dem Schild in die Höhe. Dann trugt ihr mich darauf umher und ließet mich aus etlichen Kehlen viele Male hochleben. Gleichzeitig erschallten in ganz Asgard die Rufhörner, um jedermann zu verkünden, dass Odin, ihr König und Führer, siegreich von seiner Raubfahrt heimgekehrt war.

Zuckende Blitze und buntschillernde Farben durchrauschten meinen trunkenen Geist. Eindrücke und Nachwirkungen, hervorgerufen durch Odrörirs Kraft, der meinen Leib nun wieder verlassen hatte. Da endlich, in diesem glorreichen Augenblick höchsten Triumphes, fielen alle geistige Entrücktheit, alle Unrast von mir ab, und machten jener berauschenden Gnade Platz, die nur jene zu schätzen wissen, der sich selbst schon für das Wohl ihrer Gemeinschaft und das Wohl ihres Vaterlandesverdient gemacht haben. Da endlich war ich wirklich heimgekehrt und wusste wieder, für was ich all diese Mühen und Gefahren auf mich genommen hatte.

Einige Tage darauf kam eine Gesandtschaft von Riesen nach Asgard. Nachdem Heimdall sie unter strenger Bewachung hatte passieren lassen, begehrten sie Einlass und baten um Audienz. Vor mir suchten sie über Suttungs Verbleib zu forschen, den man zuletzt als Adler hatte davonfliegen sehen. Der habe einen üblen Räuber verfolgt, der sich Bölwerk nenne und in Richtung Asgard entkommen sei. Ob sich jener Schuft in meinem Reich verberge und ich ihm Unterschlupf gewähre, wollten sie von mir wissen. Falls dem so wäre, hätte ich den Dieb ebenso unverzüglich auszuliefern wie den kostbaren Trank Namens Odrörir, den jener Bölwerk ihnen gestohlen habe.

Wer solches behaupte, verlangte ich zu wissen. Da führten sie Suttungs Bruder Baugi an, den jener Bölwerk erst ausspioniert und schließlich hintergangen habe. Ha, Riesen, Trolle oder Alben – am Ende kannst du keinem von ihnen trauen! So also stritt ich selbst alles ab, leugnete jegliche Beteiligung an Odrörirs Raub und verlangte Beweise für die vorgebrachten Anschuldigungen. Sie verwiesen auf Suttungs Tochter, die alles bezeugen und den Schuldigen, der sich ihr als Svafnir vorgestellt habe, enttarnen könne. Die wollten sie wohl herbeischaffen falls nötig und behaarten weiterhin auf ihrer Forderung. Da ich aber wenig Lust verspürte, Gunnlöd im Kreise meiner Sippe noch einmal unter die Augen zu treten, schwor ich kurzerhand einen heiligen Eid auf Draupnir, dass weder Odrörirs Dieb noch der gesuchte Trank sich in Asgard befänden. Die Verbündeten eines toten Erzgauners und Kriegstreibers in meiner eigenen Halle zu belügen, dünkte mich da nicht weiter verwerflich. Damit wies ich den Riesen die Tore. Grollend, aber angesichts der sie umgebenden Überzahl von Feinden machtlos, verließen sie darauf enttäuscht unsere Feste.

Später berichtete mir unser hellhöriger Heimdall, dass er sie auf ihrem Rückweg belauscht habe. Einer der Reifriesen habe laut ausgerufen: „Den Eid auf den Goldring hat Odin geleistet, wer mag seinem Treuschwur damit noch länger trauen!?"

Und ein anderer habe gesprochen: „Den betrogenen Suttung ließ er des Trankes beraubt und Schlimmeres mag Suttung selbst widerfahren sein. Verloren haben wir unseren klügsten Kopf im Kampfe wider unseren Feinden. Und Gunnlöd, sein einziges Kind, sitzt nun verwaist daheim in der Asche, bitter klagend auf die Rückkehr ihres Erzeugers hoffend!"

Den letzteren Ausspruch nun fand ich ein wenig übertrieben, hatte mir Gunnlöd doch immerhin die Freiheit zu verdanken. Und schön und reich, wie sie nun war, würde sie sicherlich nicht lange alleine bleiben. Kaum aber war die riesische Gesandtschaft fort, da verfuhren wir mit Suttungs Leiche auf die gleiche Weise, wie er es zeitlebens mit seinen Feinden gehalten hat. Wir nahmen seinen abgehackten Kopf und steckten ihn zur Abschreckung auf einen Pfahl, den wir am Ufer des Streitachstromes aufrichteten. Dort steht er bis heute als Warnung für all jene, die meinen, sich im Geiststreit mit uns Asen messen zu können.

Der göttliche Erreger des Geistes aber ward wiedergewonnen. Und groß war bei unserem Volk und den Wanen die Freude darüber, dass der heilige Odrörir, und damit auch ein Teil von Kvasir selbst, endlich wieder in unsere Mitte zurückgekehrt war. Ein großes Siegesfest wurde anberaumt, mit dem wir alljährlich bis heute jenem glücklichen Tag gedenken.

All die Spritzer aber, die ich während meiner Flucht vor Suttung verlor, fielen damals bis nach Midgard hinunter. Dort kann sie ein jeder haben, der durch Fleiß oder Zufall auf sie stößt. Deshalb nennen die Menschenkinder die verschütteten Tropfen bis heute ‚Teil der Dichterlinge', da sie einem jeden Inspiration und Dichtkunst verleihen, der das Glück hat, auf sie zu stoßen.

Als der Göttervater seine Erzählung beendet hatte, dröhnte die bierselige Stimme des Donnergottes durch die Halle: „Ein Hoch auf Odin, unseren ruhmreichen Führer und Vater!" Und wie ein Mann erhoben sich alle Asen, um erneut auf das Wohl ihres Herrschers anzustoßen. „Heil dir Odin, für Ruhm und Odrörirs Weisheit!", prostete ihm die fröhliche Runde einstimmig zu, worauf ein jeder einen tiefen Schluck aus seinem Trinkgefäß nahm.

„Welch großer Segen für unsere Sippe, dass dieser wertvolle Trunk sich nun wieder in unserem Besitz befindet", stellte Thor anerkennend fest.

# Zwischenspiel

„In der Tat", pflichtete Frigg dem Erstgeborenen ihres Gatten bei, hatte allerdings eine missbilligende Miene aufgesetzt, als sie fortfuhr, „obgleich ich mir gewünscht hätte, du wärest bei der Ausschmückung deiner Treulosigkeiten etwas weniger ausführlich zu Werke geschritten, mein Gemahl."

„Ach was", verteidigte Loki Odins Abenteuer, „warum verschweigen, was ohnehin einem jeden in dieser auserlesenen Runde bekannt ist? Unser aller Oberhaupt ist nun mal kein Kostverächter und somit stets bereit seinen Mann zu stehen, wenn es darum geht, dem Sippenheil zu dienen, nicht wahr?" Loki schenkte dem Göttervater ein Augenzwinkern und prostete ihm erneut zu. „Außerdem wüsste ich hier nicht einen", fuhr er fröhlich fort, „dem die etwas deftigeren Schilderungen diverser Begebenheiten nicht das Ohr erfreuen und das Herz erwärmen würden." Er blickte grinsend umher, bis sein schon leicht glasiger Blick auf dem Skalden Bragi hängen blieb. „Nun ja, einer vielleicht." korrigierte er sich selbst und grinste Bragi dabei herausfordernd an. Als der jedoch nichts erwiderte, stichelte Loki weiter: „Unserem Musterbeispiel an Anstand und guter Sitte, dem man zu seinen unter Menschenkindern erworbenen Idealen nur herzlich gratulieren kann."

„Halte deine Zunge lieber im Zaum", zischte der weißbärtige Skalde unheilverkündend, „ich weiß nur zu gut, auf was du hier anzuspielen versuchst!"

Loki setzte seine unschuldigste Miene auf: „Nicht doch, mein guter Freund. Wir alle hier wissen um die Beteuerungen deiner Liebe, die du deiner hübschen Gattin voller Inbrunst tagtäglich angedeihen lässt." Er kicherte boshaft. „Leider wohl mehr mit Worten als mit Taten!"

Finster zogen sich die Augenbrauen des Skalden zusammen. Schon hatte seine rechte Hand sich zur Faust geballt, als sich beschwichtigend eine schmale Hand darauf legte. Iduna, Bragis junge Gemahlin, die an seiner Seite saß, flüsterte gedämpft: „Lass dich von ihm nicht aufreizen, Liebster. Loki ist betrunken und es nicht wert, dass du deinen feinsinnigen Odem an ihn verschwendest!"

„Ja, hör nur auf dein holdes Rotbäckchen, alter Freund", pflichtete Loki der Frühlingsgöttin feixend bei, an die er sich nun wandte: „Doch sei dir versichert, lieblichste Iduna, dass unser hoch geschätzter Spielmann hier nicht immer nur ein Mann der goldenen Worte war. Oh nein. Denn auch, wenn man es heute kaum noch glauben mag, so war er doch früher hinter so mancher Schürze her. Doch ach, die Liebe enttäuschte ihn gar bitterlich, sodass er beschloss, fortan der Wollust zu entsagen. Im Walde saß er, unser Dichter, um sich voller Wehmut seinem Schmerz hinzugeben und sich seinen Verdruss von der Seele zu singen." Jetzt warf Loki dem Göttervater einen ungnädigen Blick zu. „Bis unser geliebter Führer hier beschloss, seinen verschollenen Sohn heimzuholen, um ihn fortan als ersten Sprecher an diesem Hofe hier einzusetzen. Welch folgenschwere Entscheidung für das Vergnügen in Asgard." Lokis Worte ernteten manchen Lacher unter den Asen, denn es war kein Geheimnis, dass Bragi, seit er unter ihnen weilte, sich selbst zum Hüter der Moral ernannt hatte.

Die allgemeine Heiterkeit ermutigte Loki, mit spöttischer Stimme fortzufahren: „Oh ja, bester Bragi, das war ein wahrer Segen für uns ungeschlachte Barbaren, die du seither so aufopfernd bemüht bist, von ihrer verwerflichen Sorglosigkeit zu entbürden." Loki seufzte in gespielter Traurigkeit laut auf. „Ach, man mag es kaum glauben, aber dennoch gibt es ein paar unter uns, die sich voller Wehmut an jene Zeit vor deinem Auftauchen erinnern. Eine Zeit, als rauschende Feste noch das hielten, was sie versprachen und Walhalls Tische sich noch bogen unter dem rauschenden Treiben von ausgelassenen Zechern und ihren willigen Liebchen. Glückselige Momente, die da herrschten, bevor unser hoch geschätzter Skalde hier auftauchte, der seither nicht müde wird uns mit seiner auf Midgard erworbenen Sittlichkeit zu beglücken."

„Was redest du dir da zurecht, Schimpflicher?" protestierte Bragi, der, nun sichtlich aufgestachelt, die Hand seiner Gattin beiseite streifte und sich erhob. „Ein jeder hier weiß, dass es der Geist der Asen ist, der den Menschen Anstand und Redlichkeit verleiht. Doch die Zustände, die bis zu meiner Ankunft in Odins Kriegerhalle vorherrschten, waren einer Sippe, welche sich anschickt den Menschen als leuchtendes Vorbild zu dienen, gänzlich unangemessen, ja, verabscheuungswürdig. Und wenn du davon sprichst, bedienenden Mägden nicht an den Hintern zu grapschen und sie zur Liederlichkeit anzuhalten, so hast du dich um dieses Gebot doch noch nie geschert!"

„Was ja wohl noch schöner wäre!" erwiderte Loki und grinste dabei frech. „Leider scheint dir noch nie der Gedanke gekommen, dass einige der Mägde und Walküren es sehr wohl gutheißen, von vergnügten Recken, die sie nach ihren Kampfspielen mit Met versorgen, auf solche Weise Anerkennung gezollt zu bekommen."

„Indem sie sich von rülpsenden Schlagetots an den Hintern greifen lassen, aber sicher!" bestätigte der Skalde höhnisch.

Loki, der nun wieder Iduna ins Auge fasste, erwiderte scherzhaft: „Manche Maid möchte zuweilen eben auch einmal richtig angefasst werden, anstatt der Liebe ständig nur in Worten lauschen zu müssen." Lüstern fuhr er sich mit der Zunge über die Lippen. „Manche wollen das Fleisch lieber schmecken, als davon nur vorgesungen zu bekommen."

Als Iduna darauf errötete und den Blick beschämt zu Boden senkte, war es mit der Höflichkeit des Skalden endgültig vorbei: „Du elender..."

Doch noch bevor Bragi das geeignete Schimpfwort auf die Zunge sprang, das seinen Zorn auf Loki in angemessener Weise wiedergab, schnitt der ihm wieder das Wort ab, um mit seinen Spötteleien fortzufahren: „Aber, aber, was erregst du dich denn so, mein Bester? Du hattest doch von Beginn an einen guten Stand bei unserer hübschen Idun, die, wie wir ja jetzt alle wissen, wohl eine gewisse Schwäche für bereits angegraute Männer hegt und gesetzter Mannesreife den Vorzug vor der noch grünen Jugend gibt. Kein Grund also dich zu beklagen."

Bragi, tief gekränkt, dass hier wieder mal Spott auf seine Kosten getrieben wurde, spannte sich. In einer Gesellschaft, die Dank einer höheren Macht der ewigen Jugend frönte, waren er und sein Vater die beiden einzigen, deren Erscheinung etwas rüstiger daher kam. Odin, weil er eben Odin war, den die Aufgaben und vielen Sorgen seines Amtes vor seiner Zeit hatten ergrauen lassen, und Bragi, weil er erst zu einem späteren Zeitpunkt zu den Asen gestoßen war. Odins Rang verlieh diesem eine gewisse Unantastbarkeit, doch Bragi sah sich ob seines fortgeschrittenen Alters zuweilen gewisser Spötteleien ausgesetzt, bei denen sich vor allem Loki unrühmlich hervortat. Bragis Reflexe indes hatten von ihrer einstigen Schnelligkeit kaum etwas eingebüßt, und so staunte Loki nicht schlecht, als der graubärtige Skalde plötzlich auf ihn zuschoss und ihn hart am Schlafittchen packte. „Treib es nicht zu weit, du windiger Schürzenjäger!" knurrte Bragi bedrohlich. „So ein seniler Narr bin ich noch nicht, dass ich nicht mitbekäme, was ohnehin schon jeder hier weiß – dass du ewig hinter den Röcken meines Weibes her bist, sobald dich wieder mal der Hafer sticht!"

„Mich sticht er wenigstens noch ab und an", konterte Loki bissig und entwand sich mit einer geschickten Drehung dem Griff des aufgebrachten Skalden.

Als daraufhin erneut loses Gelächter den Saal erfüllte, griff der erboste Bragi nach seiner Leier und wollte mit ihr schon zum Schlag ausholen, als die Frühlingsgöttin ihren Gatten erneut zurückhielt: „Halte ein, Geliebter, gedenke deines Ansehens und lass dein kostbares Instrument nicht die schändlichen Worte einer Natter büßen, der nichts anderes ansteht, als ewig nur Gift auf unser gewachsenes Band der Liebe zu träufeln!"

Loki, der sich aus Bragis Reichweite gebracht hatte, wippte vergnügt auf den Fersen: „Genau, du Held, höre auf den Rat deines getreuen Liebchens, bevor du dich auf deinem Rachefeldzug noch verletzt!"

Tatsächlich hätte nicht mehr viel gefehlt, und Bragi hätte dem bösen Spötter tatsächlich seine Leier um die Ohren gehauen, wäre da nicht Odins befehlsgewohnte Stimme durch den Saal gefahren. „Genug der Feindseligkeiten", rief er die beiden Streithähne zur Ordnung, und verhinderte damit im letzten Moment das sich anbahnende Unglück. Der Göttervater wirkte etwas müde, als er jetzt sein Haupt schüttelte. Denn stellten die immerwiederkehrenden Auseinandersetzungen zwischen Loki und seinem Sohn für alle auch stets eine unterhaltsame Abwechslung dar, so war doch größte Eile geboten, sobald sich einer der beiden zu sehr erhitzte.

„Was geschah nach deinem Fortgang mit Gunnlöd?" klang jetzt die helle Stimme der Liebesgöttin Freyja durch den Saal, die sich mit ihrer Frage an Odin gewandt hatte. „Wie wir wissen, war sie nicht die einzige deiner Buhlen, die du in anderen Umständen zurückließest." Aufmerksam blickte die schöne Wanengöttin in Odins Antlitz, das bei dieser Feststellung fast unmerklich zuckte.

Odin wusste sehr wohl, auf was Freyjas Frage hin abzielte, die weit mehr als nur weibliche Neugier enthielt. War doch auch sie einst vor vielen Jahren von ihm geschwängert und sitzen gelassen worden, als er ihr in jungen Jahren unter dem Namen Odur begegnet war.[1] Allerdings hatte damals auch Freyja ihren Teil dazu beigetragen, der ihn dazu veranlasst hatte, sie zu verlassen und das Weite zu suchen. Deshalb überging Odin diese Anspielung seiner einstigen Bettgenossin, setzte eine erhabene Miene auf und ließ sich nichts anmerken. Stattdessen erhob er sich, trat neben den sich nur langsam wieder beruhigenden Bragi und legte diesem eine Hand auf die Schulter. Dann verkündete Odin nicht ohne Stolz: „Gunnlöd gebar mir einen kräftigen Sohn, und ich bin glücklich, dass er nun hier unter uns weilt."

Doch mit dieser Antwort gab sich Freyja nicht zufrieden: „Es ist kaum zu überhören, dass Lokis Spott immer wieder auf Bragis fortgeschrittenes Alter hin abzielt." Die Göttin wandte sich ihrem Bruder Freyr um. „Wir beide wissen nichts darüber, wie Bragi zu euch Asen kam. Warum also gibst du uns nicht die Ehre, und lässt uns teilhaben an jener Geschichte, die von Bragis Abenteuern kündet?" Sie nickte Bragi dabei freundlich zu, der, geschmeichelt vom Interesse dieser schönen Frau an seiner Lebensgeschichte, ihre Geste mit einer leichten Verbeugung quittierte.

„Bestens!" ließ sich nun auch wieder Loki vernehmen, der des Spottens noch längst nicht müde war. Flink tauchte er zwischen Bragi und Odin auf und rief in gespreizter Höflichkeit: „Ergötze uns mit deinen Abenteuern und lass uns teilhaben am kostbaren Fundus deiner auf Midgard so reichlich erworbenen Lebensweisheiten!"

Von Bragi schien jedoch jegliche Streitlust abgefallen, denn er schüttelte lediglich das Haupt und seufzte: „Zu schmerzlich erscheinen mir noch immer die Erinnerungen an jene Zeit, die ich unter den Menschen verbrachte, bevor ich in diese Sippe aufgenommen wurde. Verzeiht mir also, edle Damen und Herren, wenn ich diesem Gesuch nicht nachkommen kann, denn meine Geschichte beginnt bei meiner Mutter, deren Schicksal und Verlust ich bis zum heutigen Tage nicht überwunden habe."

---

1 vergl. „Im Liebeshain der Freyja"

Als darauf einige Asen zu enttäuschten Ausrufen anhoben, ergriff Odin wieder das Wort. Mitfühlend sagte er zu Bragi: „Du siehst, mein Sohn, unsere beiden wanischen Geschwister sind nicht die einzigen hier, die gerne mehr über dich und dein Leben erfahren würden. Und wir haben noch jede Menge Zeit, also..."

Nur Loki, der sich wieder schmählich übergangen fühlte, rümpfte verächtlich die Nase und rief zänkisch: „Na, das wird ja noch ein tolles Fest. Selbst auf einer Totenfeier hab ich schon mehr gelacht als hier. Aber schön, wenn ihr lieber dem weinerlichen Lebenslauf dieser schwermütigen Trauerklampfe dort lauschen wollt, anstelle einer weiteren deftigen Begebenheit, wie ich sie euch zum Besten geben könnte, bitte! Aber beschwert euch nachher nicht bei mir, denn ich hätte wahrlich mit anderem aufzuwarten gewusst!"

„Schweig endlich stille, Loki!" erscholl abermals des Göttervaters gebieterische Stimme. „Gerade du, der du selbst einst lange auf einsamen Pfaden fuhrest, solltest einem Einzelgänger wie Bragi etwas mehr Verständnis und Achtung entgegenbringen."

Doch Loki winkte unbeeindruckt ab: „Pah. Verständnis vielleicht, aber meine Achtung wird sich diese Bankzierde nimmer mehr verdienen. Ein Held ist er mit Worten, gewiss, doch auf Taten von ihm warten wir bis heut vergebens. Ich jedenfalls stimme nicht so ein weinerliches Katzengejammer an, wenn ich aufgefordert werde, von meinen beschwerlichen Abenteuern zu berichten. Gleichwohl ich ebenso manchen Grund dafür hätte."

Bragi hob die Hand und räusperte sich vernehmlich. Da nun wieder er und nicht Loki im Mittelpunkt des Interesses stand, war er's wieder zufrieden. „Nun gut", sprach der Skalde deshalb einlenkend, „doch was haltet ihr von dem Vorschlag, meine Geschichte, auf die ihr sehr wohl ein Anrecht habt, von einem anderen der hier Anwesenden vortragen zu lassen? Einer, der mir in vielen langen Gesprächen ein lieber Freund und Seelengefährte geworden ist." Alle Augen folgten nun Bragis Blick, der auf einen Mann gefallen war, der den ganzen Abend über still und schweigsam auf seinem Platz gesessen hatte. Hödur, der Blinde, war sein Name, da er bei einem tragischen Unglück sein Sehvermögen hatte einbüßen müssen. Er war ebenfalls ein Sohn Odins, den dieser mit seiner Gattin Frigg gezeugt hatte. „Natürlich nur, sofern er denn gewillt ist, diesem Aufruf nachzukommen." fügte Bragi jetzt freundlich hinzu.

Der Angesprochene, der sogleich erspürte, das von ihm hier die Rede war, erhob sich von seinem Sitz und sprach: „Nur wenig ist mir im Leben zu tun geblieben, seit mir der giftige Pesthauch des Erddrachen das Augenlicht raubte.[2]Und dort, wo ich früher mit meinen Kameraden prostend das

2 vergl. „In Lokis Feuerschmiede"

Horn erhob, um auf vollbrachte Taten anzustoßen, scheuert mein Hosenboden heute nutzlos die Saalbank. Für mich sind Licht und Schatten für immer verloschen. Doch will ich nicht nur hadern mit meinem Los, denn etwas sehr Bedeutsames durfte ich seither erfahren, etwas, das mir vor meinem Unglück nicht teilhaftig werden durfte. Eine Eigenschaft, die hier im Saale gleichsam mancher missen lässt..." Augenblicklich senkte sich Stille über Odins Halle, und gespannt erwartete man Hödurs Verkündung. Erst, als Hödur sicher war, dass alle Anwesenden ihm ihr Gehör schenkten, sprach er weiter: „Nichts Großes, keine Ruhmestat, vielmehr eine Tugend ist's, von der ich spreche. Ich meine die einfache und schlichte Kunst des Zuhörens! Eine Gabe, die so vielen von uns in den Wirren und lauten Ablenkungen des Alltäglichen abhanden gekommen ist. Denn sobald die sichtbare Welt ins ewige Dunkel flieht, treten unweigerlich all jene Sinne hervor, denen man zuvor nur wenig Beachtung beimaß. Geräusche und Töne, ob durch Stimmen oder Instrumente hervorgerufen, verflechten sich zu einzigartigen Klanggeweben, die einem oft mehr über ihre Herkunft verraten, als mancher es glauben mag."

Nicht zufällig hatte Hödur seine letzten Worte in jene Richtung gesprochen, aus der er Loki zuletzt hatte reden hören. Dann trat der Blinde an Bragis Seite, fand zielsicher dessen Arm und drückte ihn vertraut. „In den vergangenen Jahren habe ich die wundervolle Dichtkunst von Odins Letztgeborenem zutiefst wertschätzen gelernt. Und es ist kein großes Geheimnis wenn ich verrate, dass ich eine große Bewunderung und Verehrung für unseren Bragi hege, dem lauschen zu dürfen jedem Blinden ein wahrer Hochgenuss ist. So unendlich viele Abende schon durfte ich seinem Gesang und seiner Stimme lauschen, und so erfuhr ich auch von seinem Leben, dass ich stets aufmerksam verfolgte und das widerzugeben mir nun von ihm selbst gestattet ist. Und sehr wohl weiß ich die Ehre zu schätzen, jene Erzählung vortragen zu dürfen, die unseren ehrenwerten Hofskalden, ersten Sprecher, Bruder, Freund und nicht zuletzt treuen Gefährten am Ende doch noch seinen beschwerlichen Weg nach Hause in unseren Kreis hat finden lassen. Ein jeder von uns hat seine eigene Geschichte, auf die er zurückblickt, denn sie ist Zeugnis seines gelebten Wyrds und hat uns zu dem gemacht, was wir heute sind." Er machte eine kurze Pause. „Und mag ich selbst für diese erlesene Gemeinschaft auch kaum mehr taugen, so sehe ich heute doch mit dem Herzen, und das besser als je zuvor. So vernehmet denn aus meinem Munde Bragis Schicksal, einem Mann, dem das Herz auf dem rechten Fleck sitzt, weil er es wie kein anderer versteht, die Vielfalt des Lebens mit seiner Kunst auszudrücken!"

Hödurs Worte blieben nicht ohne Wirkung. Eine erwartungsvolle, fast andächtige Stille machte sich unter allen Anwesenden breit, als Hödur nun in ihrer Mitte Platz nahm und erneut zu sprechen anhob: „Drei Frauen waren es, die es verstanden, Bragis Herz zu entflammen. Die eine sitzt hier unter uns, an seiner Seite. Ihr alle kennt sie. Iduna ist ihr Name. Heil der anmutigen Bewahrerin unserer Jugend! Die anderen beiden hießen Siglind, strahlende Tochter eines großen Königs, und Olga, eine feurige Tänzerin, die als entflohene Sklavin zu ihm fand. Von diesen Dreien will ich euch nun künden. Von ihnen und weiteren Abenteuern, die unserem hoch geschätzten Skalden und lieben Freund auf seinem langen Weg nach Hause widerfuhren. So also vernehmt nun jene Geschichte, die sich fast nahtlos an die eben vernommene anschließt."

# BRAGIS LANGE HEIMKEHR

Geschwängert von Odins Geist,
Gunnlöd, die Tapfere, einsam gebar,
in stiller Finsternis ihren Sprössling.
Bragi sie nannte den zierlichen Buben.

# 1. Kindheit unter Tage

Nachdem der Riese Suttung in Asgard den Tod gefunden hatte, ging sein Besitz nicht an seine Tochter Gunnlöd über, sondern fiel seinem Bruder Baugi zu. Unter dem Vorwand, die Vormundschaft über seine ledige Nichte anzutreten, riss dieser das Erbe seiner Eltern gänzlich an sich. Entsprechend verhalten zeigte sich Baugis Kummer über den Totschlag des Bruders, mit dessen Vermögen er sich nun reichlich entschädigt fand. Als der ältere der beiden Riesenbrüder, hatte Suttung nach Billings Tod durch die beiden Alben, das alleinige Erbe angetreten. Baugi, der Zweitgeborene, war leer ausgegangen. Zwar hatte ihm Suttung großzügig die Verwaltung des Hofes sowie sämtlicher Ländereien überlassen, doch nur, um sich fortan geheimniskrämerisch seinen eigenen Belangen zuzuwenden. Seither hatte Baugi stets eifersüchtig auf eine günstige Gelegenheit gewartet, um es seinem verhassten Bruder heimzuzahlen. Die hatte sich schließlich mit Bölwerks Auftauchen geboten, der mit seinem siegreichen Raubzug Baugis Hoffnungen sogar übertroffen hatte.

Suttung war von seiner Verfolgungsjagd in Adlergestalt nicht zurückgekehrt. Damit war Baugi nun der alleinige und rechtmäßige Erbe, dem seine Nichte Gunnlöd sich rechtlos zu fügen hatte. Seit Suttungs Tochter ihren Wert als Zeugin für eine mögliche Überführung des Räubers von Odrörir verloren hatte, war das allgemeine Interesse an ihrem Schicksal wieder eingeschlafen. Keiner vermisste die junge Frau, die ohnehin seit mehr als einem Jahr niemand mehr zu Gesicht bekommen hatte. Man munkelte zwar, dass nun auch Baugi sie wegen ihrer Schönheit weggesperrt hielt, andere hingegen wollten wissen, dass die arme Gunnlöd vor Trauer um ihren letzten Elternteil diesem kummervoll nachgefolgt war.

Einwände oder Klagen gegen Baugis Willkür gab es keine. Niemand verspürte die Lust, sich gegen diesen Mann aufzulehnen, der seinem toten Großvater, Vater und älteren Bruder an Brutalität in nichts nachstand und sich nun anschickte, in deren Fußstapfen zu treten. Und da Billings einstiges Gesinde seinen vorigen Herrn ebenfalls kaum gekannt hatte und die Wirtschaft unter Baugis harter Knute recht gut gediehen war, hielt sich die Trauer über Suttungs Ableben entsprechend in Grenzen. Der eine Herr ging, der andere kam, und das Gesinde nahm es ebenso gleichmütig zur Kenntnis, wie man die Jahreszeiten kommen und gehen sah. Für den ärmlichen Knecht, der von morgens bis abends schuften musste, änderte sich hierdurch kaum etwas.

Baugi indes nahm diese Neuordnung der Dinge als willkommenen Wink des Schicksals. Ein Schicksal, wie es ihm, als dem eindeutig fleißigeren der beiden Brüder wie er befand, ohnehin längst zugestanden hatte. Vor allem, da Suttung sich immer weiter von seinen bäuerlichen Pflichten entfernt und zurückgezogen hatte, um sich bis zu seinem Ableben ganz mit dem Schmieden großer Pläne befassen zu können.

Begonnen hatte alles damit, dass Suttung eines Tages drei prachtvolle und mit einem wundersamen Met gefüllte Trinkhörner angeschleppt hatte, die er angeblich von zwei heimtückischen Alben als Entschädigung für den Mord an ihren Eltern erzwungen hatte. Die Nachricht vom Tod seiner Erzeuger hatte Baugi jedoch weit weniger berührt, als die Tatsache, dass damit der gesamte elterliche Besitz alleinig seinem Bruder zugefallen war. Der alte Billing war ein geiziger und hartherziger Mann gewesen, der seine beiden Söhne mit dem Prügel aufgezogen hatte. Ihm trauerte Baugi keine Träne nach. Auch seiner schwächlichen Mutter nicht, die stets im Schatten ihres brutalen Gatten gestanden hatte. Dem Brauch nach hätte Baugi die Hälfte vom Wert der drei Trinkhörner für sich einfordern können. Doch als Suttung ihm erklärt hatte, was es mit diesem Trank auf sich habe, hatte Baugi auf seinen Anteil an diesem Blutzoll verzichtet und sich stattdessen lieber mit der Verwaltung des reichen, elterlichen Vaterhofes betrauen lassen.

Fortan schien Suttung von diesem Wunderwein wie besessen gewesen zu sein. Nach dessen Genuss hatte er sich für Tage und Nächte in einer fensterlosen Kammer eingeschlossen. Darinnen hatte er dann abwechselnd still vor sich hingebrütet oder wirr brabbelnd Selbstgespräche geführt. Dabei herausgekommen war jedoch niemals irgendetwas Sinnvolles, sondern, zumindest in Baugis Ohren, lediglich hanebüchener Unsinn. Aufgeregt hatte Suttung Baugi immer wieder mitgeteilt, dass er nun einen Weg gefunden habe, wie man die verhassten Asen endlich besiegen und aus ihrer Trutzburg vertreiben könne. Baugi hatte ihm dabei stets höflich zugehört, doch als Suttung mit ihm eines Tages auf das Ende der asischen Herrschaft hatte anstoßen wollen, hatte Baugi ihn ausgelacht und einen größenwahnsinnigen Erztropf geheißen. Da hatte Suttung ihn ganz fürchterlich verdroschen, ihm drei Zähne ausgeschlagen und ihn einen feigen Duckmäuserich gescholten, der die Zeichen der Zeit nicht zu deuten wisse. Nachdem die Rangordnung auf diese, unter Riesen nicht unübliche Weise also wieder hergestellt worden war, war Baugi seinem Bruder fortan brav aus dem Weg gegangen. Baugi war ein Mann, der die Dinge praktisch anging. Lieber prüfte er zweimal auf Herz und Nieren, was ihm tauglich erschien, während sein ehrgeiziger Bruder unter Einfluss des Mets angefangen hatte nach Dingen zu greifen, die größer waren als er selbst.

Ohnehin hatten die beiden Brüder füreinander nie wirklich viel übrig gehabt, geschweige denn einander verstanden. So zum Beispiel die in Baugis Augen völlig übertriebene Sorge Suttungs, dass man ihm seinen Wunderwein irgendwann wieder würde entwenden können. In seiner Furcht hatte er die drei Trankhörner tief in einem Berg verborgen und zu deren Bewachung seine einzige Tochter Gunnlöd gleich mit hineingesetzt. Wahrlich eine Schande, ein so hübsches Mädchen auf diese Weise von der Welt wegzusperren. Baugi aber hatte dazu geschwiegen. Waren ihm seine restlichen Zähne doch wichtiger gewesen, als das Schicksal seiner Nichte.

Doch nun waren es Suttungs Knochen, die in der Sonne bleichten. Und sein wirres, aus dem Rausch des Zwergenmets gewonnenes Gefasel, würde schon bald ebenso vergessen sein, wie Suttung selbst. Zwar war Baugi nach dem Raub des Weines von den Häuptlingen einiger benachbarter Bergstämme aufgesucht worden, zu denen sein Bruder bis zu seinem Tode regen Kontakt gehalten hatte, doch ihre Forderung, sie nach Asgard zu begleiten, um dort vor Odin die Herausgabe des gestohlenen Weines zu fordern, hatte Baugi geradeheraus abgelehnt. Zugegeben, ein wenig wurmte es ihn, dass jener durchtriebene Dieb, der sich ihm als Bölwerk vorgestellt hatte, sich im Nachhinein als Odin entpuppt hatte. Aber da der ihm zuvor die gesamte Ernte des vergangenen Jahres eingefahren hatte, konnte Baugi auch damit leben. Schließlich gab es in Riesenheim nicht viele Bauern, die sich damit brüsten konnten, den mächtigsten Führer der Asen als unentgeltlichen Kornknecht im Frondienst gehabt zu haben. Dass dabei jener seltsame Wunderwein abhandengekommen war, störte Baugi herzlich wenig. Schon damals hatte er sich nicht für diesen seltsamen Trank interessiert, und nach Suttungs Tod kümmerte er ihn noch weniger.

Vor kurzem erst hatte ein Wanderer Suttungs gepfählten Kopf am Ufer des Streitachstromes entdeckt. Baugi wusste, dass einige Stammesführer ihn nun für einen Feigling hielten, weil er nichts unternahm, um seinen von den Asen erschlagenen Bruder zu rächen oder zumindest eine Entschädigung für diesen einzufordern. Doch es war ihm gleich. Beides würde Baugi tunlichst bleiben lassen, hatte doch Suttung sein Schicksal mit all diesen Kriegshetzereien letztendlich selbst heraufbeschworen. Des einen Unglück war nun mal des anderen Glück. Und dieses Glück wegen einer törichten Blutfehde mit den Asen wieder aufs Spiel setzen? – Nicht mit ihm!

Baugi war jetzt der uneingeschränkte Besitzer all dieser Ländereien, die Billing sich zu Lebzeiten durch Mord, Intrigen und Gaunereien zusammengerafft hatte. Baugi alleine besaß jetzt die Macht zu bestimmen, was nun weiter geschehen würde, und eben deshalb hatte er sich fest vorgenommen, sein Leben weniger leichtfertig aufs Spiel zu setzen. Denn was nutzte einem der größte Besitz, wenn man erst einmal bei Hel saß? Viel lieber sann Baugi darüber nach, wie er seinem nun recht dezimierten Geschlecht wieder zu neuer Größe verhelfen konnte. Kurzum, ein Stammhalter musste her. Dafür schwebte ihm vor allem seine verwaiste Nichte vor. Zwar stand außer Frage, dass Gunnlöd sich äußerst gewinnbringend würde verheiraten lassen, doch hatte Baugi seit kurzem selbst ein Auge auf seine schöne Nichte geworfen. Unter der Erde, vor allen Blicken verborgen, war Gunnlöd zu einem anmutigen Prachtweib herangewachsen, die mit ihren schneeweißen Gliedern mittlerweile jedem Kerl ordentlich den Kopf verdrehte. Ein Umstand, den es unbedingt zu verhindern galt. Und da das mittellose Mädchen nach dem Dahinscheiden der Eltern und Großeltern nun gänzlich alleine dastand, würde es sich der Werbung ihres einzig verbliebenen Verwandten sicherlich nicht verschließen. Außerdem würde das reiche Erbe somit in der Familie bleiben. Ein schlauer Plan, wie Baugi fand.

Gunnlöd unterdessen plagten Sorgen gänzlich anderer Natur. Hatte sie doch erschrocken feststellen müssen, dass ihre lustvolle Begegnung mit Svafnir nicht ohne Folgen geblieben war. Da sie wusste, dass ihr Oheim und neuer Vormund diesen Umstand als schändlichen Blutsverrat erachten würde und ihrem zukünftigen Kind hierdurch unweigerlich der Tod, im besten Falle aber das traurige Los ewiger Sklaverei drohte, verbarg sie ihre zunehmende Leibesfülle nach bestem Vermögen unter dicken Kleidern. Sie sprach zu niemandem ein Wort darüber und vermied es tunlichst, sich mit anderen Frauen zu waschen oder gar unbekleidet zu zeigen. Auch versuchte sie Baugi die kommenden Wochen aus dem Wege zu gehen, was sich jedoch als unmöglich erwies, da der ihr unentwegt nachzustellen begann. Da Gunnlöd die geschickte Kunst weiblicher Diplomatie nie erlernt hatte und stattdessen sämtliche Annäherungen ihres Oheims brüsk zurückwies, schöpfte der jedoch bald schon Verdacht und ließ ihr unbemerkt nachstellen.

Als der Tag ihrer Niederkunft schließlich nahte und Gunnlöd die Angst vor einer Entdeckung quälte, entschied sie sich in Ermangelung eines geeigneten Versteckes, noch einmal in die finstere Tiefe des Hnitbjörg-Felsens zurückzukehren. Nachdem ihr Vater vor neun Monden den schweren Findling am Eingang beiseite gerückt hatte, stand der Berg wieder offen. Seither hatte ihn niemand mehr betreten, weshalb es Gunnlöd manche Überwindung kostete, die lange Steintreppe in ihr einstiges Verlies noch einmal hinabzuschreiten. Doch die bereits einsetzenden Wehen und die Sorge um ihr Ungeborenes trieben sie tapfer voran. Schmerzgepeinigt erreichte sie ihre alte Kammer. Dort, auf ihrer nun verstaubten Bettstatt, auf der sie und Svafnir einander so leidenschaftlich umfangen hatten, brachte sie schließlich, nach langem Geburtskampf und ohne fremde Hilfe, einen gesunden Knaben zur Welt.

Jene Magd aber, der Baugi befohlen hatte, seiner widerspenstigen Nichte aufzulauern, lief rasch zu ihrem Herrn, um diesem eifrig zu berichten, was sich in der Tiefe des Berges zugetragen hatte. Baugi griff sich darauf eine

Fackel, stieg seiner Nichte hinterher und überraschte die junge Mutter mit ihrem Neugeborenen. Zornig fuhr er die erschöpfte Gunnlöd an, dass sie und ihr Bastard der Sippe große Schande bereiten würden. Doch richtig erbleichen ließ sie erst Baugis Drohung, sie und ihren Bastard unverzüglich steinigen zu lassen, sobald sie versuche, wieder an die Oberfläche zurückzukehren. Nachdem Baugi sich nun eine Weile genüsslich am Entsetzen seiner Nichte geweidet hatte, fügte er Güte heuchelnd hinzu, dass er ihr jedoch beistehen wolle. Er könne ihr helfen, ihre Schmach ungeschehen zu machen, wenn Gunnlöd sich bereit erkläre, sein Weib zu werden. Dann würde er sich vielleicht sogar dazu herablassen, diesen bleichen Mickerling in ihren Armen als seinen eigenen Sohn anzuerkennen.

Lange blickte Gunnlöd darauf ihrem Oheim in dessen verschlagenes Antlitz, bedrückt nach einem Ausweg ringend, was für ihren Sohn künftig wohl das Beste sei. Doch welche Wahl hatte sie? Würde sie sich Baugi verweigern, würde er ihr das Kind wegnehmen und es töten. Das gleiche Schicksal aber würde dem Kindlein jederzeit blühen, wenn sie auf das Angebot ihres Oheims einging und dessen Bett bestieg. Tag und Nacht würde sie den Kleinen bewachen müssen, der vor Baugis Nachstellungen niemals sicher sein würde. Kein Riese duldete in den eigenen Wänden den Nachwuchs eines Feindes, den es unter allen Umständen durch eigene Sprösslinge zu ersetzen galt. Wie nur sollte sie sich in dieser ausweglosen Lage entscheiden?

Doch gerade, als sie stotternd zu sprechen anhob, um Baugi ihre Einwilligung für die Ehe zu geben, da hob das Kindlein laut bitterlich zu weinen an. Und sein jämmerliches Schreien war es, das Gunnlöd aus ihrer furchtsamen Erstarrung holte. Denn gleichwohl die Schmerzen der Niederkunft die junge Frau stark geschwächt hatten, so hatten sie doch ebenso ihren mütterlichen Eigensinn geweckt. Welche Schmerzen, welche Pein sollte Baugi ihr noch zufügen, jetzt, nachdem sie hier unten alleine durch den furchtbaren Geburtsschmerz gegangen war? Und da Gunnlöd die Gesinnung ihres Oheims nur zu gut kannte, verkündete sie Baugi darauf mit trotzig stolzer Stimme, dass sie lieber mit ihrem Sohn in dieser kalten Finsternis verschmachten wolle, als jemals seine Braut zu werden.

„Wie du willst, du undankbare Dirne.“ entgegnete Baugi darauf grimmig. „Wenn dies dein Wunsch ist, dann sollt ihr beide hier unten verschimmeln!“ Mit diesen hartherzigen Worten griff er nach Gunnlöds Fackel und stapfte mit beiden Lichtern in den Fäusten die Felsentreppe hinauf an die Oberfläche zurück.

Das hässliche Knirschen des Findlings, der oben von Baugi wieder vor den Eingang gerückt wurde, war das letzte Geräusch, das an Gunnlöds Ohren drang, bevor sich die gespenstische Stille erneut mit Allmacht über den Berg senkte. In völliger Dunkelheit blieben Gunnlöd und ihr neugeborenes Knäblein zurück.

Somit also war die junge Riesin ungewollt ein zweites Mal in Gefangenschaft unter Tage geraten. Erneut war sie eingesperrt in ihr dunkles, feuchtes Verlies, das zu verlassen ihr nicht mal ein Jahr lang vergönnt gewesen war. Doch nachdem die junge Mutter den ersten Schrecken überwunden hatte, bemerkte sie dankbar die rasche Rückkehr ihrer einstig erworbenen Instinkte, mit deren Hilfe sie sich schon einmal in dieser Finsternis bewegt und zurechtgefunden hatte. Sich zielsicher vorwärts tastend, fand sie jenen alten Holzvorrat, den ihr der Vater hier unten einst angelegt hatte. Auch Zündstein und Flachs waren noch vorhanden, und so hatte sie bald ein kleines Feuer entzündet, um sich und ihr Neugeborenes zu wärmen. Auch die schmale Spalte für den Rauchschlot zeigte sich noch unverstopft, dennoch hielt Gunnlöd das Feuer recht klein, um möglichst wenig Qualm zu entfachen, der sie draußen unweigerlich verraten hätte. Längst war die Milch in ihre prallen Brüste eingeschossen, an denen ihr Sprössling nun schmatzend sog und nuckelte. Satt und zufrieden schlief er darauf in Gunnlöds bergenden Armen ein, die selbst, bar aller Hoffnung, lediglich Trost in den leisen Atemstößen ihres zwar recht klein geratenen, aber doch gesunden Sohnes fand.

Drei Tage und Nächte lang quälte sich Gunnlöd mit ihrer Not herum, was nun werden sollte. Zumindest die Wasserversorgung stellte kein Problem dar, denn die hervortretende Wasserader stillte nach wie vor ihren Durst. Doch würde ihr kaltherziger Oheim seine Drohung tatsächlich wahr werden lassen, würden sie und ihr Kind hier unten elendig verhungern.

Am vierten Tag aber kam jene Magd zu ihr herabgestiegen, die neben ihrem Herrn nun als einzige um Gunnlöds Verbleib und ihr kleines Geheimnis wusste. Auf Baugis Geheiß war sie gekommen, um nach der Nichte zu sehen. Feige traute er sich selbst nicht mehr herunter, aus Furcht, die Tochter seines Bruders tot vorzufinden.

Es ist wohl doch noch ein wenig Güte in ihm, dachte Gunnlöd dankbar, als die Magd ihr einen schweren Laib Brot reichte, einen Krug frischer Ziegenmilch hinstellte und zwei wärmende Felle brachte. Doch hatte diese kleine Geste Gunnlöds Hoffnungen zu früh geweckt, denn der abgewiesene Werber hielt es in Folge weit schlimmer als sein Bruder. Zwar sorgte er dafür, dass Mutter und Kind nicht verhungerten, doch ließ er stets nur das Nötigste an Nahrung in den Berg bringen, kaum mehr, als eine Maus zum Überleben braucht. Auf diese Weise hoffte der Riese den Starrsinn seiner widerspenstigen Nichte zu brechen.

Alleine dem Mitleid der von Baugi abgestellten Magd war es zu verdanken, dass Gunnlöd nicht ständig darbte. Heimlich führte die gutherzige Frau unter ihren Röcken Speisen mit, die sie der Gefangenen überbrachte, wann immer sie sich sicher wähnte, von Baugi nicht kontrolliert oder beobachtet zu werden. Dessen Aufmerksamkeit ließ indes bald nach, da die Verwaltung seiner reichen Ländereien ihn ganz in Beschlag nahm. Und Gunnlöd, unfreiwillig längst an ein entbehrungsreiches Leben unter Tage gewöhnt, widmete sich fortan mit ganzer Hingabe und Sorgfalt ihrem Schössling, um dessen Wohl sie ständig besorgt war. Für einen Riesen ohnehin schon recht kümmerlich geraten, würde ihr Sohn bei dieser kärglichen Kost später wohl nicht auch nur annähernd die Größe eines ausgewachsenen Riesen erreichen. Doch sie tröstete sich mit dem Gedanken, dass es sich bei dem Vater ihres Kindes um keinen geringeren als Odin, den hohen Führer der Asen, handelte. Selbst, wenn es sich dabei bis jetzt nur um ein unbestätigtes Gerücht handelte. Ein Grund mehr, sich darüber Gedanken zu machen, welchen Namen ihr gemeinsamer Sohn einst führen sollte. Da der Kleine von Odin gezeugt worden war, um sich den Odrörir-Met zu verschaffen, gab sie ihm schließlich den Namen Bragi; nach bragafull, der Bezeichnung für den prachtvollen Trinkbecher eines Häuptlings.

Für Klein-Bragis Namensweihe ließ Gunnlöd sich etwas ganz Besonderes einfallen. Noch immer nämlich befanden sich jene drei kostbaren Trinkhörner in ihrem Besitz, deren gesamten Inhalt sich damals Svafnir vor seiner Flucht einverleibt hatte. Als Gunnlöd die Trinkgefäße auf einem ihrer ersten

Voenix
2008

Streifzug durch den Berg wieder in die Hände gefallen waren, da hatte sie zu ihrer großen Freude auf dem Grund eines der Hörner noch einen kläglichen Rest seines einstigen Inhalts entdeckt. Offenbar hatte die Luftfeuchtigkeit im Berginneren dafür gesorgt, dass die Flüssigkeit in all den Monaten nicht gänzlich verdunstet war.

Mit pochendem Herzen beschloss sie, diesen Fingerhut voll Odrörir ihrem Sohn zu verabreichen, nach dessen Genuss Klein-Bragis Augen mehrere Tage lang in einem seltsamen Glanz schimmerten.

Weil Gunnlöd und Baugi sich in ihrem Starrsinn in nichts nachstanden und somit keiner dem anderen nachzugeben gedachte, zogen sich die Wochen zu Monaten, die Monate schließlich zu Jahren hin. Und so kam es, dass Klein-Bragi bis zu seinem siebenten Lebensjahr kein einziges Male das Tageslicht erblicken sollte. Weshalb nicht wenige vermuten, dass Bragis immer wiederkehrende Schwermut eben diesem Umstand zu schulden ist, dass er die ersten Jahre seines Lebens dem wärmenden Antlitz der Göttin Sol entbehren musste.

Doch fürs Erste kannte der Knabe es nicht anders. Im spärlichen Zwielicht rußender Pechfackeln und Kerzen aus stinkendem Walfischtran, machte Klein-Bragi bald die ersten tapsigen Schritte auf nacktem Fels. Und lange Zeit über waren seine Mutter und ein paar glatt polierte Holzwurzeln, auf denen er emsig herumkaute und die ihm gleichsam als Spielsachen dienten, seine einzige Beschäftigung. Dies sollte sich erst ändern, als der Knabe, er zählte inzwischen wohl vier Lenze, bei einem seiner zahlreichen Erkundungsgänge, die ihn immer tiefer in das weit verzweigte Höhlensystem des Berges vorstießen ließen, einmal auf einen Zwerg traf. Gleichwohl sich alle beide vor Schreck erst einmal auf den Hintern setzten, hatten die beiden Kleinwüchsigen sich bald miteinander angefreundet.

Nun ist zu sagen, dass nicht alle Schwarzalben solch schreckliche Gesellen sind, wie es seinerzeit die beiden Zwerge Gjalar und Fjalar gewesen waren. Dieser Zwerg hatte eine ganze Schar von Brüdern und war im Umgang mit ihnen zu einem umgänglichen Burschen herangereift. Wie unsäglich froh war da Klein-Bragi, im ewigen Dunkel endlich einen Spielgefährten gefunden zu haben, der dazu kaum größer war, als er selbst.

Nachdem diese Freundschaft auch von Gunnlöd abgesegnet und gut geheißen war, nahm der Albe den Jungen nun immer tiefer mit in den Berg. Er führte ihn zu bizarr geformten Tropfsteingebilden und zeigte ihm Vorkommen von prächtigen Edelsteinen, die im Licht der Fackel gleißend auffunkelten. Aufgeregt und staunend folgte Bragi dem Zwerg immer weiter in den Stein, bis sie einmal in ein hohes Gewölbe gelangten, aus dem heraus ihnen schon von weitem zahlreiche Stimmen entgegen hallten. Darinnen wohnte die Sippe des Alben, die den zunächst noch scheuen Jungen gleichfalls aufs herzlichste willkommen hieß.

Diese Schwarzalben nun brachten dem Knaben manch nützliche Dinge bei, gleichwohl sich bald herausstellte, dass er nicht eben großes handwerkliches Geschick bewies. Dafür tat sich Klein-Bragi umso mehr beim Singen hervor. Wenn sie alle nach vollbrachtem Tagewerk in fröhlicher Runde beisammen saßen, nach Herzenslust gespeist und getrunken hatten, vertrieb man sich die Zeit mit Plaudereien, bis es schließlich ans gemeinschaftliche Musizieren ging. So dauerte es nicht lange, bis Bragis neue Freunde seine musische Begabung erkannten. Verdutzt blickten sie einander mit großen Augen an, als der Junge zum ersten Male die Stimme erhob und die nur einmal vernommenen Lieder fehlerfrei mitsang und in ungewöhnlicher Klarheit wiedergab. Gleichwohl die Alben über die Umstände von Bragis Zeugung in Kenntnis gesetzt waren, erschien ihnen sein Talent doch von großer Außergewöhnlichkeit. Ja, es ließ sich nicht leugnen, dass dieses Kind der Sohn des obersten Fürsten aller Skalden und Dichter war.

Anfänglich kostete es Gunnlöd viel Überwindung, Bragi, der ihr ein und alles war, mit dem Alben weiter in den Berg davongehen zu sehen, aus dessen Untiefen sie oft erst nach drei oder vier Tagen wieder zurückkehrten. Doch da sie sah, wie glücklich ihr Sohn mit seinen neuen Freunden war, ließ sie ihn schweren Herzens ziehen. Dazu kam, dass Klein-Bragi jedes Mal, wenn er von den Zwergen zu ihr zurückkam, etwas Proviant mitbrachte, sodass sie zwischendurch endlich einmal genügend zu essen hatten.

Dann sollte etwas geschehen, dass Gunnlöd aufzeigte, wie recht sie daran getan hatte, ihren Sohn mit dem Alben davonziehen zu lassen. Baugi nämlich, des langen Harrens überdrüssig geworden, hatte beschlossen, ihr persönlich einen weiteren Besuch abzustatten. Die vergangenen Jahre durch die Berichte seiner Magd in dem Glauben gewogen, eine ausgezerrte, klapperdürre und gebrochene Frau dort unten anzutreffen, schritt er zum ersten Male wieder selbst in den Berg hinab. Schon freute er sich auf Gunnlöds erbärmlichen Anblick, die ihn auf Knien würde anflehen müssen, dass er sie endlich zur Frau nähme. Gütig wie er nun einmal war, würde er ihr Gewinsel vielleicht erhören. Sollte sie sich ihm aber noch immer verweigern, würde er ihr mitleidslos offenbaren, dass sie das Tageslicht niemals wieder erblicken werde.

Doch er hatte sich getäuscht. Seine treulose Magd hatte ihn all die Jahre mit falschen Schilderungen hingehalten und ihn im Glauben gelassen, Gunnlöd sei schwach und hilflos. Als Baugi gewahrte, dass seine widerspenstige Nichte sich bester Gesundheit erfreute und ihr Stolz ungebrochen war, da gewannen sein Jähzorn und seine Wut die Oberhand. Grob schlug er auf Gunnlöd ein, riss sie an den Haaren und zwang sie auf ihr Lager. Dort dann nahm er sich endlich gewaltsam, was er schon seit so langem von ihr begehrte.

Und Gunnlöd, die ihre Schändung ohne lautes Klagen über sich ergehen ließ, dankte den Herren des Steins, dass sie ihren Sohn hüteten, dem durch seine Abwesenheit dieser schmachvolle Anblick erspart blieb.

Es fand der Kleine am Morgen,
ein seltsam geformtes Ding,
fortan waren weg alle Sorgen
als er darauf zu spielen anfing.

# 2. Die Leier und der Wellenfänger

Als das fünfte Wiegenfest von Klein-Bragi anstand, fand dieser nach seinem Erwachen an seinem Schlaflager lehnend einen gar wunderlichen Gegenstand vor. Es sah aus wie zwei miteinander verwachsene Bögen, zwischen denen mehrere dünne, aber äußerst stabile Fischsehnen aufgespannt waren. Zumindest erinnerten sie daran, denn Fische auszunehmen kannte Bragi inzwischen, seit er solches bei den Zwergen einmal hatte tun dürfen. Das aus hellem Eibenholz erstellte Gebilde war sehr kunstvoll beschnitzt und an vielen Stellen hauchdünn mit jenem kostbaren Metall beschlagen, das so herrlich glänzte und von den Alben über alle Maßen geschätzt wurde. Es bestand keinerlei Zweifel. Über Monate hinweg hatten die Zwerge dem Asensprössling eine kunstvolle Leier gefertigt, um mit dieser den möglichen Grundstein für Bragis angehendes Skaldentum zu legen.

Eine Weile besah sich der schüchterne Knabe das seltsame Instrument auf eine Weise, als fürchte er sich davor, es aufwecken. Rasch aber siegte die Neugier. Und nachdem er einmal über die Saiten der Leier gestrichen war, worauf ein gar wundervolles Klingen den gesamten Berg erfüllt hatte, wollte Bragi von da an das Instrument nicht mehr aus den kleinen Händen legen. Fortan zupfte, strich und spielte er darauf in einem fort. Übte bei Tag und bei Nacht, bis ihm die kleinen Finger davon ganz wund und blutig waren, und ihn so zur Ruhe zwangen. Bald konnte Bragi auswendig sämtliche Melodien all jener Lieder nachspielen, die er bei den Zwergen gehört und schon mitgesungen hatte. Dann begann er sich eigene Tonfolgen auszudenken, für deren Stimmigkeit er ein außergewöhnlich gutes Gehör besaß.

Klein-Bragis vollkommenes Glück berührte Gunnlöd tief in ihrem Herzen. Und damit ihr Oheim davon nichts mitbekam, hieß Gunnlöd ihren Sohn, sich während seiner Übungen stets so tief in den Berg zurückzuziehen, bis sie ihn selbst nicht mehr vernehmen konnte. Schwer war ihr das Herz darüber, denn nun sah sie ihr Kind fast gar nicht mehr, das nur noch seiner neuen Lieblingsbeschäftigung nachging. Doch da der lüsterne Baugi inzwischen Gefallen daran gefunden hatte, sich an ihr zu vergehen, dünkte es Gunnlöd das Beste für sie und ihren Sohn. In immer regelmäßigeren Abständen suchte Baugi sie nun auf, um seine wilde Lust an ihr zu stillen. Schweigend ertrug sie all die Erniedrigungen, inständig flehend, dass ihr Sohn sie dabei niemals überraschen möge.

Da aber Suttungs Bruder von seiner dunklen Gier immer stärker beherrscht wurde, war es nur eine Frage der Zeit, bis das Unausweichliche geschehen musste. Als es schließlich soweit war, glaubte Gunnlöd vor Scham ohnmächtig werden zu müssen. Urplötzlich war Klein-Bragi in ihrer Schlafkammer aufgetaucht, hatte Mund und Augen weit aufgesperrt und war wie zu Stein erstarrt dagestanden. Sich mit beiden Ärmchen krampfhaft an seine ihm noch zu große Leier klammernd, konnte der Knabe nicht fassen, was er dort vor sich erblickte. Ein großer, hässlicher, nackter Mann, den er bisher noch nie zuvor gesehen hatte, beugte sich von hinten über seine zusammengekauerte Mutter, deren ebenfalls nackter Leib im Fackellicht zitternd verharrte. Während von ihr ein ersticktes Wimmern zu vernehmen war, blickte der bucklige Riese ihn aus kalten, heimtückischen Augen an. Sein großer Kopf war rotgeschwollen. Schweißtropfen rannen ihm über die Stirn und seinen fleischigen Nacken entlang, der überall stark behaart war.

Erst, als der fremde Mann ihn zornergrimmt anschrie und Bragi einen mickrigen Bastard schimpfte, erwachte der Knabe aus seiner Erstarrung und stürzte kopfüber davon. Rannte, so schnell ihn seine kleinen Beine trugen, hastete und stolperte immer tiefer in den dunklen Berg hinein.

Baugi, vollkommen nackt und wütend wie er war, stürmte ihm polternd hinterher. „Wart nur Bürschchen", brüllte er, als habe der Wahnsinn ihn am Wickel, „das Genick werd ich dir umdrehen, wenn ich dich erwische, du Made!"

Doch war es für den flinken Knaben, der hier unten mit jeder noch so kleinen Nische vertraut war, ein Leichtes, seinen laut fluchenden Verfolger abzuschütteln. Es dauerte Wochen, bis Bragi dieses für ihn schreckliche Erlebnis einigermaßen in einer finsteren Nische seiner kindlichen Seele vor sich selbst verborgen hatte. Zuflucht suchte er darauf mit noch größerem Einsatz in seiner neu entdeckten Welt der Klänge. Ebenso bei seinen Freunden, den Zwergen, die den verstörten Knaben nach bestem Vermögen abzulenken suchten. Wie nachhaltig das Erlebte ihren Sohn belastete, konnte Gunnlöd jedoch binnen Kurzem seiner Musik entnehmen, denn fortan stimmte Klein-Bragi nur noch solch traurige Weisen an, dass ihr darüber das mütterliche Herz ganz schwer wurde.

Doch war es diese alles niederdrückende Schwermut, die Gunnlöd nach all diesen schweren Jahren ihres Martyriums endlich einen Entschluss fassen ließ. Einen Entschluss, für den sie all ihre Kraft benötigte, die ihr noch verblieben war.

Als der Zwerg das nächste Mal bei ihnen erschien, um ihren Sohn wieder für eine Weile mit sich zu nehmen, nahm Gunnlöd den Alben beiseite und begann mit diesem im Flüsterton ein längeres Gespräch zu führen. Klein-Bragi, obgleich unendlich neugierig, wartete brav in der Nebenkammer, bis die beiden Erwachsenen ihre Unterredung beendet hatten. Dann sah er mit großem Erstaunen, wie seine Mutter dem Alben eines jener kostbar schimmernden Trinkhörner überreichte, die sie bisher stets wie einen Schatz verborgen gehalten hatte. Ehrfürchtig zog der Zwerg darauf seine Mütze vom Haupt, verbeugte sich tief und nahm das Horn in Empfang. Bragi schlich etwas näher heran und bekam gerade noch mit, wie sein kleingewachsener Freund feierlich gelobte, alles so ausrichten zu wollen wie seine Mutter es wünschte.

Als schließlich der Tag zu Bragis siebentem Wiegenfeste kam, fand der seine Mutter nach dem Wachwerden in ungewohnt trauriger Stimmung vor. Nach ihrem Kummer befragt, ob wieder mal der böse Bruder des Großvaters der Grund ihres Kummers sei, wartete der Knabe Gunnlöds Antwort erst gar nicht ab, sondern erklärte ihr im Brustton der Überzeugung, dass er diesen schrecklichen Mann erschlagen wolle, sobald er selbst nur noch ein wenig kräftiger geworden sei.

Da blickte Gunnlöd ihn aus tränenfeuchten Augen an, zwang sich zu einem dünnen Lächeln und sagte: „Nein, mein Sohn, denn damit würdest du dich nur dort mit einreihen, wo bisher alle Männer aus meiner Sippe gelandet sind. Mit Baugis Totschlag würdest du das unselige Schicksalsrad aus Hass, Neid und Kummer nur weiterdrehen und damit neues Unheil auf dich laden. Du aber, Bragi, wurdest nicht in Hass, sondern in Liebe gezeugt. Vergiss das niemals, mein Sohn! Du bist kein Mörder und sollst auch zu keinem werden. Das ist alles, was ich mir jemals von dir wünsche!"

„Aber dann wird der böse Oheim niemals damit aufhören, dir weh zu tun!", entgegnete Bragi ebenso empört wie hilflos.

Gunnlöds Miene nahm nun einen entschlossenen Ausdruck an: „Er wird aufhören müssen, wenn er kein Opfer mehr vorfindet, das sich ihm fügt." Unverständig blickte Bragi sie aus großen Augen an. Schon lag ihm die nächste Frage auf den Lippen, als Gunnlöd sagte: „Dies ist eine grausame Welt, Bragi. Aber wir machen sie nicht besser, indem wir Hass, Gewalt und Niedertracht auf gleiche Weise begegnen. Deshalb schwöre mir, dass du stets danach streben wirst, diese Welt ein klein wenig schöner zu gestalten. Das Talent dazu trägst du bereits in dir. Du musst es nur noch verfeinern, ein bisschen wachsen lassen und es vervollkommnen. Denn dann, glaube mir, bist du mehr wert, als alle Mannsbilder meiner Sippe es zusammen jemals waren."

Ohne nachzudenken hob Bragi die Hand und gelobte seiner Mutter, was sie ihm soeben aufgetragen hatte. Da sank Gunnlöd zu ihm auf die Knie und umarmte ihren Sohn so zärtlich, dass sie hoffte, ihm damit all seine Zwei-

Voenix
2011

fel zu nehmen. Wohlweislich hatte sie Bragi den schlimmen Handel, den sie einst mit Baugi geschlossen hatte, stets verschwiegen. Dafür, dass Gunnlöd ihm weiterhin gefügig war, hatte sie sich im Gegenzug Bragis Leben erkauft, den nicht anzurühren Baugi ihr mit einem Blutschwur zugesichert hatte. Doch wie viele Demütigungen, wie viel Kummer war das Leben des eigenen Kindes wert? Seit nunmehr sieben Jahren war Gunnlöd sich sicher gewesen, für ihren Sohn alles ertragen zu können. Aber jetzt, da der offenkundig gewordene Missbrauch einen immer größeren Keil zwischen sie beide trieb, ihren gemeinsamen Hass auf Baugi beständig nährte, drohte auch Gunnlöd unter der zunehmenden Last zu zerbrechen. Denn in dem gleichen Maße, wie ihre Abscheu vor Baugi immer weiter anwuchs, war auch ihre Selbstverachtung, ihr Ekel vor sich selbst gewachsen. Schon seit langem vermied sie es, ihrem Sohn deshalb in die Augen zu blicken. Schämte sich zu sehr. Sie hatte nicht vor, darauf zu warten, dass Bragi eines Tages nicht mehr aus den Tiefen des Berges zu ihr zurückkehrte, und sei es nur, dass er bei den Zwergen endgültig ein besseres Zuhause gefunden hatte, als bei ihr; einer feigen, rückgratlosen Hure, die sich wie ein Stück Fleisch immer wieder den Gelüsten ihres grausamen Herrn überließ. Dies nun alles sollte endlich ein Ende haben. Heute noch.

Gunnlöd erhob sich, bückte sich über ihre Schlafstätte und zog zu Bragis Überraschung einen großen Beutel darunter hervor, den sie mit reichlich Proviant gefüllt hatte. Seit Baugi regelmäßig zu ihnen hinabstieg, hatten Mutter und Sohn zumindest keinen Hunger mehr zu leiden. Baugi mochte keine Frauen, an deren Rippen er sich stieß, und wie es schien, hatte seine Mutter diesen Umstand genutzt, um für sie beide einen guten Vorrat zurückzulegen.

Auf den Sack weisend erklärte sie Bragi, mit ihm nun einen Ausflug machen zu wollen. Als der Junge daraufhin neugierig zu erfahren wünschte, wohin die Wanderung denn gehe, sagte sie geheimnisvoll, er müsse sich noch ein wenig gedulden, da es eine Überraschung gäbe. Nur soviel wolle sie ihm jetzt schon verraten, dass er heute noch etwas ganz Besonderes zu sehen bekäme; etwas, das sie ihm eigentlich schon vor langem hatte zeigen wollen.

Gunnlöd nahm sich eine große Pechfackel und schulterte den prall gefüllten Essenssack. Ehrfürchtig betaste der Knabe den Umfang des Beutels und befand, dass es wohl ein langer Ausflug werden müsse. Er solle seine Leier nicht vergessen, hieß ihn Gunnlöd. Eine unnötige Aufforderung, da Bragi sich von dem Instrument nicht einmal mehr trennte, wenn er sich schlafen legte. Dann fasste Suttungs Tochter ihren Knaben bei der Hand, um dieses Mal mit ihm gemeinsam in die Tiefen des Berges hinabzusteigen.

Endlos schien der Weg, den Mutter und Sohn gemeinsam durchs Gestein nahmen. Selbst der inzwischen so Höhlenkundige Bragi kannte sich schon seit längerem nicht mehr aus. Zwischendurch hielten sie immer wieder an und Gunnlöd suchte mit ihrer Fackel die Felswände nach Wegweisern ab, die ihnen die weitere Richtung wiesen. Sie fanden einfache, mit Holzkohle aufgekratzte Pfeile. Der Höhe nach zu urteilen, auf der die Zeichen angebracht waren, stammten sie zweifelsfrei von Bragis unterirdischen Freunden. Er wunderte sich, warum seine Mutter, sobald sie einen weiteren Pfeil gefunden hatten, diesen mit einem Zipfel ihres Rockes abwischte, sagte aber nichts. Dann standen sie vor einem dunklen Schlund. Abgehauene Kanten offenbarten, dass es sich um einen von Zwergeshand getriebenen Tunnel handeln musste. Sie würden sich bücken müssen, um hindurchzugelangen.

Gunnlöd riss einen langen Streifen ihres Kleides ab und wickelte ihn um ihre fast niedergebrannte Fackel. Dann sagte sie zu Bragi: „Erinnerst du dich noch an den Traum, den du mir letztens erzählt hast?"

Bragi bejahte freudig: „Du meinst den, auf dem ich über eine weite grüne Fläche lief und überall diese hohen Hölzer standen, die dicke, grüne Kleider trugen?!"

„Genau den!", bestätigte ihm Gunnlöd lächelnd und eine Träne glitzerte in ihren Augen. „Bald, schon sehr bald, wird er wahr für dich werden. Dann wirst du zum ersten Male Bäume erblicken!"

Bragi, erstaunt und freudig erregt zugleich, sprudelten ob dieser Kunde zahlreiche Fragen aus dem Mund, doch Gunnlöd schüttelte nur den Kopf und gebot ihm wieder zu schweigen. Dann ging sie auf die Knie, hielt die Fackel leuchtend in den Tunnel und kroch voran. Zunehmend wurde der Gang niedriger und enger, eine wahre Schinderei für ihre Knie und Ellenbogen, doch tat dies Bragis guter Laune keinen Abbruch. Es war das erste Mal, dass seine Mutter mit ihm einen solchen Ausflug unternahm, und das Herz hüpfte ihm vor Freude und Spannung, wenn er daran dachte, was sie ihm zu zeigen gedachte.

Nachdem die beiden sich auf allen Vieren kriechend eine Weile mühsam vorangearbeitet hatten, vernahmen sie mit einem Male von Ferne ein schwaches Rauschen. Bragi hatte etwas ähnliches noch nie zuvor gehört, und sein Herz begann erneut heftig zu klopfen. Das seltsame Geräusch verstärkte sich nun in dem Maße, wie sie weiter darauf zukrochen. Als dann am Ende des langen Tunnels plötzlich eine fremdartige Lichtquelle auftauchte, konnte der Knabe seine Neugier nicht länger zügeln: „Was ist das alles, Mutter? Dieses gleißende Licht da vorne und dieses seltsame Rauschen? Wohin führst du mich?"

Aber Gunnlöd gab keine Antwort. Die Stimme versagte ihr. Nur ein trokkenes Schluchzen entrang sich ihrer Kehle, das ihr jedoch als mühevolles Aufstöhnen zu tarnen gelang. Schließlich hatte der enge Stollen ein Ende und sie konnten wieder aufrecht weitergehen. Während der Junge nun immer neugieriger werdend weiter vorwärts drängte und an seiner Mutter zog, verlangsamten sich deren Schritte und wurden immer schleppender. Bragi indes bekam nichts mit von Gunnlöds Schmerz, denn all sein Ansinnen war nun auf das gerichtet, was sich vor ihnen auftat.

Sie standen inmitten einer gewaltigen Grotte, deren Ausgang aufs offene Meer hinausführte, und zum ersten Male in seinem Leben sah Bragi Tageslicht. Und obwohl die Sonne nicht schien, sondern dicke, graue Regenwolken den Himmel bedeckten, war es für den Knaben ein ähnlich großes Fest, wie für den Blinden, der plötzlich sehend wird. Dann erblickte Bragi das Meer. Fassungslos und zutiefst ergriffen fasste der Junge nach der Hand seiner Mutter und flüsterte: „Die Große Mutter, da ist sie!" Dunkelblau und grünlich lag die See vor ihnen. Eine gewaltige Ansammlung von niemals ruhenden Wassern, beständig in Bewegung, soweit das Auge reichte und darüber hinaus. Endlos.

Gunnlöd lächelte gequält. Schmerz, aber auch Rührung und Freude darüber, diesen besonderen Augenblick mit ihrem Sohn teilen zu dürfen, schnürten ihr weiter die Kehle zu. Zu ihren Füßen rauschte die schäumende Brandung, die in rollenden Wogen immer wieder gegen die Klippen klatschte. Der salzige Wind streifte ihre Haut, fuhr beiden durchs Haar und zerrte an ihren staubigen Kleidern.

Bragi war von der Vielfalt dieser alle zugleich auf ihn einstürzenden Eindrücke wie erschlagen. Er zerrte an Gunnlöds Hand, wollte sie weiter mit sich nach vorne ziehen, näher heran an dieses fremdartige, große Wasser. Doch Gunnlöd, urplötzlich von der trügerischen Hoffnung beseelt, das Kommende irgendwie noch hinauszögern zu können, schienen die Beine angewachsen. So löste Bragi sich von seiner Mutter und tat selbst weitere zittrige Schritte, die ihn dem großen Unbekannten näher brachten. Er starrte und starrte und vermochte doch nicht zu erfassen, was sich dort vor ihm offenbarte. Und diese frische, unbeschreiblich köstliche Luft. Tief sog er sie hinein in seine kleine Lunge, die, darauf nicht vorbereitet, prompt mit einem Hustenanfall reagierte. So bekam Bragi kaum mit, wie sich aus dem Schatten der Grotte drei Zwerge lösten, die sich nun zu ihm hingesellten, um still lächelnd an seinem freudigen Erstaunen teilzuhaben.

Es war die wiedergefundene Stimme seiner Mutter, die den Jungen aus seiner Verzückung holte. Unendlich viele Fragen hatte Bragi, doch Gunnlöd hieß ihn abermals zu schweigen und ihr zuzuhören. Dann erzählte sie Bragi von ihrem Plan, mit dem sie alles für seine Freiheit vorbereitet hatte. Sie sprach von dem Tunnel, den die Zwerge aus dem Berg heraus bis zu dieser Grotte hin geschlagen hatten, und sie sprach von einem Boot, dass zu bauen sie bei seinen kleinen Freunden vor über einem Jahr in Auftrag gegeben hätte.

„Ein Boot?" Bragi kam aus dem Staunen gar nicht mehr heraus.

Beklommen nickte seine Mutter und gab den Zwergen einen Wink, die daraufhin davon tippelten, um weiter unten zwischen den Klippen zu verschwinden. Nicht lange und sie tauchten von dort wieder auf, in ihren Händen ein langes, zwei Finger dickes Tau haltend. Das andere Ende des Seiles war am Bug eines kleinen Einmasters befestigt, der hinter dem Höhlenausgang jetzt langsam sichtbar wurde. Ein Schiff, ein richtiges Schiff! Sie würden zusammen auf eine Reise gehen! Fasziniert beobachtete Bragi das kunstvolle Gefährt, das zwischen den felsigen Klippen heftig auf und ab schaukelte.

Gunnlöd nahm sich den Sack von der Schulter und holte daraus die zwei übrigen Trinkhörner hervor, die sie den Zwergen überreichte. Da verstand Bragi, dass die kunstvollen Methörner die Bezahlung für dieses schwimmende Gefährt sein mussten.

„Deine Freunde hier haben viel Arbeit in dieses Boot hineingesteckt", sprach Gunnlöd leise und streichelte ihrem Sohn durchs flatternde Haar.

Der blickte sie aus großen Augen an: „Ist das der Ausflug, von dem du sprachst?" Gunnlöd nickte stumm und begleitete ihren Sohn zum Ufer hinab.

Bei dem Boot angelangt, erklärte einer der Zwerge: „Es nennt sich Wellenfänger und ist so beschaffen, dass selbst ein völlig unerfahrener Seemann es ohne große Mühen zu steuern imstande ist." Er zeigte Bragi das Ruder und erklärte ihm, wie man damit die jeweilige Richtung bestimmen könne.

Bragi blickte seine Mutter erwartungsvoll an. „Werden wir beide damit in die Welt hinaussegeln?", begehrte er eifrig zu erfahren.

Doch da begegnete er den traurigen Augen seiner Mutter, in denen unsäglicher Kummer stand. „Nicht wir, mein lieber Sohn." Ihre Stimme war kaum mehr als ein ersticktes Flüstern. „Nur du alleine wirst darinnen sitzen!"

Da war dem Knaben bang und er fühlte, wie eine eiskalte Kralle sein Herz umklammerte. Jetzt endlich verstand er die Trauer und den Schmerz seiner Mutter. Sie hatte nie vorgehabt, diese Reise mit ihm gemeinsam anzutreten.

Gunnlöd sank vor ihrem Sohn auf die Knie, um mit ihm auf Augenhöhe zu sein. Dann umfasste sie seine beiden Hände und sprach mit ernstem Blick: „Ich habe dir nach besten Kräften angedeihen lassen, was du benötigst, um aufrecht durch dieses Leben gehen zu können. Doch jetzt, mit Vollendung deines siebenten Lebensjahres, ist die Zeit gekommen, dich aus meiner Obhut zu entlassen." Sie wies aufs Meer hinaus und Bragi folgte ihrem Blick. „Sieh, da draußen wartet die Welt auf dich, mein Sohn. Darum segele nun in sie hinaus und hole sie dir! Und wenn die Nornen dir gewogen sind, wirst du eines Tages vielleicht irgendwo sogar deinem Vater begegnen. Ich habe gehört, dass er seine Söhne niemals im Stich lässt. Und da er sich bisher nicht hat blicken lassen, sollten deine Aussichten nicht schlecht stehen. Mag er dich fortan alles Weitere lehren, dessen du bedarfst, um ein Leben zu führen, um das es glücklicher bestellt ist, als es das meine je war. Meine Aufgabe endet hier, mein Sohn. Meine Kraft ist erschöpft."

Bragi wagte nichts zu erwidern, denn Gunnlöd hatte diese Worte mit der Gewissheit einer Mutter gesprochen, die sich bereits damit abgefunden hatte, dass sie einander nicht mehr wiedersehen würden. Nicht am kommenden Tag und auch nicht an dem darauf folgenden, sondern niemals mehr. So stand sie da vor Bragi mit einem Gesicht, das keine Zukunft mehr kannte, aber voller Sorge für die ihres Sohnes war.

Bragis furchtsamer Blick ging nun an Gunnlöd vorbei und schweifte über die endlos wogende See. „Dort hinaus willst du mich senden?", jammerte er verzagt. „Alleine und bar deiner tröstenden Arme? Wo ich doch außer dir sonst niemand mehr habe auf dieser Welt, die jetzt mit einem Schlage größer scheint, als ich jemals zu träumen gewagt habe. Dieses riesige Wasser wird mich verschlingen. Ist es das, was du willst?"

Gunnlöd schluckte schwer. Nur noch mit Mühe gelang es ihr, der drängenden Flut ihrer Tränen Einhalt zu gebieten. „Versteh doch", sprach sie flehend, „ich kann dir in unserem Steinkerker nicht mehr bieten, als die wärmenden Flügel einer Glucke. Aber glaube mir, schon bald würdest du meiner überdrüssig werden und selbst deinen Weg in die Welt suchen wollen. Und das ist gut und richtig so, denn so will es die Natur." Sie drehte sich um und wies mit dem Finger in den Berg zurück. „Denn dort oben lauern dein Oheim und eine Bande von rauen Gesellen, von denen dir ob deiner Herkunft keiner freundlich gesinnt ist. Und wir beide wissen, dass der Weg an die Oberfläche zurück lediglich über Baugis Leiche führt. Und genau das ist es, was ich für dich verhindern will!"

Tränen begannen jetzt Bragis Wangen hinabzurollen. Er wollte nicht fort von seiner Mutter, mochte sie nicht verlassen. Wollte nicht alleine hinaus in dieses weite, große Unbekannte, vor dem er sich fürchtete.

Doch unbarmherzig fuhr seine Mutter fort: „Du aber bist der Sohn eines Asenfürsten, zu Höherem berufen, als hier zwischen herzlosen und grobschlächtigen Kerlen aufzuwachsen, die dein empfindsames Wesen schon bald zerbrechen würden. Mein Los ist das bittere Geschick einer verwaisten Bauerntochter, in das ich mich viel zu lange schon gefügt habe. Ich habe nie verstanden, warum mich mein liebloser Vater vor der Welt wegsperrte und warum ich bis jetzt die Geilheit seines grausamen Bruders ertragen musste. Leiden und Bosheit war mir von beiden bestimmt. Schande und Fluch über beide Brüder. Dir aber zumindest soll ähnlich Schlimmes erspart bleiben. Deshalb nun sammele deinen Mut, ziehe hinaus in die Welt und lebe dein Leben, mein Sohn!" Abermals blickte die Riesin auf den weiten Horizont, über dem sich jetzt bedrohliche Gewitterwolken zusammenballten. Wie gerne hätte sie ihrem Sprössling ein schöneres Wetter geboten, doch nichts war so unbeständig, wie die launenhafte Witterung an den Gestaden des Meeres.

Bragis Sinn schwankte nunmehr zwischen bebender Furcht und aufkeimender Neugier. „Ich ängstige mich so vor dieser Weite", sprach er beklommen. „Was ich kenne, ist nichts anderes, als die feste Begrenzung von hartem Gestein. Und nun schickst du mich fort, hinaus in dieses endlose Nichts..."

„Weil dir nur dort alles offen steht!", entgegnete Gunnlöd mit heiserer Stimme. Es kostete sie alle Kraft, weiter standhaft zu bleiben, denn auch sie stand bereits kurz davor, Bragi zu schnappen und mit ihm gemeinsam wieder in den Berg zurückzukehren, der vermeintlichen Schutz versprach. Zurück in die ewige Finsternis. Zurück in den alt bewährten Schmerz. Kaum noch zu ertragen, aber eben doch vertraut. Doch mit aller Härte gegen sich selbst presste sie ihren Kummer ins Herz zurück und sagte entschlossen: „Keiner wird dich dort draußen wie einen Hund einsperren und dir die Freiheit verweigern. Hab Vertrauen, mein Sohn, Vertrauen und Mut! Der Wind und die Wellen werden dich deiner Bestimmung entgegentragen!"

So redete die kluge Riesin treulich auf ihren Sprössling ein, voller Hoffnung, in diesem endlich den Funken des Entdeckers zu entzünden, den es

bedurfte, um ein solches Wagnis anzutreten. Dann endlich schien Bragi das Unabwendbare zu akzeptieren. Mit einem Aufschluchzen floh der Knabe noch einmal in die Arme seiner Mutter, die ihn so fest umklammerte, bis sie es beide nicht mehr ertragen konnten.

„Nun geh, mein Sohn", sagte Gunnlöd und löste sich von ihm. „Lass Finsternis und Enge für immer hinter dir und blicke nicht zurück!" Bragis ausgestreckte Arme fielen kraftlos herab, und wie ein zum Tode Verurteilter schlurfte er zu den Zwergen, die ihn zu dem Boot brachten. Mit zittrigen Beinen bestieg er das schwankende Holzgebilde, verstaute seinen Nahrungsbeutel sowie seine Leier und dankte den Alben für alles, was sie für ihn und seine Mutter je getan hatten. Dann lösten sie das Tau vom Felsen und warfen es ihm zu.

Und als Bragi das Steuer des Wellenfängers in seine kleinen Hände nahm, wandte Gunnlöd sich schluchzend ab, da sie diesen Anblick nicht länger zu ertragen vermochte. Raschen Schrittes zog sie sich in den Schatten der Grotte zurück. Der letzte Blick ihres Sohnes auf sie, sollte nicht ihr vor Kummer vergrämtes Gesicht sein. Denn kaum hatte sich der Schatten der schützenden Felsen wieder über sie gelegt, brachen all die selbst errichteten Dämme. Die Tränen rannen ihr in Sturzbächen die Wangen hinab und sie schluchzte in einem fort. Und als Bragi ihr vom Ufer aus noch einmal zuwinkte, fand sie kaum noch die Kraft, diesen letzten Gruß zu erwidern.

Da ging er hin, ihr Sohn. So wie einst auch sein Vater von ihr gegangen war. Und tief in ihrem Innersten wusste Gunnlöd, dass sie beide niemals wiedersehen würde.

Bragi aber, der mit diesem schmerzvollen Abschied nicht anders umzugehen wusste, nahm Trost suchend seine Leier zur Hand und spielte auf ihr das wehmütigste Lied, das jemals eines Sterblichen Ohren vernommen haben. Der ihm aus den Schatten nachblickenden Gunnlöd zersprang ob dieser traurigen Melodie vor Kummer fast das Herz, und wie tot sank die Erschöpfte zu Boden.

VoeniX 2011

Reitend kamen geflogen die Töchter der Ran,
türmten sich wütend zu tosenden Wogen.
Zerfetzten das Segel, teilten Planken entzwei,
suchten zeternd den Knaben hinabzuzerren.
Doch wortreich beschwor er die wogende Flut
und sang zurück in den Schlummer die See.

# 3. Der Sänger im Boot

Von Ferne hatte Bragi seine Mutter am Fuße der Felsengrotte zusammensinken sehen, doch da die Zwerge sogleich herbeigestürzt waren, wähnte er die Mutter in umsorgten Händen. Zudem hätte er sein schaukelndes Gefährt bei dieser starken Strömung ohnehin nicht mehr zu wenden gewusst. So also blieb ihm nichts anders zu tun, als wie angewiesen das Segel zu setzen und sich ganz den, für ihn völlig ungewohnten, Elementen zu überlassen. Sogleich fuhr der Wind ins Segeltuch hinein, das sich aufblähte und seinen Nachen zügig aufs offene Meer hinaustrug. Klatschend teilte der Bug des kleinen Wellenfängers die Wogen, die schäumend über die Reling spritzten und ihn von Kopf bis Fuß mit einem nassen Film überzogen. Neugierig leckte Bragi sich die Lippen. Es schmeckte salzig. Furchtbar salzig. Und als nähme nun auch der Himmel Anteil am erfolgten Lebewohl, so begannen die dunklen Wolken über ihm ihre Schleusen zu öffnen und ihre schwere Last abzuregnen. Auch dies war eine völlig neue Erfahrung für Bragi -Wasser, das von oben auf ihn niederprasselte. Er blinzelte hinauf, öffnete den Mund und streckte die Zunge aus, um es zu kosten. Sonderbar, das Himmelswasser schmeckte rein und klar, ganz im Gegensatz zu dieser versalzenen, unermesslich dahinschunkelnden Riesensuppe, auf der sein Kahn nun ordentlich Fahrt aufnahm.

Bald schon war die Küste verschwunden, floss hinfort ins trübe, endlose Grau, als hätte niemals zuvor ein Festland bestanden. In dieser Auflösung lag etwas wie ein unersetzbarer Verlust für Bragi, denn obwohl plötzlich von dieser neuen, endlosen Weite umgeben, verspürte er eine Art Eisenring, der ihm sein junges Herz zusammenpresste.

Die Regenwolken hingen jetzt immer tiefer, schluckten das Licht über den Wassern, als die Dämmerung einsetzte. Mit der aufziehenden Dunkelheit nahm auch der rauschende Wind weiter zu, den Bragi um sein geheimes Wissen beneidete, denn er allein wusste, wohin er ihn führen würde. Vollkommen orientierungslos glitt er mit seinem Boot immer tiefer hinein in eine unbekannte Finsternis. Rundum nur weite, diffuse Leere. Ein wirrer, niederschmetternder Schrecken lastete bald auf der Seele des Knaben. Es war die Furcht vor diesem grenzenlosen Nichts, das unvermeidlich und stetsfort alles Flüchtige zu verschlingen schien.

War er überhaupt noch am Leben? Oder war er nur ein aus der Tiefe der Erde hinausgespuckter Gedanke, der sich schon bald in dieser Weite verlieren würde, ja, aufzulösen drohte? Angstvoll beugte Bragi die Stirn unter dieser gewaltigen Bedrohung. Vermochte nicht länger aufzublicken. Vergrub den Kopf unter den Armen, doch nur, um bedrückt festzustellen, dass das ungewohnte Geschaukel eine grausame Übelkeit hervorrief, die seinem Magen argen Verdruss bescherte. Seine Eingeweide schienen sich nach außen stülpen zu wollen und bald wünschte er sich nichts Sehnlicheres, als in die tröstenden Arme seiner Mutter zurückkehren zu dürfen. In seiner Verzweiflung schrie er laut nach ihr, doch seine Stimme erstarb, als er sich würgend erbrechen musste. Doch selbst, nachdem er diesen ekligen Vorgang mehrere Male wiederholt hatte und sich sicher war, keinen einzigen Tropfen Flüssigkeit mehr im Körper zu besitzen, besserte sich sein Zustand kaum. So war ihm sterbenselend zumute.

Als die Dunkelheit den Wellenfänger schließlich so umfangen hielt, dass Bragi die Hand nicht mehr vor Augen sehen konnte, gesellte sich zu seiner Übelkeit die Furcht vor dem großen Unbekannten. Doch es war nicht die Finsterns, die ihn schreckte. An die hatte er sich Zeit seines Lebens gewöhnt. Nein, es war dieses ewige und ziellose Dahinschaukeln auf diesem ihm völlig fremden Element, das über keinerlei Begrenzungen verfügte. Lediglich das gleichmäßige Gurgeln und Glucksen der Wellen, das ihn von allen Seiten umgab, hatte etwas Beruhigendes, irgendwann fast Tröstliches an sich. Vollkommen blind suchten seine Hände seine Leier zu ertasten, in der Absicht, sich auf ihr ein wenig Mut zuzuspielen. Doch als er sein Instrument gefunden hatte, konnten seine klammen Finger ihm keine wohlklingenden Töne entlocken, und so gab er sein Vorhaben wieder auf. Da Bragi keinerlei Nahrung zu sich nehmen konnte, weder wusste, wo er sich befand, noch Ahnung hatte, wohin die Reise ging, gab er schließlich alle Kontrolle ab und glitt hinüber in ein erschöpftes, traumloses Dösen.

Daraus mehrere Male aufgeschreckt, bot sich ihm am kommenden Morgen ein ebenso trostloser Anblick. Noch immer präsentierte sich der Himmel in einem tristen Grau in Grau, an dem weder Sonne, noch Mond noch Sterne auszumachen waren. Und gerade diese hoffte der Knabe doch nun endlich einmal zu Gesicht zu bekommen. Angeregt von den Erzählungen seiner Mutter und denen der Zwerge, hatte er sich bereits viele Male ausgemalt, wie es denn sein würde, die Gestirne selbst einmal betrachten zu können. Doch die Götter schienen seine Geduld weiterhin auf die Probe stellen zu wollen, denn auch die kommenden Tage und Nächte sollte sich an dem trüben Wetter nichts ändern. Die Wolken hingen so dicht, dass Tag und Nacht in einem zähen Nebel ineinander flossen. Dazwischen regnete es immer wieder. Bragi war inzwischen feucht bis auf die Knochen. Seine gesamte Kleidung hing steif und klamm an seinen frierenden Gliedern, die warm zu bekommen er längst aufgegeben hatte. Nichts gab es um ihn herum, auf das er sein Auge hätte heften können. Nur diese endlos dahin wabernde, grünblaue Masse, die ihn in seinem kleinen Nachen unerbittlich hin und herwarf. Die Stimmung seines Gemüts war mittlerweile auf dem absoluten Tiefpunkt angelangt. Er fühlte sich ganz klein, einsam und verloren.

Bragi ahnte nicht, dass sein kleiner Wellenfänger schon seit Tagen die nebligen Grenzen zwischen Riesenheim und Midgard durchsegelte. Deren Überquerung war bisher nur wenigen Seefahrern geglückt. Die meisten waren mit ihren Schiffen im dichten Nebel an scharfen Riffen zerschellt und auf Grund gelaufen. Andere waren von den starken Elivagarströmen erfasst und bis nach Niflheim getragen worden, wo sie das undurchdringliche Packeis irgendwann umschlossen und nicht mehr aus seinen Fängen gelassen hatte. Keinem Sterblichen war es jemals gelungen, sich aus der eisigen Umklammerung der Reifriesen zu befreien und wieder nach Midgard zurückzukehren. Entsprechend finstere Gerüchte rankten sich um die ewigen Eismeere.

Manche Geschichten hatte Bragi von den Zwergen dazu erzählt bekommen; dies zu einer Zeit, als sie noch nicht geahnt hatten, welch tollkühner Plan eines Tages Gunnlöds Not entspringen würde. Sicherlich hätten die Zwerge sich sonst mit ihren Schilderungen etwas zurückgehalten. So aber hatten sie den unbedarften Knaben mit einer Anzahl oft übertriebener Geschichten gefüttert, die von mutigen Seefahrern kündeten, die nie wieder in den Kreis ihrer Liebsten zurückgekehrt waren. Manche waren mit ihren Schiffen angeblich bis an den äußersten Rand der Welt gelangt, über dessen Kante sie schließlich ins Nichts gestürzt und nie mehr gesehen worden waren. Auch riesige Seeungeheuer sollte es hier draußen geben, die, gleich der gewaltigen Midgardschlange, in schlafähnlichem Zustand auf dem Grund des Meeres stetig auf Beute lauerten. Urplötzlich konnten sie aus ihren Verstecken hervorschnellen, um ihre ahnungslosen Opfer zu verschlingen oder ganze Schiffe für immer in die kalten Tiefen zu zerren. Kurz gesagt, die Phantasie des siebenjährigen Knaben konnte auf einen reichhaltigen Fundus zurückgreifen, sodass ihm die inneren Schreckensbilder nicht ausgingen.

Und wirklich, Bragis Nachtmeerfahrt schien kein Ende nehmen zu wollen. Längst hatte er aufgehört die Tage zu zählen. Zeit hatte aufgehört zu existieren. Lediglich sein Nahrungsvorrat, mittlerweile auf einen kümmerlichen Rest zusammengeschmolzen, erinnerte ihn daran, dass er irgendwann einmal ein Leben vor diesem tristen Elend auf See gehabt haben musste. Gleichwohl ihm dieses inzwischen nur noch wie ein ferner, dunkler Traum erschien, aus dem er nahtlos in diesen nicht enden wollenden grauen Alptraum hinübergeglitten war. Nur für kurze Momente gelang es ihm tagsüber, einen flüchtigen Blick auf die leuchtende Scheibe zu erhaschen, die ihm von oben, hinter den Wolken versteckt, wie ein stilles Auge zu folgen schien.

Doch nur, um ihn mit dem erneuten Einsetzen der Dämmerung wieder sich selbst zu überlassen. Denn selbst der Wechsel der Tageszeiten war Bragi bisher nicht vertraut.

Der Knabe seufzte verloren auf. Wo noch war Hoffnung in diesem trüben Zwielicht, dessen gähnender Schlund sich jederzeit unter ihm auftun konnte, um ihn mitsamt seiner zerbrechlichen Nussschale zu verschlingen? Schlich sich mit der wiederkehrenden Dunkelheit doch stets auch die Furcht ins Herz des jungen Steuermannes zurück. Erschöpft wie er war, begann seine rege Phantasie ihm die ersten fiebrigen Schreckensbilder vorzugaukeln. Und waren seine inneren Nachtmahre erst einmal erwacht, wähnte er in jedem lauteren Glucksen ein auftauchendes Seeungeheuer, in jedem noch so kleinen Strudel den tosenden Abgrund ins Nichts. Erst wenn die Morgendämmerung sein Bangen beendete und ihn all die Schimären wieder mal als Ausgeburten seiner eigenen Ängste begreifen ließ, stellte er verwundert fest, dass er noch immer am Leben war. Nicht weniger überraschte es ihn, als er irgendwann feststellte, dass seine Übelkeit inzwischen fast gänzlich von ihm gewichen war. Sein Körper, und vor allem sein Magen, bisher allein an die

Festigkeit kalten Gesteins angepasst, schienen sich endlich an dieses ewige Geschaukel gewöhnt zu haben.

Doch kaum hatte Bragi diesen ermutigenden Schritt vollzogen, wandte sich seine Aufmerksamkeit wieder ganz seiner hoffnungslosen Lage zu. Dafür endlich imstande, seine Leier wieder zu handhaben, war er gewillt, sich diesmal seinen Überdruss von der Seele zu singen. Erst zaghaft und zart schlugen seine Finger die Saiten. Dann immer kraftvoller und schneller, angespornt von der Auflehnung gegen seine erdrückende Verzweiflung. Auch sang er dazu:

„Bedrohliche Schatten über kalte See hintanzen,
die mein Sehnen erschuf, gleich giftigen Lanzen.
Sie stechen und plagen mich in einem fort,
keine Ruhe vergönnt mir dieser feuchte Ort."

Und je länger Bragi spielte, desto mehr Reime sprudelten ihm über die Lippen. Er sang vom Elend seiner zurückgebliebenen Mutter, von ihrem Kummer und ihrem bitteren Geschick. Er sang seine Abscheu gegen das grausame Geschlecht der Riesen hinaus, deren fehlender Spürsinn für alles Feine und Schöne auf dieser Welt ihrer einfältigen Rasse eines Tages den Untergang bescheren würde. Er sang von abwesenden Vätern, deren Fehlen bei ihren Söhnen Kummer und Sehnsucht hinterlassen. Und schließlich haderte er mit den Göttern, beschimpfte, ja, verdammte sie für ihr Unvermögen, diese schreckliche Welt so unvollkommen hervorgebracht zu haben.

Und wie er so dasaß in seinem Kahn und voll grimmigem Zorn die Leier schlug, da begannen sich um ihn herum die Elemente zu entfesseln. Wolken türmten sich zu gewaltigen Gebirgen auf, ein bedrohliches Grollen ließ den Himmel erzittern und gleißende Blitze zuckten hell über das Wasser. Bragi, erschrocken und begeistert zugleich, da es ihm mit seinem Spiel offenbar gelungen war, die Himmlischen zu einer Reaktion zu bewegen, musizierte weiter in bissigem Trotze.

Die Antwort von oben war ein heftiges Gewitter, denn das schwarze Gewölk öffnete erneut seine feuchten Schleusen. Diesmal jedoch mit solcher Gewalt, als suchten die schweren Regentropfen dem jungen Sänger Einhalt zu gebieten. Stürmische Böen ergriffen das Segel, rissen und zerrten daran, sodass ihm die Taue um die Ohren flogen. Die Wasser rauschten auf, warfen den kleinen Nachen hin und her und peitschten Bragi ins Gesicht. Doch trotz dieses Wütens verspürte Bragi eine tiefe Genugtuung, dass die Götter offensichtlich wenig Gefallen an seiner Schelte fanden. Auch wenn ihm kaum Zeit blieb, sich daran zu erbauen, denn sein empfindsamer Magen begann erneut zu rebellieren. Kraftlos entglitt die Leier seinen Fingern und Bragis Oberkörper sackte vornüber, sodass er nun auf den Achseln mit schlingernden Armen über der Reling hing. Würgend begann er aufs Neue, mit den unverdauten Resten seiner letzten Mahlzeit die Fische zu füttern.

Und während die Wogen über ihm zusammenklatschten und ihn von den Resten seines Erbrochenen säuberten, da meinte er plötzlich, auf ihren schäumenden Kronen menschliche Gliedmaßen zu erkennen. Gaukelte ihm sein schwachsinniger Verstand etwa weitere Trugbilder vor oder waren dies bereits die gefürchteten Meerhexen; die gnadenlosen Töchter der Meeresriesin Ran, die einem den Untergang verhießen, sobald man ihrer ansichtig wurde? Zu Bragis blankem Entsetzen war das Letztere der Fall. Für kurze Momente gab die Gischt immer wieder den Blick auf ein paar zuckende Frauenleiber frei, deren schuppige, milchige Haut der Meeresschaum zu gebären schien. Gleichwohl nass bis auf die Knochen und zitternd vor Kälte, spürte Bragi, wie ihm der kalte Angstschweiß ausbrach, als er zwischen den tosenden Wellen die Gesichter dreier Frauen gewahrte. Hübsch waren sie anzuschauen mit ihren langen Haaren und schlanken Leibern daran. Bragi, der noch nie zuvor ein anderes weibliches Wesen als seine Mutter und ein paar verhutzelte Zwergenfrauen zu Gesicht bekommen hatte, klappte der Mund auf.

Schon öffneten auch die Seeweiber ihre Münder, und es war ihm, als ob sie durch das Tosen des Sturmes hindurch einen lieblichen Zauber sängen. Und süß wie Honigmilch, wanden sich ihre lieblichen Worte in die Ohren des jungen Dichters:

„Komm zu uns, schöner Jüngling,
steig hinab zu uns und sing.
Wir lauschen dir gerne,
doch nicht aus der Ferne.
Komm zu uns, schöner Jüngling,
komm zu uns und sing!

Nicht länger hadere mit deinem Geschick,
in unseren Armen dir winkt ewiges Glück.
Vergessen du suchst, hier wirst du es finden,
nicht länger in Not musst du dich schinden.
Drum komme zu uns und empfange den Kuss,
wir geleiten dich hin, wo keiner leiden mehr muss."

Doch so süß auch ihre Stimmen, so verlockend auch ihre Botschaft, erkannte der Knabe in ihnen doch die nahenden Sendboten des Todes. Sein ganzer jugendlicher Lebenswille, sein innerster Eisenkern bäumte sich auf, wollte noch nicht sterben, nicht hier und nicht jetzt im Angesicht dieses grausigen Schauspiels. Und all seine Willenskräfte sammelnd, stemmte Bragi sich zu-

rück in sein Boot, während er seine Leier wie einen Rettungsanker umklammert hielt.

Da vernahm er aus dem Rauschen des Sturmwinds heraus eine seltsam raue Männerstimme. „Begegne Zauber mit Zauber!“, schien sie ihm zuzurufen. Am ganzen Leibe erbebend starrte Bragi in die Wolken, suchte durch den herabprasselnden Regen irgendetwas zu erkennen. Aber da war nichts. Niemand, der diesen Ausruf getan haben könnte.

Doch auch die Meerhexen schienen die fremde Stimme vernommen zu haben, denn im nächsten Moment wandelten sich ihre eben noch lieblichen Züge und zerflossen zu abscheulichen Fratzen. Schaurig schrill ertönte ihr wütendes Geheul, sodass die Wellen sich nun zu turmhohen Wogen empor bäumten. Rachsüchtig warf sich der Meeresschaum über die schmale Reling, schnappte nach Bragi, um ihn aus der sicheren Umarmung des Wellenfängers hervorzuzerren. Von allen Seiten flog jetzt die Gischt und schlug das Segel brausend in Fetzen. Es gab ein fürchterliches Splittern, dann brach der Mast und kippte über die Reling. Mit klappernden Zähnen spreizte Bragi die Beine, um sie verkeilend gegen die Bordwände zu stemmen. Und all seinen Mut zusammennehmend, zwang er seine Furcht ins Herz zurück und schlug mit steifen Fingern erneut die Laute. Er wusste nicht wie und er wusste nicht was, doch sein Herz gab ihm ein, die Stille des Meeres zu besingen. Und mit so fester Stimme wie möglich begann er nun Bilder voller Sanftheit zu malen, pries die Allmacht der mütterlichen Liebe und die Schönheit der See.

Da gewahrte er plötzlich, wie von seinen klammen Händen eine Art bläuliches Leuchten auszugehen schien. Erst war es nur ein schwaches Schimmern, das jetzt die Saiten seiner Leier entlang kroch und schließlich sein ganzes Instrument erfasste. Und siehe, unter seinem Gesang begann sich die entfesselte See zu beruhigen. Mit jeder weiteren Strophe schien der bittere Groll der schaurigen Meerhexen zu schwinden, bis sie sich nach und nach wieder ganz besänftigt fanden. Die Wogen glätteten sich, der Regen erstarb und auch der Sturmwind wurde schwächer, als suche er selbst dem Gesang des halbtoten Knaben zu lauschen, der instinktiv wusste, dass er hier um sein Leben spielte.

Nur eine der Schwestern, die Schlimmste von ihnen, Ulfrun, die flüsternde Wölfin mit Namen gerufen, verstopfte sich die Ohren mit Seetang, um so dem Zauber des Sängerknaben zu entgehen. Und als der sein Lied beendet hatte, um sich, von seinem eigenen Wirken abermals verblüfft, zitternd aber neugierig über die Bordwand zu beugen, da schnellten Ulfruns kalte Klauen empor und packten Bragi hart an der Kehle. Sie reckte ihren schuppigen Hals aus dem Wasser, sodass Bragi ihren fischigen Atem riechen konnte. Und grausam spottend flüsterte die Boshafte dem Jungen ins Ohr:

„Weil jung du bist, trägt dein Herz dich davon.
doch weißt du das von Gunnlöd schon?
Deiner Mutter Herz zersprang als sie sandte,
dich allein hinaus ins Unbekannte.
Wir aber hätten dich gerne verführt,
in unseren Armen zum Prinzen gekürt.
Doch nun, Knabe, höre, verflucht sollst du sein,
ständig dir sollen folgen Kummer und Pein,
denn einen, der die eigene Mutter entseelt,
fortan und für immer die Schuld dafür quält!"

Mit diesen unheilvollen Worten entließen die Schwestern den jungen Dichter aus ihrer tödlichen Umarmung, gaben ihn frei und überantworteten sein leckgeschlagenes Boot wieder dem Schicksal. Der zu Tode erschöpfte Knabe aber sank nach dieser Eröffnung in eine tiefe Ohnmacht. Gnädig von dieser umfangen, flüchtete sich sein zerrütteter Geist in jenes dunkle Reich, wo Traum und Tod ineinander fließen und dem Verzweifelten Frieden und Vergessen schenken.

Als Bragi wieder erwachte, war die See völlig ruhig und wirkte, wie ein endloser blankpolierter Spiegel. Die Sonne blinzelte fahl durch eine dunstige Wolkenschicht und warf ihr freudloses Licht auf den sturmbeschädigten Wellenfänger. Sein Ruder war gebrochen und der Mast geborsten, den die See im Sturm mit sich genommen hatte.

Das leuchtende Auge am Himmel. Noch immer schien es ihn zu betrachten. Verfolgte ihn, wohin auch immer er abtrieb. Verwirrt blickte der Knabe umher. Der endlose Nebel schien endlich etwas lichter geworden. Und er war tatsächlich noch immer am Leben! Neue Hoffnung keimte in ihm auf. Hatte er die Schrecken der vergangenen Nacht vielleicht nur geträumt? Als er allerdings seinen schmerzenden Hals befühlte, kehrte die Erinnerung an das überstandene Unwetter schlagartig zurück. Noch immer schien er die kalte Klaue der wölfischen Meerhexe an seiner Kehle zu spüren, nachdem sie und ihre Schwestern vergeblich versucht hatten, ihn in ihr Reich zu locken. Hatte dieses schreckliche Weib ihm wahrhaftig das Schicksal seiner Mutter verkündet? Er seufzte traurig und schloss wieder die müden Augen.

Es war immer einfacher, sich für seine Träume zu entscheiden. Doch diesmal wollte ihm seine Mutter, ihr gemeinsamer Abschied, nicht mehr aus dem Kopf gehen. Ihr kraftloses Dahinsinken am Eingang der Felsengrotte. Dieses Bild hatte sich tief und unauslöschlich in seine Seele eingebrannt. Dort würde es nun für alle Zeiten verbleiben, genährt von der Gewissheit, dass er allein die Schuld an ihrem Tod trug. Seiner geliebten Mutter, die ihr elendes Schicksal einzig dem Umstand von Bragis Geburt verdankte. War es doch sein unerwünschtes Leben, für das sie all diese Leiden auf sich genommen hatte. Was nur hatte diese tapfere Frau in ihm gesehen? Was hatte sie angetrieben, dass sie ihre Freiheit, ihre Würde, ja, ihr ganzes kräftezehrendes Leben, für ihn aufgeopfert hatte?

Bragi hatte keine Antwort auf diese Fragen. Er wusste nur, dass er ebenfalls am Ende seiner Kräfte war. In sich zusammengesunken saß er in seinem verwüsteten Boot, in dessen Bilge bereits eine beträchtliche Menge Wasser schwappte. Monoton begann er es mit seinen Händen hinauszuschöpfen, doch war dies ein ebenso fruchtloses wie stumpfsinniges Unterfangen. Er war hungrig, durstig und vollkommen ausgebrannt. Seine Haut juckte ihm vom Kopf bis zu den Zehenspitzen. Überall klebte angekrustetes Salz, das ihn vollständig mit einem dünnen, weißen Film überzog.

Und so trat schließlich jener unausweichliche Zustand ein, in dem die Not der Verzweiflung ihre Erlösung nur noch im Beenden des eigenen Daseins wähnt. Bragi, gerade mal sieben Jahre alt, war soweit, dass er sich selbst töten wollte. Doch womit? Sein Messer, mit dem er sich ein paar tiefe Schnitte hätte zufügen können, um hierdurch langsam auszubluten, war im Sturm über Bord gegangen. Ebenso wie der Vorratssack seiner Mutter. Mit leerem

Blick suchte er im schmutzigen Bilgewasser, das ihm bereits bis zu den Waden stand, nach irgendetwas Nützlichem. Doch schlingerte ihm lediglich jenes Stück Tau um die Füße, mit dem die Zwerge den Wellenfänger einst angeleint hatten. Bragi fischte es aus der Brühe und betrachtete es stumpfsinnig. Für einen Strick, den er sich zur Henkersschlaufe hätte winden können, mochte es wohl herhalten. Doch gab es längst keinen Mast mehr, der ihm notfalls als Galgen hätte dienen können.

Sein leerer Blick wanderte zurück über das ewige Spiel der dunklen Wellen. Und sich einfach ins Wasser stürzen, um sich zu ersäufen? Ja, das würde gehen. Doch augenblicklich kamen ihm wieder die grausamen Meerhexen in den Sinn, und ein neuerlicher Schauer kroch ihm über den Rücken. Nein! Nachdem er ihnen sein Leben so hartnäckig abgetrotzt hatte, wollte er ihnen diese Genugtuung nicht gönnen. Niemals sollten diese kalten Meerweiber ihn in ihre mordlüsternen Klauen bekommen. Lieber wollte er verhungern oder elendig verdursten.

Diese Aussicht stimmte Bragi unversehens so heiter, dass er sich aufbäumte und sein lautes Gelächter über die See gellte. Es war das Lachen des Verzweifelten. Vor Durst umkommen auf einem ganzen Ozean voller Wasser! Ha, was trieben die Götter doch für ein grausames Spiel mit ihm. Sicherlich saßen sie irgendwo dort oben über den Wolken, beobachteten ihn durch dieses leuchtende Auge und lachten sich halbtot über sein jämmerliches Geschick.

Auf diese Weise mit sich hadernd, sank der Mutlose wieder auf seine Pritsche zurück. Bald glitt er abermals in einen traumlosen Schlummer, sein Geschick aufs Neue dem Spiel der Wellen überlassend. So bekam er nicht mit, wie sich die Nebel endlich lichteten, der Himmel aufriss und der leckgeschlagene Wellenfänger zum ersten Male seit seinem Aufbruch durch eine sternenklare Nacht dahintrieb.

Dann endlich war es soweit. Am einem klaren Morgen zog das leuchtende Himmelsgespann der Sonnengöttin Sol am Horizont herauf, bereit, seine Laufbahn über dem Haupt des Jungen anzutreten. Von ihren warmen Strahlen an der Nase gekitzelt, erwachte der Knabe aus seinem totengleichen Dämmerschlaf. Ihre Kraft und das gleißende Licht der sie widerspiegelnden See, blendeten Bragi mit einer ihm bis dahin unbekannten Gewalt.

„Vater?", rief er verstört aus, als er aus seinem Zustand aufschreckte. Blinzelt hielt er sich schützend die Hände vor die tränenden Augen. Die Nebel waren verschwunden und das große Auge erstrahlte nun mit solch flammender Stärke, dass er ihm nicht länger ins Antlitz zu blicken vermochte. Von neuer Zuversicht ergriffen, suchte er den Horizont nach Land ab, doch immer war da noch nichts, woran sein Blick hätte haften bleiben können. Zutiefst enttäuscht heulte der Knabe auf. Und wütend über sein jämmerliches Geschick ballte er die Fäuste und reckte sie drohend der Sonne entgegen. „Wo bist du, Vater?", rief er halb flehend, halb fordernd über die glitzernden Wasser. „Hier sitz ich alleine mit mir, verlassen und dürstend, dem Hungertod nahe, in einem sinkenden Boot am Ende der Welt! Und du tust nichts, um mir beizustehen. Nichts!"

Doch die Sonne blieb stumm. Ja, verlachte ihn geradezu mit ihrem Schweigen. Dafür tat sie etwas anderes. Etwas, das er bisher nur von seiner Mutter gekannt oder in der Nähe des flackernden Feuers erfahren hatte. Sie wärmte ihn. Und dies auf eine sehr angenehme, ja, beinahe tröstliche Weise. Endlich konnte er sich seiner klammen Kleider entledigen, diese trocknen und seinen schneeweißen Leib ganz dem feurigen Auge darbieten. So verstrich ein weiterer, ereignisloser Tag. Halbblind durchlebte Bragi ihn wie einen weiteren Wachtraum, während er weiter fürchterlichen Durst litt.

Gegen Abend dann erwartete ihn eine weitere, unschöne Erfahrung. Der flammende Blick des Auges, völlig ungewohnt für den stets im Dunklen lebenden Knaben, hatte seine aschfahle Haut versengt. Krebsrot war er geworden und sein Durst mittlerweile so schlimm, dass er meinte, das halbe Meer aussaufen zu können. Diesmal kam die Dämmerung fast als Freund, denn lindernd legte sich ihre Kühle auf die verbrannte Haut des Knaben. Nachdem die Sonne sich dem Meereshorizont wieder näherte, begann der Himmel sich erstmals in bunten Farben zu präsentieren. Fasziniert und tief berührt verfolgte Bragi dieses leuchtende Naturschauspiel. Als das Himmelsgestirn sich schließlich in einen glutroten Ball verwandelte, der den Rand des Meeres zu berühren drohte, wurde der Junge von einem panischen Entsetzen ergriffen. „Nein, geh nicht!", schrie er dem Auge in tiefster Verzweiflung zu. „Ich flehe dich an. Lasse mich nicht wieder alleine in dieses ewige Dunkel hinabtauchen!"

Doch all sein Bitten und Flehen halfen nichts. Unbeirrt setzte das rote Auge seinen Weg fort, bis es schließlich ins Meer hinabgesunken und gänzlich darinnen verschwunden war. Erneut zog die Nacht herauf und mit ihr kehrten Kälte und Verzagtheit zurück. Bragi legte seine wieder trockenen Kleider vorsichtig über sich. Sie wieder anzulegen, verursachte ihm zu große Pein auf seinen krebsroten Gliedern, die wie Feuer brannten. Wozu auch noch? Einen weiteren Tag ohne Trinkwasser würde er ohnehin nicht überstehen, soviel war gewiss. Warum nur hatte er auf seine Mutter gehört? Hätte er sich ihr doch verweigert, schalt er sich reuig. Sie wäre noch am Leben und er könnte jetzt bei ihr sein; geborgen in ihren warmen, ihn tröstenden Armen.

Und zum dritten Male, seit er den Wellenfänger bestiegen hatte, schlug Bragi seine Leier an. Diesmal in dem klaren Bewusstsein, das es das letzte Mal war, dass er sie spielen würde. Und mit wehmütigem Blick auf das sterbende Abendrot, suchte er seinen letzten Speichel zusammen, um diesmal seine eigene Todesklage anzustimmen:

„Oh du Lichtglanz aller Weltenkummer,
du bitterer Lehrmeister der Gezeiten.
Musste ich denn auf mich nehmen,
diese weite Reise ins Ungewisse?
Dies alles nur, um zu erfahren, dass,
wohin Wind und Wellen mich auch tragen,
mir mein Harm überall hin folgen wird?
Oh du süße Last der Einsamkeit,
einziger mir treu gebliebener Gefährte.
Erneut umfängt mich Dunkelheit,
beraubt mich aller Hoffnung Bande.
Oh du Seelenpein um die verlorne Mutter,
all meine Wonne, mein Lebenshort,
mein immerwährendes Sehnen,
hinab zur Hel bist du gesunken.
Weder Hoffnung noch Zuversicht
sind mir seither verblieben.
Ach stürb' ich doch, wie du, beweint,
von einem Vater, der treu es meint.
Wisse nun, dass von diesem Tage an
niemals wird mein Kummer enden,
für immer und für alle Zeit.
Wie Flüsse sehnend zum Meer hinstreben,
will müde und verzagt
auch ich mich nun dem Tod ergeben,
denn mehr als zu Leben
ist sterben nicht schwer..."

Mit diesen verzagten Worten ließ Bragi seine Leier sinken, doch nur, um sie noch fester an sich zu pressen. Dann erhob er sich, nackt wie er war. Nun gut. Die Meerhexen hatten ihr Ziel erreicht. Sollten sie. Es war ihm gleich. Der Tod würde als Freund kommen. Schwimmen hatte Bragi nie erlernt, sein Todeskampf würde also ein schnelles Ende finden. Die Zwerge hatten ihm gesagt, dass jene, die auf dem Meer sterben müssten, nach ihrem Tode in die goldene Halle der Meeresriesin Ran einzögen. Wolle man sich Ran gewogen machen, empfehle es sich, ihr ein Geschenk mitzubringen. Doch da war nichts, was Bragi anzubieten hatte. Nur seine Leier. Die sollte sie gerne haben, wenn er dafür nur seine geliebte Mutter wiedersehen dürfte, die er hoffte, nun gleich wieder in seine Arme schließen zu können.

Als er an sie dachte, umspielte noch einmal ein dünnes Lächeln seine Lippen. Sie würde ihm die Bäume im Jenseits zeigen. Er schloss die Augen, dann ließ er sich ergeben nach vorne kippen glitt über die Bordwand. Es gab kein lautes Aufklatschen, als sein nackter Leib die dunklen Fluten teilte. Es war mehr wie ein sanftes Hineingleiten, zurück in die große, all seine Wunden kühlende Dunkelheit. Ein Nachhausekommen in den Leib der großen, allgegenwärtigen Mutter, die ihren sterbenden Sohn willkommen hieß.

Doch noch ein anderes Wesen hatte die Totenklage des verzweifelten Asensprösslings vernommen. Ägir, der alte Meeresriese, teilte vorsichtig die rauschenden Wasser, um sein von grünlichem Seetang bekränztes Haupt daraus hervorzurecken. Neugierig schaute er umher, von wo der ergreifende Jammer an seine Ohren gedrungen war. Doch alles, was er sah, war nur ein verlassener Kahn, der mit starker Schlagseite einsam dahindümpelte. Da spürte der Riese an seinem mächtigen Arm eine leichte Berührung und gewahrte den fahlen Leib eines bereits hinabsinkenden Menschenkindes. Geschwind nahm er den Knaben auf und legte ihn sacht auf das stark leckgeschlagene Boot zurück. Und als er neugierig die zarte und stark fiebernde Gestalt darin betrachtete, da setzte der freundliche Ägir seine mit breiten Schwimmhäuten versehene Hand unter den Wellenfänger, um ihn mitsamt seinem halbtoten Steuermann zum nächsten Festland hinzutragen. Dort angelangt, setzte er das Boot mitsamt dem schlafenden Jüngling sanft ans sandige Ufer. Er bedeckte den schlafenden Knaben mit seinen Kleidern, damit dieser nicht fror und legte zuletzt die goldschimmernde Leier neben ihn, die eine seiner zahlreichen Töchter auf dem Grund gefunden und ihm nachgebracht hatte. Dann schritt der Alte ins Meer zurück.

Am nördlichen Ufer es lag der Nachen,
wo ein Fischer am Morgen ihn fand.
Sah staunend darin den schlummernden Knaben,
von der Brandung gesandt ihn dünkte der Bub.
Nahm fest in den Arm das frierende Kind,
um es hurtig zu tragen an den heimischen Herd.

# 4. Bragi Boddason

Als Bragi diesmal erwachte, war die Welt wieder auf eine ihm vertraute Nähe herangerückt. Auch das entsetzliche Schaukeln war endlich vorbei. Das Leben hatte seinen wunderbar festen Grund zurückerhalten. Um ihn herrschte ein gewohntes Halbdunkel, dessen einzige Lichtquelle ein kleines Feuer bot, das unter einem stark verrußten Rauchabzug träge vor sich hin flackerte. Bragi steckte unter einer wärmenden, wenn auch leicht kratzigen Wolldecke, die ganz erbärmlich stank. Fast so schlimm, wie der ekelhafte Geschmack in seiner Mundhöhle. Unter der Decke war er noch immer nackt, lag aber auf ein weiches Schafsfell gebettet. Seine eigenen Kleider konnte er nirgendwo entdecken, bis ihm einfiel, dass er sie ja auf dem Boot zurückgelassen hatte, als er ... Er stutzte. Ja, was war dann geschehen? Gähnend rieb er sich die vom Salz und Schlaf verkrusteten Augen und blickte sich blinzelnd um.

Über Bragi befand sich eine mit Holzstämmen verstärkte Zimmerdecke, die aus Lehm und Stroh gefertigt schien. Auch der Fußboden dieses nicht allzu großen Raumes bestand aus festgestampftem Lehm. Von oben hingen trockene Grasbüschel und einige Wurzeln ins Innere hinein. Offensichtlich befand er sich in einer Art Erdhöhle, die wohl irgendjemand als Behausung diente. Dort, wo der Ausgang sein musste, erfüllte eine aus dicken Föhren gefertigte Matte offensichtlich den Zweck einer Türe. Dahinter vernahm Bragi das inzwischen vertraut gewordene Rauschen des Meeres. Wo war er denn nur? Eine Erdhöhle, ein Feuer, Wellenrauschen? Er wusste sich keinen Reim darauf zu machen. Zumindest konnte es sich bei dieser Kammer nur schwerlich um den goldenen Saal der Meeresriesin Ran handeln. Wenn doch, dann fiel der für ihn wohl weit weniger prachtvoll aus, als die Zwerge es ihm geschildert hatten. Lag es vielleicht daran, dass Bragi mit leeren Händen zu ihr gekommen war und sein neues Zuhause nun dementsprechend kärglich ausfiel? Und dazu dieser entsetzliche Gestank, der aus dieser kratzigen Decke zu ihm aufstieg. Und dieser eklige Geschmack in seinem Mund. Suchend blickte er sich nach etwas Wasser um, er hatte brennenden Durst. Als er am Feuer glücklich einen Holzeimer entdeckte, richtete er den Oberkörper auf. Sofort packte ihn ein leichter Schwindel. Konnte er es schon wagen aufzustehen?

Zu weiteren Überlegungen kam er nicht, denn die als Türe dienende Föhrenmatte wurde plötzlich nach innen aufgedrückt und eine hagere Gestalt trat ins Innere. Erschrocken zog Bragi sich die Decke bis unter die Nase hinauf. Die Gestalt kam näher, und Bragi schaute in das faltenreiche Gesicht eines weißbärtigen Mannes, der ihn aus meerblauen Augen neugierig anblickte. Seine buschigen Augenbrauen sträubten sich wirr in alle Richtungen und auf dem Kopf trug er eine wollene Mütze.

„Nun, mein kleiner, gestrandeter Freund…“, sprach der Alte ihn freundlich an, „ich freue mich, dich wieder unter den Lebenden begrüßen zu dürfen. Mein Name lautet Bodda Birkason und ich heiße dich willkommen in meinem bescheidenen Heim.“ Er hielt Bragi einen toten Seehecht von beachtlichem Ausmaß unter die Nase. „Hier, den hab ich für unser Abendessen gefangen. Ich hoffe, du hast Appetit auf gebratenen Fisch?“

Das brauchte er nicht zweimal zu fragen, denn Bragi, der seit Tagen nichts Festes mehr in den Magen bekommen hatte, hätte diesen Fisch auch roh verschlungen. Der alte Mann schöpfte ihm etwas Wasser aus dem Eimer, das Bragi mit gierigen Schlücken trank. Es schmeckte köstlich. Der Mann legte seinen Fang auf einen Holzblock, köpfte ihn mit einem Hackmesser und nahm ihn mit geübten Griffen aus. Dann spießte er den Fisch auf einen Ast, den er in einer Halterung übers Feuer hing. Nicht lange und der Raum war von einem köstlichen Bratenduft erfüllt.

Der Alte zog ein recht speckiges Fell zu sich heran und deutete Bragi, sich neben ihn mit ans Feuer zu setzen. Zögernd kam der Knabe der Aufforderung nach und nahm neben dem Mann am Boden Platz. Liebend gerne hätte Bragi die stinkende Wolldecke auf seinem Lager zurückgelassen, doch nackt wie er war, wickelte er sich weiter darin ein. Dabei musste er allerdings leidig feststellen, dass er selbst die Quelle dieses ekelhaften Geruches war.

Der Alte bemerkte sein Naserümpfen und erklärte: „Du hattest einen schlimmen Sonnenbrand, also habe ich dich von Kopf bis Fuß mit Waltran eingestrichen. Deshalb sieh mir nach, dass ich dir danach nicht meine beste Decke überlassen konnte.“ Lächelnd legte er Bragi ein ordentliches Stück Fisch auf einen flachen Holzteller.

„Und mich damit wohl auch im Schlaf gefüttert“, stellte Bragi halb fragend fest, froh, endlich den ekelhaften Geschmack in seinem Mund vertreiben zu können.

Bodda nickte: „Waltran ist hier draußen mein Allheilmittel. Es riecht und schmeckt zwar abscheulich, wird dich aber schon bald wieder auf die Beine bringen.“

Der Hecht schmeckte vorzüglich und zum ersten Mal seit langem, fühlte Bragi sich wieder wohl und behaglich. Nachdem die beiden ihren Hunger ausreichend gestillt hatten, teilte sein Gastgeber Bragi mit, dass er seine Kleider draußen zum trocknen aufgehängt habe. Das nun verwunderte Bragi, schließlich war er doch nackt ins Meer gesprungen. Doch unterbrach er Bodda nicht, der fortfuhr und ihm erklärte, dass sein Handwerk das eines Fischers sei und er schon seit vielen Jahren alleine an diesem Küstenstrich lebe. Vor drei Tagen dann habe er frühmorgens auf seinem Gang zum Strand Bragis leckgeschlagenes Boot vorgefunden. Sofort habe er ihn da in sein Haus gebracht, ihn ans Feuer gelegt und ihn warm eingewickelt. Nach drei eingetrichterten Suppen aus Waltran, an deren zweifelhaften Genuss sich Bragi glücklicherweise nicht erinnern konnte, hatte er dann wohl drei Tage und Nächte am Stück durchgeschlafen.

Danach war Bragi mit seiner Geschichte an der Reihe, während der ihn der Alte nicht ein einziges Mal unterbrach. Andächtig lauschte der Mann namens Bodda dem wundersamen Bericht von Riesen, Zwergen und Meerhexen. Da er seinen jungen Gast aber noch nicht vollständig genesen wähnte, schob er das meiste davon dessen kindlicher Phantasie zu. Er wusste, welche Art von sagenhaften Gestalten einem Fieberträume bescheren konnten.

Ob er denn auch einen Namen habe, wollte Bodda wissen, als Bragi geendet hatte. Falls nämlich nicht, wolle er ihn fortan Nebelkind rufen, da er niemals zuvor einen Knaben mit solch einer milchweißen Haut gesehen habe. Er deutete auf Bragis mittlerweile vollständig verheilte Arme, die wieder schneeweiß waren. Da aber verneinte der Knabe energisch, denn ein Abkömmling des Nebels sei er keineswegs. Wenn überhaupt irgendein Abkömmling, dann eher noch von den Unterirdischen. Gleichwohl seine Mutter eine sehr groß gewachsene Frau gewesen sei, fügte er traurig hinzu. Sein Name laute Bragi Gunnlödson. Einen männlichen Zunamen besitze er keinen, denn seine Mutter habe ihm den wahren Namen seines Vaters nicht nennen wollen.

Der Alte nickte verständig und beschloss, an diesem Abend nicht weiter auf seinen kleinen Patienten einzudringen. So plauderten sie noch eine Weile miteinander, bis seinen jungen Gast erneut die Müdigkeit überkam. Ein gut gefüllter Bauch und wieder auf sein wolliges Lager gebettet, dauerte es nur einen kurzen Moment, und Bragi war wieder eingeschlafen.

Während all dies nun geschah, wachte Odin, der Hohe, beständig über das Wohl des Knaben. Von seinem allsehenden Hochsitz Hlidskjalf aus, hielt er stetig ein wachsames Auge auf den Sohn seiner einstigen Geliebten, den der alte Meeresriese Ägir auf seine Bitte hin an die Gestade des alten Boddas geführt hatte. Der nach außen vermeintliche Zufall nämlich wollte es, dass der greise Bodda Birkason, lange bevor er unfreiwillig das Handwerk eines Fischers ergriffen hatte, ein weithin bekannter Skalde gewesen war. Nachdem er bei einem einflussreichen Fürsten, an dessen Hof er lange gelebt und gedient hatte, jedoch in Ungnade gefallen war, hatte er damals keinen anderen Ausweg gesehen, als diesen zu verlassen. Da der Fürst ihm zürnte, war Bodda gezwungen gewesen, sich fortan zu verstecken. So hatte er sich notgedrungen für diesen menschenleeren Küstenlandstrich entschieden, an dem er als unbekannter Einsiedler seinen Lebensabend zu beschließen gedachte.

Entsprechend verblüfft war der ehemalige Skalde gewesen, als er in Bragis beschädigtem Boot neben dem nackten Knaben jenes vortreffliche Instrument vorgefunden hatte. Nachdem er die kostbare Leier mit geborgen hatte, war sie die ersten beiden Tage noch unberührt neben dem schlafenden Jungen gestanden. Dann aber hatte Bodda die Neugier doch gepackt, worauf er das gute Stück ausgiebig in Augenschein genommen hatte. Schließlich hatte er der Versuchung nicht länger widerstehen können und die Leier anspielen müssen. Ihr wundervoller Klang hatte ihren Anblick bei weitem noch in den Schatten gestellt, sodass Bodda sie rasch wieder abgesetzt hatte. Waren mit ihrem Tönen doch augenblicklich die bitteren Erinnerungen an seine Vergangenheit in ihm aufgestiegen.

So lange war es her, seit er das letzte Mal auf einem Saiteninstrument gespielt hatte. Und manchmal war es wohl besser, die Vergangenheit ruhen zu lassen. Doch jetzt, da er die Leier einmal angeschlagen hatte, war ihm, als dränge ein Ruf aus eben diesem Zeitraum zu ihm hindurch, den er glaubte, längst hinter sich gelassen zu haben. Er warf einen scheuen Blick auf den schlafenden Knaben. Der hatte bei seinem Erwachen nicht einmal nach dem Instrument gefragt, so aufgeregt und hungrig war er gewesen. Erneut strichen Boddas knochige Finger das ebene Holz der Leier entlang, bewunderten deren feines Ebenmaß und fuhren die kunstvoll geschnitzten Ornamente nach. Schließlich nahm er das Instrument auf und schlug es in gekonnter Weise an.

Von diesen vertrauten Klängen aus seinem tiefen Schlummer sanft erwacht, gähnte Bragi schläfrig und blickte seinen Gastgeber verwundert an. Noch immer verwirrt von den vergangenen Ereignissen und der neuen Umgebung, erkannte der Knabe, dass er niemals zuvor jemanden auf seiner Leier hatte spielen hören. Tief beeindruckt, welch wundervolle Melodien Bodda seinem kostbarsten Besitz zu entlocken imstande war, zog Bragi die Knie bis an sein Kinn heran, schlang die Arme um die Beine und lauschte andächtig dem meisterlichen Spiel des Alten.

Der lächelte Bragi ob seines stillen Einverständnisses selig zu und stellte zufrieden fest, dass seine Finger von ihrer einstigen Gewandtheit nicht viel eingebüßt hatten. Und während er spielte, kehrten nun auch jene Erinnerungen an sein voriges Leben zurück, in dem er auf diese Weise ein ganzes Publikum zu begeisterten verstanden hatte. Auf diese Weise mit den lieblichsten Melodien angefüllt, schien in der kleinen Hütte für eine ganze Weile die Zeit still zu stehen. Bis Bodda irgendwann einfiel, dass sein junger Gast sicherlich wieder gehörigen Hunger haben musste.

Nachdem sie sich erneut gestärkt hatten, begannen sie einander weiter kennenzulernen. Bragi stellte unendlich viele Fragen, die der Alte, lächelnd

über die unermüdliche Wissbegier des Knaben, nach bestem Wissen zu beantworten bemüht war. Auch bat er den Jungen um Nachsicht, dass er sich ungefragt an seinem kostbaren Instrument vergriffen hätte. Da er einstmals ein Skalde gewesen wäre, sei die Verlockung, es einmal auszuprobieren, einfach zu groß für ihn gewesen. Zumal er nie zuvor eine Leier mit sieben Saiten erblickt habe. Als Bragi erklärte, dass diese Leier, ebenso wie sein gestrandetes Boot, von den Zwergen gefertigt worden sei, hob der Alte erstaunt die buschigen Augenbrauen und strich sich grübelnd den Bart entlang. Das würde natürlich einiges erklären, sprach er nachdenklich. Bisher sei ihm nämlich keine Leier mit mehr als fünf Seiten unter die Finger gekommen. Bespielen lasse sich diese hier aber ganz vortrefflich, denn sie erweitere die Tonvielfalt und eröffne ihrem Spieler so völlig neue Möglichkeiten.

Da konnte Bragi ihm nur zustimmen, der nun, sichtlich neugierig geworden, mehr über einen Skalden zu erfahren wünschte. Von solch einer Bezeichnung hatte er noch nie zuvor vernommen, was nun wiederum Bodda recht verwunderlich fand. Da es aber die weite, unergründliche See gewesen war, die seinen seltsamen Gast an diesen Strand gespült hatte und Bodda in seinem langen Leben schon viel Seltsames gehört und gesehen hatte, nahm er auch dies als gegeben hin. Also klärte er Bragi geduldig über den Stand des Skaldentums auf. Skalde, sagte er, wäre die Bezeichnung für einen berufenen, zumeist auch ausgebildeten Dichter und Sänger, dessen oberste Pflicht es sei, die Dinge um ihn herum in Schönheit wiederzugeben, um sie für die Nachwelt zu bewahren. Alles Denken und sich Erinnern beruhe nämlich ausschließlich auf einer sinnlichen und ursächlichen Verkettung von Vorstellungen. Deshalb sei die Vorstellungskraft eines Skalden sein höchstes Gut, da er ohne seine Phantasie nicht viel mehr als ein totes, unbeseeltes Stück Holz sei; und sei es auch noch so kunstvoll beschnitzt.

„Allein des gesprochenen Wortes flüchtiger Hauch ist das Gefäß, in welchem wir Sterblichen die Essenz des Unvergänglichen an unsere Nachkommen weiterreichen", erklärte Bodda dem Knaben weiter, der sich tief beeindruckt zeigte. „Indem wir die Ruhmestaten unserer Ahnen würdig ins rhythmische Versmaß kleiden, ehren wir sie und setzen ihnen unsichtbare, dafür aber zeitlose Gedenksteine. Und um jene Begebenheiten mit unverlierbaren Worten ins Gedächtnis zu brennen, ersann uns einst Odin, der höchste Fürst aller Skalden, den Stabreim. Der Stabreim ist das Kind der ausgebildeten Wortkunst, das, was wir Prosa nennen. Sie ist der Klangschmuck für unsere Ohren, die nur der wahre Skalde in ihrem eigenen, ursprünglichen Pulsschlag wiederzugeben imstande ist."

Was die Dichtung eines Skalden von gewöhnlicher Dichtung unterscheide, so Bodda weiter, sei neben der strikten Einhaltung des Versmaßes vor allem die Verwendung von Kenningar. Dies seien bildhafte Umschreibungen, auf die er zu einem späteren Zeitpunkt vielleicht noch ausführlicher eingehen werde. Einen Skalden, der am Hofe eines Fürsten seinen Dienst verrichte, nenne man auch Hofskalden. Zu dessen obersten Aufgaben gehöre es, auf seinen Jarl oder König Preislieder, die sogenannten Drápas, zu verfassen, in denen er dessen Verdienste rühme und Taten verherrliche.

Bragi zeigte sich begeistert von all diesen Neuigkeiten und in kindlichem Eifer entflammt, bat er den Alten inständig, ob der aus ihm nicht auch einen Skalden machen könne. Er werde es auch ganz bestimmt nicht bereuen, da Bragi verspreche, ein folgsamer Schüler zu sein.

Der greise Bodda, verwundert und gerührt zugleich über dieses ungewöhnliche Anliegen des Knaben, besann sich eine Weile. Schließlich entgegnete er: „Sicherlich, mein Kleiner, ich vermag dich manches zu lehren, denn Zeit haben wir hier draußen reichlich genug. Ich kann dir dazu verhelfen, einen ganzen Hort voller Gedichte und Lieder zu erlernen, die du dann später, sofern du stets fleißig übst, irgendwann auswendig wiederzugeben imstande sein wirst. Aber all das alleine wird nicht genügen, um aus dir einen Skalden zu machen. Denn wisse, dass ein wahrhafter Skalde niemals gemacht, sondern immer nur geboren wird. Ein wahrer Meistersänger weiß die Menschen zu ergreifen. Er führt sie mit seiner Stimme und seinem Spiel zu den tiefsten Träumen ihrer Seele, begleitet sie bei ihren höchsten Sehnsüchten und schlimmsten Ängsten. Sein ganzes Spiel und Wirken sind ein unverwechselbarer Zauber, den nur er zu weben weiß. Diesen vermag er jedoch nur dann zustande zu bringen, wenn er kraft seiner Vorstellung selbst an jenem Orte weilt, von dem sein Vortrag kündet."

Boddas Blick schien jetzt in einer fernen Vergangenheit zu ruhen, als er nach einer Weile sagte: „Wenn ich damals von etwas Traurigem sang, dann wurde mein Herz mir schwer und meine Augen füllten sich mit Tränen. Und trug ich Kunde von Kämpfen oder fürchterlichen Schrecken vor, fing mein Herz an zu pochen und die Haare standen mir zu Berge. Und das Gegenteil war der Fall, wenn ich von fröhlichen Dingen sang. Dann jubilierte meine Seele, die meinem Körper, meinem ganzen Sein, die wunderbarsten Glücksmomente bescherte."

„Und deine Zuhörer?", wollte Bragi begierig wissen. Seine Augen und Wangen glänzten vor Aufregung.

„Ich sehe sie noch immer auf Schemeln und Bänken ums Feuer sitzen", erwiderte Bodda verträumt. „Ihre Augen lachen und leuchten, dann sind sie wieder voller Tränen oder vor Entsetzen weit aufgerissen. Meine Worte sind auf ihre Gesichter gemalt."

Ein flüchtiger Schauer durchrieselte Bragi. Selbst jetzt, da Bodda nur in wenigen Worten Erlebnisse aus seiner Vergangenheit schilderte, schien etwas der einstigen Magie um ihn herum wiedererwacht. Unmerklich begannen Bragis Glieder leicht zu erzittern, und mit einem Male wusste er, wo es dieses fast greifbare Knistern, das jetzt in der Luft lag, schon einmal erfahren hatte. Das war in jenem schlimmen Unwetter gewesen, als er aus reiner Verzweiflung und doch vollster Hingabe die Meerhexen zurück in die See gesungen hatte. Und plötzlich war ihm, als setzte sich tief unter seinem Nabel ein schlangenartiger Drache in Bewegung, der sich züngelnd anschickte, sein Rückgrat empor zu winden. Es war dieses wohlige, fast brennende Kribbeln, das Schwingen einer höheren Kraft, die er seither mehr ersehnte, als alles andere auf der Welt. Denn sie alleine war es, die ihn deutlicher als alles andere spüren ließ, dass er am Leben war. Und allem Anschein nach hatte er diese Kraft hier, bei diesem alten Mann, gefunden. Für Bragi bestand keinerlei Zweifel mehr. Er wollte ein Sänger, Barde und Dichter werden! Ja, er wollte mit Leib und Seele ein echter Skalde sein!

An diesem Abend schlief Bragi glücklich ein, denn er ahnte, dass das Meer ihn nicht wahllos an diese Küste geführt hatte. Und das in jenem Moment, als er beschlossen hatte, seinem Dasein ein Ende zu setzen. Er spürte, wusste tief in seinem innersten, dass er in seinem Leben noch Großes vollbringen würde.

Nicht lange, da hatten sich Bodda und Bragi miteinander fest angefreundet. Trotz ihres großen Altersunterschiedes, hatten sie doch etwas gemeinsam. Beiden war ihre alte Heimat abhanden gekommen, aber ihre Herzen schlugen ganz für die Sanges- und Dichtkunst. Zwar hatte der Ältere geglaubt, mit dieser Kunstform längst abgeschlossen zu haben, doch durch das Auftauchen des Jungen, der erst am Anfang eines langen Weges stand, hatte sich das alles mit einem Schlag verändert. Es war, als griffen eine junge und eine alte Hand ineinander, die sich ungewollt gesucht und jetzt, dank einer glücklichen Fügung, gefunden hatten. Der eine war froh, noch einmal in jugendlicher Gesellschaft zu sitzen und sein Wissen weitergeben zu können, und der andere glücklich und dankbar darüber, endlich wieder ein Dach über dem Kopf und einen Lehrer gefunden zu haben.

Boddas einfache Hütte lag hinter einem deichartigen Dünenkamm, kaum hundert Meter vom Strand entfernt. Die Hausfront war aus aufeinandergeschichteten Steinen gemauert, deren Fugen mit Lehm und Sand abgedichtet waren. Die Wände ringsum bestanden aus gestampfter Erde und ergaben sich aus der Schneise, die von Bodda in den Erdhügel hineingetrieben worden war. Das Dach darüber bildete einen vollkommen mit Dünengras bewachsenen Hügel, sodass das Haus vom Landesinneren her nur mit Mühe auszumachen war. Lediglich eine dünne Rauchsäule verriet dem aufmerksamen Beobachter, dass an diesem Küstenstrich nun zwei Menschen lebten. Vom Haus bis zum Strand hin hatte Bodda einen groben Pfad aus Holzplanken angelegt, die, im Abstand von einem halben Meter am Boden liegend, verhinderten, dass man im nassen Sand versank. Das Meer hatte sie im Laufe der Zeit angespült. Denn Treibgut, so erklärte Bodda seinem neuen Zögling, gäbe es an dieser Küste reichlich. Vor allem dann, wenn draußen wieder einmal ein Sturm gewütet hätte und ganze Schiffe mit Mann und Maus verschluckt habe. Dann würde das Meer sie am folgenden Tage gerne wieder hier ausspucken. So wie es auch mit Bragi geschehen sei.

Damit nun auch alles seine Richtigkeit hatte, bestand Boddas erste größere Tätigkeit daraus, dem Knaben eine eigene Schlafstätte zu zimmern. Nachdem Bragi wieder vollständig genesen und gut zu Kräften gekommen war, erklärte Bodda ihm den für sie beide nun künftigen Tagesablauf. Am morgen, wenn Meer und Wetter es zuließen, standen sie meist noch vor Sonnenaufgang auf, fuhren mit Boddas Boot ein Stück aufs Meer hinaus, um dort ihr Netz auszuwerfen. Gegen Mittag kehrten sie wieder zurück, nahmen die gefangenen Fische aus, bereiteten ihre Mahlzeit vor und hängten das, was sie vom Fang nicht innerhalb von zwei Tagen verzehrten, zum Räuchern und Trocknen auf.

Die Abende dann gehörten ganz der Dichtkunst, sowie dem nun anstehenden Lehrstoff. Der Alte freute sich über die kluge Gelehrsamkeit seines jungen Schülers, der begierig alles aufsog, was er ihm an Wissenswertem vortrug. Bodda selbst begann hierdurch auf geradezu wundersame Weise wieder aufzublühen, dem es zuweilen vorkam, als ob mit Bragis Auftauchen seine eigene Jugend noch einmal zurückgekehrt sei.

Binnenreim, Stabreim, Endreim. So vieles gab es zu lernen. Er lehrte Bragi die wichtige Bedeutung der Kenningar, deren Verwendung, wie er nachdrücklich betonte, viel über die Vorstellungskraft eines Skalden verrate. Ein Kenning sei die kunstvolle Umschreibung eines Gegenstandes, eines Vorgangs oder einer Person, wodurch die Phantasie des Zuhörers angeregt und herausgefordert werde. So würde ein Dichter beispielsweise ein Schiff nicht einfallslos als Schiff oder Boot bezeichnen, nein, er würde eine solch bildreiche Umschreibung wie etwa „Wellenross" oder eben „Wellenfänger" wählen; so wie seine Freunde, die Zwerge, ja auch Bragis kleines Segelboot getauft hätten. Verwende man dann für Welle etwa das Wort „Schaumgebärer" und für ein Ross den Begriff „des Recken Sitzesstolz", spräche man von einem verdoppelten Kenning. Somit sei nachvollziehbar, dass es dem ungeübten Zuhörer schon mancherlei abverlange, hinter einer Strophe wie „des Recken schnittiger Sitzesstolz durchpflügte die Schaumgebärer", noch ein gewöhnliches Langschiff zu vermuten. Alleine schon deshalb habe Bodda selbst nie allzu viel auf diese Verdoppelungen gegeben. Gleichwohl zu seiner Zeit bei Hofe die Skalden sich mit solcherart Umschreibungen immer wieder gegenseitig zu übertreffen versucht hätten. Dabei seien zuweilen solch abartige Versmonster entstanden, dass selbst ein geschultes Ohr am Ende nicht mehr gewusst habe, von was der Dichter ursprünglich eigentlich hatte Kunde geben wollen.

Diese abgehobenen Stilmittel bevorzugten also vor allem Skalden, die blasierten Fürsten zu Gefallen suchten. Doch wer nicht sein Leben lang wie ein hungriger Köter um eine gut gedeckte Adelstafel schleichen wolle, dafür aber lieber beim breiten Volke etwas gelte, der bediene sich dieser allzu vertrackten Satzgebilde besser nur in Maßen. Zwar hätte man damit nur spärliche Aussichten, dass die eigenen Werke später einmal der Nachwelt erhalten bleiben würden, aber dafür könne man sein Haupt gerade tragen und müsse nicht ständig aufgefettete Fürstenstiefel bespeicheln. Bodda selbst habe neben dem Stabreim vor allem der reimenden Dichtung, also dem Endreim, den Vorzug gegeben.

Auch Bragi fand, dass diese ungezwungene Form des Versmasses einem die größte Freiheit beim Dichten ließ. War es doch die einfache Schönheit der sich reimenden Endungen, die er während einer freien Rede vorzutragen liebte. Unterstützend kam sein begleitendes Leierspiel hinzu, das seinen Versen zusätzliche Kraft verlieh.

Wenn man sein Brot ausschließlich als Skalde verdienen wolle, gäbe es eine ganze Reihe von Dingen zu beachten, so Bodda weiter. Als Stilideal gelte vor allem anderen Originalität. Jemand, der ständig nur Anleihen von anderen Skalden verwende, bekäme neben Spott und Schimpf nicht selten den Beinamen „Skaldenschänder" verpasst. Originalität hieße ebenfalls, dass man sich mit sprachlichen Neuschöpfungen aus den Niederungen des allgemeinen Volksmunds emporzuheben wisse, indem man diese auf einfallsreiche Weise zu verfremden suche. Darauf wäre vor allem der Adel versessen, der es liebe, sich vom gemeinen Volk und den Unfreien klar abzugrenzen. Willkommener Anlass für eine Dichtung wäre stets eine gewonnene Schlacht, eine prächtige Hochzeitsfeier oder ein erfolgreicher Raubzug, wodurch man einen ruhmreichen Fürsten ehre. Denn schließlich entscheide dessen Zufriedenheit darüber, mit welcher Entlohnung man am Ende wieder von dannen ziehe. Ebenso gut aber könne man auch Schmähreden auf Leute verfassen, zum Beispiel auf solche, die es mit der Wahrheit, dem Recht und dem Besitz anderer nicht ganz so genau hielten. Aus diesem Grunde habe das gesprochene oder gesungene Wort eines bekannten Skalden ein nicht zu unterschätzendes Gewicht, da sich niemand gern verspottet sähe.

Wahrhafte Dichtung aber, das solle Bragi sich für immer in seinen jungen Kopf einprägen, sei vor allem, hinter allen Wortgebilden die Kraft der Ursprache aufklingen zu lassen. Damit seien jene urtümlichen Laute gemeint, die alle Menschen seit Anbeginn ihrer Existenz miteinander einen würden. Denn nur jenem Skalden, dem es gelänge, mit seinen Worten und seinem Gesang die Menschen zutiefst zu berühren, sie zu ergreifen, ja, wenn nötig sie gar zu erschüttern, fände auch den Weg zu ihren Herzen und damit ihrer Seele. Manchmal sei es nur die beiläufige Erwähnung eines Geruchs, die dazu führen könne, den Zuhörer in seine ihm vertraute Innenwelt abtauchen zu lassen. Dies alles könne Bragi sich zunutze machen, wolle er erfolgreich vor einem künftigen Publikum bestehen. Dies wiederum aber setze voraus, sich seinen eigenen Gefühlen, seinem Leiden und seinem Schicksal nicht zu verschließen, sondern sein gewähltes Los als Skalde tapfer als das eigene Wyrd anzuerkennen. Dieses anzunehmen und darauf allen Widrigkeiten und Kümmernissen zum Trotze aufrecht durchs Leben zu gehen, sei der Weg des wahrhaften Skalden.

All diese gewichtigen Worte waren keine leichte Kost für die Auffassungsgabe eines siebenjährigen Jungen, der bisher nichts kannte von der weiten, bunten Welt, die Bodda ihm schilderte. Dennoch war Bragi stets bemüht, das Gesagte tief drinnen in seinem Herzen zu bewegen. Vieles davon sollte er erst später verstehen lernen.

Zuweilen, wenn die beiden zum Fischen aufs Meer hinausgefahren waren, verbrachten sie an Bord ganze Stunden damit, sich für irgendeinen Gegenstand eine Unzahl von verrückten Kenningar auszudenken. Diese bauten sie in Verse ein, um sie sich dann am Abend gegenseitig vorzutragen, was in ihrer bescheidenen Hütte immer wieder große Heiterkeit hervorrief. Ihre Ärmlichkeit störte dabei keinen von beiden. Sie hatten ein Dach über dem Kopf, ausreichend zu Essen, und wenn sie am Feuer im gemeinsamen Austausch der Dichtkunst frönten, waren sie die glücklichsten Menschen auf Erden. Die Abende wurden meist auf solche Weise beschlossen, dass Bragi seinem Ziehvater einfühlsame Melodien auf seiner Leier vortrug, die den greisen Mann ein ums andere Male zu Tränen rührten.

Nach nur wenigen Monaten stand für Bodda zweifelsfrei fest, dass der junge Bragi zu den begabtesten Burschen zählte, welche die Welt jemals erblickt hatte. Und eines Tages, als Bragis Leierspiel ihn aufs Neue verzaubert hatte, fragte er ihn, ob er nicht seinen Namen annehmen wolle. Der Junge blickte ihn darauf ungläubig an. Das wäre eine große Ehre für ihn, verkündete er scheu und bekam rote Ohren. Doch Bodda wehrte ab und beteuerte, dass die Ehre ganz auf seiner Seite wäre, denn schon jetzt könne er mit großer Gewissheit sagen, dass Bragi eines Tages zu den Größten seiner Zunft gehören werde. Und wenn er dann Boddas Namen führe, erfülle ihn dies, der er in seinem langen Leben niemals das Glück der Vaterschaft habe kennenlernen dürfen, mit ganz besonderem Stolze. Gerne willigte der Knabe auf dieses Anerbieten ein, und so nannte er sich ab diesem Tage Bragi Boddason. Seine Mutter Gunnlöd indessen, beschloss er weiterhin im Herzen bei sich zu tragen. Denn jenen Weg, den er fortan zu gehen beabsichtigte, gedachte er nun im Namen seines Lehrers und Ziehvaters zu führen.

Irgendwann begann Bragis allabendliches Vorspielen in ein gemeinsames Musizieren überzugehen. Zwar besaß Bodda keine eigene Leier mehr, doch begleitete er Bragi mit zwei einfachen Holzscheiten, die er rhythmisch gegeneinander schlug. Hiermit lehrte er Bragi unter anderem, den Takt beim Vortragen der Verse zu halten. Und zuweilen, wenn Bodda mal etwas auf der Leier vortrug, übernahm Bragi das Klopfen.

Eines Abends aber genügte dies dem Alten nicht mehr. Der Drang, wieder ein eigenes Instrument zu spielen, wurde immer stärker und stärker. Eine Unruhe ergriff von Bodda Besitz, die erst ihr Ende fand, als er am Strand ein geeignetes Stück Holz aufgespürt hatte. Und nach dem Vorbild seiner einstigen Leier, begann er dieses darauf mit seinem Schnitzmesser zu bearbeiten. Am Ende kam so ein recht ansehnliches Instrument zustande, auch wenn es an Form und Klang neben Bragis vollkommener Arbeit freilich nicht bestehen konnte. Die aus langen Fischsehnen gedrehten Saiten stramm aufzuspannen, stellte sich als die größte Schwierigkeit heraus. Viele Versuche mit gerissenen Saiten waren vonnöten, bis es ihnen schließlich mit vereinten Kräften gelang, auch diese Herausforderung zu meistern. Und endlich war es soweit, dass sie auf ihren Saiteninstrumenten gemeinsam musizieren konnten.

VoeniX 2011

„Wohl weiß ich, dass ich hing,
am Windbaum neun Nächte lang.
Mit eigenem Ger verwundet,
geweiht dem Odin, ich selbst mir selbst,
an jenem Holz, von dem niemand weiß,
auf welchen Wurzeln es aufwächst."

*Havamal*

# 5. Der gehängte Gott

Im folgenden Winter, als das Wetter sie zwang, sich die meiste Zeit über im Haus aufzuhalten, lehrte Bodda den Knaben die höfischen Verhaltensweisen der Skaldenkunst. Diese waren für Bragi, der bisher weder Hof noch Fürstenhalle kannte, jedoch nur schwerlich nachzuvollziehen. Und gleichwohl Bodda es als wichtig erachtete, ihm im Umgang mit den dort vorherrschenden Regeln, ein entsprechendes Rüstzeug zu vermitteln, empfand Bragi diesen Unterricht als ausgesprochen langweilig.

Viel spannender dünkte den Jungen das Verfassen von magischen Versen, welche dem Skalden die Macht des Wünschens, des Heilens oder gar des Verfluchens verliehen. Diese Form des Dichtens war dem Jungen gänzlich neu und er brannte geradezu darauf, sich hierin immer weiter zu vervollkommnen. Dazu gehörte vor allem der Gebrauch der Runen. Bei den Runen handelte es sich um einfach zu ritzende Schriftzeichen, die, in Holzstäbe oder Fischbein geschabt, ihre Kraft entfalteten, sobald man sie mit Blut einfärbte und entsprechend besang. Jede Rune besaß ihren eigenen Namen, den man entweder aussprechen oder singen konnte. Hierfür musste Bragi eine Form jenes Zaubergesanges erlernen, den man unter Skalden auch als Galdr bezeichnete. Dabei war es unerlässlich, den Kehlkopf in den unterschiedlichsten Höhen hüpfen und vibrieren lassen zu können. Gleichwohl Bragi sich darin redlich übte, bekam er zunächst doch kaum einen zufriedenstellenden Ton heraus. Bodda aber vertröstete ihn mit der Aussicht, dass, sobald sich Bragis Stimmbruch erst einmal vollzogen und er seine Stimme als künftiger Mann erhalte, auch diese Bemühungen früher oder später fruchten würden.

Alle Runen zusammen bildeten das Futhark, dessen Name sich aus den Anfangslauten der ersten sechs Runen zusammensetzte.

Als der Junge zu erfahren wünschte, woher die Runen denn kämen, schien Boddas Blick abermals in weite Ferne zu schweifen. Dann hob er mit geradezu feierlicher Stimme von Odin, dem Allvater der hohen Götter, zu sprechen an. Er erzählte von dessen mystischem Selbstopfer am Weltenbaume Yggdrasil. Einer uralten Esche, an deren heiligen Stamm gefesselt Odin neun Tage und Nächte ohne Speise und Trank zwischen den Welten gehangen sei. Dann, am letzten Tage dieser von ihm selbst gewählten Marter, hätten sich Odin die Runen zu erkennen gegeben. Der Asengott habe sich stöhnend zur Erde niedergebeugt, um von dort die Runen in Form leuchtender Stäbe aufzunehmen. Nachdem der Vater der Götter sich auf diese Weise selbst in die Geheimnisse der Runen eingeweiht habe, sei er wie tot vom Holze abgefallen. Später habe Odin die Runen dann zu den Menschen gebracht, um ihnen hierdurch eine eigene Sprache und Verbindung zu den Göttern zu ermöglichen. Deshalb gelte Odin als der größte aller Runenmeister, was ihn ebenso unanfechtbar zum höchsten Zauberskalden mache. Denn wie kein anderer wisse Odin die Runen zu ritzen und zu verwenden, schloss Bodda seinen Bericht.

Bragi war aufrichtig beeindruckt und wollte natürlich sogleich wissen, auf welche Weise man die Runen denn gebrauchen könne. Sie singend zu intonieren lerne er ja bereits, doch er wolle nur zu gerne erfahren, zu was man sie wirklich nutzen könne.

Zum Heil und zum Segen oder aber zum Schaden, erklärte Bodda ernst, stets bestimme die Losung das Ziel. Man könne jedoch durch unsachgemäßen Gebrauch, gleichwohl ungewollt, viel Schaden mit diesen magischen Zeichen anrichten. Deshalb sei es ratsam, sobald man Zweifel bei einer Angelegenheit verspüre, besser keine Runen zu schneiden. Um des eigenen Heils Willen, sei es sogar besser, lieber erst gar keinen Zauber zu beginnen, als diesen später unvollendet zu belassen. Denn wenn die Kraft eines Zaubers auf einen selbst zurückschlage, wäre damit nicht zu spaßen. Doch solle Bragi sich davon nicht abschrecken lassen, denn bei kundiger Handhabung seien die Runen in vielen Lebenslagen mächtige Hilfsmittel. Er solle nur stets bedenken, es nie an entsprechender Achtsamkeit fehlen zu lassen. Das alles aber war dem Jungen zu ungenau, und so gab er keine Ruhe, bis Bodda ihm ein Beispiel nannte.

„Wenn hinter deinem Rücken du Ränke vermutest", entgegnete sein Lehrer, „verschaffe dir ein persönliches Besitztum von jenem, den du verdächtigst. Sodann schneide die richtigen Runen hinein und lege das beschnitze Gut an seine gewohnte Stelle zurück. Nicht lange und dein Gegner wird gezwungen sein, gleich ob gewollt oder ungewollt, vor dir seine dunklen Absichten zu enthüllen. So zerrst du sein niederes Tun ans Tageslicht und schaffst dir einen offenen Feind!"

Bragi nickte beeindruckt und betrachtete die vielen kunstvoll beritzten Holzstäbe, die Bodda stets in einem kleinen Säckchen aufbewahrte. Nachdem Bragi sich die vierundzwanzig unterschiedlichen Zeichen ein ums andere Male besehen und ihre Namen und Bedeutungen verinnerlicht hatte, erinnerte sich Bragi an ein Gespräch, dass sie miteinander geführt hatten, als Bodda ihn im Frühling bei sich aufgenommen hatte.

„Du sagtest damals", begann Bragi seine Frage, „dass ein wirklicher Skalde nicht gemacht, sondern nur geboren werden könne. Wie aber wird man denn nun ein Zauberskalde, so wie Odin einer ist? Muss man sich dafür auch in einen Baum hängen?"

Bodda lächelte verständig über diese Schlussfolgerung seines Zöglings und sagte: „Ein Zauberskalde kann nur derjenige werden, dessen eine Wesenshälfte stets nach oben hin offen bleibt." Er wies mit dem Finger aufs Sparrwerk seines Hauses und erklärte dem verdutzt dreinblickenden Bragi, dass er damit nicht die Decke, sondern das Himmelszelt meine. Bodda lächelte und verdrehte schielend die Augen: „Er muss also ein bisschen verrückt sein, denn die Verrückten sind den Göttern heilig, da sie es sind, die mit offenen Augen träumen."

Als der Alte Bragis zweifelndem Blick begegnete, sann er darüber nach, das Gesagte besser zu veranschaulichen. „Schau", sprach er geduldig, „es gibt jene Dinge, die wir sehen und verstehen können, und andere, die sich gänzlich vor uns verhüllen, uns aber dennoch ihre Kräfte spüren lassen. Das fahle Auge des großen Minderers, dessen Öffnen und Schließen den Stand des Meeres bestimmt, ist hierfür ein gutes Beispiel. Ein anderes sind die funkelnden Sterne am Nachthimmel. Keiner von uns vermag zu benennen, ob es sich dabei um die Lebenslichter unserer Ahnen handelt oder dort vielleicht die leuchtenden Augen der Götter stehen, mit denen sie von oben zu uns herabblicken."

Bragi musste unweigerlich an das helle Sonnenauge denken, das ihn auf dem Meer stets verfolgt und dann verbrannt hatte, ohne dass er dies mitbekommen hatte.

„Doch ganz gleich, wer oder was sie auch sind", sprach Bodda weiter, „sie sind immer zugegen, auch dann, wenn Wolken oder Nebel uns die Sicht auf sie verdecken. Und aus eben jenen Sphären dieser Himmelslichter schöpft der Zauberskalde den geistigen Odem seiner Inspiration. Das kalte Sternenlicht ist ihm Wegweiser und Erinnerung zugleich, das sein wahres Selbst nicht in seinem vergänglichen Körper, sondern weit hinter der Welt alles Sichtbaren wurzelt. Durch dieses innere Tor erweisen die Götter dem Zauberskalden ihre höchste Gnade."

Bragi verzog angestrengt das Gesicht. Es war nicht leicht für ihn, all diese Dinge aufzunehmen. „Indem sie ihm den geistigen Odem der Inspiration einhauchen?", argwöhnte er folgernd. „Was soll das denn sein?"

Bodda lächelte. Die Fragen schienen seinem Schüler niemals auszugehen. „Es ist ein Zustand, in dem die Ewigkeit einen Wimpernschlag bedeutet, und sich gleichzeitig ein Augenblick bis in die Unendlichkeit auszudehnen vermag", sagte er grinsend. „Du bist an einem anderem Ort, einem scheinbar leeren Raum, der gleichzeitig durchdrungen ist von reiner Schöpferkraft. Dort ist alles möglich, weil einem der Vorrat an Ideen niemals ausgeht. Skalden, die sich darinnen wiederfanden, berichten, dass dieser Ort zum Bersten mit Klängen und Farben angefüllt ist. Worte, Sätze, Ideen, alle vorgefügt, poliert und geschliffen, man braucht sie nur noch herabzufischen, aneinanderzureihen und in seinem Gedächtnis aufzubewahren. Du bist beglückt und bestürzt zugleich, weil dein Verstand die unendliche Vielfalt, auf die er dort

trifft, nicht zu fassen vermag. Also eigentlich ein unbegreifbarer Zustand, in den einzutauchen selbst vielen Dichtern vorenthalten bleibt."

„Dann kann diesen Ort nicht jeder Skalde erreichen?", forschte Bragi neugierig weiter.

„Oh nein. Weißt du, es gibt einige Menschen, die können singen, mal mehr, mal weniger gut als andere. Dann gibt es welche, die können gut Geschichten erzählen oder etwas vortragen, während wieder andere ein Musikinstrument beherrschen. Und dann gibt es Menschen, die können dies alles auf einmal und versuchen damit ihr täglich Brot zu verdienen. Die nennt man dann Skalden. Und dann gibt es unter ihnen welche, die besser und begabter sind als andere Skalden. Und von diesen wiederum haben ein paar wenige Auserwählte schließlich das Zeug dazu, ein Zauberskalde zu werden. Es sind diejenigen, welche von Odin selbst die Gnade erhalten, ihre Zuhörerschaft mit ihrer Kunst zu verzaubern. Und ich meine wirklich zu verzaubern!" Bodda ließ dem Jungen einen Moment, um das Gesagte sich setzen zu lassen. Der nämlich schien seit einigen Minuten leicht abwesend, da seine Augen einen seltsamen Glanz angenommen hatten. Bodda verstummte und beobachtete ihn jetzt aufmerksam.

Vor Bragis innerem Auge war das Bild eines nackten Mannes aufgetaucht, den man an einen riesigen Baum gefesselt hatte, dessen endlose Wurzeln irgendwo zwischen den Sternen ins schwarze Nichts ausliefen. Das Gesicht des Mannes war von Schweiß überströmt und schmerzverzerrt. Blut rann aus einer Wunde an seinem Herzen, die ihm ein Speer zugefügt hatte, der, auf seltsame Weise befestigt, noch immer an seiner Brust baumelte. Vor dem Mann tauchte plötzlich eine rotierende Lichtscheibe auf, die Bragi als kreisenden Runenfuthark erkannte. Ihr Schein fiel auf das Gesicht des gepeinigten Mannes, der stöhnend seinen auf die Brust gesunkenen Kopf anhob. Und unter unendlichen Schmerzen löste er seine rechte Hand aus einer verschlungenen Astwurzel des Baumes, die ihn nur solange umklammert gehalten hatte, wie auch er sich an ihr festhielt. Ächzend ergriff der Mann einen der schwebenden Runenstäbe, die Bragi als Not-Rune erkannte. Dann gab es einen hellen Blitz in Bragis Hirn, und das Traumbild war wieder verschwunden. Benommen schüttelte der Junge den Kopf und seufzte abwesend auf.

Als er Bodda stockend berichtete, was er soeben gesehen hatte, rief der freudig aus: „Das ist der richtige Geist! Es ist die Gnade zu erschauen, welche Bilder sich hinter den Worten befinden. Sie dem zeitlos Verborgenen zu entwinden, sie zu bewahren, um sie auch anderen, den Nichtschauenden, zugänglich zu machen, das ist des Zauberskalden ganzes Bestreben."

Bragi sah ihn jetzt wieder mit großen Augen an. Doch es lag etwas so Verletzliches in ihnen, dass Boddas Hochstimmung sich augenblicklich wieder verflüchtigte.

Der Alte nickte verständig und sagte mit ernster Stimme: „Gleichzeitig aber ist diese Gnade auch seine größte Wunde und sein tiefster Schmerz. Denn Beklemmung und Furcht, in der rauen, irdischen Wirklichkeit nicht bestehen zu können, mischen sich mit dem ewig nagenden Zweifel, der Zuhörerschaft, vor allem aber sich selbst, nie gänzlich genügen zu können. Und je größer sein Kummer und seine Not den Zauberskalden quälen, desto größer wächst sein Verlangen, zu den Sternen zurückzukehren, die hier auf Midgard all sein Sehnen bestimmen."

„Bei mir ist es das Meer", entgegnete Bragi nachdenklich. „Ich hatte die Sterne nie zuvor gesehen. Das Meer war zuerst da und es hat mich tiefer berührt, als irgendetwas jemals zuvor. In ihm hatte ich vor, mein Leben zu beenden. Und als ich darin eintauchte, war es wie Heimzukehren. Doch es hat mich wohl noch nicht gewollt", schloss er leise.

„Ich weiß", bestätigte ihm Bodda und lächelte bedeutsam. „Die Götter scheinen noch etwas mit dir vorzuhaben, mein junger Freund. Und deine Leiden im Stein und auf See mögen bereits die Richtung weisen. Glaube mir also, dass es ein langer, beschwerlicher und sehr einsamer Weg ist, zu einem wahren Zauberskalden werden zu wollen. Denn nur jener, der die tiefsten Leiden seiner Seele kennt, weiß auch um ihre ganze Pracht, Schönheit und Stärke. Deshalb ist es nur wenigen Auserwählten bestimmt, diesen beschwerlichen Weg bis an sein Ende zu gehen. Allein den Stärksten unter uns ist es vergönnt, ihre tiefste Sehnsucht mit dem allumfassenden Willen nach Wandlung in Einklang zu bringen."

Als Bodda geendet hatte, blickten sie beide eine lange Weile in das flakkernde Spiel der Flammen. Jeder schweigend in die eigenen Gedanken vertieft. Solange, bis ein langgezogenes Gähnen des Knaben die Stille durchbrach. Müde reckte Bragi die Arme in die Höhe, lächelte seinen Lehrer zufrieden an und verkündete selbstbewusst: „Du wirst sehen, lieber Bodda, eines schönen Tages werde ich ein Zauberskalde sein!"

Während er dies sagte, erstrahlten die Augen des Jungen erneut in solch einem funkelnden Glanz, dass Bodda darüber nur still in sich hineinlächelte. Das wird nicht einfach werden, dachte der Alte bei sich, denn je mehr unsere Seele nach etwas strebt, je mehr sie es mit aller Willensmacht begehrt, desto größer werden auch die Herausforderungen, denen wir uns zu stellen haben. Und Bodda wusste darum, wie hart Odin die Seinen zuweilen prüfte.

Versonnen sah er Bragi dabei zu, wie der seinen Schlafplatz richtete. Ja, er hatte diesen außergewöhnlich talentierten und strebsamen Jungen sehr lieb gewonnen. Er wünschte seinem Zögling einen geruhsamen Schlaf, dann trat er noch einmal vor die Hütte hinaus. Still und dunkel lag die See in der kleinen Bucht. Eine sanfte Brise strich dem alten Mann über die faltigen Wangen, als wolle sie ihn sanft liebkosen. Viele Erinnerungen hatten ihn die letzten Monate heimgesucht. Schmerzhafte, unschöne Bilder aus seinem Leben, in welchem er die Götter so manches Male für ihre Ungerechtigkeit, vor allem aber für ihre grausame Gleichgültigkeit gegenüber dem Schicksal der Menschen, verflucht hatte.

Und doch wusste Bodda tief in seinem Herzen, dass Odin die Seinen niemals wirklich fallen ließ. Stets waren sie es selbst, die durch ihre Taten diesen Bruch vollzogen. Immer dann, wenn ihr Vertrauen in seinen geistigen Odem schwand, weil die unberechenbare Welt einmal mehr ihre Herzen verschlossen hatte. Kriege, Leiden und Enttäuschungen, die sie sich gegenseitig zufügten, ließen ihre Herzen so hart werden wie geschwärzte Eiche. Ließen sie dem Irrglauben aufsitzen, dem Leben nur mit noch gnadenloserer Härte begegnen zu müssen. Bis ihre Herzen dann endlich zu Stein wurden, starr, kalt und grausam. Und wenn sie enttäuscht und verbittert der Liebe den Rücken gekehrt hatten, wunderten sie sich, wenn die Götter sich von ihnen abwandten. Nicht begreifend, dass die wahre Essenz ihres Wesens darin bestand, dass Alles in ständigem Wandel begriffen war.

Und nun war er, Bodda, von Odin ausersehen worden, sein ganzes Wissen und Können an diesen Knaben weiterzureichen, der ihm an diesen abgeschiedenen Strand, irgendwo vergessen von der Welt, gesandt worden war. Dies zu einem Zeitpunkt, als Bodda Herz bereits selbst tief vergrämt war und er nicht mehr damit gerechnet hatte, es jemals wieder einem Menschen gegenüber öffnen zu können. Doch zuweilen hatten die Götter ein Einsehen indem sie einem die Gelegenheit verschafften, die eigenen Knoten des Wyrds noch zu entwirren.

Still lächelte der Alte in sich hinein. Er wusste nun, was er zu tun hatte, und voller Demut flog sein Dank zu den Sternen hinauf.

Doch so rasch sollte Boddas alter Harm sich nicht verabschieden, denn gleich einem hungrig umherschnüffelnden Trüffelschwein, begann sein Schüler mit unablässigen Fragen in den Wunden seiner Vergangenheit herumzustochern.

„Wisse", sprach Bodda eines Abends schwer seufzend, sich resignierend eingestehend, dass Bragis Neugier einfach keine Grenzen kannte, „dass du nicht der erste Knabe bist, der mich um eine Ausbildung ersucht hat. Einst diente ich einem mächtigen Fürsten, an dessen Hof meine Aufgabe, neben der Unterhaltung seiner Gäste, darin bestand, junge Männer und Knaben wie dich zu Sängern und Dichterlingen heranzubilden. Diese kamen zuweilen von weit her gereist, um bei mir in die Lehre gehen zu dürfen, denn ich führte als Skalde einen großen Namen. Auch war der Hof meines Herrn wohlhabend und angesehen, dem ich meinen Titel zu verdanken hatte. Bedenke, der erste Dichterstuhl an der Tafel eines Fürsten oder gar Königs ist stets heiß umkämpft, denn viele gute Skalden begehren diese wenigen, auserlesenen Plätze. Mein Herr indes träumte von Demselben, wie viele andere mächtige Herren es auch tun. Nämlich davon, dass seine von mir herangezogenen Schäfchen irgendwann in die Welt hinauszögen, um dort von seinen großen Taten zu berichten, um so überall seinen Ruhm zu mehren. Also gab ich mein Bestes und nahm meine Schüler stets hart ran. Ich verlangte von ihnen ein hohes Maß an kunstfertigem Können und forderte die völlige Hingabe an ihre Ausbildung." Erneut seufzte Bodda verdrossen auf. „Ja, man könnte fast sagen, ich nötigte meinen Schülern völlige Unterwerfung ab, denn was ich heranzog, waren bald höfische Lakaien, deren erste Pflicht es war, ihrem Herrn zu schmeicheln."

Bragi, der nicht mochte, wenn sein Ziehvater ein unglückliches Gesicht machte, sagte: „Welcher Zwang hinderte dich denn, den Fürstenhof einfach wieder zu verlassen?"

„Mein Ehrgeiz, meine Eitelkeit und mein Magen!", entgegnete Bodda matt und sah beschämt zu Boden. „Dies war der Handel dafür, dass der Fürst mir einen Sitz an seiner goldenen Tafel gewährte, an der ich meinen weltlichen Hunger reichlich stillte. Wie ein entmannter Köter, der sich schwanzwedelnd über einen zugeworfenen Knochen seines Herrn freut." Seine Stimme war jetzt bitter geworden. Schwermut und Selbstverachtung schwangen in ihr mit. „Für mich, einen weitgereisten Skalden, der in der Jugend sein Herz stets auf der Zunge getragen hatte, anfänglich keine leichte Übereinkunft, denn wo immer ich Missstände und Ungerechtigkeit witterte, hatte ich bis dahin meine Leier zur Hand genommen und meinen Unmut darüber in unverstellten Versen kund getan. Sehr zum Unwillen der hohen Herren, deren Macht und Reichtum ja zumeist auf dem Rücken der armen Leute gedeiht. Und ist schon die Zahl derer gering, die gute von schlechter Prosa zu unterscheiden wissen, so schrumpft sie noch einmal auf ein erklägliches Maß zusammen, wenn es darum geht, die Wahrheit ertragen zu können.

Kurzum, das Leben hatte mich bitter spüren lassen, dass sich mit leerem Magen schlecht reimen lässt. Also verkaufte ich mich und meine Kunst für die Stillung meiner leiblichen Bedürfnisse an jenen Fürsten. Sicher, ich genoss die mir erbrachten Zuwendungen und Schmeicheleien bei Hofe. Labte mich ausgiebig an den zubereiteten Speisen, meine Dichterseele aber blieb hungrig nach wirklicher Nahrung. So kam es schließlich, dass die Dichtkunst, die zu lehren ich mich zu Beginn noch voller Inbrunst verpflichtet hatte, irgendwann zur leeren Floskel verkam. Meine Arbeit wurde mir farblos und schal, mein Herz wurde schwer, und meine nach wirklicher Lyrik und Poesie dürstende Seele begann dahinzudarben. Ich begann mich selbst und das Ergebnis meines Wirkens zu verabscheuen. Ich hatte eine ganze Generation von aufstrebenden Skalden zu zungenfertigen Höflingen und Speichelleckern herangebildet. Zwar großartig in ihren Gebärden und Gesten, doch ihren Werken entbehrte die Hingabe des wahren Dichters. Ich hatte auf ihren einst fruchtbaren Äckern das lähmende Gift des Wohlstands, schlimmer noch, des geistigen Sklaventums gesät. Meine anfänglich nach bester Absicht vermittelte Lehre, war von einer befruchtenden zu einer toten verkommen." Bodda sah traurig auf und erblickte einen Bragi, der ihn mitfühlend ansah. Und für einen Moment schien ihm, als fände er in den Augen des Knaben fast so etwas wie Verständnis, Gnade und Verzeihen.

„Aber warum bist du nicht geflohen, wenn du doch so unglücklich warst an diesem Ort?", fragte Bragi erneut und rückte ein Stückchen näher an seinen alten Lehrer heran, um ihm eine Hand auf die Schulter zu legen. „Sicherlich hättest du einen anderen Herrn finden können, der dir Heim und Nahrung bot!?"

Bodda schenkte Bragi ein dankbares Lächeln, doch noch immer lag Bitterkeit darunter. „Das erwies sich als nicht so einfach", sagte er rechtfertigend. „Zwar war mein Herr kein König, dem er, wie all die anderen Landesfürsten, tributpflichtig war, dennoch war er ein mächtiger Mann und sein Arm reichte weit. Ihn auf eigene Faust zu verlassen, war eine schwere Beleidigung und kam einem Todesurteil gleich. Ja, so ist das, wenn man erst einmal von der Gunst eines mächtigen Herrn lebt. Endlich aber dachte ich so wie du und entschloss mich, zu fliehen. Drei Monde lang plante ich meine Flucht, die mir schließlich in einer finsteren Nebelnacht glückte. Wie zu erwarten gewesen, zeigte sich der Fürst schwer davon gekränkt und ließ überall nach mir suchen. So war ich gezwungen, mich lange versteckt zu halten. Mein Handwerk aber konnte ich nicht länger ausüben, denn wo immer ich aufgetreten wäre, hätte ich fortan Spitzel fürchten müssen. Da erkannte ich den Preis meines großen Namens, der sich nun ins Gegenteil verkehrt hatte, um fortan wie ein Fluch an mir zu kleben."

Jetzt endlich verstand Bragi seinen Ziehvater und sagte einfühlsam: „Deshalb also lebst du ganz alleine hier draußen und bist ein Fischer geworden. Du hast alles aufgegeben, um deine Freiheit wiederzuerlangen..."

Bodda nickte betroffen: „Doch zu welchem Preis. Für meine Freiheit habe ich die Liebe zur Musik eingetauscht und habe nun doch beides verloren. Am Ende hat die Furcht gesiegt, als ich mich entschieden habe, mein erbärmliches Dasein an diesem vergessenen Ort zu beenden." Eine Träne kullerte ihm die faltige Wange entlang. „Ach, wie schön wäre es, noch einmal vor einem großen Publikum aufspielen zu dürfen...", fuhr er bekümmert fort. „Nur noch ein einziges Mal. Doch ich bin zu alt, Bragi, alt, klapprig und ausgebrannt. Warten kann ich nur noch auf den Tod", schloss er schwermütig und der Kopf sank ihm müde auf die eingefallene Brust.

„Du hast wohl recht", sagte Bragi verständig, „gleich morgen will ich hinter dem Haus ein Grab für dich ausheben!"

Verdutzt fuhr Boddas Haupt wieder in die Höhe und erblickte diesmal einen Bragi, der ihn schelmisch angrinste. Da begriff der Alte und musste auflachen „Ha, du kleiner Troll!", rief er und durchstrubbelte Bragi das Haar. „Der alte Hund jault zu sehr, was? Recht hast du mit deinem Tadel. Keinen Nutzen hat es, sich im Selbstmitleid zu suhlen, in dem man sich nur allzu leicht verliert!" Er stand auf, ging zu einer der Wände und zog aus einem Versteck eine schwere Keramikkaraffe hervor. Aus dieser goss er Bragi und sich eine golden leuchtende Flüssigkeit in ihre beiden Becher. Bragi zuprostend rief er fröhlich: „Selbst angesetzter Kräutermet. Genieße seinen Geist. Je früher du ihn kennen lernst, desto besser weißt du seine Wirkung einzuschätzen!"

Bragi nahm einen Schluck dieses ihm unbekannten Gebräus, das etwas scharf, aber gleichzeitig auch süß schmeckte. Erstaunt genoss er die wohlige Wärme, die sich darauf in seinem Magen ausbreitete. Bald darauf starrte er mit leicht glasigem Blick wieder ins Feuer und sagte in ungewohntem Ernst: „Das könnte ich niemals, meine Musik aufgeben. Meine Leier und mein Spiel bedeuten mir alles. Lieber würde ich sterben, als mir beides nehmen zu lassen!"

„So schnell stirbt man nicht, mein Junge", erwiderte Bodda gelassen, der sich wieder gefangen hatte und sich seinen Humpen erneut füllte. „Aber dein vorschneller Ausspruch ist das Vorrecht der Jugend. Vielleicht ist es dir ja eines Tages vergönnt, die Freiheit der Kunst mit deinem Broterwerb in Einklang zu bringen. Wem dies gelingt, dem mag vielleicht irgendwann auch bestimmt sein, das vollkommene Lied zu spielen."

Bragi horchte auf: „Das vollkommene Lied? Was meinst du damit?"

Boddas Züge wurden wieder milder und nahmen jetzt einen fast verklärten Ausdruck an: „Richtig, ich bin dir ja noch ein paar Erklärungen schuldig, was einen wirklichen Zauberskalden ausmacht. Weißt du, ich selbst war gewiss nicht der Schlechteste im Musizieren und Zitieren von Prosa. Und manches Jahr habe ich gut vermocht, mich mit meiner Kunst mehr als nur satt zu kriegen. Doch einmal in völligen Einklang mit meiner Gabe kommen zu dürfen, ist mir leider niemals vergönnt gewesen. Darum höre nun gut zu, denn nur einem Zauberskalden ist es bestimmt, das vollkommene Lied aus sich selbst hervorzubringen. Um dieses zu verfassen, musst du ein Sänger, Dichter und Schamane in einem sein. Jeder von ihnen hat einen ganz eigenen Pfad zu beschreiten. Da sie von ihrem Wesen her jedoch von ähnlicher Naturart sind, finden sich in ihrem Tun immer wieder Ähnlichkeiten. Gelingt es dir nun, ein kunstvolles Band zu flechten, das diese drei Wege miteinander vereint, wirst du möglicherweise irgendwann ein Zauberskalde sein. Und erst dann wird deine Kunst auch vollkommen sein. Doch um dieses Ziel zu erreichen, musst du diesen Weg mit deiner ganzen Hingabe beschreiten. Du musst es mehr ersehnen, als alles andere auf der Welt!"

„Aber das tu ich ja!", platzte es so plötzlich aus Bragi heraus, dass der sich nun selbst erschrocken die Hand auf den Mund hielt. Er wusste inzwischen nur zu gut, dass Bodda es nicht gerne sah, wenn sein Schüler ihn unterbrach. Und zuweilen ängstigte es Bragi selbst, wie schnell sich die eigene Zunge verselbstständigen konnte. Vielleicht lag das ja an all den Stimmübungen, die Bodda ihn seit Monaten während ihrer täglichen Pflichten ununterbrochen vollführen ließ. Nun war es also wieder passiert. Die Worte waren Bragi aus dem Mund geplumpst, bevor er sie hatte bändigen können.

Entsprechend streng blickte der alte Skalde ihn jetzt an. „Du weißt ja nicht, was du da sprichst", sagte Bodda ernst. „Kannst es noch gar nicht wissen. Darum vergiss nie meine Worte. Es gibt keinen Mittelweg! Entweder du gehst diesen Pfad des Zauberskalden ganz oder gar nicht! Für alle, die meinen, ihn nur halbherzig beschreiten zu können, wird er unweigerlich ins Verderben führen! Er verschlingt dich und zermalmt all das, was du bisher für dich glaubtest herausgefunden und als Wahrheit erkannt zu haben. Und dann, wenn dich der Zweifel aller Hoffnungen und Träume beraubt hat, spuckt er dich wieder aus und überlässt dich alleine dir selbst. Und erst dann, an diesem tiefsten Punkt deiner Enttäuschung und Ohnmacht, wird sich weisen, ob du noch über genügend Willenskraft verfügst, dich wieder neu zusammenzusetzen!"

Mit schmollender Lippe sah Bragi zu seinem Lehrer auf, doch seine Stimme hatte nichts von ihrer Entschlusskraft eingebüßt, als er erwiderte: „So glaube mir doch, bester Bodda. Ich verstehe deine Worte, denn das, wovon du sprichst, ist mir bereits widerfahren. Es geschah, als meine Mutter mich aus der schützenden Obhut der Erdentiefe der weiten See übergab, die mir fast zum Grabe wurde und seither zu meiner inneren Heimat geworden ist!"

Bodda blickte seinen jungen Schüler jetzt aufmerksam an. Zugegeben, Bragi hatte nicht ganz unrecht, mit dem, was er sagte. All das, worüber Bodda eben noch so altklug und fast selbstverliebt referiert hatte, war diesem Jungen auf dem Meer bereits widerfahren. Bragi hatte sein altes Leben vollständig aufgegeben, hatte alles verloren und war aus dem Meer wiedergeboren worden. Und das in diesem zarten Alter! Bodda nickte bedächtig und murmelte fast mehr zu sich selbst: „Odin prüft die Seinen hart…"

Da hob in diesem Moment vom Meer her ganz unvermittelt ein mächtiges Rauschen an. Eine heftige Windböe fegte über das schwere Grasdach der Hütte hinweg und schien es für einen kurzen Moment sogar anheben zu wollen. Ein fauchender Windstoß drückte die Föhrenmatte vor dem Eingang so kraftvoll auf, dass sie aus ihrer Halterung gehoben und ins Innere des Raumes geschleudert wurde. Eine Wolke aus Sand peitschte durch den Raum. Bragi und Bodda blickten einander erschrocken an, waren jedoch beide wie gelähmt, als der Luftzug nach ihnen zu greifen schien, heftig an ihnen zerrte, sie aber rasch wieder losließ und seinen Weg in den Kamin fortsetz-

te. Heulend fuhr er in die funkenstobenden Flammen hinein, die für einen kurzen Moment hell aufflackerten. Gleichzeitig wurde eine dicke Aschewolke aufgewirbelt. Im Rauchschlot gab es ein kurzes, saugendes Geräusch, und schon hatte sich der Windstoß wieder verflüchtigt.

Ein Schaudern kroch über Boddas altersgebeugten Rücken. Seine Arm- und Nackenhaare hatten sich kräuselnd aufgestellt. Es gab keinen Zweifel daran – soeben hatte die Kraft gesprochen! Und es war dieser kurze Vorfall, der Bodda seinen Schützling fortan mit anderen Augen betrachten ließ.

Der Knabe ward des Schönen wert,
drum Bodda ihn die Runen lehrt.
Bragi bei ihm Reim und Sagen fand,
kein König je höher in Ehren stand.
Und auch von Odin gab er ihm Kunde,
den Bragi verehrte von dieser Stunde.

# 6. Fischsuppe und Mummenschanz

„Hast du dein schweres Los als Skalde oft beklagt?", fragte Bragi seinen Ziehvater an einem Abend. Der war gerade dabei, mit einem Holzlöffel gemächlich in einer Fischsuppe aus Aalen herumzurühren, die in ihrem Kessel über dem Feuer brodelte. Bodda probierte ein Stück Fisch, mümmelte etwas darauf herum und entschloss sich, noch ein paar Suppenkräuter hineinzuwerfen. „Wem immer Odin die Kunst ohne Fehl verleiht", hob er bedächtig an, denn so pflegte er das Skaldenhandwerk gewöhnlich zu nennen, „muss dafür auf anderer Ebene einen hohen Preis entrichten. Diesen ohne Klagen und Murren einzulösen, habe ich bisher noch keinen getroffen. Klagen und Zweifeln gehört nun einmal zu unserem Handwerk, da es wohl das ständige Hadern und Ringen mit der Welt ist, wodurch wir uns erst dazu aufschwingen, sie verbessern zu wollen. Deshalb wird auch der echte Skalde sein selbstgewähltes Schicksal niemals wirklich in Frage stellen." Erneut schmeckte er die Suppe ab. Nachdem er sie jetzt wohl als genießbar befand, wandte er sich wieder Bragi zu. „Unzweifelhaft aber ist", fuhr er erklärend fort, „dass du für deinen großen Traum von Ruhm und Selbstbestimmung vieles wirst entbehren müssen. Und du wirst für ihn vieles wieder aufgeben und loslassen müssen. Dem gegenüber stehen jedoch aufrechte Freude und tiefe Zufriedenheit bei deinem Tun, die du immer wieder mal erfahren wirst. Und glaube mir, beides ist mit keinem Gold der Welt aufzuwiegen."

Bragis argwöhnischer Blick wanderte über Boddas hagere Gestalt und blieb an seiner bereits stark zerschlissenen Kleidung haften.

Bodda, der dies bemerkte, sagte: „Ich war nicht immer so ärmlich, musst du wissen. Bei meinem Fürst damals wohnte ich in einem prächtigen Langhaus, in dem ich einen eigenen, abgetrennten Raum besaß. In den konnte ich mich für meine Aufgaben zurückziehen, wann immer es mich danach verlangte. Und gleichwohl mir als Inspirationsquell die freie Natur stets mehr behagte, als ein geschlossener Raum, weiß man einen solchen in langen Winternächten erst richtig zu schätzen. Glaub mir, wenn um dich herum die ganze Sippe samt all dem Viehzeugs laut grölend, schmatzend und furzend ums Feuer beisammen sitzt, bis du froh und dankbar über diese kleine Insel, auf die du dich flüchten kannst, um einen klaren Gedanken zu fassen."

Ein Lächeln überzog Bragis junges Gesicht. Er liebte es, wenn Bodda in solch anschaulichen Bildern über seine Vergangenheit sprach. „Erzähl mir, was du früher für Kleider trugst, als du noch reich und vornehm warst!", forderte Bragi ihn auf, der gerne mehr hören wollte von jener bunten Welt, die er noch nicht kannte.

„Ich hatte mehrere fein gewebte Tuniken für verschiedene Anlässe." Als Bragi ungläubig dreinschaute, zupfte Bodda an seinem löchrigen, stark spekkigen Kragen herum und nickte eifrig: „Doch, doch, mit allerlei Zierrat und aufwändig gewebten Borden dran. Kostbarer Tand und Schnickschnack, aber recht hübsch anzusehen, oh ja." Zufrieden wandte er sich wieder ihrem blubbernden Abendessen zu. Bis ihm weitere Einzelheiten in den Sinn kamen. „Und ich besaß sogar drei Paar Stiefel. Drei Paare! Kannst du dir das vorstellen?"

Mit offenem Mund schüttelte Bragi den Kopf, während Bodda mit stolzem Blick einen seiner Füße anhob und ihn so drehte, als stecke der noch immer in einem der eben genannten Stiefel. Um ihr Schuhwerk zu schonen, liefen die beiden gewöhnlich barfuss herum, wann immer das Wetter es zuließ.

Bodda nickte wieder nachdrücklich: „Doch, doch, bei Odins einem Auge, so war es!" Er musste selber lachen und schüttelte sein ergrautes Haupt. „Wer braucht schon drei Paar Schuhe, wo man doch immer nur eines tragen kann, nicht wahr? Bei einem zweiten, mit Fell gefütterten Paar für den Winter, will ich ja nichts sagen, aber ein drittes? Tss..." Wieder schüttelte er glucksend den Kopf. Dann drehte er sich abermals um, diesmal mit erhobener Kelle, die er nun wie einen tropfenden Lehrstock hochhielt. „Was ein Mann jedoch unbedingt besitzen sollte, sind ein gutes Schuhwerk und eine gut gepolsterte Schlafstätte – in einem von beiden wird er sich nämlich immer aufhalten! Denn obwohl sich unsere Zunft nicht selten auf der Wanderschaft befindet, weiß man ein gutes Bett doch stets zu schätzen. Vor allem im Alter, wenn die alten Knochen knacken und es einen überall zwickt und zwackt." Bodda nahm einen Ast auf und stocherte damit etwas in der Glut unter dem Kessel herum. „Was das anbelangt, ging es mir damals also prächtig." Dann wurde er wieder ernst. „Doch die Dinge verändern sich im Leben. Ebenso wie unsere Sichtweisen. Zumindest wenn wir bereit sind, an unseren Erfahrungen zu reifen und aus unseren Fehlern zu lernen. Denn vieles, was einem einst wichtig, groß und bedeutsam erschien, verändert sich im stetigen Wandel der Zeit. Und glaube mir, das Alter stutzt einen jeden auf ein bescheidenes Maß zurecht. Selbst der Scheißhaufen eines Königs stinkt nicht besser als der von uns zwei beiden. Glück und Tränen, Freud und Leid kommen und gehen für einen jeden. Und wenn die Nornen es gut mit dir meinen, dürfen die schlimmsten Wunden wieder vernarben. Solange, bis der Tod auch sie irgendwann auslöscht und vergessen macht. Deshalb, mein Sohn, ist für unsere Seele die Zeit der größte aller Heiler!"

Endlich war die Fischsuppe fertig, und dankbar nahm Bragi die ihm von Bodda dargereichte Schale entgegen. Er hatte einen solchen Appetit, dass er gierig begann die Suppe in sich hineinzulöffeln, noch bevor Bodda sich mit seiner Schale zu ihm gesetzt hatte. Als der ihn mit strafendem Blick ansah, blieb Bragi das Stück gekochten Aales fast im Halse stecken. Würgend spuckt er es wieder in seine Schüssel zurück und sog laut die Luft ein. Er hatte sich Hals und Zunge verbrannt.

„So ist es recht, du Gierschlund", ermahnte ihn Bodda zufrieden. „Wenn du dich am Hofe eines Fürsten genauso aufführst, werden die Leute dort manches zu lachen haben."

„Ich ... ich hatte solchen Hunger", verteidigte Bragi sich keuchend, während er mit seiner Zunge weitere, seltsame Verrenkungen anstellte. Dabei lief ihm die fette Brühe das glänzende Kinn hinab.

Bodda schüttelte nur den Kopf, was Bragi dazu veranlasste zu sagen: „Was denn? Hier ist doch niemand außer uns."

„Dennoch sollte man als angehender Skalde stets ein gewisses Maß an Benimmregeln pflegen. Solltest du eines Tages mit an der Tafel eines Fürsten sitzen und dich so aufführen, wirst du nicht nur dir, sondern auch meinem Namen Schande machen!"

Bragi blickte reumütig zu Boden und fragte etwas kleinlaut: „Trauerst du deinem alten Leben unter den Menschen zuweilen nach?"

Doch Bodda deutete ihm stumm, sich jetzt seiner Aalsuppe widmen zu wollen.

Sie aßen schweigend. Erst als Bragi emsig damit zugange war, die letzten Reste vom Kesselboden zusammenzukratzen, den er sich dafür auf den Schoß gesetzt hatte, nahm Bodda den Faden ihrer Unterhaltung wieder auf. Er habe sich mit seinem Wyrd längst versöhnt, erklärte er gelassen. Alles habe seine Zeit im Leben, und das gelte ebenso für das Verspeisen einer Fischsuppe. Schließlich seien diese Aale für sie beide gestorben und Bodda habe eine gute Weile damit zugebracht, die Fische für sie herzurichten. Und eben deshalb ehre man weder ihn noch die Aale, wenn man sein Gericht so gierig in sich hineinschaufele, wie Bragi das eben getan hätte.

Bragi entschuldigte sich und Bodda war's zufrieden. Dann erzählte er Bragi, dass er in seiner eigenen Jugend viel umhergezogen sei und sich vieles angesehen habe. Danach hätte er sich schließlich als angesehener Skalde an besagtem Fürstenhofe verdingt, und das genüge ihm. Dass ihm aber jetzt, im letzten Abschnitt seines doch recht erfüllten Lebens, Odin noch einmal einen Knaben zugesandt hätte, an den er all sein Wissen weiterreichen dürfe, sei mehr, als er jemals zu träumen gewagt habe.

Vocnix
2011

Schon wieder dieser Odin, dachte Bragi, und verspürte einmal mehr den drängenden Wunsch, mehr über diesen mächtigen Asengott zu erfahren, der, wie es schien, nicht nur der größte aller Zauberskalden war.

Als er Bodda daraufhin ansprach, fasste der den Wissensstand von Bragi noch einmal zusammen: „Du weißt nun, dass Odin der Begründer aller Dichtkunst ist und somit als der größte Liederschmied gilt, der jemals seinen Fuß auf Midgard gesetzt hat. Doch ist Odin weit mehr als das. Sein Wesen kann dir ebenso als reiner Luftgeist begegnen, mit dem er manchen Sterblichen durchdringt. Oder auch so, wie er hier einmal bei uns durchs Haus gefegt ist. Weit ist sein Wesen, allumfassend und stetig umherschweifend. Sein Odem war es, der Ask und Embla beseelte, als diese noch als starre Holzleiber am Ufer des Meeres lagen. Mit den Göttern Loki und Hönir schritt er einst den Strand entlang, als sie sich entschlossen, diese zwei menschengestaltigen Bäume zu beleben. Seither verehren wir Ask und Embla als unsere Urahnen. Odin hauchte ihren Körpern Leben ein und sorgte dafür, dass wir, ihre Nachkommen, seither über Midgard wandeln dürfen. Odin erfüllt das ganze Sein des Zauberskalden, befreit ihn aus seinen starren Gewohnheiten, wenn er in Furcht und Zweifel zu verharren droht. Er schärft unseren Blick für das Wesentliche und vermag es, das Beste in uns hervorzuholen. Er ist die unsichtbare Nabelschnur, die unser menschliches Sein mit der Welt der Götter verbindet. Eine Macht, die unsere vergängliche, wertlose Natur nicht zu erfassen vermag."

„Ich denke immerzu an ihn, wenn ich die Runen besinge und meine Stimm- und Atemübungen mache", warf Bragi ein.

„Das ist gut getan", lobte ihn Bodda und fuhr fort: „Denn es ist sein Ausatmen, das uns ins Leben verhilft. Sein Einatmen aber holt uns zurück in die jenseitige Welt, in der die Zeit, wie wir sie bemessen, keine Bedeutung mehr hat. Sein Odem erleuchtet uns Skalden, versetzt Schamanen in Trance, verschaffte den Völvas seherische Einsichten und bringt kriegerische Berserker in ihren ekstatischen Kampfrausch. Im säuselnden Lied der Windsbraut preist Odin die Süße des Lebens, im Brausen des Sturmes schleudert er dir alte Runen und Zaubersprüche entgegen und im Schlafe raunt er dir Geheimnisse zu, die jenseits unserer Vorstellungskraft liegen. Er erweckt einen rastlosen Hunger in jenen, die unablässig nach Höherem streben, während er die Trägen und Faulen wieder fallen lässt, indem er sich von ihnen abwendet. Er verzehrt uns, durchdringt uns mit all seiner Kraft, während der Samen, den er ins Kielwasser unserer entfachten Leidenschaften sät, als weihevoller Trunk über die Lippen von uns Skalden und Dichtern rinnt!"

Bragis Blick wanderte jetzt von seinem Ziehvater zurück zu dem leeren Suppenkessel, den er noch immer in seinem Schoß hielt. Er sah hinein und fragte sich, ob es vielleicht an dem eben verputzten Aalen lag, die den guten Bodda in derartiges Verzücken versetzt hatten, denn auf solch überschwängliche Weise hatte er seinen alten Lehrer noch nie daherreden hören. Bodda hatte sich jetzt ungewohnt straff in die Brust geworfen, während sein bohrender Blick fest auf die Decke ihres Heims geheftet war. Bragi schien es, als ob Bodda erwarte, dass der Göttervater gleich jeden Moment persönlich durchs Dach hindurch zu ihnen herabstieg.

Denn Bodda, offensichtlich von seinen eigenen Worten berauscht, erhob sich jetzt und nahm die Mütze vom Kopf. Diese drückte er sich darauf mit beiden Händen fest an die Brust und verkündete in feierlichem Ton: „Beständig gedeiht Odins Saat in unseren Herzen, die bebend nach einer Berührung mit ihm verlangen. Und durch die Ausübung unseres Galdrgesanges bahnen sich unsere Stimmen ihren Weg zurück in die formlosen Sphären der Gestirne, um dröhnend widerzuhallen im großen Gewebe alles Werdenden. Nichts vermag uns dann noch vom geistigen Erbe unserer Väter zu trennen, deren erhabene Häupter aus Walhalls güldenem Saale stolz auf uns herabblicken!"

Die letzten Worte hatte Bodda mit solcher Inbrunst in den Raum geschmettert, dass dem verdutzten Bragi darüber der alte Kessel entglitt. Der Topf ging scheppernd zu Boden und rollte genau vor Boddas Füße, wo er schließlich liegen blieb. Was dazu führte, dass Bodda augenblicklich verstummte, sich verlegen am Kopf kratzte, seine Mütze aufsetzte und wieder Platz nahm. Der eben noch kraftvolle Klang seiner Stimme war gänzlich verflogen, als er dünn anfügte: „Weiter ist Odin ein machtvoller Kriegsmann, ein rasender Berserker im Gefecht, ein listiger Zauberer, sowie ein betörender Verführer der Frauen, die er wie kaum ein anderer mit seinen gekonnten Schmeicheleien zu betören weiß."

„Manche behaupten gar, dass er unter uns Menschen nur in Versform spreche", schloss er recht matt und schien nun gänzlich in sich zusammenzusinken. Es folgte eine etwas betretene Stille.

Da Bragi ausgerechnet diesmal keinerlei Anstalten machte, wie gewöhnlich eine weitere Frage hinterherzuschieben, fühlte Bodda sich nach einer Weile bemüßigt zu sagen: „Verzeih mir diese etwas schwülstige Einlage, mein Sohn. Da ist wohl eben mein altes Temperament ein wenig mit mir durchgegangen. Wahrscheinlich hab ich alter Narr darauf gehofft, dass Odin mir ebenfalls ein Zeichen senden würde, wenn ich ihm meine Huldigung nur mit genügend Inbrunst vortragen würde." Offenbar belustigt über sein eigenes Tun, schüttelte er den Kopf und schmunzelte. Er betrachtete den rußgeschwärzten Kessel zu seinen Füßen und stieß plötzlich ein glucksendes Lachen aus. „Nun ja, ich habe mein Zeichen wohl bekommen. Und was lernen wir daraus?", fragte er und starrte Bragi erwartungsvoll an. „Alter schützt vor Torheit nicht!", gab er sich gleich selbst die Antwort und sah schon im nächsten Moment wieder recht zufrieden mit sich aus.

„Bist du ihm jemals selbst begegnet?", durchbrach Bragis Frage die wiedergekehrte Stille.

„Odin meinst du? Hmm..., wer weiß", murmelte Bodda nachdenklich. „Nur wenigen Auserwählten gibt Odin sich zu erkennen. Tausendgestaltig sind seine Vermummungen und Masken, die er nur für jene anzuheben bereit ist, die ihm würdig genug erscheinen. Zuweilen lüftet er sie auch erst in jenem Moment, in dem er sich von einem abwendet. Dann aber ist es meist zu spät, und bevor man aufblickt, findet man sich schon auf einer Sitzbank in Hels Halle wieder."

„Warum gibt er sich nicht zu erkennen?", hakte Bragi weiter nach. „Hat er denn etwas zu verbergen?"

Erneut lachte Bodda auf: „Ha, was glaubst du würde passieren, wenn er dies täte? Alles hier bei uns würde völlig aus dem Ruder laufen, wenn er seinen Mummenschanz aufgeben würde. Und nachdem die Menschen ihre erste Angst überwunden hätten, würden sie ihm wahrscheinlich in Scharen hinterdrein laufen. Doch Odin ist weise. Er ist der Führer aller Götter und seine Aufgabe ist es nun mal, die Geschicke der Welt zu lenken. Und dies tut er gewöhnlich aus dem Hintergrund heraus. Doch wenn du einmal wirklich ihm zu begegnen beabsichtigst, dann nicht, indem du ihn suchst. Das kannst du getrost vergessen, wie ich eben ja so närrisch vorgeführt habe." Er machte eine bedeutsame Pause, verengte die Augen zu Schlitzen und setzte eine verschwörerische Miene auf und flüsterte: „Sondern nur, indem du dich von ihm finden lässt!"

Nun waren es Bragis Augenbrauen, die sich zusammenzogen: „Du meinst, indem ich ihn einlade?", schlussfolgerte er.

Bodda nickte: „Ganz recht. Du musst ihn einladen!"

Bragi, begeistert, dass er sich auf dem richtigen Weg befand, tastete sich halb fragend weiter vor: „Und das stelle ich an, indem ich ihm das Blut eines Tieres opfere und ihn um sein Erscheinen bitte!?"

„Nein, nein", sprach der Alte belustigt, „Odin mit Blut zu opfern überlasse ruhig seinen Goden und jenen Kriegern, die in seinem Namen aufs Schlachtfeld ziehen. Des Skalden Opfer ist jedoch von anderer Wesensart." Er besann sich einen Moment seiner Worte und sagte dann: „Obwohl du mit dem Opfern von Blut gar nicht so daneben liegst. Doch das Blut, von dem ich spreche, ist das Blut deiner Seele – oder dein Herzblut, wenn du das besser verstehst. Nur wenn du dich mit deinem ganzen Streben der absoluten Vervollkommnung deines Könnens zuwendest, wirst du damit die Aussicht erhöhen, dass sich dir Odin eines fernen Tages möglicherweise zu erkennen gibt."

„Willst du damit sagen, dass der Gottvater immerfort mein Leierspiel verfolgt?"

„Nun, das wohl weniger", entgegnete Bodda schmunzelnd, „schließlich hat der oberste Führer der Asen noch andere Dinge zu bewerkstelligen, als deinen halbfertigen Ergüssen zu lauschen." Er lachte und Bragi sah etwas beschämt zu Boden, sodass Bodda hinterher schob: „Sollte es dir aber irgendwann gelingen, das vollkommene Lied zu spielen, wird es bestimmt bis zu Odins Ohren dringen. Denn dann wirst du deine Meisterschaft erlangt haben, und Odin dich möglicherweise aufsuchen, um sich dir zu erkennen zu geben."

Sogleich war Bragi wieder ganz aufgeregt: „Aber woher weiß ich denn, wann ich diese Meisterschaft erlangt habe?"

Der alte Skalde nahm einen sperrigen Holzkloben und legte ihn aufs fast niedergebrannte Feuer und sagte mit leicht gereizter Stimme: „Wie ich schon sagte, du wirst es wissen, sobald du das vollkommene Lied in dir zum Klingen bringst. Doch bis dahin ist es freilich noch ein weiter Weg."

Er tat es immer wieder. Von etwas sprechen, das Bragi weder greifen noch gedanklich erfassen konnte. Das machte ihn ganz toll im Kopf. „Aber was macht es aus, dieses vollkommene Lied, von dem du immer wieder so geheimnisvoll sprichst?", rief er ungeduldig aus.

Bodda blickte ihn ernst an, und er war wieder ganz Bragis Lehrer, als er sagte: „Es ist der Drang der Perfektion, nach welcher es den wahrhaften Dichter immerzu verlangt. Es ist das Streben nach vollkommener Harmonie, dem völligen Einklang von Spiel, Geist und Seele. Dies dann kann zu jenem Zustand führen, in den zu gelangen nur wenigen Auserwählten vorbehalten bleibt. Doch man kann ihn eben nicht herbeizwingen. Selbst dann nicht, wenn man Stunde um Stunde, Monat um Monat und Jahr um Jahr mit schweißtreibender Übung und Selbstzucht verbringt!"

Bragis Miene war nun noch verwirrter. „Aber dann ist es ja völlig gleich, wie viel ich auf meiner Leier übe", erwiderte er schroff, „weil es letzten Endes doch keine Rolle für mein Können spielt!"

Als Bodda Bragis Missmut sah, entgegnete er ruhig: „Das vollkommene Lied wird irgendwann zu dir kommen – oder eben nicht! So ist das nun mal. Wie bereits gesagt, ich kann dich zwar vieles lehren und dir beibringen, aber ein wirklicher Zauberskalde wird nun mal geboren und nicht gemacht. Das liegt nicht in meinen Händen."

Als Bragi erneut den Mund öffnen wollte, kam Bodda seiner Frage zuvor: „Ich selbst war beileibe nicht der Schlechteste im Zitieren alter Prosa, und manches Jahr habe ich es mehr schlecht als recht verstanden, mich mit meiner Kunst über Wasser zu halten. Ich habe einige Säle mit meinem Spiel gefüllt und später Schüler unterwiesen, doch das vollkommene Lied habe ich niemals zuwege bringen können. Versteh doch endlich! Du kannst noch so viele Gedichte, Lieder und Sagen auswendig lernen, und trotzdem wirst du damit nicht an dein großes Ziel gelangen. Es ist etwas anderes, das du selbst herausfinden musst, etwas, das ich dich nicht lehren kann. Nur du selbst vermagst es herauszufinden!"

„Aber...“, begehrte Bragi erneut auf, doch sein Lehrer hob die Hand und gebot ihm Schweigen.

„Kein aber! Eben deshalb konnte nur Odin selbst es sein, der sich an den ewigen Windbaum hing, um an diesem das Geheimnis der Runen zu erfahren. Denn der Baum ist die Welt. Und mit unserem Rückgrat sind wir solange an ihn geschmiedet, bis wir von seiner Erkenntnis, gleichsam beschwert wie erleichtert, wieder von ihm abfallen. Denn nur wir selbst entscheiden darüber, wie viel Wahrheit zu ertragen und aufzunehmen wir bereit sind!“

Nach diesen Worten trug Bodda ihm auf, den Kessel und ihre Essschalen im Meer zu reinigen. Für Bragi ein unmissverständliches Zeichen, dass sein Ziehvater der Ansicht war, für heute genug gesprochen zu haben. Müde gähnend setzte Bodda sich auf sein Lager und reckte seine alten Gliedmaßen so ausgiebig, dass ihr lautes Knacken bis an Bragis Ohren drang.

„Vielleicht...“, sagte Bragi leise, der mit dem Geschirr schon an der Tür stand, „vielleicht spielst du dein vollkommenes Lied ja hier draußen an den Gestaden des Meeres, und weißt es nur noch nicht...“

Bodda warf dem Jungen einen gedankenvollen Blick zu und murmelte leise zurück: „Ja, mein Junge, vielleicht tue ich das.“

Nachdem er den Abwasch erledigt hatte, lag Bragi noch lange wach auf seinem Bett und grübelte mit offenen Augen über das Gesagte nach. Und kurz bevor der Schlaf ihn übermannte, fasste er tief in seinem Herzen den festen Entschluss, diesem Odin irgendwann selbst einmal gegenüberstehen zu wollen. Dann würde er ihm all diese Fragen stellen, die ihm ständig auf der Zunge brannten. Jawohl!

Noch wusste Bragi nichts von Odins Vaterschaft, doch ein erstes zaghaftes Erahnen hatte sich an diesem Abend seiner Seele bemächtigt.

Doch Kindheit flieht in schnellem Lauf,
bald trat der Knab als Jüngling auf.
Und zaghaft spross in Bragis Brust
ein Ahnen nur von Schmerz und Lust.

# 7. Die Fremde vom Meer

So zogen die Monate und schließlich auch die Jahre dahin. Und wie Gunnlöd es einst erhofft und vorausgesehen hatte, gedieh Bragi in Boddas geschützter Bucht auf eine Art und Weise, wie er es bei ihr unter Tage niemals vermocht hätte. Oft beobachtete der Alte seinen Pflegesohn, wenn dieser mit seiner Leier auf die nahe gelegenen Klippen stieg, von dort aufs Meer hinaus starrte und den Wellen etwas vorspielte. Eine neue Sehnsucht hatte von Bragi Besitz ergriffen, in der Bodda jenes zaghafte Erwachen gewahrte, das den Heranwachsenden langsam aber unablässig aus der Kindheit hinaus in die Welt der Erwachsenen führt.

Bodda mochte den Jungen wirklich von Herzen gern. Bragi war genügsam und bescheiden. Sein kindliches Geplapper hatte inzwischen stark nachgelassen, dafür half er Bodda nach bestem Können bei den täglich anfallenden Arbeiten. Zwar bewies der Junge nach wie vor kein allzu großes Geschick bei Dingen, die handwerkliches Können voraussetzten, dafür wusste er innerhalb kürzester Zeit kaputte Netzte zu flicken, die Bodda, inzwischen halbblind auf beiden Augen, längst ausgemustert hätte. Oh ja, der Junge besaß geschickte Finger. Und am Abend, wenn ihr Tagwerk hinter ihnen lag, saßen sie wie gewohnt an ihrem prasselnden Feuer beisammen und musizierten, dass es eine Lust war.

Immer öfter aber kam es vor, dass Bodda zu müde zum Spielen war. Dann saß er, eingehüllt in eine dicke Decke, zufrieden auf einem Seehundfell und lauschte andächtig dem wundervollen Spiel seines Ziehsohnes. Vielfach waren es jedoch traurige Weisen, in denen Bragi seine ganze Sehnsucht und seinen Schmerz über die verlorene Mutter zum Ausdruck brachte. Nicht selten stiegen dem Jungen dabei Tränen in die Augen. Was seinen Ziehvater darüber nachgrübeln ließ, ob es seinem Schützling jemals vergönnt sein würde, irgendwann eine Frau zu finden, deren Zärtlichkeiten Bragis offene Wunde schließen durften.

Die Jahreszeiten kamen und gingen und zuweilen führten sie ein unerfreuliches Wetter mit sich. Doch Boddas Hütte, die sich recht windgeschützt zwischen die grasbewachsenen Dünenhügel schmiegte, war gut befestigt und verstand es, jedem Wetter zu trotzen. Immer dann, wenn es auf See einen

Sturm gegeben hatte, unternahmen Bragi und Bodda am darauf folgenden Tag einen ausgedehnten Spaziergang entlang des Strandes. Die Erfahrung hatte gezeigt, dass das Meer nach seiner Beruhigung zuweilen segensreiche Gaben an Land spülte, die jener, der sie als erstes fand, als sein Eigentum behalten durfte.

Bei diesem Strandgut handelte es sich zumeist um größere abgerissene Äste und Treibholz, welches sie zum Verfeuern aufsammelten. Holzvorrat konnte man nie genug vor der Hütte haben und so schichteten sie es zum Trocknen in einem Unterstand auf. Zu dem angeschwemmten Treibholz mischten sich zuweilen auch die geborstenen Planken gesunkener Schiffe. Manche davon waren mit Seetang bedeckt, das sich wie ausgerissenes, langes Frauenhaar an sie geheftet hatte. Bei diesem Anblick kroch Bragi stets ein Schauer über den Rücken, hatte sich doch seine Begegnung mit Rans gierigen Töchtern tief in seine Seele eingegraben.

Nur äußerst selten waren verloren gegangene Schiffsgüter von Wert darunter, die es lohnte, nach Hause zu tragen. Dennoch war es immer wieder spannend aufzuspüren, was die weite See nach solch einem Unwetter an Land gespieen hatte. Das Unwetter der letzten Nacht war ungewöhnlich heftig gewesen. Es war bereits später Herbst, und die Herbststürme waren die schlimmsten von allen. Entsprechend zuversichtlich war die Stimmung der beiden Strandläufer, die sich auf eine gelungene Schatzsuche freuten. Noch immer blies ein scharfer Ostwind, der seine salzigfeuchte Luft über die Küste führte, doch verlor er mit jeder Stunde mehr an Kraft. Dann endlich riss die dichte Wolkendecke auf und bot ein grandioses Schauspiel. See und Himmel schienen miteinander vermengt und die Wolken formten sich zu bauschigen Ungeheuern, Männern, Pferden und zerfetzten Fahnen, die eine himmlische Schlacht zu schlagen schienen. Immer wieder bildeten sich neue Öffnungen im Gewölk, durch die das Sonnenlicht hindurchbrach und Meer wie Landschaft mit ihrem goldenen Licht überzog. Es war, als wollte der Himmel sich jeden Augenblick über ihnen öffnen, um seine Heimlichkeiten preiszugeben. Während Bragi, gebannt von all diesen prächtigen Eindrücken, immer wieder stehen blieb, suchten Boddas Blicke weiter den Strand ab. Irgendwann fiel Bragi auf, dass sie bisher kaum auf Möwen gestoßen waren.

„Die werden ein lohnenderes Ziel aufgestöbert haben", sagte Bodda beschlagen und forderte ihn auf: „Komm, suchen wir die Möwen!"

Das taten sie. Und so dauerte es nicht mehr lange, bis sie vor sich einen großen, kreisenden Schwarm ausmachen konnten. Bragis jüngere und damit weit schärfere Augen entdeckten das Schiffswrack als erstes. Er stieß einen begeisterten Jauchzer aus und begann sogleich darauf loszustürmen. Bodda, seinen knorrigen Gehstab mit sich führend, hatte Mühe, seinem Zögling hinterherzukommen. Der rannte das Meeresufer entlang, als ginge es um sein Leben. Der Alte lächelte zufrieden in sich hinein. Ihn freute Bragis Begeisterung, denn die Augenblicke, in denen der junge Mann seine Lebensfreude ungezügelt zum Ausdruck brachte, waren leider viel zu rar gesät. Doch sein altes Herz zwang Bodda, seine Schritte wieder zu verlangsamen. Keuchend musste er sich eingestehen, dass seine alten Knochen für einen Spurt nicht mehr zu gebrauchen waren. Bragi indessen hatte das Wrack längst erreicht und war dahinter verschwunden. Entsprechend groß war der Lärm der aufflatternden Möwen. Laut schimpfend und nur mit größtem Widerwillen, ließen die gefiederten Strandräuber von ihrer Beute ab, die sie als ihr Eigentum betrachteten.

Je näher Bodda dem gestrandeten Schiff kam, desto beeindruckter zeigte er sich von dessen ungewöhnlicher Größe. Der Bauart nach musste es sich um ein fürstliches, wenn nicht gar königliches Langschiff handeln. Der Mast war geborsten und der schwer beschädigte Rumpf lag auf der Seite. Sein Anblick erinnerte Bodda an den Leib eines gestrandeten Walfisches, den er hier einst vor Jahren tot vorgefunden hatte. Nur wenige Wochen hatte es gedauert, bis die Möwen sein gewaltiges Gerippe vollständig abgenagt hatten, dann hatte ihn sich das Meer zurückgeholt und alle Spuren verwischt. Hingegen konnte ein Wrack von diesen Ausmaßen seinen Standort über Jahre hinweg behaupten, bis das Salzwasser es morsch genagt und der Sand es schließlich verschluckt hatte.

Aus dem in Fetzen gerissenen Segeltuch hatten sich viele kleine Fahnen gebildet, die im Wind knatternd umherflatterten. Der Bug des Wracks lag noch halb im Wasser, das, über und über bedeckt von einem schaukelnden Teppich aus gesplittertem Holz, in anrollenden Wellen träge gegen den Schiffsrumpf schwappte. Von der Reling hingen in großer Anzahl verhedderte Taue herab. Der Wind hatte gegen den Rumpf bereits eine kleine Sanddüne aufgeschichtet, sodass es wirkte, als würden die Taue nun aus dem Boden wachsen. Selbst der Strand schien gewillt, seine Beute nicht wieder dem Meer zu überlassen.

Das Unglück musste sich erst vor wenigen Stunden zugetragen haben. Überall im Sand verstreut lagen Kisten, Fässer und geborstene Planken. Als Bodda dazwischen die leblosen Körper von Menschen entdeckte, beschlich ihn eine finstere Vorahnung, und hastig begann er seine Schritte wieder zu beschleunigen.

Als er das Wrack schwer atmend endlich erreichte, fand er seinen Zögling mit ihm zugewandtem Rücken kniend im Sand vor. Offensichtlich hatte der eine wichtige Entdeckung gemacht. Als Bodda näher herantrat, konnte er sehen, dass Bragi vor der Leiche einer jungen Frau kauerte. Ihre Haut war so blass wie der Schnee und ihr schönes Gesicht, dessen hohe Wangenknochen scharf herausstachen, wurde von ihrem blonden Haar wie goldenes Seegras umrahmt. Die ausgestreckten Arme seitlich an den Körper gelegt, sah es aus, als schliefe sie nur. Wären da nicht ihre tiefblauen Lippen gewesen. Eine klei-

ne Krabbe, die sich zwischen ihren Haaren vor den Möwen versteckt hatte, wurde von Bragi mit verächtlicher Miene durch einen Wurf zurück ins Wasser befördert.

Still dankte Bodda den Göttern, dass die Augen des toten Mädchens den pickenden Schnäbeln der Möwen bisher nicht zum Opfer gefallen waren. Hatte Bragi sie bereits berührt und in diese ruhende Stellung gebracht, fragte er sich besorgt. Der Sturm hatte einen Teil ihres Gewandes zerrissen, sodass eine ihrer Brüste entblößt war. Diese wurde von dem Jüngling interessiert in Augenschein genommen.

„Ihre Haut ist so kalt und klamm", sagte Bragi tonlos und beantwortete damit Boddas Frage. „Die Arme fühlen sich an wie Wachs..." Zögernd, beinahe ängstlich, näherte sich seine Hand der fahlen Brust der Toten.

„Lass sie!", tönte Boddas Stimme plötzlich so schneidend, dass Bragis Hand erschrocken zurückzuckte.

„Was hast du?", empörte sich Bragi verwirrt, bekam knallrote Ohren und sagte trotzig: „Sie ist doch tot!"

„Deshalb wollen wir ihre Ruhe nicht stören", entgegnete Bodda bestimmt, senkte die Stimme aber wieder etwas, als er sagte: „Übel genug, wenn ein junger Mann, der gerade damit beginnt, sich für das andere Geschlecht zu interessieren, als erstes eines halbnackten, ertrunkenen Mädchens ansichtig wird." Bodda bückte sich nach einem zerfetzten Umhang, der neben ihm aus dem Sand ragte. Er zog ihn ächzend hervor, schüttelte ihn kurz aus und bedeckte damit Blöße und Antlitz der Toten.

Bragi, der das fremde Mädchen gerne noch eingehender betrachtet hätte, erkundigte sich mit schmollender Miene: „Aber sollten wir sie nicht richtig bestatten, damit ihre Seele Ruhe findet?"

„Das werden wir", antwortete sein Ziehvater. „Wir werden ihren Körper nicht den Möwen und Krabben überlassen, sondern ihn dem Feuer übergeben. Ebenso die Leiber der anderen Unglücklichen. Suche also etwas Holz für einen Scheiterhaufen zusammen. Derweil will ich schauen, ob sich irgendwo noch ein Überlebender findet."

„Bemüh dich nicht", sprach Bragi leise, der keine Anstalten machte, sich zu erheben, „ich habe schon nachgesehen. Keiner ist mehr am Leben. Sieh lieber nach, was du sonst Nützliches findest."

Doch Bodda rührte sich ebenfalls nicht von der Stelle. „Geh Holz suchen!", wiederholte er, diesmal mit deutlich größerem Nachdruck.

Obwohl Bragi die ungewohnt strenge Anwandlung seines Ziehvaters nicht recht verstand, tat er doch, wie ihm befohlen. Schon nach kurzer Zeit hatte er eine große Menge an Treibholz zusammengetragen. Bodda, der das tote Mädchen unterdessen mit Seilen und Segeltuch vollkommen eingeschnürt hatte, bedeutete Bragi mit einem Nicken, sich nun der restlichen Schiffsbesatzung zuzuwenden. Bragi sollte Recht behalten. Keiner hatte das schlimme Unglück überlebt. So blieb den beiden nichts anderes zu tun, als die verstreuten Leichenname zusammenzutragen. Nachdem Bragi unter den wachsamen Augen der Möwen drei weitere Körper aus dem Wrack geborgen hatte, lagen schließlich neun Tote zu ihren Füßen.

Fast flüsternd, als fürchte er, die Ruhe der Toten zu stören, sagte Bodda: „Alleine die Götter mögen ermessen, wie viele weitere von ihnen die See einbehalten hat. Mögen ihre Körper in Rans prächtigem Saale willkommen sein und ihre Seelen in Frieden ruhen!"

Fast drei mühsame Stunden brachten sie damit zu, einen breiten Scheiterhaufen zu errichten, auf welchen sie die Leichen betteten. Bragi schuftete und schwitzte, denn all die übrigen Toten waren Männer und in ihrer vollgesogenen Kleidung eine nur schwer zu bewegende Last. Der Himmel zog sich wieder zu, als wolle er sein Angesicht vor diesem Schrecken verschließen. Es würde düster und eine drückende Stimmung herrschte.

Als sie das Totenfeuer entzündeten, begann bereits die Abenddämmerung einzusetzen. Bodda sprach ein paar Gebete zu den Göttern, dass sie die Seelen der Toten gnädig aufnehmen mögen. Sie warteten nicht, bis der hell auflodernde Scheiterhaufen niedergebrannt war. Jeder von ihnen nahm so viel Habgut mit, wie er sich für den Heimweg zumuten konnte. Dann verließen sie den Ort dieses traurigen Geschehens.

Als Vater und Ziehsohn ihre Hütte wieder erreicht hatten, war es bereits dunkle Nacht geworden. Obwohl beide zum Umfallen müde, waren sie doch sehr hungrig. So ergab es sich, dass sie von ihrem Nachtmahl gesättigt, wie gewohnt noch etwas am Feuer beisammen saßen. Doch heute war es anders. Beide starrten sie schweigend in das Spiel der Flammen. Keiner von ihnen hatte seit ihrer Heimkehr ein einziges Wort gesprochen. Der Tod, endgültig und unwiderruflich, schien sie bis in ihr Haus begleitet zu haben.

Immer wieder beäugte Bodda seinen Ziehsohn aus den Augenwinkeln, bis er die bedrückende Stille schließlich durchbrach.

„Denkst du noch immer an das tote Mädchen?", erkundigte er sich mit rauer Stimme.

Bragi, froh darüber, seine Gedanken mitzuteilen, nickte zögernd: „Meinst du, sie war eine Meerjungfrau? Vielleicht haben die Männer sie ja in einem Netz gefangen. Und darauf hat sie im Zorn das Meer aufgewühlt und hat sie alle sterben lassen."

Boddas buschige Augenbrauen hoben sich. „Erstaunlich, welche Geschichte deine Einbildungskraft zu weben beginnt, um das Vorgefallene zu verarbeiten. Ich hingegen vermute in der Toten eher eine Braut, die ihrem künftigen Gatten zugeführt werden sollte. Gut möglich, dass einer der Männer bereits ihr Gatte war. Vielleicht aber war sie auch eine Friedgeisel. Oder nur Kriegsbeute. Wohl kaum eine Sklavin. Aber wer weiß das schon?" schloss er, ohne eine Antwort zu erwarten.

„Wie sie wohl geheißen haben mag?", fragte Bragi verträumt. „Wohin wird sie unterwegs gewesen sein und wer waren ihre Eltern? Irgendjemand wird sie doch bestimmt vermissen..."

„Versuch sie zu vergessen", drängte ihn Bodda. „Ich weiß, dass dies nicht leicht ist, denn in deinem Alter beginnt sich der Körper auf befremdliche Weise zu verändern. In uns Männern regt sich die Lust einem Weibe beizuliegen. Und da hier in unserer Einöde nun mal keine Frauen aus dem Boden wachsen, schien mir bedeutsam, dass dein erster Körperkontakt mit dem anderen Geschlecht nicht der mit einer Toten ist."

„Sie sah so friedlich aus", überging Bragi die Ausführungen seines Ziehvaters, die ihn auf seltsame Weise unangenehm berührten. Lieber hing er weiterhin seinen inneren Bildern nach. „Als ob sie im Tode endlich jenes Glück gefunden hat, nach dem wir hier auf Erden so vergeblich heischen..."

Bodda, der sich immer wieder verwunderte, welche gedrückten Worte seinem jungen Schüler entsprangen, überlegte, wie er dessen Gedanken in eine andere Richtung lenken konnte. „Wohl wahr. Die Leiden hier auf Erden sind mannigfaltiger Natur." sagte er schnell. „Doch wie bereits erwähnt, gehören Schmerz, Trauer und Verzweiflung zur Natur des Skaldenwesens. Denn nur das Leid gebiert aus sich heraus den Wunsch nach Verwandlung, Heilung und vollkommenem inneren Frieden. Einen Zustand, den der junge Dichter besonders gerne in der geschlechtlichen Liebe zu finden hofft, die zu preisen er nicht müde wird. Doch weil wir diese nur sehr selten finden und schon gar nicht festzuhalten imstande sind, gebührt des Skalden wahre Liebe nicht einem irdischen Weibe, sondern immer zuerst seiner Sága!"

„Sága?" Bragi stutzte und sah seine alten Lehrer verwundert an. „Wer ist diese Sága? Du hast bisher noch nie zuvor von ihr gesprochen."

„Was seine Gründe hatte!", entgegnete Bodda, zufrieden, dass sein Unterfangen zu fruchten schien. Ein versonnener Glanz legte sich auf seine Miene.

Der blieb von Bragi nicht unbemerkt: „Ich entnehme deinem Blick, dass alleine das Aussprechen ihres Namens einem flüchtigen Gruße gleicht, der dir das Herz anrührt..."

„Sága ist es, die den wahren Skalden zu höchstem Tatendrange anspornt." antwortete Bodda. „Ihr gilt seine tiefste Liebe und Hingabe, denn sie beflügelt ihn zu seinem großen Werk. Dort, wo Odin den befruchtenden Geist hinzu gibt, ist Sága der Leib gewordene Quell all unserer Inspiration und Sehnsucht!"

„Wo lebt sie, diese Sága? Ist sie schön?", begehrte Bragi eifrig zu erfahren.

Bodda nickte bestätigend: „Oh ja. Sága ist eine wunderschöne Quellendise in Asgards goldenen Gefilden. Der Name ihres himmlischen Wohnsitzes lautet Sökkvabek, was soviel wie versunkener Schatz bedeutet. Bei ihr lässt Göttervater Odin sich oftmals nieder, um an ihrem sprudelnden Born Inspiration für seine Oden zu schöpfen. Gemeinsam heben sie den goldenen Kelch zum Trunke und erquicken ihre Kehlen mit firnem Met. Nach Sága benennen wir Skalden unsere großen, epischen Erzählungen, welche die Taten unserer Ahnen rühmen - die Sagas."

„Aber dann ist diese Sága ja keine irdische Person", stellte Bragi ein wenig enttäuscht fest. „Hat sie denn jemals schon einer zu Gesicht bekommen?"

„Du erblickst ihr Abbild in jeder Frau, die dich anzieht und zu inspirieren weiß", erwiderte Bodda lächelnd. „Einst traf ich in einem Hafen auf einen Sänger, der aus wärmeren Gefilden kam, die sich von uns aus weit unten im Süden befinden. Jener Mann kannte diese Göttin in seinem Heimatland ebenfalls. Bei ihm verehrt man sie als Muse. Dort soll es sogar neun von ihnen geben. Neun wunderschöne und anmutige Schwestern, deren Beistand man erflehen kann. Für jede Art von Kunstform ist dort eine andere Maid zuständig. Wir Skalden im Norden hingegen verehren Sága, in der gemeinsam mit Odin die höchste Geistestätigkeit unseres Volkes beschlossen ist. Sága selbst, so sagt man jedenfalls, soll all der Namen unserer Ahnen und sämtlicher vergangener Stammesüberlieferungen kundig sein. Und gleichwohl sie von jugendlicher und anmutiger Gestalt ist, spricht sie doch auch durch die Münder all jener alten Großmütterchen, die Ahnengeschichten und Hausmittelchen wie einen Schatz in ihrem Herzen aufbewahren, um sie an ihre Kinder und Kindeskinder weiterzureichen."

Nachdenklich sagte Bragi: „Heißt das, dass wenn ich ein aufrechter Skalde werden will, meine Sehnsucht bei einer irdischen Frau niemals auf Erwiderung wird hoffen dürfen?" Forschend blickte er seinen Lehrer an.

Der ließ sich etwas Zeit mit einer Antwort. Schließlich sagte er gedehnt: „Nun, ich würde es vielleicht ein wenig anders ausdrücken. Wisse jedoch, dass kein irdisches Weib, und sei es noch so schön und verlockend, dir jemals das wird geben können, was die ewig junge, weil zeitlose Sága, ihren Günstlingen zu gewähren imstande ist. Denn bist du selbst noch jung, wähnst du dein Verlangen im Anblick einer schönen Frau zu stillen. Du beginnst sie zu umgarnen, umschmeichelst ihr Wesen und hoffst darauf, dass sie dir ihre Gunst gewährt. Doch hast du dein Verlangen an ihr erst besänftigt, wirst du bald erkennen, dass sie dir niemals das wird geben können, wonach du dich in der Tiefe deines Herzens wirklich sehnst. Zumindest der Künstler in dir, dessen Streben nach immerwährender Neuschöpfung niemals stille steht. Sicherlich magst du im Verlaufe deines Lebens der ein oder anderen schönen

Frau begegnen, und vielleicht wird sogar eine darunter sein, die du heiratest oder die dich zu einer grandiosen Liebesode beflügeln wird. Irgendwann aber muss ein jeder Liebeszauber verlöschen und der Vergänglichkeit alles Irdischen Rechnung tragen."

Bragis nachdenklicher Blick verlor sich erneut in den Flammen des Herdfeuers.

Um zu verhindern, dass die Gedanken seines Schützlings nicht zu der fremden Toten zurückkehrten, fügte Bodda hinzu: „Schau mich an, mein Sohn. Der Zahn der Zeit kennt kein Erbarmen, und nur die Himmlischen wissen um das Geheimnis der Unsterblichkeit."

„Das Geheimnis der Unsterblichkeit", wiederholte Bragi flüsternd, als traue er sich kaum, diese Worte laut auszusprechen. „Dann sind also nur die Götter unsterblich!? Doch woher nehmen sie diese Macht, Herren über die Gezeiten zu sein?"

„Oh, sie sind nicht die Herren über die Zeit", berichtigte ihn Bodda. „Aber sie haben einen Weg gefunden, ihr Altern hinauszuzögern."

„Wie das?"

„Es heißt, dass irgendwo in Asgards hehren Gefilden ein ganz besonderer Hain steht, in welchem goldene Äpfel wachsen. Sie sind es, die den Göttern ihre Unsterblichkeit verleihen. Würden sie deren Genuss entbehren, müssten sie auf die gleiche Weise altern, wie wir Menschen es tun."

Bragi seufzte auf. „So viele weit entfernte Dinge, die meine aufgewühlte Seele nur noch mehr hungern lassen. Sag mir, Bodda, wie muss..., nein, wie kann ich mein Herz erfolgreich wappnen, wenn ich diesen Weg, der mir augenscheinlich zu Füßen gelegt ist, wahrhaftig beschreiten möchte?"

Bodda nickte bedächtig, denn Bragis Frage entbehrte nicht jener Ernsthaftigkeit, die er an seinem Schüler mittlerweile so sehr schätzte. „Ein auserwählter Mann, der mit seinem ganzen Herzen ein Zauberskalde werden möchte, macht sich auf diesen Weg, als ob er in den Krieg zöge. Er muss stets wachsam sein, voller Furcht und voller Achtung für alle Wunder dieser Schöpfung. Und vor allem darf er niemals seine Zuversicht verlieren. Wenn ein Mann alle diese Punkte in seinem Herzen bewegt und sich danach richtet, wird er selbst beim Versagen oder beim Erleiden einer Niederlage stets nur eine Schlacht verloren haben. Niemals aber wird er darüber in klägliche Reue zu verfallen brauchen!"

Nach diesen Worten folgte eine längere Pause. Lediglich das Knacken der niederbrennenden Äste erfüllte den Raum.

Nach einer Weile entgegnete Bragi mit fester Stimme: „Dann will ich nach bestem Gewissen so verfahren!" Er wünschte seinem Ziehvater eine gute Nacht, rollte sich auf seinem Lager zusammen und versank bald darauf in einen tiefen Traum.

Wie von Bodda befürchtet, begann Bragi die Erlebnisse des vergangenen Tages in seinen Träumen zu verarbeiten. Auf befremdliche Weise vermischte sich das Geschehene mit den Eindrücken und Bildern aus seiner Vergangenheit, und ließ ihn das Erlebte noch einmal durchlaufen.

Ihm träumte, dass er und Bodda gemeinsam ihren vertrauten Strand entlanggingen. Doch waren die Möwen am Himmel, denen sie folgten, nun zu schwarzen Krähen geworden. Krächzend wiesen sie ihnen den Weg zu einem prachtvollen Langschiff, das, noch völlig unversehrt und aufrecht stehend, vor ihnen auf den Strand gezogen war. Das entrollte Segel blähte sich prachtvoll im Wind, doch ansonsten schien die gesamte Szene wie eingefroren. Vorsichtig näherte sich Bragi dem großen Boot, konnte hinter dessen Brüstung jedoch niemanden ausfindig machen. Sollte er an Bord gehen oder lieber am sicheren Strand bleiben? Neugier und Furcht lieferten sich einen heftigen Kampf in seinem inneren.

Als er sich ratsuchend nach seinem Lehrer umwandte, gewahrte er, dass jener lautlos in den Sand gesunken war. Als Bragi erschrocken auf ihn zutrat, sah er, dass der Alte völlig reglos dalag. Er sah friedlich aus, als würde er schlafen. Unfähig sich zu rühren, suchte Bragi das fahle Antlitz seines Ziehvaters nach irgendwelchen Anzeichen von Leben ab. Doch je länger und intensiver er diesen anstarrte, desto rascher schien der unter seinem Blick dahinzuschwinden. Boddas Wangenknochen traten immer stärker hervor, über die sich seine runzlige Haut sich wie Pergament spannte. Die Augäpfel sanken tiefer in ihre Höhlen zurück, Boddas Kinn klappte kraftlos herunter und aus seiner Mundöffnung kam eine Krabbe zum Vorschein, die sich ihren Weg in die Freiheit bahnte. Entsetzt wollte Bragi sich abwenden, doch eine unsichtbare Macht zwang ihn, das Geschehen weiter zu verfolgen. Während der Körper seines Lehrers vor ihm weiter zerfiel, hob ein rauschender Wind an. In langen Bahnen trieb er feine Sandspiralen über den Strand, die Boddas dahinwesenden Leichnam erfassten und ihn vollständig einschlossen. Dann wurde die zerfallende Gestalt des Greises selbst zu Sand, den der Wind erfasste und vollständig mit sich nahm. Als der Wind sich wieder legte, war Bodda verschwunden.

„Nicht weinen, kleiner Bragi", vernahm er plötzlich eine Frauenstimme in seinem Rücken. Er wandte sich wieder um und entdeckte seine Mutter Gunnlöd, die hinter der Reling des Langschiffes stand und freundlich zu ihm herablächelte. Bragis Herz schlug ihm bis zum Hals, als er schluchzend auf sie zulief. Er machte sich lang, bekam die Brüstung zu packen und zog sich mit all seiner Kraft die hohe Bordwand hinauf. Es wollte ihm kaum gelingen, als sich ihm eine helfende Hand entgegenstreckte. Dankbar ergriff

Bragi sie, zuckte aber gleichzeitig zusammen, denn die Hand war kalt und klamm. Verwirrt hob er den Kopf und erblickte anstelle seiner Mutter nun jene Fremde, die er und Bodda am Tag zuvor aufgefunden und verbrannt hatten. Ihre Augen waren geschlossen, auf ihren Lippen aber lag ein geheimnisvolles Lächeln. Ihr Kleid war völlig unversehrt, doch ihre Haut war so weiß wie ein Leichentuch. Bragi, fasziniert von ihrem Anblick, zog sich vollständig über die Reling und sah sich verwundert um. Das Schiff war jetzt vollkommen verändert, wieder ein zerstörtes Wrack und über und über mit den toten Leibern ertrunkener Menschen bedeckt. Mit einem hellen Lachen warf die Fremde ihr langes blondes Haar zurück und begab sich mit tänzelnden Schritten ans Heck des Langschiffes. Bragi folgte ihr wie von unsichtbaren Fäden gezogen. Plötzlich war das Land ringsum verschwunden. Sie befanden sich auf hoher See, auf welche die Frau nun sehnsüchtig starrte. Dann begann sie sich zu entkleiden, bis sie vollständig hüllenlos vor Bragi stand. Unweigerlich hob Bragi die Hand. Der Wunsch, ihren schneeweißen Leib zu berühren, war jetzt übermächtig.

Doch lachend wich sie vor ihm zurück und rief: „Wenn du mit mir spielen möchtest, dann folge mir!“ Sie setzte einen Fuß auf die Reling und zog sich am Schiffssteven hinauf, dessen holzgeschnitzter Drachenkopf plötzlich zum Leben erwachte. Bragi sah ein lebendiges, goldenes Schlangenauge, das ihn funkelnd beobachtete. Doch sogleich galt seine ganze Aufmerksamkeit wieder der schönen Fremden, deren Anblick ihn vollständig in ihren Bann schlug. Ihr hüllenloser, vollkommener Leib und dahinter die wartende See, auf deren glitzernder Oberfläche das Sonnenlicht tanzte. Ihr der Sonne zugewandter Körper schien von einer bläulichen Aura umflossen, als sie ihm über ihre Schulter hinweg zublinzelte und hauchte: „Komm Bragi, verlassen wir diesen Totenacker!“ Dann hob sie die Arme, beugte sich nach vorne und sprang in die See.

Ohne nachzudenken setzte Bragi ihr nach, trat mit Anlauf über die Brüstung und stürzte sich ebenfalls in die Fluten. Lautlos klatschten die Wogen über ihm zusammen, doch als er sie wieder durchbrach, vermochte er sie nicht mehr zu entdecken. Verzweifelt rief er sie bei ihrem Namen: „Sága, Sága, wo bist du?“ Doch kein Anzeichen verriet ihm, dass sie wieder aufgetaucht war. Wohin war die fremde Frau verschwunden? Warum hatte sie ihn nicht mitgenommen?

Da verspürte er eine kalte Berührung an seinem Fuß. Er tauchte abermals unter, und da sah er sie. Unter ihm leuchtete ihre blasse Gestalt aus der Tiefe hervor. Ihr wallendes Haar umrahmte ihr schönes Gesicht wie ein waberndes Nest aus abertausenden von kleinen Schlangen, die sich chaotisch züngelnd nach allen Richtungen wanden. Vor allem aber waren es die Beine der Frau, die nicht länger menschlich waren. Sie hatten sich in einen beschuppten Fischschwanz verwandelt, dessen Flosse sich irgendwo in der dunklen

Voenix 2011

Tiefe zwischen schlingerndem Seegras verlor. Wie lange Tentakeln schienen die aufsteigenden Schlingpflanzen nach ihr greifen zu wollen. Oder war sie es, die nach Bragi griff? Ihn mit verführerischen Gesten in ihr dunkles Reich hinabzulocken suchte? Die nackte Furcht ergriff von ihm Besitz. Und doch ... irgendwo dort unten schlummerte ein Geheimnis, das wie ein süßes Versprechen aus der Tiefe zu ihm empor winkte.

Sie hatte ihm jetzt ihre linke Hand entgegengestreckt. Er brauchte sie nur noch zu ergreifen, dann würde er für immer bei ihr sein. Für immer mit ihr vereint und nie wieder alleine! Doch gerade, als er schon weiter zu ihr hinab tauchen wollte, öffnete sie ihre Augen. Keine Pupillen waren darinnen, nur ein milchigweißes Nichts, und ihr toter Blick bohrte sich in seine Seele.

Bragi erwachte mit einem Schrei. Der kalte Angstschweiß stand ihm auf der Stirn. Dunkelheit umgab ihn. Doch dann sah er die glühenden Reste des Herdfeuers, das ihm wie aus vielen kleinen, leuchtenden Augen entgegenstarrte. Aus Boddas Ecke war das gleichmäßige Schnarchen des alten Mannes zu vernehmen. Es hatte etwas ungemein Beruhigendes an sich. Bragi hatte nur geträumt. Alles war gut.

Es wuchs heran des Sängers Macht,
Galdrwerk, Reim und Zauberpracht.
Das Leben zieht fort, der Abschied naht,
und furchtsam lockend ruft neue Fahrt.

# 8. Lebensleite

Da Bragi längst im wehrfähigen Alter war, in dem seinesgleichen bereits fleißig den Umgang mit der Waffe übte, bemühte Bodda sich redlich, den Jungen ebenso in dieser Kunst zu unterweisen. Allerdings ohne nennenswerten Erfolg. Auseinandersetzungen, gleich welcher Art, schienen Bragis Sache nicht. Vergeblich mühte sich der alte Mann, Bragis Interesse an der Kampfkunst zu erwecken. Für den einstigen Skalden kaum nachvollziehbar, sprühten doch junge Männer in diesem Alter gewöhnlich über vor Rauflust und dem Drang, sich messen zu wollen. Und gleichwohl Bodda es nicht an anregenden Geschichten fehlen ließ, die von großen Kriegerbarden und ihren vollbrachten Ruhmestaten handelten, blieben all seine Anstrengungen ein fruchtloses Unterfangen. Selbst die Erwähnung, dass sogar Odin ein großer Feldherr und Kriegerpoet sei, schien den Jungen nicht sonderlich zu beeindrucken. Ganz ähnlich verhielt es sich leider mit Aufgaben, die der körperlichen Ertüchtigung dienten, denen Bragi ebenso wenig abgewinnen konnte. Wenn er nicht gerade spielte, sang oder dichtete, saß er lieber schweigend da und blickte träumend aufs Meer hinaus.

Schließlich sah der alte Mann ein, dass in Bragi wohl ein künftiger Zauberskalde schlummern mochte, sicherlich aber niemals ein Kriegerbarde heranwachsen würde. Nicht, dass dieser Umstand Bodda nachhaltig verdrossen hätte. Erhöhte dies doch die Aussicht, dass sein Schützling das bei ihm Gelernte eine Weile würde anwenden können. Denn die Lebenstage streitlustiger Recken, das war gemeinhin bekannt, waren von den Nornen meist gezählt. Dennoch bestand Bodda darauf, seinem Schüler wenigstens die Grundlagen des Schwertkampfes zu vermitteln.

So war es also nicht verwunderlich, dass Bragi diese Pflicht stets mit verdrießlicher Miene antrat. Lustlos nahm er dann eines der beiden Holzschwerter auf, die Bodda als Übungswaffen für sie angefertigt hatte. Zwischen dem halbherzigen Abwehren von Boddas Hieben und Stößen wurde Bragi nicht müde, diesen immer wieder darauf hinzuweisen, dass all sein Streben nicht Tod und Gewalt gelte, sondern sein erklärtes Ziel einzig und alleine die Verschönerung dieser Welt sei.

„Schön und gut", stieß Bodda hervor, der sein Schwert noch recht flink zu handhaben wusste. Er machte einen Ausfall, schlug Bragi dabei die Übungswaffe aus der Hand und sagte keuchend: „Aber was machst du, wenn dir dein Gegenüber nach dem Leben trachtet? Dir dein Weib rauben will, deine Kinder verschleppt und dein Heim niederbrennt? Glaub mir, mit gut gemeinten Versen wirst du ihn von seinem Vorhaben kaum abbringen!"

„Werden wir dann ja sehen!", erwiderte Bragi trotzig und hob das Holzschwert erst gar nicht wieder auf. Seine Niederlage zum Vorwand nehmend, das gemeinsame Training für heute zu beenden, wandte er sich ab und ließ seinen Lehrer stehen.

Als Bodda ihm zwei Tage später während ihres erzwungenen Schaukampfes mit dem Holzschwert so schmerzhaft auf den Unterarm schlug, dass Bragi seine Leier drei Tage nicht mehr zur Hand nehmen konnte, verlor er auch den letzten Eifer. Laut fluchend schimpfte der Jüngling, dass er niemals je wieder ein Schwert in die Hand nehmen wolle. Auch nicht maulfaul, wetterte Bodda zurück, dass er einem Rotzlöffel, der kaum Haare am Sack habe, abspreche, eine solche Entscheidung für sich fällen zu können. Doch bereits am Abend war ihr Zorn wieder verraucht. Allerdings nicht Bragis sturer Dickkopf, der sich weiterhin standhaft weigerte, das Kampftraining noch einmal aufzunehmen.

Endlich gab Bodda seine Bemühungen auf. Was nutzen all seine tugendhaften Reden? Ein Hund, den man zum Jagen tragen musste, hatte noch nie einen guten Spürhund abgegeben. Bodda tröstete sich damit, dass eben nicht jeder Bursche zum Kriegsmann tauge. Er hoffte nur, dass sein Schützling diese Entscheidung nicht eines Tages bitterlich würde bereuen müssen.

Oftmals betrachtete Bodda seinen Zögling aus der Ferne. Und zuweilen fragte er sich, ob er Bragi mit seinen ständigen Vorträgen und strengen Pflichtübungen nicht zu viel zumutete. Denn gleichwohl der Jüngling für sein Alter eine schon ungewöhnliche Reife besaß, war er gleichzeitig mit einem Lebensernst ausgestattet, der nur allzu leicht in Schwermut umzuschlagen drohte. Vor allem dann, wenn dunkle Wolken am Himmel hingen, musste er seinen Schützling geradezu vor die Türe schleifen. Irgendwie schien Bragis Furcht, der wolkenschwere Himmel könne ihm eines Tages aufs Haupt niedersinken, im Zusammenhang mit seinen frühen Kindheitstagen zu stehen, in denen er das Tageslicht niemals zu Gesicht bekommen hatte. Zugegeben, er nahm den Jungen gelegentlich etwas hart ran, doch da Bodda nicht wusste, wie viel Zeit ihm noch blieb, hatte er nicht vor, sein Lernpensum zu verringern.

So gingen die Jahre weiter ins Land. Alles folgte dem Rhythmus des Lebens, der am Meer von den Gezeiten bestimmt wird. Wenn die ersten Herbststürme sich ankündigten, zogen am Himmel riesige Schwärme von Zugvögeln in langen Bahnen über die kleine Bucht hinweg. Ihr Ziel waren die wärmeren Gefilde im Süden, wohin sie sich Jahr für Jahr begaben, wenn das Leben für sie hier zu beschwerlich wurde. Ihr trompetenhaftes Geschnatter sorgte dafür, dass sich die Blicke der beiden Männer ein ums andere Male himmelwärts hoben.

Aus den Augenwinkeln bemerkte Bragi, wie der alte Bodda ihn dabei jedes Mal nachdenklich musterte. Es kam ihm vor, als würde sein Lehrer auf irgendetwas warten. Da er damit aber nicht herausrückte, tat Bragi ihm nicht den Gefallen, ihn darauf anzusprechen.

Mittlerweile zählte Bragi sechzehn Lenze und war zu einem gesunden, jungen Mann herangewachsen. Zwar konnte man ihn im Vergleich zu anderen Burschen seines Alters als etwas schlaksig bezeichnen, dafür fehlte es ihm nicht an Ausdauer und Geschicklichkeit. Bragis Wissbegier und Lerneifer hatten in den letzten Monaten auffallend nachgelassen, doch gab es ohnehin kaum etwas, was Bodda ihm noch hätte beibringen können. Was dem angehenden Jungskalden am meisten zu schaffen machte, war die Umstellung seiner Stimme, die zwischendurch gut zwei Töne tiefer klang, als noch vor dem Einsetzen seiner Mannesreife.

Zu Boddas großem Verdruss trainierte Bragi seine neue Stimme so eifrig, dass der ihn für seine Gesangsübungen jedes Mal weit fort an die Küste schickte. Doch auch hier bewies Bragi einmal mehr seinen Ehrgeiz. Er übte tagein, tagaus, solange, bis er seine neue Stimme wieder vollständig im Griff hatte und sie bald meisterlich einzusetzen wusste. Selbst der kehlige Galdrgesang kam ihm inzwischen so fließend aus der Kehle, dass die Luft in ihrem Heim zu vibrieren schien, wenn Bragi mit seinem Obertongesang anhob. Überhaupt beherrschte Bragi seine Sangeskunst inzwischen so gut, dass die gescheiterten Wehrübungen bald vergessen waren. Seine abendlichen Darbietungen waren so vollkommen, dass Bodda immer vergeblicher auf irgendwelche Misstöne wartete.

Bragis Darbietungen zu nächtlicher Stunde wurden für den alten Mann zu einem immer ausgereifteren Hörgenuss. Ein ums andere Male schloss er dabei die Augen, um sich ganz den bildhaften Eindrücken zu überlassen, die Bragis Lieder hervorzuzaubern verstanden. Er und dieser begabte Bursche hatten in den letzten Jahren einander mehr gegeben, als sie beide es je für möglich gehalten hatten. Dieser neugierige, einst aus den Nebeln aufgetauchte Junge, hatte ihm dazu verholfen, das Ödland seiner Vergangenheit noch einmal in einen fruchtbaren Acker zu verwandeln. Ein letztes Mal war aus der längst tot geglaubten Erde ein Sänger und Dichter hervorgesprossen, an dem sich schon bald die Größten und Besten seiner Zunft würden messen müssen. Dessen war Bodda gewiss. Ein angehender Zauberskalde war geboren. Ausgestattet mit Boddas vollständigem Rüstzeug, war dieser vielversprechende Jüngling in den vergangenen Jahren zum leibhaftigen Träger seines geistigen Erbes geworden. Ein ermutigender, beflügelnder Gedanke, der ihm das alte Herz bei seinem Übergang in die andere Welt leichter machen würde. Auch Bragi war bald soweit, um in die Welt hinauszuziehen. Das,

Voenix 2008

was ihm jetzt noch an dichterischem Können und Lebensreife fehlte, würde er sich fortan selbst aneignen müssen.

Ein weiterer Winter kam, der Bodda fast das Leben gekostet hätte. Eine schlimme Erkältung hatte den greisen Mann befallen, der unter Bragis pflegenden Händen jedoch noch einmal ins Leben zurückfand. Dann kam der Frühling und auch die Zugvögel kehrten wieder zurück.

Als Bragi an einem späten Nachmittag wieder einmal seinen Lieblingsplatz am Strand aufgesucht hatte, ging Bodda ihm kurz darauf nach. Der dorthin führende schmale Sandpfad war bereits gut ausgetreten. An seinem Ende wand sich der Weg wenige Meter recht steil den Hang hinauf, doch sie genügten, um dem alten Mann seine Grenzen aufzuzeigen. Sich mühsam an seinen Gehstab klammernd, schleppte er sich ächzend den Hang hinauf. Oben angekommen, erfasste der Wind sein schlohweißes Haar und wirbelte es wild durcheinander. Die glutrote Sonne schickte sich bereits an, im Meer zu versinken. Als Bodda sich Bragi von hinten kommend näherte, war der gerade im Begriff eine Ode in den Wind zu sprechen. Bodda vernahm noch die folgenden Strophen:

„In sinkender Sonne entschwindet die Sicht,
die Hoffnung verloren, weder Zuspruch noch Licht.
Mit Leid beladen, aller Kräfte beraubt,
Kummer sich senkt mir aufs umwölkte Haupt;
das gramvolle Geburtslos all jener Scharen,
die durch Bölwerks Taten einst Blendwerk erfahren!“

„Wer ist dieser Bölwerk, mit dem du da in deinem Herzen haderst?“, sprach Bodda seinen Ziehsohn vorsichtig an und setzte sich neben ihn auf einen Felsen.

Seinen Blick weiterhin aufs Meer gerichtet, antwortete Bragi mit bitterer Stimme: „Dies war einer der Namen meines Vaters. Zumindest der, unter dem er sich meinem schrecklichen Oheim vorstellte. Svafnir hingegen nannte er sich bei meiner Mutter, bevor er sie mit mir schwängerte.“

Diese Erwähnung schien Bodda bedeutsam. Hatten sie in all den Jahren doch niemals zuvor über Bragis Vater gesprochen. Bragi hatte ihn kaum erwähnt, und Bodda hatte aus Rücksichtsnahme für das ohnehin bedrückte Gemüt seines Pflegesohnes nie weiter nachgefragt. So schwieg er auch diesmal und überließ es Bragi, ob der mit seiner Erläuterung fortzufahren gedachte.

„Ich habe ihn nie getroffen", sagte Bragi nach einer Weile. „Meine Mutter bemühte sich redlich, ihn mir als aufrechten Mann zu schildern, der nach seiner Entdeckung durch meinen grimmigen Großvater hatte fliehen müssen. In ihrer Stimme aber schwang stets mehr als nur Kummer über seinen Fortgang mit. Wie wohl jeder Knabe, der seinen Vater nie gekannt hat, drang ich oft mit Fragen auf sie ein. Doch sie wich mir jedes Mal aus und meinte, ich sollte mich mit der Gewissheit begnügen, dass mein Vater von hohem Rang und Geblüt sei. Ein Mann aus dem Geschlecht der Asen. Mehr wollte sie nicht verraten."

Bodda nickte nachdenklich. Konnte es sein, dass…? Immerhin wies Bragi bereits jetzt schon viele Fähigkeiten auf, die unter Sängern dieses Alters ihresgleichen suchten. Dann aber verwarf Bodda seinen Gedanken wieder. Eher war zu vermuten, dass diese Erwähnung der Phantasie Bragis schmählich im Stich gelassener Mutter entsprungen war, die hierdurch versucht hatte, die Ungewissheit ihres Sohnes zu besänftigen. Deshalb sagte er: „Das kommt öfters vor, dass Frauen, wenn sie ein Kind empfangen haben und den Vater nicht verraten können oder wollen, fest behaupten, dass einer aus dem Geschlecht der Götter zu ihnen gekommen sei, der sie dann im Traum, beim Baden oder sonst irgendwie beglückt habe. Ich vermute, dass sie damit vor allem ihre eigene Erinnerung zu beschönigen hoffen. Aber wer mag es ihnen verdenken?"

Bragi gab keine Antwort. Sein Blick blieb weiterhin in die Ferne gerichtet, in der die Sonne jetzt langsam dahinstarb. Ihre letzten Strahlen übergossen ihre Gesichter mit einem goldroten Glanz.

„Vielleicht hast du recht", sagte Bragi nach einer Weile. „Mag sein, dass ich mit dieser Hoffnung selbst nur wieder einem meiner vielen Träume hinterher hänge." Er lächelte dünn. „Welcher Mann würde nicht gerne von den Göttern abstammen? Klingt doch besser, als der Bastard irgendeines dahergelaufenen Streuners zu sein, der gerne einsame Mädchenherzen tröstet, sie schwängert und dann sitzen lässt, nicht wahr?"

War dieser alte Harm der Grund für Bragis latente Bitterkeit und Schwermut, fragte sich Bodda. Möglich war es. Doch dann sagte er: „Sprich nicht schlecht von deinem Vater. Du weißt nicht, was ihn wirklich dazu trieb, deine Mutter wieder zu verlassen und ihr Lebwohl zu sagen. Und nicht erschlagen zu werden, dünkt mich ein ziemlich guter Grund. Dich nicht?" Mit dem Ellenbogen versetzte er Bragi einen leichten Rippenstoß. Doch der ging auf die gutgemeinte Aufmunterung nicht ein. Es brauchte schon etwas mehr, um die Last, die auf seinen jungen Schultern ruhte, zu erleichtern.

Bodda tat einen hilflosen Seufzer. Leider würde das, war er seinem Pflegesohn nun eröffnen musste, dessen Kummer kaum lindern. Im Gegenteil. Aber es half nichts. Das Unabwendbare duldete keinen längeren Aufschub. Doch wie sollte er beginnen? Die Wellen rollten unablässig gegen den Strand, netzten dabei so gerade ihre nackten Füße. Schließlich, nach einer Weile gemeinsamen Schweigens, stellte Bodda halb fragend fest: „Und seit dem Abschied von deiner Mutter weilt dein Herz dort draußen auf See?"

Bragi, weiterhin aufs Meer blickend, nickte. Die Sonne war jetzt ins Meer abgetaucht und das Wasser schimmerte wie ein Teppich aus flüssigem Gold. „Im dunstigen Zwielicht der See gewahre ich oftmals mein eigenes Gemüt", entgegnete der Jüngling melancholisch. „Wenn ich lange genug aufs Wasser starre, erscheinen mir See und Seele irgendwann nur noch wie ein Abbild des andern. Wie mein nach außen gestülptes Inneres und umgekehrt..."

Der Greis nickte verständig, fasste sich endlich ein Herz und sagte: „Dann wird es wohl langsam Zeit, diesen Gestaden den Rücken zu kehren!"

Diese Erwähnung ließ Bragis Kopf herumrucken. Fragend blickte er seinen Ziehvater von der Seite an.

„Wenn ich es recht verstehe", sprach Bodda weiter, „so hast du seit dem Tag deiner Geburt bisher nur zwei Welten gekannt. Die erste lag unter einem Berg verborgen, wo du die ersten Schritte deines Lebens tief im Stein unter Tage tatest. Und als dieser finstere Kerker dich freigab, sandte deine Mutter dich auf einem Kahn aufs Meer hinaus, von wo du dann auf unergründliche Weise deinen Weg in diese Bucht zu mir fandest. Eine zweite kleine Welt eröffnete sich dir, in der du anstatt Nähe, Enge und Begrenzung, Weite und Freiheit im Übermaß erfuhrst."

Bodda hatte Recht. Obwohl Bragi von Geburt an völlig arm und mittellos war, hatte er bisher doch nie die Leiden der Fron zu spüren bekommen. Im Rahmen seiner ihm gegebenen Möglichkeiten, hatte er sich stets frei bewegen können. Er war weder Sklave noch unfrei.

Der letzte Zipfel der Sonnenscheibe war im Meer versunken. Schlagartig wurde es kühler. „Beide Welten konnten kaum unterschiedlicher sein", fuhr Bodda fort. „Doch so sehr sie dir auch die Gegensätzlichkeiten der Natur vor Augen geführt haben, waren sie doch beide geeignet, um einen angehenden Skalden auf das vorzubereiten, was ihn nun da draußen erwartet." Bodda wies mit der Hand übers Meer. Doch so wie Ebbe und Flut sich im ewigen Wechsel befinden, muss auch der Mensch sich wandeln." Er legte eine bedächtige Pause ein.

„Warum sagst du das alles?", wollte Bragi endlich wissen.

„Nun, über die See will ich nichts Schlechtes sagen", ließ Bodda sich nicht beirren. Es war wichtig, dass Bragi endlich begriff, was ihm auf dem Herzen lag. „Sie hat erst mich und dann uns beide an diesem Ort immer ausreichend ernährt. Nie haben wir in unserer gemeinsamen Zeit ernsthaft darben müssen. Stets haben die alten Seegötter genügend Fische in unsere Netzte gelenkt, und dafür können wir ihnen nicht genug danken. Doch glaube mir, Bragi, wenn ich dir sage, dass wenn du zu lange zu ihnen aufs Meer hinausstarrst, sie dir irgendwann das Leben an Land verleiden."

„Wieso das?", forschte Bragi verwundert nach, da sein Ziehvater dieses Thema nie zuvor angeschnitten hatte.

„Glaube einem alten Mann, der sein letztes Lebensdrittel fast zur Gänze an diesem Ufer verbracht hat. Ganz schleichend, doch unablässig und ohne dass du es bemerkst, bemächtigt sich deiner eine Sehnsucht, die weder Weib, noch Ruhm, noch aller Reichtum dieser Welt jemals zu stillen vermag."

„Aber was vermag sie dann zu stillen?"

„Du kennst die Antwort bereits, denn du bist ihr da draußen schon einmal begegnet."

„Die ewige Dame vom Meer...", folgerte der junge Mann mit einem zärtlichen Blick, der von seinem Ziehvater nicht unbemerkt blieb.

„Ganz recht, die Dame vom Meer", pflichtete Bodda ihm bei. „Oder auch anders gesprochen, der Tod. Für mich nutzlos gewordenen Greis hat der Tod seinen Schrecken längst verloren. Ich fürchte nur noch das vollständige Versagen meines Augenlichts und meiner müden Glieder, sodass ich mein Tagewerk nicht länger verrichten kann. Du aber, mein Sohn, sehnst dich auf eine Weise nach dem Tod, die einem jungen Mann deines Alters schlecht ansteht."

„Aber wir alle müssen doch irgendwann sterben", erwiderte Bragi in aufkommendem Trotze. „Der eine früher, der andere später. Hast du mir nicht kürzlich noch erzählt, dass viele Säuglinge bereits sterben, kaum dass ihre Mutter sie an die Brust gelegt hat?!"

„Das ist wahr", bestätigte Bodda ernst. „Du aber hast überlebt und durftest aufwachsen, größer werden und zum Manne reifen. Ebenso wie es mir vergönnt war. Ich habe mein Leben gelebt. Deines aber liegt noch vor dir. Darum achte es, solange es währt und halte stets in Ehrfurcht, was die Götter dir an Tagen bisher beschert haben. Denn du, mein Sohn, hast eine Aufgabe zu erfüllen. Eine Bestimmung, der du folgen musst. Genauso, wie manche es vor dir bereits taten. Und ebenso all jene, die noch nach dir kommen werden und mit einer ähnlich unvergleichlichen Gabe gesegnet sind."

Mürrisch wiegelte Bragi ab: „Ach, wer wird mein Leierspiel schon groß vermissen, wenn ich nicht mehr da bin? Mir genügt es, für dich, die Wellen, die Möwen und diesen Ort hier musizieren zu dürfen. Und überhaupt, warum soll ich nicht wie du hier weiterhin friedlich leben und mein Tagewerk als singender Fischer verrichten dürfen?"

„Weil da draußen eine neue Welt auf dich wartet, du Holzkopf!", entgegnete Bodda, nun deutlich energischer. „Und weil es deine verdammte, heilige Pflicht ist, dich ihr nicht vorzuenthalten!"

Unsicher geworden und voller Unbehagen starrte Bragi seinen Ziehvater jetzt an. Doch noch immer weigerte sich etwas in ihm, die Bedeutung seiner Worte erfassen zu wollen.

„Natürlich musst du tun, was du für richtig hältst", sagte Bodda, doch es klang nur nach einem Einlenken. „Deshalb muss ich wohl noch etwas deutlicher werden, mein Junge. Ich habe dir alles beigebracht, was ich weiß. Es gibt nichts mehr, was du von mir noch lernen könntest. Nichts. Nur noch ein Allerletztes!"

Bragi blickte den Alten jetzt aufmerksam an. Gleichzeitig wünschte er sich in diesem Moment weit fort, um das nun Folgende niemals vernehmen zu müssen. Bodda schien seine Gedanken zu erraten, denn er schwieg beharrlich. Anscheinend wollte er ihm Gelegenheit geben, von selbst darauf zu kommen. Bragi aber wollte nichts über die Lippen kommen. Endlich, als er es nicht mehr aushielt, fragte er unwirsch: „Und das wäre?"

Bodda lächelte milde und sagte freundlich: „Ein Gespür dafür zu bekommen, wann es Zeit ist loszulassen und zu neuen Ufern aufzubrechen!"

* * *

Es hatte etwas gedauert, bis Bragi die Worte seines Ziehvaters verdaut hatte. Irgendwann hatten sie sich erhoben, um schweigend nebeneinander den Rückweg anzutreten. Endlich fand Bragi seine Stimme wieder: „Du willst mich wahrhaftig fortschicken?"

„Stell dich nicht dumm, Sohnemann", erwiderte Bodda streng und gab Bragi mit seinem Gehstab einen leichten Klaps auf den Hinterkopf. „Du weißt, dass ich nicht ewig an deiner Seite bleiben werde. Schon den letzten Winter glaubte ich, den Frühling kein weiteres Mal mehr sehen zu dürfen. Doch meine Zeit war noch nicht gekommen, denn du warst ja da und wolltest mich nicht gehen lassen. Nun aber spüre ich mit Gewissheit, dass die Götter mir kein weiteres Jahr bescheren werden. Mit diesen verbrauchten Augen und Knochen würde ich ohnehin keinen Sommer mehr genießen können."

Nun stand die nackte Furcht in Bragis Blick. Bodda schien der festen Überzeugung, dass die Göttin Hel sein Gedeck bereits gerichtet hatte. Und erst jetzt, in diesem bewegenden Moment, war Bragi bereit, sich einzugestehen, was zu verdrängen er all die letzten Monate so stetig bemüht gewesen war. Bodda war in dieser Zeit merklich gealtert. Immer öfters war er am helllichten Tage eingenickt oder hatte sich auf sein Lager zurückgezogen. Etwas ruhen und neue Kraft schöpfen, hatte er es genannt. Doch wenn er sich später wieder erhob, wirkte er meist noch eingefallener als zuvor. Sein silbergraues Haar, das Bragi nie in einer anderen Farbe gesehen hatte, war jetzt hauchdünn und fusselig geworden. Boddas wind- und wettergegerbte Haut war inzwischen von so tiefen Falten durchfurcht, das sein Antlitz im Feuerschein zuweilen wie geschnitzt wirkte. Und auch seine Stimme wurde immer schwächer. Vor allem aber war es der glasige Blick der trüb gewordenen Augen, die seinen Zustand verrieten. Sie waren mittlerweile so schlecht, dass er Arbeiten mit dem Messer nur noch von Bragi ausführen ließ.

„Liebster Bodda, Vater...", stammelte der junge Mann voller Wehmut und konnte nicht verhindern, dass Tränen seine Augen füllten. Hilflos legte er eine Hand auf Boddas Schulter und fragte. „Was kann ich nur für dich tun?"

Der Alte lächelte tapfer und sagte: „Schon recht, Sohnemann. Der Tod ereilt uns alle irgendwann. Und stirbst du keinen raschen Tod im Kampfe, so welkst du eben mit den Jahren dahin. Du selber warst fast tot, als ich dich damals als Knabe an diesem Ufer fand. Gerne habe ich dich in mein Heim aufgenommen und nach bestem Vermögen aufgezogen. Doch nun ist es mir selbst vergönnt, wieder heimzukehren. Deshalb sage ich dir, verlasse diesen Ort! Geh weit, weit fort von hier und begib dich ins Landesinnere. Dort wirst du eine ganz andere Welt vorfinden und kennenlernen. Eine Welt, die nur darauf wartet, von dir entdeckt und erobert zu werden. Erobert vom Klang deiner vortrefflichen Musik und Stimme. Und glaube mir, darum beneide ich die Menschen. Ich habe es dir nie gesagt, da zuviel Lob bei jungen Schülern meist nur Stolz und Eigendünkel hervorrufen. Doch traf ich niemals einen zuvor, der seinem Instrument so meisterliche Töne zu entlocken gewusst hätte, wie du es tust. Glaub mir also, wenn ich dir prophezeie, dass wenn du an einen Fürstenhof gelangen wirst, du dort nicht lange ein Skalde unter vielen bleibst. Ein erster Hofskalde wirst du werden, jawohl, bei Odins einem Auge, das wirst du. So wahr ich hier stehe!"

Bragi wurde von einer zärtlichen Welle der Zuneigung für seinen alten Herrn erfasst. Doch sie drohte ihn mit ihrer Fülle aus trauriger Dankbarkeit zu überfluten. Dazu mischte sich die schlimme Erinnerung, schon einmal von der Mutter des Heimes verwiesen worden zu sein. Eine bittere Erfahrung, die sich nun im Rauswurf des Ziehvaters wiederholen würde. Wenngleich er nun mehr an Jahren zählte und der Rauswurf diesmal weitaus sanfter erfolgte, war da doch wieder dieser grausame Schmerz über den Verlust eines geliebten Menschen. Der einzigen Bezugsperson, die Bragi all die Jahre über Stütze und Halt gewesen war.

Bodda wies mit seinem knochigen Zeigefinger auf das andere Ende ihrer Bucht, deren Kamm sich im Abendlicht scharf gegen den Horizont abzeichnete. Dort ragten hohe Felsenklippen hervor, die seit eh und je Scharen von Seevögeln als Nistplatz dienten. Selbst jetzt, im schummrigen Zwielicht, erkannte man den weißen Vogelkot, von dem die sonst dunklen Klippen über und über bedeckt waren. Zuweilen hatte Bragi ihnen einen Besuch abgestattet, um aus den Vogelnestern Eier zu stehlen. In letzter Zeit allerdings immer seltener. Die Vögel hatten aus seinen Raubzügen gelernt und bauten ihre Nester inzwischen in immer unzugänglicheren Nischen, die gefahrlos zu erklimmen kaum noch möglich war. Und da er jemand war, der Wagnisse eher scheute...

„Sieh zu den Vögeln", holte ihn Boddas Stimme ins Jetzt zurück. „Schau, wie sie es machen. Sind ihre Jungen herausgewachsen und flügge geworden, bringen sie ihnen das Fliegen bei. Und wer sich ziert oder weigert das Nest zu verlassen, der bekommt einen Tritt in den Hintern. So einfach ist das. Nicht gerade gefällig, aber eben notwendig." Er tastete nach einer von Bragis Händen und drückte sie fest. „Du sollst nicht dabei sein, wenn ich meinen letzten Atemzug tue, Söhnchen. Diesen meinen letzten Weg will ich alleine gehen. Und ich hoffe, du respektierst meinen Wunsch."

Bragi nickte unfreiwillig, denn die Stimme seines alten Herrn schien nur noch wie von Ferne zu ihm durchzudringen. Die Aussicht auf das, was vor ihnen beiden lag, betäubte ihm Kopf und Glieder. Als Bodda plötzlich schwankte, konnte er gerade noch hinzuspringen. Er packte den alten Mann unter, der sich kaum noch auf den Beinen halten konnte. Dann standen sie vor ihrem Heim.

„Hast du keine Angst?", fragte Bragi leise.

Bodda schüttelte den Kopf. „Nein."

„Aber würdest du nicht lieber Seite an Seite mit großen, tapferen Männern in der Walhall sitzen, um an Odins Tafel üppige Speisen auf goldenen Tellern zu genießen?"

Erneut schüttelte Bodda den Kopf, lächelte aber jetzt. Dann blickte er zum Himmelszelt hinauf, wo bereits die ersten Sterne aufzufunkeln begannen und sagte: „Von den Sternen kommen wir und zu den Sternen gehen wir wieder. Das Leben ist nur eine Reise in die Fremde. Ob der streitbare Mann nach seinem Tod wirklich die Walhall betritt oder wir anderen, friedfertigen Menschen zur Hel oder zur Ran hinfahren, wer kann das schon mit Gewissheit beantworten? Mich jedenfalls stimmt die Aussicht, an Hels gedeckter Tafel Platz nehmen zu dürfen, recht zuversichtlich. Ich habe solange der liebevollen Fürsorge einer Frau entbehren müssen, dass mir ihre Gegenwart äußerst willkommen sein wird." Er zwinkerte Bragi zu und in seinen glasigen Augen blitzte der Schalk. „Du weißt ja, was man von ihr sagt? Ihre eine Körperhälfte soll zwar recht unansehnlich sein, aber die andere Seite..." Er gab ein zufriedenes Grunzen von sich. „...soll mit sämtlichen Vorzügen ausgestattet sein, die das Herz eines ermatteten Mannes wieder zum Glühen bringen."

„Ich vermute mal nicht nur sein Herz...", erwiderte Bragi scherzhaft, doch seine Kehle war so trocken, wie schon lange nicht mehr.

Abermals stieß Bodda ihm vertraulich in die Rippen. „Glaub mir, Sohnemann, wenn die Weiber deine Stimme erst einmal vernommen haben, werden sie sich dir zu Füßen werfen. Du wirst dich vor Angeboten kaum retten können." Und als er Bragis skeptischem Blick begegnete, fügte er mit Nachdruck hinzu: „Doch, doch, wart's nur ab!"

Bragi, der Boddas Worte in diesem Moment recht unpassend fand, sagte: „Aber sagtest du nicht selbst, dass mir diese Gabe nicht verliehen wurde, um durch sie Lust und Vergessen in den Armen eines irdischen Weibes zu erfahren?"

Bodda stieß ein fröhliches Glucksen aus und entgegnete: „Was dich nicht davon abhalten soll, es selbst herauszufinden und die Liebe zu genießen. Meine Erfahrungen müssen nicht die deinen sein. Also scheue dich nicht anzunehmen, was dir das Leben an Freuden schenkt. Die Welt hat auch viel Schönes und Angenehmes zu bieten." Dann wurde Bodda wieder ernst: „Die Götter sind es, die uns unsere Gaben verleihen. Doch was wir daraus machen, liegt alleine in unserer Hand. Ehre deine Gabe, Bragi. Und wenn du in dir den Drang verspüren solltest, dich im Wettstreit mit anderen Skalden zu messen, dann folge diesem Ruf. Vergiss nie, dass alles, was ich jemals an Erkenntnissen erlangen und sammeln durfte, nun in dir weiterlebt. Und du wirst noch so Vieles dazu lernen dürfen, das ich dir nicht vermitteln konnte. Deshalb zieh nun hinaus in die Welt, Bragi Boddason, und zeige ihr das Beste von dir, denn davon hast du eine Menge. All meine Hoffnungen und mein Segen werden dich dabei begleiten. Bedenke immer, mein Sohn, die Vollkommenheit des Zauberskalden ist dein großes Ziel. Drum verliere es niemals aus den Augen. Und wenn du es eines Tages erreicht hast, dann stoße mit einem Horn Met auf mich an!"

Bragi versuchte, sich ein Lächeln abzuringen, doch die Ungewissheit über seine Zukunft lähmte ihm wieder die Gesichtszüge. Boddas Rede hatte fast so geklungen, als erwarte er von ihm, dass Bragi sich nun unverzüglich in ihr Haus begab, sein Bündel schnürte und Lebewohl sagte. „Wann willst du, dass ich mich auf den Weg mache?", stieß er gepresst hervor, obwohl er die Antwort mehr fürchtete als alles andere auf der Welt.

„Morgen früh, bei Tagesanbruch!", erwiderte Bodda knapp, beugte ächzend den Rücken und hob mit zittrigen Hände die dicke Föhrenmatte an. Als Bragi ihm dabei helfen wollte, sagte er unwirsch: „Nicht, ich habe doch gesagt, dass ich den letzten Gang alleine gehen will!" Mit diesen Worten verschwand er wankend im Inneren der Hütte.

Bragi blieb alleine zurück. Verzagt blickte er auf das letzte Abendrot, stumm seinen trüben Gedanken hinterherhängend. Und erst jetzt, als er alleine war, füllten seine Augen sich mit Tränen. So war es also beschlossen. Morgen würde er Bodda verlassen müssen.

Erst als am sternenklaren Nachthimmel die Milchstraße sichtbar wurde und es Bragi zu frösteln begann, folgte er seinem Ziehvater nach. Der kauerte in eine dicke Decke gehüllt am knackenden Feuer. Schweigend nahm Bragi seinen Platz neben ihm ein und starrte wie dieser ins Spiel der Flammen. Ein jeder von ihnen seinen inneren Blick auf das gerichtet, was nun vor ihm lag. Beide hatten sie eine große Reise vor sich. Der eine würde diese Welt bald für immer verlassen, der andere sie erst noch entdecken müssen. Anfang und Ende.

So kauerten sie beide nebeneinander, jeder in der bedrückenden Gewissheit, dass dieser gemeinsame Abend ihr letzter war.

Es glitt hinein ins Unbekannte,
stolz des Sängers kleiner Nachen.
Nicht rückwärts er sich wandte,
das Herz voll Weh und Wachen.

# 9. Zu neuen Ufern

Am nächsten Morgen, noch lange vor Sonnenaufgang, erfolgte der Abschied. Da weder Bragi noch Bodda Freunde großer Abschiedsworte waren und sich beide nicht imstande sahen, ihren Gefühlen offen Ausdruck zu verleihen, fiel dieser recht dürftig aus. Alles Wesentliche war bereits am Vorabend gesagt worden. Bragi dankte seinem Ziehvater noch einmal ausführlich für die langjährige, herzliche Aufnahme, sowie für alles, was er von ihm hatte lernen dürfen. Im Gegenzuge lobte Bodda Bragis Gesellschaft und dankte ihm, dass er in den Genuss seines begnadeten Spiels habe kommen dürfen; beides würde er die ihm noch verbleibende Zeit schmerzlich missen müssen.

„Doch wenn du jetzt gehst, dann blicke nicht mehr zurück!", sagte Bodda leise und deutete zur Türe hin.

Schon einmal hatte Bragi diesen Rat bekommen, und erneut war ihm, als laste ein Mühlstein auf seinem Herzen. Die beiden Männer umarten sich ein letztes Mal. Dann, unter dem Vorwand, er fühle sich sehr erschöpft, sank Bodda auf sein Lager zurück. Leicht hustend rollte er sich in seine Decke ein und tat fortan keinen Mucks mehr. Auf diese Weise seinen Kummer verbergend, hoffte er sich und seinem Ziehsohn den Abschied ein wenig zu erleichtern. Noch eine Weile haftete Bragis wehmütiger Blick auf seinem alten Ziehvater und Lehrer, streifte ein letztes Mal jede Nische des Hauses, das ihm über die Jahre zum vertrauten Hort geworden war. Dann endlich riss er sich los, schulterte seinen vollgepackten Leinensack, nahm seine Leier auf und drückte den Verschlag auf.

Als er nach draußen trat, begrüßte ihn die frische Kälte eines klaren Frühlingsmorgen. Es dämmerte bereits. Er schloss den Verschlag hinter sich und ließ seine Habseligkeiten zur Erde sinken. Dann nahm er sich die Mütze vom Haupt, die sein Ziehvater ihm zum Abschied vermacht hatte. Tief berührt, drehte er die abgetragene Kappe in seinen Händen, traurig ihren angefetteten Filzstoff betrachtend. Es war die typische Kopfbedeckung eines Skalden, die nun fortan Bragis Haupt wärmen sollte. Ein letzter Blick auf die mit Gras bewachsene Erdhütte, die für neun lange Jahre sein Zuhause gewesen war. Unzerstörbar bis zum Schluss, hatte sie ihnen, trotz ihrer Einfachheit, an diesen Gestaden stets guten Schutz gegen das raue Klima geboten.

Mit einem tiefen Seufzer schaffte es Bragi, sich abzuwenden und lenkte seine Schritte zum Strand hin. Da ihm das Meer über die Jahre hin ein besserer Vertrauter geworden war, als es jeder ausgetretene Pfad ins Landesinnere jemals hätte sein können, hatte er beschlossen, auch seine zweite große Reise mit dem Wellenfänger anzugehen. Nach seiner Strandung vor neun

Jahren, hatten er und Bodda den treuen Nachen aufs Trockene gezogen, ihn ausgebessert und seither in Stand gehalten. Ob Bragi dies dem Boot zuliebe oder aus einem inneren Pflichtgefühl gegenüber seinen Freunden, den Zwergen, getan hatte, hätte er nicht sagen können. Wahrscheinlicher war, dass er tief drinnen immer geahnt hatte, dass seine Lebensreise irgendwann einmal würde weitergehen müssen.

Der Wellenfänger lag nur unweit der Hütte entfernt am Strand. Mit der bauchigen Unterseite nach oben gedreht, ruhte er nur wenige Meter hinter Boddas Boot, mit dem sie beide so unzählige Male gemeinsam zum Fischen hinausgefahren waren. Was würde nun aus Boddas Boot werden, fragte Bragi sich beklommen? Es würde wohl verrotten und verfallen, so wie alles hier an diesem Ort. Spuren im Sand. Für immer hinfort genommen und vergessen. Doch es musste ja weiter gehen. Immer weiter vorwärts. Also los!

Rasch hatte Bragi seinen Kahn gedreht und bald fahrtüchtig gemacht. Es war ein rechter Kraftakt, das Gefährt auf mehreren kleinen Baumstämmen zum Wasser hinzuschieben. Doch die Flut kam ihm entgegen, und so dauerte es nicht lange, bis er sein Schiff besteigen und seinen Proviantsack darin verstauen konnte. Die ersten Wellen erfassten das Boot und Bragi richtete den Mast auf. Kaum hatte er das Segel aufgespannt, begann der Wind es aufzublähen. Bragi vertäute das Segel und begab sich ans Steuer. Als das vorwärtsdrängende Wasser den letzten Sand unter dem Kiel fortspülte, ging ein Rucken durch den Wellenfänger. Ein paar zu durchteilende Brandungswellen, dann ging es zügig aufs offene Meer hinaus.

Er befolgte Boddas Rat und sah nicht mehr zurück. Lieber richtete er seinen Blick auf die Möwen, deren durchdringendes Gekreische ihm längst zum vertrauten Begleiter geworden war. In Scharen sammelten sich die Vögel immer dort, wo sie sich neues Futter erhofften. Es würde eine Weile dauern, bis sie bemerken würden, dass diese Ausfahrt nicht dem Fischfang galt. Bis dahin aber sah Bragi in ihnen weiße Botschafter der Hoffnung, deren kreisender Flug ihm vor Augen hielt, dass das große Abenteuer des Lebens auf ihn wartete.

Keine Wolke bedeckte den Himmel, den die Morgenröte jetzt in zarte Farben zu malen begann. Er schien Bragi an diesem Morgen ungewöhnlich weit und offen. Und je länger er auf den Horizont blickte, desto mehr meinte er, dem Geheimnis der Schöpfung entgegenzugleiten. Es drängte ihn, dem Mysterium des Lebens ins Angesicht zu blicken, dem sein Herz in diesem Moment so innig entgegenschlug, als wäre es eben dort daheim. Der Himmel begann sich in goldenen und lila Tönen zu schmücken, als ob es ein Fest dort oben gäbe, wo die Menschen die Götter wähnten. Diese Vorstellung gefiel ihm. Ein Fest im großen Stil, mit Tanz und Musik von den Sternen, die einen allen Kummer und alle Sorgen vergessen ließen. Und Bragi schloss die Augen und war mit dabei auf diesem Fest, und viele Bilder und noch mehr Empfindungen segelten durch sein Gehirn. Nur er, sein Boot und das Meer. Ja, die Zeichen standen gut. Die Götter waren mit ihm.

Und erst jetzt, in Gewahrwerdung dieser erhabenen Fülle von Freiheit, begann Bragi zu dämmern, was der alte Bodda und seine gütige Mutter ihm beim Abschied mit auf den Weg zu geben versucht hatten. Es war dieser Griff nach den Sternen, das große Wagnis hinein ins Unbekannte. Ein unerforschter Weg in die Welt hinaus, den er endlich bereit war, aus freien Stücken zu beschreiten. Zum ersten Male überhaupt, fühlte Bragi sich den Göttern nahe. Fühlte sie allgegenwärtig im Rauschen des Windes, im murmelnden Spiel der Wellen und sogar im Gekreisch der Möwen, die für den jungen Skalden an diesem Tag zu den wunderbarsten Geschöpfen unter der Sonne gehörten.

Zutiefst beglückt von all diesen auf ihn einstürmenden Eindrücken, sog Bragi die salzige Seeluft tief in seine Lungen ein. Sie vermischte sich mit dem harzigen Geruch von frischem Birkenteer, mit dem er erst kürzlich noch die Fugen zwischen den Bootsplanken neu abgedichtet hatte. Welch kolossaler Unterschied zu seinem ersten Aufbruch, als Bragi noch im Knabenalter, die vertraute Enge seiner stockfinsteren Bleibe bei Gunnlöd missend, sich vor der endlosen Weite des Himmels und der See gefürchtet hatte. Doch jetzt, fast siebzehn Lenze zählend, war diese grenzenlose Ferne genau jener zu durchmessende Raum, der nach Freiheit, wildem Abenteuer und dem Leben selbst schmeckte. Die Sonne ging auf. Das leuchtende Auge. Und Bragi, von seinen Glücksgefühlen ganz berauscht, schmetterte die folgenden Worte in den Wind:

„Einst übergab mich die Mutter dem Meer,
gramgebeugt mir das Herz ward so schwer.
Manch tosender Sturm, der über mir dräute,
lähmte mein Sein, das zu öffnen sich scheute.
Doch nun will ich scheiden, von Furcht mich lösen,
nicht länger zaudernd meine Zeit verdösen.
Glück will ich suchen und den Vater finden,
er mag mich heilen, den alten Schmerz linden.
Hörst du mich Vater? – vernimm deinen Sohn,
zu dir will ich kommen – siehst du mich schon?“

Voenix 2011

Von seinen eigenen Versen trunken, sprach er darauf halb zu sich selbst: „Das ist es! Ich werde meinen Vater finden. Wo auch immer du in diesem Moment sein magst – hörst du mich, Vater, ich werde dich finden!"

Als gäbe der Wind ihm Antwort, blähte sich das Segel des Wellenfängers knatternd bis zum Anschlag. Pfeilschnell durchschnitt das Boot die Fluten, dass die Gischt Bragi ins Gesicht spritzte. Er jauchzte vor Begeisterung und Lebensfreude. Und wie er so Meile um Meile zwischen sich und Bodda brachte, so schien auch der schlimme Schmerz ihres Abschieds zu schwinden. Fort, weiter fort, zu neuen Ufern hin. Es war, als würden am blauen Firmament die Nornen einen neuen, jungfräulichen Faden für ihn aufspannen.

Bald befand sich Bragi weit draußen vor der Küste. Dennoch wollte er nicht ganz aufs offene Meer hinaus. Das Land zumindest sollte in Sichtweite bleiben. Hatte er doch nicht jenen schrecklichen Zustand vergessen, als er beim ersten Male zeitlos verloren auf dem Meer umhergeirrt war. Andererseits war er am Ende dieses Alptraumes bei dem guten Bodda gelandet. Eine glückliche Fügung des Schicksals, wie Bragi sich jetzt unzweifelhaft eingestehen musste. Wahrlich, die Götter mussten ihn einfach lieben!

Voller Dankbarkeit gedachte er immer wieder Bodda, dessen Namen er fortan voller Stolz zu führen gedachte. Wenn der ihn jetzt doch nur sehen könnte. Sicherlich wäre er ebenso stolz auf ihn. Bodda hatte immer Freude gehabt, wenn Bragi glücklich gewesen war. Und dieses Mal schien wirklich alles anders. Nicht Abschiedsschmerz und Trauer, nicht Verzagtheit oder Schwermut drückten auf Bragis Gemüt. Nein, es war die selige Zuversicht, etwas Neuem, Großartigen auf der Spur zu sein, das ihn jetzt vorantrieb.

Der Mittag kam und schließlich der Abend. Die erste Nacht auf See. Konnte er es riskieren? Schon brach die Dunkelheit herein, doch ein schwaches Leuchten am Horizont verhinderte, dass sie ihn gänzlich umfing. Zwei Stunden später begannen sich die Wolken vor ihm zu einem gewaltigen Gebirge zusammenzuballen. Ein Gebirge, dass wie von innen heraus zu brennen schien. Wetterleuchten. Blasse Farben, bläulich und lila, schmückten den Horizont, während immer wieder gleißende Blitze durchs schimmernde Gewölk zuckten und die Nacht zum Tage machten. Gebannt starrte Bragi zum Himmel hinauf, versank völlig in diesem gleißenden Lichtspiel aus Blitzen, bunten Farben und Dunkelheit. Der nahende Regen schien greifbar, doch er kam nicht. Es dämmerte bereits wieder, als er im Morgengrauen für kurze Zeit erschöpft einnickte.

Am folgenden Nachmittag war er ein gutes Stück vorangekommen, sodass er beschloss, sich wieder der Küste zu nähern. Als er einen recht breiten

Fjord entdeckte, steuerte er den Wellenfänger geradewegs hinein. Sein Plan war, für die kommende Nacht einen geeigneten Anlegeplatz zu finden, da er bezweifelte, sich ein zweites Mal am Ruder wach halten zu können.

Wie sehr er doch recht damit hatte. Denn kaum hatte er seinen Beschluss gefasst, da übermannte ihn die Müdigkeit. Und weil Bragi sich noch immer in jenem Zustand befand, in dem sein Verlangen, den wahren Kern seiner Existenz zu erfassen, stärker war, als auf dieses Leben achtzugeben, schloss er für einen Moment die Augen. Voller Urvertrauen, dass jene huldvollen Götter sein kleines Boot auch diesmal genau dort an Land setzen würden, wo sie ihn als nächstes haben wollten. Nur ganz kurz, ermahnte er sich noch. Dann hatte er das Steuer dem Spiel der Wellen überlassen, die ihn die schwedische Küste entlangtrugen.

Während der steuerlose Wellenfänger weiter den Fjord hinauftrieb, wurden von einer spitzen Landzunge aus sechs Augenpaare seiner ansichtig. Drei Männer, vogelfreie Gesetzeslose auf der Flucht, hatten sich zusammengetan, um ihr gemeinsames Überleben zu sichern. Arm und hungrig wie sie waren, hatte sie ihr Weg an diesem schönen Tag an die Küste geführt, an der sie sich mit einfachen Ästen einen Fisch zu angeln erhofften.

Wie sie dort nun mit leeren Mägen vor sich hin darbten, tatenlos und missmutig, weil ihnen kein Anglerglück vergönnt war, gerieten sie in rechte Hochstimmung, als sie in die Ferne spähend Bragis Kahn entdeckten. Weil sie darinnen niemanden ausmachen konnten, waren sie davon überzeugt, dass der Bootseigner über Bord gegangen war und längst auf dem Grund des Meeres trieb. Hastig entledigte sich der größte der Drei, der zugleich der beste Schwimmer war, seiner zerschlissenen Kleider und begab sich ohne zu Zögern ins eiskalte Wasser. Seine Kameraden unterdessen verblieben am Ufer, verfolgten sein Tun jedoch mit aufmerksamen Blicken.

Der Mann war von kräftiger Statur und schwamm mit rüstigen Zügen, sodass er nicht lange brauchte, bis er den Wellenfänger erreicht hatte. Da er dem Braten aber nicht traute, zog er sich nicht gleich mit seinem ganzen Gewicht an der Bordwand hoch, sondern riskierte zunächst einen Blick ins Innere des Bootes. Als er darinnen den schlafenden Bragi entdeckte, überzog ein böses Grinsen sein Gesicht. Geschickt hangelte er sich die Brüstung entlang, bis er den Bug des Wellenfängers erreicht hatte. Er griff sich das Anlegetau, zog es vorsichtig zu sich ins Wasser hinein und band es sich um den Leib. Dann hielt er schwimmend aufs Ufer zu, während der Kahn ihm träge folgte. Immer wieder warf der Mann dabei einen flüchtigen Blick über die Schulter. Sollte der schlafende Bursche erwachen, würde er diesen schon zu überwältigen wissen. Doch Bragi, von einem süßen Traum umwölkt und von den Wellen sanft dahin geschaukelt, bekam von all dem nichts mit.

Die Ausführung seines Planes verlangte dem Schwimmer manches ab. Zwar war die See ausgesprochen ruhig an diesem Tag, doch das Wasser war kalt und die Glieder des Mannes begannen bereits steif zu werden. All dem ungeachtet, tat er mit eisernem Willen Zug um Zug, fest entschlossen, diesen dicken Fisch sicher an Land zu bekommen. Als er sich dem Ufer langsam näherte, krempelten seine Kameraden ihre Hosen hoch und kamen dem bereits Erschöpften zu Hilfe. Gemeinsam zogen sie das Boot darauf ans Ufer, wo sie das Tau um einen schweren Felsen schlangen und sicher verknoteten.

Bragi erwachte erst, als der Kiel seines Bootes mit einem recht unsanften Rucken am Grund aufsetzte. Er reckte sich gähnend, öffnete blinzelnd die Augenlider, um zu sehen, an welchem Ufer er diesmal gelandet war, und schaute direkt in das grinsende Gesicht eines unbekannten Mannes. Mit einem Donnerschlag war Bragi hellwach. Was ihm sofort ins Auge sprang, war das ungepflegte Äußere des Fremden. Der hatte einen struppigen Bart und seine ihm noch verbliebenen Zähne waren gelb und faulig. Von seinem nassen Kopf tropfte Salzwasser zu ihm herab. Ein Seedämon? Mit einem Satz war Bragi auf den Beinen. Gleichzeitig fuhr die rechte Hand nach seinem Messer, das stets griffbereit an seiner Seite baumelte. Doch als er es zog, explodierte etwas an seinem Hinterkopf und ließ ihn nach vorne taumeln. Er sackte benommen auf die Knie, fiel vornüber und stieß mit der Stirn an den Mast. Eine Hand packte ihn von hinten am Haarschopf, und riss ihn so grob zurück, dass er mit dem Kopf ein weiteres Mal dumpf aufknallte, diesmal an die Bordwand. Sein Messer fiel polternd in die Bilge, wo eine weitere Hand es flink herausfischte und aus seiner Reichweite entfernte.

An Bragis Ohren drang derbes Hohngelächter. Gleißende Lichtblitze tanzten vor seinen Augen, während er durch einen milchigen Schleier zwei weitere Männer gewahrte, die in seinem Rücken gelauert hatten. Beide standen dem ersten an Aussehen und Bedrohlichkeit in nichts nach. Bragi hielt seinen schwer dröhnenden Schädel mit beiden Händen umfasst und ließ sich mit schmerzverzehrtem Gesicht auf die Ruderbank sinken.

„Ei, was hast du uns denn da für einen Milchbart aus dem Meer gefischt, Sven?", feixte der Mann, der Bragi von hinten einen Schlag versetzt hatte. Er stieg ins Boot und packte Bragis Unterarm mit der Kraft einer Eisenzange. Dann dreht er ihm den Arm so grob auf den Rücken, dass Bragi vor Schmerzen laut aufschrie. Die drei Männer lachten erneut.

„Na, viel hält der aber nicht aus", bemerkte sein Peiniger höhnisch und drehte Bragis Arm noch weiter nach oben. Wimmernd biss Bragi die Zähne zusammen, der diesen Halunken keinen weiteren Anlass liefern wollte, ihn zu verspotten.

Da bemerkte der Dritte im Bunde: „Schaut nur, was der für feine Hände hat. Ein Fischer ist der nicht. Der muss aus besserem Hause stammen. Vielleicht ist er von irgendwo fortgelaufen!" Er wandte sich an Bragi: „Sag an, bist du entflohen, Milchbart? Oder ist auf deinen Kopf vielleicht ein Lösegeld ausgesetzt?"

Bragis angstflirrender Blick flog von einem zum anderen.

„Red keinen Scheiß", wetterte der Schwimmer, den man Sven geheißen hatte, „schau ihn doch an. Außer dem Kahn hier scheint der nichts Wertvolles zu besitzen."

Ungewollt flog Bragis Blick zu seinem Umhang, unter dem sein Vorratssack und seine eingewickelte Leier lagen. Für jenen Sven eine Aufforderung, sich jetzt ebenfalls mit einem kraftvollen Satz ins Innere des Bootes zu schwingen und Bragis Sachen zu durchwühlen. „Hier, das Abendessen ist schon mal gesichert!", rief er freudig aus. Dann musste Bragi mit ansehen, wie der Mann unter lautem Gejohle seine Essensvorräte verteilte. So gierig verschlangen die Männer den vorgefundenen Stockfisch, dass er ihnen aus den Backen quoll. Dann hatte Sven die Leier entdeckt. Er pfiff anerkennend durch seine verbliebenen Zähne, hob das Instrument in die Höhe und rief triumphierend: „Schaut nur, wir haben uns ein Sängerlein geangelt!"

Der Mann, der Bragi noch immer unnachgiebig festhielt, spuckte enttäuscht aus: „Bullenmist! Dann ist bei dem wirklich nichts zu holen. Diese Krakeeler sind fast alle arme Tröpfe und führen meist ein ebenso beschissenes Leben wie wir."

„Der hier nicht", widersprach Sven und hielt Bragis Peiniger seine Leier unter die Nase. „Immerhin ist seine Klampfe mit Gold besetzt. Die wird uns am nächsten Hafenmarkt schon ein hübsches Sümmchen einbringen!"

Es gab keinen Zweifel mehr, Bragi war in die Hände von Räubern geraten. Der mögliche Wert seines Instrumentes schien den Dritten jedoch kaum zu interessieren. Er kletterte nun ebenfalls zu Bragi ins Boot hinein und musterte ihn mit neu erwachtem Interesse. Der Mann hatte rötliche Locken, die sich buschig nach allen Seiten kräuselten. Er glotzte Bragi aus großen Augen an und schielte auf seine Kopfbedeckung. Bragi konnte seinen beißenden Atem riechen, als der Rotschopf sich ihm entgegenbeugte und nach seiner Mütze griff.

Er setzte sich Boddas alte Kappe aufs Haupt, schob sie sich mit einem gekünstelten Grinsen zurecht und fragte mit hoher Stimme: „Nun Kameraden, seh' ich jetzt aus wie ein Skalde?" Die beiden anderen lachten spöttisch. Dann wandte der Rotschopf sich wieder Bragi zu und fragte mit unverhohlener Neugier: „Im Ernst, Bursche. Ein Sänger bist du? Ein richtiger Skalde? Komm, lass ihn los, Gorm. Du brichst ihm ja den Arm. Wie soll er denn dann noch spielen? Aufstehen soll er!"

Tatsächlich lockerte Bragis Peiniger seinen Klammergriff und ließ ihn los. Erleichtert stöhnte Bragi auf und hielt sich den schmerzenden Arm, den dieser grobe Klotz ihm beinahe ausgekugelt hatte. Sven warf dem Rotschopf seine Leier zu, die der geschickt auffing. Dann drückte er dem Mann Namens Gorm Bragis Vorratssack in die Hand und schwang sich wieder auf den Strand zurück. Svens Körperkräfte schienen nach seinem Schwimmausflug wieder vollständig zurückgekehrt. Man sah ihm an, dass er das harte Leben in der Wildnis gewöhnt war. Auf seinen barschen Befehl hin, folgte Bragi ihm nach und sprang ebenfalls über die Brüstung ins seichte Uferwasser. Sogleich umringten ihn die drei Männer wieder, sodass an Flucht nicht zu denken war.

Jetzt erst konnte Bragi die Männer genauer in Augenschein nehmen. Obwohl alle drei recht unterschiedlich gebaut und gewachsen waren, verband sie doch vor allem ihr ausgezehrtes Äußeres. Ihre mit struppigen Bärten versehenen Gesichter starrten ebenso vor Schmutz wie ihre zerschlissene Kleidung, an die Wasser und Seife seit Jahr und Tag nicht mehr hingelangt sein mochten. Ausgenommen dieser Sven, der noch immer klatschnass vor sich hin triefte.

„Friedlose sind wir, von unseren Sippen geächtet, weil ein jeder von uns gegen Regeln verstoßen hat“, beantwortete Sven Bragis fragenden Blick und grinste bedrohlich. „Mich hat man verstoßen, weil ich mir etwas genommen habe, was man mir freiwillig nicht zugestehen wollte.“ Er begann sich mit seinem Hemd abzutrocknen. Gleichzeitig hob er eine rostige Axt auf und kratzte mit dieser leicht über die Bootsspanten des Wellenfängers. „Und nun verlangt es mich nach diesem netten Kahn hier, der ja wohl kaum dir gehören kann."

Als Bragi entgegnete, dass dieses Boot sehr wohl sein Eigentum sei, ebenso wie jene Leier, die sein kostbarster Besitz wäre, steckten die Männer sich erneut hämische Blicke zu. Vor allem Sven und dieser Gorm ließen erneut ihre fauligen Zahnreihen erkennen, sodass Bragi es mit der Angst zu tun bekam. Ihr ganzes Erscheinungsbild gemahnte ihn an wilde Trolle, denen ein Menschenleben kaum etwas bedeutete. Dass er von diesen beiden nichts Gutes zu erwarten hatte, lag auf der Hand. Lediglich der Dritte, dem Bragi es zu verdanken hatte, dass er langsam wieder Gefühl in seinem Arm verspürte und der nun Bragis Mütze trug, schien sich einen Rest von Menschlichkeit bewahrt zu haben. Der hielt Bragis Leier jetzt wie einen seltenen Schatz umfasst und wurde nicht müde, das Instrument von allen Seiten zu begutachten.

Sven stieß Bragi grob in den Rücken und forderte ihn mit seiner Axt auf, sich vom Ufer fern zu halten. Offenbar fürchtete er, Bragi könne sich ins Wasser stürzen und schwimmend zu entkommen suchen, was dem jedoch nicht im Traum eingefallen wäre. Schließlich hatten diese drei Männer seine Leier. Und ohne diese würde Bragi niemals die Flucht ergreifen.

Währenddessen inspizierte Gorm vergnügt Bragis Vorratssack, in dem er unablässig die noch vorhandenen Stockfische durchzählte. Plötzlich trat der Rotschopf Bragi in den Weg, hielt ihm seine Leier unter die Nase und fragte in unerwartet freundlichem Ton: „Würdest du uns darauf etwas vorspielen? Ich würd' so schrecklich gerne etwas Musik hören. Es ist lange her, seit ich das Spiel einer Leier vernommen habe. Sag, kannst du uns nicht ein Lied über die Heimat spielen? Es würd' mich an Zuhause erinnern."

„Still, Thorwald!", herrschte Sven ihn an, der als größter und kräftigster der Männer offensichtlich der Anführer ihrer kleinen Bande war. „Was willst du deinem alten Leben hinterher trauern? Wir fristen unser Dasein jetzt hier draußen bei den Wölfen. Und wir sind nur noch da, weil wir uns nehmen, was wir zum Überleben brauchen. Also halte dich lieber an den Wert von diesem, ... diesem Dingsda!"

„Leier", wurde er von Thorwald aufgeklärt, der, wie Bragi erleichtert bemerkt hatte, ein Musikliebhaber zu sein schien. Ein schwacher Hoffnungsfunken begann in dem jungen Skalden aufzuglimmen, dass seine Lage möglicherweise doch nicht vollständig aussichtslos war.

„Was auch immer!", stieß Sven gereizt hervor.

„Lass ihn doch spielen, Sven", meldete sich nun auch Gorm zu Wort, dessen Neugier auf Bragis Spielkünste wohl ebenso geweckt war. „Ist lange her, dass wir in einer Langhalle den Klängen eines Barden gelauscht haben. Und was haben wir denn zu verlieren? Wenn er nicht spielen kann und unsere Ohren quält, werden wir ihm seine dafür abschneiden!" Er lachte böse, als habe er einen vortrefflichen Scherz gemacht.

Sven, der Rädelsführer, überlegte kurz, dann lenkte er ein: „Na, von mir aus. Aber erst soll er ein Feuer machen. Und während wir uns über seine restlichen Vorräte hermachen, kann er uns dann mit seinem Geklampfe unterhalten!"

Als Bragi das Lagerfeuer entfacht hatte, war die Nacht bereits hereingebrochen. Die drei Friedlosen hatten sich um ihn herum niedergelassen und verdrückten gerade die letzten Reste seines Vorrats. Sich die fettigen Finger an ihrer Kleidung abwischend, beobachteten sie erwartungsvoll, wie Bragi sich mit seiner Leier zurechtsetzte.

Auf Gorms Wunsch hin, begann Bragi zunächst ein Heimatlied anzustimmen, das Bodda ihn einst gelehrt hatte. Es fiel dem jungen Skalden nicht eben leicht, seine Furcht vor diesen rauen Spießgesellen zu bezwingen. Dazu musste er von einer Heimat singen, die er selbst nie gesehen hatte. Doch obwohl er seine Vorführung als nicht gerade gelungen empfand, schien sie bei seinen Zuhörern ihre Wirkung nicht zu verfehlen. Der harmlosere Thorwald saß bald mit feuchten Augen da, während die anderen beiden mit trüben Blicken in die Flammen stierten.

„Genug jetzt!", unterbrach plötzlich Svens bellende Stimme sein Spiel. „Dieses schmachtende Gejammer von Müttern, Heimatliebe und häuslichem Glück ist ja nicht zum Aushalten. Die haben uns verstoßen und würden uns allesamt erschlagen, sollten wir jemals wieder einen Fuß auf unseren Heimatboden setzen. Also lasst uns lieber mal ein aufrechtes Kampflied hören. Eines, das von grimmigen Schlachten und blutigen Fehden kündet!"

Thorwald aber gefiel dieser Vorschlag nur wenig, und auch Gorm befand, dass die sanften Klänge sich irgendwie lindernd auf sein abgehetztes Gemüt legen würden. So ging es also eine Weile hin und her, bis die drei Männer schließlich in einen heftigen Streit darüber gerieten, was Bragi als nächstes spielen sollte.

Und während sie so stritten, gewahrte Bragi plötzlich einen großen Raben, der sich nur wenige Meter von ihm entfernt im Gezweig einer Tanne niedergelassen hatte. Der Rabe ließ ein heiseres Krächzen ertönen. Erst einmal, dann noch einmal. Immer und immer wieder. Dazu schlug er mit den Flügeln, gerade so, als mache es ihm Freude, den Streit der drei Räuber noch weiter anzustacheln. Die achteten nicht auf den Vogel. Bragi stutzte und plötzlich war ihm, als vernehme er in dem Gekrächze ein sich ständig wie-

Voenix 2011

derholendes Wort. So laut und deutlich jetzt, dass er meinte, der Rabe wolle ihm etwas mitteilen. Doch was war es, das dieser ihm zurief? Bragi schloss die Augen, um sich, über den Lärm der drei Streithähne hinweg, ganz auf den Ruf des Raben zu konzentrieren.

Ja, jetzt war es deutlicher zu vernehmen: „Spiel, spiel, spiel!", krächzte der Rabe ihm ohne Unterlass zu.

Und da endlich verstand Bragi. Erneut griff er in die Saiten seiner Leier. Die aufgeheizte Stimmung aufgreifend, nahm er Svens Wunsch zum Anlass, seinen Vortrag fortzusetzen. Doch diesmal war es sein ganzer Zorn, den er in sein Spiel hineinlegte. Bragis grollende Ohnmacht über seine schlimme Lage, in die er geraten war. Sein Grimm über seine eigene naive Torheit und seine ganze Wut auf diese drei Halunken brachen sich nun in wilden Klängen Bahn. Und die drei Vogelfreien, aufgepeitscht durch sein herrisches Spiel, sprangen plötzlich auf von ihren Plätzen und gingen mit den blanken Fäusten aufeinander los. Sie schrieen einander an, stießen sich gegenseitig zu Boden, doch nur, um sich wieder zu erheben und von neuem aufeinander einzudreschen.

Als Bragi gewahrte, was sein Spiel vermochte, griff er noch beherzter in die Saiten. So wutentbrannt flogen seine Finger darüber, dass es alsbald ein Knistern und Knacken gab. Plötzlich begannen winzige, bläuliche Flämmchen über seine Leier zu zucken; wie schon einmal, damals, in dem wütenden Unwetter auf See. Das Leuchten erfasste Bragis Finger, doch die kleinen Flammen sprangen geradewegs auf seinen Kopf hinauf. Knisternd stellten sich seine Haare in alle Richtungen auf und glichen den Borsten eines wütenden Keilers, was ihm das Aussehen eines bösartigen Feuerdämons verlieh. Von einer bis dahin unbekannten Leidenschaft erfasst, sprang Bragi ekstatisch auf. Dabei seine Leier wie eine Waffe haltend, mit der es galt, seine Gegner niederzustrecken.

Messer blitzten auf im Flammenlicht, Schreie, ersticktes Röcheln, und zwei der Räuber sanken im Todeskampf zur Erde nieder. Mit dem dumpfen Aufschlagen ihrer kraftlos gewordenen Körper, erstarb auch Bragis Spiel. Voller Entsetzen starrte der junge Skalde auf die sich ihm darbietende Szene. Sven und Gorm hatten einander mit ihren Messern durchbohrt. Der dritte, Thorwald, war ebenso auf die Knie gesunken und hielt sich den schmerzenden Bauch. Auch er blutete aus mehreren Stichwunden. Aus weit aufgerissenen Augen starrte er Bragi voller Entsetzen an. Dessen elektrisierte Haare standen noch immer in alle Richtungen.

„Was hast du getan?", stammelte Thorwald entgeistert. „Du hast ... sie waren ..." Der Blick des Friedlosen wanderte zu seinen toten Kameraden zurück, dann wieder zu Bragi. „Du hast sie beide ... umgebracht. Mit deiner Musik hast du sie getötet, du elender Hexer..." Seine Stimme erstarb. Unfähig, das Vorgefallene zu begreifen, huschten seine Augen zwischen Bragi und seinen leblosen Kameraden weiter hin und her.

Bragi erging es kaum anders. Vom Resultat seines eigenen Vortrags erschüttert, fragte er sich, welch ungeahnten Kräfte wohl noch in seinem Instrument schlummern mochten. Verwirrt blickte er sich nach dem Raben um. Der aber war verschwunden.

Als Bragi sich wieder Thorwald zuwandte, sah er, dass der Anstalten machte, sich zu erheben. Im Schein des Lagerfeuers erkannte Bragi, dass Thorwald ebenfalls ein Messer umklammert hielt. Bragis Messer. Der junge Skalde reagierte, indem er sich wieder niedersetzte und erneut zu spielen anhob. Diesmal schien ihm jedoch angebracht, ein Klagelied anzustimmen. Seinen ganzen Schmerz über den Abschied von Bodda in dieses Lied hineinlegend, sang Bragi sich nun die Seele aus dem Leib. Thorwald, von diesen wehmütigen Klängen zutiefst angerührt, verharrte augenblicklich und ließ das Messer wieder sinken. Unfähig, seine eben noch geplante Mordtat auszuführen, starrte er abermals zu seinen toten Gefährten hin, bis ihm endlich wahre Sturzbäche von Tränen aus den Augen quollen.

Als Bragis Verse von verlorener Kameradschaft, Verrat und falschen Freunden kündeten, wankte Thorwald auf die beiden Toten zu und sank erneut auf seine Knie. Am ganzen Leibe zitternd, ergriff er Gorms blutige Hand und presste sie sich aufs eigene Herz. Ein tiefer, herzzerreißender Klageschrei entwand sich seiner Kehle, dann fiel er vornüber auf seinen toten Kumpanen, den er weinend umklammerte. Bald war er nicht viel mehr, als ein wimmerndes Häufchen Elend, voller Reue und bitteren Bedauerns über die Verfehlungen seines Lebens.

Bragi ließ seine Leier sinken, erhob sich und tat einen tiefen, befreienden Atemzug. Schweigend begann er, die wenigen seiner Habseligkeiten aufzusammeln, welche die Friedlosen untereinander aufgeteilt hatten. Thorwald unternahm nichts, als Bragi ihm sein Messer entwand, das der Klagende kraftlos freigab. Zuletzt nahm er Thorwald seine Mütze vom Kopf und setzte sie sich zurück aufs eigene Haupt. Dann ging Bragi zum Strand hinunter, löste das Seil, mit dem sein Schiff vertaut war, schob es tiefer ins Wasser und ging an Bord. Nur fort von diesem furchtbaren Ort.

Lautlos glitt der Wellenfänger in die Nacht hinein. Und Bragi, das Ruder fest in den Händen, schwor sich, es nie wieder unbemannt zu lassen.

Voenix 2011

Dem Odinsohn es einst gelang,
das einen Zwerg hervor er zwang.
Sanft erweckt vom Herrn der Leier,
es teilt der Wicht den Traumesschleier.
Denn lange Finger müssen fassen,
wovon Albengier niemals kann lassen.

# 10. Die Suche nach Bifröst

Gleichwohl Bragis Abenteuer mit den drei Räubern für ihn ein glückliches Ende gefunden hatte, war sein Vertrauen in die Götter, die er bis dahin als fähige Lenker seines Schicksals gewähnt, schwer erschüttert worden. Zwei Tage später, während er dem Fjord weiter ins Landesinnere folgte, gelangte er an eine kleine Küstensiedlung. Schon von weitem roch Bragi die zahlreichen Feuer. Träge stiegen ihre Rauchsäulen in den Himmel, als der Wind ihm den Duft von gebratenem Fisch in die Nase trug. Und obwohl er nach seiner unschönen Begegnung nur wenig Lust verspürte, erneut fremden Menschen zu begegnen, drängte ihn sein knurrender Magen dem leckeren Geruch entgegen.

Mit einer Mischung aus Furcht und Neugier, steuerte Bragi sein Boot an einen breiten Landungssteg und ging vor Anker. Er vertäute den Wellenfänger nach bestem Gewissen, schritt den Holzsteg entlang und besah sich neugierig die für ihn ungewohnte Umgebung. Bodda hatte ihm bereits vieles erzählt von den Siedlungen der Menschen, ihren Häusern, Ställen und Haustieren. Ebenso von ihrem Handwerk, ihren Gewohnheiten und Vergnügungen, denen sie gewöhnlich nachgingen.

Eine wahre Fülle von Eindrücken stürmte auf Bragi ein, als er auf einen kleinen Platz kam, auf dem gerade Markt war und Bauern und Händler lautstark ihre Waren feilboten. Alleine die Vielzahl der unterschiedlichsten Gerüche ließ Bragi schwindeln. Es roch nach Gewürzen, Kräutern, frisch gefangenem Fisch, rohem und gebratenem Fleisch. Darüber hing, wenngleich auch etwas schwächer, der Gestank von Abfällen und Fäkalien, die Mensch und Tier, sobald sie auf engem Raum zusammenleben, unweigerlich in großen Mengen produzieren und ausscheiden. Entsprechend groß war die Mükkenplage, die Bragi in solchen Scharen bisher noch nicht erlebt hatte. Dem ungeachtet, gefiel ihm die bunte Vielfalt an Menschen und Stimmen. Neugierig starrte er vor allem Kindern und Frauen hinterher, die hingegen von ihm nur wenig Notiz nahmen.

Das änderte sich erst, als Bragi seine Leier zur Hand nahm. Er stellte sich an eine Stelle des Platzes, an dem ihn jeder sehen und hören konnte und begann ein paar Stücke seiner Sangeskunst zum Besten zu geben. Bodda hatte ihm dazu geraten, sobald ihn der Hunger plagen würde, und erfreut stellte Bragi fest, dass sein Ziehvater recht behalten sollte. Rasch hatte sich eine größere Menschentraube um ihn gebildet, die ihm die ein oder andere kleine Münze oder ein winziges Stück Hacksilber in seine Mütze warfen, die Bragi vor sich auf den Boden gelegt hatte. Schnell hatte er soviel beisammen, dass er sich eine Mahlzeit leisten konnte. Und noch während er hungrig einen gebratenen Aal verschlang, war er zu dem Entschluss gelangt, seinen weiteren Weg zu Fuß fortsetzen zu wollen. Er brauchte nicht lange zu suchen, um einen Käufer für sein Boot zu finden. Und gleichwohl ihn der Mann, der ihm den Wellenfänger abkaufte, schwer über den Tisch zog, war Bragi zufrieden. Noch hatte er keine Ahnung davon, wie es zuging in der Welt, doch dass ein ihm dargebotenes Lächeln nicht unweigerlich mit Freundlichkeit gleichzusetzen war, begriff er als erstes.

Drei weitere Tage blieb er in der kleinen Hafensiedlung, dann begann er sich zu langweilen. Er schnürte sein Säckchen, klemmte sich die Leier unter den Arm und ging zufrieden vor sich hin pfeifend die ausgetretene Lehmstraße entlang, die ihn weiter ins Landesinnere bringen sollte. Die Sonne schien ihm ins Gesicht und an den begrasten Seitenrändern des Weges vollführten die ersten Schmetterlinge ihre tanzenden Reigen. Die Welt sah einen zufriedenen, jungen Skalden, der ihr voller Zuversicht entgegenschritt, um in ihr sein Glück zu finden.

Doch nicht lange und Bragis Essensvorräte waren wieder aufgebraucht. Da er keine weiteren Höfe fand, blieb ihm nichts anderes übrig, als sich unter freiem Himmel zwischen ein paar Bäumen schlafen zu legen. Sein, wenn auch recht kümmerliches Vermögen, stahlen ihm in der Nacht zwei Räuber. Und es hätte nicht viel gefehlt, da wäre ihm erneut fast der Garaus gemacht worden. Denn als einer der Diebe nach seinem kostbaren Instrument griff, erwachte Bragi und begann lauthals um Hilfe zu schreien. Sofort war einer der Männer über ihm, presste ihm die Hand auf den Mund und hielt ihm ein Messer an die Kehle. Bragi, dem vor Furcht die Zähne klapperten, bat flehendlich um Gnade. Sollten sie sein letztes Hemd doch nehmen, aber seine Leier, so erklärte er ihnen, sei das einzig wirklich kostbare in seinem Leben. Würden sie ihm diese entwenden, könnten sie ihn auch gleich töten, denn dann müsse er schon bald elendig verhungern. Zu seiner großen Verblüffung ließen die Halunken darauf tatsächlich von ihm ab.

„Ach, lass ihm doch seine Klampfe, wenn er so daran hängt!", rief der eine und zog seinen Kameraden, der noch immer auf Bragis Brust saß, von ihm fort. Überrascht bemerkte Bragi, dass die beiden Schurken kaum älter waren, als er selbst.

Verächtlich spuckte der andere vor Bragi auf den Boden: „Äh, pack dich, du jämmerlicher Wicht. Mit so einer Heulsuse wie dir machen wir uns die Finger nicht schmutzig. Verschwinde, du Feigling, und lern dich erst mal zu verteidigen, bevor du wie ein Lämmlein nach deiner Mutter blökst. Kannst froh sein, dass dein Kopf noch auf den Schultern sitzt!"

Der Bursche gab Bragi noch einen schmerzhaften Tritt in die Seite, dann hatte die Dunkelheit die beiden wieder verschluckt. Und Bragi, der außer seiner Leier nur noch die Kleider auf seinem Leib besaß, gedachte bitter Boddas mahnender Worte. Jetzt dämmerte ihm, wie lebensnotwendig es war, dass man sich und sein Hab und Gut zu verteidigen wusste. Doch gleichwohl es ihn nun reute, dass er niemals den Umgang mit dem Schwert erlernt hatte, war er davon überzeugt, dass, hätte er Gegenwehr gezeigt, er bereits nicht mehr am Leben wäre.

Dennoch hatten die beiden Räuber ihm in dieser Nacht weit mehr entwendet, als nur den Rest seiner paar Habseligkeiten, denn er war tief in seinem Mannsein verletzt und gekränkt worden. Langsam dämmerte ihm, warum die Menschen sich zu Sippen und in Siedlungen zusammenrotteten. Auf diese Weise boten sie sich gegenseitig Schutz und sicherten so ihr Überleben in einer Welt, in der einige offenbar keine Hemmungen hatten, den frei Umherziehenden ihre Habe oder sogar ihr Leben zu nehmen. Einfach so, weil sie es eben konnten und stärker und gewaltbereiter als andere waren.

Mit dieser bitteren Erkenntnis versehen, blieb ihm zunächst jedoch nichts anderes übrig, als sich auch weiterhin alleine durchzuschlagen, so gut er es eben vermochte. Fortan schlief er nur noch mit einem offenen Auge, während seine Rechte stets einen groben Knüppel umklammert hielt. Die Furcht, ein drittes Mal in die Gewalt von Räubern zu gelangen, hatte sein zuvor unbedarftes Gemüt wie ein schleichendes Gift befallen. So dauerte es Wochen, bis er seine anfängliche Zuversicht einigermaßen zurückgewonnen hatte. Und trotz großen Hungers oder auch Durst, die ihn beide immer wieder begleiteten, versuchte er seiner Lage das Beste abzugewinnen. Wenn er müde war, dann schlief er und wenn er allzu hungrig war, gab er auf kleinen Höfen seine Kunst zum Besten, worauf er meist eine Mahlzeit und einen Schlafplatz angeboten bekam.

Auf einer seiner wahllosen Wanderungen durch die recht dünn besiedelten Gegenden des Nordlandes, gelangte Bragi einmal an ein kleines Haus, in dem nur noch ein altes Mütterchen alleine mit ihrer Kuh lebte. Das magere Tier war ihr einziger Besitz. Als Bragi sie um Aufnahme für eine Nacht bat, klagte die einsame Frau ihm ihr Leid, dass die Kuh schon seit Tagen keine Milch mehr geben wolle. Auch würde sie nicht mehr fressen, und auf die Weide wolle sie schon gar nicht mehr hinaus. Nicht lange mehr, dann müsse sie ihre arme Kuh schlachten, um nicht selbst zu verhungern. Was danach aus ihr werden solle, würden alleine die Götter wissen. Bragi hatte großes Mitleid mit der Frau, die sich Melkorka nannte, wusste ihr jedoch ebenso wenig zu helfen. Bragi knurrte der Magen so erbärmlich, dass er sich dafür entschuldigte, doch leider hatte die arme Frau nichts Essbares mehr im Haus.

Da aber entdeckte die Alte Bragis prächtige Leier, bekam große Augen und fragte ihn hoffnungsvoll: „Aber bist du nicht ein Skalde, einer, der vielleicht meiner alten Else gut zusingen kann? Wenn du dieses Wunder vollbringst, dass meine Kuh wieder Milch gibt, will ich meine kärgliche Mahlzeit gerne mit dir teilen!"

Da Bragis Magen bereits seit Tagen so leer war wie Elses Euter, und er in diesem Moment fast alles für eine Schale frischer Kuhmilch getan hätte, entgegnete er: „Gerne will ich es versuchen, gutes Mütterchen, doch grämt Euch bitte nicht allzu sehr, wenn mir dieses Wunder misslingen sollte."

Doch die alte Melkorka lächelte ihn zuversichtlich an und sagte: „Wenn meine Else je etwas geliebt hat, dann ist es schöne Musik gewesen. Stets hab ich ihr früher beim Melken gut zugesungen, doch seit mich ein schlimmer Husten im Rachen plagt, klingt meine Stimme wie ein rostiges Reibeisen. Und mein Gesumme scheint zu Else nicht mehr durchzudringen."

Inständig hoffend, dass die Kuh nicht einfach nur taub geworden war, setzte Bragi sich mit seiner Leier auf einem Stein zurecht und begann zu spielen. Und siehe, der betörende Klang seines Spiels verfehlte seine Wirkung nicht. Nachdem die alte Kuh ein freudiges Muhen ausgestoßen hatte, schien die Milch wie von selbst in ihren Euter einzuschießen. Tränen der Freude und Dankbarkeit rannen da Melkorkas runzlige Wangen hinab, als sie ihren knarrenden Schemel zurechtrückte, und ihre Kuh so eifrig zu melken begann, dass sie und ihr hungriger Gast an diesem Abend übersatt davon wurden.

Am nächsten Morgen pries die Alte noch einmal Bragis wundersame Gabe. Sie nannte ihn einen wahren Zaubersänger, küsste ihm zum Abschied die Hände und verbeugte sich mehrere Male, dass Bragi, von soviel Dankbarkeit zutiefst beschämt, froh darüber war, als er wieder aufbrach und Melkorkas kleines Haus in seinem Rücken immer kleiner wurde.

Ein andermal verblüffte Bragi eine Gruppe herumirrender Hirten, als er mit seiner Musik ihr entlaufenes Vieh zurücklockte. Sie dankten es ihm mit einer üppigen Mahlzeit und öffneten ihm zu Ehren ein kleines Fass, das würzigen Met enthielt. Gemeinsam stießen sie darauf fröhlich auf die Götter an und begossen ihr Glück bis tief in die Nacht hinein. Es war das erste Mal für Bragi, dass er am kommenden Morgen mit einem schweren Kopf erwachte. Verwirrt machte er die Feststellung, dass die Götter, je mehr man sie am Vorabend geehrt hatte, einen am nächsten Tag daran zweifeln ließen, ob sie dieser Ehre wirklich würdig waren.

Fortan begann Bragi, wo immer er nun einkehrte, alle nur erdenklichen Geschichten und Lieder zu sammeln. Er begegnete vielen Sitten und Bräuchen und staunte selbst immer wieder über die bunte Vielfalt der Bilder, die ihre Geschichten in ihm aufleben ließen. Dabei kam die Sprache des öfteren auf jene wundersame Regenbogenbrücke Bifröst, die, darüber schienen sich alle einig, die Verbindung zwischen Midgard, der Welt der Menschen und Asgard, dem Reich der Götter, bilde.

Von der schwachen Hoffnung beseelt, Hinweise über den Aufenthaltsort jenes bunt schillernden Überganges zu bekommen, suchte Bragi sogar der Reihe nach eine weise Völva sowie zwei gelehrte Goden auf, die ihm auf seine Fragen nach bestem Wissen Auskunft gaben. Seinen dringlichsten Wunsch aber, wo er Bifröst denn nun finden könne, wusste ihm keiner zu beantworten. Ebenso unbeständig wie das Wetter, schien es auch um die Laune der Götter bestellt. Und da schon mancher Träumer vor ihm vergeblich versucht hätte, nach einem Gewitter einen bunten Regenbogen zu erhaschen, erntete Bragi mit seinem Anliegen meist nur Gelächter.

Was Bragi nicht davon abhielt, weiter Gedichte zu verfassen und sich wahre Lobgesänge auf die Götter auszudenken. In seinem Eifer, den Menschen als Sprachrohr zu den Hohen dienen zu wollen, besang er die goldenen Hallen Asgards, von denen aus die mächtigen Asen die Geschicke auf Midgard lenkten. Und so bildhaft und sprachgewaltig wählte er seine Worte, dass es manchem seiner Zuhörer erschien, als würde sich vor seinem inneren Auge die ganze Pracht der himmlischen Gefilde auftun. Nichts verschaffte Bragi bald größere Zufriedenheit, als das selige Leuchten in den Augen seines Publikums, in deren Glanz er seiner eigenen Sehnsucht nach diesem sagenhaften Ort begegnete.

Manches wäre noch zu berichten von dem, was Bragi Boddason auf seinen weiten Wanderungen widerfuhr, bis ihn sein Weg schließlich in die erste

Langhalle am Hofe eines Fürsten führte. Doch dies alles hier aufzuführen, würde das Ohr des geneigten Hörers schon bald ermüden. Von einer Begebenheit aber soll noch Kunde gegeben werden.

Es war ein angenehm warmer Tag im Spätsommer gewesen, als Bragi sein Nachtlager wieder einmal unter dem freien Sternenzelt bezogen hatte. Die Glut eines niedergebrannten Lagerfeuers, das er sich zur Abwehr wilder Tiere entzündet hatte, waberte träge dahin und tauchte seinen kleinen Lagerplatz in ein diffuses Zwielicht. Bragi ruhte auf einer Wolldecke, die er sich über Büscheln aus zusammengetragenem Strauchwerk ausgebreitet hatte. Es dauerte immer eine Weile, bis er sich auf seinem Naturbett so zurechtgerutscht hatte, dass ihm kein Zweig mehr in den Rücken piekte. Noch eine Weile sah er in den glitzernden Sternenhimmel hinauf, bis er irgendwann zufrieden einschlief. In seinen Armen ruhte die kostbare Leier. Da er sich von ihr auch im Schlaf nicht mehr trennte, lag sie mit unter seinem Umhang verborgen, mit dem er sich des Nachts zuzudecken pflegte.

Doch als der fast volle Mond langsam über den Bäumen aufging und die kleine Lichtung in sein silbriges Licht tauchte, drehte Bragi sich im Schlaf auf die Seite. Die Leier glitt ihm kraftlos aus den Händen, rutschte unter dem Umhang hervor und schimmerte matt im Mondlicht.

Ein Schimmern, das nicht unbemerkt blieb. Zwischen den Sträuchern lag ein Felsbrocken, unter dem sich plötzlich eine kleine, gedrungene Gestalt ächzend hervorzwang. Nachdem sie sich ausgiebig davon überzeugt hatte, dass Bragi wirklich schlief, schlich sie sich auf nackten Füßen tappend so leise wie möglich heran. Als Bragi ein schmatzendes Stöhnen von sich gab, verharrte die kleine Gestalt augenblicklich, ließ das Objekt ihrer Begierde dabei jedoch nicht einen Moment aus den Augen. Nachdem sie ihr angesteuertes Ziel erreicht hatte, entrang sich ihrer Kehle ein dünnes, krächzendes Lachen. Dann leckte sie sich in sichtbarer Vorfreude über die trockenen Lippen und rieb aufgeregt ihre Fingerspitzen aneinander. So vorsichtig wie möglich, streckte die Gestalt nun ihre knorrigen Finger aus, um gierig nach Bragis Leier zu fassen. Doch gerade, als sie diese ergriffen hatten, erwachte Bragi. Durch Schaden klug geworden, hatte er sich seither angewöhnt, sein kostbares Instrument im Schlaf mit einem dünnen Lederriemen am Handgelenk zu befestigen. Bragi reagierte instinktiv und riss dem Unbekannten die Leier mit einem Ruck wieder aus den Händen. Der prallte zu Tode erschrokken zurück und landete auf dem Hosenboden.

„Räuber, Diebesgesindel!", schrie Bragi, sprang auf in die Hocke und schwang seinen Knüppel, um sich diesmal zu verteidigen. Mit der Rechten zog er seinen Dolch.

Doch der ungebetene Störenfried schien wenig Lust auf einen Kampf, denn wild fuchtelnd hielt er die zitternden Hände vors Gesicht und rief flehendlich: „Nein, nein. Nicht, haltet ein, hoher Herr! Nicht stehlen wollt ich Euer kostbares Tonwerkzeug! Nur besehen. Oh ja, nur besehen!"

Bragi schnaubte verächtlich: „Ich kenne Leute deines Schlages, sie gehören zu jenem Gesindel, das Sachen findet, die andere noch gar nicht verloren haben. Besiehst du dir die Dinge immer mit den Fingern, wenn ihre Besitzer tief schlafen?" Vor Aufregung rauschte ihm das Blut in den Adern, gleichzeitig aber begann er sich etwas zu entspannen, als er sah, es diesmal wohl nur mit einem Gegner zu tun zu haben. Rasch warf Bragi einen laubreichen Ast in die Glut, den er für solche Fälle immer bereithielt. Die Glut erfasste das trockene Laub und schlagartig wurde es heller, sodass nun beide einander erkennen konnten. Zu seiner großen Verwunderung erblickte Bragi vor sich einen Zwerg, der, ob der unerwarteten Helligkeit, sich nun schützend die Hände vors Gesicht schlug und laut jammerte.

Bragi, völlig entgeistert, rieb sich nun seinerseits die Augen. Vor ihm saß wahrhaftig ein Schwarzalbe. Ein kleiner Bursche, kaum größer als ein fünfjähriges Kind, der mehr Angst zu haben schien, als er selbst. Träumte er das hier alles nur, fragte sich Bragi, oder war er einfach schon wieder zu lange alleine in der Wildnis unterwegs? Er hatte nämlich bemerkt, dass immer dann, wenn er sich über längere Zeiträume nicht mehr in geschlossenen Räumen, sondern ausschließlich in der freien Natur aufhielt, sich seine Sinne zu erweitern begannen. Doch obgleich er sich auf sein Gehör und seinen Geruchsinn stets verlassen konnte, war er sich zuweilen nicht sicher, ob seine Augen ihn nicht trogen. Womöglich war er unwissentlich ins Reich der Trolle und Waldgeister hineingeraten. Bragi erinnerte sich an die Alben, die er in seinen Kindertagen angetroffen hatte. Wären da nicht der Wellenfänger und seine Leier gewesen, die sie ihm beide einst gefertigt hatten, er hätte nicht zu sagen gewusst, ob er ihnen nicht doch nur in einem Traum oder zumindest in einem anderen Leben begegnet war. Die Alben, die er bisher hatte kennenlernen dürfen, waren ihm zumindest stets freundlich gesinnt gewesen. Dieser seltsame Bursche hier, schien jedoch weniger gute Absichten zu haben.

„Soso", wiederholte Bragi gedehnt, da der Zwerg sich noch immer die Hände vor die Augen hielt und jetzt betreten schwieg. „Nur besehen wolltest du mein Instrument also?"

Der Zwerg nickte nachdrücklich und blinzelte zwischen seinen Fingern hindurch. Erst als die Flammen wieder etwas kleiner wurden, senkte er die schwieligen Hände.

„Das ist schwer zu glauben", sprach Bragi zweifelnd weiter, „aber da mir von Vertretern deines Volkes bisher nichts Schlechtes widerfahren ist, will ich dir dennoch Glauben schenken."

„Habt dank für Eure Nachsicht und Güte, edler Herr", stammelte der Albe gepresst hervor und rappelte sich jetzt ächzend wieder auf. Er hatte einen buschigen Bart und starrte vor Schmutz, dennoch waren seine Kleider weniger verschlissen, als die von Bragi. Mit einem knorrigen Finger wies der Wicht auf die glänzende Leier, die Bragi mit seiner linken Hand fest an sich gedrückt hielt. „Ei, ich wusste doch gleich, dass dies prachtvolle Ding von Zwergeshand geschaffen ist. Fein, fein…" Zufrieden rieb er sich die dreckstarrenden Hände.

„Nun gut. Jetzt weißt du's!", entgegnete Bragi kurz angebunden. „Gibt es sonst noch etwas, was du darüber zu erfahren wünschst? Sonst lass mir meine Ruhe. Ich bin müde und habe morgen wieder ein gutes Stück Weges vor mir."

„Ich hab Euch darauf spielen gehört", sagte der Zwerg, ohne auf Bragis Worte einzugehen. „Ein wirklich prachtvolles Stück, das Ihr da mit euch herumtragt. Was wollt Ihr haben dafür?", kam er nun ohne Umschweife zur Sache.

Bragi schob trotzig das Kinn hervor: „Diese Leier ist nicht zu erwerben. Sie war ein Geschenk von Deinesgleichen, und nun ist sie mir das Liebste, das ich auf der Welt besitze. Ohne sie wäre ich ein Niemand. Außerdem gibt es wohl kaum etwas, das du mir für sie im Gegenzug anbieten könntest!"

„Nur nicht so voreilig", erwiderte der Albe listig, „jeder von uns hat einen besonderen Herzenswunsch, für den er so gut wie alles herzugeben bereit ist."

„Ich nicht!", verneinte Bragi überzeugt. Besann sich dann aber kurz und meinte: „Es sei denn, du könntest mir einen Weg weisen, wie ich nach Asgard gelange..."

Oh ja, einen solchen wisse er sehr wohl, bejahte der Zwerg eifrig und strahlte über das ganze Gesicht, da er sich seinem Ziel offenbar näher zu kommen glaubte.

Bragi klappte vor Staunen der Mund auf und er konnte nicht verhindern, dass ihm die Aufregung erneut ins Gesicht stieg. Sein Hochgefühl erhielt jedoch rasch wieder einen Dämpfer, als der Zwerg ihm erklärte, dass der Weg dorthin für die Menschenkinder äußerst beschwerlich sei. Eigentlich kenne ich nicht einen, der jemals lebend dorthin gelangt wäre, dachte der Albe bei sich, hütete sich aber, diesen Umstand vor Bragi zu erwähnen. Das schrekke ihn nicht, erklärte der junge Skalde darauf energisch und wünschte mehr zu erfahren. Er sei fest entschlossen, alle Hindernisse und Gefahren auf sich zu nehmen, um nur irgendwann seinen Fuß auf Asgards Boden setzen zu können.

Also erläuterte ihm der Zwerg, dass Bragi dafür zunächst die Pforten des Horizonts erwandern müsse. Dort, an ihrer Grenze, würden ewige Nebel eine tiefe Schlucht umwallen. Diese Schlucht besäße keinen Grund, in ihrer Mitte jedoch lodere ein zeitloses Feuer, welches die Feinde der Asen, die Riesen, davon abhalte, nach Asgard einzumarschieren. Am Rande jener geheimnisvollen Schlucht fände Bragi den Ausläufer der wundersamen Bifröst-Brücke, an deren Anfang und Ende sich Erde und Himmel berührten. Auf ihr würden die Asen tagtäglich zu ihrem Thingplatz hinziehen, der sich am Urdbrunnen befände. Sterbliche indes würden nach einem Regenschauer lediglich ein Abbild von Bifröst erblicken können. Und meist auch nur dann für kurze Zeit, nachdem Dwalins Zwang ihr grässliches Antlitz wieder erstrahlen lasse und mit den Regentropfen Hochzeit halte.

„Das weiß ich schon alles", sagte Bragi ungeduldig. „Und du kennst den Weg dorthin? Ich meine, zu dieser von Nebel umwallten Schlucht?"

Wieder bejahte der Zwerg hastig. Hatte er bei seinen Ausführungen doch wohlweislich verschwiegen, dass jene Nebelschlucht lediglich auf einer Ebene existiert, zu der gewöhnliche Sterbliche keinen Zutritt haben. Die ewigen Nebel nämlich, die sie dorthin zu durchteilen haben, sind ihre eigenen Träume. Denn nur jenen, die bereits verstorben und nun körperlos sind, ist es gestattet, den Himmelsbogen zu betreten. Und dies auch nur dann, wenn die Götter hierfür ihr Einverständnis geben. Ist man unerwünscht, erwartet einen an Bifrösts Ende der hünenhafte Wächter Heimdall, der einem den Zutritt verwehrt und einen wieder zurückschickt.

Der Zwerg räusperte sich etwas verlegen: „Die Wahrheit ist, dass ich Euch zwar mit in meine Welt nehmen kann, um Euch dort bis an die Pforten des Horizonts zu geleiten, weiter aber auch nicht, denn das liegt nicht mehr in meiner Hand."

„Das genügt mir", erwiderte Bragi, den dieser kleine Umstand nicht zu stören schien. Hatte er Bifröst erst einmal betreten, würde er schon Mittel und Wege finden, die Asen zu überzeugen, ihn bei sich einzulassen. „Gut, der Handel gilt. Wenn du mir den Weg zu dieser Schlucht wirklich weisen kannst, sollst du meine Leier erhalten. Das Kostbarste, das ich je besessen habe im Leben!" Sie spuckten sich beide in ihre rechte Hand, reichten sie sich und pressten sie aufeinander. Damit war die Abmachung besiegelt.

Kaum aber war dies geschehen, wollte der Albe erneut nach der Leier schnappen. Doch blitzschnell zog Bragi sie aus seiner Reichweite. „Nicht so hastig, mein kleiner Freund. Erst führst du mich an mein Ziel, dann sollst du auch deinen ausgemachten Lohn erhalten!"

Die Augen des Zwerges funkelten böse, und sein Mienenspiel verriet, dass er bereits darüber nachsann, wie er Bragi am schnellsten wieder losbekommen konnte. Eine gute Gelegenheit für einen Hinterhalt würde sich auf ihrem Fußmarsch zur Schlucht sicherlich ergeben. Während er so seine

Bosheiten ersann, fuhr der Wicht sich mit der Zunge immer wieder über die spröden Lippen, was unweigerlich an eine Schlange erinnerte. Die klauenartigen Finger des Zwerges öffneten und schlossen sich in einem fort. Die Gier stand ihm jetzt sprichwörtlich ins Gesicht geschrieben, als er mit zittriger Stimme hervorstieß: „Dann ... dann lass mich zuvor wenigstens noch einmal hören, ob sich unser Handel für mich auch wirklich lohnen wird!"

Bragi, hoch erfreut darüber, allem Spott zum Trotze nun doch noch einen Weg nach Asgard gewiesen zu bekommen, kam dieser Aufforderung nur allzu gerne nach. Er legte neues Holz auf und setzte sich mit seiner Leier neben dem Feuer zurecht. Von dieser glücklichen Aussicht zutiefst durchdrungen, griff er darauf mit solcher Inbrunst in die Saiten, als habe sein Instrument ihm ein weiteres, wunderbares Geheimnis offenbart. Denn in Asgard, soviel war Bragi sich inzwischen sicher, würde er mehr über seinen unbekannten Vater herausfinden. Er wollte nicht länger warten, bis er irgendwann das vollkommene Lied zustande gebracht hatte, nicht, wenn er schon vorher einen Weg fand, nach Asgard zu gelangen.

Kaum hatte Bragi zu spielen begonnen, verharrte der Zwerg in stiller Andacht. Gänzlich betört von diesen holdseligen Klängen, saß er stocksteif da. Sogar seine Gier schien darüber vergessen. Auf diese Weise jeder in seiner eigenen Welt versunken, saßen die ungleichen Männer einander gegenüber, bis das Feuer zwischen ihnen erneut niedergebrannt war. Doch noch immer vermochte keiner der beiden, von seinen Illusionen abzulassen. Der eine aufmerksam lauschend und sich daran erfreuend, welchen Schatz er in Kürze sein Eigen würde nennen können, der andere hingebungsvoll spielend, sich bereits in den hehren Gefilden Asgards wähnend.

So flog die Nacht dahin, bis der Morgen zu dämmern begann. Und so selbstvergessen schlug Bragi die Leier, dass darüber schließlich die Sonne aufging. Und als die ersten Sonnenstrahlen über die Lichtung fielen, war es das hässliche Knirschen von Stein, das Bragi sein Spiel jäh unterbrechen ließ. Er blickte auf und starrte erschrocken zu dem Alben hin. Vor ihm saß jetzt ein völlig veränderter Zwerg. Wie ein Denkmal seiner selbst, den staunenden Mund zu einem großen O geformt, war er im Licht der aufgehenden Sonne zu Stein erstarrt und hatte seine Gier so mit dem Leben bezahlt.

Und Bragi, zutiefst betrübt über dieses große Unglück, beklagte aufs Neue sein elendes Los, das ihn immer wieder aufs Neue Hoffnung schöpfen ließ, um sie ihm im nächsten Moment wieder grausam zu entreißen. Dass er durch sein unschuldiges Spiel sein Leben gerettet hatte, kam ihm dabei nicht in den Sinn.

Nach der freudlosen Begebenheit mit dem Zwerg, steuerte Bragi einen der reicheren Bauernhöfe an, auf dem er hoffte, den bevorstehenden Winter verbringen zu können. Denn während der kalten Jahreszeit alleine draußen in der Wildnis umherzuziehen, umgeben von hungrigen Wölfen und anderen Raubtieren, würde seinen sicheren Tod bedeuteten, soviel war ihm klar. Aufgeregt wie selten, wurde er auf dem Hof vorstellig und ließ sich zu dem Besitzer führen. Zu seinem großen Erstaunen hatte er sich inzwischen wohl einen Namen gemacht, denn der Bauer freute sich über Bragis Anliegen. Er habe bereits von ihm vernommen, so der recht beleibte Mann, vor allem, welchen guten Einfluss Bragis Musik auf das Vieh habe. Erleichtert gab Bragi darauf am Abend vor dem Bauern und dessen versammelten Gesinde eine kleine Kostprobe seines Könnens. Und da er mit seiner Kunst und seinem freundlichen Wesen bei den Menschen gut ankam, traf man eine Übereinkunft. Für des Bauern Einwilligung, an seinem Hof zu überwintern, verpflichtete sich Bragi, im Haushalt mitzuhelfen und das Hausvolk in den langen Nächten am abendlichen Feuer zu unterhalten. Ein guter Handel, wie es Bragi schien.

An diesem Hof aber wartete eine völlig neue Erfahrung auf ihn. Über dunkle Wochen und Monate hinfort, kam er nun tagtäglich immer wieder mit den gleichen Menschen zusammen, was auf einem so begrenzten Raum freilich nicht ohne Spannungen und Reibereien ablief. Da er am Abend aber gewöhnlich den Mittelpunkt des Hauses bildete, half ihm diese Sonderstellung, die dunkle Enge, den Lärm und den Gestank einigermaßen zu meistern, die Mensch und Tier unweigerlich verbreiten, sobald sie gemeinsam unter einem Dach leben.

Zwar genoss er während seiner abendlichen Vorträge die Aufmerksamkeit seiner Zuhörer, doch tagsüber sonderte er sich meistens ab und wollte in Ruhe gelassen werden. Er mochte die Einfalt der Menschen nicht, ihr primitives Gehabe und Verhalten, das meist nur die Stillung der Bedürfnisse ihres Leibes zum Inhalt hatte. Wenig Sinn fand er unter ihnen für die Schönheit des Geistes. Diese Menschenscheu sollte ihm sein ganzes Leben über zueigen bleiben. Wann immer das Wetter und seine Pflichten es ihm erlaubten, schnappte sich Bragi seine Leier und begab sich mit ihr nach draußen. Dort streifte er singend und reimend durch die mittlerweile kahl gewordenen Wälder, um seiner Melancholie freien Lauf zu lassen.

„Die letzten goldenen Blätter fallen,
Kronen büßen ein die einst'ge Pracht.
Nun macht sich auf die Nacht,
den lichten Tag zu scheiden.
Unter die Erde zieht sich das Leben zurück.
Stumm rieselt weißer Regen hernieder.
Wer bis jetzt keinen Liebsten gefunden,
dankbar ist, für seinen Platz am Feuer.
Reifriesen unerbittlich ringsum walten.
Ihr weißes, frostklares Gewand
überzieht nun Wald und Wiesen,
gleißend Fluren und Seen bedeckend.
Eisglanz, wohin das Auge wandert,
schlummernd das Leben im Erdenschoß ruht."

Es war bereits wieder März geworden, als eines Nachmittags ein gut gekleideter Reisender auf dem Hof einkehrte und um ein Nachtlager bat. Dieses ward ihm gerne gewährt, und so wurde der Fremde am Abend Zeuge von Bragis Spiel. Da der Bauer seinem Gast, den er als Gefolgsmann eines Fürsten namens Arnkel vorstellte, etwas bieten wollte, ließ er ein kleines Fest ausrichten, bei dem Bragi diesmal zum Tanze aufspielte. Im Anschluss daran, nahm jener Gast ihn beiseite und lobte Bragis Spiel auf überschwängliche Weise. Sichtlich von Bragis Künsten angetan, schlug er dem jungen Skalden vor, ob er ihm nicht am kommenden Morgen an den Hof seines Herrn folgen wolle. Fürst Arnkel, so erklärte sein Gefolgsmann weiter, sei ein feiner und geistreicher Mann, der gute Skaldenkunst wohl zu schätzen wisse. Während der Mann sprach, bewunderte Bragi dessen gepflegte und intakte Gewandung, was diesem nicht verborgen blieb. Und mit einem Blick auf Bragis zerschlissene Kleidung fügte er lächelnd hinzu, dass der Fürst sich bei Wohlgefallen nicht lumpen lassen würde.

Durch die Rede des Mannes ermutigt sowie über die Aussicht erfreut, endlich einmal auf einem richtigen Fürstenhof aufspielen zu dürfen, brauchte es nicht viel, um Bragi zu überreden. Und da er auf diesem Bauernhof keine nennenswerten Freundschaften geschlossen hatte und ihm die Decke ohnehin längst auf den Kopf fiel, schlug er ohne groß nachzudenken ein.

Am Hofe von Arnkel, dem Hehren,
der Gebieter der Leier traf einen Gegner.
Der tückische Skalde ging ihn zu täuschen,
den Rivalen zu bezwingen mit Ränken.

# 11. Rudgar, der Widersacher

Am nächsten Tag begleitete Bragi den Mann. Sie schritten rüstig aus und erreichten gegen Mittag die Grenzmarken von Fürst Arnkels Ländereien. Bragi gefiel, was er dort zu sehen bekam. Obwohl der Mond gerade erst im Lenz stand, hatten die Bauern ihr Vieh bereits auf den Weiden stehen. Die Tiere wirkten, trotz des eben erst überstandenen Winters, stark und gesund, und die Menschen, auf die sie trafen, grüßten sie freundlich oder winkten ihnen von weitem zu. Dieser Arnkel schien ein guter Herr zu sein, der bei den Leuten beliebt war. Als Bragi seinen Begleiter bat, ihm etwas mehr über seinen Herrn zu erzählen, berichtete ihm dieser, dass Fürst Arnkel sich schon seit längerem in recht unzufriedener Stimmung befinde. Es gäbe derzeit kaum etwas, woran sein Herr noch Freude hätte, weshalb er ja froh sei, Bragi gefunden zu haben, mit dessen Spiel er hoffe, seinen Herrn wieder aufgemuntert zu finden.

Aha, so läuft der Hase also, dachte sich Bragi beklommen und überlegte, ob sein Entschluss, jenem Vasallen zu folgen, wohl der richtige gewesen war. Doch sein Magen war gegen Nachmittag bereits wieder so leer, dass es ihn weiter vorwärtstrieb. Und was hatte er schon groß zu verlieren? Also schritt er zügig weiter aus und harrte der Dinge, die da kommen würden.

Als es dämmerte, lag der Jarlshof schließlich vor ihnen. Schon von weitem hielt Bragi beeindruckt inne, um den prächtigen Holzbau genauer in Augenschein zu nehmen. Ein so großes, von Menschenhand errichtetes Anwesen hatte er bis dahin nie zuvor gesehen. Von einem gewöhnlichen Hof konnte hier wahrlich keine Rede mehr sein, eher von einer kleinen Festung. Von einer Holzpalisade umgeben, gruppierten sich eine nicht geringe Anzahl von Langhäusern und Stallungen um eine weit ausladende Langhalle, die mit kunstvoll beschnitzten Dachgiebeln versehen war. Ringsum stützen hohe, massive Balken das mit Riedstroh gedeckte Dach, sodass Bragi vermutete, dass jener Fürst Arnkel wohl ein sehr groß gewachsener, in jedem Fall aber sehr reicher Mann sein musste. Woraus er folgerte, dass Größe und Reichtum einander zu bedingen schienen. Die Erkenntnis, dass die Gesinnung eines Mannes sich nicht zwangsläufig an der Menge seiner Güter bemessen lässt, sollte später erst erfolgen. Für heute genügte es, um ihn mit staunenden Augen und offenem Mund weiter voranschreiten zu lassen.

Nachdem man sie eingelassen hatte, ließ Bragis Reisegefährte sich entschuldigen und verschwand durch einen Seiteneingang in der großen Langhalle. Bragi, der auf ihn warten sollte, ließ sich auf einem Holzstoß nieder und beobachtete interessiert das Treiben der Menschen und Tiere, die sich auf dem offenen Platz vor der Halle tummelten. Im letzten Schein des Abendlichts erblickte er Hühner, Gänse, Schafe, Schweine, Ziegen und Hunde, die allesamt frei umherliefen und sich gelegentlich um Küchenabfälle stritten. Nach einer Weile kam eine junge Magd auf ihn zugelaufen und brachte ihm einen Krug Wasser. Als er sich mit einem Lächeln bedankte, wurde sie rot und eilte wieder davon. Ansonsten schien sich niemand weiter für ihn zu interessieren.

Als Bragis Reisegefährte zurückkehrte, teilte ihm dieser mit, dass Fürst Arnkel in Kürze zu speisen gedenke und er Bragi danach empfangen wolle. Der Mann wies ihm eine Stelle, wo er sich etwas erfrischen konnte und ließ ihn erneut stehen. Bragi wusch und säuberte sich so gut er es vermochte, doch ließ seine abgetragene und löchrige Kleidung kaum Zweifel darüber offen, wie es um ihn bestellt war.

Eine weitere Stunde später, es war bereits stockdunkel und sein Magen knurrte wie ein hungriger Wolf, wurde er von einem untersetzten Mann abgeholt, der ihn durch die Hauptpforte in die große Halle führte. Nervös bemerkte Bragi, wie seine Anspannung stieg, so sehr, dass er darüber sogar seinen Hunger vergaß.

Noch bevor sie die Halle ganz durchschritten hatten, zischte ihm der Mann plötzlich von der Seite zu: „Unser Herr ist ein anspruchsvoller Mann, der Vielem schnell überdrüssig wird. Ich hoffe also, du verstehst dein Handwerk, Bursche. Wenn nicht, schau lieber gleich, dass du weiterkommst!"

Offenbar war der Mann der Ansicht, Bragi mit dieser Mitteilung einen Gefallen getan zu haben. Doch freilich trug diese unglücklich gewählte Ermunterung nicht gerade dazu bei, Bragis Nervosität zu schmälern. Der Mann blieb zurück und Bragi musste noch einige Meter alleine zurücklegen, bis er schließlich vor eine längliche Tafel gelangte, an der Jarl Arnkel und seine Gattin soeben ihr Abendmahl beendet hatten. Rechts und links von Bragi brannten zwei große Langfeuer, deren Geflacker das innere des Hauses ebenso wärmten wie erhellten. Obwohl es bis zum Dachfirst gut sechs Meter sein mussten, schien der Rauchabzug reibungslos zu funktionieren, denn für zwei solch große Feuer hing erstaunlich wenig Rauch in der Luft. Außer dem Fürstenpaar tafelten noch drei weitere Personen am Tisch. Zu Bragis Freude war einer davon sein Reisegefährte. Offensichtlich stand er dem Fürsten wirklich nahe, denn er saß zu dessen rechter Seite. Ringsumher standen eine kleine Anzahl von Dienern, Mägden und Wächtern, die ihn jetzt allesamt musterten. Bragi wurde zwischen den Feuern sehr heiß und er begann zu schwitzen.

Während der Fürst sich die fettigen Finger an einem Tuch abwischte, das ihm ein Diener in devoter Haltung darreichte, nahm er seinen neuen Gast in

Augenschein. „So, und du bist...?“, sprach er Bragi mit gelangweilter Miene an. Arnkel war ein drahtiger, großer Mann, dessen Schläfen und sauber gestutzter Kinnbart bereits die ersten grauen Haare aufwiesen.

Bragi nahm seine Mütze vom Kopf, verbeugte sich und nannte seinen Namen. Der Fürst maß ihn nun ausgiebig vom Scheitel bis zur Sohle, sodass Bragi sich in seinen Lumpen ganz elend vorkam. Mit einem Male fühlte er sich unter dem Blick dieses hohen Herrn so gering, dass er am liebsten im Boden versunken wäre.

Endlich sagte Arnkel: „Hm, habe nie von dir gehört. Aber wie sollte ich wohl auch? Du scheinst noch keine zwanzig Lenze zu zählen. Etwas wenig für einen Skalden, als dass er schon von sich hätte reden machen können, nicht wahr?“ Er blickte Bragi fragend an, der verlegen auf seine Füße starrte.

Der Fürst blickte kurz zu Bragis Reisebegleiter hin und sagte: „Ole hier meinte, du seiest ein recht begabter Spielmann, der seine Leier auf eine Weise zu schlagen verstehe, dass selbst die Bäume zu tanzen beginnen und die Wasser in ihrem Falle stille stehen. Und dass du darauf brennen würdest, vor mir Gehör zu finden.“

Bragi, von dieser Verdrehung der Umstände, sowie der recht dick aufgetragenen Vorstellung seiner Fertigkeiten sichtlich irritiert, bejahte zaghaft und verbeugte sich schnell ein weiteres Mal.

„Nun, dann lass uns hören, Bragi Boddason, denn die Kunstfertigkeit eines Skalden sollte nicht unser Auge, sondern lediglich unser Ohr bemessen, nicht wahr?!“

Bragi, ebenso überrascht wie erfreut, dass er so schnell beginnen durfte, legte seinen Umhang ab und nahm sich die Leier vom Rücken. Dabei ging ein erstauntes Raunen durch die Halle, denn sein kostbares Instrument, bis eben noch unter seinem Umhang den Blicken der Anwesenden verborgen, wollte so gar nicht zum Rest seiner Erscheinung passen. Bragi ließ sich jedoch nichts anmerken und griff beherzt in die Saiten. Denn spielte er erst einmal, war alle Aufregung meist schnell verflogen.

Zunächst trug er ein paar Verse vor, die er auf seiner Leier begleitete. Dann stimmte er singend eine jener sehnsuchtsvollen Melodien an, die er noch bei Bodda an den Gestaden des Meeres komponiert hatte. Als er geendet hatte, erntete er allseits reichlichen Beifall. Die an der Tafel Sitzenden lächelten ihm aufmunternd zu, und Arnkels Gattin wischte sich Tränen der Rührung aus den Augenwinkeln.

Der Applaus erstarb jedoch wieder, als offenkundig wurde, dass Fürst Arnkel keinerlei Anstalten machte, in den Beifall mit einzusetzen. Bragi schluckte nervös, doch Arnkels erstarrte Miene verriet mit keiner Regung, welche Gedanken er dahinter wälzte.

Nach einer guten Minute, die Bragi wie eine Ewigkeit erschien, sprach er endlich: „Sag mir, Bragi Boddason, dort, wo du herkommst, schätzt man da auch Weisheit und Scharfsinn oder verbringt man seine Zeit mehr mit schwärmerischer Träumerei und tatenlosem Müßiggang?"

Bragi räusperte sich verhalten und entgegnete wacker: „Aus dem Nirgendwo kommend, wurde ich einst als Knabe in einem Boot von stürmischen Wogen an Land gespült, wo mich ein Fischer Namens Bodda fand. An Kindes statt von ihm angenommen, gab er mir ein Heim, zog mich auf und unterwies mich in der Kunst der Skalden."

Der Jarl setzte eine interessierte Miene auf und nickte bedächtig: „Soso, dann bist du also ein Waisenkind des Meeres?! Und wahrlich, von einem fernen Land unter den Wellen scheint deine Musik zu künden, die einem die Sehnsucht in die Herzen zu gießen versteht. Nie zuvor hörte ich einen so jungen Spielmann seinem Instrument solch vollkommene Klänge entlocken." Erst jetzt wandte der Fürst sich seiner Gattin zu, dann seinen Hausleuten und strahlte alle glücklich an. Wie es Bragi vorkam, das erste mal seit langem. Das Eis schien gebrochen.

Dann drehte sich Jarl Arnkel nach hinten, um jemanden herbeizuwinken. „Was meinst du dazu, bester Rudgar?", fragte er laut vernehmlich.

Aus dem Schatten von Arnkels thronartigem Sitzstuhl trat ein langer, hagerer Mann hervor. Er hatte schwarzes, ebenfalls leicht angegrautes Haar, und sah aus, als wäre er lieber weiterhin im Hintergrund geblieben. Er warf Bragi einen flüchtigen, abschätzenden Blick zu und erwiderte mit verkniffenem Lächeln: „Oh ja, Herr, ohne Zweifel ein großes Talent."

„Nicht wahr?", fand Arnkel sich bestätigt, wandte sich wieder Bragi zu und sagte fröhlich in die Runde: „Und wahrlich, die Götter müssen bei guter Laune gewesen sein, als sie diesen außergewöhnlichen Jüngling schufen!"

Es war, als ginge ein befreiendes Aufatmen durch die gesamte Halle, denn sogar das Gesinde schien erleichtert, seinen Herrn endlich wieder einmal zufrieden zu sehen.

Mit warmer Stimme sagte Arnkel: „Lange ist es her, dass meine Ohren solch anmutigen Klängen lauschen durften. Ein Ohrenschmaus fürwahr, doch ebenso ein Fest für die Sinne. Doch auch Künstler müssen essen und trinken, nicht wahr? Ich nehme doch an, dass du hungrig bist!? So setz dich nur her zu uns. Ich bin sicher, dass wir dich satt kriegen!" Er schnippte mit den Fingern und sogleich verschwanden zwei der Diener, um kurz darauf mit vollen Essensplatten zurückzukehren. Weiter wurde Bragi ein großer Krug mit Bier hingestellt. Er aß und trank nach Herzenslust und langte eifrig zu.

Und erst jetzt, als er an des Fürsten Tafel speiste, vermochte auch Bragi sich zu entspannen. Seine Musik schien diesem großen und wichtigen Mann tatsächlich zu gefallen. Und um diesen Augenblick noch zu krönen,

zog Fürst Arnkel sich einen kleinen, goldenen Ring vom Finger. Diesen hielt er funkelnd empor, sodass ihn jeder seiner Vasallen sehen konnte. Mit der anderen Hand deutete er Bragi, sich das Ringlein bei ihm abzuholen. Bragi schluckte seinen Bissen herunter, erhob sich und nahm das Kleinod in Empfang, für das er sich abermals verbeugte. Diese großzügige Geste ihres Herrn wurde von Arnkels Hausvolk erneut mit einem überschwänglichen Applaus bedacht.

Arnkel hob die Hände, und das Klatschen verstummte augenblicklich. „Lass mich dir einen Vorschlag unterbreiten, Bragi Boddason", sprach er laut und vernehmlich. „Auch wenn ich sicherlich nicht der einzige hier bin, der deiner Musik gerne noch länger lauschen würde, wollen wir es für heute damit bewenden lassen. Du bist den ganzen Tag gelaufen, und sicherlich sehr müde und erschöpft. Auch wir selbst wollen heut zeitig zu Bette gehen, da wir morgen in aller Frühe zum Waidwerk ausfahren werden. Doch morgen Abend, wenn wir von der Jagd heimgekehrt sind, um an dieser Stelle hier gemeinsam frisches Wildbret zu genießen, will ich gerne vernehmen, wie es um dein weiteres Können bestellt ist. Wenn du dich also entschließen solltest, ein paar Tage an meinem Hof zu verweilen, so will ich's dir wohl vergelten!"

So sprach der Jarl. Und Bragi, glücklich in einen großen Haferfladen beißend, sah keine Veranlassung, diese freundliche Einladung auszuschlagen.

Am Hofe Fürst Arnkels lebte jedoch ein Mann, den der Jarl nach Bragis Vortrag um seine Meinung befragt hatte. Dieser Mann Namens Rudgar war der erste Skalde bei Hofe. Viele Jahre hindurch hatte er stets gewissenhaft seinen Dienst verrichtet und Arnkel und die Seinen dabei oft trefflich unterhalten. Rudgar war seinem Jarl stets mit der gleichen Gefolgstreue zugetan, wie der Rest der höher gestellten Hausleute. Doch war er dabei voller Listen und in seiner schmiegsamen Spottsucht klüger und gewitzter, als alle anderen Leute im Umfeld seines Herrn.

Gleichwohl Rudgar kein besonders ansehnlicher Mann war, hatten seine früheren Erfolge ihm das gewisse Charisma des Sängers eingebracht, wodurch er manchen äußeren Mangel bei der Damenwelt wieder hatte wettmachen können. Doch nun hatte sich seine einstige Anziehungskraft gegen seine Überzeugung davon im Spiegel ausgetauscht. Seine Mundwinkel hingen nur noch schlaff herab, als hätten sie ein Lächeln nie gekannt. Auch hatten ihn sein unbedachter Gehorsam und seine Gefallsucht mit der Zeit herzlos werden lassen. Er war ein Spötter geworden, der seine eigenen Mängel verbarg, indem er seine Mitmenschen ständig mit altklugen Reden belehrte. Mittlerweile auf solch unangenehme Weise, dass seine ewige Besserwisserei den Saft aus jedem sog, der das Pech hatte, ihm länger zu begegnen. Über die Jahre bei Hofe bequem und satt geworden, welkte seine Inspiration nun in der Müllgrube seines einstmals glänzenden Gedächtnisses dahin. Und so war es Rudgars Sangeskunst, die fortan jegliches Herzblut vermissen ließ. Seine Reime waren zu statischen Worthülsen verkommen, die sich flach und schal aneinander reihten. Und gleichwohl er sich selbstquälerisch abmühte, seine Zuhörer wie früher mitzureißen, blieb seinen Auftritten jener überspringende Funke versagt, mit denen er die Menschen einst an seine Lippen gebannt hatte.

Hilflos hatte Rudgar mit ansehen müssen, wie Arnkel während seiner Vorträge zunehmend die Langeweile überkam. Verzweifelt hatte er sich abgeplagt, neue Oden zu ersinnen. Doch da wahrhafte Kunst sich sträubend widersetzt, desto gewaltsamer man sie zu erzwingen sucht, war er ein ums andere Male kläglich gescheitert. Ohnmächtig gewahrte Rudgar, wie er in Arnkels Gunst beharrlich zu sinken begann. Immer seltener ließ sein Fürst nach ihm schicken, und spielte Rudgar vor geladenen Gästen auf, schenkte der ihm kaum noch Beachtung. Ja, es war lange her, dass Arnkel ihm überhaupt noch Beifall gezollt hatte. Und nun tauchte zu allem Unglück dieser junge, fahrende Sänger bei Hofe auf, in dessen unverbrauchtem Spiel Rudgars Kennermiene sogleich den Nebenbuhler erwittert hatte. Ein dahergelaufener Geck, wahrlich nicht unbegabt und mit einem taufrischen, unverlebten Gesicht ausgestattet, dass alle Damenherzen würde höher schlagen lassen. Genügend Gründe also, um in Rudgars dahindarbender Seele eine bis dahin lediglich schlummernde Bosheit aufkeimen zu lassen. Denn nachdem sein Herr den abendlichen Vortrag dieses Grünspans mit einem goldenen Ringlein bedacht hatte, stand für Rudgar eines unmissverständlich fest: Wollte er sich in seiner angestammten Position von diesem jungen Mistkräher nicht verdrängen lassen, galt es diesen mit allen ihm zur Verfügung stehenden Mitteln aufzuhalten.

Rudgars Befürchtungen waren nicht unbegründet, denn am kommenden Abend, die angekündigte Sauhatz war erfolgreich beendet worden, ließ der Jarl wie angekündigt nach Bragi schicken. Der schnappte seine Leier, sich darauf vorbereitend, Arnkel nun während des Abendmahls eine Privatvorstellung zu geben. Doch es kam anders. Arnkel lud ihn erneut zu sich an die Tafel und Bragi bekam die gleichen Speisen serviert. Herrlich frisches Wild, gut angebraten und mit saftiger Kruste, ein wahrer Gaumenschmaus. So sehr war Bragi mit seiner Mahlzeit beschäftigt, dass er nicht mitbekam, wie sich alle anderen Tischnachbarn um ihn herum nach und nach entfernten. Als er irgendwann wieder schmatzend aufblickte, gewahrte er, dass er und der Fürst alleine waren.

Seinen fragenden Blick bemerkend, sagte Fürst Arnkel: „Kümmere dich nicht darum und iss nur fertig. Ich habe darum gebeten, uns nicht zu stören, da ich etwas mit dir zu besprechen habe."

Als Bragi so satt war, dass er keinen Bissen mehr herunterbekam, erkundigt sich Arnkel, ob Bragi unter seinem Dach gut gespeist und genächtigt hätte. Bragi bejahte, worauf sein Gastgeber ihm ohne Umschweife erklärte, dass seine kurze Darbietung am Vorabend ihn überzeugt hätte. Daher habe er beschlossen, nicht länger Rudgar, sondern ab sofort Bragi als ersten Hofskalden in seine Dienste zu nehmen; natürlich vorausgesetzt, Bragi würde dem zustimmen.

Bragi glaubte seinen Ohren nicht zu trauen und sein Herz tat einen rechten Freudenhüpfer. Er errötete, machte eine hastige Verbeugung und sprach verlegen: „Ihr erweist mir damit eine große Ehre, Herr, der ich hoffe, mich als würdig zu erweisen..."

„Ich weiß, dass du das wirst", entgegnete der Jarl zuversichtlich, der Bragis Antwort als Einverständnis nahm. „Und da ich schon bald ein großes Fest anzuberaumen gedenke, zu dem ich wichtige Gäste erwarte, wirst du dort die erste Gelegenheit bekommen, deine Kunst einem ausgewählten Kreis von Zuhörern vorzutragen. Unter ihnen werden sich einige reiche Händler und Kaufleute befinden, mit denen ich wichtige Handelsabkommen pflege und noch neue abzuschließen gedenke. Du wirst also sicher verstehen, dass mir an ihrer Fürsprache viel gelegen ist. Ich möchte von dir, dass du für ihre Unterhaltung Sorge trägst und mir dafür gerade stehst, dass meine Gäste sich unter meinem Dach wohl fühlen. Meinst du, dies bewerkstelligen zu können?"

Bragi nickte ergeben. Alles schien wie ein schöner, bunter Traum, aus dem er hoffte, niemals wieder erwachen zu müssen.

„Ich möchte, dass kein schlechtes Wort aus meinem Hause nach außen dringt! Hast du verstanden?", fügte Arnkel hinzu und sah ihn scharf an.

Bragi nickte abermals.

„Sehr gut", fuhr Arnkel nüchtern fort. „Von nun an wirst du hier bei Hofe unter meiner Obhut leben. Ab morgen hast du Zeit, dir für mein Fest ein entsprechendes Programm auszudenken und zusammenzustellen. Damit bist du bis auf weiteres von allen anderen Pflichten entbunden!"

Arnkel griff nach seinem Trinkbecher. Da der leer war, sprang sogleich ein Diener hinzu und füllte ihn erneut. Arnkel prostete Bragi auffordernd zu, der, von solch bestimmender Rede völlig geplättet, ebenfalls seinen Humpen erhob und ansetzte. Bragi, der nun meinte, für Arnkel alleine aufspielen zu müssen, nahm seine Leier zur Hand, doch der Fürst winkte ab.

„Lass nur, Bragi. Ich bin müde und habe noch ein paar wichtige Dinge, über die ich mich bedenken muss. Nicht der richtige Zeitpunkt für deine Kunst, die mich unweigerlich zum Träumen bringen würde. Doch mit Träumen lassen sich meine Ländereien leider nicht bewirtschaften." Arnkel faltete die Hände über seiner Brust und schloss die Augen. Offensichtlich war die Unterredung damit für ihn beendet.

Bragi erhob sich, verbeugte sich und wand sich schon zum Gehen, als er noch einmal innehielt.

Arnkel blickte fragend auf: „Ist noch etwas?"

Bragi nahm all seinen Mut zusammen: „Verzeiht meine neugierige Frage, Herr. Aber was wird nun aus Eurem bisherigen Hofskalden? Sicherlich wird er unter eurem Beschluss schwer zu tragen haben? Wie ich hörte, hat er Euch viele Jahre treulich den Dienst verrichtet."

Der Fürst blickte Bragi aufmerksam an. Dann sagte er nachdenklich: „In der Tat, das hat er. Und dafür ist er von mir stets reichlich entlohnt worden. Doch sein Geisteswitz und seine Vorstellungskraft scheinen Rudgar inzwischen verlassen zu haben, denn schon lange hat er nichts Erwähnenswertes mehr zustande gebracht." Arnkel verzog missmutig die Mundwinkel. „Die Wahrheit ist, dass mir seine kraftlosen Darbietungen schon seit langem zuwider sind." Er blickte Bragi forschend an und einen Moment später hellte sich seine Miene wieder auf. „Doch nun bist du ja an meinen Hof gekommen,

Bragi Boddason. Ein echter Glücksfall. Wenn auch nicht für Rudgar, der damit seine Stellung verliert.“ räumte er ein. „Aber so will es nun mal das Gesetz des Lebens. Das Alter muss der Jugend weichen, das lahm Gewordene sich dem Erstarkten beugen!“

Bragi wusste nicht, was er dazu sagen sollte. Unweigerlich musste er seines gebrechlichen Ziehvaters gedenken, der inzwischen sicherlich längst verstorben war.

Arnkel erhob sich jetzt, kam auf Bragi zugeschritten und legte diesem wohlwollend seine Hände auf die Schultern. Beide waren sie gleichgroß.

„Deine Besorgnis um das Wohl deines Vorgängers ehrt dich, junger Skalde“, sprach Arnkel gönnerhaft, „doch ist sie unbegründet. Rudgar hat an meinem Hof genügend goldene Ringe verdient. Gleichzeitig hat er stets ein bescheidenes Dasein geführt. Er wird also genug beiseite geschafft haben, um damit einen geruhsamen Lebensabend bestreiten zu können. So er möchte, kann er diesen gerne auf seine Kosten an meinem Hofe verbringen, denn ab sofort bist du mein neuer Günstling. Vorerst steht dir weiterhin ein Schlafplatz im Gesindehaus zur Verfügung. Rudgar hingegen erhält dreißig Tage Bedenkzeit, mir seine Entscheidung mitzuteilen. Die hat er sich verdient. Dann aber wird er seine Kammer räumen müssen, die du darauf beziehen wirst. Denn große Kunst verlangt nach innerer Sammlung und Ruhe, nicht wahr?!“

Bragi, noch immer unfähig, etwas Vernünftiges zu erwidern, zeigte seine Zustimmung, indem er sich ein weiteres Mal verbeugte.

Arnkel ging zu seinem Stuhl zurück, setzte sich und faltete wieder zufrieden die Hände. Als er sah, dass Bragi noch immer dastand, fügte er hinzu: „Und nun verschwende keinen weiteren Gedanken mehr an Rudgar, sondern widme dich ganz deiner dir bevorstehenden Aufgabe. Bedenke stets, dass die Zufriedenheit meiner Gäste über unser beider Ansehen entscheidet. Somit wird ihre Zufriedenheit das Maß deiner Entlohnung bestimmen. Denn so, wie der Beifall meiner Gäste den Ruhm meiner Halle mehrt, mehrt er auch den deinen als Sänger. Und damit ist uns beiden gedient. Also mach deine Sache gut und es soll nicht zu deinem Schaden sein!“ Nach diesen Worten wandte sich der Jarl einem seiner Berater zu, der eben herbeigetreten war. Für Bragi das Zeichen, dass er sich endgültig zu entfernen hatte.

Am nächsten Morgen, Bragi war noch ganz in die kommenden Veränderungen seines Lebens versunken, suchte er die große Küche des Hauses auf, von wo ihm ab jetzt täglich zwei Mahlzeiten zustanden. Für einen umherziehenden Wandervogel wie ihn, für den seit seinem Fortgang aus Boddas Fischerhütte ein knurrender Magen leider zum ständigen Begleiter geworden war, eine sehr angenehme Erfahrung. Zum ersten Mal in seinem neuen Leben brauchte er sich nicht mehr um die Beschaffung seiner Mahlzeiten zu sorgen, sondern wurde für das entlohnt, was er am besten konnte und am liebsten tat. Ja, man forderte ihn dazu sogar auf. Konnte es für einen aufstrebenden Skalden, der seinen Platz in der Welt noch suchte, etwas Schöneres geben?

Doch dort, wo Wohlbehagen und Gunsterzeugung auferblühen, gedeihen in ihrem Schatten nur allzu gerne Neid und Missgunst. Als man Rudgar am nächsten Tag den Beschluss seines Herrn überbrachte, schien dieser seine Absetzung mit überraschendem Gleichmut aufzunehmen. Tief in seinem Herzen hatte sich jedoch bereits der alte Neiddrachen Nidhögg eingenistet, unermüdlich darauf sinnend, einen Plan für Bragis Untergang zu schmieden. Oh ja, dieser eitle Emporkömmling, dem Rudgar in seiner Kränkung alle Schuld an seiner Ausmusterung zuschob, würde ihn bald kennenlernen!

Jarl Arnkel hatte ihm großmütig eine Frist von dreißig Tagen eingeräumt, bis er seine Stube zu räumen hatte. Danach stand sie seinem neuen Günstling zu, während Rudgar, sofern er sich dazu entschloss, weiterhin an Arnkels Hof zu leben, ins gemeinschaftliche Gesindehaus umziehen musste. Für ihn, der er es seit mehr als zehn Jahren gewohnt war, eine eigene Kammer zu bewohnen, eine zutiefst demütigende Vorstellung. Schon sah er die hämischen und schadenfrohen Fratzen all dieser primitiven Knechte und Mägde vor sich auftauchen, die ihn seinen Abstieg in ihren Stand zurück deutlich spüren lassen würden.

Dreißig Tage. Eine Zeitspanne, in der noch vieles passieren konnte. Und so sann Rudgar angestrengt darüber nach, wie es anzustellen war, den lästigen Kontrahenten in Ungnade fallen zu lassen, ohne dabei den Verdacht auf sich selbst zu lenken. Denn obgleich er nicht mehr viel zu verlieren hatte, war es doch das eine, ob man ausgemustert wurde, oder aber mit Schimpf und Schande davongejagt zu werden. Es galt also, sich vorzusehen und äußerste Achtsamkeit walten zu lassen. Alles musste bis ins Letzte durchdacht sein. Doch da er seit Jahr und Tag an diesem Hof diente, mit dessen Räumlichkeiten und Bewohnern er bestens vertraut war, war Rudgar zuversichtlich, schon bald die passende Lösung für all seinen Unbill gefunden zu haben. Ein blutiges Tieropfer an Loki, jenen listenreichen Gott, der seine treuen Anhänger mit Inspiration bedachte, sobald ihnen ein Unrecht widerfuhr, schien Rudgar dafür angemessen.

Unterdessen widmete sich Bragi voller Eifer seiner neuen Aufgabe. Lediglich seine Leier und einen Trinkbeutel mit sich führend, brachte er die kommenden Tage damit zu, alleine die Gegend zu erkunden. Und da Fürst Arnkels weite Ländereien im Westen bis an die Küste hin reichten, war es nicht verwunderlich, dass der erste große Ausgang den frisch gebackenen Hofskalden zielsicher an die Gestade des Meeres führte. Denn wann immer Bragi des großen Wassers ansichtig wurde, seinen frischen, salzigen Geschmack auf den Lippen schmeckte, war es für ihn ein bisschen wie Heimkommen.

Seit ihn die geheimnisvolle See bei seinem Freitod damals nicht gewollt und auf wundersame Weise wiedergeboren hatte, war sie für ihn so etwas wie eine zweite Mutter geworden. Sie spendete ihm Trost, war wie Balsam für seine geschundene Seele, sobald er seiner verstorbenen Mutter gedachte. Seine Schuld daran steckte wie ein eiskalter Stachel in seinem Herzen, der wohl bis an sein Lebensende darinnen verweilen würde. Seither war die See für ihn zum großen, niemals ruhenden Mysterium geworden, das ihn immer wieder aufs Neue zu sich rief. Bragis ganzes Sein wurde bei ihrem Anblick regelmäßig von jener unerklärlichen Stimmung erfasst, die irgendwo zwischen stiller Zufriedenheit und melancholischer Schwermut hin und herpendelte – also genau jenem Gemütszustand, den es bedurfte, um die Inspiration eines Dichters zu nähren. Außerdem blies ihm der frische Wind jedes Mal sein Hirn frei. Und das war jetzt bitter nötig, hatte er doch nun eine große Aufgabe vor sich.

Zahlreiche Bäume säumten Bragis Weg zur Küste. Viele von ihnen waren durch die Gewalt des Küstenwindes ganz krumm gewachsen. Nachdem er sich einen windgeschützten Platz mit großzügigem Blick aufs Meer hin ausgesucht hatte, begann er sich ans Werk zu machen. Völlig in sich und seine Kunst versunken, brach Bragi erst wieder auf, als der Abend bereits dämmerte. Hungrig aber zufrieden, machte er sich auf den Heimweg, sich dabei ausmalend, welche Art Abendmahl ihn heute erwarten würde. Lächelnd gedachte er des alten Bodda. Wenn der ihn jetzt doch nur sehen könnte! Bestimmt wäre er voller Anerkennung für ihn gewesen, jetzt, da Bragi es so jung bereits geschafft hatte, mit seiner Skaldenkunst seinen Lebensunterhalt zu bestreiten.

Auf diese Weise flogen Bragis kommende Tage in reger Geschäftigkeit dahin, sodass der junge Skalde bald eine ausgewogene Sammlung an Beiträgen beisammen hatte, die er an Arnkels Festabend vorzutragen gedachte.

Eines frühen Abends, als Bragi sich wieder einmal auf den Heimweg von der Küste machte, beschloss er, einen Pfad durch ein kleines Wäldchen zu nehmen. Nach nur wenigen Schritten, die Dunkelheit hatte zwischen den Bäumen bereits eingesetzt, kreuzte plötzlich ein Fuchs seinen Weg. Bragi blieb stehen und verharrte schweigend. Der Fuchs tat es ihm gleich und

Voenix 2011

blickte ihm furchtlos entgegen. Da gewahrte Bragi, dass das Tier in seinem Maul einen kleinen, metallischen Gegenstand trug, der trotz des schwachen Abendlichts schimmernd aufblinkte. Da war die Neugier des jungen Mannes geweckt, der zu gerne gewusst hätte, was der Fuchs dort in seinem Maul hatte. Als Bragi sich auf diesen aber zu bewegte, machte Freund Reineke eine Kehrtwendung und tappte davon. Ohne nachzudenken nahm Bragi die Verfolgung auf. Er hatte keine Mühe Schritt zu halten, denn das rotbuschige Tier lief in gemütlichem Trabe, fast so, als sei es bemüht, seinen Verfolger nicht zu verlieren.

Schließlich gelangten sie an den Bau des Fuchses. Das Tier verschwand darinnen, kehrte nach kurzem aber wieder zurück. Diesmal ohne das blinkende Metal, das es in seiner Höhle wohl abgelegt haben musste. Ohne Bragi noch eines weiteren Blickes zu würdigen, verschwand der Fuchs darauf zwischen dichten Sträuchern. Vermutlich, um diesmal nach essbarer Beute Ausschau zu halten.

Bragi stand nun alleine vor dem finsteren Fuchsbau und überlegte, ob er wohl in diesen hineinfassen solle, um nach dem Metal zu haschen. Da er aber fürchtete, in seinem inneren auf einen Wurf hungriger Welpen zu stoßen, die gierig nach seinen tastenden Fingern schnappen würden, entschied er sich dagegen. Das Risiko, seine Hand zu verletzten, schien ihm zu groß. Vor allem jetzt, da von seiner Fingerfertigkeit mehr denn je seine Zukunft abhing. Denn so großzügig sich Fürst Arnkel ihm gegenüber bisher auch gezeigt hatte, so war doch abzusehen, dass der ihn mit einer verletzten Hand seines neu erworbenen Postens ebenso schnell wieder entheben würde, wie Bragi auf diesem gelandet war. Also entschloss er sich, wenn auch widerwillig, das Metal dort zu belassen, wo der Fuchs es hingetragen hatte, und machte sich wieder auf den Heimweg.

Doch noch lange sann Bragi über diese Begegnung mit dem Fuchs nach, die ihm von nicht geringer Bedeutung erschien. Hatte Bodda ihn doch einst gelehrt, im ungewöhnlichen Verhalten von Tieren zuweilen Hinweise auf kommende Ereignisse zu erblicken. Und so ermahnte Bragi sich selbst, die folgenden Tage in erhöhter Wachsamkeit zu verbringen.

Als Bragi verweilte am Fürstenhof,
nicht müde ward da der Mob
zu schmähen den Träger der Schalle.
Mit Spott und höhnischer Schelte
sie neideten ihm seine Stellung,
Gunst und Kost ihm nicht gönnend.

# 12. Die Feuertaufe

Nach der Begegnung mit dem Fuchs, verstrichen zwei weitere Tage voll inspirierenden Schaffens. Bragi brannte schon förmlich darauf, seine neu geschöpften Oden endlich einem geneigten Publikum vortragen zu können. Wann immer er am Abend zurückkehrte, war der Jarlshof noch von geschäftigem Treiben erfüllt. Das von Arnkel anberaumte Fest rückte täglich näher, und das Gesinde sowie sämtliche Sklaven schufteten bis tief in die Nacht hinein, um all die anfallenden Vorbereitungen rechtzeitig bewerkstelligen zu können. Noch schlimmer dran waren nur die Sklaven, von denen es aber glücklicherweise nur wenige an Arnkels Hof gab. Da Bragi nach wie vor mit den Knechten das Gesindehaus teilte, kam es des Öfteren vor, dass viele der Schlafstätten noch leer waren, wenn er sich zur Nachtruhe begab.

Wenn Bragi dann am nächsten Morgen vom lärmenden Getöse seiner Zimmernachbarn erwachte, schien es, als hätten manche von ihnen überhaupt nicht geschlafen. Dann will ich's wohl für sie tun, dachte er müßig, reckte sich gähnend in seinem warmen Bett und schlief aufs Neue ein. Was nicht ohne Folgen Blieb. Die ersten Auswirkungen bekam er am Abend bei seiner Heimkehr zu spüren, als ihn sein erster Weg wie gewohnt in die Küche führte, um sich dort seine zweite Mahlzeit abzuholen. Bragi fiel auf, dass die Menschen ihm anders begegneten. Zunächst nur vereinzelnd und recht verhalten, wurde bald offensichtlich, dass ihre neugierige Bewunderung, mit der sie ihn anfänglich bedacht hatten, einer kühlen Ablehnung wich. Ungeachtet dessen, dass Bragi mit ihnen dieselbe Unterkunft teilte und bemüht war, die gemeinsame, allabendliche Essenszeit einzuhalten, blieb er aufgrund seiner Sonderstellung für sie doch nur ein Außenseiter, dessen Rechte sie ihm neideten. Immer häufiger fand Bragi nun missgünstige Blikke auf sich ruhend, die unmissverständlich zeigten, dass er sich in ihren Augen für etwas Besseres hielt. Weiter angestachelt durch Rudgars tückische Hetzreden, der überall verbreiten ließ, wie Arnkels neuer Liebling ihm seinen Rang gestohlen habe, schien die Abneigung bei manchen sogar in offene Feindschaft umzuschlagen.

Beim morgendlichen Wecken, das nun unter auffällig lautem Gepoltere ablief, stieß der ein oder andere Knecht beim Hinausgehen so hart mit dem Fuß an seine Bettstatt, dass dies beim besten Willen nicht mehr als zufällige Unbedachtheit durchgehen konnte. Und Bragi, verstört durch dieses feindselige Verhalten, wusste nichts Besseres zu tun, als sich weiterhin schlafend zu stellen. Umso deutlicher vernahm er dafür das gereizte Murren und Fluchen der Knechte, die ihre Stimmen absichtlich nicht senkten und ihn einen Faulenzer, Drückeberger, Stiefellecker und Seidenarschzupfer schimpften.

Obwohl das Verhalten seiner Mitbewohner Bragi in seinem eben erst erwachten Selbstbewusstsein sehr kränkte, war er dennoch bemüht, ihnen Verständnis entgegenzubringen. Während sie vom ersten Hahnenschrei an ohne Unterlass schuften mussten, kam er irgendwann am helllichten Tag aus seiner Bettstatt gekrochen, ging sich erst einmal in aller Ruhe waschen, um sich dann in der Küche ausgiebig an den Überresten des Frühstücks zu bedienen. Danach sah man ihn meist fröhlich pfeifend auf den Hof hinausspazieren, und die Menschen bekamen ihn erst wieder zu Gesicht, wenn das Nachtmahl ihn zurück in die Stube trieb.

Dann aber geschah es, dass Bragi sich eines Abends als Letzter hungrig über den großen Küchenkessel beugte, dessen Inhalt er bereits freudig schnuppernd als Hafer-Herings-Grütze identifiziert hatte. Doch zu seiner großen Enttäuschung fand er auf dem Kesselboden lediglich einen kümmerlichen, angebackenen Rest vor. Kaum mehr, als dass eine Ratte sich daran hätte sättigen können. Hilflos in die Runde blickend, fand er alle Hausleute bereits gierig schmatzend über ihren Essensschalen hängen. Offensichtlich hatte man das Nachtmahl heute etwas früher ausgegeben und ihn dabei vergessen. So stand Bragi nicht gerade glücklich da.

Noch während er überlegte, ob dies nun in böswilliger Absicht oder einfach aus Versehen vonstatten gegangen war, rief ihm einer der Knechte zu: „Na, Herr Meistersänger, etwas Schmacht beim Dichten bekommen? Da wird der Darm heut' wohl mal leer bleiben müssen!"

Als darauf unter allen Versammelten schallendes Gelächter einsetzte, hatte Bragi seine Antwort. Gleichzeitig wurde ihm bitter bewusst, dass sie ihn unter ihresgleichen niemals akzeptieren würden.

Schon rief ein anderer mit unverhohlener Häme: „In ein paar Tagen kannst du ja unter Beweis stellen, ob du mit deinem Singsang all die Heringe und Fladen wert bist, mit der du seit deiner Ankunft die Scheißgrube gefüllt hast!"

Und ein anderer, der den Mund voll fauliger Zahnstummel hatte, rief keckernd: „Nicht traurig sein, Bürschchen. Wenn du fein trällerst, wird dir dein Herr zum Dank schon einen fetten Knochen hinwerfen!"

Erneut schmerzte ihr dröhnendes Hohngelächter in Bragis Ohren. Bedrückt schlug er die Augen nieder, denn für sein Tun Verachtung zu empfangen, schmerzte ihn mehr, als der Umstand, hier Zielscheibe ihres Spottes zu werden.

Durch die ausgelassene Stimmung mutig geworden, meldete sich nun eine recht feiste Magd zu Wort. In ihrem Schoß ein totes Huhn rupfend, saß sie breitbeinig da, ihr tumbes Gesicht ganz von Ruß und Asche beschmiert. Der offenherzige Ausschnitt ihres Kleides hing so tief über den Schultern herab, dass der Betrachter mehr zu sehen bekam, als ihm lieb war. „Oooch, seht nur das arme, kleine Schoßhündchen unseres Herrn", säuselte sie in gespieltem Mitleid, „nun haben wir es verschreckt, und es lässt ganz traurig sein zartes Köpflein hängen."

„Wau, wau", begann sie bellend einen jungen Hund nachzuäffen. Ein Gewinsel, in das viele der Anwesenden nach und nach mit einstimmten.

Bragis Hände ballten sich zu Fäusten, dass seine Knöchel weiß hervortraten. Doch seine Stimme, wenngleich in lyrischer Beredsamkeit geschult, versagte ihm ob dieser spottenden Bande kläglich den Dienst. Und weil er wusste, dass er gegen die groben Fäuste der Knechte nichts auszurichten vermochte, die sicher nur darauf warteten, ihn endlich einmal richtig durchzudreschen, würgte er seinen Zorn herunter und kehrte der Küche hungrig den Rücken. Bis nach draußen begleitete ihn das johlende Spottgebell, in das zu guter letzt noch kläffend die Hofhunde mit einfielen, sodass Bragi sich von der ganzen Welt verlacht vorkam. Wütend trat er nach einem der kleineren Hunde, der aufjaulte und sich winselnd in die Dunkelheit verzog, sodass er Bragi schon fast wieder leid tat.

Eine tiefe, bittere Leere hatte von ihm Besitz ergriffen. Eine Träne der Wut und der Ohnmacht rann ihm die Wangen hinab. So war es kein Wunder, dass seine Gedanken wieder einmal seinem Pflegevater galten, als Bragi sich auf seiner Pritsche lang gemacht hatte und sich mit knurrendem Magen die Decke über die Schultern zog. Der gute alte Bodda, der sich einst von den Menschen abgewandt und zu einem einfachen Dasein als Einsiedler entschlossen hatte. Es war das erste Mal, dass ein bitteres Verstehen in Bragis zutiefst gekränktem Herzen aufglomm.

Fortan war Bragi bestrebt, dem Gesinde, so gut es eben ging, aus dem Weg zu gehen. Ließ es sich nicht verhindern, versuchte er ihre Sticheleien zu ignorieren und begegnete ihrem Spott mit gleichmütigem Schweigen. Geduldig ertrug er ihre Schmähungen und Streiche, mit denen sie ihn weiter zu erniedrigen hofften. Sie versteckten seine wenigen Habseligkeiten, spuckten ihm ins Essen oder stahlen im das Stroh aus seiner Matratze, sodass er zweimal gezwungen war, auf hartem Holz zu nächtigen. Allein Hand an ihn zu legen, wagten sie nicht. Zu sehr fürchteten sie die strafende Hand ihres Herrn, unter dessen Schutz der junge Sänger stand.

Daran vermochten selbst Rudgars Ränke nichts zu ändern, auch wenn er den übelsten unter ihnen Silber versprach, wenn sie Bragi in der Nacht für ihn zusammenschlugen. Doch da die Spatzen es bereits von den Dächern pfiffen, dass Rudgars Stern sank, und er ohnehin nie sonderlich beliebt gewesen war, fand sich keiner, der noch bereit gewesen wäre, für ihn einen solchen Häscherdienst auszuführen.

Als auch Bragi spitz bekommen hatte, dass sie es nicht wagen würden, ihm etwas anzutun, fing er an, sich auf seine Weise zur Wehr zu setzen. Er verfasste eine Reihe von Spottversen, die er immer dann vortrug, sobald sie ihn zu schikanieren begannen. In einfachen aber treffsicheren Reimen ließ er sich genüsslich über die Dumpfheit ihres von Missgunst erfüllten Menschenschlages aus, der stets neidisch auf das wenige Glück anderer schielte. Unmissverständlich hielt er ihnen den Spiegel vor, dass es ihre eigene, angeborene Kleinherzigkeit war, die verhinderte, dass ihnen jemals vergönnt sein würde, den Stand eines freien Bauern oder gar Fürsten zu erlangen.

Und so schlagfertig und zungengewandt wählte Bragi die Worte, dass nach einer Weile selbst der Dorfdepp in schallendes Gelächter ausbrach, sobald er seinen Sprechgesang aufführte. Dabei tänzelte Bragi mit seiner Leier stets leichtfüßig um seine Opfer herum, doch nur solange, bis diese murrend wieder von ihm abließen. Nie ging er ihnen nach oder suchte sie weiter aufzureizen, sobald sie ihr Vorhaben gegen ihn drangegeben hatten. Auch achtete er darauf, nie einen von ihnen persönlich zu beleidigen.

Bragis Spottverse waren die Rache des Sängers. Sie gaben ihm neue Kraft, was dazu führte, dass seine Achtung im Gesindehaus bei einigen wieder

anstieg. Und nachdem Bragi auf seine gewitzte Art sogar den Großknecht um den Finger gewickelt hatte, waren es auch die Restlichen bald leid, ihn zu hänseln. Denn wird beim Spötteln erst einmal scharf zurückgeschossen, verliert es schnell an Reiz. Und da Bragi nicht nachtragend war, waren alle Zwistigkeiten bald schon wieder vergessen. Als Bragi dann eines Abends mit einem Fass Met im Gesindehaus auftauchte, das der begeisterte Fürst ihm angeblich zur Unterstützung seiner dichterischen Bemühungen überlassen hatte, ließ man Bragi noch in derselben Nacht als großzügigen Wohltäter hochleben. Und da Bragi kein Problem damit hatte, das gesamte Gesindel an seinem Fass teilhaben zu lassen, wurde es ein feuchtfröhlicher Abend, bei dem man ein ums andere Male laut grölend auf ihn anstieß.

Die Idee, dass es sich bei dem Urheber dieser großzügigen Geste nicht um den Fürsten, sondern um Rudgar handeln könne, der dafür seine guten Beziehungen zu Arnkels Schankmeister hatte spielen lassen, kam Bragi nicht in den Sinn. Hatte doch Rudgar, als er erkannte, dass seine Bemühungen, die Menschen weiter gegen Bragi aufzuhetzen, nicht fruchteten, blitzschnell die Strategie gewechselt. Nachdem der Schankmeister von Rudgar eine gute Summe erhalten hatte, ließ dieser Bragi ausrichten, dass der Fürst ihm den Met sende, um seine musischen Leistungen zu fördern. Dieses süffige Getränk nämlich, verstehe einem die Zunge auf unnachahmliche Weise zu lösen. Eine ganz vortreffliche Idee, wie Bragi schien. Weniger vortrefflich war allerdings die Wirkung selbigen Getränks, dem Rudgar heimlich eine nicht geringe Menge an Schlafmohn zugesetzt hatte, um seinem Widersacher für die kommenden Tage das Dichten zu verleiden. Was dazu führte, dass das gesamte Gesinde am kommenden Morgen verschlief und kaum aus den Federn zu bekommen war.

Doch nachdem sich Rudgars wohlschmeckendes Gesöff als vortreffliches Schlafmittel erwiesen hatte, gewöhnte sich Bragi nun an, davon vor dem Zubettgehen einen kleinen Krug voll zu sich zu nehmen. Hierdurch konnte er dem nächtlichen Schnarchkonzert seiner Bettnachbarn begegnen und hatte endlich wieder einen tiefen Schlaf. Zwar kam er dafür morgens meist nur wieder mühsam in die Gänge, doch da er jung war und die frische Meeresbrise stets ihr Bestes tat, um seine trägen Lebensgeister neu zu entfachen, waren seine guten Vorsätze, dem Met künftig etwas weniger zuzusprechen, allabendlich rasch wieder vergessen.

Als Rudgar sah, dass seine Bemühungen auch diesmal nicht fruchteten, beschloss er, diesmal andere Saiten aufzuziehen. Die Zeit war reif, das Risiko zu erhöhen und den zweiten Teil seines wohldurchdachten Planes in die Tat umzusetzen. Wie eine arglose, sich gänzlich in Sicherheit wiegende Fliege, näherte sich Bragi seinem fein geflochtenen Spinnennetz, in dessen Mitte er in Kürze rettungslos zappeln würde.

In der kommenden Nacht wurde Bragi von seiner vollen Blase geweckt. Der ausgiebige Metgenuss am Vorabend forderte seinen Tribut. Für solche Fälle hatte er, wie alle Bediensteten, die nachts nicht gerne vor die Türe schlichen, unterm Bett einen Nachttopf stehen. Da der sich stets in Griffweite befand, wollte Bragi wie gewohnt nach diesem greifen. Zu seinem großen Unmut aber fasste seine Hand diesmal ins Leere. Bragi, davon ausgehend, einem erneuten Streich seiner Mitbewohner aufgesessen zu sein, schob den Oberkörper mürrisch über die Bettkante. Den Kopf nach unten hängend, bohrten sich seine schläfrigen Augen angestrengt in die Dunkelheit. Erleichtert stellte er fest, dass sein Topf noch da war. Allerdings fand er ihn so weit nach hinten geschoben, dass er sein warmes Bett nun doch verlassen musste. Sich längs neben seiner Schlafstätte auf die kalten Dielen legend, machte er den Arm lang und suchte den Nachttopf zu erreichen. Als seine Finger ihn noch immer nicht zu fassen bekamen, fluchte er leise aus und zwängte sich weiter unter die Bettstatt.

Und wie er da so im Schmutz voranrobbte, beengt wie in einem Kaninchenbau und darüber nachsinnend, welcher Armleuchter seinen Pisstopf wohl so weit nach hinten geschoben haben könnte, kam ihm plötzlich wieder die Begegnung mit dem Fuchs in den Sinn. Füchse waren Räuber und gewiefte dazu. Und jener Fuchs hatte damals seine Beute in seinen Bau gebracht und es so für Bragi unerreichbar werden lassen. Warum aber tauchte der Fuchs gerade jetzt wieder vor seinem geistigen Sehen auf? Bragis Neugier war geweckt. Und wie ein schnüffelnder Jagdhund, der die frische Witterung eines gehetzten Tieres aufnimmt, kroch er nun vollständig unter sein Bett, Dreck und Staub dabei ignorierend. Eine instinktive Ruhelosigkeit, hier möglicherweise einem Geheimnis auf der Spur zu sein, dessen Lösung sich in Reichweite befand, trieb ihn voran.

Überall lag zerriebenes Stroh am Boden, das beim nächtlichen Herumwälzen unweigerlich herab rieselte. Eigentlich nichts Ungewöhnliches, denn je unruhiger man schlief, desto kürzer die Zeitspanne, bis eine Bettfüllung durchgelegen war und mit frischem Stroh neu aufgefüllt werden musste. Doch es war noch nicht lange her, seit er seine Matratze hatte aufpolstern müssen, nachdem die boshaften Knechte sie ihm ausgedünnt hatten. Danach hatte Bragi sämtliche Strohreste fein säuberlich unter seiner Bettstatt zusammengefegt und beseitigt. Warum also fand sich nun am Fußende ein ganzes Häuflein zerriebenen Strohs, das unmöglich allein auf seine Kappe gehen konnte. Hatte sich vielleicht irgendein Nagetier am Inhalt seines Bettes bedient, um damit sein Nest auszukleiden? Oder schlimmer noch, sich am Ende gar selbst in seinem Bett eingenistet? Ihn schauderte bei diesem Gedanken.

Etwas zumindest war faul hier, das spürte er deutlich mit jeder Faser seines Körpers. Gleich einem Trüffelschwein, begann er den Boden nun Zentimeter für Zentimeter abzusuchen. Vielleicht war sein tierischer Untermieter ja aufgrund seiner Losung auszumachen, die es hier möglicherweise irgendwo zurückgelassen hatte. Da stach ihm von oben ein besonders harter Halm ins Gesicht. Er fluchte wieder. Seltsam, irgendetwas schien sich tatsächlich an seiner Matratze zu schaffen gemacht zu haben. Seine Erregung wuchs, denn er würde nicht aufhören zu suchen, bis er dieses Rätsel gelüftet hatte.

Als Bragi am folgenden Abend von seinem Spaziergang heimkehrte, schien der gesamte Hof in heller Aufregung. Ein Diebstahl war geschehen. Der goldene Zeremonienpokal, mit dem Fürst Arnkel seine wichtigsten Gäste stets willkommen hieß, um mit ihnen auf das Heil der Götter anzustoßen, war fortgekommen. Und das nur wenige Tage vor dem großen Fest. Ein ungünstiges Vorzeichen. Die Räume, Schlafstätten und Habseligkeiten sämtlicher Bediensteter sowie Sklaven waren tagsüber bereits durchsucht worden. Doch obgleich Arnkel eine hohe Belohnung für den Finder aussetzte und dem Dieb bei einem Geständnis mildernde Umstände zusicherte, blieb der Kelch spurlos verschwunden.

Zwei Tage später erreichte Bragi die Nachricht, dass Rudgar, als nunmehr entthronter erster Skalde bei Hofe, bei Fürst Arnkel vorgesprochen habe, um zwischen sich und Bragi einen direkten Sängervergleich zu fordern. Offensichtlich erhoffte sich Rudgar, auf diese Weise seinen Fürsten davon zu überzeugen, seine so voreilig getroffene Entscheidung noch einmal zu überdenken.

Der Jarl hatte sich über diesen Vorschlag ebenso überrascht wie erfreut gezeigt und nach kurzer Überlegung befunden, dass ein solcher Schlagabtausch unter Skalden äußerst kurzweilig zu werden versprach. Ein Spektakel, das Arnkel seinen wichtigen Gästen nicht vorenthalten wollte. Nachdem der Fürst sich bei Bragi erkundigt hatte, ob der gewillt sei, eine solche Herausforderung anzunehmen, und dieser bejahte, wurde vereinbart, ihren Wettstreit als Höhepunkt während der Feierlichkeiten einzubauen.

Welch unerwarteter Glücksfall, dachte sich Arnkel. Der eine Skalde noch grün hinter den Ohren, doch voll frischer Ideen und mit leidenschaftlicher Hingabe für sein Spiel gesegnet, und der andere ein gestandener und erfahrener Sänger, der sich noch einmal aufzubäumen suchte, um sein ganzes Können unter Beweis zu stellen. Zwei Gegner, die, anstatt mit Schwert und Schild, mit Wortwitz, Spiel und Stimme aufeinander eindringen würden. Der alte Hirsch forderte den jungen Hirschen zum Kampfe heraus, und er, Arnkel, als der oberste Platzhirsch, würde die Arena für dieses Sängerduell stellen. Welch prächtiges Ereignis. So also ward es beschlossen und Bragi aufgefordert, sich auf diese Kampfansage entsprechend vorzubereiten. Keine zwei Tage sollten ihm dafür mehr Zeit bleiben.

Während das Fest nun in Riesenschritten näher rückte, suchte sich Bragi ins Gedächtnis zu rufen, was Bodda ihn während ihrer abendlichen Gespräche alles an Kniffen über die Macht des Spottes gelehrt hatte. Denn mit Anfeindungen und bissigen Schmähungen würde der gekränkte Rudgar sicherlich in Fülle aufwarten können, soviel stand außer Frage.

„Die Aufgabe des wahren Dichters ist eine schöpfende und heilende", klang Bragi noch die Stimme seines Ziehvaters in den Ohren, „die des Spötters hingegen ist eine zerstörende und ätzende!"

Nun, einen Schwank über einen Mann zu verfassen, den er kaum kannte, war das eine, doch eine beißende Posse, mit der es in treffsicheren Versen die Schwächen seines Herausforderers zu entblößen galt, etwas ganz anderes. Bragi war nicht wohl bei diesem Gedanken. Hatte er bisher doch kaum einen Freund bei Hofe gefunden, während Rudgar ein angesehener, vor allem aber sehr erfahrener Skalde war, dem er wohl kaum würde das Wasser reichen können. Wie also sollte er gegen diesen bestehen? Und was fast noch wichtiger war – wie konnte er sich damit gleichzeitig den Beifall und das Wohlwollen des Publikums sichern? Beides konnte nur dann gelingen, wenn er im Vorfeld möglichst viele Eigenarten über seinen Gegner zusammentrug. Und das in nicht einmal zwei Tagen, in denen die Menschen wirklich Besseres zu tun hatten, als Bragi Einblicke in Rudgars Privatleben zu gewähren.

Glücklicherweise stellte sich heraus, dass Rudgar bei Hofe nicht halb so beliebt war, wie er befürchtet hatte. Und schnell hatte er eine geschwätzige Magd und einen alten Knecht aufgetrieben, die beide nicht sonderlich gut auf Rudgar zu sprechen waren. Von ihnen erfuhr Bragi manches, das sich für einen dichterischen Schlagabtausch verwenden lassen würde.

Dann endlich kam der große Tag. Noch bis zum Mittag war er erfüllt von hektischem Treiben. Als die ersten Ankömmlinge gesichtet wurden, zog man die Sklaven von ihrer Arbeit ab und wies sie an, bis auf weiteres in ihren Unterkünften zu verbleiben. Ihr abgeschufteter und erbärmlicher Anblick sollte nicht die Augen der Gäste beflecken, denen man nach allen Regeln der Kunst zu schmeicheln gedachte. Das Gesinde wurde angehalten, entsprechend saubere Kleidung anzulegen. Kurz, alles bei Hofe war gesäubert, repariert und auf Hochglanz gebracht worden, sodass Arnkels Besitztümer und Leibeigene sich von der besten Seite präsentierten. Seit Tagen eingeübt, wusste ein jeder, welche Aufgabe er nun zu übernehmen hatte. Wildbret und Fisch lagen in reichlichen Mengen zum Anbraten bereit, und die Getränke waren gekühlt worden. Arnkel hatte es an nichts fehlen lassen, um seinen Gästen ein unvergessliches Fest zu bieten.

Nachdem sämtliche Besucher nach und nach eingetroffen waren, zumeist Händler mit ihren Frauen, sowie drei weitere Jarle mit ihrem Hausgefolge, wurden alle zum Empfang in die große Halle gebeten. Vor seinen Gästen stehend, reichte Arnkels Gattin ihrem Mann ein kunstvoll verziertes Trinkhorn, das als Ersatz für den verschwundenen Kelch herhalten musste. Während Arnkel nun seine Begrüßungsrede hielt, äugte Bragi immer wieder versteckt zu Rudgar hinüber. Als Fürst Arnkel das Trinkhorn an seine Gäste weiterreichte, unter denen es sodann die Runde machte, zuckten Rudgars Mundwinkel nur unmerklich für einen Moment nach oben.

Es war bereits Abend geworden, als das einleitende Zeremoniell beendet war, und das Fest begann. Diener trugen die üppigsten Speisen herbei, köstliches Kräuterbier wurde serviert und jahrelang in Fässern gereifter Met aufgetischt. Während des Festmahls unterhielt Bragi die Gäste mit einfachen, eingängigen Melodien auf seiner Leier. Er trug eine festliche Tunika, die ihm zwei Frauen für diesen Tag extra angefertigt hatten, dazu ein nagelneues Schuhwerk. In den neuen Sachen, die Bragi beide behalten durfte, fühlte er sich selbst wie ein Fürst. Doch da sämtliche Gäste auf die gleiche feine Weise herausgeputzt waren und sich in rege Gespräche vertieft fanden, schenkte man ihm zunächst nur wenig Beachtung.

Als das Abendmahl sich dem Ende zuneigte, wurde Bragi und Rudgar signalisiert, sich für ihren Schlagabtausch bereitzuhalten. Dann war es soweit. Fürst Arnkel klärte seine wohlgesättigten Gäste über die Umstände des bevorstehenden Sängervergleiches auf, und unter tönendem Applaus wurde als erster Rudgar in die Mitte des Festsaales gerufen.

Und wie Bragi befürchtet hatte, sah er sich von Beginn an Rudgars Schmähungen ausgesetzt, dessen Verse ihm gleich giftigen Lanzen entgegendrangen. In gekonnter Dichtermanier wurde Bragi als einfältiger Milchbart dargestellt. Anschließend machte Rudgar sich über Bragis Unwissenheit der höfischen Etikette lustig. Gegen Ende seines Vortrages scheute Arnkels ehemaliger Hofskalde sich nicht, Bragi gar als einen Usurpatoren und Langfinger zu bezeichnen, der einzig und alleine mit der Absicht an Arnkels Hof aufgekreuzt sei, um ihn, dem allezeit treu ergebenen Diener Arnkels, seine Position abspenstig zu machen.

Begeistert von diesem furchtlos und aufstachelnd vorgetragenen Sprechgesang, wurde Rudgar vom Publikum mit reichlichem Beifall belohnt, wofür er sich mit vielen, tiefen Verbeugungen bedankte. Höchst zufrieden blickte Fürst Arnkel in die Runde, um nun Bragi herbeizuwinken. Alle Augen ruhten darauf in gespannter Erwartung auf Bragi. Begierig wünschten die Menschen zu erfahren, auf welche Weise Rudgars möglicher Nachfolger dieser Schmährede gegen ihn zu begegnen dachte. Der kam leicht staksend in die Mitte getreten und verbeugte sich zunächst höflich in alle Richtungen.

„Auf denn, Bragi Boddason“, suchte ihn Arnkel mit väterlicher Stimme zu ermutigen. „Sei ohne Furcht, und lass uns nun hören, was du den Anfeindungen Rudgars entgegenzusetzen hast. Danach will ich sehen, ob ich meine Entscheidung, dich als neuen Hofskalden aufzunehmen, noch einmal überdenken muss!“

Waren diese Worte, wie schon bei seiner Ankunft, auch ermutigend gemeint, so erreichten sie doch abermals das Gegenteil. Während das Publikum in heller Vorfreude erneut in lauten Beifall ausbrach, schlug Bragi das Herz bis zum Halse. Nervös begann er zunächst ein wenig an seiner Leier herumzuzupfen, als müsse er diese zunächst noch ein wenig stimmen. Schon spürte er Rudgars feindseligen Blick auf sich ruhen, der sich an seiner Nervosität ergötzte. Da Bragi es nicht riskieren wollte, dass ihm vor Aufregung ein Krächzen entfuhr, begann er zunächst eine besinnliche Melodie anzuschlagen. Hatte er sich im letzten Moment doch dafür entschieden, sich für diesen Wettstreit nicht auf Rudgars Stufe zu begeben und in seinem vertrauten Metier zu bleiben. Augenblicklich wurde es ruhig im Saal, und selbst jene, die eben noch auf einen offenen Schlagabtausch gehofft hatten und sich nun enttäuscht sahen, lauschten verzückt Bragis wundersamen Klängen.

Das war wohl getan, denn mit seinem Spiel kam die Ruhe erst über Bragi selbst und dann über die Gäste. Mit einem Mal schien der Wettbewerb um Arnkels Amt bedeutungslos geworden. Die ihn umringende Menschenmenge rückte für Bragi in weite Ferne. Er hatte die Augen geschlossen, sodass seine ganze Hingabe ausschließlich seinem Spiel galt, in das er nun mit hell klingender Stimme einsetzte. Und nicht von Hader, Zank oder Missgunst war in seinen Versen die Rede, sondern von einer verlassenen Mutter, deren Sehnsucht ihrem verlorenen Sohne galt, den sie einst selbst aufs Meer hinaus gesandt hatte.

Als Bragis Lied beendet war, rieben sich viele der Gäste Tränen der Rührung aus den Augenwinkeln. Erst verhalten setzte der Beifall ein, wurde dann stärker, bis er schließlich Arnkels Halle erdröhnen ließ. Laute Jubelrufe waren darunter und während Bragi sich verbeugte, wurden immer mehr Stimmen laut, die nach einer Zugabe verlangten.

Schließlich hob Arnkel die Hände, befahl sich Ruhe aus und ergriff wieder das Wort: „Gemach, liebe Freunde, gemach. Ich verspreche euch, dass der Sieger dieses Wettbewerbes eure Ohren für den Rest des Abends weiterhin liebkosen wird. Doch zuvor wollen wir ihn hier und jetzt ermitteln. Wie ihr seht, liebe Freunde, wird mir eine Entscheidung nicht leicht gemacht." Er winkte Bragi und Rudgar zu sich herbei, die sich daraufhin links und rechts von seinem Hochsitz aufstellten. „Beide Männer sind unzweifelhafte Könner ihres Faches", fuhr der Fürst fort. „Doch wie ihr vernehmen konntet, sehr unterschiedlich im Ausdruck und der Wahl ihrer Stilmittel. Somit also kaum miteinander zu vergleichen, was einen Entscheid nicht einfacher werden lässt. Der junge, noch weitgehend unbekannte Skalde hier zu meiner Rechten, oder aber Rudgar, hier zu meiner linken, der mir viele Jahre über treulich gedient hat." Der Fürst machte eine kurze Pause, setzte jetzt eine gewichtige Miene auf und sagte: „Aber es gibt da etwas, dass es mir erleichtern wird, hier nun den Mann auszuwählen, der weiterhin oder fortan mein erster Hofskalde sein soll!"

Auf diese Rede hin legte sich eine gespannte Stille über alle Anwesenden, die Arnkel zu Genüge auskostete. Mit einem Ruck erhob er sich jetzt von seinem Stuhl und sprach: „Ihr alle hier sollt wissen, dass mir vor drei Tagen eine nicht unerhebliche Kostbarkeit entwendet wurde. Dabei handelt es sich um einen goldenen Kelch, der ein Geschenk von unserem allseits hochgeschätzten König Björn war. Diesen Pokal hielt ich seither in hohen Ehren, denn ich pflegte mit ihm sonst meine Gäste zu begrüßen. Nun wird es euch vielleicht freuen zu erfahren, dass der Kelch inzwischen wieder gefunden ist!"

Diese Worte lösten sogleich ein großes Gemurmel in der Halle aus. Erstaunte wie erfreute Rufe schwangen durch die Halle, bis Arnkel sich erneut Ruhe ausbat. Er legte nun Bragi und Rudgar jeweils eine Hand auf die Schulter und sagte laut und vernehmlich: „Der Kelch wurde im Besitz einer dieser beiden Männer hier an meiner Seite entdeckt. Woraus zu folgern ist, dass einer der beiden Anwärter auf den Posten meines Hofskalden ein schändlicher Dieb ist!"

Das Gemurmel hob wieder an. Empörte Rufe mischten sich darunter, als ein Diener den wiedergefundenen Pokal hereintrug und ihn so hochhielt, dass ihn ein jeder in Augenschein nehmen konnte. Arnkel wandte sich nun Bragi zu, der ihn mit weit aufgerissenen Augen anblickte.

„Ich hatte große Hoffnungen in dich gesetzt", sprach Arnkel mit Bedauern in der Stimme. „Doch nun bin ich schwer enttäuscht." Er blickte finster zu Boden.

Rudgar, dessen Gesicht nun unverhohlene Freude zeigte, konnte nicht länger an sich halten und platzte heraus: „Ich habe Euch gleich vor ihm gewarnt, Herr. Einem solchen dahergelaufenen Schmarotzer und Dieb war nie zu trauen!"

Der Fürst wandte sich nun Rudgar zu, dessen Augen ihn triumphierend anflackerten. Arnkels Augenbrauen hoben sich erstaunt, dann klopfte er mit seiner linken Hand vertraulich auf Rudgars Schulter und sprach freundlich: „Langsam, alter Freund, ich habe noch gar nicht erwähnt, bei wem von euch beiden der Kelch gefunden wurde!"

Rudgar entglitten die Gesichtszüge. „Mein ... mein Fürst", stotterte er verdattert. „Wovon sprecht Ihr...? Das ... das ist unmöglich!"

Arnkels Blick blieb freundlich: „Unmöglich? So, dann sag du es mir doch, bester Rudgar, denn anscheinend weißt du ja bereits, wo der Kelch sich befand, als er gefunden wurde?!"

Die Augen aller Anwesenden ruhten nun auf Rudgar, dessen Hände instinktiv an seine Halskette gewandert waren, wo sie jetzt nervös den großen Schlüssel zu seiner Kammer umklammerten. „Aber mein Herr", stammelte er sichtlich nervös, „ich ... ich versichere Euch, nichts mit diesem Diebstahl zu tun zu haben. Ich..." Sein gehetzter Blick wechselte wieselflink zwischen Arnkel und Bragi, bis seine Augen schließlich auf Bragi haften blieben, der Rudgar jetzt mit einem überlegenen Lächeln begegnete.

Mit einem Male wich alle Farbe aus Rudgars Gesicht. „Wenn Ihr diesen Pokal bei mir gefunden habt", kreischte er plötzlich mit sich überschlagender Stimme und wies mit ausgestrecktem Zeigefinger auf Bragi, „dann nur, weil der ihn dort mir untergeschoben hat, jawohl! Er, dieser ränkische Emporkömmling!"

„Mein lieber Rudgar", entgegnete Arnkel weiterhin in freundlichem Ton, doch in seinen Augen glomm bereits das aufziehende Unheil. Und ein jeder konnte sehen, wie seine Hand Rudgars Schulter jetzt fester packte, sodass diesem ein schmerzhaftes Stöhnen entfuhr. „Ein jeder an meinem Hofe hier weiß um deine große Sorgfalt, mit der du stets darauf bedacht bist, all deine Habseligkeiten wegzuschließen", sagte Arnkel honigsüß. „Und der einzige Schlüssel zu deiner fensterlosen Kammer, den ich dir damals selbst ausgehändigt habe, baumelt seither um deinen Hals. Wie also sollte der vermisste Pokal in deinen Raum gelangt sein, wenn nicht du selbst ihn dort hineingetragen hast?!"

„Aber ... Ihr sagtet doch eben selbst, dass...?", stotterte Rudgar verstört. Er verstand gar nichts mehr. Hilfesuchend blickte er sich um. Etwas in seinem Hirn weigerte sich, einrasten zu wollen.

Arnkel fuhr fort: „Ich habe nicht behauptet, dass der Kelch bei dir gefunden wurde. Das war ganz allein deine Annahme!"

Und Rudgar, wie vom Donnerschlag gerührt, erkannte mit jähem Erwachen, dass man ihn wie einen Narren vorgeführt hatte. Blankes Entsetzen stand ihm jetzt ins Gesicht geschrieben.

Angewidert zog Arnkel seine Hand zurück. Dann sagte er mit tiefer Bitterkeit in der Stimme: „Enttäuscht hast alleine du mich, Rudgar. Denn erst heute, in eben diesem Augenblick, meine ich dich zum ersten Male wirklich zu sehen. Und das, nachdem ich dich all die Jahre über an meinem Hofe fett gefüttert habe. Und nicht einmal jetzt, wo du aufgeflogen bist, hast du den Schneid, deine Schuld einzugestehen. Du Feigling!"

Rudgar, der wie versteinert dastand, schien in nur wenigen Sekunden um zwanzig Jahre gealtert.

Nun schwang Hohn in Arnkels Worten, der wütend nachtrat: „Dein sinnentleertes Gegreine, das ich weiterhin Abend für Abend erduldet habe, gleichwohl mir die Ohren davon schmerzten!" Er spuckte Rudgar vor die Füße und wandte sich darauf wieder Bragi zu, um milde lächelnd in die Runde seiner Gäste zu sprechen: „Vor zwei Tagen, noch vor dem ersten Hahnenschrei, kam dieser aufrechte, junge Mann hier mich wecken, um mir jenen kostbaren Kelch auszuhändigen, den er ins Stroh eingeklemmt am Ende seines Bettes vorgefunden hatte. Weil der Verlust zu diesem Zeitpunkt noch von niemandem bemerkt worden war und keiner von uns beiden den Täter kannte, beschlossen wir, den Dieb sich selbst überführen zu lassen..." Arnkels verächtlicher Blick galt jetzt wieder seinem einstigen Hofskalden, zu dem er mit eisiger Stimme sagte: „Und das hast du soeben getan, du elender Schurke!"

Das Spiel war aus. Alles verloren, und kraftlos sackte Rudgar vor Arnkel auf die Knie. Er wusste, was ihn nun erwartete, und in einem letzten verzweifelten Versuch, schickte er sich an, die Beine seines Fürsten zu umschlingen. Weinerlich rief er: „Mein Herr, ich flehe Euch an, lasst Gnade walten. Vergebt Eurem treusten Diener sein schändliches Tun, mit dem ich mir erhoffte, meine Anstellung zurückzugewinnen!"

Doch angewidert von Rudgars Flehen, wich Arnkel vor ihm zurück und winkte zwei Wachen herbei. Die packten den entlarvten Übeltäter grob an Nacken und Armen und stellten ihn mit einem Ruck wieder auf die Beine.

„Nun, Rudgar", sprach Arnkel jetzt in richterlich strengem Ton. „Ich frage dich, hier, vor all meinen Gästen. Hast du diesen, meinen goldenen Pokal, das kostbare Geschenk unseres Königs Björn Haraldson, unerlaubt aus meinem Besitz entwendet und diesen darauf Bragi Boddason untergeschoben? Einzig und alleine zu dem Zweck, um dich auf diese schändliche Weise an ihm dafür zu rächen, dass ich ihn statt dir fortan zu meinem neuen Hofskalden ernannt habe?"

Doch kein Wort wollte mehr über Rudgars Lippen kommen. Seine Gestalt schien merklich geschrumpft, die Augen in seinem aschfahlen Gesicht blickten stumpf und leer. Bragi, den in diesem Moment tiefes Mitgefühl zu seinem Vorgänger überkam, trat an Arnkel heran, um diesem etwas zuzuflüstern. Arnkel hörte aufmerksam zu, nickte dann kurz und wand sich wieder Rudgar zu.

„Nun gut", fuhr der Fürst fort, „da dein Schweigen einem Schuldbekenntnis gleichkommt, erübrigt es sich, für einen Urteilsspruch ein Gericht einzuberufen. Somit erkläre ich dich, Rudgar Svenson, vor allen Versammelten, die ich hiermit als Zeugen aufrufe, der Verbrechen des schweren Diebstahls und der heimtückischen Verleumdung als schuldig. Alleine der großmütigen Fürbitte deines Opfers hier hast du es zu verdanken, dass du nur Rang und Habe verlierst und nicht obendrein noch deine rechte Hand einbüßt, mit deren Abschlagen bei uns üblicherweise mit Dieben verfahren wird!"

Der Überführte wurde daraufhin zum Friedlosen erklärt, des Hofes sowie Arnkels Ländereien verwiesen, in die zurückzukehren ihm unter Androhung von Totschlag verboten war.

Nachdem der Verurteilte fortgeschafft war, erklärte Fürst Arnkel seinen Gästen, dass man nun mit dem Zechen fortfahren wolle. Begleitet natürlich von den unterhaltenden Darbietungen seines neuen Hofskalden, dessen Rechtschaffenheit es zu verdanken sei, dass die Gerechtigkeit gesiegt habe. Da erntete Bragi ein weiteres Male großen Applaus, und viele kamen herbei, um ihm anerkennend auf die Schultern zu klopfen und mit ihm anzustoßen.

Dieser gelungene Streich, der mit der Überführung des langjährigen Hofskalden endete, war nun ein echter Höhepunkt auf Arnkels Fest, über das die Menschen noch lange Zeit sprechen sollten. Und mit seinem Ruhm wuchs auch Bragis Name, denn seine Großtat wurde von Arnkels Gästen in alle Teile des Landes getragen. Damit hatte Bragi sich erfolgreich behauptet, seine Feuertaufe bestanden und im Skaldenwettstreit seinen ersten großen Sieg davon getragen. Und nachdem Arnkel ihm den Schlüssel überreicht hatte, zog Bragi in die ehemalige Kammer Rudgars ein, von dessen Verbleib nichts weiter zu erzählen ist.

Es sang an Arnkels Seite der vielgewandte Sänger,
tat's an mancher Schönen, doch spröd war sein Sinn.
Mit Küssen und Lachen die Mägde ihn lockten,
holde Wonnen dem Jüngling winkten verheißend.
Ihre Gunst sie ihm gurrten mit deutlichen Gesten,
doch zweifelnd blieb Bragi, im Herzen verzagt.

# 13. Bragis Verzagtheit

Zwei Tage später, nachdem Arnkels Fest geendet hatte und sämtliche Gäste sich wieder auf dem Heimweg befanden, ließ der Fürst Bragi erneut zu sich rufen. Arnkel war bester Dinge, was vermuten ließ, dass er manch lohnenswerten Vertrag zum Abschluss gebracht hatte. Einmal mehr lobte er Bragis wertvollen Beitrag zu dem gelungenen Fest und erkundigte sich nach seinem Wohlbefinden. Ob er sich in Rudgars einstiger Kammer schon etwas eingelebt habe, wollte er wissen. Bragi bejahte und nahm dies zum Anlass, sich erneut für Arnkels Großzügigkeit zu bedanken. Denn als man Rudgar alle Ehren aberkannt hatte, und dieser mit Schimpf und Schande des Hofes verwiesen worden war, hatte Arnkel bestimmt, den Großteil von Rudgars Habe als Entschädigung zwischen seinen beiden Opfern aufzuteilen. Und das waren Bragi und Arnkel selbst. Bragi bekam als Wiedergutmachung die Hälfte von Rudgars einbehaltenem Besitz zugesprochen, die andere Hälfte ging an Arnkel, der somit einen Teil von dem zurück erhielt, womit er seinen einstigen Hofskalden all die Jahre über großzügig bedacht hatte.

Auch eine Art, sich sein Gold zurückzuholen, dachte Bragi, wagte aber nicht, seine Gedanken laut auszusprechen. War er durch dieses Urteil doch selbst unversehens zu einem ordentlichen Vermögen gelangt. Denn in der Tat war Rudgar ein wohlhabender Mann gewesen, der seinen angehäuften Reichtum wie ein Drache gehortet hatte.

Wie schon manches Mal zuvor, sprach der Fürst nun in väterlichem Ton zu Bragi: „Wenn ein Mann erwachsen geworden ist, sollte er wissen, was wahrhaft zählt im Leben. Manche werden früh erwachsen, andere erst spät an ihrem Lebensabend, und wieder andere nie. Diese unumstößliche Wahrheit hat Rudgar bitter am eigenen Leib erfahren müssen, nachdem er Zuflucht zu seinen heimtückischen Ränken nahm. Aber verrate mir eines, Bragi, warum bist du auf meinem Fest Rudgars Spottversen nicht begegnet? Wäre es für dich nicht ein Leichtes gewesen, es ihm mit Hohnworten heimzuzahlen?"

Bragis Lippen formten ein dünnes Lächeln: „Mein Ziehvater warnte mich einst davor, sich niemals in der Öffentlichkeit das Missfallen eines dir übel gesinnten Skalden zuzuziehen. Denn gleichwohl solch ein Schlagabtausch beim Publikum oft großen Anklang fände, zögen Beleidigungen meist nur neue Vergeltung nach sich, mitunter solange, bis man schließlich im Munde der Menschen selbst ganz schändlich werde. Jene gewissenlosen Skalden aber, die einen unverdientermaßen verspotten oder gar verleumden würden, müssten sich fortan vor ihrer eigens entfesselten Kraft fürchten, denn sie würden eines Tages ernten, was sie selbst einst gesät."

„Ein weiser Mann, dein Vater", sagte Arnkel anerkennend. „Rudgar war ein falschherziger Sänger, der wider seinen Stand handelte und durch seine Tat seine ganze Zunft verriet. Und das wurde ihm letztlich zum Verhängnis."

Beherzt erwiderte Bragi: „Die Falschheit bietet sich einem meist schmeichelnd an, die Wahrheit aber will gefunden sein. Und wir hatten das Glück, sie zu finden!"

„Wahrlich, wahrlich", sprach Arnkel löblich. „Und doch bin ich neugierig zu erfahren, ob du dich im Vorfeld nicht doch mit ein paar Versen gegen Rudgar gewappnet hattest."

Bragi verbeugte sich. „Auch ihr seid ein weiser Mann, dem man nichts vormachen kann, mein Herr. In der Tat hatte ich ein paar Reime vorbereitet, um Rudgar zu begegnen."

„Dann lass mich hören!", forderte ihn Arnkel auf und machte ein erwartungsvolles Gesicht. „Es wäre doch schade, wenn diese Arbeit vergebens gewesen wäre."

Und Bragi, geschmeichelt, dass er seine umsonst verfasst geglaubten Verse nun doch noch vortragen durfte, hob zu sprechen an:

„Mut es bedarf in des Fürsten Halle,
wo freies Wort flink wird zur Falle.
Rasch zu meines Herrn Ruhm ich dichte,
unwissend, wie er mir den Reim gewichte.
Doch offen des Edlen Klugheit ich preise,
der Unrecht ahndet auf gerechtere Weise.

Wind zeugt die Woge, der Riese den Sturm,
schlechter Rat entstammt ringelndem Wurm.
Nattern missgönnen dem Dichter den Lohn,
und Neidingswerk straft ihre Zunge Hohn.
Beredt und schmeichelnd um Beifall sie buhlt,
wie die Sau sich wälzend im Schlamme suhlt."

Bragi brach ab und sagte: „Und diese Worte hatte ich parat, sollte Rudgar mich während unseres Schlagabtausches des Diebstahls bezichtigen.

Loser Spott und Schimpf dem Lügensprecher,
Niedertracht sich birgt hinter goldenem Becher.
Zum Lausche soll werden allen Leuten dies,
Verleumdung zum Räuber mich werden ließ.
Gehet nur hin und suchet den Humpen,
fündig ihr werdet bei Rudgar, dem Lumpen.

Nun selbst die Natter enttarnt sich hat,
bald schon wird wenden sich das Blatt.
Denn wer am Herzen den Grabesfisch nährt,
vor seiner Zeit zum Narstrand hin fährt."

Arnkel nickte vergnügt und sprach: „Schön, schön. Aber du hast wohl daran getan, Rudgar nicht aufzureizen und ihn damit weiter in Sicherheit zu wiegen. So tappte der Dieb ahnungslos in unsere Falle. Doch nun wollen wir uns nicht länger mit Rudgar befassen, denn fortan sollst du es sein, Bragi, der allabendlich an meiner Tafel weilt, um mich und die meinen mit deinem Spiel zu erfreuen. Und ich will hoffen, dass du deine Entscheidung, bei mir zu bleiben, nicht so bald wirst bereuen müssen."

Als Bragi Arnkels fragenden Blick begegnete, räusperte er sich und verneinte rasch. Die Wahrheit allerdings war, dass die inzwischen vertraute Umgebung des Fürstenhofes ihm bereits zu eng zu werden begann. Der Sommer war angebrochen und die Ferne lockte mit ihrem ewig unerfüllten Ruf.

Dem Jarl aber war die Halbherzigkeit seiner Antwort nicht entgangen, denn er sagte: „Du bist noch jung an Jahren und scheinst bisher an keinem Fürstenhof gedient zu haben, richtig?" Mit einem Kopfnicken bestätigte Bragi Arnkels Frage, der fortfuhr: „Ich verstehe sehr wohl, was in dir vorgeht, Bragi. Oft ist es der Wunsch junger Männer, sich dem Althergebrachten zu widersetzen und erst einmal die Welt kennenzulernen. Auch ich war einst jung und durchstreifte das Land auf der Suche nach Abenteuern. Und mir ist nicht entgangen, welche Sehnsucht dich antreibt, sobald du auf deiner Leier zu deinem unvergleichlichen Spiel anhebst. Du bist auf der Suche nach etwas Größerem, einem Geheimnis, das du dem Leben zu entreißen hoffst. Doch lass dir von mir gesagt sein, dass dieses vermeintliche Geheimnis keines ist. Das, was einen aufrechten Mann antreiben sollte, sind sein Wunsch nach einem treusorgenden Weibe, das ihm gesunde Kinder gebiert, sowie das Anschaffen von Besitz und Land, auf dem er seine Nachkommen aufwachsen sehen kann. Als du meine Halle betratest, warst du in Lumpen gehüllt und glichst einem Bettler. Doch nun sieh dich an!"

Bragi brauchte nicht erst an sich herunterzublicken, um zu verstehen, was Arnkel meinte.

Der sprach weiter: „Wenn du also den Wunsch verspüren solltest weiterzuziehen, dann komm zu mir, und wir reden darüber von Mann zu Mann. Wirst du mir das versprechen?"

Bei diesen Worten sah der Jarl Bragi mit so festem Blick an, dass er sich dabei ganz unwohl fühlte. „Ja, Herr, das will ich!", antwortete er zögerlich und wünschte sich doch, seine Antwort mit mehr Überzeugungskraft vorgetragen zu haben.

Und auch Arnkel schien sie nicht zu genügen. „Gut“, sagte er, „dann wird es dir wohl auch nichts ausmachen, mir den Treueid zu leisten!“

Bragi stutzte. Einen Treueid? Einen solchen hatte er noch nie abgelegt. Der einzige Schwur, den er bisher jemals geleistet hatte, war sich selbst. Ein Zauberskalde wollte er werden und nichts anderes. Doch er sah ein, dass Arnkels Forderung nicht einer gewissen Folgerichtigkeit entbehrte. Und da er Bragi als rechtschaffenen Mann kennengelernt hatte, suchte er ihn wohl nun auf diese Weise an sich zu binden. Dort, wo er hoffte, ihn packen zu können. Bei seiner Ehre. Es half nichts. Wollte Bragi diese begehrte Position an Arnkels Hof innehalten, musste er sein Wort geben. Und damit seine Freiheit aufgeben. So war ihm recht unbehaglich zumute, als Arnkel seinen ersten Berater hereinrief, der Bragi die Worte vorgab, die dieser nachzusprechen hatte. Der Eid war so gewählt, dass Bragi sich verpflichtete, sich und sein Leben auf Gedeih und Verderb dem Hause Arnkels zu unterstellen.

Als er den Schwur abgegeben hatte, freute sich Arnkel und rief aus: „So ist es recht getan, mein Junge!“ Er blickte nun wieder recht selbstzufrieden drein, machte eine Handbewegung und Bragi wusste, dass seine Audienz damit beendet war.

Mit einem beklemmenden Gefühl im Magen, verließ Bragi die Langhalle und trat auf den hellen Hof hinaus. An einer Pferdetränke blieb er stehen und betrachtete auf deren Oberfläche sein Spiegelbild. Er sah sich in seiner fein gewebten Tunika, die er, ebenso wie seine schönen Lederstiefel, nach dem Fest hatte behalten dürfen. Recht schmuck sah er in beidem aus, während die abgetragene Mütze seines Ziehvaters ihm zusätzlich ein würdiges und reiferes Aussehen verlieh. Doch er begriff an diesem Tag, dass Besitz bindet, denn kaum besaß man das, was man sich wünschte, besaß es einen ebenso. Alles hatte seinen Preis im Leben. Dann aber verwarf er diesen trüben Gedanken wieder, lachte sein eigenes Spiegelbild an, und freute sich, dass das Leben es so gut mit ihm meinte. Arnkel war ein wahrhaft gütiger Mann. Er war gerecht, reich und klug, und hatte wohl auch recht mit dem, was er über Bragis Sehnsucht sowie die wahren Ziele eines Mannes gesagt hatte. Bragi brauchte sich nicht länger Sorgen um das Morgen zu machen. Und so dankte er den Göttern für ihr Heil, das sie ihm hier, an Arnkels Hof, angedeihen ließen.

Nach all den ihm widerfahrenen Schmähungen, die Bragi bis vor kurzem noch von seinen Mitbewohnern hatte erdulden müssen, genoss er sein frisch aufpoliertes Ansehen nun aus vollen Zügen. Seit er Rudgar vor aller Welt vorgeführt und dessen Quartier bezogen hatte, konnte er seine Nase wieder ein ganzes Stück höher tragen. Und das tat er, denn das Gesinde begegnete ihm jetzt wieder mit Respekt und Achtung. Sie grüßten ihn freundlich bis überschwänglich, und manche beugten sogar ehrfürchtig den Kopf, wenn er vorüberschritt. Zum einen, um Bragi nicht in die Augen sehen zu müssen, zum anderen, weil sie wohl seine Rache fürchteten. Denn nun hatte sein Wort Gewicht bei ihrem Herrn, dessen Groll nicht auf sich zu lenken, ein jeder von ihnen bemüht war. Wie eng Ansehen, Macht und Furcht oft miteinander verwoben sind, konnte der frisch gebackene Hofskalde nun zum ersten Male am eigenen Leib erfahren. Zwar war sich Bragi sicher, dass sich ein Teil von Arnkels Knechten hinter seinem Rücken bald wieder das Maul über ihn zerreißen würde, aber das kümmerte ihn im Moment soviel, wie es die Eiche schert, wenn die Wildsau sich an ihr die Schwarte scheuert.

Der Sommer verstrich wie im Fluge. Bragi bekleidete sein neues Amt nach bestem Gewissen und sammelte weiterhin alles an alten Sagen und Göttergeschichten, deren er habhaft werden konnte. Da an Arnkels reichem Hof Besucher und Gäste ein- und ausgingen, herrschte am Abend in der Langhalle meist ein buntes und kurzweiliges Treiben. Es gab kaum einen Abend, an dem er vor Mitternacht in sein Bett kam, in dem er meist todmüde sofort einschlief. Ehe Bragi sich's versah, war der Herbst wieder angebrochen. Die Tage wurden kürzer, die Nächte wieder länger. Die kalte Jahreszeit kehrte zurück und mit ihr der Frost. Und während das Gesinde damit zugange war, den Hof winterfest zu machen, stand Bragi frühzeitig mit ihnen auf, um das immer kürzer werdende Tageslicht für seine täglichen Spaziergänge zu nutzen. Inzwischen fegten kräftige Herbststürme über das Land, das welke Laub in tanzenden Spiralen vor sich hertreibend.

Am Abend wurde Bragi dann meist schon sehnsüchtig erwartet, denn nach vollbrachter Arbeit seinem Spiel lauschen zu dürfen, dünkte nun manchen wieder einen großen Gewinn. Und mit großer Zufriedenheit beobachtete Arnkel, wie sein Gesinde in rege Geschäftigkeit verfiel, sobald sein junger Hofskalde von seinen Ausgängen heimkehrte. Fast ausnahmslos alle mühten sich ihre Arbeit rechtzeitig zu beenden, um sich darauf in der Langhalle ihres Herrn einzufinden, wo Bragi allabendlich seine Kunst zum Besten gab.

Dann fiel der Schnee und überzog die braun gewordene Landschaft mit seinem strahlend weißen Kleid. Weil er so dicht fiel, dass er einen bald überall tief einsinken ließ, wurden Bragis Streifzüge immer beschwerlicher. Schließlich strich er seine Spaziergänge ganz von seinem Tagesplan und vergrub sich von Morgens bis Abends alleine in seiner Kammer. Diese alljährliche Umstellung, die Freiheit seiner geliebten Natur gegen die stinkende Enge einer von Menschenhand errichteten Behausung eintauschen zu müssen, hatte ihm schon im vergangenen Winter schwer zu schaffen gemacht. Da sich der Arbeitsrhythmus jedoch stets nach dem Sonnenlicht richtete, und im Winter das Beheizen der Häuser das kostbarste Gut darstellte, rückten Mensch

Voenix
2008

und Tier erneut auf engstem Raum zusammen. Alles versammelte sich um die Feuerstelle eines Hauses, um sich nun gänzlich allerlei häuslichen Tätigkeiten zu widmen. Die bestanden zumeist aus kleineren Reparaturarbeiten, dem Spinnen von Flachs, Nähen von Kleidung, sowie dem Zubereiten der täglichen Mahlzeiten.

In dieser schummrigen, stets nur von flackerndem Feuerschein erhellten Umgebung, war Privatsphäre so gut wie ausgeschlossen. Und was Bragi damals, als Bodda ihm diese Situation geschildert, noch als komisch empfunden hatte, trieb ihm nun das Blut in die Augen. Es wurde geschmatzt, gefurzt und gerülpst. In einer Ecke tobten die Kinder, krakeelten laut herum oder heulten weinerlich. Und kam der ganze Mob gegen Abend endlich langsam zur Ruhe, war bald das lustvolle Stöhnen der Paare zu vernehmen, die sich zuweilen auch tagsüber in die dunkleren Ecken des Hauses verzogen, um ihren Trieben zu frönen. Des Nachts dann erdröhnte das Langhaus unter dem Sägen eines gemeinschaftlichen Schnarchkonzerts. Kurz, eine prall mit Leben angefüllte Atmosphäre, die einem Mann wie Bragi, der die Einsamkeit und Stille liebte, ein Grausen war.

Wie von Bodda vorhergesagt, war er deshalb mehr als dankbar, sich nach seinen musikalischen Vorträgen wieder in seine kleine Kammer zurückziehen zu können. Ohne sie, so war er sich sicher, wäre er schon längst dem Wahnsinn anheim gefallen. Doch auch die groben Wände seiner Stube begannen bald, auf erschreckend bedrohliche Weise näherzurücken. Die Weite des Himmels, die Bragi seit seiner Flucht aus dem Stein so schätzen und lieben gelernt hatte, fehlte ihm bald wie die Luft zum Atmen. Dafür drängten nun des Nachts unschöne Traumbilder aus seiner weggesperrten Kindheit nach oben, die er im ewigen Dunkel hatte verbringen müssen. Und wiederholt schob sich dabei jenes unheilvolle Zerrbild nach vorne, das seinen grausamen Oheim beim erzwungenen Akt mit seiner Mutter zeigte, die er dabei einmal überrascht hatte. Ein ums andere Male schreckte er darüber aus dem Schlaf, worauf er hemmungslos zu schluchzen begann.

Ja, es war dieses entsetzliche Erlebnis, welches sich unauslöschlich in seine zarte Seele eingebrannt hatte und seither erfolgreich verhinderte, dass er sich dem weiblichen Geschlecht zuwandte. Nicht, dass es ihm an Gelegenheiten gemangelt hätte. Beileibe nicht. Er war mittlerweile zu einem ansehnlichen jungen Mann herangewachsen, allseits beliebt und für seine Kunst hoch geschätzt, sodass manche Magd bei Hofe gerne sein Liebchen geworden wäre, um mit ihm das Lager zu teilen. Doch gestattete Bragi sich nicht, sich seiner erblühten Anziehungskraft anheimzugeben. Fest entschlossen, die gefährlichen Flammen der Sinneslust in ein edles Opferfeuer zu verwandeln, das ausschließlich für seine Kunst, sein großes Ziel lodern sollte, verbot er sich sein eigenes Verlangen nach diesem lockenden Garten.

Doch die Damenwelt machte es ihm nicht leicht. Immer wieder wurden ihm Komplimente über die zarte Beschaffenheit seiner schlanken Finger angetragen. Sich diese auf ihren Körpern vorzustellen, schien für einige von ihnen offenbar einen besonderen Reiz darzustellen. Das leuchtete Bragi erst ein, als er seine Aufmerksamkeit einmal auf die ungepflegten und schwieligen Hände der Knechte richtete, von denen die Frauen gewöhnlich recht grob angefasst wurden. Doch eingeschüchtert von dieser ihm so fremd erscheinenden Welt weiblicher Empfindungen, lehnte Bragi jedes Angebot verlegen lächelnd ab. Gleichzeitig aber ertappte er sich selbst dabei, wie er den Frauen durch sein Spiel immer wieder zu imponieren suchte. Kaum aber näherten sie sich ihm, überkam ihn nagender Zweifel und erneut trat er furchtsam den Rückzug an. Solange, bis sie ihn schließlich als einen für die Frauenwelt verlorenen Sohn abtaten, der sein Glück wohl lieber in den Armen eines anderen Mannes suche.

Zu Bragis großem Verdruss, der sich mit seinen körperlichen Bedürfnissen immer mehr überfordert fand. Am schlimmsten war dieser sich ständig aufs neue regenden Trieb zwischen seinen Beinen, diese viehische Lust, der sich zu unterwerfen sein sensibles Gemüt einst unter Zornestränen abgeschworen hatte. Für einen jungen Mann, dessen Lenden im Saft ihrer Blüte standen, jedoch ein ebenso aussichtsloses wie selbstzerstörerisches Unterfangen. Ein Kampf, der nicht gewonnen werden konnte, da jeder Sieg über sich selbst stets nur neue Frustration nach sich zog. Das einzige, was er hierdurch erreichte, war seine Selbstverachtung zu nähren. Denn wie zum Hohne begann nun jeder Tag damit, dass ihn allmorgendlich sein hart aufgerichtetes Geschlechtsteil begrüßte, von dem Bragi sich bald mehr verspottet fühlte, als Arnkels Gesinde es jemals vermocht hätte.

Und war dies nicht schon Strafe genug, tauchte in seinen Phantasien vermehrt wieder jenes halbnackte, tote Mädchen auf, das er mit Bodda einst am Strand gefunden hatte. Wie Bragi jetzt leidvoll erkennen musste, war die damalige Sorge seines Ziehvaters nicht unbegründet gewesen. Eine Erkenntnis, die leider nicht dazu verhalf, diese unschönen und gleichsam erregenden Bilder wieder zu verscheuchen. So also war Bragi ein verzweifelter junger Mann, der sich immer weiter zurückzog und dabei selbst zerfleischte. Alleine gelassen mit seiner drängenden Lust, auf die sich das unbewältigte Schreckensbild seiner Kindheit gesetzt hatte.

Lindernde Ablenkung erfuhr er lediglich in seiner Kunst. Und es gab da nicht wenige Momente, in denen er einsam in seiner Kammer hockte, in der einen Hand seine Leier, während die andere Hand immer wieder zwischen deren Saiten und seinem schmerzhaft aufgerichteten Glied hin und herwanderte. Instinktiv mühte er sich, auf diese verzweifelte Weise seiner drängenden Lust Herr zu werden, um aus ihr jene hitzige Nahrung zu gewinnen, die er für sein vollkommenes Lied benötigte. Denn dieses irgendwann zustande zu bringen, war nach wie vor sein erklärtes, unverrückbares Ziel. Ja, es war mehr, als nur irgendein abgehobener, versponnener Traum dem er hinterher hing. Und wann immer die Schreckensbilder der Vergangenheit mit seinem ungelebten Trieb zu einem panoptischen Reigen der Wollust verschmolzen, der ihn zuweilen bis an die Grenzen des Ertragbaren trieb, wurde die Aussicht auf das vollkommene Lied zu seinem einzigen, letzten Halt.

So rasch, wie der Sommer verflogen war, schleppte sich dafür nun der Winter dahin. Immer länger wurde Bragi die Zeit an Arnkels Hof. All die täglichen Abläufe wie aufstehen, die Abortgrube aufsuchen, Essen fassen, Leier üben, Dichten, Singen, wieder Essen fassen, wieder Aufspielen, solange, bis auch die letzten Zuhörer müde in ihren Betten verschwanden, begann ihn beharrlich auszuhöhlen. Bragi litt wahre Seelenpein. Er vermisste das Rauschen der Brandung, den Wind und das Geschrei der frei umherfliegenden Möwen. Dazu kam, dass ihm die Geschichten ausgingen. Was hatte er denn noch zu erzählen, was er nicht schon etliche Male in abgewandelter Version zum Besten gegeben, umgedichtet und wiedergekäut hatte? Ständig erwarteten die Menschen neue Ergüsse von ihm. Doch woher sollte er sie nehmen, wo er doch eingepfercht in diesem Langhaus saß und von der Welt bisher kaum etwas kannte?

Sein Dasein wurde ihm schal und leer, er sich selbst zuwider. Allem überdrüssig geworden, quälte er sich von einem Tag zum nächsten. Im Geheimen begann er das Gesinde bereits um seine Einfältigkeit zu beneiden. Die schienen sich mit ihrem erbärmlichen Schicksal ja offensichtlich abgefunden zu haben. Mit der stoischen Treue von Hunden, ertrugen sie die harten Bürden ihrer Fron, verrichteten die niedersten Arbeiten, bis sie irgendwann, vom Alter gebeugt oder durch Krankheit dahingerafft, zur Hel hinfuhren. Aber konnte das denn schon alles sein im Leben? War denn er an diesem Hofe der Einzige, der nach Höherem strebte? Sicherlich würde mancher, auf den er selbst mit einer Mischung aus Verachtung und Mitleid herabblickte, ihn als einen undankbaren, faulen Aschehocker bezeichnen, der langsam aber sicher in Schwermut und Selbstmitleid versank, doch es war ihm egal. Bragi interessierten weder Reichtum, noch Sänger- oder Kriegerruhm. Und da Frauen sich für ihn in einer anderen Wirklichkeit bewegten, zu der er bisher keinen Zugang fand, gab es keine weltlichen Dinge mehr, die ihm erstrebenswert erschienen. Selbst sein von Bodda eingepflanzter Wunsch, irgendwann ein Zauberskalde sein zu wollen, erschien ihm plötzlich wie ein närrisches, geradezu lächerliches Hirngespinst. Für wen oder was sollte er sich denn noch abmühen, wo doch eh alles irgendwann wieder würde vergehen müssen? Alleine jene unfassbare Sehnsucht nach der Ferne, die er in seinem Herzen hütete wie einen kostbaren Schatz, gaben ihm Hoffnung und Kraft, den jeweils kommenden Tag durchzustehen.

Eines Nachts, als Bragi nach Beendigung seines Leierspiels wieder einmal müde seine Kammer aufsuchte, bekam er mit, wie eine alte Frau, die bereits seit zwei Wochen in ihrem Bett dahinvegetierte, gepflegt und versorgt wurde. Eine Magd, die bei ihr hockte, tupfte der Greisin mit einem feuchten Lappen fürsorglich die Stirn. Bragi trat an die Bettstatt der Sterbenden, gebannt vom Angesicht des Todes, das bereits deutlich auf ihren faltigen Zügen lag. Sie hatte schlohweißes, seidenfeines Haar und ihr gebrochener Blick starrte glasig ins Leere. Ihr Atem war kaum mehr als ein röchelndes Rasseln. Sie hatte bereits Wasser in der Lunge.

Die Magd schenkte Bragi ein dünnes Lächeln. Seine Anwesenheit schien sie zu verwundern, denn sie sagte: „Viele Freunde hat man nicht mehr, die nach einem sehen, wenn es mit einem zu Ende geht. Die anderen beschweren sich schon, weil es so lange mit ihr dauert."

„Wieso das?", fragte Bragi leise.

„Weil ihr langsames Sterben, ihr erbarmungswürdiges Röcheln daran gemahnt, dass es irgendwann einen jeden von uns trifft." Sie blickte auf. „Noch nie einen sterbenden Menschen gesehen?"

Bragi dachte an die beiden Räuber, die sich gegenseitig abgestochen hatten, und sagte: „Doch, schon, aber nicht auf diese Weise..."

Die Magd nickte: „Ja, kein erhebender Anblick, wenn wir die Welt auf diese Weise wieder verlassen. Und doch ... müsste ich mich entscheiden, würde ich lieber den friedlichen Strohtod wählen, als von einer Axt oder einem Schwert gewaltsam erschlagen zu werden."

Da stimmte ihr Bragi zu, rückte sich einen Holzschemel zurecht und brachte seine Leier in Anschlag. Der Wunsch, dieser sterbenden Frau etwas vorzuspielen, ihr etwas auf ihre letzte Reise mitzugeben, machte ihn entschlossen. Als die Magd sah, was er vorhatte, nickte sie ihm dankbar zu und erhob sich. Offenbar hatte sie noch andere Pflichten zu erfüllen. So fand sich Bragi alleine mit der Sterbenden wieder. Er hatte keine Ahnung, ob sie sein Spiel noch vernahm, trotzdem hob er sanft zu spielen an. Gleichzeitig begann er leise vor sich hin zu summen, als er sah, wie sich die verhärmten Züge der Greisin entspannten. Und als kurz darauf ein paar Tränen aus ihren nun geschlossenen Lidern rannen, da wusste Bragi, dass sie ihn vernommen hatte.

Am nächsten Morgen war ihr Bett leer. Noch in derselben Nacht hatte die Alte ihren letzten Atemzug getan. Da sie weder Kinder noch Angehörige an Arnkels Hof besaß, die eine Totenwache hätten übernehmen wollen, hatte man ihre Leiche kurzerhand nach draußen gebracht. Abseits des Hofes aufgebahrt, gedachte man sie in Kürze zu verbrennen.

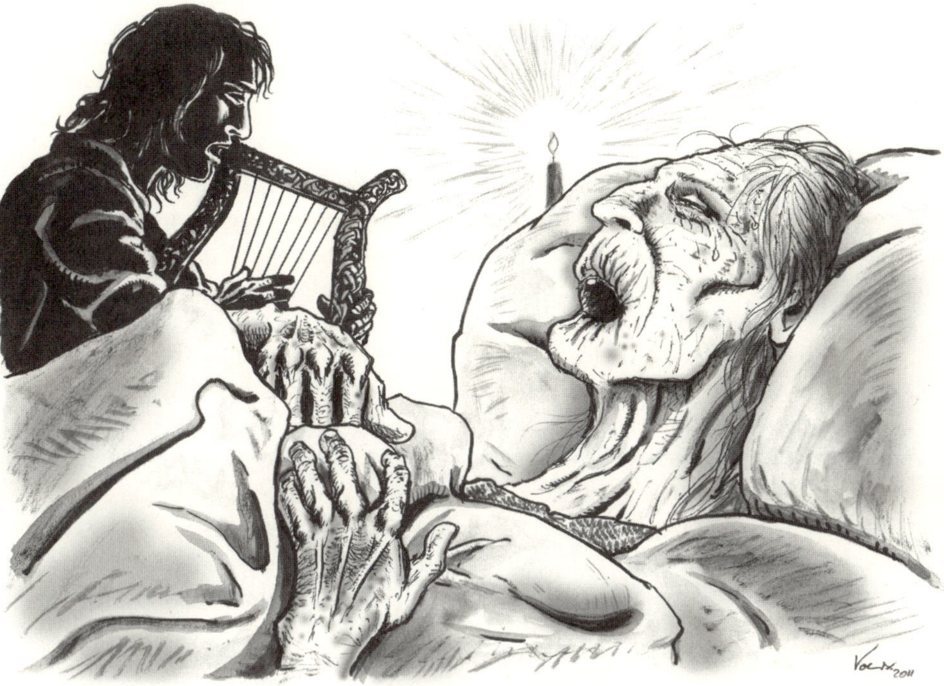

Bragi, bestürzt von der Gefühlskälte, mit der man dem verbrauchten Körper dieser alten Frau begegnete, fand sich hierdurch in eine weitere Sinnkrise gestürzt. Bereits in der folgenden Nacht wurde er von schweren Gewissensbissen geplagt, seinen alten Ziehvater Bodda im Stich gelassen zu haben. Warum nur hatte er sich von diesem fortschicken lassen? Ihm nicht Widerstand geboten, um Bodda durch seine Sterbebegleitung wenigstens ein klein wenig von all dem zurückzugeben, was er von diesem in dessen letzten Jahren so selbstlos erhalten hatte? Schlimme Traumbilder suchten Bragi heim, in denen er Bodda auf seinem Sterbelager liegen sah. Die halb verweste und von Würmern zerfressene Leiche öffnete ihren fast zahnlosen Mund und murmelte ihm röchelnd einen jener letzten Sätze zu, die Bragi seinen Lehrer kurz vor ihrem Abschied hatte sagen hören: „Bedenke immer, mein Sohn, die Vollkommenheit als Skalde ist dein erklärtes Ziel, also verliere es niemals aus den Augen."

Endlich kam der lang ersehnte Frühling. Es wurde wieder wärmer und die Säfte der Erde suchten sich ihren Weg zurück in Pflanzen und Bäume, um sie erneut mit ihrem grünen Kleid zu schmücken. Zu Bragis großem Verdruss machten die einschießenden Säfte auch vor ihm nicht Halt. Schlimmer noch, wie eine fröhliche Seuche schien das Erwachen der Natur sämtliche Menschen um ihn herum erfasst zu haben. Vor allem die Jüngeren unter ihnen legten plötzlich recht seltsame und komisch wirkende Gebaren an den Tag. Wie Vögel, die mausernd ihr Federkleid putzen, begannen sie sich aufzuplustern und in die Brust zu werfen, stets bemüht, sich auf irgendeine Weise die Aufmerksamkeit ihrer Mitmenschen zu erheischen.

Oder lag es vielleicht doch nur an ihm selbst, dass seine Blicke plötzlich ständig auf den Brüsten, Hüften und Hintern der unterschiedlichsten Weibsbilder haften blieben? Beharrlich ermahnte sich Bragi selbst, dass doch eigentlich alles so wie immer sei. Und doch war es das irgendwie nicht! Es waren diese fast tänzelnden Schritte der jungen Mägde, ihre weichen Bewegungen und herrlichen Rundungen, die ihn spielerisch lockten. Ihr helles Lachen und Kichern drang über den Hof und offenbarte, wie froh sie alle darüber waren, dass die Sonne und das Leben endlich zurückgekehrt waren. Ja, das Leben. Und wieder verspürte Bragi in sich diese rastlose Unruhe, sein drängendes Verlangen fortzumüssen, das zu bezwingen ihn bald all seine Kraft kostete.

Es war ein wahrer Segen, als Fürst Arnkel ihn eines Morgens aufforderte, ihn und seine Ratgeber auf die Sauhatz zu begleiten. Reiten hatte Bragi mittlerweile gelernt, und so konnte man ihn am nächsten Tag laut johlend einer davonstiebenden Wildsau hinterher galoppieren sehen, die ihm ein paar Treiber vor die Nase gehetzt hatten. Und als er seine Lanze tief in deren laut quiekenden Leib bohrte und ihr mit seinem Dolch den Todesstoß versetzte, da wurde er von einer so tiefen, leidenschaftlichen Befriedigung erfasst, dass es ihn selbst fast ängstigte. Doch als man ihn am abendlichen Feuer als erfolgreichen Jäger feierte, war aller Kummer schnell wieder verflogen. Nach Herzenslust genoss er es, mit Arnkel und dessen Hofleuten zu schmausen und sich reichlich an dem ausgeschenkten Met zu laben.

Kaum aber wieder alleine in seiner Kammer sitzend, tat ihm die erlegte Sau schon wieder leid. Reuevoll überlegte er, ob er mit ihrem Tod wohl einer Rotte von Frischlingen die Mutter genommen hatte. Und als man ihm am nächsten Tag erneut Wildschwein vorsetzte, bekam er davon keinen Bissen mehr herunter.

Egal was er nun tat oder anpackte, kaum hatte er es zuende gebracht, überkam ihn der Überdruss. Jagd hin, Fest her, mittlerweile hatte sich Bragi an all diesen ihm dargebotenen Zuwendungen mehr als übersättigt. Sicherlich war es ein erhabenes Gefühl, auf einem schnellen Pferd dem Wild hinterherzujagen und sich am Abend mit vollgegessenem Magen müde und zufrieden am prasselnden Kaminfeuer auszustrecken oder seine dankbaren Zuhörer ein ums andere Male mit seiner Musik zu beglücken. Doch für jene ungestillte Sehnsucht, die ihn in seinem tiefsten innersten antrieb, bekam der Aufenthalt an Arnkels Hofe einen immer bitteren Beigeschmack, wurde immer mehr zur unfreiwilligen Rast. Denn wie der Wanderer, der im Gebirge von einem Unwetter überrascht wird, glücklich Zuflucht in einer Höhle findet und sich hernach umso eifriger wieder auf den Weg macht, drängte mittlerweile alles in Bragi danach, seinen Weg ins Unbekannte wieder aufzunehmen. Doch er war durch seinen Eid gebunden. Und wie es im Moment aussah, würde nichts Arnkel dazu bringen, ihn so bald wieder aus seinen Diensten zu entlasten.

Schon wich der Frühling wieder dem Sommer, und die Sonne am Himmel brannte ebenso heiß wie sein Wunsch, Arnkels Hof endlich den Rücken kehren zu können. Die Aussicht, einen weiteren Winter hinter diesen engen Wänden verbringen zu müssen, verdichtete sich zu einem immer größeren Schreckgespenst. Und wenn er einfach eine Straftat beging, um vor Arnkel in Ungnade zu fallen, sodass der ihn seines Hofes verwies, sann Bragi verzweifelt über seine Lage nach. Doch nein. Arnkel war ein gewiefter Mann, der Bragis wahre Absichten sicherlich schnell durchschaut haben würde. Was nur konnte er tun, um seine geliebte Freiheit wiederzuerlangen?

Endlich aber schienen die Götter ein Einsehen mit Bragi zu haben, denn längst schon hatte sein Ruf als begnadeter Skalde die Grenzen von Fürst Arnkels Ländereien überschritten. Weshalb es von Arnkels Beratern keinen wirklich verwunderte, als eines schönen Sommertages zwei Boten am Jarlshof auftauchten, die sich als persönliche Gesandte von König Björn Haraldson vorstellten. Björn Haraldson war zu jener Zeit ein mächtiger Mann, der über alle Schweden herrschte. Zu diesem nun war die Kunde über jenen jungen Ausnahmebarden Namens Bragi Boddason gedrungen, sodass der König beschlossen hatte, nach ihm schicken zu lassen. Ihr Herr, so die Boten, erbitte nichts Geringeres, als Bragis Anwesenheit an seinem königlichen Hofe in Stocksundet. Und gleichwohl diese Botschaft als Bitte vorgetragen wurde, leuchtete doch jedermann ein, dass es ratsam war, sich diesem Gesuch nicht zu widersetzen.

Bragi kam diesem Aufruf nur allzu gerne nach, dem es zudem gehörig schmeichelte, dass es nun bereits einen König nach seiner Musik verlangte. Alles war ihm recht, solange er nur diesem abgelebten Ort den Rücken kehren konnte, an dem ihn die Gespenster seiner Vergangenheit nicht mehr aus ihren Klauen ließen. Dass einem die eigenen Geister stets nachfolgen, ganz gleich, wohin man die eigenen Schritte auch lenkt, verdrängte Bragi nach bestem Vermögen. Hauptsache nur weit fort von hier. Denn stetig locken die Ferne und das Neue.

Bragis Gastgeber freilich war alles andere als beglückt über diese Anweisung, gegen die er jedoch nichts auszurichten vermochte. Björn Haraldsons Arm reichte weit, und wer sich gegen seinen Willen stemmte, zog auf kurz oder lang immer dräuendes Unheil auf sich. So also blieb dem zürnenden Fürsten nichts anderes übrig, als seinen hochgeschätzten Skalden seines Eides wieder zu entbinden, ihm alles Gute für die Zukunft zu wünschen und ihn widerwillig ziehen zu lassen.

Und Bragi war klug genug, sich die Erleichterung und Freude über seinen Fortgang nicht anmerken zu lassen. Nachdem er sich wiederholt überschwänglich für die freundliche Aufnahme und Zeit bei Arnkel bedankte hatte, empfahl er sich und folgte den Abgesandten zu Pferde an den schwedischen Königshof.

Voenix 2011

Zu Björn, dem Schwedenkönig, Bragi kam.
Freundliche Aufnahme dort bei Hofe er fand.
Siglind sich nannte die Goldgeschmückte,
zum Bündnis versprochen ihr Los ward bestimmt.
Doch stand der Schönen nach andrem der Sinn,
zu schenken ihre Gunst dem Spender der Schalle.

# 14. Siglind

Stocksundet, jener Ort, von welchem aus König Björn Haraldson über seine weiten Ländereien herrschte, befand sich zu Bragis Freude an der Küste. Als er und seine Begleiter die schwedische Hauptstadt erreichten, bot sich Bragis Blicken eine lange Front von grob zugehauenen Stämmen, die zu einer hohen Palisade zusammengefügt worden waren. So lang war die Wehr, dass Bragi ihre Enden nicht ausmachen konnte, die sich irgendwo in der Ferne verliefen. Als sie näher kamen, sah er, dass die Palisade bis zum Ufer hin errichtet worden war. Hier kam keiner so einfach rein oder raus.

Stocksundet war eine gewaltige Ansammlung von Menschen und Tieren. Die Stadt setzte sich aus drei größeren Dörfern zusammen, die alle entsprechend gut befestigt waren. Das erste Dorf befand sich direkt am Ufer und war durch eine große Pfahlbautenbrücke mit einer nicht allzu großen Insel verbunden, auf der das zweite Dorf stand. Die gesamte Insel diente als Hafenanlage, denn Bragi sah dort viele Schiffe vor Anker liegen, während andere gerade dort eintrafen oder wieder neu beladen aufs Meer hinausfuhren. Hier schien man regen Handel zu betreiben, bei dem König Haraldson wohl jedes Mal ein klein wenig reicher wurde.

Die Hafeninsel war durch eine zweite Brücke mit einer weiteren Insel verbunden, auf der sich die dritte Siedlung befand. Es war unschwer zu erkennen, warum ihre Gründer diesen Ort für den schwedischen Königssitz auserwählt hatten, denn seine strategische Lage beherrschte die Zufahrt zum Mälarsee. Dieser wiederum erschloss eine der wichtigsten Regionen des Landes, wo Landwirtschaft und Eisenherstellung vor kurzem erst kultiviert worden waren. Um diesen wichtigen Landstrich vor feindlichen Angriffen entsprechend schützen zu können, hatte man den gesamten Küstenstreifen entlang hohe Wachtürme errichtet, die auf Sichtweite miteinander verbunden waren. Näherten sich feindliche Schiffe oder Truppen auf dem Landweg, wurden rasch Signalfeuer entzündet, worauf Stocksundet sich sogleich zu rüsten begann.

Zu Bragis angenehmer Überraschung empfing ihn König Haraldsohn in überschwänglicher Weise. Er besaß ein stimmliches Organ, an dessen Fülle sein Besitzer offenbar Wohlgefallen hatte, denn wann immer Bragi ihm eine Frage beantworte, brach der König in dröhnendes Gelächter aus. Bragi gab nach bestem Wissen auf alles Auskunft und fing sich vielerlei Lob und Staunen über sein Alter ein. Vor allem seine Kollegen bei Hofe dünkte er außergewöhnlich jung für einen Skalden, der im ganzen Land bereits so bekannt war wie er. Als der König über alle Schweden erfuhr, dass Bragi bei Fürst Arnkel eine eigene Kammer bezogen hatte, wollte er diesem in nichts nachstehen. Und nachdem Bragi unter lautem Beifall einen abendfüllenden Vortrag glücklich beendet hatte, wurde ihm fürs erste eine kleine Kammer im Gesindehaus zugewiesen. Eine größere, so wurde ihm zugesichert, werde er schon in Kürze beziehen können. Bragi war vergnügt wie schon lange nicht mehr. Vor allem aber freute ihn, dass selbst die anwesenden Skalden bei Hofe, von denen einige mehr als doppelt so alt wie er waren, ihm begeisterten Beifall gespendet hatten. Die Sache schien für ihn vortrefflich anzugehen.

Es gibt nun manche, die behaupten, dass wenn Odins Söhne über Midgard streifen, sie den Ärger anziehen wie ein Hund die Flöhe. Darüber lässt sich freilich streiten. Für den unbedarften Bragi sollte er jedenfalls im Gewand einer hübschen Maid daherkommen. König Björn nämlich hatte eine Tochter im gerade mannbaren Alter, die hieß Siglind. Sie war eine aufblühende Schönheit und von zartem Liebreiz. Da ihr Vater große Pläne mit ihr hatte, ließ er deshalb sehr auf sie achten. Ständig waren wenigstens zwei Kammerfrauen um sie herum, die ihr nicht von der Seite wichen. Siglind befand sich gerade in jener schwierigen Phase zwischen Kindheit und Frausein, in dem alleine schon die Anwesenheit des anderen Geschlechts kichernde Schwärmerei hervorruft.

Entsprechend überschwänglich fiel Siglinds Begeisterung aus, als sie abends am Hofe ihres Vaters den schneidigen Sänger erblickte. Als der dann auf solch vortreffliche Weise seine Kunst vorzutragen wusste, war es um Siglind augenblicklich geschehen. Sie geriet über den fremden Jüngling in derartiges Verzücken, dass ihre Zofen darüber besorgte Blicke wechselten. War doch allen die Botschaft ins Herz gepflanzt, dass ihr Vater sie in Kürze mit einem Sohn des dänischen Königshauses zu vermählen gedachte. Dabei stand nicht weniger als das künftige Bündnis zwischen diesen beiden mächtigen Königreichen auf dem Spiel, welches durch eine seit langem abgesprochene Hochzeit besiegelt werden sollte. Also versuchten die treulichen Frauen die entflammte Königstochter mit entsprechendem Nachdruck von ihrem Einfall abzubringen, den fremden Jüngling an einem der kommenden Abende in ihrem Privatgemach zu empfangen, wo sie ihn dann für sich ganz alleine aufspielen lassen wollte.

Doch man ahnt es schon. Soviel die guten Kammerfrauen auf Siglind auch einredeten, blieben all ihre Anstrengungen doch vergebens. Schlimmer noch, hatten sie damit den trotzigen Eigensinn des lebenshungrigen Mädchens erst so richtig angestachelt. Schließlich war Siglind eine Prinzessin, die es gewohnt war zu bekommen, wonach es sie verlangte. Und sind doch Beschränkung und lästige Regeln wie reines Öl auf das eben erst erwachte Feuer der Jugend, das allen gutgemeinten Ratschlägen zum Trotze, das Rad der Schöpfung unaufhaltsam vorantreibt; gewöhnlich ungeachtet dessen, was es dabei auf seinem Wege zu Asche verzehrt. Und da der Frühling bekanntlich unempfänglich ist für das, was der Herbst ihm rät, begann sich hierdurch neues Unheil über dem Haupt unseres jungen Skalden zusammenzuziehen, der von all diesen Vorkommnissen nicht auch nur das Geringste ahnte.

Kaum eingetroffen und schon ein eigenes Zimmer am Hofe des mächtigen Königs über ganz Schweden. In der Tat hatte Bragi es in seinem zarten Alter schon weit gebracht. Zwar war seine Kammer lediglich mit einer holzwurmstichigen, fast schon brüchigen Truhe sowie einem altersschwachen Bett ausstaffiert, doch da er nur wenige Habseligkeiten besaß und auch schon weit schlechter gelegen hatte, war er fürs erste zufrieden. Zudem hatte König Björn ja in Aussicht gestellt, ihm eine angemessenere Kammer herrichten zu lassen, solle er sich dazu entschließen, Bragi an seinem Hof zu behalten. Zunächst sollte Bragi ein Zeitraum auf Probe gewährt werden, was ihm nur entgegenkam. Zum einen, weil er inzwischen gelernt hatte, dass ein zu schneller Aufstieg bei Hofe nur allzu gerne Neider auf den Plan rief. Die würden ihm sicherlich schon in Kürze die Pest an den Hals wünschen, denn Björn Haraldson konnte gleich auf ein ganzes Dutzend Skalden zurückgreifen, die allesamt an seinem Hof lebten. Der König schien auf Abwechslung bei seiner Unterhaltung bedacht zu sein. Und wie es aussah, schien er es sich leisten zu können. Zum anderen war Bragi froh, weil er zunächst keinen neuen Eid hatte leisten müssen. So verblieb ihm zunächst genügend Zeit, um sich in Stocksundet erst einmal gründlich umzusehen. Denn da gab es bestimmt viel Interessantes zu entdecken.

Bragi seufzte wonniglich. Alles Dinge, mit denen er sich morgen befassen würde. Für heute lag er erst einmal satt und zufrieden auf seinem herrlichen weichen Bett, das kurz zuvor noch von einer Magd mit einem weißen Laken frisch bezogen worden war. Daraus drang der Duft von frischem Heu an seine Nase, mit der man seine Bettstatt neu aufgefüllt hatte. Noch einmal ließ Bragi die Ereignisse des vergangenen Tages an sich vorbei ziehen. Genussvoll und mit einem breiten Grinsen sah er sich in einer glanzvollen Zukunft, worüber er schließlich glücklich einschlief.

Der kommende Morgen indes, sollte ihn weit weniger froh vorfinden, denn noch in derselben Nacht, schlug die für ihn heiß entflammte Siglind, alle die ihr gebotenen Warnungen in den Wind. Getrieben von einem ihr

noch unbekannten Begehren, hatte sie sich zu einem waghalsigen Unternehmen entschlossen. Nachdem sie ihr Bett so hergerichtet hatte, dass es für jeden Beobachter danach aussah, als würde sie darinnen ruhen, schlich sie auf Zehenspitzen zum Gesindeschlafhaus. Dieses war über einen langen Gang mit den königlichen Gemächern verbunden, an dessen Ende ein einzelner Wachtposten stand. Geduldig wartete das Mädchen auf eine günstige Gelegenheit. Die kam, als der Mann seine Blase entleeren ging. Rasch huschte sie vorbei und trippelte tiefer in den Gang hinein. Weiter ging es vorbei an der schnarchenden Dienerschaft, die in ihren Schlafstellen rechts und links an den Wänden entlang, um die Wette sägten. Getarnt hatte sich Siglind mit einer einfache Decke. Diese ganz über ihren Kopf geworfen, war sie so von einer Magd, die des Nachts die Abortgrube aufsuchte, nicht zu unterscheiden.

Von allen Hausleuten unbemerkt, stand sie schließlich vor Bragis kleiner Kammer. Vor dieser Tür glücklich angekommen, sank ihr jedoch wieder der Mut. Ob es nun die schmerzende Kälte der Dielen unter ihren nackten Füßen war, die ihre Liebesglut hatte abkühlen lassen oder aber ihre jungfräuliche Scham, die sie nun zögern ließ, wusste sie selbst nicht zu sagen. Denn fragte sie ihren Verstand nach dem Grund ihres unzweifelhaft törichten Verhaltens, konnte der ihr keine Antwort darauf geben. Unentschlossen tippelte Siglind von einem Fuß auf den anderen, dabei stets furchtsam den Schlafsaal im Auge behaltend. Unentschlossen stand sie also zitternd in ihrem Nachtgewand vor Bragis Türe, sich ein ums andere Male selbst eine Närrin scheltend, weil ihre Wünsche sich gegen die Wirklichkeit des Lebens erhoben.

Als sie ihr Begehren schon beinah niedergerungen hatte und gerade Anstalten zur Umkehr machen wollte, ließen heranschlurfende Schritte sie zusammenzucken. Sicherlich nur ein Blasengeplagter Besucher des Aborts, doch würde der sie hier entdecken, war alles aus. Von ihrer Furcht beflügelt, fasste sie sich endlich ein Herz, drückte die Türe auf und huschte hinein in Bragis Kammer.

Erfreut stellte Siglind fest, dass Bragi in dem kleinen Zimmer eine Kerze hatte brennen lassen. Sie nahm das kleine Licht von der Truhe auf und schlich damit bis ans Kopfende von Bragis Bettstatt, wo sie die Kerze so platzierte, dass ihr Schein sein Gesicht erleuchtete. Ausgiebig betrachtete sie ihn. Wie niedlich er doch war, dieser schöne Sänger!

Der staunte nicht wenig, als er, vom Lichtschein erwacht, neben sich plötzlich die hohe Tochter des Hauses erblickte. Siglind legte Bragi einen Zeigefinger auf die Lippen und funkelte ihn verschwörerisch an. Ihre blonden, sittsam geflochtenen Zöpfe umrahmten ihr liebliches Gesicht. Vergeblich suchte Bragi darin nach Anzeichen von Bedenken, dass er ihren nächtlichen Überraschungsbesuch aus irgendeinem Grunde nicht gutheißen könne. Auf seine flüsternde Frage hin, was sie zu dieser späten Stunde denn von ihm wolle, rieb Siglind sich fröstelnd die Schultern und bat ihn mit unschuldigem Augenaufschlag, er möge sie doch erst einmal unter seine warme Decke kriechen lassen. Und da die Königstochter gewohnt war, dass man ihr keine Bitte abschlug, nahm sie Bragis furchtsames Zögern kurzerhand als sein Einverständnis, hob seine Decke an und schlüpfte zu ihm ins Bett.

So also lagen die beiden jungen Leute eine Weile beieinander, ängstlich bemüht, den anderen nicht zu berühren, und doch wieder bemüht, es wie zufällig geschehen zu lassen. Zumindest Siglind, die, schon mal soweit gekommen, bereit war, auch ihre restliche Scheu abzuwerfen. Behutsam rückte sie immer näher heran, um sich irgendwann zärtlich aber unmissverständlich an Bragis bettwarmen Körper zu schmiegen. Der lag, ihr den Rücken zugewandt, stocksteif da und wusste gar nicht recht, wie ihm geschah. Um ihm zu schmeicheln, begann Siglind ihm nun allerlei Komplimente über sein wundervolles Spiel und seine unnachahmliche Stimme ins Ohr zu raunen. Kurz, sie war eifrig bemüht, den fischkalten Sänger vor ihr endlich aus seiner Karnickelstarre ins Leben zu rufen.

Als sie merkte, dass ihr Drängen keine Erwiderung fand, streifte sie sich entschlossen ihr Nachtgewand über den Kopf und verdoppelte ihre Bemü-

hungen. Zwar verwehrte Bragi sich weiterhin durch standhafte Untätigkeit, doch als zwischen ihn und die Bettkante kein Fingerbreit mehr passte, gab es kein Entrinnen mehr. Gerade als er überlegte, ob er nicht besser aufspringen solle, um sich damit dem nahenden Unheil möglicherweise in letzter Sekunde noch zu entziehen, zog Siglind ihn mit der Kraft des schmachtenden Weibes an der Schulter herum und rollte sich auf ihn. Bragi blieb vor Schreck fast das Herz stehen. Schnappend rang er nach Luft. Dann sahen sie einander in die Augen. Ihr verheißender Blick, ihre weiche Haut und ihr Duft waren wie ein süßes Versprechen, das Bragi den Atem raubte. Als er ihre nackten Brüste auf sich spürte, zappelte er vor Ungeduld und trat mit den Füßen wie eine Gans. Erst als die junge Frau eine Hand auf seinen Schenkel legte, verharrte er augenblicklich. Siglinds Brüste waren für ein Mädchen ihres Alters bereits ungewöhnlich gut entwickelt. Sie waren voll und schwer, sodass Bragi alle Mühe hatte, seinen Blick von ihnen abzuwenden. Ja, Königstöchter kannten offensichtlich keinen Hunger. Siglind war schön, ohne Zweifel, dazu mit einem anmutigen Liebreiz ausgestattet, der selbst den größten Schwätzer zum Verstummen brachte. Ohne Frage war sie eines Königs wert.

Dieser erschreckende Gedanke brachte Bragi nun vollends um den Verstand. In seiner Not vor dem Unausweichlichen, begann er die Sommersprossen auf ihren erhitzten Wangen zu zählen. Als er auf dreiunddreißig gekommen und zu ihrer Nase gelangt war, begegneten sich ihre Augen erneut. Bragi blickte in zwei tiefe, blaue Seen, in denen er zu versinken drohte. Geheimnisse lauerten darinnen, die ihm Tränen der Sehnsucht in die eigenen Augen trieben. Aus Siglinds schmachtendem Blick schien ihm das große Mysterium der Liebe entgegenzuleuchten, dem nachzuspüren er sich bisher ebenso furchtsam wie erfolgreich verweigert hatte.

Sein tatenloses Schweigen aber bedrückte die selbstbewusste Königstochter. Sie wusste nicht recht, ob sie dies als Zeichen seiner gesitteten Zucht oder als Abweisung werten sollte. Er verschmäht mich, dachte sie enttäuscht, oder ob er wohl zu jener Sorte Mannsbilder gehört, die die Lust nur unter ihresgleichen suchen? Allerdings war sie bereits Weib genug, um den Blick eines Mannes richtig deuten zu können. So selbstverloren gafft keiner, wenn meine Nähe ihm missfallen würde, folgerte sie richtig und wurde wieder mutiger.

„Ich, … ich habe noch nie zuvor…", hob Bragi stotternd an, „… bei … bei einer Frau gelegen..."

„Das macht nichts", flüsterte Siglind keuchend. Die Erregung hatte sich ihr bereits auf die Stimme gelegt. „Für mich ist es auch das erste Mal. Denk einfach nicht weiter drüber nach."

„Aber seid ihr … bist du … nicht einem anderen versprochen?", hakte er unsicher nach, denn ihr schien dieser Umstand offensichtlich entfallen zu sein.

Ihre Antwort war nur noch ein Wispern: „Das ist wahr, aber dies wird keine Neigungsheirat sein. Doch heute Nacht, da gehöre ich nur mir selbst…"

Dann gab sie ihm einen Kuss. Ihre Lippen waren heiß und voll, und erschaudernd dachte Bragi, der Kuss meiner Mutter war ein anderer.

Nein, Bragi wusste zwar schon manches über die Kunst der Skalden, doch vom Umgang mit dem schönen Geschlecht, besaß er ebensoviel Kenntnis, wie vom Führen eines Schwertes.

Als ihre Zungen sich endlich fanden, da wusste Siglind, dass sie gewonnen hatte. Sie brauchte Bragi nur noch wie eine reif gewordene Traube zu pflücken. Und Bragi, überrascht und entzückt zugleich vom Eigenleben seiner Finger und Glieder, die ihre Arbeit wie von selbst verrichteten, überließ sich seufzend dem süßen Rausch der Sinne. Nie zuvor hatte der junge Skalde auf solch einer Leier gespielt, und noch nie zuvor war die Leier unter solch sanften Fingern erklungen.

Auf diese Weise kam der schüchterne Skalde am Hofe des Schwedenkönigs mit dessen Tochter schon in seiner ersten Nacht zu einem unverhofften Stelldichein, das ihn endlich zum Manne werden ließ. Mehr, als er sich jemals hätte erträumen lassen.

Denn so sehr die beiden jungen Menschen sich anfänglich auch mühten, den verbotenen Garten der Unschuld so leise wie möglichst zu betreten, das verräterische Geknarre von Bragis altmüder Bettstatt verhallte nicht ungehört. Ein mit unruhigem Schlaf geschlagener Knecht, dessen Schlafnische an der Rückwand von Bragis Kammer lag, erwachte davon. Neugierig geworden, schlich er sich heran, um lauschend sein Ohr an die Wand der Kammer zu drücken, aus der ein gleichmäßiges Geruckel sowie jene seufzenden Geräusche drangen, die er wohl zu deuten wusste. Augenblicklich überfiel ihn ein böser Neid auf diesen Leier schlagenden Junggockel, der, kaum schlief er die erste Nacht unter ihrem Dach, schon die erste Magd auf sein Lager brachte. Sogleich begann der Mann, gedanklich sämtliche hierfür in Frage kommenden Mägde und Hausdamen durchzugehen. Als ihm darüber eine ganze Handvoll in den Sinn kamen, suchte er anhand der leisen Lustseufzer zu deuten, welches der Weiber hinter dieser Türe gerade so bereitwillig ihre Schenkel um den neuen Jungbock schlang. Da er jedoch zu keinem Ergebnis kam, gab er solange keine Ruhe, bis er nach fieberhafter Suche endlich ein kleines Astloch gefunden hatte, durch das er in die Kammer spähen konnte. In dieses drückte er sein gaffendes Auge so weit hinein, dass es Wunder nahm, dass er es nicht hindurchschob.

Als der Knecht das Objekt seiner fieberhaften Neugier endlich glücklich erspäht hatte, prallte er erschrocken zurück. Doch nur, um sogleich erneut am Astloch zu kleben, da er glaubte, einer Sinnentäuschung aufgesessen zu sein. Aber ein zweiter Blick ließ keinen Zweifel. Bei Thors rotblondem Bartschopfe! Da drinnen vergnügte sich keine Geringere als Siglind, die blutjunge Tochter seines hohen Herrn und Königs. Was für eine Ungeheuerlichkeit! Und welch glückliche Fügung des Schicksals, dass gerade er der Entdecker dieses köstlichen Geheimnisses wurde.

Ein weiterer Spannerblick überzeugte den Knecht endgültig davon, dass diese verwöhnte Göre sich in ihrem dreizehnten Lebensjahr in eine jener liebestollen Nymphen verwandelt hatte, die Männer allen Standes in den Wahnsinn treiben können. Der Knecht stutzte. Oder dieser fahrende Fremde war ein Zauberskalde, der es verstand, die Sinne der keuschesten Weiber nach seinem Vergnügen zu lenken. Wie auch immer. Dieser Kerl war eine ernste Gefahr, der nicht nur die Hierarchie im Gesinde bedrohte, sondern vor allem die Ehre des Königshauses in den Schmutz trat.

Der treusorgende Knecht brauchte nicht allzu lange, bis er zu einem Entschluss gelangt war, wie der lästige Fremdling rasch wieder zu entfernen sei. Zwar wusste er wie alle bei Hofe, wie ungern der König sich nachts aus dem Schlafe holen ließ, doch war er guten Mutes, dass ihm als Überbringer dieser Entdeckung sicherlich kein Nachteil daraus entstehen würde. Ihm deuchte, ihm gebühre Dankbarkeit, ja, vielleicht sogar der Aufstieg zu einer besseren Position bei Hofe. Jedoch weit gefehlt, denn der aus dem Schlaf gerissene

Björn Haraldson gab ihm Prügel. Denn wie so oft, wenn eine schlechte Nachricht kommt, hielt der Mächtige sich am Überbringer doppelt schadlos. Und anstatt eines Lohnes, bezog der eifrige Knecht für seine Botschaft schlimme Hiebe. So kann's der bös gemeinten Wahrheit gehen. König Björns Grimm allerdings, begann sich mit den ausgeteilten Schlägen langsam warmzulaufen. Und während in Bragis Kammer noch reichlich Genuss gegeben und genommen wurde, zog sich davor ein gewaltiges Sturmgewitter zusammen.

Es kam wie es kommen musste. Die Türe zu Bragis Kammer flog mit solch einem Getöse aus den Angeln, dass die beiden Ertappten zu Tode erschrocken auseinander fuhren. Wie ein hereingeplatzter Unhold stand König Björn im Nachthemd auf der Schwelle. Seine rechte Hand umklammerte ein Schwert, die linke hielt eine Fackel hoch, deren Schein in den kleinen Raum fiel und mitleidslos das ganze Ausmaß des zuchtlosen Vergehens beleuchtete. Noch heller schien nur Björns riesiger Kopf zu leuchten, in dessen Mitte sein mächtiger Schnauzbart erzitterte. Sein Haupt wirkte wie das eines Ochsenfrosches, aufgebläht vor Zornesröte, als wolle er jeden Moment zerplatzen. Das Blut war ihm bereits bis in die Augen gestiegen, aus denen der Wahnsinn eines Berserkers glomm.

Als Björn sein Schwert wütend zum Schlag erhob, glaubte Bragi, sein letztes Stündlein habe geschlagen. Dies wäre sicherlich auch eingetroffen, hätte Siglind in diesem Moment nicht nach ihrem Nachthemd gegriffen, um es sich schamvoll vor die Brüste zu drücken.

Diese Bewegung seiner Tochter ließ den König innehalten. „Ha, du falsches Aas", donnerte er mit einer Stimme, als würden zehn große Trommeln zum Tanze aufschlagen, „soviel Schamgefühl besitzt du also noch, dich vor deinem eigenen Erzeuger zu bedecken?! Doch bei dem hier", er hob sein Schwert in Bragis Richtung, dass die Spitze diesem so bedrohlich nahe kam, dass Bragis Zähne zu klappern begannen, „...diesem ehrlosen Lumpen, kennst du keine Scham, was? Ich habe es nie gerne gesehen, wenn andere Männer um dich herumschlichen, doch nun weiß ich, dass du die rollige Katze bist, die den Katern lüstern nachsteigt." Sein verächtlicher Blick durchbohrte Bragi erneut. „Ausgerechnet so einen dahergelaufenen Zupfhansel hast du dir zum Buhlen erkoren. Schmeißt dich ihm an den Hals und speist auf dein Magdtum!" Des Königs grimmiger Blick flog zwischen den beiden Übeltätern hin und her, unentschlossen, wen von den beiden er als erstes richten sollte. Wieder herrschte er seine Tochter an: „Habe ich dich nicht inständig gebeten, deine Schenkel wenigstens noch solange geschlossen zu halten, bis du mit Thorbjörn vermählt bist?!"

Voenix 2008

Doch Siglind hatte sich bereits wieder gefangen. Da hinter ihrem Vater bereits die ersten neugierigen Gesichter einiger ihr vertrauter Hausleute erschienen, wog sie sich in falscher Sicherheit und erwiderte trotzig: „Und woher soll ich wissen wie es geht, wenn du mich bis dahin vor aller Welt wegsperrst?"

Ein Fehler. Bestürzt musste Bragi feststellen, dass seine lebensfrohe Bettgenossin von der Kunst der Diplomatie ebenso viel Ahnung hatte, wie er von Frauen, denn ob dieser frechen Widerworte wechselte die Farbe in Björns erhitztem Gesicht zu einem ungesunden Tomatenrot.

„Das wird dir dein Gatte dann schon beibringen, du verkommenes Luder!", brüllte der König nun in solch ohrenbetäubender Lautstärke, dass seine Stimme sich überschlug. Er warf sein Schwert klappernd zu Boden, machte einen Satz auf die beiden jungen Menschen zu und drückte dem entsetzten Bragi seine Fackel in die Hand. „Hier, halt das, Bürschchen!", bellte er ihn an, dass Bragi der Speichel um die Ohren flog. „Und freu dich nicht zu früh, du Mädchenfänger. Du kommst als nächstes dran!"

Mit zitternden Händen nahm Bragi die Fackel und war fürs erste froh, nicht durch einen scharfen Schnitt am Unterleib zum Kapaun gemacht zu werden. Siglind, die ahnte, was nun kam, suchte sich mit einem Hechtsprung an ihrem Vater vorbei in Sicherheit zu bringen.

Doch Björn bekam einen ihrer langen Zöpfe zu fassen und riss sie daran brutal aufs Bett zurück. Ihr Nachthemd entglitt ihren Händen und segelte zu Boden.

„Ha, komm her. Dir werd ich deine Flausen schon austreiben!", rief er unerbittlich. Sogleich hatte er sich das zappelnde Mädchen übers Knie gelegt und begann ihr nun mit der flachen Hand den blanken Hintern zu versohlen. Es klatschte und klatschte, und Bragi zuckte bei jedem Schlag zusammen, als wäre er selbst an Siglinds Stelle.

Das Mädchen schrie wie am Spieß, während Bragi meinte, mitten in einen kochenden Hexenkessel geraten zu sein. Mit flatternder Miene musste er im Schein seiner Fackel mit ansehen, wie Björn das arme Ding vor seinen Augen züchtigte. Und dies mit solch mitleidsloser Grobheit, dass dem sensiblen Bragi darüber die Tränen in die Augen schossen. Björn Haraldson war ein kräftiger Mann, seine großen Hände glichen gusseisernen Bratpfannen. Klatsch, klatsch, klatsch! Nein, das war zuviel für einen jungen Dichter, der tief in seinem Herzen eine stille, von Respekt und Achtung getragene Verehrung für das weibliche Geschlecht hegte. Als Siglinds herzzerreißende Schmerzensschreie schließlich in ein ersticktes Wimmern übergingen, konnte Bragi nicht länger an sich halten. Ohne nachzudenken, drückte er dem König dessen eigene Pechfackel geradewegs an die Schläfe.

Der Erfolg seiner kühnen Tat überraschte ihn selbst am meisten, denn Björns waidwundes Gebrüll übertraf die Schreie seiner Tochter noch bei weitem. Der König brüllte, als werde er abgestochen, und Bragi musste erkennen, dass selbst ein bereits brodelnder Hexenkessel noch zu einer Steigerung fähig war. Er zerbarst.

Durch das laute Getöse war mittlerweile das gesamte Hausgesinde erwacht und zusammengelaufen. Viele hatten sich auf irgendeine Weise bewaffnet, da sie um Leib und Leben fürchteten und scharten sich jetzt drängelnd um Bragis Kammer. Alle riefen durcheinander. Keiner wusste, was los war. Einige stützten sich auf den Schultern ihrer Vorgänger ab und sprangen hoch, um erkennen zu können, was sich in dem kleinen Holzverschlag abspielte.

Als der König nun Bragis Fackel an seiner Wange geschmeckt hatte, fuhren seine Hände an die verbrannte Stelle und er sprang mit solch einem Ruck von Bragis Bettstatt, dass die arme Siglind von seinen Knien zu Boden stürzte. Im nächsten Moment sah man den König mit bedecktem Gesicht direkt in die Menge seiner Hausleute stürmen. Die vordersten versuchten noch wegzukommen, um ihrem Herrn Platz zu machen, doch die dahinter stehenden wurden von Björn achtlos umgerissen und über den Haufen getrampelt. Des Königs Ziel war die auf dem Hof stehende Pferdetränke, in die er sich kopfüber hineinstürzte.

Nun war der Weg in die Kammer endlich frei, und Bragi sah sich einem sensationslüsternen Mob gegenüber, der, halb ergrimmt halb belustigt über dieses Schauspiel, auf ihn eindrang. In seiner Not warf Bragi den Heranstürmenden die Fackel entgegen. Hierdurch verschaffte er sich ein paar wertvolle Sekunden, um nach seinen Hosen zu fischen. Denn Björns Schergen nackt in die Hände zu fallen, nein, diesen Verlust seiner letzten Manneswürde wollte er dem keifenden Gesindel nicht gönnen. Kaum hatte er seine Beine in den Hosen, wurde er auch schon von zahlreichen Händen gepackt. Grob wurde er bäuchlings aufs Bett gezerrt und ihm ein Knie brutal in den Nacken gedrückt. Dann wurden ihm mit einem Strick so stramm die Hände zusammengezurrt, das Blut aus seinen gequetschten Handgelenken hervorquoll. Bragi, der Mühe hatte, überhaupt Luft zu bekommen, ergab sich seinem Schicksal.

Auch die arme Siglind ging mit weit weniger Vergnügen, als sie gekommen war. Hemmungslos schluchzend und ihre Blöße notdürftig unter einer übergeworfenen Decke verbergend, wurde sie von zwei Dienstmägden davon geführt. Es war das letzte Mal, dass Bragi sie zu Gesicht bekommen sollte. Ihr Vater ließ sie am folgenden Morgen in einen der Kornspeicher sperren, den zu verlassen ihr bei höchster Strafandrohung untersagt wurde.

VoeniX 2011

Grimmig war Björn Haraldsons Groll,
zu strafen den schändlichen Skalden.
Dem Garm gleich in die Grube gepfercht,
der Gefesselte harrte seines bittren Geschicks.
Doch nicht im Stich lässt Odin die Seinen,
süße Labsal ward dem Lebensmüden zuteil.
Voenix 2011

# 15. Der Zwerg im Zwinger

Wie einen zur Strecke gebrachten Schwerverbrecher, mit klobigen, eisernen Fuß- and Handfesseln gekettet, fand Bragi sich kurze Zeit später in einer finsteren Grube wieder. Sogar nach dem Schmied hatte man in derselben Nacht noch schicken lassen, damit dieser ihm die Ketten zusammenniete. Bragis Kerker, den man drei Meter tief ins Erdreich hineingetrieben hatte, war einst angelegt worden, um in ihr herumstreifende Wölfe zu fangen. Seit Stocksundet jedoch immer größer wurde und sich weiter ausdehnte, hatte die Wolfsgrube ihren einstigen Zweck eingebüßt und wurde seither als Zwinger für Mörder und andere Halunken genutzt. Am oberen Rand der Grube war deshalb ein schweres Eisengitter angebracht, das jegliche Flucht unmöglich machte.

Wie befürchtet, war Bragis Hose das einzige Kleidungsstück, das man ihm gelassen hatte. Es war noch immer dunkel draußen und eisig kalt in diesem Loch, sodass er jämmerlich fror. So eng wie möglich kauerte er sich am Grunde seines klammen Kerkers zusammen, starrte bibbernd in die Finsternis und sehnte den Morgen herbei. Nach dieser Nacht nun verstand er den Ausspruch seines Ziehvaters, dass die Götter einen am Morgen oft segnen, um einen am Abend dann zu verfluchen.

„Ach Bodda, mein lieber Bodda", jammerte Bragi mutlos vor sich hin. „Warum hast du mich nicht mehr über das Weibsvolk und die seltsamen Sitten bei Hofe gelehrt? Jetzt weiß ich, warum du den Menschen einst den Rükken gekehrt hast. Das Leben ist nur allzu wunderlich und verwirrend. Noch die gleiche Stunde gibt dir Glück und Schmerz, und was einem eben noch lieb und teuer, wird augenblicklich wieder zunichte. Die schöne Siglind mit dem sonnigen Haar wie gesponnenes Gold." Er seufzte traurig. Siglind, dieser funkelnde Abendstern. Kaum hatte er sie berühren dürfen, musste er auch schon wieder Abschied von ihr nehmen. Nie wieder würde er in ihre blauen Sternenaugen blicken dürfen, nie wieder den süßen Goldflaum auf ihrer duftenden Haut genießen können. Leb wohl, du zuckender Mund mit feuchter Zunge, womit du die meine soeben noch lustvoll umspielt hast.

Droben bellte ein Hund durch die Nacht. Dämmerte bereits der Morgen? Legten die Bäume ihre Schatten wieder neben sich? Er lauschte angestrengt. Nein, nichts. Nur Stille. Wie in einem Grab. In der Tat, denn in ein Grab hatte ihn das Leben jetzt gestoßen. Tief hinein, als könne die klamme Erde es gar nicht mehr erwarten, ihm die letzte Wärme aus den Knochen zu saugen. Aufhängen wollte sie ihn. Ihm einen rauen Strick um den Hals legen, der einem die Gurgel zuzog und das Genick brach, sobald man den Halt unter den

Füßen verlor. Er würde hängen und in nur wenigen Tagen ein vergessener Kadaver sein, an dem die pickenden Krähen sich gütlich taten.

„Ach, wie müde bin ich schon in jungen Jahren an dieser schlimmen Welt geworden", seufzte Bragi kläglich und rieb sich zähneklappernd die steifen Arme. Versuchte, dem ihm auferlegten Schicksal tapfer zu begegnen. War widerstrebend bemüht, das Unabwendbare auf sich zu nehmen, es einzuatmen, sich ganz zu ergeben ins Sterbenmüssen. Doch etwas in ihm verweigerte sich, dieses ihm zugedachte Los zu akzeptieren. Alles in ihm bäumte sich auf, angesichts dieser schreienden Ungerechtigkeit.

„Ach", jammerte er weiter, „säße ich nur wieder in meinem kleinen Nachen auf blaugrüner See, wo ich meine Kümmernisse wie Seetang vorübertreiben sähe. Gleich einer schwimmenden Pflanze ohne Wurzelgrund wäre ich jetzt sogar gewillt, dem lockenden Winkruf dieser fischkalten Wogenweiber zu folgen. Würde in ihren feuchten Armen sterbend hinabsinken auf kalten Grund, um dort endlich Rast und Ruh zu finden. Weh mir, bitteres Geschick, als du mich vater- und mutterlos in diese grausame Welt entsandtest, auf der alles Schöne, Unschuldige und Freie unter den Fußtritten der Mächtigen verderben muss. Ach Mutter, ach Vater, wo seid Ihr nur? Warum habt Ihr mich so früh verlassen? Ach, aus welchem Grunde soll ich noch seufzend weiterleben?"

Auf solch dramatische Weise stieg die Klage des gepeinigten Jünglings zu den Göttern empor, bis er endlich, von den vergangenen Ereignissen vollkommen erschöpft, in einen gnädigen, traumlosen Halbschlummer glitt.

Eine Stunde später, vielleicht aber auch nur einen Moment danach, Bragi jedenfalls kam es so vor, ließ ihn eine leicht zupfende Berührung an seinen Beinkleidern wieder aufschrecken. Nachdem er diese Störung zunächst irgendeinem krabbelnden Insekt zuwies, das er mit dem Handrücken fortzuwischen suchte, ließ ihn ein zweites Zupfen die Augen öffnen. Da sein Blick sich an die Dunkelheit längst gewöhnt hatte, konnte er direkt vor sich die schwachen Umrisse einer kleinen Gestalt ausmachen. Erschrocken zuckte Bragi zusammen, sodass seine schweren Ketten rasselnd aufklirrten.
„Wer oder was bist du?", sprach Bragi das Wesen ängstlich an.

„Pssst, leise, mein Herr", ermahnte ihn eine dünne Stimme. „Wenn Ihr noch lauter sprecht, wissen gleich alle, dass Ihr hier unten nicht alleine seid!"

Bragi fasste sich ein Herz und flüsterte in furchtsamer Neugier: „Dann komm näher heran, damit ich dich besser sehen kann!" Die Gestalt tat ihm den Gefallen und angestrengt bohrten sich seine Augen noch tiefer in die

Dunkelheit. Bragi erkannte ein kleines Männlein, gerade so groß wie ein dreijähriges Kind, mit langem Bart und spitzer Mütze auf dem Kopf. Ernst blickte es ihn aus wachen Äuglein an. Tatsächlich, vor ihm stand ein leibhaftiger Zwerg. Und ein ziemlich kleiner dazu. Augenblicklich setzte Bragi sich auf, um den Wicht genauer in Augenschein nehmen zu können. „Was machst du hier unten in diesem Rattenloch?", forschte Bragi neugierig weiter. „Hat man dich etwa auch gefangen? Oder bist du ein Erdgeist, der mich unter die Erde hinab mit ins Totenreich nehmen will?"

„Weder das eine noch das andere", antwortete das Männlein leise. „Ein gemeinsamer Bekannter, der Euch wohl gesonnen ist, schickt mich, um euch beizustehen."

Bragi war sprachlos. Dann fand er die Stimme wieder: „Ein gemeinsamer Bekannter? Ich wüsste niemanden, der Kunde davon haben könnte, in welch misslicher Lage ich mich derzeit befinde..." Misstrauisch verengten sich seine Augen zu schmalen Schlitzen. „Treibst du etwa einen bösen Spott mit mir, du Wicht? Wie willst gerade du Winzling mir in dieser hilflosen Lage denn beistehen?" Bragi hielt dem Alben seine aneinandergeketteten Arme hin und fuhr in höhnischem Ton fort: „Trägst du vielleicht einen Zauberschlüssel bei dir, mit dem du die hier zu öffnen vermagst? Nein? Dann aber kannst du mich vielleicht auf deine Größe herabzaubern. Denn sonst, fürchte ich, werde ich dir kaum durch das schmale Gitter dort oben folgen können, durch welches du wohl mit Flügeln zu entkommen gedenkst."

„Ich bin weder gekommen, um Euch von Euren Fesseln zu befreien, noch um Euch zur Flucht zu verhelfen", entgegnete das Männlein ruhig.

Nun fühlte der junge Mann sich in der Tat verladen. Erbittert sprach er: „Dann kann ich auf deinen Beistand dankend verzichten. Vielleicht ist es dir ja entgangen, aber mich erwartet am morgigen Tag der Galgen. Aufknüpfen wollen sie mich, weil des Königs lustfrohe Tochter zu mir ins Bett gestiegen ist." Wie mit einem Faustschlag in die Magengrube wurde Bragi wieder das ganze Ausmaß seiner jämmerlichen Lage bewusst. „Ach, welch ein böses Spiel treiben die Götter nur mit mir? Eben noch umschlangen mich zum ersten Male die wärmenden Arme einer hübschen Maid, und jetzt sitze ich hier in einer kalten Wolfsgrube und unterhalte mich mit einem mir spottenden Zwerg. Das Leben in dieser Welt, ist es Traum oder Wirklichkeit? Wirklichkeit oder Traum? Bin ich oder bin ich doch nicht? Ich vermag es nicht länger mehr zu unterscheiden. Doch ist es mir inzwischen fast einerlei. Also troll dich und lass mich in Frieden sterben, anstatt mir mit deiner Sprücheklopferei neue Hoffnung ins Herz zu pflanzen. Dann hab ich vielleicht endlich meinen Frieden!"

Geduldig ließ das Männlein Bragis Schimpf über sich ergehen. Als er schließlich verstummt war, sprach es: „Mir ist noch keiner begegnet, dem es geholfen hätte, sich im Gejammer zu verlieren. Denn vertut man seine Zeit mit Klagen, vertut man damit schnell sein ganzes Leben."

„Wenn altkluges Aufsprechen alles ist, was du zu meiner Rettung beizusteuern hast, dann mach, dass du fortkommst, du Knirps!", wiederholte Bragi mürrisch, der langsam böse auf den kleinen Kerl wurde.

„Euch Menschen ist schon manch absonderlicher Zug zueigen." ließ der Zwerg sich nicht beirren. „Die Jugend will früh weise sein und das Alter gibt vorschnelle Antworten. Und so verirrt sich die Tüchtigkeit und welkt dahin. Deshalb vernehmt meinen Rat, ehrenwerter Herr, und gebt Euer Leben nicht jetzt schon auf. Denn wisset, dass das Ungetane stets einen hohen Tribut erfordert. Und legen sie Euch morgen erst die Schlinge um den Hals, wird's Euch doch reuen, wenn ihr mir jetzt nicht Euer Ohr geliehen habt."

Bragi atmete saugend die kalte Luft ein und seufzte: „Na schön, du hast gewonnen. Und da ich grade sowieso nichts Besseres vorhabe. Welches Wunder also führst du mit dir, dass es mir den Strick ersparen könnte?"

Zum ersten male schien das Männlein zufrieden, denn ein dünnes Lächeln huschte über sein bartbezipfeltes Gesicht. Gleichzeitig nestelte es an seinem Gürtel herum, an dem in einer kleinen Lederschlinge ein winziges Trinkhorn baumelte, das mit einem eingepassten Deckel aus Horn verschlossen war. Der Zwerg holte das Hörnchen hervor, öffnete es und hielt es Bragi auf Augenhöhe hin: „Hier, das soll ich Euch überbringen."

Bragi runzelte die Stirn. „Was ist da drinnen? Etwa Gift?", erkundigte er sich höhnisch, doch es war der sprichwörtliche Galgenhumor, der aus ihm sprach.

Der Wichtel überging seine Bemerkung: „Dies sendet Euch ein gewogener Gönner zur anregenden Netzung Eures Geistes. Damit werdet ihr vor dem König bestehen, wenn es morgen um Euren Kopf geht."

„Ein Gönner?", platzte es aus Bragi heraus. Jetzt war er etwas wacher. „Ich habe keinen Gönner unter den Menschen. Oder sprichst du vielleicht von jenem Zwerg, mit dem ich einst unter Tage Freundschaft schloss und der meiner Mutter half, mich aufzuziehen? Los, rede mit mir!"

Doch der Wicht sagte nur: „Vielleicht, vielleicht aber auch nicht. Doch tut das hier jetzt nichts zur Sache."

„Tut hier nichts zur Sache?", wiederholte Bragi empört.

Das Männlein zuckte mit den Schultern und sagte geheimnisvoll: „Ich weiß nur, dass der Inhalt dieses Horns jenem Trank entstammt, den Eure Mutter einst tief in einem Berg verborgen hielt."

„Meine Mutter?" Bragis Augen wurden groß. Seine Kehle schien plötzlich wie ausgedörrt, gleichzeitig spürte er, wie seine Augen sich mit Tränen füllten. Er konnte kaum glauben, was er da vernahm. Da stand dieses wundersame Männlein wie aus dem Erdboden gewachsen vor ihm und erwähnte seine Mutter. Und gleichzeitig hielt es ihm ein Trinkhorn hin, das kaum grö-

ßer als ein Fingerhut war und jenes wundersame Elixier enthalten sollte, das sie angeblich einst gehütet hatte. Was für eine seltsame Nacht, dachte Bragi. Hatte er vor kurzem noch die Langweiligkeit seines Daseins beklagt, so schienen die Götter ihn nun im Schweinsgalopp durchs Leben jagen zu wollen. „So erklär dich doch endlich!“ forderte er das Männlein erneut zum Reden auf. „Was weißt du von meiner Mutter und was ist das für ein Gebräu?“

„Keine Zeit, keine Zeit für all Eure Fragen“, sprach der Wicht hastig. „Nur eine knappe Stunde verbleibt Euch noch bis zum Sonnenaufgang, und kräht der Hahn zum dritten Male, werden sie Euch holen kommen. Drum hört gut zu, was ich Euch nun sage. Um sein Gewissen zu besänftigen, wird der König Euch zuvor noch vor ein Gericht stellen lassen. Dort wird verkündet werden, was man Euch anlastet, um Euch hernach zum Tode zu verurteilen. Sobald Euch aber das letzte Wort zur Verteidigung erteilt wird, beruft Euch auf Euer Recht als freier Skalde, man möge Euch die Möglichkeit der Haupteslösung gewähren.“

„Haupteslösung?“, wiederholte Bragi ungläubig. Von dieser Sitte hörte er zum ersten Mal. Zumindest konnte er sich nicht entsinnen, dass Bodda diesen Begriff einmal hatte fallen lassen.

„Ganz recht“, fuhr der Zwerg fort. „Ein Skalde hat das Recht, sein bereits verwirktes Leben durch ein Preislied wieder freizukaufen. Was heißt, dass Ihr die kurze Zeit, die Euch von jetzt an bis Sonnenaufgang noch verbleibt, ganz und gar nutzen müsst, um ein Loblied auf König Björn Haraldson und sein Haus zu ersinnen."

„Was? Ich soll ein Preislied auf diesen gewalttätigen Halunken verfassen?", entrüstete sich Bragi. Es wurde immer schöner. Doch blieb ihm ein anderer Ausweg? „Na gut", sagte er widerwillig. „Und du glaubst also, dass mir ein solches Gedicht in den letzten Momenten meines Daseins einfach so zugeflogen käme?" Rasselnd hielt er dem Wicht erneut seine Ketten hin und sagte zweifelnd. „Schau mich doch an. Ich klappere ja mehr mit den Zähnen, als dass ich rede. Mein Hirn ist mir jetzt schon wie zu Eis erstarrt. Und in diesem Zustand soll ich prosaisch werden? Bin ich vielleicht ein Zauberskalde oder was?"

Das Männlein zwinkerte ihm geheimnisvoll zu und hielt ihm erneut das kleine Trinkhorn unter die Nase: „Kostet dieses wertvolle Nass und Ihr werdet verstehen. Danach will ich Euch gerne all Eure Fragen beantworten." Es lachte meckernd auf. „Sofern Ihr sie dann noch zu stellen gewillt seid. Doch nun ist Eile geboten, denn keiner vermag zu sagen, wie lange Euer Wille zur Rettung noch in der Blüte steht."

Diese Zusage des Zwerges vor Augen und da er ohnehin nichts mehr zu verlieren hatte, griff Bragi nach dem ihm dargereichten Hörnchen und führte es sich an die Lippen.

„Noch ein letztes sei Euch verraten, bevor Ihr nun trinkt, edler Herr", sprach ihn der Wicht noch einmal an. „König Björn war einst ein tüchtiger Seefahrer und tapferer Kriegsmann, der sich viel Land und Leute erstritten hat. Wollt Ihr Euch also seine Ohren gewogen machen, preist seinen Ruhm und seine Taten als früheren Kriegshelden. Denn nur selten findet sich ein alter Kämpe, der nicht gerne in seiner ruhmvollen Vergangenheit umherschweift."

Bragi prostete dem Alben dankend zu und strich mit der Nase über den Rand des kleinen Trinkhorns. Würzig roch es, nach süßlichen Kräutern und vergorenen Beeren. Und als nun der erste Tropfen jenes geheimnisvollen Gebräus endlich seine Zunge netzte, da fühlte Bragi sich augenblicklich von jener vertrauten Kraft durchflutet, mit der er nun schon einige Male Bekanntschaft gemacht hatte. Einmal als Knabe auf See, ein andermal in Boddas Hütte und zuletzt, als er sein Leben den Räubern entrissen hatte. Ihm war, als beginne in seinem Inneren ein prächtiges Feuer zu zünden, während die Schlange am Ende seines Rückgrats, die dort seit ehedem reglos verharrte, sich träge wieder zu rühren begann.

Von wildem Dichtergeist beseelt, erschloss sich ihm plötzlich eine bis dahin unbekannte Fülle an Inspiration. Schon als er den nächsten Atemzug tat, atmete Bragi eine fertige Versstrophe ein. Wortsilben und ganze Sätze schienen von überallher auf ihn einzustürmen, nur darauf wartend, von ihm in die richtige Reihenfolge gesetzt zu werden. Vergessen war seine elende Lage, vergessen sein todesnahes Geschick. Vergessen waren auch die bohrenden Fragen nach seiner Mutter und dem gemeinsamen, unbekannten Gönner, die ihm eben noch auf der Zunge gelegen hatten. Nur noch dichten musste er. Dichten wie niemals zuvor in seinem Leben - denn selbiges galt es nun zu erstreiten!

Und siehe, die Worte sprudelten nur so aus Bragi heraus, formten sich zu Sätzen und Versen, die sich vor seinem geistigen Auge in flammenden Runenstäben einbrannten. Wie im Fieberwahn brabbelte er vor sich hin, jonglierte mit Satzfetzen und Wortgebilden und raunte sie zu Reimen. So sehr war Bragi in seinen Rausch versunken, dass die beiden Wächter oben am Grubenrand meinten, die Furcht vor dem Galgen habe den Gefangenen irr werden lassen.

Als der erste Weckruf des Hahns den Morgen begrüßte, schreckte Bragi wie aus einem Fiebertraum auf. Seine ekstatische Sprachtrance war verschwunden. Ebenso wie der Zwerg, der sich längst wieder in seine eigene Welt aufgemacht hatte. Dort sicher angelangt, lächelte der Wicht in sich hinein. Sein Auftrag war erfüllt. Der geheimnisvolle Gönner würde mit ihm zufrieden sein.

Eine Überraschung aber erwartete Björn Haraldsons Wachen. Denn als diese am frühen Morgen kamen, um den Verurteilten aus der Wolfsgrube zu holen, fanden sie diesen gänzlich verwandelt vor. Hatten sie in der Nacht noch einen verschüchterten Jüngling in Ketten gelegt und diesen laut jammernd in die Tiefe hinab gelassen, so stand nun ein gänzlich gefasster junger Mann vor ihnen, bereit und entschlossen, seinem Schicksal mit aufrechtem Blick zu begegnen.

Milde zu stimmen der Majestät Sinn,
gütig ersuchte um Gnade,
der in Bande geschlagene Barde,
mit Reimen zu retten sein Haupt.

# 16. Bragis Haupteslösung

Weil Bragi dem König nicht halbnackt vorgeführt werden sollte, gab man ihm seine Tunika zurück. Auf sein Schuhwerk allerdings musste er verzichten. Dann sollte alles so kommen, wie der Wicht es prophezeit hatte. Im Schnellverfahren hatte man in der großen Königshalle ein Art Standgericht einberufen. Dort fand der junge Skalde manch neugieriges Augenpaar auf sich gerichtet, denn gleichwohl man versucht hatte, den Prozess möglichst unauffällig hinter sich zu bringen, war doch zu dieser frühen Stunde ungewöhnlich viel Volk zusammengekommen. Der gesamte Hofstaat hatte sich eingefunden, da keiner, der Rang und Namen hatte, sich dieses Schauspiel entgehen lassen wollte. Noch am Vorabend hatten sie sich alle von den wundersamen Klängen dieses Skalden verzaubern lassen, und nun stand eben jener junge Mann wieder vor ihnen, diesmal eines schweren Verbrechens bezichtigt. Sie alle hofften darauf, genaueres über den nächtlichen Vorfall zu erfahren, der sich in den wenigen, vergangenen Stunden bei Hofe wie ein Lauffeuer verbreitet hatte. Die Gerüchteküche brodelte.

Grund genug für den König, seine Berater ausschwärmen zu lassen, um Erkundigungen über die Stimmung bei seinem Gefolge einzuholen. Folgendes wurde Björn Haraldson berichtet. Angeblich habe der fremde Skalde, hinter dem mittlerweile einige einen bösen Zauberer vermuteten, zunächst Haraldsons Augapfel Siglind verführt, in Wirklichkeit aber ein Attentat auf den König geplant, der aber noch einmal mit einer schweren Verbrennung davon gekommen sei. Andere Zungen hingegen wollten wissen, dass diesem jungen Sänger, der bereits einen nicht unerheblichen Bekanntheitsgrad vorweisen könne, von der verwöhnten Siglind recht übel mitgespielt worden sei. Eben der übliche Hofklatsch. Kurzum, die Mutmaßungen über diese dubiose Angelegenheit waren ins Kraut geschossen, sodass alle darauf drängten, dass diese Anhörung endlich Licht ins Gerüchtedunkel brachte.

Was allerdings Anlass zur Sorge gab, war jene Kunde, die man Björn Haraldson über das sonderbare Verhalten seiner Hofskalden zugetragen hatte. Diese nämlich hatten, in einem Anfall von sonst unüblicher Zusammengehörigkeit, überall verbreiten lassen, dass einem aus ihrer Zunft von oben her arges Unrecht dräue. Diese undankbaren Liederschmiede, dachte Björn verdrießlich, da halten sie sich jahrein jahraus schadlos fett an einem, doch am Ende gilt ihre Treue einem Mann aus den eigenen Reihen.

Einer seiner Ratgeber wies besorgt darauf hin, dass Bragi für seine Kollegen zu einer Art Märtyrer werden könne, sollte das ganze sich zu einem Schauprozess ausweiten. Dann nämlich würde der Name eines bekannten

Skalden gegen den eines großen Königs stehen, wodurch sich diese unangenehme Angelegenheit zu einer politischen Schlammschlacht auszuweiten drohe.

Ein ernstzunehmender Einwand. Denn gleichwohl Björn Haraldson keinerlei Zweifel daran hegte, dass ihm in seinem eigenen Haus und Land entsprechende Gerechtigkeit widerfahren werde, galt es doch ebenso, unter seinen Untertanen keinen Aufruhr zu riskieren. Insbesondere unter der Skaldenzunft, deren Stimmen beim gemeinen Volk so großes Gewicht hatten. War es nicht schon ärgerlich genug, dass der Fehltritt seiner zuchtlosen Tochter öffentlich geworden war, gedachte Björn doch tunlichst zu vermeiden, dass nach der Urteilsverkündung er und sein Haus von sämtlichen Sängern des Reiches mit Spottversen überzogen wurden. Denn wie rasch sich so etwas in allen Teilen seines Reiches verbreiten würde, war ihm nur allzu gut bewusst. Wollte er also einen noch größeren Skandal vermeiden, galt es bei dieser Gerichtsverhandlung mit Bedacht und größter Sorgfalt vorzugehen. Schon der kleinste Fehler konnte verhängnisvolle Folgen nach sich ziehen.

Der König betastete seine noch immer stark schmerzende Brandwunde und fluchte. Zu den Trollen mit seiner lustfrohen Tochter, die ihre Schenkel nicht hatte geschlossen halten können. Und zu den Trollen mit seinem eigenen Jähzorn, dem er es zu verdanken hatte, dass er sich nun in dieser vertrackten Situation befand. Hätte er Siglind bei ihrer Rückkehr heimlich abgepasst, um sie in ihrer Kammer zu züchtigen, wäre alles ganz anders verlaufen. Er hätte diesem Bragi Boddason zum Schweigen verpflichtet und des Landes verwiesen und alles wäre wieder seinen gewohnten Gang gegangen. Und hätte der sich verweigert, hätte es andere Wege gegeben, um ihn für immer zum Schweigen zu bringen. Aber hinterher war man ja bekanntlich immer schlauer.

Selbst hatte Björn stets nur den Kopf geschüttelt, wenn ganze Armeen wegen eines schönen Weibes gegeneinander in den Krieg gezogen waren. Hatte herzhaft darüber gelacht, dass echte Männer wegen irgendeines Weiberrokkes Land und Krone aufs Spiel setzten. Und nun war es die eigene Tochter, deren törichtes Verhalten es wieder gerade zu biegen galt, um größeren Schaden zu vermeiden. Sie mit dem dänischen Königshaus zu vermählen hatte er vorgehabt. Ob das nach dieser Geschichte noch möglich sein würde, war ohnehin mehr als fraglich. Einer musste für diese Dummheit jedenfalls bezahlen, so viel stand außer Frage. Doch war Björn Haraldson unter seiner rauen Schale ein zu sehr liebender Vater, als dass er dafür seine Tochter hätte öffentlich zur Verantwortung ziehen können. Wie es im Moment aussah, würde wohl der Kopf dieses jungen Sängers dafür herhalten müssen. Sein Pech, dass er eben zum falschen Zeitpunkt am falschen Ort gewesen war. Was sich aus seinem Gewissen jedoch nicht streichen ließ, war die dumme Tatsache, dass Björn selbst es war, der Bragi von Arnkels Hof hatte wegholen lassen, um ihn in Stocksundet spielen zu hören.

Bragis Schuldsprechung und damit sein Todesurteil wagte an diesem Morgen eigentlich niemand mehr ernsthaft anzuzweifeln. Einige der jüngeren Zofen blickten ob des zu erwartenden Urteils bereits traurig zu Boden, schluchzten leise oder hielten sich trostsuchend gegenseitig an den Händen. Währenddessen suchte Bragi unter ihnen Siglind auszumachen, doch konnte er sie nirgends entdecken. Der König schien es vorgezogen zu haben, seine Tochter von der Verhandlung fernzuhalten.

Endlich wurde die Anklage von einem dickbäuchigen Sprecher vorgetragen. Der war ein beredter Mann und der festen Überzeugung, viele Worte seien viele Gedanken. Er behauptete manches, obgleich sein Wissen jeglicher Grundlage entbehrte. Bragi und Siglind, so verkündete er großspurig, seien bei einer Tat überrascht worden, welche die Sitten bei Hofe klar durchbrochen hätte. Siglind sei es bestimmt gewesen, unberührt das Bett jenes dänischen Königssohnes zu besteigen, dem ihr Vater sie bereits vor Jahren versprochen habe. Dies wurde ausdrücklich betont, was jedem Anwesenden noch einmal vor Augen führte, dass es hier um weitaus höhere Interessen ging, als lediglich die Schmach eines entehrten Vaters wiederherzustellen. Denn dass König Björn Haraldson von dem jungen Sänger geprellt worden war, lag auf der Hand. Nachdem der ihn an seinen Hof hatte beordern lassen, um ihn dort aufs Großzügigste zu empfangen, hatte Bragi seinen gütigen Gastgeber im Gegenzug aufs Niederträchtigste hintergangen, indem er dessen keusche Tochter verführt habe. Sich hierbei auf das Recht der Gastprostitution zu berufen, sei ebenso abwegig, da diese, wie jedermann wisse, höchstens noch unter Trollen betrieben werde. Da nun Siglind keine Jungfrau mehr sei, obläge es also jetzt dem Urteil des abwesenden Verlobten, ob er die getroffene Abmachung wieder löse oder das gefallene Mädchen dennoch zu sich nehmen wolle. Falls der dänische Prinz sich zu letzterem entschließe, müsse König Björn den für seine Tochter angesetzten Brautpreis jedoch wenigstens halbieren oder aber die Mitgift verdoppeln. So oder so, Bragis nächtliche Verfehlung habe dem schwedischen Königshaus einen beträchtlichen Schaden an Vermögen und Ansehen zugefügt. Und da der Angeklagte weder über Gut noch Mittel verfüge, um dem Geschädigten eine entsprechend hohe Wiedergutmachung zukommen zu lassen, läge es deshalb nun ganz in Björn Haraldsons Ermessen, die Strafe für den Täter festzusetzen.

Bragi verfolgte die Rede des Anklägers mit wachen Augen. Dass Siglind, als Anstifterin des Ganzen, nicht einmal erwähnt wurde, hatte er schon erwartet. Als Tochter des Königs durfte sie für ihr Vergehen nicht körperlich bestraft werden. Damit blieb Siglind zumindest ein ähnliches Urteil erspart, wie beispielsweise mit Ehebrecherinnen verfuhren wurde, die man nackt und kahlgeschoren im Spießrutenlauf die breite Dorfstraße entlang hetzte. So also hatte Bragi die gesamte Schwere der Verantwortlichkeit zu tragen. Und während er so dastand, kam ihm ein Satz seines Ziehvaters Bodda in den Sinn, der einmal gesagt hatte, wo immer es zwischen Adligen und Gemeinen zum Vergleiche komme, sei der Schuldige schnell gefunden.

Zu Bragis Überraschung hatte man ihm sogar einen Fürsprecher zur Seite gestellt, der immerhin darauf hinwies, dass die noch kindliche Siglind ihr Magdtum wissentlich aufs Spiel gesetzt habe, als sie das Bett des Angeklagten bestiegen hätte. Darüber erhob sich unter den Anwesenden zwar ein zustimmendes Gemurmel, doch war klar, dass dieser Umstand gegen Ende dieses Scheinprozesses nicht allzu sehr ins Gewicht fallen würde.

Dann wurden Zeugen aufgerufen, die so schlau daher redeten, als hätten sie zur Tatzeit selbst neben Bragi im Bett gelegen. Vor allem der vom König übel zugerichtete Knecht, der die ganze Sache erst ins Rollen gebracht hatte, schwor bei Leib und Leben, dass Bragi ein Zauberskalde sei. Mit magischen Beschwörungsformeln habe der sich das arme Mädchen aufs Zimmer gelockt, um sie sich dort gefügig zu machen. Eine Schilderung des Tatherganges, die von manchen mit einem zustimmenden Nicken, von anderen jedoch mit einem wissenden Lächeln bedacht wurde.

Es wurde viel vorgetragen, noch mehr geschwatzt und schließlich von dem gewichtigen Sprecher alles so hingedreht, dass Bragi die alleinige Schuld an allem zufalle. Zusammengefasst hatte Bragi das gesamte Königshaus entehrt und hierdurch das bereits sicher geglaubte Bündnis zweier Länder bewusst aufs Spiel gesetzt. Zuletzt wurde noch sein tätlicher Angriff auf den König vorgebracht. Dabei habe Bragi nicht nur die Zerstörung von Björns Augenlicht und damit gar den Tod des Königs in Kauf genommen, sondern durch das Werfen seiner Brandfackel im Gesindehaus dieses mutwillig dem Feuer preisgegeben. Nur durch das vorbildliche Einschreiten einer umsichtigen Magd, welche die Fackel sogleich wieder ergriffen habe, sei noch einmal Schlimmeres verhindert worden. Damit beendete der Sprecher die gegen Bragi vorgebrachten Anschuldigungen. Zum ersten Male wurde es ganz still im Saal, und alle Anwesenden blickten nun zum Hochsitz ihres Königs. Nach dieser schweren Anklage schien es eigentlich nur noch reine Formsache, dass der König das Todesurteil über Bragi aussprechen würde.

Björn Haraldson hatte die gesamte Verhandlung bisher ebenso aufmerksam wie schweigend verfolgt. Dort, wo ihn Bragis Fackel an der Schläfe getroffen hatte, war eine böse Verbrennung zu sehen, die sicherlich eine bleibende Narbe hinterlassen würde. Auf einen Verband hatte der König bewusst verzichtet. So war seine Wunde für jedermann weithin sichtbar und machte noch einmal deutlich, welcher Schaden ihm durch den Angeklagten widerfahren war.

Björn Haraldson wusste sehr wohl, was hier geschah, denn ein Dummkopf war er nicht. Aber er wusste auch, was für ihn auf dem Spiel stand. Und so war der für seine Großzügigkeit, seine Weisheit und seinen sonst weithin gerühmten Gerechtigkeitssinn vielgepriesene König diesmal Mensch genug, den eigenen Nutzen vor das Wohl eines jungen Skalden zu stellen. Zwar drückte ihn mittlerweile etwas sein Gewissen, doch brauchte er nur etwas den Mund zu verziehen und der Schmerz seiner Wange erinnerte ihn peinvoll daran, wem er dies alles zu verdanken hatte. Eben deshalb fehlte ihm der Sinn, sich in dieser Sache so zu bescheiden, wie es seinem Namen und Rang wohl besser angestanden hätte. Und so wurden alle Anwesenden, die auf eine ausführliche Erklärung seitens ihres Königs gehofft hatten, enttäuscht. Björn Haraldson fasste lediglich in wenigen Sätzen noch einmal zusammen, was zuvor bereits viele Male erörtert worden war.

Als nun endlich Bragi das Wort erteilt wurde, um zu den genannten Vorwürfen selbst Stellung nehmen zu können, war es bereits später Vormittag. Augenblicklich wurde es mucksmäuschenstill in der großen Königshalle. Sämtliche Augen waren nun auf Bragi gerichtet, der in seinen Ketten, barfuss und dreckig, ein Bild des Jammers bot. Was den Angeklagten nicht davon abhielt, sich stolz zu seiner ganzen Größe emporzurecken und aufrecht seinen Blick über die Anwesenden schweifen zu lassen. Vor einer großen Menge zu stehen, war ihm längst kein Problem mehr.

„Vieles ist hier heute gesprochen worden", hob Bragi mit fester Stimme an. „Mir völlig entstellt erscheinende Dinge, die so niemals geschehen sind, wurden von Leuten vorgetragen, denen ich nie zuvor begegnet bin. Indes, ein jeder von uns schildert die Dinge eben gerne so, wie er meint sie gesehen oder verstanden zu haben. Und was wir nicht gesehen haben, schmücken wir nur allzu gerne mit unserer Phantasie aus. Eine Gabe, die ich dachte, sie eigentlich mehr unter uns Skalden zu finden, als hier an diesem Hofe." Einige der Anwesenden gluckten erheitert auf. „Doch ist einem das Wahre nicht wahr genug", fuhr Bragi fort, „beruhigt man sein Gewissen gerne schon mal mit Vermutungen. Doch wie schnell wird aus Vermutung Verleumdung und aus blinder Treue Verrat an der Wahrheit?" Jetzt wandte sich Bragi direkt an Björn Haraldson, dessen Blick er fest begegnete. „Denn so wie das Feuer unser Fleisch verbrennt, verbrennt der Verrat unsere Herzen. Beides hinterlässt hässliche Narben, die schlecht verheilen und kaum zu verbergen sind."

Ein lautes Murmeln erhob sich in der Halle. Viele Blicke suchten das entstellte Gesicht ihres Königs und fragten sich, wie dieser auf Bragis kühne Worte wohl reagieren würde. Doch Björn Haraldson schwieg.

„Dies aber ändert nichts an dem Umstand", sprach Bragi wacker weiter, „dass Siglind und ich in der vergangenen Nacht das Lager geteilt haben und ich ihrem Vater, eurem König, eine schlimme Verletzung zugefügt habe. Beides kann ich nicht mehr ungeschehen machen, selbst wenn ich es wollte. Auch bin ich nicht gewillt, mich hier vor euch in Reue zu üben, da doch das eine aufs Engste mit dem anderen im Zusammenhang steht. Würde ich also mein Bedauern bekunden, müsste ich dort beginnen, als Siglind zu mir ins Zimmer trat, und das kann und will ich nicht. Ist doch ihr ganzes, wundervolles Wesen einzig dafür geschaffen, einen Mann glücklich zu machen. Und deshalb auch wünsche ich ihr und ihrem künftigen Gemahl alles Glück dieser Welt. Mögen ihrer gemeinsamen Ehe kräftige und gesunde Kinder entsprießen. Ihr alle sollt wissen, dass sie auch für mich die erste Frau war, mit der ich die Freuden der körperlichen Liebe erfahren durfte. Mehr noch, ihre Nähe glich einem milden Frühlingsregen, unter dem ein bereits tot geglaubter Ast zum ersten Male Knospen bilden durfte. Und so verboten, dumm und fälschlich unsere Tat auch gewesen sein mag, so werde ich Siglind doch bis zu meinem Tode immer als die erste Frau in meinem Herzen tragen."

Bei diesen Worten erhob sich unter vielen der weiblichen Zuhörer ein mitfühlendes Geseufze. Den meisten Männern stand jedoch kaum der Sinn nach Romantik. Sie sahen in Bragi eine Verschmähung des mit Dänemark getroffenen Abkommens und damit eine Bedrohung des Reiches.

Schon rief ein eifriger Berater des Königs in die Runde: „Ha, willst du Mädchenfänger etwa behaupten, dich bis letzte Nacht für eine Königstochter aufgespart zu haben? Den will ich sehen in dieser Halle hier, der dir das abkauft!"

Und eine anderer rief: „Sollte es sich wahrhaftig nach deinen Worten zugetragen haben, wird die Tochter unseres Königs das erste und letzte Weib sein, das du je besessen hast, Sängerlein!"

Doch mit einer energischen Handbewegung gebot der König zu Schweigen. Dabei zuckte kaum merklich seine verbrannte Gesichtshälfte. Aber so sehr die Wunde ihn auch schmerzte, er zeigte es nicht. Mit einer weiteren Geste deutete er Bragi fortzufahren.

„Ihr schimpft mich einen Zauberskalden und erweist mir dadurch zu viel der Ehre", sprach Bragi weiter. „Doch wenn ihr wirklich glauben wollt, dass es meine Hexenkünste waren, die Siglind ihre Schritte zu mir haben lenken lassen, dann wisset ebenso, dass es eben diese meine Hexenkünste waren, die euren König dazu bewegten, mich an seinen Hof zu holen. Denn soviel will ich gerne eingestehen, dass meine Zuhörer zu verzaubern mein ganzes Streben gilt, denn für euch allein ist meine Kunst gemacht, der ich mein Leben gewidmet habe. Als mich der Aufruf des Königs am Hofe Fürst Arnkels erreichte, folgte ich ihm mit Freuden, obgleich ich dort als erster Hofskalde manch hohe Gunst genoss. Doch zögerte ich keinen Moment, um der Bitte meines Königs zu entsprechen." Bragi machte eine Verbeugung zu Björns Hochsitz. „Als ich dann an Eurem Hofe eintraf, wurde Eure Gastfreundschaft nur noch von Eurem Großmut übertroffen. Ihr schenktet mir Gehör bis in jene vergangene Nacht hinein, in der sich unser aller Wyrd auf solch bedauerliche Weise miteinander verwob. Und um Euch davon zu überzeugen, wie sehr mir das Wohl des schwedischen Königshauses nach wie vor am Herzen liegt, möchte ich nun als Skalde um folgendes ersuchen, mein König. Nicht um Gnade will ich Euch bitten, sondern lediglich darum, mein Leben durch ein Preislied auf Euch freikaufen zu können.“ Das Gemurmel unter Björns Gefolge schwoll wieder an, sodass Bragi seine Stimme laut anheben musste, um den Tumult zu übertönen: „Hiermit ersuche ich Euch untertänigst, mein Anrecht auf Haupteslösung wahrnehmen zu dürfen!“

Dies nun war eine völlig unerwartete Wendung der Dinge, und sogleich erhob sich wieder lautes Gemurmel unter allen Anwesenden. Selbst unter den Älteren konnten sich nur wenige daran erinnern, überhaupt schon einmal bei einer Haupteslösung zugegen gewesen zu sein. Entsprechend kunterbunt redeten jetzt alle durcheinander. Gleichzeitig verdichtete sich über den Köpfen der Menschen die Frage, ob ihr geschmähter König auf diese Forderung einzugehen gewillt war. Der ließ sich allerdings Zeit mit einer Antwort und maß Bragi stattdessen mit wachem Blick. Als das Volk sich endlich wieder beruhigt hatte, ruhten erneut sämtliche Augen auf ihrem König.

Endlich sprach er. Gleichzeitig umspielte ein dünnes Lächeln seine Lippen: „Kühn gesprochen, junger Skalde. Dein Mut gefällt mir, auch wenn mir

die Folgen davon seither argen Verdruss bereiten." Bei diesen Worten neigte Björn den Kopf so zur Seite, dass Bragi dessen Wunde nun deutlich sehen konnte. Wussten sie beide doch am besten, was der wirkliche Anlass für das Zustandekommen dieser Verbrennung war. Und Björn Haraldson kam nicht umhin sich einzugestehen, dass er nach Bragis kühner Rede eine gewisse Achtung für diesen Skalden zu hegen begann. Einem tapferen Burschen, der, um Björn von der Züchtigung Siglinds abzuhalten, selbst davor nicht zurückgeschreckt war, die Hand gegen seinen König zu erheben. Selbst noch im Angesicht seines sicheren Todes, hatte Bragi die Dame, die er in sein Bett hatte steigen lassen, aufrecht verteidigt und edelmütig unter seine Obhut genommen. Und mochte auch noch so falsch gewesen sein, was diese beiden Gören darauf getrieben hatten, musste Björn doch zugeben, dass Bragi sich angesichts dieser Umstände wie ein Ehrenmann verhalten hatte. Und befragte er nicht den entehrten sondern den umsorgenden Vater in sich, konnte der Bragi seinen Angriff kaum verübeln. Welcher Mann wäre nicht bei einem Weib wie Siglind schwach geworden, die selbst ihn, den eigenen Erzeuger, mit ihren eben erst erblühten Reizen bereits um den Finger zu wikkeln verstand?

Und es waren diese Gedanken, die Björn Haraldson seine bis dahin unversöhnliche Haltung gegenüber Bragi noch einmal überdenken ließen. Nein, es wäre eine Schande und ein Vergehen, einen solch aufrecht gewachsenen, jungen Baum zu brechen, noch bevor dieser die Gelegenheit erhielt, zu seiner vollen Entfaltung heranzureifen. Zumal, da dieser Junge eine glänzende Zukunft als Skalde vor sich hatte; wenngleich sicherlich auch nicht an seinem Hof. Mit seinem Gesuch nach Haupteslösung eröffnete dieser tapfere Bursche ihm jedoch eine völlig neue Möglichkeit. Ja, er schien damit sogar einen für sie beide beschreitbaren Königsweg gefunden zu haben, denn sollte Bragi sein angekündigtes Kunststück wahrhaftig vollbringen, konnten sie damit beide ihr Gesicht wahren. Björn Haraldson, würde es heißen, der große, gütige und mildtätige Ynglingssohn, habe einem jungen Skalden durch Haupteslösung die Freiheit geschenkt. Und auch das Volk würde diese Entscheidung sicherlich gutheißen. Der einzige, der wirklich einen Schaden davontragen würde, war Björn selbst. Seine verkohlte Wange und sein Stolz. Aber beides würde wieder heilen.

So also sprach Björn Haraldson: „Nun gut, Bragi Boddason. Ich werde dein Gesuch in Betracht ziehen. Doch zunächst will ich hören, was meine drei engsten Berater zu deinem Vorschlag vorzubringen haben!" Damit wandte er sich den genannten Männern zu, um deren Meinungen einzuholen, die sich darauf gehorsam um den Thron ihres Königs stellten.

Der erste sagte: „Niemand wird Euch einen geringeren Mann nennen, wenn Ihr dem Gesuch eines jungen Sängers auf Haupteslösung entsprecht, der sich in Eurer Gewalt befindet, mein Herr!"

Der zweite, der ebenfalls neugierig auf Bragis Vortrag war, sprach: „Wie immer dieser Vergleich auch ausgehen mag, wissen wir erst, wenn wir die Drápa dieses mutigen Jünglings vernommen haben. Und wenn Ihr wünscht, dass dieses Gericht hier auch weiterhin für ehrbar und gesetzestreu gehalten werden soll, gebietet es uns die Ehre, ihn anzuhören!"

Der dritte aber, der dicke Sprecher und Ankläger, riet zur Vorsicht: „Stand Euch nicht eben noch der Sinn danach, für Eure Schmach den Blutzoll einzufordern, Herr? Dieser tolldreiste Bursche dort scheint im Erdichten redegewandter als alle Skalden, die ich jemals in diesem Alter antraf. Wenn einer es schaffen könnte, seinen Kopf mit einem solchen Vortrag aus der Schlinge zu ziehen, dann traue ich es diesem zu. Hat er außer seinem Leben doch nichts mehr zu verlieren. Ihr dagegen wohl, mein König. Denn schafft er es wie gestern Abend ein zweites Mal, Euch mit seiner Stimme zu betören, seht Ihr Euch am Ende um eure Rache, den Brautpreis, das Bündnis und Eure Ehre betrogen!"

Der König nickte seinen Beratern dankend zu und besann sich aufs Neue. Schließlich erhob er sich von seinem Sitz, holte tief Luft und sprach zu Bragi gewandt: „Nun gut, Bragi Boddason. Es stimmt, noch zu Beginn dieser Verhandlung war ich fest entschlossen, dass nur dein Tod meine Schmach und die Ehre meiner Tochter zu sühnen imstande sei. Doch wäre es nicht das erste Mal, dass die Liebe einer erblühten Frau freie Männer dahin bringt, einander totzuschlagen oder fortan in Feindschaft zu begegnen. So also will ich mich hier diesmal als großmütig erweisen und dir deine Bitte gewähren!"

Unter den Anwesenden wurde es wieder lauter. Einige klatschten, ob dieses ungewohnten Verlaufes, andere freuten sich bereits, einer neuen Darbietung von Bragi lauschen zu dürfen. Vielleicht sogar seiner letzten.

„Aber mein König", meldetet sich protestierend der beleibte Ankläger nochmals zu Wort, „bedenkt, dass Ihr wegen diesem Kerl den angesetzten Brautpreis einzubüßen droht!"

Björns Zahnreihen blitzten auf im Schein der flackernden Langfeuer. „Der ist sowieso dahin", sprach er mit einem bitteren Lächeln und verzog abermals schmerzverzerrt das Gesicht. „Doch so leer sind meine Truhen noch nicht, dass ich mein Gewissen mit dem Leben eines jungen Mannes beschweren muss, der sein Recht als freier Skalde einfordert." Er schnippte mit dem Finger einen Wächter heran, der auf Bragi zutrat und diesem die Ketten abnahm. Ein weiterer Mann trat hinzu und überreichte Bragi seine Leier.

„Bei uns sagt man", fuhr König Björn fort, „dass nur die Menhire ihre Meinung niemals ändern. Wenn aber du, Bragi Boddason, tatsächlich glaubst, aus dem Stegreif heraus eine so vorzügliche Drápa auf mich und mein Haus vortragen zu können, dass ich dir dafür dein Leben schenke, dann lass uns nun hören. Doch wie auch immer dein Vortrag ausgehen mag, so sollst du doch wissen, dass keiner hier es dir zur Schande anrechnen wird, wenn dir dein Können nun versagt!"

Nach diesen Worten, die keinen Hehl daraus machten, dass auch Björn ihm nur wenige Chancen einräumte, begann Bragi sein in der Nacht ersonnenes Preislied. Mit ehrfürchtiger Geste erhob er die Arme in Richtung des königlichen Hochsitzes, um hierdurch auch dem letzten Anwesenden unmissverständlich vor Augen zu führen, wer für ihn nun ganz und gar im Mittelpunkt seines Vortrages stand.

„Vernehmet nun", hob Bragi mit feierlicher Stimme an, „von König Haraldsons letztem großen Kriegszug, der ihn an den Küsten Godlands entlang, bis hin zu den Dänen führte, gegen die er tapfer stritt, worauf er nach seinem Sieg ruhmvoll heimkehrte."

Bragis Drápa umfasste insgesamt zwanzig Verse mit jeweils sechs Strophen. Um die Ohren des geneigten Hörers jedoch nicht unnötig zu überanspruchen, sei hier lediglich die zweite Hälfte davon wiedergegeben. Nachdem Bragi also in überschwänglicher Weise Haraldsons Haus, dessen Ländereien und dessen Großzügigkeit gepriesen hatte, kam er zu dessen Ruhmestaten:[1]

„Hier nun seht ihr sitzen den einen, Björn Haraldson,
kühnen Mehrer des Kampfes und güldener Ringe.
Sehet des Schwertfeuers tapferen Schwinger,
Führer aller Furchtlosen am windweiten Fjord.
Gischt lodernde Wellenrosse lenkte er beflissen,
die schneidend durchteilten turmhohe Wogen.

Fern hin zu windigen Fjorden brach auf der Führer,
rang rüstig mit Ran vom Steven des Drachenrosses.
Huldvoll lenkten die Hohen der Pferdebäume Häupter.
Dem Tode trotzend hungrig schieden da Ägirs Töchter.
Glanzvolle Ringe verteilte an den Gott der Gehängten,
dankend des blasenden Riesen Mundhauchs Bezwinger.

Vor Landzungen lag der Meereslohe Brecher,
sich Ruhm zu gewinnen in reichen Gefilden.
Zog feuchten Fußes über Marken und Fluren,
die Habe er vorfand, nahm an sich der Heerbaum.
Und was an fernen Ufern er funkelnd gehäuft,
brachte wacker an Bord der Brecher der Ringe.

---

1 Die Erklärungen der verwendeten Kenningar finden sich im Anhang.

Ein Recke geboren den Göttern zum Ruhme,
nie zaghaft zaudernd zum Kampfe er zieht.
Von Todesfurcht befallen seine Feinde erzittern,
wenn sein Auge sendet den Schreckensstrahl.
Ynglings Söhne wild schüttelten die Speere,
gaben blutige Lose den Gegnern zum Gruße.

Schlachtstark Björn stritt, in Strömen floss Schwerttau.
Da ward gemästet mancher Aar im roten Gezweig,
und Rabe und Wolf kamen zur üppigen Kost.
Waidlich kiesten Walvaters Töchter die Walstatt.
Stolz war da Siegvater, auf seinem hohen Sitze,
denn manch redlicher Recke zog ein nach Walhall.

Schwerttaugewebe wirkten die Nornen zum Schrecken,
wild wogte das Meer aus blitzenden Waffen.
Singend es schlug der Führer der Schlange,
grub Wunden so tief wie ins Watt der Wurm.
Da sah ein der Feind, dass vergeblich er focht,
und wand sich zur Flucht, um Gnade zu finden.

Doch Gnade er zeigt nur wider den Gezähmten.
Großzügig allezeit war der Armschlangengeber.
Frauen wie Männer erfreute der Liebling der Leute.
Mancher schied von ihm mit Ringen und Würden.
Stets mehrte er Frodis glänzendes Mehl,
Draupnirs Hagel und Freyjas güldene Zähren.

Keine Not zu leiden hatte seine Sippe stets.
Aufrecht und standhaft, verständig und ratklug
führt er sein Volk, das weise und gütig ihn preist.
Stets umringt ihn der redliche Rat der Getreuen,
Und wie reimendes Wort ihm Wonne verschafft,
sind Frieden im Land ihm Freude und Frohsinn.

Heute allwaltet der Herr des Volkes,
spreizt weit wie der Aar seine Schwingen,
darunter selig zu schützen die Seinen.
Von Sols glänzenden Lidern gepriesen,
wird einst die sprossende Linde des Lauchs,
fortführen Haraldsons stolzes Geschlecht.

Und ertönt eines fernen Tages,
Odins Heimruf für seinen Helden,
mag ungetrübt und frohen Herzens,
er sich schlafend seewärts senden lassen,
um fernhin zu fahren in der Fluten Reich,
Einzug zu halten in die Halle der Hohen."

Soweit die schmückenden Verse von Bragis Loblied, mit dem er Björn Haraldsons Neigung und Ruhm zu mehren sich mühte. Als die letzte Silbe im Königssaal verklungen war, breitete sich eine bedrückende Stille aus, in der nicht mal ein Räuspern zu hören war. Alle Augen suchten gebannt die Miene ihres Königs, denn keiner getraute sich Beifall zu spenden, solange nicht Björn Haraldson selbst sein Urteil gefällt hatte.

Doch ihr Herr, noch immer ganz und gar von Bragis Schilderungen ergriffen, schaffte es kaum, den Weg zurück in seine Halle zu finden. Zurück vom blutigen Schlachtfeld, auf dem er einst tapfer gestritten hatte. Zurück in eine Wirklichkeit, in der er als König und Scharfrichter nun über das Leben jenes Mannes zu befinden hatte, der erst seine Tochter entehrt und daraufhin ihm eine schmerzende Brandwunde zugefügt hatte. Dem gleichen jungen Mann, der ihm soeben eine bildgewaltige Fahrt in seine ruhmreiche Vergangenheit beschert hatte.

Als Björn Haraldsons Blick wieder klarer wurde und nun scharf auf dem Angeklagten haftete, sank Bragi auf sein Knie und beugte demütig das Haupt. In dieser unterwürfigen Haltung erwartete er das Urteil des Königs, von dessen Größe und Nachsicht nun sein Leben abhing. In der inzwischen zum Bersten angefüllten Königshalle, wuchs die Spannung bis ins Unerträgliche.

Und endlich ging ein Zucken durch Haraldsons maskenhafte Miene, die sich aufhellte, als er sichtlich berührt sprach: „Bragi Boddason, du bist wahrlich ein großer Skalde. Und Thors Hammer soll mir auf der Stelle zerschmetternd aufs Haupt niederfahren, wenn ich derjenige König sein soll, der verhindert, dass du eines Tages ein noch größerer Skalde sein wirst!"

Da ging ringsum ein erleichtertes Aufseufzen durch die Zuschauermenge, und mancher, der noch immer befangen von Bragis gelungenem Vortrag die Luft angehalten hatte, traute sich endlich aufzuatmen.

„Dein Vater und deine Mutter", fuhr Björn Haraldson versöhnlich über das Murmeln der Menge hin fort, „wären sie heute hier zugegen, wären stolz auf ihren tapferen Sohn. Einen Mann, dem nicht einmal die Furcht vor dem Galgen Stimme und Wortkunst versagen ließ. Nie zuvor wurde ich Zeuge von größerem Heldenmut, der nicht auf dem Schlachtfeld erstritten wurde. Heil dir nun, Bragi Boddason, denn du hast dir deinen Freispruch redlich verdient. Darum würdige deinen Einsatz, solange die Götter ihn dir erhalten mögen. Ich für meinen Teil werde dir dein Leben nicht nehmen. Und weil du soviel Mut bewiesen und auf so vortreffliche Weise um dein Leben gestritten hast, soll dir bis zum Abend des dritten Tages von heut an kein Neidingswerk auf meinen Ländereien widerfahren. Doch danach hüte dich, mir oder einem meiner Gefolgsleute nochmals unter die Augen zu kommen. Denn das sollst du sicher wissen, dass es nach deinen Taten hier keine Aussöhnung zwischen uns beiden geben kann. Darum verlasse noch heute meinen Königshof und kehre nicht wieder, denn der Totschlag wäre unweigerlich dein Los!"

Diese letzten Worte des Königs, mit denen dieser sich anschickte sein Gesicht zu wahren, vernahm der kniende Bragi nur noch wie aus weiter Ferne. Ein nebliger Schleier schien sich über ihn herabgesenkt zu haben. All die Anstrengungen der vergangenen Nacht, Hunger und quälender Durst, sowie das stundenlange bewegungslose Dastehen während seiner Verhandlung, all das forderte nun seinen Tribut. Von Schwindel und Schwäche gepackt, kippte er ohnmächtig vornüber. Gleichzeitig entglitt ihm seine Leier und schlug mit einem dumpfen Knall neben ihrem Herrn zu Boden. Der hell singende Ton, der dem Instrument dabei entfuhr, war der Schlussakkord einer denkwürdigen Vorstellung, die noch Jahrhunderte danach in den Annalen der Skaldenzunft erwähnt werden sollte.

Bragi spürte nicht mehr die rauen Männerhände, die ihn packten, nach draußen schleiften und erst wieder losließen, als sie ihn aufs Stroh eines Pferdestalles gelegt hatten. Dort endlich fand der Freigesprochene seine wohlverdiente Ruhe.

Siglind aber, nachdem sie ihre beiden Ammen mit ein paar üblen Erpressungen gefügig gemacht hatte, um Bragis Verhandlung wenigstens aus einem Versteck heraus heimlich beizuwohnen, konnte ein leises Aufschluchzen nicht verhindern. Als sie den entkräfteten Bragi nur unweit an ihr vorbei hinausschleiften, glitzerten Tränen der Rührung in ihren Augen. Ihr ganzer Stolz und all ihr Hochmut waren in diesem Moment von ihr abgefallen. Denn auch wenn ihr junger Verstand noch nicht gänzlich fassen konnte, wessen Zeuge sie soeben geworden war, so wusste doch tief drinnen ihre Seele, dass Bragi in dieser Verhandlung für sie beide gestritten hatte. Mit keiner Silbe hatte er sie während seiner Verteidigungsrede auf irgendeine Weise beschuldigt oder diskreditiert. Und das, obwohl sie es gewesen war, die ihn in diese missliche Lage gebracht hatte. Ganz auf sich selbst gestellt, hatte dieser Skalde vor versammeltem Hofe um sein Leben gekämpft, das er dem Gesetz nach mit ihrem Beischlaf verwirkt hatte. Und als es ihm, Dank seiner kunstvollen Darbietung, tatsächlich gelungen war, sein Haupt bei ihrem ergrimmten Vater auszulösen, hatte er damit zu einem Großteil auch Siglinds Ehre wiederhergestellt.

Tiefe Achtung und Dankbarkeit durchwogten ihr Herz wie eine heiße Welle. Achtung für diesen jungen Mann, den nicht ihr Vater, sondern nur sie selbst sich aus freien Stücken zu ihrem ersten Liebhaber auserkoren hatte. Dicke Tränen kullerten ihr jetzt die rosigen Wangen hinab. Sie hatte es in jener Nacht in Bragis Augen gesehen. Er war ein guter Mann und Siglind hatte sich nicht in ihm getäuscht.

Der Sohn der Gunnlöd traf auf zwei Schelme,
Brüder im Geiste, Gefährten im Bunde.
Die harrende Welt aus den Angeln zu heben,
unter Röcke zu schlüpfen und Frohsinn zu spenden.
Mit Leib und Seele zu genießen das Leben,
schien ein lohnendes Ziel den heiteren Streunern.

# 17. Lümmeljahre

König Björn Haraldson war wahrlich großzügig gewesen, denn er hatte Bragi bei seinem Fortgang sogar seine kostbare Leier überlassen. Bragis einziger wirklicher Besitz, den als Entschädigung einzubehalten es für den König ein Leichtes gewesen wäre. Doch er hatte sie frei gegeben und sie beide gemeinsam ziehen lassen. Vielleicht in der Gewahrung dessen, dass Sänger und Instrument zusammengehörten und einander bedingen, so wie Tag und Nacht ohne den anderen nicht zu existieren vermögen. Ebenso hatte Björn Haraldson darauf verzichtet, Bragi mit einem glühenden Eisen brandmarken zu lassen. Das übliche Stigma des Friedlosen, das man dem Verurteilten gerne zischend mitten auf die Wange drückte, um ihn auf diese Weise für jeden weithin kenntlich zu machen. Eine weitere Gnade, die allein im Ermessen des Königs lag, dessen eigene Wange ihn bis an sein Lebensende an Bragis Tat erinnern würde. Nein, nachtragend war Björn Haraldson nicht. Auch dafür dankte Bragi ihm noch manches Male in stillem Eingedenken, denn hierin hatte der König seine wahre Größe bewiesen. Allerdings war Bragis kleines Vermögen futsch, das er an Arnkels Hof von Rudgar übernommen hatte. Alles lag noch fein säuberlich verstaut in der wurmstichigen Truhe jener schicksalhaften Kammer, die für Siglind und ihn für ein paar wenige Stunden zum Liebesnest geworden war. Und auch wenn Björns Urteil für Bragi nun in ganz Schweden den Gang des Wolfes bedeutete, hatte er dafür doch seine Freiheit zurückgewonnen.

Da Bragi nicht wusste, wie schnell sich ein solches Urteil herumsprechen würde, nahm er sich vor, die kommende Zeit um alle größeren Siedlungen einen weiten Bogen zu machen. Weiter nach Norden würde er ziehen, hinauf bis nach Norwegen. Die kleineren Gehöfte auf seinem Weg dorthin bekamen nur selten Neuigkeiten zu hören und würden sein Auftauchen sicherlich auch weiterhin begrüßen. Vor allem aber schwor sich Bragi, sich künftig wieder von sämtlichen Weiberröcken fernzuhalten. Allerdings ein Entschluss von recht brüchigem Bestand, denn durch Siglind nun erstmals in die Welt der geschlechtlichen Liebe eingeführt, war auch in ihm jenes leidenschaftliche Verlangen erwacht, das all seine guten Vorsätze schon bald wieder über den Haufen werfen sollte.

Nachdem seine kärglichen Vorräte, die ihm eine glühende Verehrerin noch aus Haraldsons Küchenbeständen zugesteckt hatte, verzehrt waren, sammelte Bragi sich Beeren und Nüsse. Wenngleich sie seinen inzwischen an bessere Speisen gewöhnten Magen auch nur widerwillig besänftigen, war er vor allem dankbar, endlich wieder sein eigener Herr zu sein. Der spätsommerlichen Jahreszeit entsprechend, fand er solche Mengen, dass er sie Händeweise in seinen Taschen verstauen konnte. Angesichts dieses üppigen Vorrats hob sich seine Laune beträchtlich. Sollte dieses herausgeputzte Adelspack doch ruhig unter sich bleiben, dachte er trotzig. Wer brauchte die schon? Sie und ihre abgenagten Knochen, die uns Spielmännern hinzuwerfen sie sich gnädigerweise herablassen. Da muss schon Muspelheim zufrieren, bevor ich noch einmal vor einem König aufspiele!

Doch als er sich eines Mittags, vom Wandern müde, für ein Nickerchen unter einem großen Baum lang machte, fiel eine Rotte Eichhörnchen über ihn her. Angelockt von einigen Nussschalen, die Bragi nach seinem Mahl achtlos neben sich im Gras hatte liegen lassen, machten die kleinen Nager sich daran, den fremden Eindringling gehörig zu rupfen.

„Kleines Diebgesindel!", schimpfte Bragi, als ihm ein besonders vorwitziges Eichhorn auf den Bauch hopste und er davon jäh hochschreckte. Laut fluchend sprang er auf und fuchtelte wild mit den Armen. Doch es war bereits zu spät, denn schon huschten die flinken Nager vollbepackt wieder dem Baumwipfel entgegen. Die kleinen Räuber hatten seinen gesamten Vorrat entwendet, der sich nun weit verstreut in für ihn unerreichbaren Höhen befand. Zu allem Unglück fing es noch an zu regnen, so heftig, dass er zwei Tage lang einen Unterschlupf aufsuchen musste. Mit viel Mühe fing er sich am dritten Tag eine Bachforelle, doch weil er kein trockenes Holz fand, gelang es ihm nicht, ein Feuer zu entzünden. Am Ende verschlang er den Fisch roh und verfluchte einmal mehr die diebischen Eichkatzen. Da half alles Jammern nichts. Wollte Bragi nicht verhungern, würde er sich in Kürze wieder unter Menschen begeben müssen.

Nachdem Bragi zwei weitere Tage ohne längere Pausen zügig in Richtung Norden durchmarschiert war, gelangte er am Mittag des dritten Tages an eine kleine Ansiedelung von Häusern. Die Dächer waren mit dicken Grasplacken bedeckt und reichten bis zur Erde hinab. Die Bewohner waren einfache Bauern, hießen ihn aber freundlich willkommen und führten ihn zu einer kleinen Hütte, die offensichtlich für Besucher errichtet worden war. Bragi war darinnen nicht der einzige Gast, denn er traf dort auf zwei Burschen, die in seinem Alter waren. Beide stammten aus ärmlichen Verhältnissen und befanden sich nun gleichermaßen auf der Wanderschaft, um ihr Glück in der Welt zu versuchen. Doch anstatt sich, wie sonst bei vielen armen jungen Männern oder auch Friedlosen üblich, mit Überfällen und Diebstahl durchzuschlagen, waren diese bemüht, sich mit musizieren zu verdingen.

Der größere nannte sich Gorm, trug seine flachsblonden Haare zu einem langen Pferdeschwanz gebunden und war eindeutig der Aufgewecktere der beiden. Der andere hörte auf den Namen Glaumar und war von etwas gedrungener Gestalt. In eine Kutte gesteckt, hätte er glatt als Priester dieser neuen Christenreligion durchgehen können, denn sein an den Spitzen ringsum gerade geschnittener Haarschopf ähnelte fast einer Tonsur. Bragi, der dieser neuen Religion äußerst misstrauisch gegenüberstand, konnte nicht verstehen, wie man freiwillig die Haartracht andersgläubiger Priester nachahmen konnte. Doch so einfach wie seine Frisur schien auch Glaumars Gemüt, der meist nur träge dasaß und den Mund lediglich zum Essen öffnete oder wenn man ihn etwas fragte.

Gorm hingegen war eine echte Frohnatur, der es rasch verstand, Bragis Laune zu heben. War es für Bragi doch das erste Mal, zwei Gleichgesinnten in seinem Alter zu begegnen. Nachdem sie sich also einander bekannt gemacht hatten, forderte Bragi die beiden auf, ihm eine Kostprobe ihres Könnens zu geben. Was er darauf zu hören bekam, war jedoch nicht gerade eindrucksvoll. Zwar spielte Gorm seine kleine Knochenflöte recht klar und fehlerfrei, doch Glaumar, seinem Naturell entsprechend, schlug dazu einen einfachen Takt auf einer bereits stark abgewetzten Trommel. Deren schlaffe Lederhaut erzeugte ein solch dumpfes Bullern, das Bragi unweigerlich an das Herabfallen von Pferdeäpfeln erinnerte.

Geradezu überschwänglich reagierten sie darauf auf Bragis Vortrag seiner musikalischen Kunst, den sie beide begeistert beklatschten. Mit großen Augen befingerten sie seine kostbare Leier und gestanden ein, nie zuvor ein derartiges Instrument gesehen zu haben. Verzückt über Bragis Spiel, hielt Gorm ihm darauf die Hand hin und schlug Bragi ohne Umschweife vor, sich ihnen beiden doch anzuschließen. Gemeinsam könne man weit besser musizieren, aufeinander aufpassen und müsse Räuber und wilde Tiere weniger fürchten.

Da musste Bragi nicht lange überlegen, denn als Friedloser, der er jetzt war, dünkte ihn die einsame Wanderschaft inzwischen recht gefährlich. Durfte ihn doch auf König Björns Geheiß hin fortan jeder freie Mann, auf den er traf, einfach so erschlagen, ohne sich dafür rechtfertigen zu müssen. Dies seinen beiden neuen Bekannten mitzuteilen, erschien Bragi einstweilen jedoch etwas verfrüht. Sich ihnen hingegen beizugesellen, schien ein weiser Entschluss.

Fortan bildeten die drei jungen Männer eine kleine Spielmannstruppe, die schon nach kurzer Zeit eine heitere Vertrautheit miteinander verband. Da außer Frage stand, dass Bragi der Begabteste von ihnen war, akzeptierten Gorm und Glaumar ihn von Beginn an als neues Oberhaupt ihrer kleinen Bande. Schließlich hatte Bragi schon vor Fürsten und einem König aufgespielt, das putzte ungemein und ließ ihn bei seinen neuen Gefährten mächtig Eindruck schinden. Und da Bragi und Gorm zwei aufgeweckte Burschen waren, hatten sie schnell herausgefunden, wie ihr gemeinsames Spiel am besten harmonierte.

So also zogen die drei jungen Männer fortan von Hof zu Hof, dabei für ihre Darbietungen auf eine sättigende Mahlzeit oder einen Schlafplatz im trockenen Stroh hoffend. Das ging zunächst zwar mehr recht als schlecht vonstatten, doch da ihre Körper von ihrer jugendlichen Spannkraft noch nichts eingebüsst hatten, nahmen sie alle Widrigkeiten duldsam hin und erfreuten sich an jeder noch so kleinen Zuwendung. War ihre Freiheit doch ihr wichtigstes Gut. Sie waren nichts und niemandem verpflichtet, mussten weder irgendeinen Frondienst leisten noch an irgendwen Pacht abführen. Für eine Weile mochte dieses harte Leben wohl ertragbar sein. Und wer konnte schon voraussagen, was der morgige Tag ihnen brachte?

Dies eben war es, was Bragi an den beiden Burschen so gefiel – ihre Unbekümmertheit und ihr Frohsinn. Für Bragi, der echte Kameradschaft nie gekannt hatte, und den die Schwermut immer wieder niederzudrücken drohte, eine zutiefst beglückende Erfahrung. Und da Unbeschwertheit und gute Laune stets die besten Voraussetzungen für vergnügliche Musik darstellen, ließ der Erfolg ihrer Auftritte nicht lange auf sich warten. Bei einem kleineren Jarlshof, bei dem sie aufspielten, wurden sie begeistert gefeiert. Man setzte ihnen gutes Essen und reichlich Wein vor. Gleichzeitig begann sich die Damenwelt für die drei fröhlichen Mannsbilder zu interessieren, deren Lieder und Küsse nach Freiheit und Abenteuer schmeckten. Und da ein echter Überschuss an Frauen zu herrschen schien, kam man sich schnell näher, und der ersten Übernachtung folgten eine zweite und noch eine dritte.

Bragi, dem aufgefallen war, dass nur wenige junge Männer am Jarlshof weilten, obwohl der Winter schon fast vor der Türe stand, fasste einen Entschluss. Er sprach beim Hausherrn vor und ersuchte diesen höflich, ob er sie nicht bis zum Frühling hin unter seinem Dach beherbergen könne. Im Ausgleich dafür böten sie ihm ihre Dienste als Arbeiter und Spielleute an, die seinen Hof an den langen Winterabenden mit ihrer Musik erfreuen könnten. Und tatsächlich hieß der Jarl Bragis unverhofftes Angebot willkommen. Bragi erfuhr von ihm, dass König Björn Haraldson erst vor kurzem einen Kriegszug gegen einen mächtigen Nachbarn begonnen habe. Da der Jarl lehnspflichtig war, hatte er dem König Männer und Waffen für den Kampf stellen müssen, welche ihm nun zur Bewirtschaftung an seinem Hof fehlten. Bragi, nicht unglücklich darüber, dass König Björn sich nun offensichtlich wichtigeren Dingen als ihm zuwandte, entgegnete freudig, dass sie drei ger-

ne überall mit anpacken würden. Man reichte einander die Hände und der Handel war beschlossen.

Als Bragi seinen beiden Kameraden eröffnete, dass er an diesem heimeligen Ort für sie alle soeben ein Winterquartier ausgehandelt habe, ließen Gorm und Glaumar ihn laut hochleben. Was folgte, war eine feuchtfröhliche Nacht, in deren Verlauf sich die ansässigen Mägde besonders offenherzig zeigten. Denn nachdem nun entschieden war, dass mit diesen drei Burschen die nächsten Monate zu rechnen war, galt es sich rasch einen der dreien als Buhlen zu sichern. Entsprechend schnell hatte ein jeder von ihnen ein Mädchen gefunden, dass ihm fortan Leib und Bett wärmte.

Auf diese Weise wohl versorgt, gab es denn auch kein Gemurre unter ihnen, wenn man sie zum Holz schlagen in den nahen Wald schickte oder sie beim Ausbessern der von Fäule befallenen Außenanlagen einsetzte. Die drei jungen Männern erfreuten sich an der harten Arbeit bei frischer Luft und genossen die wohlige Ermattung, die sie am Abend überfiel, wenn sie am knisternden Feuer beisammen saßen und ihre neuen Liebchen ihnen vergnügt kichernd nicht nur die müden Knochen massierten.

Selbst, als die zur Wehrpflicht abgestellten Männer einen Monat später zurückkehrten, da der König aufgrund des immer schlechter werdenden Wetters seinen Kriegszug abgebrochen hatte, kam es zu keinen nennenswerten Zwischenfällen. Zwei der Gefolgsleute des Jarls waren im Kampf gefallen, ein weiterer verkrüppelt worden und so blieben Streitigkeiten und männliches Geerpel um weibliche Zuwendungen glücklicherweise aus. Ein harter Winter mit langen, dunklen Nächten kam, und alle Leute bei Hofe waren froh, dass Bragi, Gorm und Glaumar ihnen allabendliche Unterhaltung boten.

Als der Frühling nahte, fiel es den dreien nicht gerade leicht, all den genossenen Behaglichkeiten wieder Lebewohl zu sagen. Doch das Geschnatter der heimkehrenden Zugvögel war wie ein unsichtbares Band, das sie wieder hinauszog, um neuen Abenteuern entgegenzuschreiten. Entsprechend langwierig zog sich der Abschied dahin. Immer wieder wurde ihnen von weiblicher Seite versichert, dass man auf sie warten wolle und sie künftig jederzeit willkommen seien. Es gab eine Menge Tränen, und als Bragi und seine beiden Gefährten sich endlich gelöst hatten, da folgte ihnen manch sehnsuchtsvoller Blick nach.

Der erste Hof, an den sie als nächstes gelangten, schien gerade erst aus seinem tiefen Winterschlaf zu erwachen. Gemäß verhalten nahm man sie dort in Empfang. Der Hausherr war im Winter verstorben und nun führte seine gallige Witwe das Zepter. Weil durch die angesetzte Trauerzeit vieles an Arbeit liegengeblieben war, schienen die drei Musikanten überall nur im Wege zu stehen und äußerst fehl am Platze. Überhaupt stand niemandem der Sinn nach Musik, Frohsinn oder Feierlaune. Angesichts der Tatsache, für ihr erneutes Herumstreunen die vertraut gewordene Heimeligkeit des letzten Jarlshofes so leichtfertig aufgegeben zu haben, für die drei Burschen eine ernüchternde Erfahrung. Aber was half es zu klagen? Also zogen sie am nächsten Morgen mit verdrießlichen Mienen weiter. Doch bereits gegen Mittag, als sie bei einer munter sprudelnden Quelle eine Rast einlegten, besserte sich ihre Laune wieder. Sie versicherten einander, wie froh sie waren, dieses düstere Gehöft hinter sich gelassen zu haben. Dann witzelten sie miteinander über die böse Witwe, die herumgewatschelt sei, als habe sie einen Stock im Arsch getragen. Was kümmerten sie die Sorgen dieser kleinherzigen Leute?! Sie waren frei wie der Wind. Drei junge Wandervögel, hungrig auf das Leben und voller Zuversicht, ihrem Glück stets auf der Spur zu sein, das dort ihrer harrte, wohin ihre Füße sie trugen.

Mittlerweile hatten die drei Gefährten ihr Spiel bestens aufeinander abgestimmt. Glaumars Trommel war neu bespannt und sie hatten ein paar abendfüllende Programme beisammen, die ihnen, wo immer sie auftauchten, volle Mägen und weitere Annehmlichkeiten bescherten. Ja, es sollten ein paar fette und abwechslungsreiche Jahre für die drei fahrenden Musikanten werden.

Gorm hatte beschlossen, Bragis dürftige Kenntnisse über Frauen ein wenig aufzubessern und diesbezüglich seine Ausbildung in die Hand zu nehmen. Selbstbewusst erklärte er: „Nur weil irgendeine dralle Magd dir deinen Lümmel lutscht, musst du nicht gleich aus Dankbarkeit vor ihr auf die Knie sinken. Du musst sie wissen lassen, dass es eine Gnade für sie ist, von deinem Nektar kosten zu dürfen. Schließlich haben auch andere Mütter schöne Töchter." Gorm zwinkerte Bragi verstohlen zu und fuhr munter fort. „Es wäre doch ein Jammer, sich gleich an die Erstbeste zu verschenken, wo dort draußen doch noch unzählige dralle Hinterbacken danach dürsten, von uns strammen Recken ausgiebig beglückt zu werden, nicht wahr?"

Dies nun war für Bragi in der Tat eine völlig neue Sichtweise der Dinge. Doch sie gefiel ihm immer besser, desto mehr sich Gorms reichhaltige Erkenntnisse in die Tat umsetzen ließen. Also brachte Gorm ihm bei, wie er sich gegenüber seinen Liebchen künftig zu verhalten hatte. Bragi bekam dafür richtiggehende Aufgaben zugewiesen, die er nach bestem Vermögen zu bewältigen suchte. Eine der wichtigsten Regeln sah vor, dass man, sobald ein Mädchen näheres Interesse signalisierte, ihr zunächst keinerlei Beachtung schenkte. Hierdurch war es gezwungen, seine Absichten weiter unter Beweis zu stellen. Dies offenbarte erstens, wie ernst ihr die Sache wirklich war - das tat vor allem dann Not, wenn es später zu klären galt, wer hier eigentlich wen verführt hatte - und zweitens, versetzte man ihrem Stolz einen Dämpfer, indem man ihr die Botschaft sandte, dass sie nicht die einzige war, deren Gunst man erhalten könne. Gleichzeitig beugte man dadurch bereits im Vorfeld möglichen Eifersüchteleien vor, die früher oder später immer auftraten. Ausgelassen wie sie waren, kamen die drei Freunde schließlich überein, sich fortan heimlich ‚die singenden Lümmel' zu nennen. Ein Titel, der ihre eigentlichen Absichten auf treffliche Weise bezeichnen würde.

Dank ihrer vielen Auftritte und des großen Erfolges bei der Damenwelt, hatte Bragi schnell zu einem starken Selbstbewusstsein gefunden. Die Zeiten, in denen er verlegen zu Boden geblickt, sobald eine Frau ihm ihr Lächeln geschenkt hatte, lagen nun weit hinter ihm. Er genoss es, als singender Kopf ihrer kleinen Gruppe stets im Mittelpunkt zu stehen und von den Mädchen umschwärmt zu werden. Getreulich befolgte er weiterhin Gorms Anweisungen und Regeln. Und nachdem es ihm hierdurch vergönnt war, so gut wie jede lebenslockere Magd auf die Bettstatt zu bekommen, wurde das Spiel mit der Lust für ihn bald zu einem unterhaltsamen Zeitvertreib. Vergessen waren die bitteren Verstrickungen, in die er einst mit Siglind geraten war. Kam ihm jetzt eines der Mädchen dumm oder wurde zu anhänglich, ließ er sie kurzerhand stehen und wandte sich einer anderen zu. Es gab schließlich jede Menge von ihnen.

Zwar lauerten in größeren Ansiedlungen immer auch Gefahren, die ihnen meist von der männlichen Dorfjugend her drohten, doch bis diese sich neidvoll anschickten, sie mit Schlägen und Fußtritten davonzujagen, hatten sie ihre lustfrohe Ernte meist schon wieder eingefahren. So wurden sie mit der Zeit zu echten Fachmännern auf ihrem Gebiet, wenn es darum ging, zu erkennen, wann Gefahr im Verzug war.

Dennoch geschah es einmal, dass sie fast drei Tage lang von einem gehörnten Ehemann, dessen Schwiegervater und dessen beiden Söhnen quer durch die Hügel gejagt wurden. Gorm, der mit einer seiner Verehrerinnen mal wieder nicht lange gefackelt hatte, sah sich am kommenden Morgen der Wut vier ausgewachsener Männer gegenüber. Nur der Warnung von Bragis Bettgenossin hatten sie es zu verdanken, dass sie noch Zeit hatten, ihre wenigen Habseligkeiten zusammenzuklauben, um sich darauf umgehend aus dem Staub zu machen. Doch die vier erbosten Männer forderten Vergeltung für die ihnen widerfahrende Schande und hetzten sie solange über Stock und Stein, bis der etwas langsamere Glaumar schließlich zu Tode erschöpft stehen blieb und sich weigerte, auch nur einen weiteren Schritt zu tun. Dadurch fiel er dem heranstürmenden Ehemann in die Hände, der inzwischen ein gutes Stück vorausgeeilt war und seine angestaute Wut daraufhin an dem armen Glaumar ausließ.

Da die restlichen drei Verfolger noch außer Reichweite waren, sie alle waren ja zu Fuß unterwegs, besannen Bragi und Gorm sich nicht lange, machten kehrt und kamen ihrem jammernden Kameraden zu Hilfe. Zu zweit prügelten sie auf den betrogenen Gatten ein, der darauf bewusstlos liegen blieb. Als seine drei Anverwandten den Niedergeschlagenen schließlich erreicht hatten, blieben sie schnaufend stehen und gaben ihre Verfolgung endlich auf.

Zum Glück für Bragi und seine beiden Gefährten, denn Glaumar, durch die Schläge mit einem harten Knüppelholz arg versehrt, vermochte sich nur noch humpelnd fortzubewegen. Nachdem sie ein sicheres Versteck gefunden hatten, untersuchten sie Glaumars Verletzung, der klagte und heulte, dass es einem das Herz zerriss. Zwar ließ der Schmerz nach einigen Tagen wieder nach, doch sollte sich herausstellen, dass Glaumar von dieser Begegnung ein lahmes Bein behalten würde. Aber auch dieses Missgeschick vermochte die gute Laune der drei Freunde nicht nachhaltig zu trüben, die sich an ihrem abendlichen Lagerfeuer noch viele Male lachend über ihre gelungene Flucht amüsierten.

Im nächsten Dorf erwarben sie einen großen, alten Ziegenbock, der Glaumar fortan auf seinem Rücken trug und als neues, festes Mitglied in ihrer kleinen Gemeinschaft willkommen geheißen wurde. In diesem Sinne ging es munter weiter, denn als sie noch vor Sonnenaufgang wieder einmal ein Dorf verließen, kamen ihnen zwei der von ihnen beglückten Mädchen nachgelaufen. Fröhlich teilten die beiden ihnen mit, dass sie ihre Sippe verlassen hätten, um sich ihnen anzuschließen. So vernarrt waren sie in ihre Sangeshelden, dass sie Haus und Hof kurzerhand Lebewohl sagten, um fortan mit ihnen das Vagabundendasein zu führen.

Die beiden Mädchen sollten nicht die einzigen bleiben, denn weitere folgten ihrem Beispiel. Einige von ihnen bestahlen sogar ihre Eltern, um darauf Bragi und den seinen mit strahlenden Augen den Schmuck ihrer Mütter oder das abgesparte Hacksilber ihrer Väter auszuhändigen. Sie waren also nicht länger mehr zu dritt, sondern zu fünft, dann zu siebt und schließlich sogar zu neunt unterwegs. Irgendwie schien es wie selbstverständlich, dass diese jungen Frauen plötzlich dazugehörten. Dass die Mädchen bei ihnen stets zu zweit aufschlugen, schien daran zu liegen, dass einen solch folgenschweren Schritt zu tun, sie sich alleine wohl nicht zutrauten. Dadurch waren sie eine Zeit lang gezwungen, sich versteckt zu halten, denn natürlich wurden einige der Mädchen von ihren besorgten Anverwandten verfolgt, die nicht einfach tatenlos dabei zusahen, wie ihre Töchter und Schwestern sich diesen drei Brüdern Leichtfuß an den Hals schmissen. Natürlich wurden sie aufgegriffen und drei der Mädchen von ihren Angehörigen unter lautem Gezeter genötigt, wieder mit heim zu kommen. Doch es dauerte nicht lange und andere Mädchen hatten ihre leeren Plätze wieder eingenommen. Es war wie ein Kommen und Gehen innerhalb ihres eigenen Kommens und Gehens, sobald sie einem weiteren Gehöft den Rücken kehrten.

Bragi und Gorm konnten indes nur noch staunen, welche Bewegung sie mittlerweile losgetreten hatten. Denn wie sie da so als kleine, heitere Gruppe durch die Lande zogen, boten sie mit Glaumar auf seinem Ziegenbock in ihrer Mitte doch einen recht wunderlichen Anblick, der bei jedermann, auf den sie trafen, rasch die Neugier weckte. Sie schmückten sich mit Blumen, wanden sie zu Kränzen und auf ihren Wanderungen ging es nun wesentlich beschwingter zu. Sobald sie auf Menschen trafen, hoben sie schon von weitem zu singen und zu tanzen an, sodass sie gute Laune mit sich führten, wo immer sie hingelangten.

Doch was zunächst noch recht lustig begonnen, sollte sich nach einigen Monaten ins Gegenteil verkehren. Denn unsere drei Wanderburschen, bisher aufeinander gut eingespielt und sich anfänglich noch vom regem Interesse ihrer Begleiterinnen stark geschmeichelt fühlend, sahen sich plötzlich mit einem Pulk voll weiblicher Launenhaftigkeit konfrontiert.

Sich untereinander um die Gunst einer Favoritenrolle zankend, kam es bald zu lautstarken Auseinandersetzungen, die nicht nur mit Worten ausgefochten wurden. Angefangen mit wüsten Beschimpfungen, steigerten sich diese Streitereien zu regelmäßigen Kratz- und Beißorgien, während denen die Mädchen sich gegenseitig an den Haaren zogen und anspuckten. Schließlich kam es zwischen dreien von ihnen zur offenen Feindschaft, sodass Bragi und Gorm zuweilen ihre liebe Not damit hatten, die aufgebrachten Frauenzimmer wieder zu trennen und Einigkeit zu schaffen.

Für weitere Spannungen sorgten die Scharen von Stechmücken. Diese zogen während der Sommerhitze in dichten, schwarzen Schwärmen über die flirrende Heide, um zuweilen über sie herzufallen. Zwar gelang es einem der mit Kräutern bewanderten Mädchen eine Paste aus Bärenfett, ranzigem Waltran, Urin und zerstampfter Holzkohle herzustellen, mit der eingerieben sie sich erfolgreich der Moskitos erwehrten, doch waren ihre gegenseitigen Ausdünstungen bald nicht nur für die Insekten unerträglich.

Auch war es nicht einfach, eine solch große Gruppe zu ernähren. Obwohl die Mädchen ihr gemeinsames Einkommen mit Leibeskräften unterstützen, indem sie, sobald sie in eine größere Dorfgemeinschaft gelangten, betuchteren Zuhörern ihre Liebesdienste anboten, herrschte über die Verteilung der von den Freiern erfolgten Zuwendungen bald die gleiche Uneinigkeit. Verschworene Eintracht unter ihren Anhängerinnen herrschte immer nur dann, sobald sie einen neuen Hof ansteuerten. Wie untereinander abgesprochen, schickten sie ihre misstrauischen Blicke in alle Richtungen aus, um etwaige neue Konkurrentinnen bereits im Vorfeld auszuspähen. Wann immer sich eine mögliche Nebenbuhlerin neugierig ihrer Truppe näherte, wurde diese sogleich keifend in ihre Schranken gewiesen.

Bragi und Gorm sahen dies mit Bestürzung, denn entsprechende Zurückhaltung der ihnen sonst hold zugetanen Weiblichkeit war die Folge. Und da sie nun ihren eigenen Weibertross bereits im Schlepptau hatten, begann die Quelle ihrer früheren Erfolge langsam aber beständig zu versiegen. Zudem fühlten sich die beiden auf Schritt und Tritt verfolgt und kontrolliert. Selbst ein Zusammenkommen nur unter ihnen drei Männern, wie sie es bisher gewohnt gewesen waren, schien fast unmöglich geworden. Als Bragi und Gorm einmal gemeinsam zum Pinkeln unter einem Baum standen, flüsterte Gorm ihm verstohlen zu, dass es so nicht weitergehen könne. Auch Bragi befand, dass ihr bisher so erfolgreich begangenes Projekt ‚singende Lümmel' geradewegs in die Binsen zu gehen drohte.

Nur der brave Glaumar schien von ihrer Sorge nicht viel mitzubekommen. Mit derselben behäbigen Genügsamkeit, mit der er seine Trommel schlug, nahm er weiterhin dankbar jenes Mädchen zu sich, die am Ende für ihn abfiel. Abfiel deshalb, weil ihre mittlerweile auf fünf Damen angewachsene Begleitung sich angewöhnt hatte, vor dem Zubettgehen stets kleine Hölzchen zu ziehen, welche die Schlafverteilung unter ihnen bestimmte. Gorm und Bragi wurden dabei nicht gefragt, waren insgeheim aber froh, dass die Frauen dies unter sich ausmachten.

Dann, während eines trüben, verregneten Morgens, während Bragi gerade über die Abgründe nachgrübelte, in die sich Frauen begaben, um einander auszuspielen, fanden sie eine ihrer Begleiterinnen tot zwischen den Bäumen liegen. Da sie keine äußeren Anzeichen einer Verletzung aufwies, ihre Zunge jedoch bläuliche Verfärbungen zeigte, war allen schnell ersichtlich, dass das arme Mädchen Opfer einer Vergiftung geworden war. Sie begruben ihren Leichnam an Ort und Stelle, sorgfältig bemüht, keinerlei Spuren zu hinterlassen. Diese vermutete Mordtat entzweite ihre kleine Gruppe vollends. Weil als Täter eigentlich jeder von ihnen, zumindest aber jede der Frauen, in Frage kam, herrschten fortan Furcht und Misstrauen unter ihnen. Jeder verdächtigte den anderen und an erholsamen Schlaf war jetzt nicht mehr zu denken.

Schließlich wurde es Bragi und Gorm zu bunt. Gemeinsam mit Glaumar erörterten sie die üble Lage und kamen überein, dass eine klare und drastische Entscheidung getroffen werden musste. Die sah wie folgt aus, dass sie sich in der kommenden Nacht wie Diebe heimlich davonschlichen. Fast hätte sie noch Glaumars mitgeführter Ziegenbock verraten, dessen plötzliches Gemecker ihnen drei das Herz in die Hose rutschen ließ. Dann endlich hatten sie ihren Lagerplatz weit hinter sich gelassen und große Erleichterung machte sich unter ihnen breit. Angespornt von der düsteren Vorstellung, zu welchen Furien verlassene Weiber werden können, liefen sie die ganze Nacht

hindurch und legten erst am folgenden Nachmittag die erste Rast ein. Was aus ihren vier verbliebenen Mitläuferinnen werden sollte, scherte sie nicht weiter. Denn mit einem Mord, darüber waren sie sich einig, wollten sich nichts zu tun haben. Die Sache war ihnen einfach über den Kopf gewachsen, weshalb sie beschlossen, zu ihren Anfängen zurückzukehren. Und neue Mädchen gab es schließlich überall auf der Welt.

Dass ihre Entscheidung richtig gewesen war, bekamen sie an ihrem nächsten Zielort bestätigt. Diesmal hatten sie sich eine kleinere Küstensiedlung ausgeschaut, in welcher die Menschen ausschließlich vom Fischfang lebten. Die Männer fuhren mit ihren Booten oft tagelang aufs offene Meer hinaus, während ihre Frauen und Familien an Land zurückblieben. Nachdem die drei jungen Männer die Vorgänge in dem Fischerdorf ein paar Tage aus sicherer Entfernung beobachtet hatten, legten sie ihre Ankunft so, dass nur wenige Männer zugegen waren. Und wie zu erwarten, war da manch offenherziger Rock zugegen, der sich im Verlauf ihrer abendlichen Vorstellung zu ihnen gesellte. Viele Liter Bier flossen durstige Kehlen hinab, es wurde getanzt, gefeiert und im Eifer der Leidenschaft auch manches Kind gezeugt. Bevor die drei Vagabunden von ihrer Vaterschaft jedoch hätten erfahren können, waren sie längst wieder aufgebrochen und zu neuen Ufern unterwegs. Glücklich und zufrieden, sah man einmal großzügig über den üblen Juckreiz zwischen den Beinen hinweg, schworen die drei darauf einen feierlichen Eid miteinander, keinen Weiberrock mehr zwischen ihre Freundschaftsbande kommen zu lassen. Dies schloss vor allem ein, ihre Reise künftig ohne weibliche Begleitung fortzusetzen.

Doch nicht selten, wenn erst mal ein Eid im Brustton der Überzeugung ausgesprochen ist, scheint dieser geradezu zwanghaft jene Kräfte auf den Plan zu rufen, die das Geschworene einer gestrengen Prüfung zu unterziehen wünschen. Manche unter den Menschenkindern glauben nun zu wissen, dass es die Nornen seien, die auf einen geleisteten Schwur hin die Schicksalsfäden neu auszurichten beginnen. Der Grund sei darin zu suchen, dass man nicht sie, die eigentlichen Fädenzieherinnen, sondern lediglich die Götter als Zeugen aufgerufen habe. Andere hingegen vertreten die Meinung, man ziehe sich zuweilen den Unbill jener Götter zu, die man bei seinem Schwur anzurufen schlechthin vergessen und somit jetzt verärgert habe.

Geht man nun von letzterem aus, hatten Bragi, Gorm und Glaumar, die den Eid am abendlichen Lagerfeuer feierlich mit einem Blutsschwur besiegelt hatten, wohl unsere ehrwürdige Himmelsmutter Frigg vergessen. Denn diese, vom verantwortungslosen Verhalten Bragis gegenüber dem weiblichen Geschlecht nur wenig angetan, befand es an der Zeit, dem mit einer Riesin gezeugten Sohn ihres gleichsam lustfrohen Gatten eine Lektion zu erteilen. Und so suchte sie Freyja auf, um sich mit dieser zu besprechen.

Als sich die drei Gesellen eines Morgens wieder einmal in einem kalten Gebirgsbach wuschen, erblickte Bragi sein Spiegelbild in einer Wasserpfütze. Nachdenklich betrachtete er seinen inzwischen recht dicht gewachsenen Bart, befühlte seine Wangen und entdeckte um seine Augen die ersten Falten. Wohin nur war seine Jugend entflohen, fragte er sich beklommen. Als Bragi bemerkte, wie Gorm ihn dabei grinsend beobachtete, fragte er diesen: „Was glaubst du, Gorm? Wie lange kann man so ein Leben wie das unsere führen?"

Der Angesprochene zuckte mit den Schultern: „Keine Ahnung. Ist mir auch egal. Mir ging es nie besser als jetzt. Warum also sollte ich mir Sorgen um das Morgen machen?"

Bragi wandte sich an Glaumar: „Und wie denkst du darüber?"

„Genauso wie Gorm", war dessen knappe Antwort.

Als es wieder Abend wurde, hatte Bragi weitere Fragen an seine Kameraden. Sie kauerten um ein knisterndes Lagerfeuer, dessen flackernder Schein auf einen Haufen abgenagter Fischgräten fiel, deren einstige Besitzer nun wohlig ihre Mägen füllten. Auf dem Rücken liegend den nächtlichen Sternenhimmel betrachtend, fragte Bragi in die Runde: „Was glaubt ihr, warum sich uns all diese Frauen so bereitwillig in die Arme werfen?"

Gorm, der mit dem Rücken an einem Baumstamm lehnte, antwortete müßig: „Nun, ich vermute mal, dass neben unserem guten Aussehen", dabei strich er sich breit grinsend über seinen zerzausten Kinnbart, „und der natürlichen Lüsternheit der Weiber, sich noch etwas ganz entscheidendes hinzugesellt. Vielleicht habt ihr ja bei all unseren Fahrten ebenso bemerkt, dass es recht abgelegene Höfe und Dörfer gibt, in denen mehr schwachsinnige Menschen anzutreffen sind, als in anderen. Also ich meine echte Stumpflieseln und Dorfdeppen."

„Stimmt", pflichtete Bragi ihm bei und setzte sich jetzt auf, „war mir bisher noch gar nicht aufgefallen. Aber jetzt, wo du es sagst..."

„Und mir ist nicht entgangen", fuhr Gorm altklug fort, „dass diese armen Tröpfe sich immer dort häufen, wohin sich nur selten Gäste oder Besucher wie wir verirren. Will damit sagen, immer dort, wo die Menschen sich in ihrer eigenen Sippe untereinander fortpflanzen, scheinen die Frauen entweder schwächliche Kinder oder..."

„Depperte Torfköpfe zustande zu bringen", beendete Bragi Gorms Satz und zeigte sich von dessen Theorie aufrichtig beeindruckt. „Du meinst, all die Frauen hängen sich deshalb an uns dran, damit sie durch uns wieder gesunden Nachwuchs gebären?"

„Na klar!", folgerte Gorm großspurig. „Haben wir uns erst einmal in ihre Herzen gespielt, wittern die Stuten im Stall die einmalige Gelegenheit, ihr oftmals über Jahre hinfort unvermengtes Sippenblut mit dem unsrigen ein wenig aufzufrischen. Schließlich sind wir drei doch recht ansehnliche und gesunde Burschen." Dabei kratzte er sich genüsslich zwischen den Beinen, wo sich sein Geschlecht zuweilen noch immer juckend meldete. „Na ja, meist jedenfalls. Ich denke, mittlerweile dürften wir unseren Samen schon ganz gut im Lande verstreut haben..."

Sie mussten alle ausgelassen lachen. Die Vorstellung, auf all den von ihnen besuchten Höfen eine Schar heimlicher Söhne und Töchter verteilt zu haben, gefiel ihnen. Ja, dieses Bild entbehrte nicht einem gewissen Reiz, denn wenn sie schon nicht über Land oder irgendeinen anderen Besitz verfügten, mit dem sie jemals einen Brautpreis hätten aufbringen können, hatten sie doch ihre Kuckuckseier so reichlich platziert, dass sie damit der Nachwelt auf jeden Fall etwas von sich hinterlassen würden. Ein zutiefst befriedigender Gedanke, der sie über manchen Mangel ihres unsteten Daseins hinwegtröstete.

Mit dieser so wunderbar zurecht gelegten Erklärung für den Nutzen ihrer Wanderschaft, die Gorm zuletzt sogar als höhere Mission verstanden haben wollte, schliefen sie darauf selig ein; nicht ahnend, dass ihre Freundschaft schon bald auf eine harte Probe gestellt werden würde.

Den Geist verdunkelt, es trat der Gequälte,
hinaus in der Reifriesen frostkalten Hauch.
Schillernde Erhabenheit sein Auge erfasste,
Glanz der Götter am Nachthimmel glomm.
Nach Asgard sehnend sein Herz sich wand.
Nachtwinde sangen der Seele ihr Sterbelied.

# 18. Eiszeit

Der kommende Herbst war nur von kurzer Dauer und ging fast ansatzlos in einen strengen Winter über. Nur mit großer Mühe kamen die drei Abenteurer auf einem ärmlichen Hof unter, bei dem sie um Aufnahme ersucht hatten. Der Bauer, ein argwöhnischer und findiger Mann, wies ihnen ein kleines, baufälliges Haus zu, das bis vor kurzem noch als Vorratsschuppen gedient hatte und nun am verfallen war. Es zog an allen Ecken und die drei jungen Männer benötigten große Mengen an Holz, um den Innenraum einigermaßen warm zu halten. Doch da sich die ersten Froststürme bereits ankündigten, blieb ihnen keine andere Wahl. Wenigstens das Dach war noch intakt und nach einigen Tagen hatten sie die gröbsten Löcher abgedichtet. Dennoch war der Boden so eisig, dass einem die Kälte des Nachts bis in die Knochen kroch. Also machten sie sich daran, aus einfachen Brettern und dickeren Ästen ein paar notdürftige Betten zusammenzuzimmern und diese mit Stroh zu füllen.

Tagsüber wurden sie zum Füttern der Schweine eingesetzt, mussten Holz machen oder andere niedere Arbeiten tun, sodass sich ihre gute Laune bald im trüben Dahindämmern der skandinavischen Winternacht verlor. Immer neue Schneestürme fegten um die wenigen Häuser des kleinen Gehöfts, und das schaurige Geheul der Wölfe, welche die nahe Umgebung in Rudeln immer wieder hungrig durchstreiften, ließ die Menschen furchtsam zusammenrücken.

In diesen endlos finsteren Nächten kauerte Bragi oft stundenlang am Feuer, in dessen Flammen er gedankenverloren hineinstarrte. Seine vertraute Melancholie drängte erneut nach oben, brach sich in der Enge dieser ärmlichen Behausung bahn und brachte bald die alte Schwermut zurück. Sein Jugendtraum, einmal ein großer Zauberskalde zu werden, schien in ebensolch weite Ferne gerückt, wie seine Hoffnung, jemals einen Weg nach Asgard zu finden. Und selbst sein größter Herzenswunsch, irgendwann das vollkommene Lied zu Wege zu bringen, dünkte ihn jetzt das törichte Verlangen eines Knaben, gerade noch gut genug, um ihm ein bitteres Lächeln zu entlocken. Ja, die abendlichen Auftritte mit seinen beiden Gefährten waren nicht gerade das, was er sich unter hoher Kunst erhofft hatte.

Alles, was Bragi die letzten vier Jahre mit seinen beiden Kameraden erlebt und vollbracht hatte, all ihre unzähligen Darbietungen, Abenteuer und Liebschaften, mutete ihm plötzlich wie eine entsetzliche Posse an. Doch gab es für ihn eine Wahl? Er war ein Skalde und Dichter, ein Künstler der singenden Zunft. Vom Stand her kaum mehr wert als ein gewöhnlicher Knecht oder Handwerker, der für andere arbeiten musste, um am Leben bleiben zu können. Er war nun mal kein freier Bauer, der eigenes Land besaß und sich selbst versorgen konnte. Doch wäre Bragi ein solcher gewesen, er hätte in diesem Moment nicht minder mit seinem Schicksal gehadert.

Und wenn er so dasaß in seinem Kummer, flogen seine Gedanken wieder häufiger zu Siglind hin, der Tochter von König Björn Haraldson. Ihr war es gelungen, den Eisenreif aufzusprengen, der ihm seit seiner Kindheit das Herz so sehr beengt hatte. Wenn Bragi ihrer gedachte, begann selbst jetzt noch etwas Goldenes durch sein Herz zu rieseln, sodass ihm ganz warm darüber wurde. Die schöne Siglind, über der sich der Morgen des Lebens befunden hatte, als sie aus freien Stücken in seine Kammer geschlichen war. Allen Widrigkeiten zum Trotze, hatte die jungfräuliche Königstochter ihn zu ihrem ersten Liebhaber auserkoren. Jawohl ihn, einen verwaisten und mittellosen Sänger. Oh Siglind, wie sehr verzehre ich mich nach dir, nach deiner Jugend, deinen guten Augen und deinen weichen Brüsten, die ich als erster liebkosen durfte. Ob sie in genau in diesem Moment wohl in den Armen ihres Liebsten lag, ihrem Gatten, dem künftigen Regenten des Dänenreiches? „Aber heute Nacht, da gehöre ich nur mir selbst“, rief er sich ihre letzten Worte an ihn immer und immer wieder in Erinnerung. Doch nun waren ihrem Gemahl die süßen Lustseufzer ihrer Nachtmusik vorbehalten, die ausschließlich für einen Prinzen gesungen wurde. Nicht für einen armen Skalden wie Bragi einer war, dem es wohl niemals vergönnt sein würde, unter Hochgestellten zu leben. Ja, es war nicht leicht zu akzeptieren, welchen Rang und Platz man in dieser rauen Welt innehielt.

„Oh Siglind, vernimmst du mich, wenn ich des Nachts deinen Namen flüstere?“, seufzte Bragi ein ums andere Male. Doch wenn er dann schlaftrunken erwachte, weil ihre Stimme ihm wie von Ferne durchs erhitzte Blut sang, war ihm der Kopf schwer und voll von schamlosen Träumen. Dann war ihm, als stehe ein schwüler Wind still um seine Gedanken. Ein abgestandener, übelriechender Dunst, der vom Vergangenen nicht lassen wollte. Seine erste Liebe vergisst man nie, hatte Bodda einmal weise gesagt und sollte damit Recht behalten. Wie so oft. „Na toll, hier sitzt du nun und glühst dein Leben aus für eine verzogene Königstochter, die für dich doch auf ewig unerreichbar bleiben wird!“, ermahnte er sich dann immer wieder selbst.

Und doch waren es eben jene quälenden Gedanken, die ihn dem unfassbaren Wesen der Göttin Sága ein ums andere Male ein Stückchen näherkommen ließen. Sága, des Skalden himmlische, unerreichbare Braut, von deren geheimnisvoller Huld sein Ziehvater ihm einst berichtet hatte. In solchem Zustand begann Bragi mit ihr in Selbstgesprächen zu reden: „Bist du der Quell, der mich in meinen Träumen nährt oder bin ich selbst das Licht, das aus der Nacht dich hervorsaugt? Bin ich das Auge, das den Glanz dir heuchelt oder bin ich nur von deinem Bild berauscht, das immerfort und unverändert diese Welt verjüngt?“ In diesen wenigen hellen, kostbaren Sekunden meinte Bragi nicht nur sein Geschick, sondern das ganze verflochtene Weltengeschick allgegenwärtig vor sich zu erblicken. Kurze Momente, flüchtig wie ein Wimpernschlag, in denen alles bis in die Ferne der Zeit, alles, was je geschehen war und noch geschehen würde, plötzlich einen Sinn zu ergeben schien.

Doch seine Erkenntnisse zerrannen ihm wie Wasser zwischen den Fingern, sodass der Sturz in die triste Unabänderlichkeit seines Daseins nur umso tiefer erfolgte. Wann immer er von seinen geistigen Höhenflügen zurückkehrte, drückte ihn noch Tage und Nächte lang danach eine dunkle Verzweiflung nieder. So nahm es wenig Wunder, dass seine Liebe zum Bier und Honigwein zurückkehrte. War es doch nicht das erste Mal, dass er seine Schwermut auf diese Weise zu ertränken suchte. Einzig der Umstand, dass der Bauer seine Vorräte rationiert hatte und Bragi zu arm war, um sich mehr davon leisten zu können, verhinderten Schlimmeres.

Gorm und Glaumar hatten ihre eigenen Probleme. Gorm war während eines Ausfluges zum Eisfischen auf zu dünnem Eis eingebrochen. Gleichwohl sie ihn umgehend aus den todbringenden Fluten gezogen und zurück ins Warme gebracht hatten, musste er seither die Bettstatt hüten. Gorms Lungen pfiffen wie löchrige Blasebälge und des Nachts schrie er ihm Fieberwahn so gellend nach seiner Mutter, dass Bragi und Glaumar davon jäh aus dem Schlaf hochschreckten und sich furchtsame Blicke zuwarfen. Noch zwei, drei solcher Nächte und Gorm würde den nächsten Frühling nicht mehr erleben.

Glaumar döste die meiste Zeit über in einer der zugfreieren Ecken still vor sich hin. Um ihn herum lagen Unmengen von zerriebenem Stroh, das in beständiger Gleichmäßigkeit aus den gefüllten Säcken rieselte, die ihm als gepolsterte Unterlage dienten. Immer wieder rutschte er stöhnend umher, verzog dabei qualvoll das Gesicht oder ließ ein klagendes Seufzen vernehmen. Bragi wusste, dass ihn sein lahmes Bein schmerzte, das sich immer dann rührte, wenn das Wetter umschlug. Auch Bragi hatte sich in der zugigen Kammer bereits einen leichten Schnupfen geholt. Kurz, ihr karges Heim war ein Hort weinerlichen Elends. Im Nachbarhaus, in dem das Gesinde des Bauern untergebracht war, ging es nicht besser zu. Fast sämtliche Bewohner röchelten, husteten und schnupften kläglich vor sich hin, vergeblich bemüht, die wenigen Gesunden unter ihnen, die ihrer Arbeit noch nachgehen konnten, nicht anzustecken.

Unzählige Nächte voll quälender Eintönigkeit schleppten sich dahin, lediglich unterbrochen durch das Scharren oder Blöken der Tiere, deren offene Stallungen sich direkt in den Wohnräumen befanden. In ihrem Fall war dies Glaumars alter Ziegenbock, der, an einem Balken festgebunden, glücklicherweise meist völlig reglos dastand. Auf diese Weise wärmten Mensch und

Tier sich gegenseitig, denn je enger man zusammenrückte, desto geringer der Verlust kostbarer Wärme. Der Gestank war jedoch kaum auszuhalten, da lüften bedeutete, die totbringende Kälte hereinzubitten. Was für eine entwürdigende Umgebung für einen Skalden, dachte Bragi verdrießlich, den der Umstand, eigentlich froh und dankbar sein zu müssen, wenigstens ein Dach über dem Kopf zu haben, nicht wirklich zu trösten vermochte.

Bragi erhob sich ächzend und reckte die steifen Glieder. Dann ging er vor Glaumar in die Hocke und strich mit den Händen die Strohreste vom Boden zusammen. Damit ging er auf den alten Ziegenbock zu, um diesem seine kärgliche Ausbeute vor die Nüstern zu halten. Das wie versteinert wirkende Tier erwachte aus seinem apathischen Zustand und begann nach kurzem Schnuppern aus seinen Händen zu fressen. Bragi sah ihm dabei gleichgültig zu. Das träge Mahlen der gelben Ziegenzähne, das trockene Kauen und Schmatzen, die glasigen Augen mit ihren länglichen Pupillen unter dem bereits porösen Gehörn. Bei diesem Anblick schien sich Bragis Kehle zuzuschnüren. Welch ein entsetzliches Spottbild von Verblödung! Ihm war, als verlache ihn die ganze Welt durch diesen stinkenden, alten Ziegenbock. Und um diese Empfindung noch zu krönen, hob das Tier seinen verfilzten Schweif und ließ eine Reihe würfelartiger Kotklumpen hinter sich fallen.

Bragi krächzte heisern und musste würgen. Ihr Götter! Wie lange musste er diesen Stumpfsinn noch ertragen? Schon seit Tagen hatte er seine Leier nicht mehr angerührt. Hatten ihre sanften Klänge es bisher noch verstanden, ihm in solch bitteren Zeiten Trost zu spenden, war ihm inzwischen selbst seine Musik zuwider, die einfach nicht in dieses stinkende Drecksloch passen wollte. Ebenso lange hatte er sich nicht mehr gewaschen. Sein Haar fiel ihm fettig ins Gesicht, und er fühlte sich im Geiste nicht weniger jämmerlich, als all die Kranken im Nachbarhaus, die matt röchelnd auf ihrer Bettstatt dahinsiechten. Eiszeit, ging es Bragi durch den Kopf. Der von den Völvas zur Endzeit angekündigte Fimbulwinter konnte kaum schlimmer sein. Alles war wie erstarrt in diesen Nächten, in denen das Leben und die Fröhlichkeit noch ferner schienen als die Götter, die sie hier unten vergessen hatten, solange sie die Welt unter ihrem weißen, frostkalten Leichentuch begruben.

Ein geräuschvolles Keuchen fuhr durch den Raum. Bragi horchte zu Gorm hinüber, wie er es in den letzten Tagen bereits so unendlich viele Male getan hatte. Diese Nacht schien sein rasselnder Atem sich erstmals etwas zu beruhigen, was Anlass zur Hoffnung gab, dass Gorm mit dem Schlimmsten über den Berg war. Jetzt ging Gorms Atem wieder gleichmäßig. Gut. Bragi überließ den Ziegenbock wieder sich selbst, erhob sich, ging zur Türe und lauschte. Dann öffnete er den Türverschlag einen Spalt breit und riskierte einen Blick nach draußen. Endlich. Der frostige Sturmriese schien doch noch ein Einsehen mit ihm zu haben. Der Nachthimmel war aufgerissen, und seit langem wieder einmal funkelten Sterne am Firmament. Und gleichwohl dem Unwetter klirrende Kälte folgte, hielt es Bragi nicht länger in ihrem Verschlag. Der Drang, endlich wieder einmal alleine in die Stille hinauszugelangen, überkam ihn mit Urgewalt. Wie viele Nächte hatte er wohl wachend an Gorms Krankenlager zugebracht? Dessen krudes Gefasel erduldet, seine widerlichen Körperausdünstungen ertragen? Egal. Vorbei. Nur raus jetzt aus diesem verschlafenen Grab, angefüllt mit einem Gestank aus Moder, Schimmel, Viehmist und ihrer eigenen Furzluft.

In ein schweres Rentierfell eingewickelt, brummelte er Glaumar ein knappes „Geh' mal frische Luft schnappen" zu und stapfte in die finstere Nacht hinaus.

Rasch hatte Bragi den kleinen Hof hinter sich gelassen. Doch fuhr ihm die eisige Kälte so schneidend in die Lungen, dass er sein Tempo bald wieder verlangsamen musste. Dicke weiße Atemwolken ausstoßend, hielt er sich die stechenden Seiten. Es war jetzt eine sternenklare Nacht, die jegliches Geräusch um ihn herum verschluckte. Es herrschte völlige Stille. Witternd wie ein Tier hob er die Nase. Die reine, klare Luft, die über der verschneiten Landschaft hing, machte ihn schwindeln. Etwas Unwirkliches, fast Magisches lag in der Luft. War es das, was Bragis Drang beflügelt hatte, der Enge ihrer Baracke zu entfliehen?

Einmal mehr durchdrang ihn das bittere Gefühl des Heimatlosen, der einsam durch die feindliche, ihm unbegreifliche Welt irrt. Alleine unter dem kalten Glanz der Sterne, die ihn von weit oben herab zu verhöhnen schienen. Gut vier Jahre war es nun her, dass er die Freuden und Leiden, den Lust und den Schmerz des freien Umherwanderns bis zum Grunde erfahren hatte. Das stets nagende Gefühl des Alleinseins, selbst im Kreise seiner beiden Gefährten. Er hatte die Freiheit kennengelernt, das ausschweifende, treulose Lieben, Geben und Nehmen. Er hatte Kälte und Not erfahren, wenn sie in bitteren Hungertagen der Tod umlauert hatte, der seine Kreise langsam aber beständig enger und enger zog, gleich Wölfen, die ihr Opfer so lange umschlichen, bis sie schließlich hervorschnellten, um es mitleidslos zu pakken. Und da war niemand, mit dem er seine innigsten Gedanken und Sehnsüchte hätte teilen können. Nicht einmal Gorm, den nach seinem Innenleben befragt, meist nur die eigene Verdauung in den Sinn kam. Nein, da war niemand.

Da Bragi kein bestimmtes Ziel hatte, stampfte er eine Weile geradewegs durch die Landschaft. Seine Spuren würden ihm den Rückweg schon weisen. Als er vor sich einen freien Hügel entdeckte, der sich zwischen dick verschneiten Tannen erhob, steuerte er diesen schnaufend an. Dabei immer wieder bis zu den Knien einsinkend, kam er nur mühsam voran. Sein Atem ging wieder keuchend, als er den kleinen Berg schließlich erklommen hatte. Schnaufend hob er den Kopf und starrte in den Nachthimmel hinauf. Unzählige Gestirne funkelten am dunklen Firmament, an dessen Horizont seine Augen jetzt ein schwaches Glimmen gewahrten. Nordlichter. Und er brauchte nicht lange auf sie zu warten. In gelbgrünen Schlieren zogen sie gleißend über den Nachthimmel, malten lohende Flammen in den erdfremden Äther. Mal auf und ab tanzend, dann wieder träge dahin wallend, doch in ihrer Leuchtkraft stets ungebrochen. Ein überwältigendes Schauspiel von erhabener Größe.

„Die Seelen der Verstorbenen ziehen nach Walhall", flüsterte Bragi leise, sank auf seine Knie hinab und eine tiefe Demut überkam ihn. „Ach wäre ich doch einer von ihnen," seufzte er verloren und gedachte voller Wehmut des verstorbenen Boddas. Wie von selbst erhoben sich Bragis Arme zum Firmament, als er mit inbrünstiger Stimme anhob: „Oh ihr Hohen, warum habt ihr mich hier vergessen? Hier, an diesem Ort menschlichen Mangels und kleingeistigen Stumpfsinns? Wo ist er zu finden, mein Ruhm, den mir einst mein Ziehvater in Aussicht gestellt? Wohin sind sie entschwunden, meine Träume vom Glück? Was tun mit einer Gabe, die zu höchster Vollkommenheit zu bringen ich wohl niemals imstande sein werde?"

Mit flehendlichem Blick starrte Bragi in den leuchtenden Nachthimmel, dessen farbenprächtiges Spiel die weiße Landschaft in magische Lichter tauchte, die unentwegt über sein Gesicht huschten. Eine tiefe Ergriffenheit hatte von ihm Besitz genommen. Angestrengt horchte er in die Stille hinein. Den tränenfeuchten Blick gebannt himmelan gehoben, sehnlichst darauf hoffend, von dort irgendein Zeichen gesandt zu bekommen. Er starrte und starrte. Solange, bis ihm der Nacken schmerzte und die Tränen auf seinen roten Wangen zu glitzernden Perlen gefroren waren. Seine Verzweiflung brach sich bahn in einem letzten, ohnmächtigen Ausruf: „Sagt mir, wohin soll ich mich wenden?"

Doch die Götter schwiegen. So wie immer. Da war nichts, außer diesem flirrenden, tanzenden Leuchten, das ihn nur einmal mehr aufs Schmerzlichste daran erinnerte, wie fern er seinem großen Ziel doch war. So unerreichbar für ihn und das Spiel seiner Leier.

Kraftlos fielen seine fast schon erstarrten Arme wieder nach unten. Das Kinn sank ihm auf die Brust. Und wenn ich hier einfach sitzen bleibe, um zu sterben, schob sich ein lähmender Gedanke nach vorne. Es gab schlimmere Tode, als zu erfrieren. Es war eigentlich ganz leicht. Sich einfach nicht mehr bewegen und auf das Ende warten. Vielleicht hatten die Hohen ja dann endlich ein Einsehen mit ihm und nahmen ihn mit sich. Ganz gleich wohin. Hauptsache fort aus dieser kalten, verabscheuungswürdigen Welt, die seine Kunst ebenso wenig zu würdigen wusste, wie sie sich wohl ihrer eigenen Schönheit bewusst war.

Dort also kauerte Bragi allein und verloren im verharschten Schnee, während in ihm abermals die Stimme seines Ziehvaters widerhallte. Ärgerlich und streng war Boddas Stimme gewesen, als ihm dieser prophezeit hatte, dass die Wirklichkeit für Bragi irgendwann so hart werden würde, dass sie ihn damit aus seiner versunkenen Schwermut schon herausholen wolle. Doch jetzt, in eben diesem Moment, schien genau das Gegenteil eingetreten. Nichts gab es mehr, das ihn hier noch hielt. Nichts. Nur Stille und Kälte. Diese eisige, tödliche, mitleidslose Kälte, die von den Reifriesen aus Niflheim geflogen kam, um die Menschen am besten für immer auszumerzen. Sollten sie nur, Bragi war es gleich. Seine Beine und Hände spürte er ohnehin schon nicht mehr. Der Rest würde bald folgen. Sonderbar, wie schön Eis doch war, wenn sein Glanz sich tausendfach funkelnd zwischen den tränennassen Wimpern seiner Augen brach. Nur noch sterben. Einfach einschlafen und nicht mehr erwachen.

Da ertönte ein Knacken im Unterholz, irgendwo am Fuße des Hügels. Noch während Bragi überlegte, ob er diesem Geräusch eine Bedeutung beimessen sollte, war ein weiteres Rascheln zu vernehmen. Sicherlich nur ein

nachtjagendes Tier. Spielt jetzt auch keine Rolle mehr, versuchte er sich selbst zu beruhigen. Doch noch waren ihm nicht sämtliche Glieder eingefroren. Seine Instinkte erwachten, und der furchtsame Gedanke, noch vor seinem Ableben ungewollt zur Beute eines hungrigen Wolfes oder eines aus seinem Winterschlaf erwachten Bären zu werden, rief seine Lebensgeister wieder auf den Plan.

Es bereitete ihm große Mühe, sich wieder aufzurichten und den Kopf in jene Richtung zu drehen, aus welcher die Geräusche gekommen waren. Mit zusammengekniffenen Augen spähte er in die Nacht, die dank des grünlichen Himmellichts, das sich im hellen Schnee spiegelte, nicht wirklich dunkel war. Da ertönte ein weiteres Knacken. Jetzt näher, und diesmal gefolgt von einem erschöpften Wimmern, das Bragi deutlich als Laut eines Menschen erkannte. Unweigerlich ging er wieder in die Hocke. Wer auch immer dort gleich durchs Unterholz brach, brauchte ihn nicht sofort zu entdek-ken. Seine erstarrte Hand glitt zu seinem Dolch und sein Blut begann wieder schneller durch seine Adern zu pumpen. Das Messer klemmte am Schaft. In der Scheide festgefroren. Verdammt.

Dann sah er etwas. Kaum einen Steinwurf von ihm entfernt, kämpfte sich unter einer der verschneiten Tannen eine dunkle Gestalt hervor. Nach ein paar wankenden Schritten hielt sie plötzlich inne, schwankte kraftlos auf der Stelle und streckte dabei zitternd eine Hand in Bragis Richtung. Der Fremde hatte ihn also ebenso entdeckt. Dann meinte Bragi so etwas wie ein gewispertes „Bitte" zu vernehmen. Im nächsten Moment fiel die Gestalt mit einem dumpfen Knirschen vornüber in den Schnee, wo sie reglos liegen blieb.

Unter Aufbietung all seiner Kräfte hatte Bragi die fremde Gestalt aufgenommen und zu ihrem Winterquartier geschleppt. Glaumar staunte nicht schlecht, als die Tür aufflog und Bragi mit seiner Last auf dem Rücken, gleich einem alten Bären, dampfend und schwer keuchend auf der Schwelle stand. Ungewohnt flink erhob sich Glaumar, um Bragi zur Hand zu gehen. Sogar Gorm erwachte von dem Gepoltere und dem eiskalten Luftzug, der schneidend in ihr kleines Heim hineinfuhr.

„Wer ist das?", drang Glaumar neugierig auf Bragi ein, während er half, die leblose Gestalt nahe am Kaminfeuer auf dem Boden abzulegen.

Bragi, der von seiner Anstrengung jetzt wieder ganz erhitzt und völlig erschöpft war, entgegnete nur: „Schnell, sammele draußen etwas Schnee zum Abreiben. Sie ist fast erfroren!"

„Sie?", kam es von Glaumar und Gorm wie aus einem Mund.

„Ja, eine junge Frau. Sie fiel mir da draußen halbtot vor die Füße", stieß Bragi schnaufend hervor, während er der Fremden vorsichtig ihre langen braunen Haare aus dem Gesicht strich.

Glaumar und Gorm sahen einander verblüfft an, um sogleich wieder zu Bragi hinzublicken, der jetzt bemüht war, der Gestalt den Umhang zu lösen.

„Ist sie hübsch?", kam es von Gorm, dessen Stimme plötzlich wieder über eine ungewohnte Festigkeit verfügte. Hustend richtete er seinen geschwächten Oberkörper auf und schielte neugierig zu Boden. Glaumar, der bereits zur Türe gehumpelt war, hielt abrupt inne. Auch ihn schien die Antwort auf diese Frage brennend zu interessieren.

Bragi sah auf zu Gorm: „He, wieder unter den Lebenden? Wie geht's dir, Kamerad?"

„Naja, beschissen wäre noch geprahlt", gab Gorm ächzend von sich. „Aber egal. Sag schon, ist sie hübsch?"

Bragis besorgte Miene hellte sich für einen kurzen Moment auf. „Sie ist das hübscheste Mädchen, das ich jemals gesehen habe!", erklärte er wie beiläufig und wandte sich wieder seinem reglosen Fund zu.

Nach dieser Aussage war es mit der ruhigen Beschaulichkeit in ihrer kleinen Behausung freilich vorbei. Glaumar drückte die schon halb geöffnete Türe wieder zu und kam zögerlich zurückgeschlurft. Gorm versuchte aufzustehen, wurde aber vom Schwindel gepackt und entschied sich, weiter liegen zu bleiben. Dafür robbte er bis ans Ende seiner Bettstatt, um von dort aus einen besseren Blick auf ihren geheimnisvollen Gast zu erhaschen.

„Los jetzt, wir müssen sie ausziehen und mit Schnee abreiben!", rief Bragi erneut und sah Glaumar dabei ungeduldig an.

„Unbedingt", pflichtete Gorm ihm bei und setzte ein schiefes Grinsen auf, was sein bleiches, vom langen Fieber geschwächtes Gesicht zu einer gespenstischen Grimasse werden ließ. „Los, pack dich hinaus, du träger Ochse!", kam er nun Bragi zu Hilfe.

„Da schau her...", bemerkte Glaumar, der ebenfalls seine Stimme wieder gefunden hatte. „So tot kannst du gar nicht sein, als das ein Weiberrock dich nicht wieder ins Leben zurückholt, was?"

„Den Schnee!", drängte ihn Bragi abermals.

„Wieso denn ich?", rief Glaumar empört. „Mich plagt und zwackt die Gicht in meinem schlimmen Bein. Und trotzdem schickst du mich armen Krüppel in die Kälte raus um Schnee zu holen, während ihr beide hier drinnen im Warmen hockt, um die Maid dort zu entkleiden? Das könnt ihr grad' mal vergessen!"

Bragi erhob sich mit einem Ruck und funkelte Glaumar nun böse an: „Geh endlich Schnee holen – sofort! Sonst haben wir hier gleich eine Leiche liegen. Los jetzt!" Glaumar, der einsah, dass es Bragi äußerst ernst war, humpelte missmutig zur Türe und verschwand brummelnd nach draußen.

Bragi kauerte sich wieder zu Boden und begann die junge Frau unter Gorms gespannten Blicken auf die Seite zu rollen, um ihr so endlich den zerschlissenen Mantel abzunehmen. Ihre Lippen waren bereits dunkellila angelaufen und für einen Moment fürchtete Bragi, sie verloren zu haben. Sollte sich seine einstige Begegnung mit der Fremden vom Meer hier wiederholen? Nein, damals war er zu spät gekommen, doch diesmal würde er den Kampf gegen den Tod aufnehmen. Schließlich hatte Bragi es dem Auftauchen dieser fremden Frau zu verdanken, dass er in diese Welt zurückgekehrt war. Das gleiche jetzt für sie zu versuchen, war das Mindeste, was er für sie tun konnte. Lauschend drückte er sein Ohr an ihre Brust. Bange Sekunden verstrichen, bis er endlich das schwache Pochen ihres Herzens vernahm. Ein Stein fiel ihm vom eigenen Herzen.

Polternd kam Glaumar wieder hereingestürmt, in den Armen einen kleinen Berg Schnee, den er hastig zusammengeschaufelt hatte. „Hab ich schon was verpasst?", stieß er schnaufend aus und rammte sein lahmes Bein gegen die Türe, die laut krachend wieder zuflog.

„Noch ein wenig schneller und du kämst geflogen!", begrüßte Gorm ihn feixend, der seinen Kameraden seit dessen Behinderung nicht mehr so ungestüm hatte laufen sehen.

Glaumar tat, als habe er Gorms Bemerkung nicht gehört, ließ den Schnee neben Bragi zu Boden fallen und kauerte sich so neben ihn, dass er Gorm die Sicht versperrte.

„He, du verkrüppeltes Walross", schimpfte Gorm, in den nun immer mehr Leben kam. „Hock dich gefälligst auf die andere Seite, damit ich auch was sehen kann!"

Bragi sah zu Glaumar auf und deutete diesem mit einem stummen Nikken, sich ihm gegenüber zu setzen. Beide mussten sie schmunzeln, denn Bragi schien für Gorm offensichtlich die richtige Medizin gefunden zu haben. Und auch wenn sie es nicht zugaben, waren sie doch beide sehr froh darüber, ihren alten Kameraden wieder zurückzuhaben. Dies scheint wirklich die Nacht der Rückkehrer zu sein, dachte sich Bragi und beschloss, später darüber ein paar Verse zu verfassen.

Glaumar gehorchte, kauerte sich Bragi gegenüber, und sah nun zu, wie der sich weiter an dem Gewand der Fremden zuschaffen machte. Ein zerschlissenes Wollkleid kam zum Vorschein. Als Bragi versuchte, es ihr über den Kopf zu streifen, rückten seine beiden Gefährten näher heran. Noch ein Ruck, dann war es geschafft und die junge Frau lag nackt vor ihnen am Boden.

Für einen Moment hielt jeder von ihnen die Luft an. Stille wie in einem Grab. Dann durchschnitt Gorms anerkennendes Pfeifen den Raum. „Donnerwetter, eine echte Pracht, dieses Weibsstück. Eine Augenweide ohnegleichen." Und sich selbst eifrig zunickend fügte Gorm gewichtig hinzu: „Und glaubt mir, damit kenne ich mich aus!"

Auch in Bragis Augen war ein wundersames Leuchten getreten. „Schaut nur, wie schön und vollkommen gewachsen sie ist", sagte er mit deutlicher Ehrfurcht in der Stimme.

Glaumar enthielt sich einer Meinung, aber seine glänzenden Augen sagten alles. Fast lag so etwas wie Verklärung in seinem Blick, als er gleich einem Mönch versonnen die Hände faltete, dessen Gebete soeben erhört worden waren.

Bragi durchbrach den Bann, indem er mit seinen inzwischen krebsroten Händen in den aufgesammelten Schnee fuhr. „Rasch, mehr Holz aufs Feuer, wir brauchen mehr Hitze!", rief er an Glaumar gewandt, der noch immer wie ein Ölgötze dasaß und starrte. Glaumar kam wieder in Bewegung und schaufelte mit seinen großen Händen ein paar dicke Holzkloben ins Feuer. Bragi indes begann mit dem Schnee die Arme der Frau abzureiben. Es folgten die Hände, an deren Fingern zu seinem Erstaunen dunkles, verkrustetes Blut klebte. Doch er sagte nichts und ging wortlos zu den Schultern über. Dann der auffallend gerötete Hals. Als er zu ihren Brüsten gelangte, hielt er kurz inne. Wieder hielten sie alle drei für einen Moment den Atem an. Dann gab Bragi sich einen Ruck und verteilte den Schnee ebenso auf ihrem Oberkörper. Ihre Brüste waren fest und weich zugleich. Kein Kind war bisher daran gestillt worden.

„Ihre Spalte würd' ich aber aussparen", sagte Gorm vergnügt, als Bragi den Bauch abrieb und sich jetzt der Scham der jungen Frau näherte. „Nachher ist sie noch eine Jungfer!"

Bragi warf ihm einen spöttischen Blick zu: „Witzbold. Von wegen Jungfer. Wer so aussieht wie die und bei dieser Saukälte alleine draußen herumirrt, der ist vor irgendwem auf der Flucht, der ihm nichts Gutes will. Siehst du nicht die Striemen an ihrem Hals? Die stammen wohl kaum von feinem Geschmeide."

„Hm, womöglich eine entflohene Sklavin, die um ihre Keuschheit fürchtete?", ließ Gorm sich nicht beirren.

„Träum weiter, du Flöte", sagte Bragi und machte sich an den klammen Oberschenkeln der Fremden zu schaffen.

„Schau doch mal nach, dann haben wir gleich Gewissheit!", schlug Gorm begierig vor, der noch nicht aufgegeben hatte und mit der Zunge schnalzte. „Oder besser, ich übernehme das gleich selbst. Ist eindeutig 'ne Aufgabe für 'nen Fachmann. Geht mal zur Seite, Jungs!"

Unter Bragis bösem Blick zerstob Gorms Entschluss jedoch wie eine Seifenblase. Genervt sagte Bragi: „Bist noch nicht mal auf den Beinen und willst die Nase schon wieder zwischen Weiberschenkel stecken, was? Ganz prächtig!"

„Na und?", widersetzte Gorm schmollend, „ich hab so lange unter keine Schürze mehr geschaut, dass ich ganz vergessen habe, wie die da unten ausschauen. Also ich wäre dafür, dass wir uns alle ausziehen und um sie herum legen. Glaubt mir, Körperwärme ist das Vernünftigste, was wir ihr im Moment angedeihen lassen können."

Bragi verdrehte die Augen: „Na klar. Ich bin sicher, sie wird hoch beglückt darüber sein, wenn sie im Kreise von drei nackten Unholden zu sich kommt."

„Und warum nicht?", ereiferte sich Gorm. „Andere Weiber gäben was drum, es mal von uns dreien auf einmal besorgt zu bekommen!"

„Mann, dir muss das Fieber ja wirklich arg zugesetzt haben", sagte Bragi seufzend und blickte hilfesuchend zu Glaumar hin.

Der schob die Lippe nach vorne und erwiderte nüchtern: „Wenn sie die Nacht nicht überlebt, kann Gorm sich mit ihr ja draußen im Schnee vergnügen!"

Bragi starrte Glaumar an, als sähe er ihn heute zum ersten Male. Dann schüttelte er den Kopf und sagte: „Ihr zwei seid mir ja ein paar schöne Gehilfen. Der eine kann es kaum abwarten, dieses fast erfrorene Mädchen zu bespringen und der andere schlägt vor, seine Lust an einer Toten zu stillen. Ich bin begeistert."

„He, jeder muss sehen, wo er bleibt!", verteidigte sich Gorm, der zu Bragis Entsetzen über Glaumars Vorschlag bereits nachzudenken schien.

„Genau. Und deshalb bleibst du, wo du bist – nämlich im Bett!", sagte Bragi jetzt sichtlich empört und wandte sich wieder Glaumar zu. „Hier, nimm meine Wolldecke und halte sie dicht vors Feuer, damit sie schön warm wird. Ich setz solange heißes Wasser auf!"

„Und ich pass' auf, dass unser hübscher Gast nicht fortläuft", witzelte Gorm fröhlich weiter.

Bragi breitete mehrere alte Rentierfelle vor dem Feuer aus, schnappte sich ihren kleinen Kessel, häufte etwas Schnee hinein und hing ihn an den Feuerhaken. Während er den Schnee zerstocherte, musste er jedoch in sich hinein schmunzeln. Es war schon erstaunlich, in welch rege Betriebsamkeit sie alle die Anwesenheit dieser geheimnisvollen Fremden versetzte. Gorm ließ die junge Frau nicht einen Moment aus den Augen. Dann musste Bragi seine Decke vor den Flammen retten, die der weiterhin glotzende Glaumar natürlich viel zu nah ans Feuer gehalten hatte. Mit einem wütenden Blick riss Bragi sie ihm aus den Händen. Ein Zipfel der Decke war bereits gut angesengt und qualmte stinkend vor sich hin. Bragi klopfte den angekokelten Stoff mit der Hand aus, während Glaumar ein verlegenes „T'schuldigung" hervorstammelte. Bragi nahm die aufgeheizte Decke und wickelte den Körper der jungen Frau fest darin ein. So verschnürt, rollte er sie vorsichtig auf die Felle zurück, sodass sie nun dicht am wärmenden Feuer lag.

„So, das war's", schloss Bragi zufrieden, „jetzt können wir nur hoffen, dass sie durchkommt."

„Wenn sie es tut", sprach Gorm vergnügt und rieb sich in genüsslicher Vorfreude die Hände, „kann sie sich ja bei jedem von uns erkenntlich zeigen. Ich wüsste schon, wie sie sich bei mir bedanken könnte..."

„Klar, vor allem bei dir, du großer Heiler", entgegnete Bragi und warf eine weitere Handvoll Schnee in den Kessel.

„Von hier ist die jedenfalls nicht", stellte Gorm darauf mit Kennermiene fest. „Die muss aus einem Land irgendwo im Südosten kommen. Zumindest der Farbe ihrer Haut nach. Die ist schon etwas dunkler als die unsere."

Das neu aufgelegte Holz knisterte und knackte und für eine Weile wurde es wieder still in ihrem bescheidenen Heim. Als das Wasser kochte, nahm Bragi es vom Haken und schüttete es in einen großen Tonbecher, dem er eine Handvoll getrockneter Wiesenkräuter beifügte.

Als habe ihr Gast nur auf die Fertigstellung seines Getränks gewartet, kam plötzlich Bewegung in das von Bragi sorgsam eingewickelte Bündel. Bragi setzte sich so, dass er der jungen Frau nicht zu nahe war. Er wollte sie nicht erschrecken, wenn sie erwachte. Trotzdem ruhten jetzt drei gespannte Augenpaare auf ihrer Gestalt. Endlich öffnete die junge Frau die Augenlider. Als sie blinzelnd die Flammen in ihrer Nähe gewahrte, zuckte sie instinktiv so ruckartig zurück, dass auch Bragi, Glaumar und Gorm allesamt erschrokken zusammenfuhren. Langsam hob die Frau ihren Kopf und entdeckte als erstes Bragi, der sie freundlich anlächelte.

„Wo bin ich?", flüsterte sie benommen und versuchte sich aufzusetzen. Der Versuch scheiterte jedoch kläglich, da Bragis Wolldecke sie sorgfältig umwickelt hielt. Stöhnend rollte sich die Frau auf die Seite und entdeckte dabei Gorm und Glaumar, was sie erneut heftig zusammenzucken ließ. Der schreckhafte Glaumar tat darauf ebenfalls einen neuerlichen Satz, der ihn diesmal von seinem Schemel kippen ließ. Während Glaumar sich unter den kopfschüttelnden Blicken seiner beiden Kameraden wieder aufrappelte, begann die junge Frau sich frei zu strampeln. Erst, als sie unter der Decke ihre Nacktheit gewahrte, hielt sie abrupt inne. Augenblicklich überzog blanke Furcht ihr schönes Gesicht. Ängstlich kauerte sie sich wieder zusammen, auf dem Hintern rutschend bemüht, in eine der dunkleren Ecken des kleinen Raumes zu gelangen.

„Würd' ich lassen", sprach Bragi sie sachte an. „Bleib lieber in der Nähe des Feuers. Du bist noch stark unterkühlt. Ich habe dich halbtot im Schnee gefunden, erinnerst du dich? Dann habe ich dich hierher in unser Haus gebracht. Darf ich uns vorstellen. Das sind Gorm und Glaumar, und ich bin Bragi. Vor uns brauchst du keine Angst zu haben. Hier, ein Getränk aus stärkenden Kräutern. Wird dich von innen wärmen!" Er hielt ihr den dampfenden Tonbecher hin.

„Ich wüsst' da auch etwas, das von innen wärmt", flüsterte Gorm vergnügt, was ihm einen Rippenstoß von Bragi einbrachte.

„Danke, halbtot bin ich selber", entgegnete die junge Frau schlagfertig, die Gorms Bemerkung wohl zu nehmen wusste. Gorm, bleich wie ein Leinentuch, verzog missmutig die Lippen.

Nach einem längeren Zögern robbte die Frau wieder heran, nahm Bragi vorsichtig den Becher aus der Hand und beschnüffelte ihn. „Keine Pilze oder Gifte, die mir die Sinne rauben?", erkundigte sie sich misstrauisch. Ihr unüberhörbarer Dialekt bestätigte Gorms Vermutung, dass sie aus dem fernen Osten stammen musste.

„Ehrenwort", sagte Bragi lächelnd und hielt zwei Finger in die Höhe.

Gorm verzog das Gesicht zu einem höhnischen Grinsen und sagte: „Mäuschen, wenn wir dich wehrlos und deiner Sinne beraubt haben wollten, hätten wir dich nicht erst wieder ins Leben zurückholen müssen!"

Finster blickte sie der Reihe nach erst Gorm, dann Bragi und schließlich Glaumar an. Verachtung glomm in ihren Augen als sie in eiskaltem Tonfall entgegnete: „Keiner fickt gern tote Schafe, oder?" Dann aber begann sie in kleinen Schlucken zu trinken.

Bragi und Glaumar warfen sich einen vielsagenden Blick zu. Gorm aber schien ihre Antwort zu gefallen. Vergnüglich seufzend verschränkte er die Arme hinter dem Kopf und machte ein zutiefst zufriedenes Gesicht, als wollte er damit sagen, dass dieses Mädchen wusste, wovon sie sprach.

Als die Nacht zur Neige gegangen,
die Gefährten bestaunten den späten Gast.
Ein Mädchen von bestrickender Anmut,
setzte auf sich in strahlender Schönheit.
Minnefügsam sie hofften zu finden die Maid,
doch grimmig sich zeigte ihr junges Gemüt.
Voenix 2011

# 19. Olga, die Tänzerin

Nachdem die junge Frau sich ein wenig gestärkt und ihr angewärmtes Wollkleid wieder angelegt hatte, erfuhren sie von ihr, dass sie eine Mamluk, eine Sklavin, war. Wie von Bragi richtig vermutet, war sie in dieser Nacht ihrem Herrn davongelaufen. Als sie weiter nachhakten, erfuhren sie, dass es sich bei ihrem Herrn um einen reichen Kaufmann gehandelt habe, der sie erst vor kurzem für einen hohen Betrag von einer Bande plündernder Seefahrer erstanden hätte. Diese Piraten hatten sie im vergangenen Sommer mit vielen weiteren Frauen aus ihrer Heimat entführt. Sie nannte sich Olga und entstammte einem weit entfernten Land, in welchem sie mit ihrer Sippe in einem Bergdorf am Fuße eines gewaltigen Gebirges gelebt hatte.

„Seltsam", bemerkte Gorm, der wieder etwas ruhiger geworden war, da ihn die Aufregung durch Olgas unerwartete Ankunft nun doch geschwächt hatte. „Ich habe selten davon gehört, dass unsere Landsleute die Berge hinauf kraxeln, wenn sie die Planken ihrer Drachen erst einmal verlassen haben. Meist sind sie während ihrer Raubzüge doch bemüht, ebenso rasch wieder davonzukommen, wie sie zuvor aufgetaucht sind."

Olga nickte und erklärte ihnen, dass sie sich zur Zeit des Überfalles mit ihrer Familie in einem befreundeten Nachbardorf an der Küste aufgehalten hätte, in dem zu einer großen Hochzeit geladen worden sei. Die mordenden Waräger seien in der Nacht überraschend aufgetaucht, hätten alle Männer wie alten Leute erschlagen und sämtliche Frauen und größeren Kinder in die Sklaverei verschleppt. Kein Stein wäre bei diesem feigen Überfall auf dem anderen geblieben, bei dem diese Mörder alles geraubt hätten, was von irgendeinem Wert für sie gewesen sei.

„Ein übles Geschick für die Braut", bemerkte Bragi anteilnehmend, „am schönsten Tag ihres jungen Lebens den Bräutigam und die gesamte Sippe zu verlieren..."

Bei diesen Worten entrang sich Olgas Kehle ein heiseres Schluchzen. Eine Träne lief ihr die Wange hinab, die sie mit dem Handrücken jedoch sogleich hastig abwischte. Ihre eben noch milderen Züge verhärteten sich wieder.

Ob sie wohl die Braut gewesen ist, fragte sich Bragi im Stillen und musterte die junge Frau erneut von Kopf bis Fuß, die jetzt traurig ins Feuer starrte. Wie schön sie doch war. „Hat er dich geschlagen, dein neuer Herr?", wollte Bragi als nächstes von ihr wissen. „Bei so einem Wetter alleine fortzulaufen ist doch Wahnsinn, reiner Selbstmord. Hätte ich dich nicht gefunden, dann..."

Olga sah auf und blickte Bragi herausfordernd an: „Oh, es schien mir ganz so, dass auch du nicht zum Vergnügen dort draußen weiltest!"

Bragi schluckte. Wie lange musste sie ihn auf seinem Hügel wohl schon beobachtet haben, bevor die Kälte sie aus ihrem Versteck hervorgetrieben hatte? Ob sie ihn von dort aus wohl belauscht und so sein verzweifeltes Flehen an die Götter vernommen hatte?

Sie schien seine Gedanken zu erraten, denn sie sagte trotzig: „Wenn man eine Sklavin ist und ständig wie eine Hure von einem Mann zum anderen herumgereicht wird, kann man sich seine Fluchtmöglichkeiten nun einmal nicht aussuchen!" Ihre Lippen zuckten verächtlich. Sie waren noch ganz wund und rissig von der Kälte, der sie so lange ausgesetzt gewesen war. „Mag sein, dass mein neuer Herr mich lediglich für die Stillung seiner eigenen Leibesfreuden erwerben wollte", sprach sie weiter. „Aber ich hatte wenig Lust, es herauszufinden. Er war ein alter, feister Sack, der glaubte, sich mit seinem Gold alles kaufen zu können. Der Kältetod als freie Frau schien mir daher ein besseres Los, als meinen Leib weiterhin von ihm gegen meinen Willen besitzen zu lassen!"

Während sie dies sagte, funkelten ihre Augen Bragi geradeheraus an. Ihm gefiel ihre stolze Art. Die geschmeidige, anmutige Haltung ihres Körpers, das leichte Schieflegen ihres Kopfes, wenn sie ihn so abschätzend ansah. Dazu ihre wohlgeformte Gestalt. Und ein Gesicht, in dessen grünen Augen man zu versinken drohte. Eine faszinierende Frau, wie er fand.

Sie hatten noch etwas Stockfisch und getrocknetes Rentierfleisch als Notreserve aufbewahrt. Beides gaben sie nun Olga, die alles ausgehungert verschlang. Nachdem sie sich etwas erholt hatte, erhob sie sich schwankend. Sogleich sprang Bragi hinzu, doch sie wehrte ihn ab und erklärte, sie wolle sich draußen erleichtern.

Kaum war sie in der Kälte verschwunden, konnte Gorm nicht länger an sich halten und platzte fröhlich heraus: „Mann, der Wahnsinn, das Weib! Auf der werden wir bis nach Island reiten, Jungs!"

Bragi und Glaumar verdrehten erneut die Augen und begannen sich ihre Schlafstätten zurechtzumachen. Ihrem neuen Gast legte Bragi neben dem Herdfeuer ein paar Strohsäcke zurecht und breitete seine Decke darauf aus.

Nicht lange und Olga kam wieder herein. Als sie ihr improvisiertes Lager entdeckte, ließ sie sich wortlos darauf nieder, gähnte ausgiebig und nahm Bragis wollene Decke an sich. In diese rollte sie sich wie eine Katze ein und tat fortan keinen Muckser mehr. Die drei Männer schauten sich noch einmal an, zuckten mit den Schultern und begaben sich ebenfalls zur Ruhe. Bald darauf war das vertraute Schnarchen von Gorm und Glaumar zu vernehmen. Bragi aber lag noch eine lange Weile wach. Obwohl er hätte schwören mögen, von seinen nächtlichen Strapazen gut und gerne wie ein Stein bis zum Morgen durchzuschlafen, wanderte sein Blick unaufhörlich über Olgas zusammengerollten Leib, dessen Umrisse im Schein des niederbrennenden Feuers immer mehr mit der Dunkelheit verschmolzen. Als er ihre Konturen kaum noch erahnen konnte, stand er auf, um etwas Holz nachzulegen. Schließlich ist sie heute Nacht fast erfroren, suchte er seine Fürsorge vor sich selbst zu rechtfertigen, da sollte sie es bis zum Morgen wenigstens schön warm haben.

Als er beim Feuer niederkniete und vorsichtig etwas in der Asche herumstocherte, bemerkte er, dass Olga ihn aus halb geöffneten Augen beobachtete. Schweigend starrten sie einander an, während das wabernde Glimmen der letzten Glut ihre Gesichter in ein blutiges Rot tauchte. Erschrocken bemerkte Bragi, wie Olgas Blick ihn in eine Art Tunnel hineinzog, der ihm die Sinne raubte.

Ihre Schönheit ist wie ein wirbelnder Sog, in dem man zu versinken droht, fuhr es ihm durch den Kopf. Was mag sie in diesem Moment wohl von mir denken, fragte er sich beklommen und konnte nicht verhindern, dass ihm ein heiseres Krächzen entfuhr. Doch nur ein sanftes Lächeln überzog Olgas Gesicht, und Bragi meinte, nie etwas Makelloseres erblickt zu haben. Mit Schrecken fiel ihm ein, welchen Anblick er selbst bieten musste. Seit etlichen Tagen ungepflegt, glich er inzwischen wohl eher einem stinkenden Troll oder Waldschrat. Fest nahm er sich vor, sich gleich morgen nach der Arbeit zu waschen und den Bart zu stutzen.

Für Olga schien seine Erscheinungsbild in diesem Moment jedoch nicht von Belang. Sie schenkte ihm ein weiteres Lächeln und bedachte ihn mit einem jener leuchtenden Frauenblicke, die einen Mann bis ins Mark treffen können. Ihr leise geflüstertes „Danke" war kaum mehr als ein Hauch, doch es genügte, um Bragis Herz in einen Taumel zu versetzen. Gähnend schloss Olga ihre Augen und drehte sich wieder auf die andere Seite. Es dauerte nicht lange und ihr Atem ging ruhig und gleichmäßig. Bragi aber fand nun erst recht keinen Schlaf mehr.

Am kommenden Morgen, Olga lag noch immer schlafend auf ihren Strohsäcken, berieten sich die drei jungen Männer. Sie saßen an Gorms Bettkante und sprachen im Flüsterton, da sie die junge Frau nicht wecken wollten. Bragi und Glaumar sollten heute ins Holz ausfahren, was bedeutete, dass Gorm, der noch genesen musste, bei ihr bleiben konnte. Glaumar meinte besorgt, man müsse Olgas Ankunft dem Hausherrn mitteilen. Sie alle würden großen Ärger bekommen, wenn sie heimlich eine entlaufene Sklavin unter seinem Dach beherbergten. Gorm indes befand, das Mädchen lieber weiterhin bei ihnen versteckt zu halten. Als Bragi und Glaumar ihm daraufhin einen scheelen Blick zuwarfen, erklärte Gorm schnell, dass man sie, einmal gemeldet, der Gefahr aussetze, dass der Bauer sie ihrem früheren Herrn zurückführe. Denn der, soviel sei sicher, würde seine teuer erworbene Schönheit sicherlich schon schmerzlich vermissen und bestimmt überall nach ihr suchen lassen.

Eben wollte Bragi seine Meinung zu dem Ganzen kundtun, als Olgas helle Stimme durch den Raum schnitt: „Wird er nicht!"

Drei Köpfe ruckten in ihre Richtung.

„Wird er was nicht?", hakte Gorm leicht säuerlich nach, als keine weitere Erklärung seitens Olga erfolgte.

„Er wird mich ganz bestimmt nicht suchen...", fügte sie lustlos hinzu.

Gorm, jetzt noch ungeduldiger, sagte mit honigsüßer Stimme: „Und dürften wir vielleicht auch den Grund dafür erfahren?"

„Weil ich ihm die Kehle durchgeschnitten habe, darum!", kam Olgas knappe Antwort.

Totenstille.

Die drei Freunde machten große Augen, zuerst überrascht, dann dumm vor Staunen. Es dauerte etwas, bis sie diese Nachricht verdaut hatten. Endlich stieß Gorm pfeifend die Luft aus. Glaumar machte dicke Backen und kratzte sich verhalten am Kopf.

„Du hast deinen Herrn umgebracht?", vergewisserte sich Bragi als erster, der noch immer auf einen Scherz hoffte.

„Sagte ich doch gerade, oder nicht?!" Die junge Frau setzte sich jetzt auf und strich sich eine Haarsträhne aus dem Gesicht.

„Aber...", hinter Bragis Stirn überschlugen sich die Gedanken, „dann wird man ganz bestimmt überall nach dir suchen!"

Schweigen.

„Wir müssen sie ausliefern", rief Glaumar als nächstes und war plötzlich ganz aufgeregt. „Wenn die herausfinden, dass wir einer entflohenen Sklavin und Mörderin Unterschlupf gewähren, wird man uns gleich mit erdrosseln!" Er blickte seine beiden Gefährten furchtsam an.

Gorm jedoch legte ihm beschwichtigend die Hand auf die Schulter und sprach zuversichtlich: „Hey, mein Bester, für einen guten Ritt muss man eben schon mal ein wenig riskieren!"

„Es wäre hilfreich", unterbrach Bragi die beiden, „wenn du zur Abwechslung mal nicht mit deinem Schwanz denken würdest und du Hasenfuß nicht nur die eigene Haut im Sinn hättest. Olga soll uns zunächst mal genau schildern, was vorgefallen ist. Und danach beraten wir uns, was weiter mit ihr geschehen soll, einverstanden?!"

„Mit mir geschehen soll?", fuhr Olgas Stimme erneut durch den Raum. Mit einer raschen Bewegung schlug sie Bragis Wolldecke zur Seite. Ihr Kleid war ihr im Schlaf verrutscht. Eine ihrer Schultern war zu sehen und ihre

Schenkel blitzten aufreizend hell im Feuerschein. Allein dieser Umstand schien die gesamte Energie des Raumes zu verändern.

Als Olga ihre starrenden Blicke bemerkte, setzte sie ein breites Grinsen auf: „Nun, ihr habt mich heute Nacht gerettet, ihr drei." stellte sie nun mit äußerst lieblicher Stimme fest und suchte Bragis Augen. Ihr war nicht entgangen, dass ihr von ihm die geringste Gefahr zu drohen schien. Und dass seine Meinung das meiste Gewicht hatte. „Du hast mich gefunden und hierher gebracht. Du bist also mein Retter, Bragi. Damit bist du ab jetzt für mich verantwortlich." Sie setzte ein kindliches Unschuldslächeln auf und schaute sie alle der Reihe nach aus ihren großen grünen Augen an. „Damit gehöre ich also nun zu euch!"

„Mal langsam...", protestierte Bragi, konnte aber nicht verhindern, dass Olgas Feststellung ihm gehörig schmeichelte. Auch die Aussicht, sie noch länger bei ihnen zu wissen, behagte ihm jetzt schon mehr, als er sich eingestehen wollte.

„Nun, wenn du ab jetzt zu uns gehörst", frohlockte Gorm und warf sich seit seiner Genesung das erste Mal wieder in die Brust, „dann wirst du fortan aber ein bisschen netter zu uns sein müssen!"

„Schon klar...", entgegnete Olga, jetzt wieder mit deutlich kühlerer Stimme und warf Gorm einen geringschätzigen Blick zu. „Ihr werdet euch nicht zu beklagen haben..."

„Kann es kaum erwarten!", entgegnete Gorm breit grinsend, rieb sich erst begeistert die Hände und fasste sich dann demonstrativ in den Schritt.

Ein lautes Pochen an ihrer Türe ließ sie alle erschrocken zusammenfahren. Von draußen ertönte eine bärbeißige Stimme: „He, ihr Meister der fröhlichen Klänge. Wo bleibt ihr?" Der Großknecht des Bauern war gekommen, um sie zur Arbeit einzuteilen. „Kommt ihr freiwillig heraus oder muss ich euch erst an den Hammelbeinen aus den Betten zerren?"

„Wir sind sofort da!", rief Bragi rasch durch die geschlossene Türe und deutete Olga, sich in einer der dunklen Hausecken zu verkriechen. Flink wie ein Hase war sie verschwunden. Rasch warf Bragi zwei Rentierfelle über sie und griff nach Umhang und Mütze. Er beugte sich zu Gorm herab und zischte diesem bedrohlich zu: „Du passt auf, dass sie das Haus nicht verlässt. Keiner darf etwas von ihr bemerken, verstanden!?"

Gorm hob zwei Finger: „Kannst dich auf mich verlassen. Werde sie hüten wie meinen Augapfel!"

„Davon bin ich überzeugt", erwiderte Bragi zerknirscht, denn er neidete Gorm schon jetzt all die Stunden, die dieser nun alleine mit Olga im Warmen würde verbringen dürfen. „Und komm nicht auf dumme Gedanken", fuhr er fort. „Wenn wir auffliegen, sind wir alle gemeinsam dran!"

In diesem Moment äugte Olgas Kopf hinter den Fellen hervor. „Wir sehen uns heute Abend", flötete sie mit einem verheißungsvollen Lächeln und sandte Bragi einen gehauchten Handkuss hinterher.

Dem schoss darüber unversehens die Röte ins Gesicht. Schnell eilte er sich, Glaumar hinterher zu kommen, der ihre Hütte bereits verlassen hatte und dem Großknecht folgte.

Als sie am späten Nachmittag auf den Hof zurückkamen, war es bereits wieder dunkel. Zu fünft schoben sie einen schweren Holzschlitten, der vorne von zwei abgemagerten Pferden gezogen wurde. Der lange Winter zeigte bereits seine Spuren, denn auch das Heu für die Tiere wurde schon seit Wochen rationiert. Der Schlitten war von den Männern mit solchen Mengen an frisch geschlagenem Brennholz beladen worden, dass er sich auf dem Heimweg immer wieder festgesetzt hatte.

Obwohl sie nun für ein paar Tage wieder einen ausreichenden Brennvorrat hatten, vermochte das die allgemeine Stimmung nicht zu heben. Das Holz war durch die klirrende Kälte zwar nicht feucht, aber eben auch nicht abgelagert und würde so für viel Qualm in den Häusern sorgen. Der Bauer hatte im Sommer rund um seinen Hof große Holzvorräte anlegen lassen, doch wie sie alle, war auch er von der lang andauernden Härte dieses Winters überrascht worden. Bragi wusste, dass dies nicht zuletzt an ihnen lag, denn das zusätzliche Beheizen ihres kleinen Hauses war im Sommer noch nicht vorgesehen gewesen. Doch bis jetzt hatte der Bauer zu ihnen kein Wort darüber verloren, und Bragi und seine Gefährten dankten es ihm, indem sie, wo immer man sie einsetzte, fleißig mit anpackten.

Sie schwitzten alle stark und hatten noch hochrote Köpfe von der Schinderei mit dem Schlitten, als der Bauer sie einlud, ihm für eine Stärkung in sein Haupthaus zu folgen. Das Abladen und Zuhauen der Stämme wolle man wohl morgen bei Tageslicht besorgen.

Bragi aber, so hungrig und müde er auch war, schloss sich den anderen nicht an. „Ich will zuerst noch nach Gorm schauen!", rief er den Männern nach und schritt eilig ihrem kleinen Winterquartier zu. Glaumar schaute ihm unentschlossen kurz nach, dann aber siegte sein knurrender Magen und er folgte den Knechten ins Langhaus.

Vor ihrer Hütte angelangt, zog Bragi sich von Kopf bis Fuß aus, um sich darauf überall mit Schnee abzureiben. Auf gar keinen Fall wollte er Olga ein weiteres Mal derart müffelnd unter die Augen treten. Er hob eine Achsel und rümpfte angewidert die Nase. Er stank wirklich erbärmlich unter den Armen. Er brauchte ein Stück Seife, doch hatten sie den letzten Krumen davon schon vor Wochen aufgebraucht. Und da tierisches Fett einen unentbehrlichen Bestandteil zur Gewinnung von Seife darstellte, war daran im Moment nicht zu denken.

Gerade, als er noch überlegte, wie er seines alten Schweißgeruches wohl Herr werden könne, öffnete sich plötzlich knarrend die Türe ihrer Hütte und Olga stand auf der Schwelle. Beide überrascht voneinander, starrten sich an und verharrten regungslos in ihrer Bewegung.

Olga fing sich als erste. Lächelnd ging sie an Bragi vorbei und tat so, als wäre ein nackter Mann im Schnee für sie das Normalste auf der Welt. Doch als sie im nahe kam, flüsterte sie ihm zu: „Ich mag Männer, die sich sauber halten." Dann verschwand sie hinter der Hütte, um dort wohl ihre Notdurft zu verrichten.

Bragi, splitternackt und krebsrot vor sich hin dampfend, stand weiter da wie vom Donner gerührt. Erst als er begriff, dass Olga Anstalten machte zurückzukommen, kam wieder Leben in ihn. Er griff nach seinem Umhang, hastig überlegend, ob er ihn nun anlegen oder mit den restlichen Sachen lieber schnell zusammenklauben sollte, um damit zu ihrer Hütte zu flitzen.

Ihre helle Stimme nahm ihm die Entscheidung jedoch ab: „Komm rasch rein, sonst ergeht es dir noch wie Gorm!" Sie half Bragi seine restlichen Kleider zusammenzusuchen und schob ihn ins Haus hinein.

Drinnen angelangt, schlug Bragi die wohlige Wärme entgegen. Schon hatte er den Mund geöffnet, um Olga darauf hinzuweisen, dass sie künftig beim Pinkeln mehr Vorsicht walten lassen müsse. Doch wortlos schloss er die Lippen wieder und stellte sich schweigend ans Feuer.

„Was ist denn mit dir passiert?", begrüßte Gorm ihn fröhlich und setzte sich auf seinem Lager auf. Er befand sich inzwischen deutlich auf dem Weg der Besserung und hatte auch schon wieder etwas Farbe im Gesicht. „Hast es wohl kaum noch ohne unsere hübsche Olga ausgehalten, dass du hier gleich nackt hereinspaziert kommst, was?!" Er lachte anzüglich und fügte hinzu: „Respekt, du Hirsch, hätt' ich dir gar nicht zugetraut!"

Verlegenheit und Empörung stiegen gleichzeitig in Bragi auf, doch noch bevor er anheben konnte, um Gorm etwas zu erwidern, ging Olga vor ihm in die Hocke und begann ihn mit einem trockenen Tuch abzureiben. Wortlos schloss Bragi den Mund wieder, ließ seinen Mantel zu Boden gleiten und sah ihr dabei von oben zu. Seine Blöße war vergessen. Gleichzeitig war sie es natürlich nicht, denn Olga nahm ihre Bemühungen sehr ernst und nutzte die Gelegenheit, sämtliche seine Glieder ausgiebig zu begutachten.

„Du bist schön gewachsen, Bragi", sagte sie anerkennend und lächelte ihm von unten entgegen. Bragi hatte einen dicken Kloß im Hals. Für Gorm, dem Olga ihren Rücken zudrehte, sah es so aus, als mache sie sich an Bragi auf ganz andere Weise zu schaffen und ein heiseres Ächzen kam aus seiner Ecke. Doch schnell hatte Bragi seinen Kameraden wieder vergessen. Behut-

sam, ja beinahe zärtlich, strich Olga mit ihrem Lappen seine Schenkel entlang. Dann nahm sie, noch immer vor ihm kniend, seine vom Axtschlagen schwieligen Hände in die ihren und betrachtete sie aufmerksam. „Die feingliedrigen Hände eines Dichters", stellte sie wissend fest. Zärtlich legte sie seine Hand an ihre Wange und lächelte ihn dabei von unten an. „Die sollten über die Saiten einer Leier oder die Haut einer schönen Frau streicheln, nicht aber gebraucht werden, um Holz zu hacken..."

„Davon alleine wird man aber leider weder satt noch warm", tönte Gorm erneut von seiner Bettstatt, dem es gar nicht gefiel, dass man ihn offensichtlich vergessen hatte und nun plötzlich Bragi im Zentrum von Olgas Aufmerksamkeit stand. „Sie hat unsere Instrumente entdeckt. Also bild dir auf ihre Schmeicheleien bloß nichts ein", erklärte er gekränkt.

Doch selbst Gorms Gemurre vermochte Bragis Hochgefühl nicht zu vertreiben. Er fühlte sich in seiner kribbelnden Haut so wohl wie schon lange nicht mehr. Olgas Fürsorglichkeit rührte ihn zutiefst. Er betrachtete ihre dichten Haare, ihre Arme und Schultern und natürlich ihr wohlgeformtes, rundliches Becken, das verriet, dass ihr letzter Herr sie zumindest nicht hatte hungern lassen. Dann stand sie hinter ihm und rieb ihm den Rücken ab.

„So, fertig!", lachte Olga ihn über seine Schulter an. „Jetzt wissen wir beide, wie wir ohne Kleider aussehen, nicht?! Du kannst dich wieder bedecken." Sie bückte sich nach seiner Tunika und hielt sie ihm hin.

Bragi, den Olgas Worte aus seinem Tagtraum holten, wurde rot um die Nase. Stimmt, dachte er verlegen, wir haben sie ja ausgezogen. Dankbar nikkend nahm er von ihr seine Tunika entgegen und streifte sich diese über den Kopf. Schweigend stierte er ins Feuer, als ihm wieder einfiel, weshalb er eigentlich gekommen war. „Der Bauer hat uns zum Abendmahl in sein Haus geladen, Gorm", sagte er. „Wenn du aufstehen kannst, komm mit. Sie werden sich bestimmt alle freuen, dass du wieder unter den Lebenden weilst!"

„Oder auch nicht", entgegnete Gorm abweisend, der noch immer etwas gereizt war. „Denke, der Bauer wäre froh, ein Maul weniger zum Stopfen zu haben. Außerdem habe ich keinen Hunger!"

„Komm trotzdem mit", forderte Bragi ihn auf und blickte zu Olga hin, die sich auf einem Schemel niedergelassen hatte und nun damit zugange war, hängengebliebene Zweige und Tannennadeln aus seinem Mantel zu zupfen. „Wenn schon nicht für dich, dann steck das Essen heimlich für sie ein. Olga hat seit gestern Nacht ebenfalls nichts mehr zwischen die Zähne bekommen!"

Gorm schaute verdrießlich, setzte sich aber fügsam an die Bettkante und begann damit, sich seine Lederschuhe zuzuschnüren.

Die junge Frau nickte Bragi dankbar zu und bedachte ihn erneut mit einem jener Blicke, die uns Männer zu ihren Sklaven werden lassen. Auf Bragis Gesicht schien die Sonne jedenfalls noch einmal aufzugehen. Gorm, der dies mitbekam, schnaubte verächtlich. Dann verließen die beiden jungen Männer das Haus.

Zwei Stunden später war es bereits finstere Nacht und wieder hielt klirrende Kälte den kleinen Bauerhof umfangen. Die schwere Bohlentüre des Langhauses wurde knarrend aufgestoßen und ein rechteckiger Streifen gelblichen Feuerscheins fiel über die schneeverharschte Erde. Schatten schoben sich davor, dann verließen die drei Musikanten das Haus des Bauern. Kaum war die Türe wieder zugeschlagen, der Lärm der Stimmen hinter ihnen verstummt, kam Bragi auf Olga zu sprechen.

„Was hat sie gemacht den ganzen Tag?“, erkundigte er sich bei Gorm, der wider Erwarten kräftig zugelangt hatte und sich nun zufrieden auf den gut gefüllten Bauch klopfte.

Gorm rülpste und reckte sich. „Sie hat nach Nadel und Faden verlangt, sich dann hingesetzt und begonnen, sich aus einer unserer abgetragenen Tuniken ein Kleid zusammenzunähen. Dann hat sie noch ein paar von unseren Sachen geflickt. Und als der Faden aufgebraucht war, hat sie sich hinter die Hütte geschlichen, sich ausgezogen und mit Schnee abgerieben. Wollte sich wohl das Blut ihres toten Herrn abwaschen...“, schloss er boshaft.

„Und du hast ihr dabei bestimmt auf den Arsch geglotzt!“, zog Glaumar ihn stichelnd auf.

„Hätt' ich ja gern“, entgegnete Gorm, „aber sie hat sich so gut hinter dem alten Holzkarren versteckt, dass ich nur zweimal ihre Haut habe aufblitzen sehen.“ Er grinste frech. „Was mich natürlich noch schärfer gemacht hat!“

„Sie tut gut daran, sich zu verstecken“, brummelte Glaumar, „wenn man sie entdeckt, sind wir alle dran!“

„Und sie hat sich den ganzen Tag lang nicht darüber beschwert, dass wir nix mehr zu Beißen in der Hütte hatten?“, drang Bragi weiter auf Gorm ein.

Der schüttelte verneinend den Kopf.

„Klingt doch vielversprechend“, sagte Bragi. „Sie scheint fleißig und genügsam.“

„Und sieht dabei noch verboten gut aus“, fügte Gorm hinzu. „Ich sag euch, die hat einen Hintern...“

„Und sauber ist sie“, fiel Glaumar ihm ins Wort und blickte Gorm dabei naserümpfend an. „Was man von dir nicht gerade behaupten kann, du Sau. Nicht mal mehr die Schweinehirtin wollte heute Abend neben dir sitzen.“

Bragi tat seine Zustimmung durch ein breites Grinsen kund und sagte bestätigend: „Ich weiß ja nicht, was du in deinen Fiebernächten alles rausgeschwitzt hast, Gorm, aber im Sommer hätten dich die Mücken dafür längst gefressen. Man kann ja kaum noch atmen neben dir..."

„Hey, der Dreck hält mich zusammen, klar?!", verteidigte sich Gorm beleidigt.

Glaumar prustete los: „Bin sicher, Olga hat sich heute nicht mal in seine Nähe gewagt!"

Gorm blickte sie beide wütend an, doch lag etwas Ertapptes in seiner Miene. „Schon gut, schon gut", erwiderte er brummig, „geh' ich mich eben auch mit Schnee abreiben. Aber ihr seid schuld, wenn mein Fieber zurückkehrt..." Mit deutlichem Widerwillen wandte er ihnen den Rücken zu, bückte sich und griff in den Schnee. Allerdings lediglich mit drei Fingern und äußert zaghaft.

Bragi und Glaumar schauten einander an, hoben die Augenbrauen und nickten sich im stummen Einverständnis zu. Dann stürmten sie beide auf Gorm los, packten ihn von hinten und warfen ihn mit vereinten Kräften zu Boden. All seine Protestrufe ignorierend, setzten sie sich auf ihn und begannen damit, ihm von allen Seiten Schnee unter die Kleidung zu stopfen. Als Gorms Schreie immer lauter wurden, zogen sie ihm kurzerhand Hemd und Hosen aus und begannen ihn nun gründlich von oben bis unten einzuseifen. Das war ein Spaß! Und gleichwohl er gänzlich auf Gorms Kosten ging, entlud sich darin doch all die durchstandene Todesfurcht um ihren nun wieder genesenen Kameraden, an dessen Seite sie manch sorgenvolle Nacht hindurch gewacht hatten.

Als sie zehn Minuten später ihre Hütte wieder betraten, war Gorm krebsrot, doch leuchteten seine Augen in einem kraftvollen Glanz, wie Bragi ihn lange nicht mehr bei ihm gesehen hatte.

„Ihr habt ja gehört, was der Bauer gesagt hat!", sagte Bragi mit betont lauter Stimme, um Olga zu bedeuten, dass sie sich nicht länger zu verstecken brauchte. „Den Vormittag gibt er uns morgen frei, weil wir beide heute so fleißig waren. Und du, Gorm, sollst dich noch erholen. Übermorgen musst du dann allerdings wieder mit raus!"

„Kann's kaum erwarten", gab Gorm zerknirscht von sich, der noch nackt war und sich jetzt fröstelnd ans Feuer stellte. Gleichzeitig schielte er in Olgas Ecke, wohl insgeheim darauf hoffend, sie würde ihm nun die gleiche Behandlung angedeihen lassen wie zuvor Bragi.

Doch Olga schien anderes im Sinn zu haben. Wie auch die anderen Male hatte sie sich wieder unter den Rentierfellen verborgen gehalten. Jetzt tauchte sie darunter hervor und schaute sie alle abwechselnd mit erwartungsvoller Miene an. „Und? Wozu habt ihr drei euch entschlossen?“, fragte sie mit einem neugierigen Lächeln und neigte ihren Kopf dabei wieder leicht zur Seite, sodass ihre kastanienbraunen Haare schimmernd herabfielen. Sie waren von ihr auffallend sorgfältig durchgekämmt worden. Ihre weißen Zähne blitzten strahlend im Feuerschein. Sie hatte ihr neu zusammengenähtes Kleid angelegt. Ein knappes Sommerkleid war daraus geworden. Es war wirklich sehr knapp.

Keine ihrer Gesten ist vergebens, dachte Bragi bewundernd. Jede ihrer Bewegungen verfolgt einen bestimmten Zweck. Die Kunst, die ihr zu eigen ist, sind Ausdruck und Sprache ihres vollkommenen Leibes. Sie selbst ist ihr Instrument, welches sie vor uns auf meisterliche Weise zu spielen versteht. Wie sie wohl unter meinen Händen klingen würde? Er erschrak über sich selbst und entdeckte, dass sein Urteil einem jener undeutlichen und geheimen Hintergedanken zugrunde lag, die man vor sich selbst verbirgt, und deren man nicht anders, als mit einem aufrichtigen Blick in die Abgründe seines eigenen Ichs inne wird.

„Nun, wir...“, begann Gorm gedehnt und kam ins Stocken. Hilfesuchend blickte er zu seinen beiden Freunden.

„...haben uns beraten“, sprach Bragi weiter, der sich wieder gefasst hatte, „und sind zu dem Schluss gekommen, dass du dich hier bei uns vorläufig verstecken kannst. Wenigstens so lange, bis etwas Gras über die Sache mit deinem toten Herrn gewachsen ist. Sobald es Frühling wird, ziehen wir ohnehin wieder weiter. Dann kannst du selbst entscheiden, was du tun willst.“

„Oh, das habe ich schon!“, flötete Olga entschieden. Mit einem sinnlichen Augenaufschlag blickte sie Glaumar an. „Und du, bist du ebenfalls einverstanden, dass ich bleibe?“

Glaumar wurde puterrot und starrte verlegen auf seine Füße. „Ja, ... schon“, druckste er kleinlaut hervor.

Olga fiel ihm darauf so spontan um den Hals, dass Glaumars Ohren zu glühen begannen. „Kommt her, ihr drei!“, forderte Olga sie auf und umschlang sie nun alle auf einmal. Übertrieben herzlich drückte sie jedem von ihnen einen feuchten Kuss auf die Wange.

Bragi entging dabei nicht ihre Erleichterung, die sie mit ihrer überschwänglichen Freude zu überspielen suchte. Unter ihrem Liebreiz werden wir alle wieder zu scheuen Milchbärten, dachte er bei sich. Drei tapsige Welpen, die ihr schwanzwedelnd aus der Hand fressen. Er hatte den Gedanken nicht einmal zuende gebracht, als er sich dabei erwischte, wie seine Hand wie zufällig über Olgas festen Hintern strich und für einen Moment auf diesem zu ruhen kam. Olga tat erst so, als bemerke sie nichts, doch als sie wieder voneinander ließen, bedachte sie ihn mit einem verschlagenen Lächeln, das Bragi lichterloh in Flammen setzte.

Doch kaum hatte Olga sich aus ihrer gemeinsamen Umarmung gewunden, machte sie eine tänzelnde Drehung. Sie wies auf Bragis Leier und Glaumars Trommel, die nebeneinander auf einer Pritsche ruhten. „So, und ihr drei Gesellen versucht also mit Musik eure Mägen zu füllen?!", stellte sie munter fest.

Alle drei nickten sie stumm.

„Sicherlich kein einfach verdientes Brot. Habe aber schon von euch vernommen", fuhr sie lächelnd fort.

„Man spricht bereits von uns?", kam es ungläubig über Gorms Lippen.

„Sicher doch!" Ihr Lächeln wurde breiter und etwas Frivoles lag darin. „Drei stramme Mannsbilder von Musikanten, vor denen kein Weiberrock sicher ist. Na, da bin ich ja wohl an die Richtigen geraten!"

Es folgte ein erneutes Schweigen, währenddessen das leise Geraschel von Olgas kurzem Kleid gleich dreimal so laut durch die Stille drang. Es war, als knistere plötzlich die Luft zwischen ihnen. Olgas erotische Ausstrahlung war jetzt fast greifbar. Bragis Kehle war auf einmal wie ausgetrocknet, dennoch schien es ihm angebracht, die mittlerweile peinlich wirkende Stille zu durchbrechen. Auf seine krächzende Frage hin, was sie denn könne oder gelernt habe, hieß Olga den verdutzten Glaumar, sich seine Trommel zu nehmen. Während der darauf nun einen einfachen Rhythmus zu schlagen begann, warf die junge Frau ihr langes Haar aufreizend nach hinten und nahm die bezeichnende Haltung einer Tänzerin ein. Und nachdem sie mit Händen und Fingern einige drehende Bewegungen beschrieben hatte, begann sie Leib und Becken auf jene schlüpfrige Weise kreisen zu lassen, die bei den meisten Männern, gleich welcher Herkunft, dieselben Erwartungen zu wekken versteht.

Bragi und Gorm standen da mit offenen Mündern und starrten, unfähig, ihren Blick auch nur für einen Moment von ihr abzuwenden. Der trommelnde Glaumar indes hatte ein leicht verblödetes Grinsen aufgesetzt und schien ganz in seinen Takt versunken. Olga tanzte, wirbelte umher und schüttelte sich. Immer ausdrucksstärker wurde ihr Tanz, während ihre wie Bronze wirkenden Glieder im flackernden Schein der Flammen auf und nieder zuckten. Und Bragi, im Rausche der Begeisterung alle Vorsicht vor einer möglichen Entdeckung vergessend, griff sich zwei kurze, daumendicke Stöcke. Damit ließ er sich neben Glaumar nieder, um ihn auf seiner Trommel zu begleiten, worauf schließlich auch Gorm klatschend mit einfiel. Schneller und schneller schlugen sie den Takt und immer wilder warf Olga ihre Mähne durch die Luft. Kopf und Becken kreisten jetzt auf ekstatische Weise, während sie selbstvergessene, heisere Schreie ausstieß.

Und dann, als Trommel und Stöcke nicht schneller zu wirbeln imstande waren, brach sie endlich mit einem Aufschrei vor ihnen zusammen, um erschöpft zu Boden zu sinken. Dort verharrte sie schwitzend und keuchend,

sie dabei abwechselnd unter ihren halb geschlossenen Augenlidern anfunkelnd. Glühendes Gold schien aus ihren Pupillen zu fließen, und sie alle wussten, dass in diesem Moment jeder von ihnen dieser Frau alles versprochen hätte, nur um ihr in dieser einen Nacht beizuwohnen.

Und Olga genoss ihre erregten Mienen. Das Funkeln in ihren Augen, das sie an drei heißhungrige Wölfe erinnerte. In ihnen spiegelte sich die Quelle ihrer Macht als Weib. Das Feuer der Lust, das zu entfachen und zu lenken ihr alleine bestimmt war. Ihr kraftvoller Tanz hatte die Feuerschlange des Lebens unter ihnen heraufbeschworen. Hoch und steif hatte sie sich zwischen ihnen aufgerichtet und es gab nur ein einziges Mittel, um sie wieder zum Schweigen zu bringen. Zumindest für eine kurze Weile.

Vor Sehnsucht abgezehrt die Seele,
ward Bragi ihr Bild zum Stern geboren.
Hungernd und dürstend nach Olgas Huld,
seine Seele jauchzend im Mondschein sang.
Doch nur wenig Trost fand er am Tage,
liebeswund das Herz litt ihm im Leibe.

# 20. Lust und Schmerz

Am nächsten Morgen erwachte Bragi als erster. Es war kalt in ihrem Haus geworden. Das Feuer war fast verloschen. Etwas verwundert blickte er um sich. Eng ineinander verschlungen, lagen sie alle viere nackt auf den Bodenfellen. Ein Arm lag über seiner Brust. Leider gehörte er nicht Olga, sondern Gorm, dessen Kopf auf einem seiner Schenkel ruhte. Das gesamte Bein war ihm taub geworden. Bragi ächzte. Sein ausgekühlter Rücken schmerzte von der Härte des gestampften Lehmbodens, auf dem sie alle die Nacht verbracht hatten. Bragi schnupperte. Noch immer hing der Geruch von menschlichem Sperma in der Luft. Es war das erste Mal gewesen, dass er sich mit seinen beiden Gefährten gleichzeitig eine Frau geteilt hatte. Eine weitere seltsame Erfahrung in seinem Leben.

Wie weit mochte der Tag inzwischen wohl fortgeschritten sein? Da ihr kleines Haus über keine Fenster verfügte, konnte nur ein Blick nach draußen Gewissheit verschaffen. Vorsichtig bemüht niemanden zu wecken, rappelte Bragi sich auf und fischte nach seinen Hosen. So geräuschlos wie möglich legte er trockenes Holz auf das nur noch schwach dahin schwelende Feuer. Während er sich weiter ankleidete, betrachte er Olga, die in ihrer ganzen weiblichen Pracht zwischen Gorm und Glaumar ruhte. Schnell war sein erster Gedanke, den Stand des Tages einzusehen, vergessen.

„Sie ist wahrlich vollkommen“, murmelte er ehrfurchtsvoll und brachte es nicht einmal über sich, seine Tunika über den Kopf zu streifen, um den Blick nicht von ihr nehmen zu müssen. „Ein Geschöpf, das zu gestalten alleine den Göttern vorbehalten bleibt.“ Und wäre Olga nicht von seinen beiden schnarchenden Kameraden eingekreist gewesen, er hätte gemeint, sich wieder einmal in einem seiner zahlreichen Tagträume zu befinden.

Vergangene Nacht hatten sie miteinander einen Pakt geschlossen. Während Olga sich lustvoll schwitzend unter ihren sechs sie walkenden und liebkosenden Händen gewunden hatte, hatte sie jedem von ihnen das Versprechen abgenommen, sie fortan in ihrer kleinen Runde als Tänzerin aufzunehmen. Keiner von ihnen hatte auch nur im Ansatz widersprochen. Selbst der anfänglich noch zweifelnde Glaumar war unter Olgas zungenfertigen Überredungskünsten dahingeschmolzen wie heißes Wachs.

Nun waren sie also zu viert. Drei Männer und eine Frau. Ob das gut gehen konnte? Bisher hatten die drei Freunde ihre Anhängerinnen stets unter sich aufgeteilt, und nur ganz selten war es deswegen zwischen ihnen zum Streit gekommen. Jetzt aber würde alles anders sein. Hätte sich Olga einen von ihnen als Liebsten auserkoren, so hätte dies zwar sicherlich den Neid der beiden anderen hervorgerufen, zumindest aber würde eine gewisse Klarheit zwischen ihnen bestehen. Doch es weckte den Anschein, als wolle die lebenslustige Olga sich nicht nur mit einem von ihnen begnügen. Bragi hegte sogar den bangen Verdacht, dass sie ihren Anspruch, gleich mit drei Liebhabern aufwarten zu können, als etwas völlig Selbstverständliches ansah.

Und wie hätte Bragi es ihr verdenken können? Da war nicht einer unter ihnen, der vergangene Nacht zu kurz gekommen wäre. Olga hatte jeden einzelnen ausgiebig beschenkt und dabei eine Leidenschaft und Ausdauer bewiesen, die wieder einmal vor Augen geführt hatte, dass beim Liebesakt am Ende allein die Frau der wirkliche Sieger blieb. Bragi seufzte versonnen auf. Ja, mit Olga schien der entflammten Winternacht eine wahrhaftige Liebesgöttin entsprungen. Ein Geschenk der Hohen an ihre kleine Gruppe.

Dass hierbei vor allem Olgas Selbsterhaltungstrieb eine nicht unwesentliche Rolle spielte, überging sein liebesumnebeltes Hirn großzügig.

Doch hatten Bragi, Gorm und Glaumar nun gehofft, die kommenden Nächte eine Wiederholung ihrer lustvollen Orgie zu erfahren, wurden sie schnell eines Besseren belehrt. Olga schien die nächsten Abende wie ausgewechselt. Stumm und reglos kauerte sie am Feuer und starrte gedankenverloren in die Flammen. Genau an jenem Platz, an dem zuvor schon Bragi ungezählte Stunden in schwerer Trübsal zugebracht hatte. Suchte einer von ihnen sich Olga zu nähern, wurde er von ihr wütend angeraunzt oder schroff zurechtgewiesen.

Gorm, der überzeugt war, dass ein sich zierendes Frauenzimmer nur ordentlich gezähmt werden müsse, versuchte es hartnäckig weiter. Und musste sein blaues Wunder erleben. Als er sich von hinten lüstern neben sie kniete und ihr vertraulich an den Hintern fasste, schnellte die bis eben noch reglos dasitzende Olga wie eine erschrockene Katze hoch. Sie stieß den völlig überrumpelten Gorm zu Boden, sprang fauchend auf seinen Brustkorb und klemmte seinen Kopf zwischen ihren Schenkeln ein. Zwar hatte Gorm aufgrund seiner sich ihm nun bietenden Aussicht zunächst noch ein schiefes Grinsen aufgesetzt, doch gefror ihm dieses augenblicklich, als er in Olgas Hand die schimmernde Klinge eines kleinen Dolches gewahrte. Diesen schien sie bisher unbemerkt unter ihrem Kleid verborgen gehalten zu haben. Sie setzte das äußerst scharfe Messer Gorm so dicht an die Kehle, dass sich dort ein feines rotes Rinnsal bildete. Gleichzeitig erklärte sie ihm mit eisiger Stimme, dass sie mit genau dieser Klinge ihrem letzten Herrn die Gurgel durchschnitten habe. Gorm also, sofern ihm etwas an seinem Gehänge läge und er künftig ruhig schlafen wolle, sich genau überlegen solle, ob er es noch einmal wage, gegen ihren Willen Hand an sie zu legen.

Bragi und Glaumar waren von Olgas Hochschnellen nicht weniger überrumpelt worden, sodass sie nicht einmal auf den Gedanken gekommen waren, ihrem zu Tode erschrockenen Kameraden beizustehen. Nach diesem beeindruckenden Auftritt erübrigte sich jedoch eine Wiederholung ihrer Drohung. Irgendwie hatte Bragi Gorms entsetzten Gesichtsausdruck sogar genossen, und insgeheim begann er eine immer größere Bewunderung für Olgas selbstbestimmtes Wesen zu hegen. Gorms Weltbild hingegen schien an diesem Abend schwer erschüttert worden zu sein, denn er hütete sich fortan, Olga zu nahe zu kommen.

Glaumar hatte die geringste Mühe, Olgas abgesteckte Grenzen zu respektieren. Für ihn war die gemeinsame Nacht mit dieser schönen Frau ohnehin ein Ereignis gewesen, dessen Zustandekommen er niemals für möglich gehalten hätte.

Auch Bragi begnügte sich fortan damit, Olga aus einer gebührlichen Entfernung zu betrachten. Stets begegnete er ihr auf respektvolle Weise, wartete aber vergeblich auf weitere Anzeichen von Zuneigung, die sie ihm anfänglich noch hatte zukommen lassen. Er schob es darauf, dass es Olga weiterhin untersagt war, ihre neue Bleibe zu verlassen. Ein Zustand, der für eine so temperamentvolle junge Frau eine echte Qual darstellen musste. Dieses dauerhafte Eingesperrtsein in einem fensterlosen Raum schien ihr jedenfalls sehr zuzusetzen. Und Bragi, der selbst viele Nächte hindurch gelitten hatte, als das Treiben der Schneestürme sie alle ans Haus gefesselt hatte, konnte gut nachempfinden, was sie durchmachte.

Ihre Gefangenschaft stürzte Olga in eine bedrückende Lethargie. Mit stumpfen, leeren Augen, die verrieten, dass ihr Geist irgendwo anders weilte, konnte sie stundenlang reglos vor der Feuerstelle kauern. Einige Male, wenn sie dreie am Abend müde von der Arbeit heimkehrten, fanden sie die junge Frau in der gleichen Haltung dasitzend vor, wie noch am Morgen. Zuweilen ließ sie dabei sogar das Feuer zu ihren Füßen ausgehen, was vor allem Gorm zornig machte.

Immer wieder startete Bragi neue Versuche, um Olga mit kleinen Gesten ein Lächeln zu entlocken. Und jedes Mal fuhr es im wie ein Eiszapfen durch die Eingeweide, wenn sie ihm mit abweisender Miene begegnete oder ihn behandelte, als ob er Luft für sie sei. Doch es war wie ein Bann, unter dem er stand. Er konnte nicht anders. Wollte sie unermüdlich herauslocken aus ihrer abgeschotteten Welt. Kaum aber hatte er etwas zu ihr gesagt, biss er sich schon wieder auf die Zunge. Ein kurzer, verächtlicher Blick von Olga genügte, und er schalt sich selbst einen Narren. Wie sehr wünschte er sich, dass sie aus den Schatten ihrer Vergangenheit wieder hinaus ins Licht trat, das draußen, zwar kaum merklich, doch Tag für Tag weiter zunahm und an Kraft gewann. Aber Olga, bald so blass wie eine weiße Lilie, blieb weiterhin so abweisend und kalt wie der Frost.

Ihr böses Schicksal hat sie hart werden lassen, dachte Bragi verzagt. Sie ist einsam in der Fremde und hasst alle Männer, deshalb hält sie ihr Herz verschlossen. Und doch will ich versuchen, dass sie es mir wieder öffnet. Alle seine Bemühungen scheiterten jedoch kläglich. Als er ihr mit einem liebevollen Lächeln das erste gefundene Schneeglöckchen überreichte, nahm sie es zwar mit einem dankbaren Kopfnicken entgegen, warf es aber kurz darauf achtlos ins Feuer.

All diesen Zurückweisungen zum Trotze, begann Bragi des Nachts, wenn sie alle schliefen, eine Ode auf Olga zu verfassen. Entzückt von seiner Eingebung, die er vorerst niemandem zu enthüllen gedachte, ersann er sich Dutzende kleiner verliebter Torheiten. Kaum aber war der Tag wieder angebrochen und sie alle erwacht, zerstoben sie unter Olgas missmutigem Verhalten, das seine Schwärmereien auf ein kaum erträgliches Maß zurechtstutzte. Eine entsprechend beklemmende Stimmung in ihrem kleinen Haus war die Folge, in dem sich bald niemand mehr wohl fühlte. Denn gleichwohl Olga kaum einen Finger rührte und lediglich mucksmäuschenstill vor sich hin stierte, strahlte ihre träge Verschlossenheit doch etwas Bedrohliches aus. Nach ihrem eindrucksvollen Säbelgerassel gegenüber Gorm, erinnerte sie an einen wunderschönen, ruhenden Drachen, den in seinem Schlaf zu stören oder in Missstimmung zu versetzen, sich keiner von ihnen getraute.

Eines Morgens, als Bragi und Gorm zu Ausbesserungsarbeiten an dem bereits stark verwitterten Palisadenzaun eingeteilt waren, der sich zum Schutz gegen Wölfe rund um den kleinen Bauerhof zog, nahm Gorm ihn zur Seite: „Wie lange, glaubst du, soll das noch so weiter gehen mit diesem verwünschten Weibsstück?"

„Mit Olga?", fragte Bragi überflüssiger Weise.

„Nein, mit der dicken Bäuerin!", antwortete Gorm verstimmt. „Natürlich mit Olga! Ich sag dir, Mann, dieses Weib hat uns schön an der Nase herumgeführt. Erst tanzt sie uns einen vor, macht uns alle scharf und melkt uns ordentlich die Schwänze, und dann droht sie uns diese abzuschneiden, wenn wir ihr noch einmal auf den Leib rücken. Und jetzt hockt sie nur noch in der Asche, glotzt wie eine Schwachsinnige Löcher in die Luft und ist sogar zum

Feuerhüten zu blöd. Das ist doch krank. Ich sag dir, diese Hexe ist das reine Gift. Und wir sind dumm genug darauf zu warten, dass sie uns wieder ranlässt!"

„Gib ihr noch etwas Zeit", entgegnete Bragi beschwichtigend, gleichwohl Gorm nur aussprach, was ihm selbst schon seit langem auf der Seele drückte. „Wir wissen nicht, was sie bereits alles hat durchleiden müssen. Sie hat ihre gesamte Sippe verloren, ist verschleppt, verkauft und sicherlich viele Male geschändet worden. Und jetzt ist sie bei uns von Morgens bis Abends wie ein Tier eingesperrt. Deshalb..."

„Hey, wir haben unsere eigenen Probleme", würgte Gorm ihn verdrießlich ab. „Und ich glaube, dass ich für uns alle spreche, wenn ich sage, dass es mir ordentlich stinkt, meine eh schon kärgliche Essensration mit ihr teilen zu müssen!"

„Sie isst doch eh kaum noch was", wandte Bragi ein.

Doch dieser Umstand schien für Gorm nicht von Belang: „Sind wir doch mal ehrlich. Wäre dieses Miststück nicht so verdammt scharf, würden wir dieses Gespräch hier gar nicht führen. Wir würden jetzt in unser Haus gehen, sie bei den Haaren packen, noch einmal ordentlich durchnehmen und sie dann vor den Bauern schleifen. Dann hätten wir wieder unsere Ruhe und ich könnte endlich wieder laut furzen und rülpsen, wann immer mir der Sinn danach steht. Nicht mal mehr wichsen trau' ich mich!"

Gegen seinen Willen musste Bragi schmunzeln. Auch ihm war aufgefallen, dass ihre häuslichen Gewohnheiten sich stark verändert hatten, seit Olga unter ihrem Dach weilte. Doch was konnte er dagegen tun?

Von Ferne drang ein vertrautes Geschnatter an seine Ohren. Aufhorchend hob Bragi den Kopf. Weit oben am Himmel erblickte er eine Schar Wildgänse, die in Keilformation vorbeizogen. „Schau, die Gänse kehren wieder zurück", sagte er lächelnd und deutete in die Höhe. „Es wird also nicht mehr lange dauern, bis wir wieder aufbrechen können. Mal sehen, wenn Olga dann wirklich mit uns kommen will, sollten wir..."

„Pah!" Gorm winkte ab. „Anfangs dachte ich noch, die Kleine hat echt Pfeffer im Arsch, so wie die uns rangenommen hat. Doch nun schau dir diese trostlose Megäre an – da wird ja die Milch sauer! Eher fangen Leichen an zu tanzen, bevor die ihren Hintern noch mal hochbekommt. Ich jedenfalls hab keine Lust darauf, mit so 'ner Träne durch die Lande zu ziehen. Außerdem wissen wir ja nicht mal, wie die Leute auf sie reagieren werden. Noch einmal lass ich mir jedenfalls keine Bräute abspenstig machen. Auch nicht von einer Kehle aufschlitzenden Sklavin. Wir sind bisher ganz gut ohne eine Tänzerin ausgekommen und werden es bestimmt auch weiterhin tun, jawohl!"

„Jetzt wart's doch erst einmal ab", sagte Bragi scharf, nun seinerseits aufgereizt. „Wenn Olga erst wieder ins Freie darf, ist sie möglicherweise wie ausgewechselt!"

Voenix 2011

Aber auch diese vage Aussicht schien Gorms Unmut nicht zu befrieden. „Also was ist?", drängte er Bragi weiter. „Was hält uns davon ab, dieses widerspenstige Aas einfach an die Luft zu setzen!?"

„Zwei Dinge", entgegnete Bragi in gespielter Ernsthaftigkeit und hob zwei Finger. „Erstens, sie hat einen verdammt scharfen Dolch und weiß damit umzugehen. Und zweitens, hat sie uns einfach bei den Eiern!"

Gorm seufzte verdrossen auf und schüttelte resigniert den Kopf: „Da sprichst du ein wahres Wort aus, Mann. Warum muss dieses Luder auch so verdammt heiß sein?! Aber sei's drum. Entweder sie lässt uns endlich wieder ran oder wir drohen ihr damit, sie rauszuschmeißen und sie dem Bauern auszuliefern. Fertig!"

Soweit so gut, dachte Bragi. Doch sollten noch vier weitere ereignislose Abende verstreichen, bis sich in Gorm genug Frust und Mut angestaut hatten, um ihn seinen gefassten Entschluss in die Tat umsetzen zu lassen.

* * *

Wie gewohnt kauerten sie in recht schweigsamer Runde am abendlichen Feuer, als Gorm sich plötzlich mit einem Ruck erhob und zu seiner Bettstatt ging. Als er zurückkam, hielt er in seiner rechten Hand einen kräftigen Holzknüppel. Zuversichtlich nickte er Bragi zu, der bis dahin gedankenverloren an seiner Leier gezupft hatte. Augenblicklich wurde Bragi nervös. Sein Körper versteifte sich und der Schweiß brach ihm aus allen Poren, doch machte er keinerlei Anstallten, sich zu erheben, um Gorm beizustehen. Der warf ihm daraufhin einen geringschätzigen Blick zu, sodass Bragi seine Augen beschämt wieder zu Boden senkte. Was nur sollte er tun? Sein Kopf war wie betäubt, seine Glieder fast gelähmt. Niemals würde er auf Olga losgehen können, sie gewaltsam zu etwas zwingen. So hob er lediglich wieder den Blick, stumm und reglos verfolgend, was jetzt weiter geschehen würde.

Gorm trat vor Olga hin und eröffnete ihr in scharfem Ton, dass es so mit ihr nicht weitergehen könne. Tag für Tag würden er und seine Kameraden sich ihr Essen vom Munde absparen, damit sie weiterhin satt werde. Dann ließ er sich über ihre Untätigkeit und mangelnde Dankbarkeit aus.

Während Gorm nun lautstark seinen Unmut über Olga zum Ausdruck brachte, beobachtete Bragi, wie sich die Augen der jungen Frau zu schmalen Schlitzen verengten. Wie ein in die Enge getriebenes Tier, starrte sie abwechselnd zu Gorm hinauf, dann wieder auf dessen Knüppel, der bisher noch reglos in seiner Faust verharrte. Auch Glaumar hatte inzwischen seine Tätigkeit, gelangweilt an einem Stück Holz herumzuschnitzen, eingestellt und wechselte neugierige Blicke zwischen Olga und Gorm.

Angestrengt und mit flirrendem Blick sann Olga auf einen Ausweg. Es dauerte noch einen Moment, dann erhob sie sich entschlossen von ihrem Platz. Stolz richtete sie sich zu ihrer vollen Größe auf, Gorm dabei fest ins Auge fassend. „Nun gut", sprach sie in einem bedeutsamen Ton, während sie unter ihrem Gewand langsam ihr Messer hervorzog. Sogleich wich Gorm einen Schritt vor ihr zurück, fasste den Knüppel nun fest in beide Hände und erhob ihn drohend zum Schlag.

Schon wollte Bragi aufspringen, um dazwischen zu gehen, als Olgas Gesicht einen völlig veränderten Ausdruck annahm. Von Wehrhaftigkeit oder erwarteter Wildheit jedoch keine Spur. Fast war es bittere Schicksalsergebenheit, die aus ihren Augen sprach, gerade so, als wolle sie sagen: „Wenn es denn sein muss." Und anstatt anzugreifen, ließ sie ihr Messer betont klappernd zu Boden fallen. Darauf öffnete sie ihre jetzt unbewaffneten Hände und hielt sie Gorm entgegen, der misstrauisch beäugte, was sie denn nun wohl im Schilde führte. Langsam ging Olga auf ihn zu, ganz sachte, als wolle sie ihn um Nachsicht mit ihr bitten. Gorm aber schien dem Braten nicht zu trauen. Trotzdem unternahm er nichts, als sie sich ihm weiter näherte. Als sie ganz dicht vor ihm stand, schlang sie plötzlich ihre weißen Arme um seinen Hals und begann damit, ihm zärtlich das Gesicht abzuküssen. Gorms Miene wurde noch verwirrter und sein Körper straffte sich, als erwarte er jeden Augenblick eine neue Tücke. Es war ein groteskes Schauspiel. Olgas Gebaren erinnerten Bragi an ein Kind, das um die Aufmerksamkeit und Zuwendung ihres Vaters buhlt.

Als Olga Gorms Abwehr bemerkte, ließ sie von ihm ab und streifte sich, zu ihrer aller Überraschung, ihr Kleid über den Kopf. Nackt wie sie nun war, kauerte sie sich daraufhin auf allen vieren vor Gorm nieder. Sprachlos mussten Bragi und Glaumar mit ansehen, wie sie diesem als nächstes ihr prächtiges Hinterteil aufreizend darbot und Gorm anwies, es ihr nun richtig zu besorgen. Wie das vonstatten gehe, hätte Gorm den Hengsten auf der Weide ja wohl schon abgeschaut.

Dies nun war eine Aufforderung, die man Gorm nicht zweimal zu sagen brauchte. Wortlos ließ er sein Schlagholz fallen, streifte blitzschnell seiner Hose herab und packte Olga an den Hüften. Bragi hielt die Luft an und wartete darauf, dass Olgas Abwehr endlich erwachte. Dass sie plötzlich aufsprang, schrie, biss oder irgendetwas unternahm. Doch nichts geschah. Stattdessen spreizte Gorm Olgas Beine, schob sie sich zurecht und zog sie darauf mit einem groben Ruck an sich. Olgas schmerzhaftes Aufstöhnen durchschnitt den Raum wie ein Peitschenknall. Gorms eben noch grimmige Miene zeigte jetzt wilden Triumph und wurde zur lüsternen Fratze.

Auch Bragi entglitten sämtliche Gesichtszüge. Seine Augen weiteten sich in ungläubigem Entsetzen, denn da war nichts, was ihn auf diesen Anblick vorbereitet hatte. Doch war es nicht Gorms notgeiles Keuchen, dass ihm nun bis ins Mark fuhr. Nein, es waren Olgas grüne Augen, die jetzt ausgerechnet ihn, Bragi, funkelnd fixierten, während sie sich von Gorm wie eine rossige Stute bespringen ließ. Olga, seine heilige Olga, vor seinen Augen genommen wie eine gewöhnliche Dirne! In ihrem Blick lag jetzt eine unheilvolle Mischung aus Spott, Ermutigung, und grimmiger Verachtung. Und während sich Gorm hinter ihr immer wilder gebärdete, schien es Bragi, als ob sie vollkommen kalt nur darauf lauerte, dass Bragis Herz zerbrach.

Oder wartete sie darauf, dass er eingriff? Ihr beistand? Doch Bragi, gebannt von ihren bohrenden Augen und dieser animalischen Szene, war zu keiner noch so kleinen Handlung fähig. Der Schleier der Zeit zerriss. Irgendwoher, aus einer längst vergessen geglaubten Nische seines Kopfes, kehrte plötzlich das Schreckensbild der Vergangenheit zurück. Heraufgestiegen aus den Untiefen der Erde, wo immerwährende Dunkelheit herrschte. All die Jahre über sorgfältig gehütet, wie ein kostbarer, verfluchter Schatz. Der grausame Oheim hinter seiner Mutter. Irgendwann in einem anderen Leben, das er einmal geführt hatte. So lange her, dass er fast vergessen hatte, dass diese Erinnerung noch zu ihm gehörte. Und wieder war er unfähig zu handeln, tat nichts, war wie versteinert, während ihm Tränen der Ohnmacht in die Augen schossen.

Da brach Olgas Blick. Die Lust hatte sie endlich erfasst. Oder war es der Schmerz? Ihre Abscheu? Ihre Pupillen verdrehten sich so weit nach oben, dass ihre Augenhöhlen weiß aufleuchteten. So weiß wie einst die toten Augen der Fremden vom Meer in Bragis Alptraum. Ein tiefer Seufzer entrang sich Olgas Kehle, dann verfiel sie mit Gorm in ein keuchendes, rhythmisches Stöhnen.

Bragi wandte seine schwimmenden Augen ab und schluchzte hilflos. „Nicht wieder, nicht wieder!“, wiederholte er hemmungslos wimmernd. Gorm und Olgas Stöhnen war wie ein unerbittliches Hämmern, das ihm den Kopf zu zersprengen drohte. Unfähig, diesem abstoßenden Szenario noch länger beizuwohnen, sprang Bragi hoch, riss die Türe auf und stürzte in die kalte Nacht hinaus. Hinter ihm fiel die schwere Holztüre mit einem dumpfen Knall wieder zu. Niemand folgte ihm.

Bragi wusste nicht wie viele Stunden vergangen waren, als er endlich die Kraft fand, ihr Winterquartier wieder aufzusuchen. Er war von Kopf bis Fuß durchgefroren. Die Kälte trieb ihn zurück. Wäre es schon etwas wärmer gewesen, er hätte die Nacht alleine draußen zugebracht. Vielleicht wäre er dann auch gar nicht mehr zurückgekehrt. Sein Drang davonzulaufen, war mit solcher Macht über ihn gekommen, dass es ihn nun bitter reute, auf seiner überstürzten Flucht seine kostbare Leier im Hause gelassen zu haben.

Es war dunkel, als er eintrat. Wieder war das Herdfeuer fast niedergebrannt. Er legte etwas Holz auf, kauerte sich auf den Boden und starrte gedankenversunken in die neu aufzüngelnden Flammen. Die Wärme tat gut. Belebte langsam seine frostbetäubten Glieder, sein erstarrtes Gesicht. Seufzend rieb er sich die eiskalten Hände. Als der Raum etwas heller wurde, wanderten Bragis Augen wie von selbst zu Olgas Schlafplatz. Doch der war leer. Liegt wohl jetzt bei Gorm, dachte er gallebitter, und der Drang, seine Sachen einfach aufzunehmen und heimlich zu verschwinden, erfasste ihn erneut mit der Wucht einer heranbrausenden Woge. Doch seine verfrorenen Glieder, sein knurrender Magen und eine lähmende Erschöpfung hielten dagegen. Der Körper, dieser jämmerliche Körper mit all seinen quälenden Bedürfnissen, haderte er mit sich selbst. Sein Elend schien übermächtig. Ihm war alles egal. Schlafen, nur schlafen. Wenn er Morgen früh erwachte, hatte er diese entsetzliche Nacht vielleicht nur geträumt. Ausgezehrt und niedergeschlagen schleppte Bragi sich zu seiner Bettstatt, als er plötzlich zurückprallte. Olga lag darinnen und schien selig zu schlummern. Ihre blanke Schulter war zu sehen. Sie war also noch immer nackt!

Unbändiger Zorn überkam ihn. Dieses schamlose Weibsstück! Nachdem sie sich von Gorm und wahrscheinlich noch Glaumar quer durch den Raum hatte ficken lassen, hatte sie also nun von Bragis Bett Besitz genommen. Hatte ihn bereits aufgegeben, aus ihrem Leben verbannt. Fort gegangen - Bett gefangen! äffte eine höhnische Stimme in seinem Kopf. Ohnmacht, Wut und Trauer wechselten sich in so rascher Folge ab, dass Bragi meinte, das Herz müsse ihm davon zerspringen. Wie viel Pein und Demütigungen würde er noch von dieser Frau ertragen müssen? Ein roter Nebel senkte sich über ihn, schien seinen ganzen Körper zu entflammen, verzehrte ihn. Schon hatte Bragi seine Hand ausgestreckt, zitternd zur Klaue geformt, um Olga damit bei ihren Haaren zu packen. So grob wie nur irgend möglich, würde er sie an ihrem Haarschopf aus seinem Bett herauszerren, sie über den Fußboden schleifen und ihren verfluchten Leib ins Feuer stoßen. Jawohl, brennen sollte sie, diese elende Hexe! Und leiden. Leiden, so wie er wegen ihr litt!

Da erwachte sie. Ihre schläfrigen Lider öffneten sich erst nur einen Spalt, blinzelten traumversunken, entdeckten Bragi und hoben sich ganz. Dann ein Lächeln. So sanft, so offen und rein, jeglicher Berechnung fremd, dass Bragis erbittertes Vorhaben noch in der Bewegung erstarb. Schlaff fiel sein Arm nach unten.

Diese Augen! So voller Unschuld und Verletzlichkeit. Bragi schluckte schwer, war zu keiner weiteren Regung mehr fähig. Sterben hätte er mögen in diesem Moment, sich einfach in Olgas Arme sinken lassen und nur noch ausruhen. Ausruhen von all den Strapazen dieser grausamen Welt, für die er einfach nicht geboren schien. Er wollte für sie auf der Stelle durchs Feuer gehen, sie verteidigen, ihr zeigen, was er wert war. Erstickt schluchzte Bragi auf, wollte seiner Verachtung über die menschliche Unfähigkeit zu lieben Luft machen, doch die Stimme versagte ihm. Es hatte keinen Zweck. All seine Widerstände schmolzen in Olgas Nähe dahin. Nein, viel lieber wollte er nur bei ihr liegen, von ihr getröstet und liebkost werden. Wollte sie selber trösten und in sie fließen. Mit ihr gemeinsam davonfliegen zu den Sternen oder irgendwohin, egal, nur fort von diesem düsteren, verkommenen Ort, den die Menschen Midgard nannten.

Da nahm Olga seine Hand. Bragi schluckte schwer und schloss die Augen. Doch kaum hatte er die Lider gesenkt, als sich erneut ihre viehische Paarung mit Gorm vor sein inneres Sehen schob. Gleichzeitig tauchte wieder das unheilvolle Bild der geschändeten Mutter auf. Gunnlöd, zusammengekauert und qualvoll stöhnend unter den gierigen Stößen des brutalen Oheims. Überrascht von ihrem fünfjährigen Sohn, dem Bastard eines fremden Diebes und Feindes ihrer Sippe. Oder waren es vielleicht doch Seufzer der Lust gewesen, die seiner Mutter damals entwichen waren? So wie eben noch Olga, als Gorm sie vor seinen Augen genommen hatte?

Erneut begann sich alles in Bragis Kopf zu drehen. Unendlich nagender Harm. So tief in seinem Innersten. Lust und Schmerz. Verlangen und Abscheu. Wo verlief die Grenze? Warum lag beides so dicht beieinander? Warum taten sich Lebewesen gegenseitig so etwas an? Immer wieder neue Fragen, die wohl auf ewig unbeantwortet bleiben würden. Dazu die erdrükkende Last der Schuld, nicht für seine Mutter da gewesen zu sein. Sie nicht vor ihrem Oheim beschützt zu haben, um sie stattdessen mit seinem Fortgang in den Tod zu treiben. Tränen der Ohnmacht, der Reue und Selbstzweifel liefen Bragis Wangen in Strömen hinab, und mit einem jähen Aufschluchzen warf er sich über sie.

Und Olga nahm ihn auf, umfasste seine Finger und streichelte ihm das bebende Haupt. Schmiegte sich zärtlich an ihn und hielt ihn ganz fest, um seinen Kummer zu lindern. Und als ihr warmer Atem Bragis Gesicht streifte, fanden ihre Lippen einander. Sie schmeckte nach Schlaf, er nach dem Salz vergossener Tränen.

Da meldete sich noch einmal sein verletzter Stolz. „Warum liegst du in meinem Bett? Warum nicht bei Gorm?“, flüsterte er schniefend und wischte sich mit dem Hemdärmel den Rotz von der Nase. Sein Blick war wieder der eines fünfjährigen Knaben, der nichts verstand.

„Hier riecht es nach dir“, entgegnete Olga wispernd.

Völlig entwaffnet von dieser unerwarteten Antwort, starrte er sie an.

„Was soll ich bei Gorm?“, flüsterte sie. „Er hat bekommen, was er wollte. Und besser er fickt mich, als dass er mich wie einen Hund totprügelt...“

Bragis Kopf ruckte zurück. Er mochte es nicht, wenn sie so vulgär daherredete. Und doch war ihm bitter bewusst, dass sie lediglich die Wahrheit aussprach. Es war kein leichtes Los für eine Frau und Sklavin in dieser rauen Welt, wenn einen die Götter dazu mit solch einer Anmut ausgestattet hatten. Segen und Fluch in einem.

Sie half ihm, seine Tunika über den Kopf zu streifen. „Du bist anders", fuhr sie leise fort und legte ihre Hand auf seine nackte Brust. „Ich habe dein Herz gesehen. Du respektierst die Göttin und achtest ihre Töchter. Aber du bist schwach, wenn es darum geht, für dich selbst einzustehen."

Er biss sich auf die Lippen. Ihre liebevoll gemeinten Worte waren wie ätzendes Gift, das sie in seine alte Wunde träufelte. Doch keinerlei Anklage oder Verurteilung schwang in ihrer Stimme mit. „Du bist zu weich für dieses Dasein", fuhr sie zärtlich fort. „Doch genau das ist es, was ich an dir so mag, du empfindsamer Dichter du..."

Zärtlich glitten ihre Lippen über Bragis Wangen. Küssten behutsam die Tränen darauf fort. Lange blickten sie sich in die Augen, versanken ineinander, tiefer und tiefer. Dann fanden sich ihre Zungen erneut, und die Welt um sie herum schwamm davon im nebligen Rausch entfesselter Gefühle.

VoeniX 2011

Es sang so schönen Sang der Skalde,
den Liebreiz seiner Liebsten preisend.
Süß von ihrem Hauch umflossen,
ward das Herz ihm licht und warm.
Mit Sternen wollt er sie beschenken,
mit Huld bekränzen die hehre Maid.

# 21. Bragis Ode an die Liebe

Bis zum Morgengrauen hielten Bragi und Olga einander fest umschlungen. Schlaf fand Bragi kaum, zu aufgewühlt war er von all den Gefühlswirrnissen der vergangenen Nacht. Doch gleichwohl die drei Gefährten an diesem Tag wieder früh zur Arbeit hinaus mussten, schien die Welt für Bragi einstweilen wieder in Ordnung. Die wärmenden Strahlen der Märzsonne hatten den Schnee auf den Wiesen auf viele kleine Flächen zurückgeschmolzen, die an weiße Flecken auf dem gewaltigen Leib einer grünbraunen Kuh erinnerten. Das erste Mal hing ein köstlicher Duft von Frühling in der Luft, sodass Bragi und Gorm ihre Holzäxte sinken ließen und ihre Nasen schnuppernd in den Wind hielten.

Der Bauer, ein Mann von stattlichem Wuchs, bemerkte ihre zufriedenen Gesichter. „Nun, da wird es also wohl nicht mehr lange dauern, bis ihr fort seid?!“, rief er ihnen zu und ließ ebenfalls seine langstielige Axt sinken.

Bragi und Gorm nickten in stillem Einverständnis.

„Ihr habt gut gearbeitet, diesen Winter“, sprach der Bauer weiter und trat auf sie zu. „Scheint, als ob eure Anwesenheit meinem Hof am Ende doch noch Glück eingebracht hat. Keine Kuh ist mir heuer verendet, dafür sind mir diesen Winter drei Kälber geboren worden und alle sind durchgekommen. Die Knechte und Mägde sind ebenfalls alle wohlauf, auch wenn es hier und da ein paar krankheitsbedingte Ausfälle gab.“ Bei diesen Worten fasste er Gorm ins Auge, der prompt etwas rot wurde und betreten zu Boden blickte.

„Kein Grund sich zu grämen, Gorm“, fuhr der Bauer wohlwollend fort. „Bist dafür ja recht schnell wieder auf den Beinen gewesen, nachdem dieses Weibsbild bei euch untergeschlüpft ist.“ Er grinste anzüglich. „Die scheint ja ihre Brauchbarkeiten zu besitzen!“

Bragi und Gorm blickten einander erschrocken an.

Als der Bauer ihre Gesichter sah, lachte er herzlich auf: „Ja glaubt ihr Spaßvögel denn im Ernst, mir würde entgehen, was sich auf meinem eigenen Hof zuträgt? Ich weiß sehr wohl, was ihr da seit gut drei Monden unter meinem Dach versteckt haltet. Doch ist es mir gleich, solange eure Arbeit darunter nicht leidet. Und das hat sie nicht getan. Im Gegenteil!“

„Aber, ... warum habt ihr nichts gesagt“, erkundigte sich Gorm verhalten, „und uns in dem Glauben gelassen, sie weiter vor euch versteckt halten zu müssen?“

„Na, weil ihr sie dann sicherlich zu den Mahlzeiten mitgebracht hättet und wir noch einen Esser mehr am Tisch gehabt hätten. So aber habt ihr drei sie von euren Rationen ernährt und alle waren zufrieden. Hab' schon vermutet, dass es sich bei dem Mädchen um diese entlaufene Sklavin handelt, die sie bis vor kurzem noch überall gesucht haben. Soll ja angeblich den alten Gunnarson umgebracht haben." Jetzt blickte der Bauer sie beide recht eindringlich an. Gorm senkte erneut die Augen, doch Bragi hielt seinem Blick stand. „Nun, ihr müsst ja wissen, was ihr tut", fuhr der Mann fort. „Mir persönlich ist es nicht weiter schade um Gunnarson, den alten Knikkersack. Habe diesen aufgeblasenen Wichtigtuer eh nie leiden gemocht, ihn und seinen Besitz und all seine Prahlereien darum. War kein angenehmer Nachbar. Eher einer von den lustigen Witwern, die im Golde fast ersaufen und meinen, sich damit alles kaufen zu können. Vor allem junge Frillen, die ihm das Bett anwärmten. Tja, und bei der letzten ist er dann wohl an die Falsche geraten." Der Bauer zwinkerte ihnen verstohlen zu. „Und hätte man die Kleine bei euch aufgegriffen", er hob die Schultern und machte ein unschuldiges Gesicht, „hätte ich von Nichts gewusst, und ihr drei hättet alleine dafür geradestehen müssen!"

Ein verständiges aber auch befreiendes Lächeln überzog die Gesichter von Bragi und Gorm, in das der Bauer mit einem breiten Grinsen einsetzte. Man verstand sich.

Bragis Ode für Olga war in den letzten Tagen in beträchtlichem Maße angewachsen. Wann immer er Zeit und Gelegenheit fand, hatte er neue Strophen auf sie verfasst. In ihnen spiegelte sich, so war er sich nun sicher, die ganze Vielfalt ihres Wesens, das vorteilhaft auszudrücken er allezeit bemüht war. Alleine ihre Schönheit zu preisen, hätte Olga sicherlich schon bald ermüdet, vielleicht sogar abgestoßen. Sie wusste, dass sie schön war, verachtete aber all jene zutiefst, die sich lediglich von ihrem Aussehen anziehen und blenden ließen. Er aber wollte weiter zu ihr vordringen, versteckte Facetten erhellen und herausstreichen, um ihr hierdurch zu zeigen, wie sehr er an ihrem Innersten, ihrer Seele, interessiert war. All ihre Wesenszüge zu gleichen Teilen in seiner Ode unterzubringen, schien jedoch ein schwieriges Unterfangen, ja, beinahe ein Ding der Unmöglichkeit. Die alles entscheidende Frage aber war, würden die Strophen Olgas Zustimmung finden? Diese Befürchtung war das größte Hindernis auf dem Weg zu seiner ersten, großen Liebesode, der ohnehin schon gespickt war mit Selbstzweifeln.

Und Olga? Nachdem Gorm sie mit seinem gewaltsamen Verlangen nach Sex wieder ins Leben gezwungen hatte, war sie glücklicherweise nicht in ihren lethargischen Zustand zurückgefallen. Dafür präsentierte sie sich nun häufig recht launisch, fordernd und haltlos. Einen Tag war sie freundlich, zärtlich und anschmiegsam, mit honigsüßer Stimme und weichen Lippen, die einem die heißesten Küsse bescheren konnten. Doch schon am Tag darauf, wenn man sich der trügerischen Hoffnung hingegeben hatte, ihre angenehme Laune würde diesmal vielleicht ein wenig anhalten, wurde sie wieder abgelöst von Niedergeschlagenheit und einem tiefen Groll auf alles und jeden. Ein Zustand, in dem man ihr am besten nicht zu nahe kam. Was dazu führte, dass die drei Männer langsam zu wahren Experten wurden, denn Olgas Launen hielten sie zu ständiger Wachsamkeit an. Das einzig Gute an ihren Stimmungsschwankungen war, dass am kommenden Morgen auch die schlechten meist wieder verflogen waren, wie Tags zuvor die guten. Gerade so, als würde Olga sie jedes Mal wegschlafen. Es war ein ständiges auf und ab der Gefühle, sodass Gorm bereits eine Schwangerschaft bei ihr vermutete.

Doch wie sich im kommenden Sommer herausstellte, war Olga eine meisterliche Kennerin von Wildkräutern, die sie, abhängig vom jeweiligen Stand des Mondes, pflückte und geschickt zu ihrer Verhütung einsetzte. Bragi und Gorm, die dagegen freilich nichts einzuwenden hatten, schoben Olgas Launen deshalb kurzerhand jenen fragwürdigen Kräutermixturen zu, die sie von Zeit zu Zeit ansetzte und zu sich nahm.

Nachdem der Bauer ihr gemeinsames Geheimnis offenbart hatte, fühlte Bragi sich mutig genug, des Nachts, wenn alle Menschen am Hofe schliefen, gemeinsam mit Olga längere Spaziergänge zu unternehmen. Hierdurch besserte sich ihrer beider Stimmung erheblich. Glücklich darüber, der Enge und des Gestanks ihrer vier Wände entkommen zu sein, genossen sie ihre verbotenen Ausflüge nach Herzenslust. Wenn sie die ersten Pflanzen und Kräuter entdeckten, klärte Olga ihn über ihre Bedeutung und Wirkungen auf. Meistens aber tollten sie wie kleine Kinder in den noch verbliebenen Schneehaufen herum, spielten Fangen und Verstecken oder legten sich einfach auf ein mitgeführtes Rentierfell, hielten sich an den Händen und blickten gemeinsam zu den Sternen hinauf. Und kehrten sie dann zwei, drei Stunden später wieder in ihr Heim zurück, zogen sie sich nackt aus und legten sich zueinander. Manchmal schliefen sie dann miteinander, ein andermal streichelten sie sich lediglich und kuschelten bis in die frühen Morgenstunden hinein, solange, bis Bragi sich wieder zur Arbeit erheben musste und Olga selig und zufrieden einschlief.

Ja, es waren beglückende und lustvolle Nächte für Bragi. Wahrscheinlich sogar die glücklichste Zeit seines Lebens. Und dass diese Begegnungen, wie einstmals die wenigen zufriedenen Augenblicke seiner verlorenen Kindheit, stets im Dunklen, im Verborgenen erfolgten, schien einem unsichtbaren Faden zu folgen, den die Nornen ihm von Geburt an gesponnen hatten.

Doch bei aller Zuneigung gab Olga ihm niemals das Gefühl, sie besitzen zu können. Hatte sie eben noch ihre Schenkel um ihn geschlungen und war mit ihm wild schwitzend die Lustreise geflogen, konnte es vorkommen, dass sie sich schon im nächsten Moment von ihm abwandte und schweigend zum Feuer hinstarrte. Dann konnte er mit tröstenden Worten noch soviel auf sie einreden, sie wurde nicht mehr froh darüber. Zu tief saßen noch immer die Schrecken ihrer Vergangenheit. Er nannte es ihr zärtlich-trauriges Lied, das aus jeder ihrer Poren zu ihm strömte, sobald die grausigen Bilder sie wieder einholten. Dann begnügte Bragi sich damit, sanft ihren Rücken und Nakken zu liebkosen und ihr kleine Werbungen ins Ohr zu flüstern. Er hörte es nicht ungern, dieses zärtlich-traurige Lied, denn es gab ihm das Gefühl, sie beschützen zu können; dass sie ihn, nur ihn alleine, wirklich brauchte. Ein unbeschreibliches Hochgefühl, von jemandem gebraucht zu werden! Geduldig mühte er sich dann, ihre Furcht fortzustreicheln, solange, bis ihre Glieder sich mit einem leichten Zucken entspannten und sie schließlich in seinen Armen eingeschlafen war.

Die Folgen von Bragis kurzen Nächten blieben den anderen jedoch nicht lange verborgen. Bald völlig übermüdet und erschöpft, ging Bragi die Arbeit am Tage immer schwerer von der Hand. Doch Gorm, der Bragis tiefe Augenringe auf seine Weise deutete, hatte kein Mitleid für ihn übrig.

Als Bragi eines Vormittags beinahe die Axt ins Bein fuhr, schalt Gorm ihn lautstark einen liebeskranken Narren. „Mach nur so weiter, du Erztropf, dann hat dir diese Hexe bald all dein Mark aus den Knochen gesaugt!", rief Gorm in gespielter Fröhlichkeit, doch wusste Bragi nur zu gut, dass der blanke Neid aus ihm sprach. Drei Wochen waren bereits vergangen, seit Gorm Olga gezwungen hatte, ihm zu Willen zu sein. Und dass seither nun Bragi den Lohn dafür einheimste, passte ihm überhaupt nicht. Zugegeben, es war Gorm gewesen, der den Mut aufgebracht hatte, den Olga-Drachen aufzuscheuchen, während Bragi sich zum Nutznießer dieses Kampfes gemacht hatte und nun wie selbstverständlich den Rahm des geöffneten Butterfasses für sich allein einstrich. Ein unverzeihlicher Verrat an ihrer mittlerweile langjährigen Freundschaft. Das wussten sie beide. Und doch war es Bragi unmöglich, Gorm dieses Recht auch nur ein einziges weiteres Mal zuzugestehen. Aber Bragi war auch klug genug, sich nicht auf einen Streit mit dem ihm körperlich überlegenen Gorm einzulassen. Ratsamer schien es ihm, die Verantwortung dafür auf Olga zu schieben. Und so entgegnete er dem Freund wie beiläufig, dass Olga ihre Entscheidung nun einmal getroffen habe und Gorm dies eben wie ein Mann zu tragen hätte.

„Feigling!", war Gorms schnaubende Antwort hierzu, dann wandte er sich wieder seiner Arbeit zu und ließ Bragi stehen.

Endlich schien die Zeit für ihren Aufbruch gekommen. Die Sonne stand wieder höher und länger am Himmel und der Frühling drängte nun mit aller Kraft. Noch ein, zwei Tage und die drei Gefährten würden ihren Abschied nehmen. Ein über die Jahre hin inzwischen schon vertrautes Lebewohl, dem Bragi nun allerdings zum ersten Male mit gemischten Gefühlen entgegen sah. Zum einen freute er sich natürlich sehr darauf, endlich wieder unterwegs sein zu können und vor fremdem Publikum aufzuspielen. Gleichzeitig aber fürchtete er, dass damit seine gemeinsamen Nächte mit Olga enden könnten, die er seither nicht mehr missen wollte.

Doch das Leben besteht aus immerwährender Veränderung. Einem Wandel, den die Menschenkinder immer dann begrüßen, wenn ihr Dasein ihnen schal und leer erscheint, doch verfluchen sie ihn, sobald sie sich in einem glückseligen Zustand befinden, den aufzugeben sich alles in ihnen sträubt. So erging es auch Bragi, der sich einzig damit zu trösten suchte, dass seine Ode an Olga endlich in ihrer Fertigstellung begriffen war. An ihrem letzten gemeinsamen Abend vor ihrem Aufbruch in die Fremde hinaus, gedachte er sie Olga vorzutragen und ihr damit seine Liebe zu gestehen. Danach sollte Olga selbst entscheiden, an wessen Seite sie zu bleiben wünschte. Insgeheim hegte er natürlich die Hoffnung, mit seinen Worten endlich ihr Herz zu öffnen, das sich gewogen zu machen, er sich so sehr ersehnte.

Dann war es soweit. Der Nachthimmel präsentierte sich unverhüllt. Manis leuchtende Silberkugel stand in voller Größe am Firmament, umrahmt von Abertausenden funkelnder Sterne. Wie geschaffen für Bragis Vorhaben. Da Olga nichts ahnen sollte, hatte er seine Leier schon tags zuvor in ein sicheres Versteck gebracht. Dies befand sich an einem idyllischen und lauschigen Ort, an den sie zu führen er in dieser besonderen Nacht vorhatte.

Als Bragi sie am Abend jedoch freudig ansprach, dass er draußen eine kleine Überraschung für sie vorbereitet habe, winkte Olga nur gleichgültig ab und entgegnete, sie sei zu müde, um mit ihm noch einmal auszugehen. Zudem hätten sie morgen alle ihre erste lange Wanderung vor sich, und diese aufgrund ihrer Erschöpfung frühzeitig zu unterbrechen, wolle sie nicht verschulden. Gleichwohl die Vernunft aus Olga sprach, war Bragi nicht bereit, sein Unterfangen so leicht aufzugeben. Zu lange und zu hart hatte er an seiner Ode gearbeitet, die endlich vorzubringen ihm ein drängendes Bedürfnis war. So kostete es ihn viel Überredungskunst, Olga doch noch zu einem Mitkommen zu überreden. Schließlich gab sie seinem Drängen nach. Glücklicherweise wich ihre anfängliche Lustlosigkeit einer freudigen Neugier, als sie den von Bragi anvisierten Ort erreichten. Zwischen einer Felsformation sprudelte ein munter dahin plätschernder Quell hervor, der zu ihren Füßen in einen kleinen Teich mündete. Bragi erkletterte einen der Felsblöcke und zauberte aus seinem Versteck seine Leier hervor.

„Oh, du hast dir ein Ständlein für mich ausersonnen?", rief Olga überraschend aus, und ein kindliches Lächeln, wie er es noch nie an ihr gesehen, flog über ihr Antlitz. Es war genau dieses strahlende Leuchten in ihren Augen, das Bragi genügte, um sämtliche seiner Bedenken zu verscheuchen, die ihn bis zu diesem Augenblick noch an seinem Vorhaben hatten zweifeln lassen.

Er nickte glücklich, nahm Platz auf einem flachen Stein und begann sich mit seiner Leier zurechtzusetzen. Olga setzte sich ihm gegenüber auf eine breite Baumwurzel und lehnte sich an deren Stamm zurück. Beide Hände hinter sich gelegt, schloss sie die Augen, um sich ganz für diese Ode zu öffnen, die Bragi ihr nun darbringen wollte. Das leise Murmeln des Quells, der volle Honigmond am Sternenhimmel, der das aufglitzernde Wasser in sein silbriges Licht tauchte. Welch eine romantische Nacht. Nie zuvor, so schien ihm, hatte die Natur eine vollkommenere Bühne für eine Liebesode hervorgebracht.

Und Bragi begann, hob an in Versform von seiner tiefen Zuneigung zu ihr zu singen. Und Olga lauschte dem entflammten Begehren, das in seinen Worten schwang, die von seiner zärtlichen Liebe zu ihr kündeten. Lauschte seinem Wunsch, sie in ihrem Wesen erfassen zu wollen, sie ganz und gar zu durchdringen, um sich über den süßen Klang seiner Musik in ihre Seele zu ergießen. Werbung um Werbung entsprudelte seiner Kehle, gleich einem süßlichen Nektar, von dem er hoffte, dass er sie Tropfen um Tropfen milder und weicher stimmte. Sie lieblich umschmeichelte, bis sie endlich ganz und gar davon durchtränkt war. Mit sanften Klängen versprach er ihr beizustehen gegen die Ängste ihrer Vergangenheit, die zu überwinden er ihr helfen wollte. So wie die Morgensonne den Tau auf den Blumen trinkt, wollte er ihre Tränen des Kummers trinken, wollte sie trösten und für sie sorgen. Er ersehnte ganz ihr zu gehören, mit Haut und Haaren, geduldig darauf harrend, bis sie ihm eines Tages ihr versteinertes Herz werde öffnen können. Als er zum Ende seiner Ode kam, musste Bragi noch einmal all seinen Mut zusammennehmen, da er ihr mit seinen letzten Worten seine aufrichtige Liebe gestand. Etwas, das er niemals zuvor einer Frau gegenüber auszusprechen gewagt hatte.

Als er geendet hatte, ließ er langsam seine Leier sinken. Von seinen eigenen Worten und Empfindungen noch ganz und gar berauscht, wagte er es nicht, Olga anzublicken. Gleichzeitig sehnte sich jede Pore in ihm danach, ihre Wertschätzung für sein Liebesgeständnis, seine ehrerbietigsten Huldigungen zu empfangen. Entsprechend verdutzt fuhr sein Blick auf, als Olgas helles Lachen durch die Nacht klang. Verzagt schaute er sie an, forschte nervös ihrer Miene den Grund für diese Heiterkeit zu entlocken.

„Eine wahrlich sehr fein- und tiefsinnige Ode", sagte sie endlich und blickte ihn mit einem belustigten Lächeln an, das so gar nicht zu ihrem Urteil passen wollte. Bragi, in diesem Moment so verletzlich wie nie, spürte, wie sich sein Magen verkrampfte.

Sie bemerkte seine Enttäuschung, erhob sich, trat vor ihn hin und fügte geständig hinzu: „Du bist ein großer Skalde, Bragi Boddason, ohne Zweifel. Doch was du wirklich suchst und ersehnst, das steht nicht hier vor dir. Das bin nicht wirklich ich!"

Ihre Worte waren wie ein Faustschlag in seine Magengrube. „Aber ich...", stotterte er unbeholfen. Wie konnte sie es wagen, die Aufrichtigkeit seiner tiefsten Gefühle zu ihr derart anzuzweifeln?

„Glaub mir", fuhr sie jedoch mit der festen Stimme einer Frau fort, die ihres Urteils sicher ist. „Du willst dein Leben mit mir teilen und weißt doch nichts vom Leben und noch viel weniger von mir. Du hast mir mit deinen Worten eben einen wahrhaft strahlenden Thron errichtet und mir damit eine sehr große Liebenswürdigkeit erwiesen. Was du aber in Wahrheit auf diesen Thron zu setzen gedenkst, wirst du niemals an der Seite einer sterblichen Frau finden, mein lieber Bragi. Denn ganz gleich, wie schön sie auch sein mag, wird ihr Antlitz doch stets nur ein Echo deiner ungestillten Sehnsucht bleiben. Versteh doch, du liebst lediglich dein Wunschbild von mir. Du singst Lobpreisungen auf meine Haare, meine Augen und meine wohlgeformten Glieder. Doch diese werden schon bald in Falten stehen, denn ich bin ebenso vergänglich wie alles auf dieser irdischen Welt. Du aber singst von der Unsterblichkeit der Liebe, von immerwährender Glückseligkeit, solange wir beide einander nur in Zuneigung umfangen halten."

„Aber dann sag mir", sprach Bragi, der seinen aufsteigenden Unmut über ihre herablassende Art nur noch mühsam unterdrücken konnte, „du, eine Frau, die du offensichtlich mit einer Weisheit gesegnet bist, die mir nicht gegeben ist, was ist es, das ich suche und wonach ich mich sehne, seit ich den Schoß der Mutter verlassen habe?"

Da lachte Olga erneut. Diesmal noch heller und lauter als zuvor. Seine Unwissenheit schien sie tatsächlich zu belustigen. „Deine Frage enthält doch bereits die Antwort!", stellte sie vergnügt fest.

Bragi stutzte. Er verstand überhaupt nichts.

„Du entstammst dem Schoß deiner Mutter, und du sehnst dich danach, wieder in ihn zurückzukehren. So wie alle Männer es tun. Nun ja, die meisten zumindest. Sobald ihr im Unfrieden mit euch selber steht oder euch in Todesnot befindet, schreit ihr entweder nach dem Schoß der Frau, die euch geboren hat oder nach jener, zwischen deren Beinen ihr gerade Lust und Vergessen sucht. Und immer ist es doch das zeitlose Tor der ewigen Mutter, durch das wir alle gemeinsam kommen und wieder gehen müssen.

Voenix 2011

Immer und immer wieder. Auch, wenn wir es stets alleine durchschreiten müssen!"

Bragi musterte Olga argwöhnisch, die ihn jetzt recht selbstzufrieden ansah. Dies also sollte die Erklärung für seine unstillbare Sehnsucht sein? Die Antwort auf seine Liebesode an sie, in der er ihr sein Herz zu Füßen legte? Sicherlich, die Wahrheit ihrer Worte mochte er gar nicht abstreiten, doch was war mit dem feinen Geist, welcher der Liebe innewohnte? Was mit ihrem Zauber, ihrer Schönheit und ihrer Macht, die zu beschwören und zu bemeistern er sich mit seiner Dichtkunst innerlich verpflichtet fühlte? Oder seinem Wunsch, irgendwann einmal das vollkommene Lied zustande zu bringen, um damit vielleicht jenen Gottvater herbeizurufen, von dem ihm Bodda so viel Wundersames berichtet hatte?

Da hat sie keine Antworten drauf, dachte er trotzig, besann sich aber wieder darauf, warum er sie hierher geführt hatte. Und dann tat Bragi etwas, das ihn selbst überraschte. Er erhob sich, doch nur, um jetzt sein Knie vor ihr zu beugen. Demütig ließ er sein Haupt auf die Brust sinken und sagte leise: „Ich versichere dir, dass meine Absichten nur edelster Gesinnung sind. Dazu stehe ich mit meinem Wort. Verfüge über mich!" Das Herz schlug ihm nun bis zum Halse – und rutschte schon im nächsten Moment zurück in die Hose, als er ihr erneutes Lachen vernahm.

„Oh, das glaube ich dir sogar", sagte sie erheitert, von seinem Kniefall offensichtlich so überrascht, dass ihr Lachen eine Spur spöttischer klang, als sie dies beabsichtigt hatte. Auch der leichte Hohn in ihrer Stimme wollte nicht schwinden. „Du hast schnell gelernt, wie man zu Frauen spricht, Bragi, der Schmeichler. Deine Ode kleidet deine Liebe zu mir in solch reine und unbefleckte Worte, wie ich sie mir einst als kleines Mädchen tatsächlich erträumt habe. Daheim in meinem Land, im sicheren Kreise meiner Familie." Jetzt wurde ihre Stimme anklagend, fast bitter, wie immer, wenn sie von den Schrecken ihrer Vergangenheit sprach. „Lange, bevor deine Landsleute diesem Kindertraum auf grausamste Weise ein Ende setzten!" Olgas Blick hatte sich verfinstert, ihr Herz sich wieder ganz in den schützenden Drachenturm geflüchtet. Doch nur für einen Moment, dann wischte sie die Schreckensbilder mit einer jähen Bewegung zur Seite.

„Aber genug von mir und meinem Los", sprach sie schroff. „Was ist mit all den Frauen, die sich euch drei lustfrohen Gecken bisher an den Hals geworfen haben? Gern und reichlich habt ihr genommen, wenn sie sich euch anboten. Doch wie habt ihr es ihnen vergolten? Etliche von ihnen habt ihr geschwängert, um sie darauf mittellos und in Schanden zurückzulassen!"

Zufrieden bemerkte Olga, wie ihre Anschuldigungen Bragi die Farbe aus dem Gesicht weichen ließen. „Die Unterredungen mit Gorm waren da sehr aufschlussreich, weißt du?!", fuhr sie tadelnd fort, beinahe froh, Bragis wunden Punkt gefunden zu haben. „Ha, der alte Prahlhans. Er konnte gar nicht mehr aufhören damit, all eure Abenteuer auszuplaudern. Stolzgeschwollen hat Gorm mir berichtet, wie er die blutjunge Tochter eines reichen Händlers verführt hat, die ihre Eltern verlassen wollte, um mit euch durchzubrennen. Ihren eigenen Vater bestahl sie, um euch sein Gold zu bringen, dafür, dass ihr sie mitnehmt. Das Gold nahmt ihr gerne, sie selber aber ließt ihr später zurück. Oder von der Frau eines in der Ferne schiffenden Seemannes, die aus Verzweiflung, weil Gorm sie wieder verließ, sich zu ertränken versucht hat. Und was war mit all den Mädchen, die euch nachkamen und sich euch im Vertrauen auf Obhut und Schutz anschlossen? Verlassen habt ihr sie! Im Stich gelassen und ihrem eigenen, elenden Schicksal überantwortet. Ja, feine Edelleute seit ihr mir!"

Olgas anklagender Blick bohrte sich tief in Bragis Seele. Und es war ihm, als senke sich mit ihrem Blick der alte Mühlstein der Schuld auf seine Schultern zurück.

Sein finsteres Schweigen als stummes Eingeständnis wertend, fuhr sie spöttisch fort: „Ist es das, was du mit mir teilen möchtest? Mir ein Kind machen, um dich dann, sobald wir ins nächste Dorf einziehen, einer anderen zuzuwenden und mich sitzen zu lassen? Vielleicht als kleine Frille? Nein Danke, Bragi, dafür ist mir meine wiedergewonnene Freiheit viel zu kostbar. Und sofern es mir irgendwann gegeben sein wird, eine eigene Familie zu gründen, werde ich mir dafür bestimmt keinen Dichter suchen, der ein so unstetes und ärmliches Dasein führt, wie ihr es tut. Du hast dein Leben einzig und alleine deiner Kunst geweiht. Schön. Aber dann belass es auch dabei, und beuge nicht dein Knie vor einer gewöhnlichen Sklavin, die dir nicht mehr zu geben vermag, als ihre gedemütigte und verkrüppelte Seele es ihr noch zugesteht!"

Ihre Worte waren wie giftige Dolche, und bedrückt sank Bragi weiter in sich zusammen. Düster und unheilvoll hingen die Taten und Schrecken der Vergangenheit wie eine schwarze Wolke zwischen ihnen. Unüberbrückbar und unauslöschlich. Bragis Haut war verschwitzt und kalt. Ihn fröstelte und ihm war sterbenselend zumute. Er wusste ja selbst, wie recht sie hatte mit dem, was sie sagte. Was hatte ein armer Tropf wie er einer so schönen Frau wie Olga schon zu bieten? Ja, wer war er schon? Ein abwechselnd mit Zweifeln, Liebeskummer und Weltschmerz ringender Möchtegern-Zauberskalde, der offensichtlich nicht einmal imstande war, das auszudrücken, was ihn wirklich in seinem tiefsten Inneren bewegte. Und mit seiner Abscheu für das Menschsein, drängte jetzt sein ganzer Groll nach oben. Wütend schalt er sich selbst einen Narren, sich Olga derart offenbart zu haben. Welcher Troll hatte ihn da nur geritten, zu glauben, ihr mit einer romantischen Liebesode den Kummer von der Seele singen zu können?

Doch ein einziger Blick in die Augen dieser Frau gab ihm die Antwort. Seit jener schicksalhaften Nacht, als sie einander fast sterbend aus dem

Schnee gerettet hatten, trübte sein Verlangen nach ihr sein gesamtes Urteilsvermögen. Denn obwohl er in diesem Moment deutlicher als je zuvor fühlte, dass es aus war und sein Kampf um ihre Liebe vergeblich war, spürte er doch ebenso seinen Widerwillen. Es war sein Trotz, der nicht nachgeben konnte, der seiner Liebe zu ihr, dem Wunsche, sie zu retten, nicht entsagen wollte. Es war, als hätte Olga ein unsichtbares Netz der Begierde über ihn geworfen, einen Zauber, der ihn immer dann schwach werden ließ, wenn er doch Stärke zeigen wollte. In diesem Netz fühlte er sich gefesselt wie ein willenloses Tier. Sie hatte ihn bestrickt und verhext, und doch wusste er, dass er selbst es ja war, der selig schmachtend mitten hineingesprungen war. Ja, er hatte sich mit Haut und Haaren in die Arme dieses göttlich verfluchten Zauberweibes geworfen, das ihn erobert hatte durch nichts als ihre Schönheit und die Traurigkeit in ihren seegrünen Augen.

Olga, die Bragis inneren Kampf aufmerksam verfolgte, trat auf den am Boden Kauernden zu. Gedemütigt wie er war, schien er sich ihr Mitleid irgendwie wieder verdient zu haben. Er legte seine Leier zur Seite, nahm ihre Hand und ließ sich von ihr auf die Beine ziehen. Sie schlang ihre Arme um seinen Hals und schenkte ihm ein tröstliches Lächeln. Diesmal waren keine Anzeichen von Spott darinnen. Er wollte einen Schritt zurückweichen, sich ihr entziehen, aber seine Hände schienen ihren eigenen Willen zu besitzen und schlossen sich um ihre Taille. Ihr warmer Atem war vor seinen Lippen. Und diese unergründlichen Augen...

„Was fürchtest du, Bragi?“, sprach sie ihn offen an. „Eine Art Bann, den ich wie eine Schlinge um dich gelegt haben könnte? Gegen deinen Willen? Das bist nur du selbst, der dich gefesselt hält!“ Ihr Lächeln wurde breiter, war jetzt aber wieder weicher, so wie es zuweilen wurde, wenn sie miteinander das Lager teilten.

Bragi schluckte, vermochte nicht zu antworten. Wozu auch? Sie kannte ja die Antwort. Er hing an ihrer Leine, zappelte daran wie ein hilfloser Fisch am Haken. Sie spielte mit ihm und er gab ihr die Erlaubnis, damit fortzufahren. Nein, durch sein würdeloses Verhalten ermunterte er sie sogar dazu. Schließlich sagte er kraftlos: „Wie kann ich etwas anderes annehmen? Jede Berührung von dir genügt, um mich vergessen zu lassen, was ich eben noch gewollt habe...“

„Das ist die feinsinnige Sprache unserer Körper, die zueinander streben“, gab sie beschlagen zurück. „Jener unaussprechliche Zauber, den du mit all deinen Versen über mich eben noch einzufangen versucht hast.“

„Und bin dabei doch kläglich gescheitert“, sagte er niedergeschlagen und floh ihrem Blick. Das Mondlicht ließ Olgas makelloses Gesicht wie eine unwirkliche, zeitlos schöne Maske erstrahlen. Sie war eine Göttin, zweifelsohne. Eine Göttin, in deren Nähe er glaubte verbrennen zu müssen. Selbst das Atmen fiel ihm schwer.

Voenix 2011

„Es ist der Tanz des Lebens, der Mann und Frau auf immer aneinander fesselt", sagte Olga plötzlich in einem fremdartigen Tonfall, als habe sie diese Gesetzmäßigkeit selbst einst bestimmt. „Ohne diesen ewigen Tanz gäbe es keine Nachkommenschaft", fuhr sie bestimmt fort. „Er ist das Leben selbst. Vielleicht bin ich deshalb Tänzerin geworden, weil ich mich nur in meinen eigenen Bewegungen selbst spüren und wiederfinden kann. Dort gehöre ich nur mir allein. Gleichwohl ich zugeben muss, dass mir die zahlreichen Blicke der Männer dabei nicht missfallen. Doch ich alleine bestimme, wer sich meiner Gunst als würdig erweisen darf..."

Die altvertraute Melancholie hatte von Bragi Besitz ergriffen, als er entgegnete: „Es sind nicht die Begierden des Fleisches, über die ich mit dir sprechen wollte. Da ist noch etwas anderes, zwischen uns, etwas ... Altes, Bindendes, Unaussprechliches..." Er mühte sich, sein verzweifeltes Ringen in die richtigen Worte zu fassen. Doch noch während er die Worte aussprach, dünkten sie ihn erneut die eines verliebten Narren. Er, ein Dichter, rang nach den passenden Worten. Welch ein Hohn! Doch in Olgas Nähe schienen ohnehin alle Worte vergebens, unangemessen und stümperhaft. Wenigstens das war ihm in dieser Nacht klar geworden. Der alte Schmerz war zurückgekehrt, hatte sich wieder eingenistet. Stechend, ätzend, alles verbrennend, sein Herz von innen her zerreißend. Er liebte sie doch, begehrte sie mit aller ihm gebotener Hingabe. Warum konnte, wollte sie das nicht verstehen?

Olgas Hand streichelte zärtlich seine Wange. Versöhnlich sagte sie: „Du sprichst von deinem Beistand, den du mir angedeihen lassen möchtest, um die Narben meiner Vergangenheit zu heilen und mich die alten Schrecken vergessen zu lassen. Dafür danke ich dir zutiefst, denn alleine dafür gebührt dir der Dank und der Segen aller Frauen und Mütter. Doch was ist mit den Wunden deiner eigenen Vergangenheit?"

Bragi keuchet auf. Warum musste sie ausgerechnet jetzt davon anfangen? Wieder schwammen seine Augen in Tränen, und er hasste sich selbst dafür. Warum nur wurde er immer zur weinerlichen Heulsuse, sobald es um seine eigene Geschichte ging? Eine neblige Ohnmacht umhüllte ihn, er wollte verschwinden, einfach im Erdboden versinken, hinein in ein schmerzbefreites Nichtmehrsein.

Doch nun war es Olga, die ihr Recht einforderte, in ihn vorzudringen. „Mir scheint", fuhr sie sanft fort, „dass du deine eigene Kindheit vergessen möchtest. Du verleugnest etwas aus dieser Zeit, und doch gerade jetzt wirbt es aus den Tiefen deiner Seele um dich. Will von dir gehört werden, indem es dir diese kindlichen Wünsche einflüstert, hinter denen sich, vor allem anderen noch, die Sehnsucht nach deiner verlorenen Mutter enthüllt. Das zumindest ist es, was ich hinter deinem Schmerz wahrnehme."

Da war ihm plötzlich, als würde sich Olgas Gestalt verändern. Sie schien sich auszudehnen, auf fast das Doppelte ihrer Größe anzuwachsen, als sie ihm ihr Hände auf die zitternde Brust legte und mit sanfter aber hoheitsvoller Stimme zu ihm sprach: „Bragi Boddason, im Namen aller Mütter wünsche ich dir von ganzem Herzen, dass deine Seele von ihren alten Narben gesunden darf. Dass du dir selbst vergeben kannst, und dass du eines Tages finden wirst, wonach dein Herz sich so sehr sehnt!“

War dies etwa Freyja, die durch Olgas Stimme zu ihm gesprochen hatte? Die ewige Liebesgöttin, die wie keine andere Frau um die Nöte und Leiden der Liebe wusste. Ein lautes Schluchzen entrang sich Bragis Kehle. Ihre Worte waren wie Balsam auf seine geschundene Seele. Doch Olga ahnte nicht, wie sehr sie ihm damit seine letzten Hoffnungen raubte.

Sie küsste ihn auf die Stirn und wandte sich zum Gehen. Er folgte ihr schweigend. Bragis Gang aber war der eines getretenen Hundes. Sie sprachen kein weiteres Wort mehr miteinander, bis sie den Hof wieder erreicht hatten. In wenigen Stunden würden sie aufbrechen.

VoeniX 2011

Im Herzen trug Kummer der Held,
nicht erhören ihn wollte die Liebste.
Trost sich ersehnend im Rauschtrank,
grimmig er hielt Ausschau nach Hader.
Doch kein Heil ihm gewährten die Hohen,
der Holden Sinn stets nach anderem stand.

# 22. Der Verrat

Nachdem sich Bragi, Gorm und Glaumar am Abend zuvor von allen Hofbewohnern verabschiedet hatten, brachen sie am nächsten Morgen noch vor dem ersten Hahnenschrei auf. Der Bauer hatte ihnen dazu geraten. Olga hatte sich bereits eine Stunde früher auf den Weg gemacht, um sie später zu treffen, sobald sie alle außer Sichtweite des Hofes waren.

Bragi war nervös gewesen, als Olga alleine in die Nacht hinaus verschwunden war. Würde sie wirklich wieder zu ihnen stoßen oder hatte er sie mit dem Eingeständnis seiner Liebe nun möglicherweise für immer vergrault? Gorm und Glaumar schienen von all dem nichts mitbekommen zu haben. Sie waren ganz außer sich vor Freude und Tatendrang, dass es nun endlich wieder auf große Fahrt ging.

Bragis Sorge war jedoch unbegründet, denn kaum waren sie zwei Meilen weit gekommen, winkte ihnen Olga von einem kleinen Hügel aus zu. Freudig begrüßten sie einander, als hätten sie sich alle lange nicht gesehen. Dabei in diebischer Freude verbunden, dass ihr Geheimnis, Olga all die vergangenen Monate verborgen gehalten zu haben, nicht entdeckt worden war. Damit es zu guter letzt nicht doch noch zu einer bösen Überraschung kam, schritten sie munter aus.

Gegen Nachmittag hatten die drei Männer und die junge Frau ihr Winterquartier bereits ein gutes Stück hinter sich gelassen. Ihre erste Rast wurde von Glaumars Lasttier eingeleitet. Der klapprige Ziegenbock, nach all den Monaten des Eingesperrtseins von dem ungewohnt langen Marsch völlig ermattet, blieb einfach stehen. Einem Esel alle Ehre machend, widersetzte er sich beharrlich jeglichem Ziehen, Anbrüllen, Schieben und zuletzt Schlagen. Also suchten sie sich einen geeigneten Rastplatz und entzündeten ein kleines Feuerchen.

„Ein gewitzter Mann, dieser Bauer", stellte Gorm fröhlich fest und ließ ein Bündel zusammengesuchtes Bruchholz fallen, „seinen Hof sollten wir uns als Winterquartier beibehalten."

„Mich kriegen keine zehn Pferde mehr in diese Bruchbude zurück." entgegnete Bragi und blickte zu Olga hin, die sich die müden Füße massierte. „Zudem wird er uns mit dieser Geschichte immer in der Hand haben. Und wer weiß, was ihm beim nächsten Male zu uns einfallen würde."

Hungrig verzehrten sie einen Teil ihrer mitgeführten spärlichen Vorräte. Wie Bragi es Gorm prophezeit hatte, war Olga wie ausgewechselt. Zutiefst beglückt, endlich ihrem dunklen Versteck entronnen zu sein, übertrug sich ihre heitere Stimmung schon bald auf sie alle. Olga schien die pure Lebensfreude, scherzte und flirtete mit jedem von ihnen in einem fort und gelobte hoch und heilig, dass ihr erster gemeinsamer Auftritt ein Riesenerfolg werden würde. Von dieser Aussicht beflügelt, setzte sich die kleine Gruppe froh gelaunt wieder in Bewegung. Die erste Siedlung harrte ihrer.

Wie erhofft, waren die Menschen dankbar darüber, nach diesem strengen Winter den fröhlichen Klängen fahrender Musikanten lauschen zu können. Und wie von Olga angekündigt, wurde ihr erster Auftritt in einem kleinen Dorf mit lautem Jubel bedacht. Olga tanzte, wirbelte und sprang, als habe sie nie etwas anderes getan. Und die begeisterten Menschen dankten es ihr, indem sie ihr kleine Ringe oder Stücke von Hacksilber zuwarfen, die Olga am Ende ihrer Darbietung unter vielen Verbeugungen einsammelte.

Ähnliches widerfuhr ihnen auf den kommenden Gehöften, die sie, je nach Wetterlage, meist jedoch nach zwei, drei Tagen wieder verließen. Durch den großen Beifall bestärkt, blühte Olga zu einer noch größeren Schönheit auf, sodass ihr die Herzen der Menschen nur so zuflogen. Von ihrem Lohn erwarb sie sich von einem arabischen Händler ein paar Meter feinen Tuchs, aus dem sie sich zwei neue Kleider nähte. Dazu erstand sie eine ganze Reihe von einfachen Ketten und Armreifen oder fertigte sich diese selbst, indem sie kleine, gehämmerte Kupferplättchen, Bernstein und allerlei bunten Tand auf dünne Lederstreifen zog. Immer wieder probierte sie neues aus und an, verglich dieses mit jenem und wurde nicht müde, jeden von ihnen unablässig nach seiner Meinung zu befragen. So sehr ging Olga in ihrer neuen Rolle auf, dass sie Bragis Platz als Kopf ihrer kleinen Gruppe wie von selbst ablöste. Sie hatte es nicht einmal geplant oder vorgehabt. Es geschah einfach so, und Bragi unternahm nichts, um es ungeschehen zu machen.

Olga begann ihre Augenränder mit Holzkohle dunkler zu färben, was ihr ein noch geheimnisvolleres Aussehen verlieh und ihr vor allem die Herzen der Männer zufliegen ließ. Mit ihren anmutigen Bewegungen und ihrer Schönheit überstrahlte sie alle und jeden, sodass Bragi, Gorm und Glaumar bald nur noch wie ihr Anhängsel erschienen, gerade gut genug, um durch ihre Musik den gebührenden Rahmen für Olgas Darbietungen zu stellen.

Gorm und Glaumar hatten sich der neuen Situation schnell angepasst. Sie hatten mehr als je zuvor in ihren Taschen, mussten keinen Hunger leiden und auch neue Liebschaften kamen nicht zu kurz. Nur Bragi tat sich mit dieser veränderten Lage merklich schwer, und fand sich unversehens mit einer weiteren unangenehmen Seite seines Wesens konfrontiert – dem Neid! Hatte er sich anfänglich noch über Olgas Verwandlung und ihre Erfolge gefreut, überkam ihn nun immer häufiger die Eifersucht. Diese war wie ein gefährliches Reptil, das Zeit seines Lebens tief verborgen in ihm geschlummert hatte und nun erwacht war. Ohne es zu bemerken, begann dieses Kriechtier immer größere Macht über ihn und sein Handeln zu gewinnen. Ständig lauerte es auf neue Nahrung. Und die fand es mehr und häufiger, als Bragi es jemals für möglich gehalten hätte. Die lüsternen Blicke der männlichen Zuschauer, die Olgas grazilen Körper mit ihren Augen geradezu verschlangen, der donnernde Applaus, der nun nicht länger Bragi, sondern ihr galt. Dazu Olgas wachsender Hochmut und ihre Unzulänglichkeit, die Bragi, zumindest erschien es ihm so, auf immer überheblichere Weise spüren ließ, dass sie nicht länger auf seine Begleitung oder seinen Schutz angewiesen war. Schlimmer noch, er schien in ihrem Leben überhaupt keine Rolle mehr zu spielen. Sie redeten kaum noch miteinander und wenn, drehte sich meist alles nur um sie. Dann sprach sie von künftigen Auftritten und ihren neuen Ideen, die sie von ihm umgesetzt haben wollte.

Nachts schlief Olga nun wieder alleine, sodass Bragi sich ein ums andere Male in der Rolle eines bettelnden Hundes wiederfand, der an ihrem Nachtlager winselnd Einlass begehrte. Meist jedoch vergeblich, was seine Erniedrigung noch verschlimmerte. Die wenigen Male, wenn sie ihn erhörte, flog sie zwar wieder die Lustreise mit ihm, doch Tags darauf erschien ihm die Kluft zwischen ihnen umso größer geworden. Bragi konnte und wollte nicht verstehen, warum Olga ihn immer mehr auf Abstand hielt, sich ihm mehr und mehr entzog, wo er sie doch so sehr begehrte. Er betete sie an, doch sie dagegen behandelte ihn immer mehr wie einen Bediensteten.

Jetzt war es Bragi, der zunehmend launisch und mürrischer wurde und alle um sich herum zu nerven begann. Hatten sie einen Auftritt beendet, gab er sich meist recht rasch dem Bier hin, in dessen Rausch er seine Leiden zu vergessen hoffte. Dazu kam das langsame Wühlen der Eifersucht auf seinen langjährigen Gefährten Gorm. Mit jedem weiteren Tag wuchs sie an. Sobald Gorm Olga anstarrte oder sich nur in ihrer Nähe aufhielt, spie sein erwachtes Reptil fauchend Gift und Galle. Und Olga, der Bragis Eifersüchteleien natürlich nicht verborgen blieben, ließ ihn deutlich spüren, wie kindisch sie sein Verhalten fand. Und gleichwohl sie sich davon geschmeichelt fühlte, zeigte sie es Bragi nicht. Der wiederum ärgerte sich über ihre herablassende Art nicht weniger, als über seine eigene Gereiztheit, die zu verbergen ihm nicht besser gelang.

Das wirkliche Dilemma aber war, dass all die fremden Mädchen und Frauen, die bei ihren Auftritten nach wie vor Bragis Nähe suchten, ihn nicht länger interessierten. Zwar hatte Bragi, von Olgas Zurückweisungen tief gekränkt, sturzbetrunken eine Nacht lang Trost in den Armen einer anderen Frau gesucht, doch im entscheidenden Moment hatte seine Manneskraft versagt. Es war zum Verzweifeln. Hatte er seine Erektion einst noch verdammt, fand er sich nun mit dem Gegenteil konfrontiert. Eine weitere demütigende

Erfahrung auf dem qualvollen Leidenspfad seiner unerwiderten Liebe. In einem der nächsten Dörfer suchte er deshalb ein kräuterkundiges Weib auf, von deren Künsten er sich die Abhilfe seines Problems erhoffte. Wenn er eine Nacht lang auf dem viel gepriesenen Hirschwurzkraut herumkauen würde, könne er das Weibsvolk schon bald wieder beglücken, erklärte ihm die gute Frau. Doch was nützte es, seiner Männlichkeit wieder Leben einzuhauchen, wenn seine Gedanken dabei doch stets nur um Olga kreisten.

In seiner Verzweiflung trank Bragi immer mehr, ließ sich gehen und begann die Leute anzupöbeln. Es kam zu Streitigkeiten, handfesten Auseinandersetzungen und einmal sogar zu einer größeren Schlägerei, die damit endete, dass man sie alle viere mit Beschimpfungen und Fußtritten davonjagte. Als Olga ihn daraufhin lautstark zur Rede stellte, versagte Bragi die Stimme. Schweigend ertrug er ihre berechtigten Vorwürfe, ließ sie aber an sich abperlen, ja, genoss es sogar auf entstellte Weise, dass sie ihm endlich einmal wieder ihre ganze Aufmerksamkeit schenkte. Von seinen beiden Gefährten hatte Bragi keinen Beistand zu erwarten. Er wusste, dass Gorm ihm sein unkameradschaftliches Verhalten noch immer nachtrug. Und Glaumar, ebenso friedfertig wie träge, folgte wie immer dem Weg des geringsten Widerstandes. Solange er weiterhin Nahrung und ein Dach über dem Kopf hatte, stand er treulich zu jedem, der ihm dies in Aussicht stellte. Und das war im Moment eindeutig Olga.

Als Bragi und Gorm eines Nachts alleine ums Feuer saßen, Olga und Glaumar schliefen bereits, schien Gorm jedoch ein Einsehen mit ihm zu haben. Mit wenigen Worten fasste er Bragis bittere Lage zusammen: „Was beschwerst du dich, Alter? Du hast das Weibsbild doch selbst bei uns angeschleppt. Und jetzt schau dich an – ein verliebter Schafskopf, der ihr aus der Hand frisst. Ist es das etwa, was ich dir im Umgang mit den Weibern beigebracht habe?" Er starrte Bragi herausfordernd an, wartete jedoch nicht auf eine Antwort, sondern sagte: „Nein, ist es nicht! Also hör auf damit, dich länger zu ihrem Hanswurst zu machen, sondern zeig ihr endlich einmal, wer der Herr im Hause ist!" Bragi sah ihn unsicher an, was Gorm noch mehr aufreizte. „Weiber brauchen ab und an 'ne straffe Hand", fuhr Bragis Kamerad wissend fort, „sonst tanzen sie dir irgendwann nur noch auf der Nase herum. Vor allem so durchgedrehte Hühner wie Olga. Glaub mir. Zuweilen wollen sie mal richtig durchgebürstet werden, und dann sitzt der Kopf für 'ne Weile wieder gerade. Da geht's denen nicht viel anders als uns!"

Bragi widersprach nicht. Zu seinem großen Leidwesen schien es genau so zuzugehen in der Welt. Zumindest Gorms Weltbild war wieder zurechtgerückt, dem sein Erfolg, den er damals bei Olga hatte verzeichnen können, nachdem er sie mit seiner Drohung erst gefügig gemacht und damit aus ihrer Lethargie gerissen hatte, jetzt Recht zu geben schien. War es das, was Bragi zu lernen hatte? Sich nicht länger von Olga versklaven zu lassen und ihr endlich einmal zu zeigen, dass er so nicht länger mit sich umspringen ließ? Er nahm sich fest vor, ihr schon bei der nächsten Gelegenheit zu beweisen, dass es so nicht weiterginge.

Nachdem sie ein paar Tage später abermals in einem kleineren Dorf untergekommen waren und ihren abendlichen Auftritt beendet hatten, saßen sie draußen noch mit einigen jungen Leuten um ein größeres Feuer herum. Die Kinder und Alten waren längst zu Bett gegangen, denn es war bereits späte Nacht geworden. Sie tranken alle, waren fröhlich und lachten viel miteinander. Als Bragi und Gorm, von ihren begeisterten Zuhörern bedrängt, sich erneut auf eine kleine musikalische Darbietung einließen, begannen die Menschen fröhlich mitzuklatschen. Zwischenzeitlich hatten sie beide sich ebenfalls Trommeln gefertigt, da deren Tönen Olgas Auftritte am besten unterstützte. Gemeinsam schlugen die beiden Männer nun einen dröhnenden, schwungvollen Takt an. Als auch der eben noch schläfrig wirkende Glaumar angesteckt nach seiner Trommel griff und in den Rhythmus mit einsetzte, erhoben sich spontan vier der Dorfmädchen, traten in den Kreis aus sitzenden Menschen und begannen ausgelassen drauflos zu tanzen. Während sie sich drehten und ihre Hüften kreisen ließen, warfen sie Bragi und Gorm abwechselnd feurige Blicke zu, sodass deren Gesichter im Feuerschein glücklich leuchteten.

Es war fast wieder wie zu ihren alten Zeiten. Sie ließen die Puppen tanzen. Und die Frauen, wild und ausgelassen an ihren kraftvollen Klangfäden zappelnd, ließen sie durch ihre sinnlichen Bewegungen wissen, auf welche Weise man zu späterer Stunde die Nacht auszuklingen lassen gedachte. Besonders eine unter den jungen Frauen stach deutlich hervor. Sie hatte lange, feuerrote Haare, die sie immer wieder wild durch die Luft warf. Ihr an den Seiten hoch aufgeschlitztes Kleid zeugte von einem starken Selbstbewusstsein und offenbarte schnell, dass sie sich ebenfalls gut zu bewegen wusste. Mit eindeutigen Gesten ermutigte sie Bragi, seine Augen ausschließlich auf ihrem Körper verweilen zu lassen. Sie sah großartig aus, keine Frage.

Da sprang plötzlich, vom selben Tanzfieber erfasst, auch Olga wieder auf, um sich unter die Tänzerinnen zu mischen. Die jungen Frauen hießen sie lachend in ihrem Kreis willkommen, doch nur solange, bis offenkundig wurde, dass Olga ihnen die Schau zu stehlen gedachte. Denn kaum hatte sie den Kreis betreten, schien unbestritten, wer hier die wirkliche Herrin des Tanzplatzes war. Und eben dies ließ Olga die jungen Frauen nur allzu deutlich spüren. Schon nach wenigen Momenten vollführte sie derart artistische und raumgreifende Bewegungen, dass die anderen Frauen vor ihr eingeschüch-

tert zurückwichen. Nicht aber die Rothaarige, bei der es sich, betrachtete man sie nun genauer, eindeutig um die Dorfschönheit handeln musste. Und als solche war sie nicht gewillt, hier, auf ihrem Mutterboden, einer Konkurrentin von außen kampflos das Feld zu überlassen. Ihre Freundinnen, eben noch auf dem Rückzug, stellten sich wieder in den Kreis, und stärkten ihr klatschend den Rücken.

Weiter dröhnten die Trommeln durch die Nacht, jetzt nur noch für diese beiden Frauen, die übrig geblieben waren. Während Bragi und Gorm in ihrem Spiel fortfuhren, warfen sie sich grinsende Blicke zu. Diese Tanzeinlage versprach eine ganz besondere zu werden, soviel war sicher. Sich durch ein kurzes Zunicken verständigend, beschleunigten sie ihr Trommeltempo, wohl wissend, damit weiteres Öl in ein Feuer zu gießen, dessen versengende Flammen die beiden rivalisierenden Frauen nun vollständig erfasst hatte. Sie drehten und wirbelten umeinander, schüttelten ihre langen Haare und warfen mit feurigen Blicken um sich, kraftstrotzend und verheißungsvoll vom Kopf bis zur Zehe. Diesmal nicht für die zahlenden Zuschauer, sondern nur für sie alleine. Fast war es ein Kriegstanz, den die beiden Frauen miteinander vollführten. Zwei umeinander kreisende bunte Vögel, die sich gegenseitig ihre Krallen zeigten und sich dazwischen anfauchten. Zwei Rudelführerinnen, deren Instinkte sie zwangen, sich miteinander im Balztanz zu messen. Ja, das ganze Leben war ein Kampf um Vormachtsstellungen, doch konnte Bragi sich nicht entsinnen, jemals einem schöneren Zweikampf beigewohnt zu haben. Welch ein Anblick! Bragi hüpfte die Seele ob dieses prächtigen Schauspiels, dessen Zeuge er sein durfte. Welch köstlicher Stoff für eine kraftvolle Ode.

Die beiden Frauen schenkten sich nichts, und ihr Schweiß flog glitzernd durch die Nacht. Immer schneller zuckten ihre Glieder, stampften sie mit den Füßen auf, als suche eine die andere in den Boden zu tanzen. Nicht mehr lange und eine der beiden würde erschöpft zusammenbrechen.

Da wusste Bragi plötzlich, was er zu tun hatte. Er suchte den Blick von Gorm und Glaumar und wies sie durch ein stummes Nicken an, ihr Spiel zu beenden. Seit Jahr und Tag aufeinander abgestimmt, verstanden sie und gehorchten augenblicklich. Schlagartig brach ihr Trommelspiel ab, so jäh, dass die beiden Frauen davon völlig überrascht wurden. Abrupt hielten sie inne und standen nun schwer keuchend voreinander. Nach Atem ringend, umkreisten sie sich jedoch weiter, in sprühendem Zorn darauf lauernd, dass eine von ihnen nun zum direkten Angriff überging.

Da die plötzliche Stille bereits etwas Bedrohliches angenommen hatte und Bragi den Ernst der Lage erkannte, sagte er laut in versöhnlichem Ton: „Genug gekämpft, ihr Schönen. Ihr seid beide zwei großartige Tänzerinnen. Doch unsere Hände schmerzen vom langen Spiel, es ist spät geworden und wir sind alle müde. Also lasst uns den Göttern für diesen wundervollen Abend danken und schlafen gehen!"

Die Menschen erhoben sich, die meisten froh darüber, endlich ihre Schlafstätten aufsuchen zu können. Nicht aber Olga und die Rothaarige, die einander in leicht gebeugter Haltung noch immer umkreisten und sich nicht aus den Augen ließen. Zwei aufgeheizte Drachinnen, bereit, den Kampf sofort wieder aufzunehmen. Wenn es sein musste, diesmal auch mit Fäusten, Krallen und Zähnen. Es schien nur noch eine Frage von Sekunden, bis eine von ihnen den Tanzplatz in eine blutige Kampfarena verwandeln würde.

Gorm stieß Bragi vertraulich in die Rippen und flüsterte diesem zu: „Wie zwei dampfende Wildsauen, was?! Ich würd ja zu gern erleben, wie es ausgeht."

Doch Bragi, der ihren letzten Rausschmiss nicht vergessen hatte und ihn wieder gut machen wollte, sagte schlichtend: „Wir wollen es uns mit den Einwohnern nicht wieder verderben." Und mit lauter Stimme fügte er hinzu: „Nicht wahr, Olga?!"

Erst jetzt, als sie ihren Namen hörte, schien Bragi zu ihr durchzudringen. Olgas Blick klärte sich, ihr Körper verlor einen Großteil seiner Spannung und sie richtete sich wieder auf. Schweiß rann ihr in langen Bahnen Arme und Schenkel hinab. Noch immer schwer atmend, deutete sie Glaumar, ihr einen Trinkbeutel zuzuwerfen. Obwohl ihre Hände zitterten, fing sie ihn geschickt auf. Gorm seufzte enttäuscht auf und legte die Trommel beiseite.

Während Olga den Wasserbeutel ansetzte und in gierigen Schlücken trank, trat Bragi zu der Rothaarigen hin und reichte ihr sein Trinkhorn. Sie bewundernd anlächelnd, sagte er: „Großartige Tanzeinlage. Wirklich. Dein künftiger Gatte darf sich glücklich schätzen."

Die Rothaarige nickte ihm dankbar zu, nahm einen tiefen Schluck aus seinem Horn und fuhr sich mit der Zunge langsam über die Lippen. Ihre Augen blitzten aufreizend, als sie erwiderte: „Und du?" Sie deutete mit abfälliger Miene auf Olga. „Bist du mit der da zusammen? Oder bist du ein Mann, der selbst noch bestimmt, mit welcher Frau er sein Lager teilt?"

Bragi musste schlucken und rang nach einer Antwort. Doch gerade, als er etwas erwidern wollte, ruckte Olgas Kopf herum und sah zu ihm hin. Ihr durchdringender Blick ließ ihn augenblicklich verstummen. Und Bragi hasste sich selbst dafür.

Noch schlimmer aber war der geringschätzige Blick der Rothaarigen, die jetzt ein verächtliches Schnauben ausstieß, sich dann wieder Olga zuwandte und anerkennend feststellte: „Gratuliere, Tänzerin. Deine Jungs hier scheinst du ja ganz gut an der Leine zu haben!"

Olga quittierte die Worte ihrer gleichwertigen Gegnerin mit einem respektvollen Nicken und setzte erneut ihren Trinkbeutel an.

„Nun ja, sei's drum", fuhr die Rothaarige fort. „Für heute Nacht sei dir dein Erfolg gegönnt, fremde Tänzerin. Denn schon morgen Abend wird kein Hahn mehr nach dir krähen, nicht wahr!?" Nach dieser Feststellung wandte sich die Dorfschönheit ab und verschwand mit den anderen Frauen in den Häusern.

Bragi aber stand da wie ein begossener Narr, ratlos, wie er sich verhalten sollte. Kaum bekam er mit, wie Gorm von hinten an ihn herantrat und ihm spöttisch ins Ohr flüsterte: „Gratuliere, Alter, echte Glanzleistung. Diesmal hast du's Olga ja wirklich mal so richtig gezeigt!"

Bragi biss sich auf die Lippe, bis sie blutete. Gorm hatte Recht. Es war wieder geschehen. Einmal mehr hatte er sich von Olga kastrieren lassen. Ihr erlaubt, seine Männlichkeit zu beschneiden. Nur ein einziger Blick von ihr hatte dafür genügt.

Inzwischen hatte sich der Dorfplatz geleert. Nur eine einsame Gestalt war zurückgeblieben, die jetzt recht verloren dastand. Es war ein blutjunges Mädchen, das ihr blondes Haar zu zwei festen, sittsamen Zöpfen geflochten hatte. Unschlüssig und schüchtern verharrend, hoffte sie, die Aufmerksamkeit der Musikanten zu erregen. Gorm entdeckte sie als erster. Sichtlich erleichtert, dass wohl doch noch nicht alle Felle davongeschwommen waren, warf er Bragi einen vielsagenden Blick zu. Bragi kannte diesen Gesichtsausdruck nur allzu gut. Er bedeutete soviel wie: willst du sie oder soll ich sie nehmen? Bragis gelangweiltes Nicken war für Gorm das Startsignal, sich zu erheben und sein Opfer anzusteuern.

„Hallo, schönes Kind", sprach Gorm sie mit seiner umgarnenden Stimme an. Was sie denn so spät hier draußen alleine noch suche, hübsch und jung wie sie sei? Sie errötete, kicherte unsicher und erklärte, dass sie bereits fünfzehn Jahre alt sei. Doch war Bragi sich sicher, dass sie gut zwei Jahre dazulog und höchstens dreizehn war. Eher zwölf. Aber was machte es? Siglind, als sie ihn damals aufgesucht hatte, war kaum älter gewesen. Lächelnd erinnerte sich Bragi daran, dass Siglind ihre blonden Zöpfe auf die gleiche Weise geflochten gehabt hatte, wie dieses Mädchen hier. Allerdings war Siglinds Körper schon wesentlich besser entwickelt gewesen, als die knabenhaft wirkende Gestalt, die jetzt hier vor ihnen stand.

„Setz dich her zu uns, wir singen und lachen", lud Gorm das Mädchen freundlich ein und nahm sie an der Hand. Fürsorglichkeit vorheuchelnd, fragte er. „Wo sind deine Eltern?"

„Beide unterwegs. Kommen nicht vor morgen Abend zurück", antwortete sie leise. „Bin ganz alleine diese Tage. Kann also selbst bestimmen, wie lange ich aufbleibe."

„Gutes Kind", frohlockte Gorm und ließ sich auf einen groben Schemel fallen. Bragi konnte sehen, wie diese Kunde ein triumphierendes Lächeln auf das Gesicht seines Kameraden zauberte. Mit einem Ruck zog Gorm das

unsichere Mädchen auf seinen Schoß. Sie kicherte verlegen, wehrte sich aber nicht. Gorm reichte ihr seinen Tonbecher und schenkte ihr etwas Wein ein. Sie nannte sich Hilde.

„Hast du schon einen Liebsten, Hilde, und hat er dich jemals umarmt?“, fackelte Gorm nicht lange und begann mit einer Hand bereits Tuchfühlung aufzunehmen.

Ja, das habe sie, antwortete das Mädchen glucksend, doch strafte ihr geziertes Gehabe ihre Antwort Lügen. Gorm, durch ihr Verhalten angestachelt, fummelte weiter an ihr herum. Sie ließ es geschehen. Offenbar war Hilde gewillt, in dieser Nacht ihre Unschuld zu verlieren.

Gorm, der dies genauso sah, fuhr fort: „Wie oft schon hat er dich umarmt, liebste Hilde?“

„Zweimal“, log sie leise weiter.

Gorm zog sie an sich und presste seine Lippen auf ihren Hals. „Und wie macht er das? Macht er es so?“, murmelte er lüstern.

„Ja“, flüsterte sie erbebend und wurde Wachs in seinen Armen. Bragi musste sich abwenden. Gorm hatte wirklich keine Hemmungen. Widerlich, wie der sich anwanzte.

„Schluss jetzt, wir müssen aufbrechen!“, erscholl plötzlich Olgas energische Stimme über den Platz. Gleichfalls angewidert von Gorms Verführungskünsten, trat sie vor diesen hin und funkelte ihn scharf an.

Gorm starrte zurück. „Wieso heute noch und warum gerade jetzt?“, erkundigte er sich verdattert.

„Weil ich es eben so beschlossen habe, und weil ich heute keinen Ärger mehr wünsche, deshalb!“, kam Olgas prompte Antwort. Bragi sah, dass sie ihren Dolch wieder angelegt hatte, der jetzt deutlich sichtbar an ihrem Gürtel baumelte.

Gorm sah ihn auch, ließ sich davon jedoch nicht beeindrucken. Gereizt bellte er: „Ach, seit wann bestimmst du hier denn?“ Die zierliche Hilde, die auf seinem Schoß saß, wurde noch kleiner. Gorm machte jedoch keinerlei Anstalten, sie aus der Schusslinie zu nehmen und sagte angriffslustig: „Und wenn ich beschließe, hier noch ein wenig zu verweilen?“

„Dann kannst du uns morgen gerne nachkommen!“, erwiderte Olga kurz angebunden. „Vielleicht findest du uns ja sogar!“

Unterstützung heischend suchte Gorm die Blicke seiner beiden Kameraden. Doch Glaumar sah sofort weg, während Bragi lediglich dicke Bakken machte, unschlüssig die Brauen hob und die Luft schnaubend wieder ausstieß.

Als Gorm sah, dass er wieder einmal alleine dastand, fuhr er Olga erneut an: „Womit nimmst du dir das Recht heraus, über mein Liebesleben zu bestimmen? Reicht dir wohl nicht, dass du bereits Bragi den Schwanz abgenommen hast?! Meinen Samen wirst du jedenfalls nicht zum Vertrocknen bringen!"

Olga grinste amüsiert: *„Keine Sorge, du wirst noch früh genug eine Gelegenheit bekommen, dein Ding wieder irgendwo reinzustecken!"*

Gorm sprang darauf so erbost auf, dass Hilde von seinen Knien rutschte und unsanft auf dem Boden landete. Schnell krabbelte sie auf allen vieren davon und nahm hinter Bragi Deckung. Grimmig funkelten Gorm und Olga jetzt einander an, und für einen Moment sah es wirklich danach aus, als wollten sie aufeinander losgehen. Für Bragi jedoch war es keine Frage, wer von den beiden diesen Willenskampf für sich entscheiden würde. So erhob er sich und begann schon mal seine Sachen zusammenzusuchen.

Nur kurze Zeit später waren sie wieder unterwegs. Es war stockdunkel und sie stolperten mehr, als dass sie gingen. Blindlings trotteten sie Glaumars Ziegenbock hinterdrein, der einzige von ihnen, der einen sicheren Tritt fand. Gorm fluchte und schimpfte wie ein Rohrspatz, kam aber ebenso folgsam hinterhergelaufen. Sie gingen etwa eine Meile, bis Olga ein Einsehen hatte und befand, dass es nun an der Zeit sei, sich einen Schlafplatz zu suchen. Schweigend machten Bragi und Glaumar sich noch daran, ein kleines Lagerfeuer zu errichten, während Gorm jegliche Beteiligung verweigerte und sich fortwährend zeternd in seine Decke einrollte. Eine Wache zu bestimmen, schien ihnen überflüssig. Bald prasselten kleine Flammen auf und müde wie sie waren, schliefen sie alle schon nach kurzem ein.

Doch kaum eine Stunde später, ließ ein vertrautes Geräusch Bragi wieder erwachen. Aufmerksam lauschte er in die Nacht hinein. Leise Seufzer der Lust drangen an sein Ohr. Hier ganz in der Nähe. Das Feuer war fast niedergebrannt. Neben ihm schnarchte Glaumar. Bragis Augen suchten Olga. Ihr Schlafplatz war leer. Der von Gorm ebenfalls, sogar dessen Decke war verschwunden! Bragi setzte sich auf und horchte erneut, um das schwache Stöhnen besser orten zu können. Das Lustgeseufze kam von einem hügeligen Anstieg, kaum dreißig Meter von ihm entfernt.

Bragi warf seine Decke beiseite. Ein entsetzlicher Verdacht stieg in ihm auf, der jedoch schnell einer grimmigen Entrüstung wich. „Diese verdammte Hure...", stieß er wutschnaubend aus und sprang mit einem Ruck auf die Beine. So konzentriert wie möglich fasste er den Hügel ins Auge, mühte sich aber vergebens, irgendetwas darauf auszumachen. Wollte er Gewissheit haben, musste er ihn wohl oder übel erklimmen. Da überkam ihn die Furcht vor seinem eigenen Wagemut. Nur widerwillig setzte er ein Bein vor das andere.

Eine zitternde Erlahmung erfasste seine Glieder, denn plötzlich war ihm, als schöbe ihn eine unsichtbare Macht einem fürchterlichen Unheil entgegen.

Dann sah er ihre Konturen. Wie ein keuchendes Tier erhob sich der zitternde Umriss von Gorms Schlafdecke gegen den Nachthimmel, unter der sich unzweifelhaft zwei Menschen ihrer Lust hingaben. Ein wippendes Ungeheuer, das ihm Olgas Körper, ihre Liebe, ihre Seele erneut entriss! In Bragis dröhnendem Kopf hallte jener von Olgas Sätzen wider, den sie mit einem amüsierten Grinsen eben noch Gorm auf dem Dorfplatz zugerufen hatte: „Keine Sorge, du wirst noch früh genug eine Gelegenheit bekommen, dein Ding wieder irgendwo reinzustecken!" Jetzt war ihm klar, was sie damit gemeint hatte!

Das widerliche Lustgewinsel zu seinen Füßen schwoll in seinem Kopf zu einem tosenden Brausen an. Bragi stöhnte auf, röchelte, japste nach Luft, während das Reptil in seinem Herzen verwundet aufbrüllte. Nein, unmöglich, er konnte ihr gemeinsames Treiben kein weiteres Mal ertragen! Der vertraute rote Schleier des Zorns senkte sich über ihn und seine Finger ballten sich zu Fäusten. Wie in Trance fanden Bragis Hände einen armdicken Ast, nahmen ihn auf, fest entschlossen, damit auf dieses gottlose Gebilde einzuprügeln, das seinen gestaltgewordenen Alptraum verbarg. Blanke Mordlust flackerte in Bragis Augen, als er seinen Knüppel zum Schlag erhob.

Doch da, als hätte er Bragis Anwesenheit erspürt, tauchte plötzlich Gorms erhitztes Gesicht unter der Decke hervor. Er entdeckte Bragi, war aber zu beschäftigt, um die dräuende Gefahr zu bemerken, in der er schwebte. Und ohne dass er sein rhythmisches Stoßen unterbrach, rief er Bragi beschwingt zu: „Hey, Alter, das Mädel hat entschieden. Hab's dir ja gesagt. Also trag es mit Fassung wie ein Mann!"

Bragi versteifte. Ein giftiger Messerstich in sein Herz hätte nicht schmerzvoller sein können, als in diesem Augenblick seine eigenen Worte von Gorm ins Gesicht geschleudert zu bekommen. Und Gorm, völlig in seinem Element, verschwand wieder unter seiner Decke, um mit seinem lustfrohen Treiben fortzufahren.

Kraftlos entglitt der Ast Bragis taub gewordenen Fingern, als eine Berührung an der Schulter ihn zusammenzucken ließ. Es war Glaumar, der ebenfalls erwacht und ihm leise nachgekommen war. Tröstend legte der Kamerad ihm die Hand auf die Schulter. Doch Bragi, das Gesicht zu einer starren Maske versteinert, streifte sie ungerührt wieder von sich. In tief hassender Feindseligkeit blickte er ein letztes Mal auf das wippende Gebilde zu seinen Füßen, unter dem sich seine Olga verbarg. Olga, diese treulose Dirne, die in diesem Augenblick, in dem sie sein Herz zerfetzte, nicht einmal den Mut aufbrachte, ihm offen ins Angesicht zu blicken. Er hätte es besser wissen müssen. Schon damals, als sie sich Gorm das erste Mal wie eine läufige Hündin unterworfen hatte. Am Ende war sie eben auch nur eine Sklavin ihrer eigenen Triebe.

Herzlos gegen Bragi mit Worten, doch unterwürfig gegenüber Gorms Gebaren, der ihr wieder mal zeigen durfte, wer im Liebeskampf wirklich den Ton angab. Zutiefst angeekelt wandte Bragi sich ab. Sollten sie doch zusammen glücklich werden, diese treulosen Verräter. Aber ohne ihn!

Glaumar unbeachtet zurücklassend, wankte Bragi zu ihrem Lagerplatz zurück. Als er über Gorms Trommel stolperte, nahm er diese vom Boden auf, griff sich noch dessen Knochenpfeife dazu und warf darauf beide Teile in die Glut. Auch seine eigene Trommel setzte er aufs Feuer. In stummer Rachlust verharrend, sah er einen Moment zu, bis die Flammen die neue Nahrung erkannt hatten und gierig daran hochleckten. Dann nahm Bragi seine Sachen auf, griff nach seiner Leier und ging ohne ein Wort des Abschieds in die finstere Nacht hinaus.

VoeniX 2011

Ich werde weit fort in die Tannen gehen,
wo die höchsten ihrer Gattung stehen.
Will mich niederlassend ihnen lauschen,
will ergötzen mich an Quellbachs Rauschen.
Wo das Wasser noch ungetrübt und rein,
nur dort will ich weilen in stillem Sein.

# 23. Gang in den Tann

Tränen der Ohnmacht rannen über Bragis Gesicht, als er ziellos durch die Nacht stolperte. Einige Male hielt er an, wankte und schüttelte den Kopf, weil er noch immer nicht begreifen wollte, was soeben geschehen war. Die beiden einzigen Menschen auf dieser Welt, an denen ihm etwas gelegen war, hatten ihn hintergangen. Welch abscheuliche Niedertracht! Erbitterung gegen die Armseligkeit des menschlichen Seins wallte in ihm auf. Seine Freude, sein Selbstvertrauen und sein Glaube an die Zukunft waren mit einem Schlag zerstört worden. All seine Zuversicht für immer verloren. Er fühlte sich leer, unnütz, ausgestoßen und verdammt.

Wohin sollte er sich nun wenden? Jetzt, da es nichts mehr gab, für das es sich zu leben lohnte. Alles war umsonst gewesen. Niemals würde er mehr ein Zauberskalde werden. Die Erinnerung an den alten Bodda bewegte Bragi das schmerzende Herz. Er sah sie wieder vor sich, die kleine Hütte am Meer, in der sie bescheidene aber zufriedene Jahre miteinander verbracht hatten. Der gute alte Bodda, der nach seiner Laufbahn als Skalde den Menschen den Rücken gekehrt hatte, um die Behaglichkeit eines reichen Fürstenhofes gegen die Armut einer einfachen Fischerhütte einzutauschen. Zwar hatte er mehr schlecht als recht von der Hand in den Mund gelebt, war dafür aber bis zu seinem Tode hin ein freier Mann gewesen. Nicht der Dienstmann irgendeines großspurigen Herrn, der ihn länger hätte zur Fron zwingen können.

„Ich habe es doch versucht, Bodda", stammelte Bragi verzweifelt vor sich hin. „Habe mich wirklich bemüht. Aber ich ertrage ihre Lügen nicht, ihre Falschheit, ihre Gier und ihre Kleingeistigkeit. Und ihre verdrehten Vorstellungen von der Liebe!" Im selben Moment hob ein Wind an und ließ die hohen Tannen rauschen, unter denen er eben vorbeischritt. Und mit dem Rauschen ihrer Zweige durchzuckte ihn plötzlich ein jäher Gedanke. Zutiefst davon überzeugt, in dieser Nacht die Liebe als eine einzige Lüge enttarnt zu haben, fasste Bragi den Entschluss, dieser kalten Welt für immer den Rücken zu kehren. Sein ganzer Körper straffte sich bei diesem Gedanken. Ja, seine Entscheidung stand unumstößlich fest. In die Tiefe der Wälder wollte er gehen, dort sein Leid beklagen, um irgendwann vielleicht seinen Frieden zu finden. Tief in das Herz der Wildnis, wohin ihm niemand mehr folgen konnte, ihn niemand mehr würde verletzen können!

Noch einmal blickte er zurück und warf aufs Geratewohl einen Kuss in den Wind. Einen letzten verliebten, sehnsuchtsvollen Kuss, der seiner geliebten Oda galt. Ein letzter Abschiedsgruß nach dem verlorenen Glück, das ihm hier auf Erden wohl für immer versagt bleiben würde. Tief in Gedanken versunken lief er weiter, immer rascher, als hoffe er, damit seinem eigenen Wanken vor diesem Entschluss davonzulaufen. Als die Morgendämmerung einsetzte, erhob sich vor ihm ein breiter Tannenwald. Groß, dunkel und schweigsam lag er vor ihm, barg ein drohendes Geheimnis. Doch es lockte ihn auch, war bereit, ihn zu empfangen, ganz in sich aufzunehmen. Vielleicht sogar, um ihn für alle Zeiten in sich einzubehalten.

Beherzt hielt Bragi weiter auf den Wald zu, während seine Schritte immer kleiner, sein Gang immer langsamer wurde. Erneut beschlich ihn die Furcht vor der eigenen Kühnheit, als ob die Seele spürte, dass dies ein Fortgang ohne Wiederkehr sein würde. Er blieb stehen, tat ein paar weitere Schritte und zögerte erneut. „So geh doch schon, du Schaf, wenn ich dir sage, dass du gehen sollst!", schalt er sich selbst. Dann endlich gab er sich einen Ruck und verschwand schwer seufzend zwischen den ersten Bäumen.

Wieder umfing ihn die Dunkelheit. Düster, beklemmend und doch so vertraut. Sie schluckte das schwache Morgenlicht in seinem Rücken. Dicht standen die Bäume beieinander. Gut so. Keiner würde ihn hier vermuten, geschweige denn verfolgen. Wer auch sollte ihm nachkommen? Da war niemand, keiner, den es scherte, welches Schicksal er gewählt hatte. Äste und Tannenzweige streiften durch sein Gesicht, rissen seine Haut auf, doch er spürte sie kaum. Immer wieder schob sich Olga und ihr entsetzlicher Verrat an ihm vor sein inneres Sehen. Alles in Bragi war überdeckt von einem gärenden Groll gegen die unstete Launenhaftigkeit der weiblichen Natur, wie er zuweilen in den Herzen aller Männer glimmt. Sich mutlos und übermüdet immer weiter schleppend, bot er seinem gepeinigten Herzen Trotz, indem er sich lautstark selbst ermahnte: „Alle Frauen sind falschherzige Dirnen! Man muss sie benutzen und ihnen nichts von sich selbst geben. Die Welt gehört dem Starken. Man muss stark sein. Jawohl! Man muss darüber stehen!" Mit solcherlei Gezeter rief er seinen Zorn zu den Bäumen, den stummen Hütern der Zeit. Und zum ersten Mal glaubte Bragi, die Dringlichkeit der Worte seines Ziehvaters wirklich begriffen zu haben, als der ihn wiederholt zu größerer Standfestigkeit ermahnt hatte. Festigkeit im Geiste und im Herzen gegenüber den Tücken dieser Welt!

Oh ja, fortan würde Bragi keine Schwächen mehr zeigen, nur Festigkeit beweisen. Die Welt da draußen hatte keinen Platz für Menschen wie ihn, deren empfindsames Herz dazu verurteilt war, an den Ufern ihrer gestrandeten Träume auszubluten. Alles deutete darauf hin, dass die Menschen willenlose Sklaven eines viehischen Triebes waren, der sie zur Fortpflanzung hin drängte. Einem Zwang, dem er sich niemals wieder würde beugen werden. Lieber wollte er für alle Zeiten der Liebe entsagen, als mit einem Weib Kinder in dieses elende Leben zu setzen, in der die Zartheit der Seele doch nur mit Füßen getreten wurde. Ebenso wie die wahre, freie Kunst, der er sein ganzes Dasein gewidmet hatte. Nicht länger hatten die Menschen es verdient, dass er sie an seiner Musik teilhaben ließ. Fortan würde er nur noch für sich selbst aufspielen. Und für die Bäume. Ja, vielleicht für die Bäume.

Vor Wut und Ohnmacht zitternd, schlurfte Bragi weiter durch die dunkle Stille, während die Bitterkeit ihm immer neue Worte der Verachtung auf die Zunge drängte. Unbarmherzig grub sich die Enttäuschung tiefer hinein in die Düsternis seines Herzens, bis seine boshafte Wut, seine unerträgliche Abscheu gegen das Menschsein, die Liebe einmal mehr ihres poetischen Kleides entblößt hatte.

Regen und Hunger zwangen Bragi jedoch bald wieder in die Wirklichkeit zurück. Er brauchte dringend ein Dach über dem Kopf. Ein Lager musste her. Stundenlang stapfte er bereits umher, durchdrang Gestrüpp und Unterholz, stets Ausschau nach einer geeigneten Stelle haltend.

„Ach, wäre ich doch ein Tautropfen,
so könnte ich Zuflucht nehmen
auf einem Moos oder Grashalm.
Doch ich bin nur ein einsamer Mensch
und habe keinen Ort auf der Welt."

Solche und ähnliche Verse murmelte er bedrückt vor sich hin, dabei immer tiefer in den dunklen Tann vordringend, bis der ihn schließlich gänzlich verschluckt hatte. Längst hatte Bragi die Orientierung verloren. Gegen Abend dann, es war kaum noch etwas zu erkennen, hatte er endlich gefunden, wonach er suchte. Einen Platz, der all seinen Ansprüchen genügen würde. Vor ihm erhob sich eine Ansammlung von häusergroßen Felsen, in deren unmittelbarer Nähe ein klarer Quell entsprang. Ein massiver Felsüberhang, etwas über Kopfhöhe gelegen, würde sein Dach sein und einen wunderbaren Schutz vor Schnee und Regen bieten. Neue Zuversicht erfasste ihn, als er sich darunter legte und in seine Decke einrollte. Alles um ihn herum war feucht und roch nach Harz und Tannennadeln. Doch der kalte Fels, über ihm und in seinem Rücken, spendete Bragi Trost und vertrauliche Obhut. Fast mütterliche Geborgenheit, wie er sie als Kind einst erfahren hatte.

Gleich beim ersten Tageslicht machte sich Bragi daran, sich einen Unterschlupf zu errichten. Jetzt kam ihm entgegen, dass er den Winter über allerlei schwere Holzarbeiten verrichtet hatte. Und er dankte den Göttern, dass er letzte Nacht beim Feuermachen Gorms Beil eingesteckt hatte, mit dem ihre kleine Gruppe stets das Feuerholz zurechtgeschlagen hatte. Bragi zuckte gleichmütig mit den Achseln. Das Beil war eine geringe Entschädigung für das, was Gorm ihm angetan hatte. Nun gehörte die Axt ihm. Er würde sie dringlicher brauchen als diese Verräter. Zunächst sah er sich ein paar geeignete Bäume aus. Die durften nicht zu groß und massiv sein, gerade so schwer, dass er sie aus eigener Kraft noch fortbewegen konnte. Nachdem er mit seiner kleinen Axt in langwieriger Arbeit ein paar nicht allzu große Baumstämme gefällt und entastet hatte, schleppte, zerrte und zog er sie mühsam herbei. Eine schlimme Plackerei. Er schwitzte wie noch nie in seinem Leben, doch umso köstlicher schmeckte das kalte Wasser des klaren Quells. So verging der erste Tag wie im Fluge.

Am darauffolgenden Morgen stemmte Bragi die Stämme gegen den Felsüberhang und fügte sie so an- und aufeinander, dass sie auch einem Sturme trotzen würden. Die Ritzen füllte er mit Schlamm und Kies aus dem nahen Bachbett, wie er ihn gerade fand. Direkt vor seine kleine Behausung stapelte er eine enge Schicht aus Brennholz, die seine Bleibe zusätzlich gegen Kälte und Feuchtigkeit dämmen würde. Der Felsvorsprung war ein unzerstörbares Dach und hielt alles Regenwasser ab. Eine Feuerstelle mit seitlichem Rauchabzug, ein bequemes Lager aus Moos und Weiden als Schlafstätte, alles begann sich Stück für Stück zusammenzufügen. Konzentriert und beflissen ging ihm die Arbeit von den wundgearbeiteten Händen, währenddessen Bragi immer wieder dankbar Boddas gedachte, der ihn all diese Fertigkeiten einst gelehrt hatte. Zahlreiche nützliche Dinge, deren es bedurfte, um hier draußen alleine bestehen zu können.

Und mit der Arbeit an seinem kleinen Heim schien es Bragi, als käme langsam, ganz sachte und sanft, endlich alles zur Ruhe in ihm. Hier, im Herzen der Natur, inmitten der undurchdringlichen Wälder Norwegens, fand seine getriebene Seele jenen Frieden, den sie so lange schmerzlich hatte entbehren müssen. Die Wildnis wurde für Bragi zu einem Ort der inneren Einkehr und einem Reich des Unvorhersehbaren, das seinen beschwerlichen Lebenspfad all der verschlungenen Windungen endlich zu entheben schien. Die Launen des Wetters kümmerten ihn kaum, da er sich ihnen, so gut es eben gelang, anzupassen suchte. Es konnte regnen, stürmen oder hageln. Es war ihm einerlei. Wie einstmals sein Tagesrhythmus von den Gezeiten des Meeres bestimmt worden war, hielt er es auch jetzt im Walde, auf den sich sein Körper und sein Geist immer tiefer einzuschwingen verstanden.

Unweit seiner Unterkunft stand eine riesige, ausladende Esche. Sie hatte für Bragi etwas Väterliches, das über ihn wachte und ihm einen Ausdruck des Wohlwollens schenkte. Durch sie fühlte er sich an diesem Platz willkommen und angenommen. Es war, als begrüße ihn der Baum, wann immer Bragi an ihm vorbeigelaufen kam. Und so geschah es bald, dass auch er der Esche einen Gruß oder Abschied zurief, wenn er sich am Morgen von seinem Lager entfernte oder wieder dorthin zurückkehrte.

Oft lief Bragi einfach seiner Nase nach, folgte jeder Windung, neugierig, wohin es ihn diesmal verschlagen würde. Sich zwischen Bäumen tummelnde Eichhörnchen hielten neugierig inne, wenn er ihre Pfade kreuzte. Ihr drolliges Spiel war die pure Lebenslust, und sein unschönes Erlebnis, dass er einst von ihnen beraubt worden war, entlockte ihm jetzt ein heiteres Lachen. Er lauschte andächtig dem Singsang der unzähligen Vögel, die er anhand ihrer Rufe schnell zu unterscheiden lernte. Alles um ihn herum schien ihm plötzlich bedeutungsvoll, ja, nur darauf zu warten, von ihm entdeckt zu werden. Er machte sich kleine Zeichen, damit er sich nicht verirrte und selbst bei einsetzender Dunkelheit seinen Weg sicher wieder nach Hause fand. Niemals hatte er Hast oder Eile, gab es doch keinen, der ihn erwartete oder vor dem er Rechenschaft hätte ablegen müssen. Gleich einem freien Herrn, der seine Ländereien abgeht, durchstreifte Bragi seine neue Wahlheimat. Erweckte etwas seine Aufmerksamkeit, nahm er sich alle Zeit, dem nachzugehen.

Er liebte die kühle Stille am Morgen, wenn das Leben im Wald langsam erwachte. Stundenlang konnte er dann zwischen hohen Farnen kauern, über denen der feuchte Dunst in dichten Schlieren hing. Unzählige feine Spinnenfäden spannten sich dazwischen, an denen Abertausende kleiner Tautropfen wie aufgereihte Perlen glitzerten. Brach die Sonne schließlich durchs feuchte Laubwerk, schien es, als würden aus den Farnen ringsum wabernde Nebelhexen emporsteigen. In zarten, hauchfeinen Gespinsten vollführten sie einen sterbenden Reigen, bis sie endlich zerstoben, um sich eine andere Daseinsform zu suchen.

Stille Freude und Dankbarkeit empfand Bragi bei dem erdigen Duft von Wurzeln, Moos und feuchtem Laub. Er liebte den würzigen Duft von Harz und die fette Ausdünstung der Kiefern, der ihn an den Geruch von Knochenmark erinnerte. Meist waren es die kleinen, unbedeutenden Dinge, die ihm ein Lächeln aufs Gesicht zauberten und ihn mit seinem Glück abseits trieben. Eine Raupe, die sich auf einem bemoosten Ast lustig krümmend nach vorne schob, ein Blatt, das in rotierenden Kreisen herabsegelte und auf Bragis Bauch landete, gerade, wenn er es sich für ein Schläfchen unter einem Baum bequem gemacht hatte. Jeder Baum stand da genau an seinem Platz und schien zu träumen. Alles in dieser neuen Welt um ihn herum war im Gleichgewicht.

Das sanfte gleichmäßige Dahingurgeln des klaren Bächleins, gepaart mit dem sanften Rauschen im Gezweige, dessen Laub der Wind zum Rascheln brachte, all das erinnerte Bragi zuweilen an den fernen Applaus der Menschen, die ihm einst zugejubelt hatten. Und wenn die Abendsonne die Laubkronen der Bäume mit einem goldenen Schimmer überzog, schoben sich die

Bilder rauschender Feste vor sein inneres Sehen. Glanzvolle Feierlichkeiten an Fürst Arnkels Hof, bei denen er aufgespielt und mitgezecht hatte.

Seltsam, dachte Bragi, zuweilen kann man inmitten einer bunt gefüllten Fürstenhalle sitzen und ist doch einsam, voller Gleichgültigkeit und bis ins Unerträgliche gelangweilt. Und dann sitzt man hier alleine, nur mit sich selbst und fühlt sich doch reicher beschenkt und zufriedener, als sonst irgendwo. Denn ganz gleich wohin man läuft, sich selbst vermag man doch nirgends zu entfliehen. Warum sich also einer lärmenden Welt aussetzen, wo der ganze Quell innerer Fülle doch stets in einem selber ruht? Man selbst war der Ursprung all seiner Freude und Trauer.

Und wenn er nach seinen ausgedehnten Streifzügen am Abend wieder in seine Waldhütte zurückkehrte, erfasste ihn ein ums andere mal ein tiefes Gefühl von Glückseligkeit. Wenn er so dasaß am knisternden Feuer, seine Hände über die Saiten seiner Leier streichend, schien es ihm zuweilen, als wäre er nicht alleine in seinem Verschlag. Dann war es, als säße der alte Bodda wieder an seiner Seite, um seinem Spiel bis tief in die Nacht hinein zu lauschen. Und so geschah es, dass Bragi sich dabei ertappte, wie er zu seinem alten Lehrer sprach, als habe dieser wahrhaftig wieder neben ihm Platz genommen.

Als der Herbst nahte, tat Bragi es den Tieren gleich und begann sich einen Wintervorrat anzulegen. Er sammelte Nüsse, Beeren, Pilze und Wurzeln, kurz, alles Essbare, dessen er habhaft werden konnte. Dazu stand regelmäßig Fisch mit auf dem Speiseplan, den er unweit seiner Hütte aus einem Bach angelte. Hatte er einen guten Fang gemacht, nahm er die übrigen Fische aus und trocknete sie auf Stöcken. Und als er eines Tages auf einem seiner Ausflüge in einer Höhle eine kleine Salzader entdeckte, konnte er dank dieses kostbaren Schatzes den Fisch fortan sogar pökeln und seine Mahlzeiten schmackhafter zubereiten.

Dann kam der Winter, doch lange nicht so hart und kalt wie der vorherige. Die Götter schienen es heuer gut mit ihm zu meinen. Die Tage vergingen wie sie eben kamen und Bragis einziger Freund war der Wald und die große Einsamkeit. Es folgten der Frühling und ein warmer Sommer, in denen kaum etwas Erwähnenswertes geschah.

Als er einmal eine sumpfige Riedlandschaft durchstreifte, hallte der dumpf dröhnende Ruf der Rohrdommel kilometerweit durch die Landschaft. Nun verstand Bragi, warum der Volksmund diesem gedrungenen Vogel den Spitznamen Riedochse oder Moorkuh gegeben hatte. Auch der Ruf des gelbbraun gefiederten Goldregenpfeifers war viel zu vernehmen. Bragi fand Gefallen an der Vogelschau. Immer öfters hielt er nach ihnen Ausschau und machte dabei recht ungewöhnliche Entdeckungen. Bewundernd sah er den kleinen Teichrohrsängerpärchen dabei zu, wie sie sich beim Nestbau abplagten. Ohne Unterlass brachten sie Tage und Wochen damit zu, ihr Nest zu fertigen, das sie zwischen zwei frei schwingenden Schilfrohrhalmen aufgehängt hatten. Nur um dann, nachdem das Weibchen seine Eier darin abgelegt hatte und sich auf Futtersuche befand, von einem Kuckuck heimgesucht zu werden, der ihre Eier mitleidslos aus dem Nest schmiss, um darin sein eigenes Ei zurückzulassen. Das zurückkehrende Teichrohrsängerpärchen schien von dieser Tragödie nichts mitzubekommen. Pausenlos schleppten sie Nahrung für den fremden Schmarotzer herbei, der seine Eltern schon bald um ein Vielfaches überragte und das viel zu kleine Nest zu sprengen drohte. Ja, auch hier fand Bragi manchen Bezug zur Welt der Menschen. Und zu seinem eigenen vergangenen Treiben, wie er sich jetzt schamvoll eingestand.

Eines Tages beobachtete er voller Staunen eine Wacholderdrossel, die von oben auf einen großen Habicht zuhielt, der sich ruhend auf einem Ast niedergelassen hatte. Mit wahrer Todesverachtung attackierte die Drossel ihren Todfeind, indem sie ihren Flug hart abbremste und den Habicht von oben herab mit Kot bespritzte. Der völlig überraschte Greifvogel rutschte vom Ast und fiel wedelnd zu Boden. Unfähig, seine vom Kot verklebten Flügel zu gebrauchen, hüpfte er wild flatternd umher. Als Bragi einige Tage später an dem gleichen Ort wieder vorbeikam, fand er den bereits halb verwesten Kadaver des Raubvogels am Boden liegen. Ameisen, die winzigen Aufseher des Waldes, hatten sich seiner bereits bemächtigt, sodass in zwei weiteren Tagen nichts mehr an den einst stolzen Jäger der Lüfte erinnern würde.

Bragis größte Plage waren die Stechmücken. In riesigen schwarzen Schwärmen hingen sie sirrend über dem Boden, stets darauf lauernd, ihre winzigen Rüssel in einen hineinzubohren, um einem den kostbaren Lebenssaft aus den Adern zu saugen. Bragi wurde ihrer Plage nur dadurch Herr, dass er seine Haut mit einer ranzigen Paste einstrich, deren Zusammenstellung er sich von einem jener Mädchen gemerkt hatte, die sie damals auf ihren Wanderungen begleitet hatten. Hierdurch stank er zwar wie ein Iltis, aber wenigstens hielt es die Mücken auf Abstand.

Im zweiten Herbst stellte Bragi verwundert fest, dass seine Nase sich so verfeinert hatte, dass er überzeugt war, genießbare Pilze bereits an ihrem Geruch erkennen zu können. Nur einmal hatte er mit einer Vergiftung zu kämpfen, worauf er zwei Tage lang soviel Wasser trank, das die giftige Substanz kaum Gelegenheit hatte, in seinem Körper zu verweilen. Ein andermal bekam er von den Pilzen schwere Halluzinationen, die ihm seine Umgebung jedoch nur näher brachten. Alles verschwamm miteinander zu einem seltsam bunten Wachtraum, in dem seine Sinne immer empfindsamer wurden. Es kam ihm vor, als ließe sich alles um ihn herum noch dichter mit ihm ein, als würden Bäume und Pflanzen eine Art Verbindung zu seinem melancholischen Wesen suchen. Oder war es genau umgekehrt? Gab es überhaupt noch eine Grenze zwischen ihm, seinem Verstand und der Wildnis?

Überhaupt liebte er diese zwielichtige, feuchte Zeit, die stets von einem eigenartigen Zauber erfüllt war. Mal nahm er einen Zweig auf und betrachtete die kleinen Flechten daran, dessen ausgetrocknete Verfärbungen ihn berührten. Mitleid wanderte durch sein Herz. Mitleid für den unaufhaltsamen Prozess des ewigen Stirb und Werde, dem alles Lebendige auf Gedeih und Verderb ausgeliefert ist. Täglich trudelten Scharen von Blättern durch die Lüfte, entraubten die Bäume ihres braun gewordenen Kleides. Zweige und tote Äste brachen ab und fielen zur feuchten Erde nieder. Das Sterben der Natur hatte wieder begonnen. Ja, hier draußen kam man nicht umhin, sich mit dem Tod auseinanderzusetzen. Beständig jagte er einen, lauerte hinter jeder noch so kleinen Biegung. Der Falter, der sich unachtsam im Netz der Spinne verfing und flatternd um sein bereits verwirktes Leben kämpfte. Die Maus, die flink durchs hohe Gras huschte. Ein Schatten von oben, und sie baumelte fiepend in den Klauen einer herabgestoßenen Eule. Und entkam die Beute ihrem Jäger, hatte sie ihre Lebenszeit hierdurch vielleicht um ein paar Tage verlängert. Wenn kümmerte es hier draußen? Der Tod hatte Zeit. Solange, bis man einen neuen Fehler machte.

Einmal begegnete er einem Bären. Augenblicklich verharrte Bragi. Furchtsam und fasziniert zugleich beobachtete er diesen unbestrittenen Herrn des Waldes, ein pelziger Ausbund an gedrungener Kraft. Er wusste, dass wenn das Tier sich zum Angriff entschließen würde, er sein Leben verwirkt hatte. Der Bär hatte sich bereits einen guten Speck für den Winter angefressen, sodass Bragi die stille Hoffnung hegte, nicht im Magen dieses gewaltigen Raubtieres landen zu müssen. Das große Tier tappte neugierig auf ihn zu und kam laut schnüffelnd so dicht an ihn heran, dass Bragi den heißen, beißenden Atem riechen konnte. Doch offenbar schien der Bär von Bragis Witterung ebenso wenig angetan, denn er schnaubte nur kurz und wandte sich wieder ab. Eine Bedrohung sah er in Bragi wohl nicht, den er achtlos stehen ließ. Schwerfällig trottete das Tier davon, bis es zwischen den Bäumen wieder verschwunden war. Noch eine ganze Weile danach stand Bragi so unbeweglich wie ein Baum. Als er sich endlich zum Weitergehen entschloss, war er noch immer voller Gedanken. Kraft wie ein Bär zu besitzen, muss unglaubliches Selbstvertrauen erzeugen, dachte Bragi neidisch. Was ihn bei dieser Begegnung jedoch am meisten verwunderte, war seine Gleichgültigkeit gegenüber dem Tod gewesen.

Mit eben dieser Sorglosigkeit schienen die Tiere gesegnet. Was kümmerte sie das Morgen? Und doch begannen einige von ihnen wie jedes Jahr ihre Wintervorräte anzulegen und suchten bald Zuflucht in Höhlen und Verschlägen. Bragi, trotz allem froh darüber, dass der Bär ihn nicht mit auf seinen Speiseplan gesetzt hatte, tat es ihnen gleich. Unaufhaltsam wurde es kühler und wieder einmal waren die Tage der Nächte untertan. Das Rad des Lebens drehte sich langsamer, bis es im Frost der kalten Zeit allmählich zum Stillstand kam.

Der nachfolgende Winter war diesmal hart und lang. Nicht viel hätte gefehlt und eine schwere Lungenentzündung wäre Bragi zum Verhängnis geworden. Aber noch schienen die Nornen ein Einsehen mit dem eigenbrötlerischen Skalden zu haben, denn er genas wieder vollständig aus eigener Kraft. Und als er sich eines Nachts, angelockt durch das helle Schimmern eines Nordlichts, nach draußen schleppte, dankte Bragi den Göttern viele Male, dass er es war, der hier einfach wieder sitzen und sein durfte.

Endlich wurde das Wetter wieder milder. Und als der Frühling schließlich zurückkehrte, erlebte Bragi ihn diesmal wie eine Neugeburt. Wieder begann es überall im Wald zu rascheln. Tiere schnüffelten suchend den Boden entlang, Vögel riefen einander zu und ihre Signale erfüllten die Luft. Dann schwirrten die Maikäfer, deren Summen sich mit dem Geflatter der Nachtfalter mischte. Wie viel war da zu hören. Überall zirpte, surrte und brummte es um ihn herum. Wie ein verheißungsvolles Flüstern tönte es durch den Wald, der nach einer langen Zeit des Verharrens endlich wieder seine Pforten öffnete, sie aufstieß zu jenem märchenhaften Reich, in dem einmal mehr zum ewigen Tanz des Lebens aufgespielt wurde.

Nach all der Zeit des ziellosen Umherwanderns, in der Bragi früher oft blind von einem Abenteuer ins andere gestolpert war, lernte er in der Wildnis Geduld und Genügsamkeit als hohe Tugenden zu schätzen. Und er lernte über sich selbst zu lachen. Über sein zwanghaftes Streben ein Zauberskalde werden zu wollen. Über seinen Stolz und seine Eitelkeiten, die durch zahlreiche seiner Bewunderer geweckt worden waren, weil sie stets schmeichelnd an seinen Lippen gehangen hatten. Wenn Bragi zuvor nie verstanden hatte, wie man aus diesem ersehnten Leben voller Glanz, Ruhm und Tratsch in die Abgeschiedenheit und Ungenanntheit entfliehen konnte, jetzt verstand er es.

Es war eben die niemals ruhende Welt und die Menschen darinnen, die einem immer wieder die Sinne verdrehten. Deshalb schien es zuweilen unablässig, dass man rastete und zur Ruhe kam, um sich selbst neu zu finden oder wiederzubegegnen. Denn wer durch stete Vergnügungssucht oder zu viel Betriebsamkeit vor sich selbst zu flüchten suchte, weil er sich vor der Konfrontation mit seinen eigenen Untiefen fürchtete, den zog das Leben irgendwann schmerzhaft an den Haaren.

So wie es Bragi ergangen war.

Doch zuweilen konnte man auch an den Haaren durch ein Tal hindurch und einen Berg wieder hinauf gezogen werden. Und wenn einen dann jemand fragte, was da vor sich ginge, konnte man verzückt entgegnen: Ich werde gerade an den Haaren gezogen! Und wenn dann gefragt wurde: Soll ich dir nicht helfen, um dich loszumachen?, so verneinte man. Und wenn dann gefragt wurde, wieso man sich solches denn antue und wie man es aushalte, dann antwortete man: weil ich die Hand einfach liebe, die mich durchs Leben zieht! Ja, Bragi begann seinen Glauben und seine Hoffnung in die Harmonie der Schöpfung wiederzugewinnen.

Doch ungeachtet all dieser tiefen Erkenntnisse trieben seine Gedanken noch immer beharrlich zu Olga hin, deren Verrat ihn so tief getroffen hatte. Seltener zwar, doch darum nicht weniger schmerzhaft. Nach wie vor war die Erinnerung an ihre verlorene Freundschaft eine klaffende Wunde in seinem schmerzenden Herzen. Ein tiefes Gefühl der Zerrissenheit, das ihn unermüdlich hin und herschwanken ließ zwischen unbändigem Zorn und trübsinnigem Bedauern. Wie mochte es Olga seither wohl ergangen sein? Und Gorm und Glaumar? Waren sie noch gemeinsam unterwegs oder inzwischen jeder seiner eigenen Wege gegangen? Lebten sie überhaupt noch? Diese Ungewissheit bereitete ihm manch schlaflose Nacht. Und es nutzte wenig, dass er sich am kommenden Morgen stets selbst einen Narren schalt.

Es folgten weitere entbehrungsreiche Jahre in völliger Abgeschiedenheit, die Bragi vor seiner Zeit ergrauen ließen. Doch es kümmerte ihn nicht, da er ohnehin niemanden zu sehen wünschte. Bemerkte er einmal fremde Jäger, die selten genug ihren Weg durch diese unwirtliche Gegend fanden, wich er ihnen aus und versteckte sich solange, bis sie vorüber waren.

Mit der Zeit war Bragis Gemüt noch stiller geworden, sein Tun besonnener, seine Verzweiflung leiser. Jener tiefe Frieden lag auf seinen wettergegerbten Zügen, der für die Jugend unerreichbar ist. Sein Verlangen aber, irgendwann einmal das vollkommene Lied zu spielen, blieb weiter ungebrochen, und kein Tag verstrich, ohne dass er seine Leier nicht zur Hand genommen hätte. Wie unendlich viele Male hatte er sie in diesem Leben wohl schon angeschlagen? Immer wieder hielt er inne und betrachtete dieses einzigartige Instrument, aufs Neue verwundert, wie diese von Albenhand gefertigte Kostbarkeit seit seinen Kindheitstagen ihm treulich den Dienst verrichtete. Seit ihrer Bespannung vor weit mehr als drei Jahrzehnten war keine der von ihm so überaus stark beanspruchten Saiten jemals gerissen. Ein echtes Zwergenwunder eben. Sein Spiel darauf aber klang immer mehr danach, als käme es direkt aus dem ureigensten Herzen des Waldes. Ebenso Bragis Stimme,

welche viele der Geräusche im Wald inzwischen vortrefflich zu imitieren verstand. Ja, eine tiefgreifende Verwandlung war in ihm eingetreten. Etwas in ihm war auf den Weg gekommen.

Dies blieb auch den Wesen um ihn herum nicht verborgen. Und wie Bragi so Abend für Abend auf seinem Lieblingsplatz, eingebettet in einer alten Baumwurzel, saß und träumend seine Leier schlug, da begannen die Tiere des Waldes, angelockt von diesen harmonischen Klängen, sich ihm behutsam zu nähern. Anfänglich hielt die Furcht vor dem Menschen sie noch auf Abstand, doch mit der Zeit fassten sie immer größeres Vertrauen zu ihrem Mitbewohner, der ihre Welt nun schon seit Jahren mit ihnen teilte. Erst kamen kleinere Vertreter wie Mäuse, Hasen, Marder und Eichhörnchen herangepirscht. Dann näherten sich Rehe und eine Rotte Wildschweine, die Bragi zufrieden grunzend in ihre Mitte nahmen. Und noch ein paar Wochen später fanden sich gar ein Rudel Wölfe, ein Fuchs und ein alter Bär ein, den Bragi gleich wiedererkannte. Allesamt ließen sie sich in friedlicher Eintracht um den Skalden herum nieder, um andächtig seinem zauberhaften Spiel zu lauschen.

Und Bragi, zutiefst ergriffen und beglückt von diesem wundersamen Schauspiel zu seinen Füßen, spielte auf für sein neues Publikum, der Zeit entrückt, bis tief in die Nacht hinein. Und war der letzte Laut seiner Leier verklungen, sodass Bragi sich steif und müde gähnend erhob, um sein Nachtlager aufzusuchen, dann fielen die Tiere, immerhin doch Jäger und Beute, nicht etwa übereinander her. Mitnichten. Selig, wie weiterhin unter einem verzauberten Banne stehend, trabten, trotteten, trippelten oder hüpften sie in die Nacht hinaus und gingen friedfertig wieder ihres Weges.

So verstrich Sommer auf Sommer und Winter auf Winter. Das harte, kärgliche Leben in der rauen Natur forderte seinen Preis an Seele und Körper, doch Bragi bezahlte ihn gerne für die Stille und den Frieden, die er beide sonst nirgendwo anders fand. Mit den Jahren hatte er nun gelernt, sein Dasein mit den geringfügigsten Mitteln aufrecht zu erhalten. Fast täglich kontrollierte er eine Reihe ausgelegter Schlingfallen. Und obgleich es ihn in seiner empfindsamen Seele schmerzte, wenn er ein Kaninchen, ein Eichhorn oder gar mal ein unvorsichtiges Reh darinnen fand, retteten diese Tiere ihm doch mehr als nur einmal das Leben.

Überhaupt war nach den Stechmücken der Hunger sein größter Feind, denn zuweilen ließen selbst die Fische sich nicht blicken. Im Winter war es am Schlimmsten. Die eisige Kälte der tief verschneiten Wälder Norwegens brachte es mit sich, dass er sich oftmals über Tage und Wochen hinfort in seiner kleinen Kate einigeln musste. Es gab Zeiten, da lag er tagelang nur da und starrte gedankenverloren ins Feuer, in das er ab und an ein Stück Holz nachlegte. Erst wenn der letzte Ast von den Flammen aufgezehrt war, quälte er sich aus seinem Verschlag und kroch, steif wie ein alter, gichtgeplagter Dachs, auf allen vieren zum Holzvorrat. Denn trockenes Holz, das war sein wertvollster Besitz. Einmal nass geworden, konnte dies in schlechten Zeiten den sicheren Tod bedeuten. Daraus klug geworden, hielt Bragi stets einen großen Vorrat an gesammeltem Bruchholz bereit, das er, vor Feuchtigkeit weitgehend geschützt, ablagerte. Eine mühselige und schweißtreibende Arbeit. Hinzu kam, dass ihm immer öfters die Knochen, Bänder und Gelenke schmerzten. Doch je weniger er sich bewegte und meinte sich schonen zu müssen, desto steifer wurde er. Auch ein paar Zähne waren ihm bereits ausgefallen. Auf unerfreuliche Weise gab das Alter immer öfter Laut.

Und wieder kam ein Herbst. Nass, düster und bedrückend. Kaum ein Ruf klang noch durch den Wald. Alles ging erneut der ewigen Nordnacht entgegen. Der Nebel hing dick zwischen den Bäumen und ein feuchtkalter Reif hatte sich auf Bragis stark zerschlissene Kleider gelegt; machte sie klamm, kalt und schwer. Hätte man Bragi befragt, der wievielte Herbst es war, den er alleine in der Wildnis zubrachte, er hätte nicht zu antworten gewusst. Zeit hatte für ihn längst alle Bedeutung verloren. Tag und Nacht waren zum Ein- und Ausatmen eines immerwährenden Traumes geworden. Ein Traum, der in diesem vergangenen Sommer immer öfters kleine Risse bekommen hatte. Gewohnheiten und Sinneseindrücke aus ferner Vergangenheit, jahrelang verdrängt oder aus Ermangelung beiseite geschoben, begannen sich über unangenehme Träume in sein Bewusstsein zurückzuschleichen. Sonne und Winter, Hitze und Kälte, Hunger und Not, das alles hatte sich ihm über die Haut bis tief in sein Herz hineingegraben. Wie oft war er in dieser Zeit dem Tod begegnet. So viele Male, dass er zuweilen glaubte, ihn als unsichtbaren Begleiter still neben sich zu wissen.

Dazu kam, dass er sich in letzter Zeit immer müder, leerer und verbraucht fühlte. Ausgebrannt schien das passende Wort, denn seine Lebensflamme, einst hell lodernd in ihrem Erlebnishunger, war unmerklich auf ein schwächliches Flackern heruntergeschmolzen. Verzweifelt wartete Bragi auf eine Wiederholung jener glückseligen Momente, wie er sie in den ersten Jahren hier draußen immer wieder hatte erfahren dürfen. Doch sie blieben aus. Kehrten nicht zu ihm zurück. Und als er sich wieder einmal in einer Pfütze betrachtete, erschrak er vor sich selbst. Sein wild zerzaustest Haar stand ebenso wirr und verfilzt in alle Richtungen ab, wie sein struppiger Bart. Unzählige Falten entdeckte er in seinem wettergegerbten Gesicht. Sein früheres Erscheinungsbild war endgültig dahin, seine Jugend für immer entschwunden. Es fiel ihm schwer, es sich einzugestehen, doch er war hier draußen zu einem verbrauchten, von Lebensüberdruss zerfressenen, fast hutzelig wirkenden Waldschrat geworden. Ganz klein und kümmerlich empfand er sich plötzlich. Und wieder einmal war der Zeitpunkt gekommen, an dem er nichts finden konnte, für das es sich noch weiterzuleben lohnte. Nichts.

Alleine seine Sehnsucht war ihm geblieben. Und mit ihr kehrte sein Verlangen zurück, noch einmal die selige Freude menschlicher Liebe in seinem Herzen fühlen zu dürfen. Denn die Zeit heilt viele Wunden, und gerne erinnern wir uns dann jener Tage, in denen wir des Glücks genießen durften, ohne seiner doch wirklich gewahr zu sein. Bragis Sehnen wurde von Tag zu Tag drängender. Die Spuren der Liebe nur noch ein letztes Mal auf dem erhitzten Antlitz einer Frau zu erblicken. Nein, es war nicht mehr Olga, der er nachtrauerte. Längst war ihm ihr Bild entglitten, die Erinnerung an sie verloschen. Denn Bragi hatte erkannt, dass derjenige Mensch, auf den man seine Sehnsüchte und Hoffnungen übertrug, so austauschbar war, wie alles auf dieser Welt. Auch, wenn dies nicht einfach zu akzeptieren war. Denn das, was jeder sich einsam fühlende Mensch in seiner Verzweiflung begehrte, das, was er überall zu finden hoffte, war doch nichts anderes, als die Sehnsucht nach der Liebe selbst. Einer Liebe, die er in seinem Gegenüber erwidert zu bekommen hoffte, weil er alleine nicht fähig war, sie zu erzeugen. Gerade so, wie man sein eigenes Spiegelbild im Wasser schimmern sah und es doch nie zu fassen vermochte. Da hatte Mutter Natur wirklich hervorragend gearbeitet, um den Bestand ihrer Nachkommen zu sichern.

Was Bragi neben solch gewöhnlichen Genüssen wie beispielsweise Brot oder Käse inzwischen am schmerzlichsten vermisste, waren die Gespräche, der gedankliche Austausch mit einem Menschen. Und eben jenem Mangel war es wohl zu verdanken, dass er an diesem nasskalten Herbstabend, als er wieder einmal die Leier schlagend draußen an seinem Lagerfeuer saß, nicht gleich Reißaus nahm, als die wenigen Tiere um ihn herum plötzlich aufhorchten, aufsprangen und furchtsam in alle Richtungen davon stoben. Es dauerte noch einen Moment, dann vernahm auch Bragi die nicht mehr weit entfernten Geräusche von Pferdehufen.

Ein Reiter fand ein sich beim Schmied der Reime.
Mit reichem Wortwitz und kluger Rede,
der Fremde verstand es, in Bragi zu forschen.
Stellte unverzagt faselnd Frage um Frage,
Neugier er weckte, dem einsamen Wolf,
der nur mürrisch und brummig im Maule.

# 24. Der nervende Hrolf

Zweifelsohne von Bragis wundersamen Klängen angelockt, bahnte sich ein Reiter seinen Weg durchs Dickicht. Und je näher er kam, desto mehr musste Bragi seinem Drang widerstehen, nicht wie all die geflohenen Tiere aufzuspringen und sich ebenfalls zu verstecken, wie er es gewöhnlich tat, sobald sich ein Fremder näherte. Nicht, dass dies oft vorkam, doch sein Fluchtinstinkt schien mittlerweile ein Eigenleben entwickelt zu haben. Diesmal aber zwang Bragi sich weiterzuspielen, bis das Knacken am Boden liegender Zweige auch dem letzten Waldbewohner signalisierte, dass hier ein Störenfried im Anmarsch war. Leicht nervös setzte Bragi die Leier ab und beobachtete, wie sich Reiter und Ross aus dem Nebel schälten, um schließlich, nur wenige Meter vor seinem Feuer, zum Stehen zu kommen.

Bragi erhob sich nicht, nickte dem Ankömmling jedoch kurz zu, der höflich zurückgrüßte. Eingehend musterten sich die beiden Männer. Bragi, abgezehrt, schmutzig und in stark zerschlissener Kleidung, erblickte einen gut gekleideten und gepflegten Mann, der vielleicht fünfundzwanzig Lenze zählen mochte. Da er freundlich blickte und von ihm keine Gefahr zu drohen schien, bat Bragi ihn, sich zu ihm ans Feuer zu setzen. Dankend nahm der Fremde an, stieg aus dem Sattel seines kräftigen Schimmels, und die Männer stellten sich einander vor. Bragi verschwieg jedoch seinen wirklichen Namen und gab stattdessen einen anderen an. Der Mann nannte sich Hrolf, lobte überschwänglich Bragis musikalisches Können und ersuchte ihn ehrerbietig, weitere Kostproben seines Spiels vernehmen zu dürfen. Diese so höflich vorgetragene Bitte freute Bragi, und so fuhr er mit seiner Musik fort. Sein Gegenüber lauschte andächtig und war, nachdem eine halbe Stunde später Bragis letzter Ton verklungen war, erneut voll des Lobes.

Geschmeichelt legte Bragi seine Leier zur Seite und wollte sich gerade entspannt zurücklehnen, als sein Gast plötzlich mit solch einem Satz aufsprang, dass Bragi erschrocken zusammenfuhr.

„Was ficht Euch an, Mann?", bellte Bragi seinem Besucher empört zu und presste sich irritiert die Hand aufs pochende Herz. „Mich so zu erschrecken! Kaum trifft man einen Menschen, schon ist wieder Lärm im Wald!", schimpfte er verdrießlich und begann seine Entscheidung bereits zu bereuen.

Hrolf grinste breit und rief begeistert aus: „Mann, das war mit Abstand die vollkommenste Vorstellung, die je an meine Ohren dringen durfte. Wer, bei allen Göttern, seid Ihr in Wirklichkeit, dass Ihr Euch und Eure Kunst hier draußen im Dickicht verborgen haltet? Wahrlich, ich sage Euch, die Welt da draußen muss Euch kennenlernen, denn Ihr seid zweifelsohne und mit Abstand der großartigste Skalde, der mir je begegnet ist. Und seid versichert, dass ich weiß, wovon ich spreche!"

Gleichwohl Bragi sich sehr geschmeichelt fühlte, fand er diese Lobrede nun doch ein wenig dick aufgetragen. Schweigend erhob Bragi sich ebenfalls, klemmte sich seine Leier unter den Arm und verließ ohne ein weiteres Wort seinen Lagerplatz. Der andere stutzte einen Moment, kam ihm aber sogleich nachgelaufen.

Während jener Hrolf nun Bragi immer tiefer in den dunklen Wald begleitete, erklärte ihm dieser mit wichtiger Gebärde, dass er vom Hofe des großen Norwegerkönigs Hakon komme. Bragi müsse ihm seine Begeisterung nachsehen, da er im Auftrage seines Königs überall im Land umherreise, um nach besonderen Glanzlichtern der Skaldenzunft Ausschau zu halten.

„Ach, und da meint Ihr einen solchen ausgerechnet hier anzutreffen?", erwiderte Bragi misstrauisch. Nach dem bereits vernommenen Lobessinggsang, kam ihm diese Kunde noch aufgesetzter vor. Er glaubte kein Wort. Ungeachtet dessen fuhr Hrolf eifrig fort. Ob Bragi denn noch nichts von Hakons prächtigem Königssitz in Trondheim vernommen hätte, dessen Ruf inzwischen weit über die Grenzen des Nordlands hinaus bekannt sei. Vor allem die rauschenden Feste, die Hakon an seinem Hofe so zahlreich anberaume, seien schon jetzt legendär. Hakons Ruhm reiche inzwischen aus, um drei weitere Länder damit zu schmücken. Bragi müsse ihm, so Hrolf weiter, unbedingt dorthin folgen. Er könne ihm versprechen, dass Hakon ihn an diesem vielbesuchten Ort zu einem ruhmreichen und gefeierten Mann machen werde.

Von all den so reichlich vorgetragenen Empfehlungen und Komplimenten mittlerweile belustigt, erwiderte Bragi: „Noch ein wenig tiefer, Mann, und Ihr bekommt Euren Kopf nicht mehr aus meinem Arsch heraus!"

Worauf Hrolf heiter erwiderte: „Sieh an, sieh an, Euren Witz immerhin scheint Ihr hier draußen noch nicht verloren zu haben."

Doch griesgrämig entgegnete Bragi: „Der Wunsch zu gefallen und Lob zu heischen, hat manchem auf Dauer wenig Glück beschert. Der Ruhm aber, mein junger Freund, ist ein zweischneidiges Schwert. Einmal zu Ehren gelangt, wirst du schnell unfreier als der geringste Sklave. Und je unfreier die Menschen, desto freier schweifen Neid und Missgunst unter ihnen umher. Tust du dich unter ihnen aber auf schöngeistige Weise hervor, sodass sie weder deine Schelte noch deinen Schwertarm fürchten müssen, sinnen sie darauf, dich mit Ränken zu verderben. Sie tun dir Schön ins Gesicht, während sie dir lächelnd den Giftbecher reichen oder hinter deinem Rücken bereits ihr Messer wetzen. Keiner gönnt dem anderen das Fett unter dem Fingernagel. Heute verstehe ich, warum mein Vater Bodda für sich einst die Einsamkeit wählte, denn nur hier draußen ist man vor der schlimmsten aller Kreaturen auf Erden sicher – dem Menschen!"

Als habe sich Bragi vor ihm plötzlich in einen Geist verwandelt, blieb Hrolf so abrupt stehen, dass nun auch Bragi anhielt und sich ihm interessiert zuwandte.

Ungläubig begann sein fremder Begleiter drauflos zu stammeln: „Dann ... dann müsst Ihr ... seid Ihr etwa der vielgerühmte Bragi Boddason? Der wahrhaftige Bragi Boddason? Ich ... ich kann es kaum glauben. Gute Güte!" Der Mann konnte sein Glück kaum fassen. „Wisst Ihr eigentlich, dass man Euch längst tot glaubt?"

„Mir soll's recht sein", erwiderte Bragi gleichgültig.

„Seit nunmehr fast einem Jahrzehnt geltet Ihr als verschollen. Unzählige Gerüchte existieren seither über Euren Fortgang!"

„Ist das so?", gab Bragi so gelangweilt wie möglich zurück, doch fiel es ihm schwer, seine erwachte Neugier zu verbergen. Er hatte gar nicht damit gerechnet, dass sein Verschwinden von irgendjemandem bemerkt worden war. Nicht unzufrieden über diese Nachricht, blickte er verträumt in den Nebel. Der hing noch immer in dicken Schwaden zwischen den Bäumen.

„Bis heute erzählt man sich an den Feuern die unglaublichsten Geschichten über Euch und Eure bestrickende Musik.", fuhr Hrolf überschwänglich fort. „Vor allem jene, wie Ihr einst durch eine Drápa Euren Kopf aus der Schlinge von Schwedenkönig Björn zogt, nachdem Ihr zuvor seine schöne Tochter zur Frau gemacht hattet. Eine schon legendäre Geschichte, die bereits vielen Skalden willkommenen Stoff für eine dramatische Ode geliefert hat."

So teilnahmslos Bragi sich bis eben noch gegeben hatte, das nun interessierte ihn doch. Und da sein Gegenüber ihn offenbar aufrichtig verehrte, gedachte Bragi, dieser neuen Würde auch gerecht zu werden. Allerdings nicht, indem er Hrolfs offensichtlich völlig überzogene Annahme noch weiter füttern würde, weshalb er aufrichtig sagte: „Die Wahrheit ist meist weniger romantisch, als ein paar ersonnne Verse es jemals wiedergeben könnten."

Hrolf nickte einsichtig. Da er sich durch Bragis Aussage in seiner Vermutung aber bestätigt fand, lief er nun erst recht zur Hochform auf. Ausschweifend berichtete er in allen Einzelheiten, welche Geschichten und Legenden über Bragi im Umlauf waren. „Ach", schloss er endlich mit einem echten Bedauern, „es ist schwer, heutzutage noch einen Skalden zu finden, der etwas Weite in seinem Kopf hat. Einen Skalden, der es versteht, einen die großen Atemzüge der Ferne nachempfinden zu lassen, wie man sie nur an den Gestaden des Meeres verspürt. Ein paar Wenige habe ich gekannt, doch nun sind sie alle tot." Er blickte Bragi herausfordernd an.

Der wunderte sich zunehmend darüber, dass dieser Hrolf wie einer daherredete, der bereits die halbe Welt gesehen zu haben schien. Doch dann winkte Bragi ab: „Schluss, hört auf, Mann! Mir brummen ja schon die Ohren von all Eurem Geplapper! Erst dachte ich, es täte wieder einmal gut, mit einem Menschen zu plaudern. Aber nun weiß ich wieder, warum ich hier draußen alleine sitze. Was wären die Menschen nur, könnten sie sich nicht ständig über irgendetwas das Maul zerreißen? Ganz gleich, ob über ungelegte Eier oder die Nöte ihrer Nachbarn, sie finden immer etwas, um ihrem armseligen Dasein zu entfliehen." Bragi seufzte müde. „Wir Menschen sind elende Kreaturen. Doch was soll's? Wir sind wer wir sind - jeden Tag ein anderer." Dann drängten sich ihm plötzlich ein paar Verse auf. Und da er gewohnt war auszusprechen, was ihm durch den Kopf fuhr, sagte er melancholisch:

„Ringsumher weh'n dir die Winde
welke Blätter aufs Gewande.
Ängstlichkeit und Ruhmesdrang,
kommen nie mit sich zu Rande.
Aller Tiefsinn in der Rede,
ist wie ein Tropfen nur im Meer,
und alles Wissen um den Nabel dieser Welt,
bleibt am Ende doch nur schal und leer."

Nach diesen Worten blickte Bragi seinem Gegenüber fest an und sagte: „Denn ganz gleich was wir auch tun, so gleichen wir doch nur einem Sandkorn, hineingeworfen ins Ginnungagap. Deshalb geht wieder fort von hier, Herr Hrolf, hört Ihr? Und lasst mich hier zurück. Allein, aber in Frieden!"

Hrolf verstand, dass es nun etwas galt. Wollte er diesen verdrießlichen Menschenfeind in die Welt zurücklocken, musste er an der richtigen Stelle ansetzen. „Ihr scheint mir recht schwermütig, lieber Meister der singenden Zunft", sprach er deshalb freundlich. „Ich vermute, Ihr habt da manch böse Erfahrung erleiden müssen. Doch fällt darüber nicht das Urteil über alle Menschen. Viele sind darunter, die erst eigenes Leid erfahren müssen, bevor sie sich für die Tränen anderer verständig zeigen. Und immer sind doch einige dabei, die es gut mit einem meinen. Denn kehrten all die Aufrechten der Welt den Rücken, und zögen sich wie ihr einsam in die Wildnis zurück, nur noch Mord und Totschlag gäbe es auf ganz Midgard. Ist es daher nicht die Pflicht eines jeden Verständigen, mit seiner ihm gearteten Güte, mit seinen Taten und in all seinem Streben auf all die verwirrten und im Dunklen umhertappenden Mitmenschen einzuwirken? Um in ihnen hierdurch einen kleinen Funken der Erinnerung daran zu entzünden, dass sie weit mehr sind als das, was ihre eigenen Schwächen sie glauben machen. Denn sind es nicht Leute wie Ihr, die mit ihrer Kunst diese Welt ein klein wenig freundlicher zu gestalten suchen? Und sei es nur, um hierdurch all jenen, die aus eigener Kraft sich zu erheben nicht imstande sind, etwas Linderung ihrer Leiden zu verschaffen?"

Mit solch verständiger Rede suchte der wortgewandte Hrolf Bragis vergrämtes Herz zu erweichen, auf den einzureden er nicht müde wurde. Doch so leicht war Bragi nicht zu bekehren. Und da sie sich mit ihrem Spaziergang nun langsam seinem Verschlag näherten, zu dem Bragi diesen nervenden Gesellen an seiner Seite auf gar keinen Fall hinzuführen gedachte, blieb er endlich wieder stehen und sagte: „Müht Euch nicht, mein Freund, und spart Euch jedes weitere Wort. Ich habe meine Heimat gewählt und gefunden. Sie liegt in diesen tiefen Wäldern hier. Und so soll es auch bleiben, bis meine morsch gewordenen Gebeine irgendwann Wölfen und Raben zum Fraße dienen!“

Darauf musterte sein Besucher ihn aufmerksam vom Kopf bis zum Fuße und sprach in listig gewählter Geringschätzung: „Nun gut, wie Ihr wollt. Allzu lange wird's ja ohnehin wohl nicht mehr dauern!“

Bragi stutzte. Empörung gegen diesen vorlauten Besserwisser stieg in ihm hoch: „Habt Ihr jetzt etwa auch den scharfen Blick eines Sehers, dass Ihr glaubt, beurteilen zu können, wann mir mein letztes Stündlein geschlagen hat?!“

Diesmal schwieg Hrolf, lediglich sein durchdringender Blick schien Bragi von Kopf bis Fuß zu durchleuchten. Und erst jetzt fiel Bragi auf, dass Hrolfs linkes Auge auf seltsam matte Weise schimmerte. Er muss wohl blind sein auf diesem Auge, dachte er beklommen. Von Hrolfs bohrendem Blick auf unangenehme Weise berührt, musste Bragi die eigenen Augen zu Boden senken. Er wusste, dass er wahrlich keinen erhebenden Anblick bot. Seine zerschlissene Kleidung starrte vor Dreck und war voller Flicken. Längst schon waren ihm seine einstigen Schuhe von den Füßen abgefallen. Seither ging er nur noch barfuß. Auch im Winter, da sich eine ledrige Hornschicht an seinen Fußsohlen gebildet hatte. Bragis seit Jahren ungeschorenes Haupthaar stand verfilzt nach allen Richtungen. Und sein bereits ergrauter, krauser Bart, ebenso wenig gestutzt, gab Anlass zur Vermutung, dass mittlerweile eine ganze Armee von Kleingetier in ihm nistete. Viele Falten und Furchen durchzogen Bragis ledrig wirkendes Gesicht, in dem lediglich zwei blitzende, wache Augen verrieten, dass sein Besitzer sich geistig noch voll auf der Höhe befand. Wind und Wetter, kärglichste Nahrung sowie etliche Entbehrungen, hatten ihn nicht kleinbekommen. Bragi war ein zäher Bursche und sein Gegenüber schien diese Ansicht zu teilen.

Als Hrolf die Stimme aufs Neue erhob, klang er diesmal voller Ernst: „Es ist wahrlich kein geringes Wunder, dass ein völlig auf sich gestellter Mann all die Jahre über in dieser Wildnis hat überleben können. Irgendeine innere Verpflichtung scheint Euch am Leben gehalten zu haben, nicht wahr?" Bragi schwieg, sodass Hrolf hinzufügte: „Glaubt mir, Herr Bragi Boddason, Ihr seid im besten Alter für einen Skalden von eurem Schlage!"

Bragi gab sich erstaunt: „So, meinst du!? Pass auf, ich will dir was sagen!" Unversehens war er ins vertrauliche Du gewechselt. „Das Leben ist wie ein Berg. Solange man hinaufsteigt, hat man den Gipfel im Auge und fühlt sich glücklich. Kommt man aber oben an, dann sieht man auf einmal den Abstieg und das Ende, den Tod. Es geht langsam, solange man steigt, aber es geht immer schneller, sobald man drüber ist und wieder abwärts läuft. In deinem Alter ist man noch guten Mutes. Man erhofft sich viele Dinge, die sich mit der Zeit jedoch als ebenso vergänglich erweisen, wie alles andere. In meinem Alter dagegen erwartet man nichts mehr ... nur noch den kalten Atem der Hel. Glaub mir, ich habe sie gespürt, wie sie nach und nach, Tag für Tag und Monat für Monat nach mir greift, an mir zerrt, um mich dahinzuraffen. Ja, sie hat mich zerbröckelt, diese Unholdin! Sachte und schrecklich vollendet sie ihr Werk an mir. Jahr für Jahr holt sie sich einen meiner Zähne und brütet neue Zipperlein in meinen Gliedern aus. Ich spüre mich sterben in allem, was ist, in allem, was ich tue. Jeder Schritt bringt mich ihr näher. Jede Bewegung, jeder Atemzug beschleunigt ihre grässliche Arbeit. Atmen, Lieben, Schlafen, Trinken, Essen, Scheißen, alles, was wir tun ist sterben! Leben ist überhaupt nichts anderes als sterben!", schloss er bitter.

„Das ist nun mal der Lauf alles Irdischen", sagte Hrolf verständig. „Nichts ist für die Ewigkeit bestimmt. Alleine den Götter wohnt die Macht inne, ihr Dasein zu verlängern!"

„Wohl wahr", stimmte Bragi ihm zu, während sich erneut der Trotz in ihm regte „und eben deshalb sind der Tod und der Verfall der Alptraum eines jeden Dieners der schönen Künste, die wir uns mühen, die Anmut des Leben zu preisen."

„Vielleicht solltet Ihr damit beginnen, auch den Tod zu preisen, um ihm seinen Schrecken zu nehmen", entgegnete Hrolf bündig. „Keine Schönheit ohne Vergänglichkeit, kein Leben ohne Tod."

„Oh ja", frotzelte Bragi. „In deinem Alter war diese Wahrheit für mich gleichsam leichter zu ertragen. Doch sag an, was ist es, das du noch erwartest vom Leben, Herr Hrolf? - Liebe? Du wirst schon sehen, noch ein paar Küsse und dein Freudenast ist dir verdorrt. Reichtum? Wofür? Um dir mehr Frauen und Liebe erkaufen zu können? Oder um dir immer den Wanst vollschlagen zu können? Dick und fett werden und später nächtelang hindurchschreien unter dem Reißen der Gicht!? Und was noch, was habe ich vergessen? Ah ja - den Ruhm! Zu was soll er Nutze sein, wenn wir ihn nicht mehr in Küssen und Umarmungen einheimsen können? Was nützt es mir, wenn sie nach meinem Tod dort draußen meinen Namen preisen, während ich hier sitze und hungrig an Leib und Seele vor mich hin darbe?" Bragi seufzte abermals und schüttelte müde den Kopf. Gleichzeitig spürte er, wie seine Abwehr, sein innerer Widerspruch langsam in sich zusammenzufallen drohte. „Die Einsamkeit ist ein tiefer Abgrund, mein Freund, und die Verzweiflung doppelt ohne einen Kameraden an deiner Seite. Ich bin ein verlorener Mensch. Ich habe weder Vater noch Mutter, weder Bruder noch Schwester, weder Frau noch Kind und auch keinen Gott mehr. Sie alle haben mich verlassen." Und nach einem längeren Schweigen setzte er traurig hinzu: „Ich habe nur noch den Reim... "

Da legte Hrolf ihm mitfühlend den Arm auf die Schulter, so wie es damals in jener unheiligen Nacht seines Fortgangs sein Freund Glaumar getan hatte. Und Bragi, diesmal zu müde und zu erschöpft, um sich dieser ungewohnten Berührung zu erwehren, ließ es geschehen.

„Kommt mit mir zurück ans Feuer, wo mein treues Reittier auf mich wartet", sprach Hrolf tröstend. „Dort ist es warm und trockener als hier."

Also gingen sie gemeinsam den Weg zu Bragis fast schon niedergebranntem Feuer zurück. Hrolf legte neues Holz nach und erkundigte sich einfühlsam, welches Leid Bragi denn widerfahren sei, dass er einst beschlossen hätte, nicht länger unter den Menschen weilen zu wollen.

„Allzu lange war ich einfältig und habe an das Gute in der Welt geglaubt", sprudelte es nun plötzlich aus Bragi hervor, der dankbar erkannte, dass hier wahrhaftig ein geneigtes Ohr aufrecht an seinem Kummer interessiert zu sein schien. „Ich war stets bemüht, alles zu verstehen und Unrecht zu verzeihen. Doch gerade dadurch lief ich immer wieder Irrtum und Schuld in die Arme. Und ich suchte dem Geheimnis der Liebe auf den Grund zu kommen, wobei ich jedoch kläglich gescheitert bin." Bragi starrte mit leeren Augen ins Feuer. Dann plötzlich, als sei er all seiner Melancholie überdrüssig gewor-

Voenix 2010

den, rief er aus: „Ach, verdammt, vergiss all das Gewäsch eines törichten alten Mannes, junger Freund, und lebe, wie deine Jugend es verlangt!" Er deutete auf Hrolfs Pferd, diesen kräftigen Schimmel, der ihnen mit aufgestellten Ohren aufmerksam zuzuhören schien. „Deshalb reite nur ohne zu Zaudern wieder fort, wenn du am Leben bleiben willst, Herr Hrolf. Im späten Herbst ist es eine grauenvolle Wildnis hier. Alles ist düster und verloren!"

„Deshalb also habt Ihr Euch den Wald zur Heimat auserkoren?", folgerte Hrolf leise. „Ihr wollt eine alte Liebe vergessen und sucht hier eine alte Schuld abzutragen!"

Verärgert blickte Bragi seinen Besucher an. Konnte dieser Bursche etwa Gedanken lesen? Nun ja, keiner ging wohl freiwillig in die Einsamkeit. „Schuld?", hakte Bragi nach. „Ja, vielleicht die Schuld, lediglich als gewöhnlicher Mensch und nicht als ein höheres, geistiges Wesen geboren worden zu sein. Denn ganz gleich, wohin ich mich auch wende, schleppe ich doch stets die Schatten meiner Vergangenheit mit mir herum..."

„Wenn es doch gleich ist wohin, dann schleppt sie doch wenigstens mit mir an Hakons Königshof", kam Hrolf nun wieder etwas forscher auf seinen Vorschlag zurück und zwinkerte Bragi dabei vertraulich zu. „Glaubt mir. Dort wird Euch ein Beifall zuteilwerden, wie Ihr ihn bisher nicht gekannt habt!"

Doch diese Aussicht entlockte Bragi nur ein müdes Lächeln: „Oh, Beifall habe ich früher reichlich eingeheimst. Würdigere Anerkennung spendet mir heute das Rauschen der Bäume oder all die friedfertigen Tiere zu meinen Füßen. Sie sind geduldige Zuhörer und milde im Urteil."

Hrolf nickte: „Und doch fehlt einem irgendwann der Applaus der Menschen, das süße Lärmen klatschender Hände, die sie für Euch alleine zusammenschlagen. Ihre aufmunternden Zurufe, ihnen weitere Zugaben zu schenken."

Dann schwiegen die beiden Männer für eine Weile und ein jeder hing weiter seinen eigenen Gedanken nach.

Hrolf überlegte. Dieser altväterliche Skalde war wirklich eine harte Nuss. Noch ein, zwei Jahre hier draußen und Bragi würde von einem knorrigen Baum nicht länger mehr zu unterscheiden sein. Doch Geduld und Beharrlichkeit waren auch eine von Hrolfs Stärken. Ein stummer Ruf, und im nächsten Moment ließen sich im Geäst über seinem weißen Reittier flatternd zwei große Raben nieder. Wie das Pferd, schienen nun auch die Vögel dem Gespräch der beiden Männer lauschen zu wollen.

Hrolf deutete zu den beiden Raben hin: „Weiß der Vogel Eure Kunst zu schätzen? Vermag das Rauschen des Windes den Euch gebührenden Ruhm weiterzutragen?"

Bragi folgte Hrolfs Blick zu den zwei Raben und verwunderte sich, dass sie so nahe furchtlos bei ihnen saßen, obwohl er doch gar nicht spielte. Dann sagte er: „Von den Tieren ist viel Nützliches zu lernen. Ich bin sicher, dass ihre ungezählte Artenvielfalt schon lange vor unserer begrenzten Rasse diese Erde betreten hat. Und alles, was wir in den Tieren vorfinden, ist irgendwo auch in uns Menschen vorhanden. Kennst du die Tiere, dann verstehst du dich selbst. Mir jedenfalls ist kein Tier bekannt, dass nach Ruhm, Anerkennung oder ähnlich dümmlicher Geltungssucht strebt."

„Das ist richtig", sprach Hrolf, „doch gibt es gute Gründe dafür, dass wir uns einst entschlossen haben, den aufrechten Gang zu wählen." Und plötzlich, einen ungewohnt energischen Ton anschlagend, sagte er: „Wie lange noch gedenkt Ihr Eure von den Göttern gegebene Gabe hier draußen nutzlos zu vergeuden? Hier, wo Euch weder Dank noch Lob noch geistiger Austausch erreichen und Ihr der Liebe flieht. Bei uns findet Ihr gewogenere Ohren!" Und als Bragi aufsah, zwinkerte Hrolf ihm erneut zu. „Und manch holde Maid wird sich glücklich schätzen, Euer Liebchen zu werden. Fahrende Sänger sind ihnen stets willkommen, denn sie riechen und schmecken nach Abenteuer." Er hielt kurz inne, denn beide Männer schienen in diesem Moment das Gleiche zu denken. Doch Hrolf sprach es aus: „Nun ja, zumindest dann, wenn Ihr mal wieder ein ordentliches Bad genommen habt. Doch, glaubt mir, preist ihren Liebreiz und ihre Anmut und sie werden Euch bald wieder zu Füßen liegen!"

Nun musste auch Bragi endlich schmunzeln, und für einen kurzen Moment verlor sich sein Blick in den lustfrohen Bildern seiner bewegten Vergangenheit. Ja, es war lange her, sehr lange, seit er die Nähe und Wärme einer Frau gespürt hatte. Dass sie ihn liebkost und für seine Kunst bewundert hatten. Olga war die letzte gewesen. Doch mit der Erinnerung an sie, kehrte auch der alte Groll in sein Herz zurück. Bragis verträumter Blick verflüchtigte sich und mürrisch sprach er: „Gefallsucht ist die treue Gefährtin der Dummheit. Wer sich abhängig macht vom Lob anderer, der geht bald krumm und gebeugt vor Kummer!"

„Mag sein, doch wer sein Glück niemals zu zwingen weiß, erntet bald schon dasselbe!", entgegnete Hrolf vergnügt.

Ohne nachzudenken fuhr Bragi fort: „Das Glück täuscht einem nur Langmut vor und verführt uns allzu schnell zum Leichtsinn hin!"

Woraufhin er von Hrolf flugs entgegengeschleudert bekam: „Doch schon mancher ging seinem Glück entgegen, der sich unglücklich wähnte. Und fühlte er sich zu Beginn noch von der Hoffnung betrogen, stand er doch unverhofft vor einem guten Ende!" Und bevor Bragi diesmal etwas erwidern konnte, fügte Hrolf besonnen hinzu: „Zumindest, sofern er verstand, es beherzt zu packen!"

Bragi blickte sein Gegenüber abschätzend an. Ein wirklich aufgeweckter Bursche, dieser Hrolf. Auf den Mund gefallen war der wirklich nicht. Einer, der einfach nicht locker ließ und eine fast schon ansteckende Fröhlichkeit mit sich herumtrug. Irgendwie erinnerte dieser Kerl ihn auf fast unangenehme Weise an seine eigene Jugend, und er musste sich eingestehen, dass er mehr und mehr Gefallen an dessen schlagfertiger Art fand. Hrolfs Auftauchen glich einer lauen Frühlingsbrise, die zu dieser unangenehmen Jahreszeit doppelt gut tat. Als Bragi bemerkte, dass sein Sitzgefährte ihn ebenso aufmerksam beäugte, setzte er jedoch schnell wieder eine verdrießliche Miene auf. Doch verriet ein Zucken auf Bragis Lippen, dass er längst Gefallen an ihrem kleinen Wortduell gefunden hatte.

„Was ist mit der Liebe, die Ihr in einigen Eurer Lieder so anrührend preist?" unterbrach Hrolf Bragis Gedankengänge.

„So wie die Sonne den Schnee zum Schmelzen bringt, schmilzt Zeit die Liebe", kam Bragis knappe Weisheit.

„Doch die reine, geistige Liebe lässt allein die Zeit erst auferblühen!", nahm Hrolf den Fehdehandschuh sogleich wieder auf.

Bragi schüttelte den Kopf. Es war nicht zu fassen! Dieser wortwitzige Bursche schien auf alles eine Antwort zu haben. Gleichzeitig musste Bragi innerlich über sich selber schmunzeln, denn seinen einmal gewählten Standpunkt, egal ob sinnvoll oder töricht, einfach kampflos aufzugeben, war seine Sache nicht. Übertrieben altklug entgegnete er deshalb mürrisch: „Was kannst du schon von der wahren Liebe wissen, Bursche? Als ich in deinem Alter war, bin ich jeder Schürze hinterdrein gesprungen. Liebe war für mich gleichbedeutend mit einem feuchten Schoß, der sich mir willig darbot."

„Ah, ich verstehe", erwiderte Hrolf beschlagen und schnalzte wissend mit der Zunge. „Und nun, alt und gebrechlich wie Ihr seid, habt Ihr Euch zur Gänze Eurer körperlosen Sága verschworen, die im wirklichen Leben zu finden Ihr bereits längst aufgegeben habt. Oder fürchtet Ihr Euch gar davor, ihr eines Tages wahrhaftig zu begegnen?" Er breitete die Arme aus und blickte ringsum. „Hier trefft Ihr sie ganz bestimmt nicht!"

„Kerl, was nimmst du dir heraus?", schnappte Bragi jetzt erbost. „Schon mancher hat die Liebe gepriesen, ohne ihren Schmerz zu kennen. Wie überhaupt alle Toren lärmend preisen, was ihr Geist nicht besitzt. Hochmütig erheben sie sich über jene, die sie unwissend wähnen, doch ihr Spott zeugt vom Maß ihrer Dummheit!" Nach diesen Worten verfiel Bragi in ein säuerliches Schweigen und starrte wieder niedergedrückt ins Feuer. Hatten doch Hrolfs letzte Worte unversehens seine tiefste Wunde aufgerissen. Nach einer Weile stummer Resignation sprach er: „Die irdische Liebe ist eine Lügnerin. Sie fängt Mann und Weib durch kurze, vergängliche Freuden ein, und gibt ihnen dann langes Leid zum Lohn. Und liebst du erst aus freien Stücken, dringt dir der Schmerz bald ins Herz wie Nieswurz in die Nase. In falscher, ränkischer Lust bin ich selbst einst gezeugt worden. Vielleicht ist die Liebe mir deshalb stets wie etwas Falsches und Fremdes begegnet." Unwirsch, als suche er seine unangenehmen Erinnerungen abzustreifen, schüttelte Bragi den Kopf. „Nein, meine Geliebte ist hier unterm freien Sternenhimmel, am unverfälschten Busen von Mutter Natur!"

Doch noch während Bragi diese grollenden Worte im Brustton der Überzeugung aussprach, erkannte er die Lüge darinnen. Und in jenem Moment, da er sie als Selbstlüge erkannte, da wurde sie zur Wahrheit. Er erkannte, dass gerade er, der er selbst stets die Sehnsucht nach der Liebe und dem Leben besungen hatte, sich in diesem Wortgefecht nun plötzlich auf jener Seite wiederfand, die gegen die Liebe und den stets wandelbaren Lauf der Schöpfung stritt.

Was war nur geschehen mit ihm?

Nachdenklich starrte Bragi auf seine rauen, faltigen Hände und begann, mit ihnen sein Gesicht abzutasten. Zahlreiche Runzeln und Unmutsfalten hatten sich darin eingegraben. Es war nicht länger zu leugnen. Irgendetwas hatte sich hier draußen während dieser langen, einsamen Zeit fortwährender Entbehrungen in ihn hineingeschlichen. Die Last einer unsäglichen Schwere, die ihm jetzt, als er nach all diesen Jahren endlich wieder einmal mit einem Menschen sprach, zum ersten Male schmerzhaft bewusst wurde. Ausgelöst durch das Erscheinen von diesem Hrolf, durch den ihm etwas Altvertrautes entgegenwehte, das Bragi hier, zwischen all diesen fest verwurzelten Bäumen, irgendwann abhanden gekommen war. Er, der den gleichen weltabgewandten Weg wie einst sein alter Lehrer Bodda eingeschlagen hatte, schien nun, wie dieser damals vor Bragi als halbwüchsigem Burschen, mit Hrolf vor einem jüngeren Spiegelbild seiner selbst zu sitzen.

In diesem Moment hob ein Rauschen an, fuhr ins Feuer und ein Funkenstoß stob in die Höhe. Ein Wind trieb den Nebel in weißen Fetzen auseinander und brauste in die nur noch schwach belaubten Baumkronen. Ringsum rieselte das welke Laub raschelnd zu Boden. Ein aufkommender Sturm kündigte sich an. In Bragis Ohren aber klang es wie das Rauschen des äonenalten Weltenbaumes, dessen langsames Ein- und Ausatmen ein ganzes Menschenalter umfasst. Alles schien sich im unendlichen Kreislauf des Lebens zu wiederholen. Und die Zeit war der Mahlstein für die Seele.

Voenix 2011

Da war ein Toben, war ein Brausen,
war ein Stürmen, war ein Sausen.
Der Alte kam, sah ihm ins Auge,
und Bragi ahnte, keine einz'ge Bauge,
sein Leben war mehr wert im Wald,
als zu ihm der Ruf des Jägers schallt.

# 25. Der Reiter im Sturm

Schweigend saßen sich die beiden Männer gegenüber, zwischen ihnen die Flammen des knackenden Lagerfeuers. Erneut holte Hrolfs Stimme Bragi aus seinen Gedanken in die Wirklichkeit zurück: „Sehnt Ihr Euch niemals nach den wärmenden Umarmungen einer Frau? Oder ist es Euch in dieser Abgeschiedenheit tatsächlich gelungen, das Verlangen nach einem Weibe abzuwerfen?“ Bragi seufzte schwer und hob eine Hand, als wolle er mit dieser nach dem Wind haschen, der langsam aber beständig zunahm. „Mitnichten“, antwortete er. „All meine Bemühungen, mit dem Wind vor diesem brennenden Verlangen zu entfliehen, entfachten mein peinigendes Feuer nur noch mehr und verderben mir das Gemüt. Kein Sturm ist so schnell wie die Liebe. Doch klage ich sie an, wird meine Klage zum Lied und mein Fluch zu neuem Verlangen.“ Beschwörend reckte Bragi darauf beide Arme dem Nachthimmel entgegen, an dem sich dunkle Wolken bereits bedrohlich zusammenzogen. „Oh wir Unbelehrbaren, die wir ihr, dieser ewig hungrigen Bestie, nicht zu entrinnen vermögen. Wir dienen ihr in all unserem Tun, all unseren Hoffnungen und Erwartungen, und sind doch nicht mehr, als ihre geringsten Sklaven!“ Mit flehenden Augen suchte er Hrolfs Blick, als erhoffe er sich von diesem eine Antwort. Der aber schien ihn, von Bragis flammender Rede offenbar bewegt, nicht unterbrechen zu wollen.

Also fuhr Bragi fort: „Jawohl, die Vollkommenheit und Schönheit der Liebe zu finden, bin ich einst zu neuen Ufern aufgebrochen, doch nur, um am Ende enttäuscht und geschlagen dieser grausamen Welt für immer den Rükken zu kehren.“ Bragi war es gleich, das Hrolf ihn jetzt vermutlich für einen Jammerlappen hielt. Seinen ganzen Zorn auf die Schöpfung, seinen Unmut über die Menschen und seine Enttäuschung über die Liebe wollte er in den aufbrausenden Wind hinausschreien. Sollte es doch die ganze, verdammte Welt erfahren. „Ich habe die Liebe gesucht in jeder Spalte eines Baumes, unter jedem Stein, in jedem Gesträuch, im Säuseln des Windes. Bin wie alle unbelehrbaren Träumer der vagen Hoffnung vom schillernden Regenbogen gefolgt. Und bin letztendlich doch nur einem Schatten der Liebe hinterhergejagt ... und dabei selbst zu einem geworden“, schloss er matt und sank mutlos wieder in sich zusammen.

Da sprang Hrolf zum zweiten Male auf, hielt Bragi die offene Hand entgegen und sprach entschlossen: „Auf ein Wort – kommt mit mir, Herr Bragi Boddason. Ich seh's Euch doch an, dass Ihr hier draußen nicht mehr glücklich seid. Folgt mir nach Trondheim, an den Hof von König Hakon. Dort werdet Ihr bestimmt Euer neues Glück machen!"

„Ein neues Glück bezahlt man stets mit dem alten. Und zuletzt ist man dann doch der Betrogene", brummelte Bragi stumpfsinnig und hasste sich gleichzeitig selbst dafür. All seine Zuversicht, sein Glaube, seine Liebe zu den Menschen, schienen sich unauffindbar verflüchtigt zu haben.

Doch Hrolf schüttelte nur den Kopf und sagte schmunzelnd: „Was seid ihr griesgrämigen Dichter doch für schrecklich alte Unken. Erkauft euch eure Weisheit mit Verachtung für die Welt, die euch irgendwann einmal übel mitgespielt hat. Und nachdem ihr Lust und Freude habt reichlich genießen dürfen, ersauft ihr im Selbstmitleid und dünkt euch der Weisheit letzter Schluss. Dann wähnt ihr euch klug genug, Lärm für Lärm und Tand als Tand zu erkennen und verkündet, dieses ewigen Spieles überdrüssig geworden zu sein. Ihr flieht in die Wälder und rächt euch für euer unerfülltes Leben, indem ihr eure Begabung, eure Kunst und euer Wissen mit ins Grab nehmt. Was für eine Verschwendung! Ihr könntet die Erde beherrschen, doch weil ihr noch den Himmel dazu wollt, bekommt ihr am Ende gar nichts!"

Hrolf verstummte, um Bragi die Gelegenheit zu einer Erwiderung zu geben. Der aber schwieg. Etwas in ihm schien zerbrochen. Ironie war also gänzlich fehl am Platze, weshalb Hrolf wieder versöhnlicher wurde: „Doch es ist gut getan damit. Gilt doch das Streben des wahren Skalden vor allem der geistigen Schönheit. Und wer könnte diesen Hunger besser verstehen als ich..."

Bragi sah auf. Wer zum Henker war nur dieser besserwisserische Kerl, der ihm hier erst ordentlich Honig ums Maul schmierte, um ihm darauf Stück für Stück seine Seele auseinanderzupflücken? Sich dabei weder um Bragis Namen, sein Alter, noch seinen Titel scherend? Schließlich war er doch, laut Hrolfs eigenem Bekunden, bereits eine lebende Legende. Sprang man so mit einer Berühmtheit um? Oder war Hrolfs Auftauchen vielleicht nur ein ausgekochter Trick irgendwelcher Nebelhexen, die ihn auf diese Weise endgültig seines letzten bisschen Verstandes zu berauben trachteten?

Der Wind wurde stürmischer und wehte ihnen das Laub um die Ohren. Die Flammen ihres Feuers wurden zusammengedrückt, dann züngelten sie wieder hoch, als wollten sie nach unsichtbaren Gestalten lecken. Ein Funkenflug stob in die aufgewühlte Nacht hinauf. Ich sollte meinen Unterstand aufsuchen, dachte Bragi zerstreut, als Hrolfs dargereichte Hand nun direkt vor seiner Nase auftauchte, der noch immer unbewegt vor ihm stand.

„Auf ein letztes Mal, Herr Bragi Boddason", wiederholte sein seltsamer Besucher. „Nehmt diese Euch dargebotene Hand – oder lasst es bleiben. Ein weiteres Mal werde ich sie Euch nicht reichen!"

Das Rauschen des Windes fuhr jetzt laut brausend durch die Baumwipfel, erfasste auch Bragi und blies ihm einen kalten, frischen Hauch ins Angesicht.

Und da endlich tat es einen Ruck in Bragi, als ahne etwas Größeres in ihm, dass es in diesem Moment um weit mehr als nur sein Leben ging. Erst zaghaft, dann aber doch beherzt, ergriff er Hrolfs Hand und ließ sich von diesem hoch auf die Beine helfen. „Ihr habt wohl Recht", gestand Bragi nickend ein, „manchmal muss man sein Glück auch zu zwingen wissen."

„Gut so!", entgegnete Hrolf zufrieden und suchte Bragis Zweifel weiter zu zerstreuen. „Bedenkt, was Ihr wirklich zu verlieren habt. Wenn Euch Hakons Halle nicht zusagt, dann zieht Ihr im Frühling wieder weiter oder kehrt hierhin zurück, ganz wie es Euch beliebt. Mein Ehrenwort darauf, dass ich Euch danach nicht noch einmal belästigen werde. Nicht länger will ich Euch dann daran hindern, hier Wurzeln zu schlagen, damit Ihr irgendwann selbst zu einer dieser knorrigen Eichen hier werden könnt."

„Ist das ein Versprechen?", rang Bragi sich ein dünnes Lächeln ab und seufzte hoffnungsvoll. „Dann abgemacht. Wenn ich mit dir komme, lässt du mich fortan in Frieden und verschonst mich mit deiner Besserwisserei?"

Nun mussten beide Männer schmunzeln. Doch rasch wurde Hrolf wieder ernst und sprach: „Mein Wort darauf, alter Knabe!" Hrolf blickte nun ebenfalls argwöhnisch in den Nachthimmel, der sich bereits bedrohlich zugezogen hatte und sagte finster: „Nun lasst uns rasch Euren Unterschlupf aufsuchen, denn schon bald wird hier ein sehr alter und mächtiger Sturmriese durchkommen!"

Hrolf sollte recht behalten. Der Sturmriese kam, und er brach mit fürchterlichem Getöse durch den Wald. Angekündigt wurde er von einem gleißenden Feuerwerk. Etliche Blitze zerrissen die Dunkelheit und fuhren krachend zur Erde nieder. Der Nachthimmel leuchtete von innen heraus, ganz so wie damals, als Bragi Boddas Heim verlassen und seine erste Nacht alleine auf See zugebracht hatte. Ein heulendes Brausen erfüllte die Luft, und die entfesselten Elemente zerrten und rüttelten an Bragis brüchigem Verschlag, den die beiden Männer gerade eben noch erreicht hatten.

Hrolf schien sich von dem Unwetter nicht beeindrucken zu lassen. In aller Gemütsruhe breitete er seinen Mantel aus und machte sich auf dem Boden ein Schlaflager zurecht. Er legte sich nieder und wünschte seinem Gastgeber eine angenehme Nachtruhe. Bragi bemühte sich, es ihm gleichzutun, bekam aber kein Auge zu und wälzte sich auf seinem Lager unentwegt hin und her. Immer wieder blickte er im weißen Aufblitzen des Gewitters nervös zu seinem Gast hin, der, unter seinem schweren Mantel fest zusammengerollt, den Schlaf des Gerechten zu schlummern schien. Regelmäßig ließ ein neues Krachen Bragi zusammenzucken, während der Sturmwind um seine marode Hütte heulte. An allen Ecken und Enden knarzte und ächzte es, und Bragi fragte sich bang, ob sein Heim diesem fürchterlichen Toben wohl gewachsen sein würde.

Doch es war noch etwas anderes, das ihn beunruhigte. Alles in ihm schien in demselben Aufruhr begriffen, wie er sich draußen in der entfesselten Natur vollzog. Dann endlich schien das Auge des Sturmes über ihnen, denn plötzlich wurde alles still. Gespenstisch still. Dann plötzlich erfasste ein schneidender Luftzug Bragis kleine Behausung und drang sausend durch alle Ritzen. Mit einem lauten Knall wurde die Konstruktion aus geflochtenen Weiden, die ihm all die letzten Jahre als Türe gedient hatte, aus ihrer Verankerung gerissen und nach draußen in die Höhe geschleudert. Wusch! Weg war sie. Vom Sturm verschluckt und im Wald verschwunden. Der Sturmriese schien sich selbst hereingebeten zu haben. Eine dichte Wolke aus Staub, Laub und zerborstenen Holzsplittern wurde hereingedrückt, die sich mit der Asche seines verloschenen Herdfeuers zu einem staubigen Wirbel vermengte, sodass Bragi unwillkürlich ausspucken und laut husten musste. Furchtsam erschaudernd zog er sich seine löchrige Decke bis über den Kopf. Er kannte dieses Brausen, das er schon einmal als Knabe in Boddas Hütte erfahren hatte. Damals hatte die Kraft ein untrügliches Zeichen gesandt. Und auch jetzt spürte Bragi mit drängender Gewissheit, dass hier mehr als nur ein Sturmgewitter in der Luft lag. Doch wo blieb der Regen? Wie sonderbar. Warum regnete es nicht?

Plötzlich gab es eine Art saugendes Geräusch, als die eigensinnige Windböe wieder nach draußen entwich. Erschrocken wagte Bragi einen Blick unter seiner Decke hervor, erhob sich ächzend von seinem Lager und spähte durch die nun türlose Öffnung in die tobende Nacht hinaus. Nach wie vor zerrissen zuckende Blitze die Dunkelheit. Er schaute zu Hrolf hin. Der lag noch immer so unbewegt wie ein Toter. Der Knabe hat wirklich einen gesunden Schlaf, dachte Bragi neidvoll. Doch was war mit seinem Reittier? Das arme Pferd, das sie an einem Baum angebunden hatten, musste inzwischen bestimmt halb tot vor Angst sein. Blinzelnd suchten Bragis Augen im Blitzgeflacker Hrolfs Schimmel auszumachen. Doch das Tier war nirgends zu sehen. Hatte es sich losgerissen? Er musste Hrolf wecken.

Da vernahm Bragi von irgendwoher ein lautes Schnauben. Also war der Hengst doch noch in der Nähe. Ein Glück. Bragi würde ihn mit in seine Behausung führen. Nur dort war das Tier davor sicher, nicht von einem Blitz oder umstürzenden Baum erschlagen zu werden. Er zog sich seine Mütze fest über beide Ohren und wagte vorsichtig die ersten Schritte nach draußen. Sogleich begann der Sturmwind wie toll an seinen Kleidern zu zerren. Da, ein erneutes Wiehern, ganz in seiner Nähe. Wo steckte dieser verdammte Gaul nur? Schützend hielt Bragi sich beide Hände vors Gesicht und erstarrte.

Zwischen den Bäumen war ein schemenhafter Umriss zu erkennen. Bragi schaute genauer hin. Kein Zweifel. Jemand saß auf Hrolfs weißem Schimmel. Eine seltsam vermummt wirkende Gestalt, die einen breitkrempigen Hut auf dem Haupte trug und einen großen Speer in ihrer rechten Hand hielt. Ein weiter Umhang, den der Wind erfasste und wie ein Segel aufbauschte, umflatterte die düstere Erscheinung. Fast schien es, als wäre die Gestalt durchsichtig, als könne man den Wald hinter ihr noch durchschimmern sehen. Bragi glaubte seinen Augen nicht zu trauen, kniff sie mehrmals zusammen, sich nervös den Staub daraus hervorreibend. Doch als er die Augen erneut weit aufriss, war der Reiter noch immer dort. Jetzt hob er sogar den Speerarm, als wolle er Bragi damit auffordernd zuwinken. Dann senkte er den Speer, sodass die Spitze jetzt auf Bragi wies, dessen Herz sich schlagartig so schmerzhaft zusammenkrampfte, dass er klagend aufstöhnte. Trotz der Schmerzen in seiner Brust, begann Bragi, einen Fuß vor den anderen zu setzen. Zu seinem eigenen Entsetzen hielt er dabei genau auf den geisterhaften Reiter zu, von dem jetzt eine geradezu unheilvolle Anziehungskraft ausging. Diese schauerliche Gestalt schien über die Elemente selbst zu gebieten, denn Bragi spürte überall ein Zerren und Ziehen am Körper, während er mit unsichtbarer Macht weiter auf sie zugeschoben wurde. Er stemmte sich dagegen an. Doch vergeblich. Schon konnte er das stark zerfurchte Antlitz des Reiters erkennen. Schlohweiße Haare peitschten dem Reiter ins Gesicht, das von einem langen, grauen Bart bedeckt wurde, dessen Spitze ebenso wild umherflatterte. Dort, wo sich sonst das linke Auge befand, sah Bragi eine dunkle Höhle klaffen.

Bragis Herz setzte ein weiteres Mal aus, als er hinter dem Reiter eine Ansammlung schemenhafter Wesen ausmachte. Er erkannte die bleichen Gesichter von Männern, die ihm aus toten Augen entgegenstarrten. Und er erblickte eine Rotte großer, glutäugiger Hunde, die ihre geifernden Rachen auf- und zuschnappen ließen, was umso gespenstischer wirkte, da sie dies alles stumm vornahmen. Bragis Nackenhaare sträubten sich und alles in ihm begann sich zur Wehr zu setzen. Was war das nur für eine schauerliche Bande? Von Grausen geschüttelt begriff Bragi, dass diese untote Schar ihn mitzunehmen, ja, bei sich einzureihen gedachte. Wie kann das möglich sein, fragte er sich beklommen und versuchte erneut, sich abzuwenden und die Flucht zu ergreifen. Doch seine Beine wollten ihm einfach nicht gehorchen, und so schritt er der harrenden Meute gegen seinen Willen immer weiter entgegen.

In seiner Not schrie er aus Leibeskräften: „Nein, nein – niemals! Niemals sollt ihr mich bekommen. Noch bin ich am Leben. Hört ihr? Ich lebe noch!“ Doch der Sturmwind riss ihm seine Worte von den Lippen.

Doch da, als die Speerspitze des Reiters seine Brust schon beinahe berührte, sah Bragi, wie die auf ihn weisende Lanze leicht zu erzittern begann.

Voenix 2010

Und während die Luft weiter sauste, pfiff und kochte und die Stimmen verlorener Seelen grauenvoll in Bragis Ohren klagten, zog die geisterhafte Gestalt ihren Speer plötzlich wieder nach oben. Stumm nickte der graubärtige Reiter ihm zu, wandte sein riesiges Pferd und trabte darauf in den Wald zurück. Die Hunde und die schemenhafte Schar aus Verdammten folgten ihm nach, wie eine Herde Schafe ihrem Schäfer. Am ganzen Leib erbebend und mit klappernden Zähnen blickte Bragi ihnen nach, bis auch der letzte von ihnen endlich zwischen den Bäumen verschwunden war und nichts mehr an ihr Auftauchen erinnerte.

Zitternd und halbtot vor Angst, taumelte Bragi zu seiner Hütte zurück, vor der wieder angelangt, er erschöpft zu Boden sank. Irgendwo dort draußen stehen die Hohen und blicken auf mich herab, dachte er plötzlich mit einer Gewissheit, die ihn selbst erschreckte. Die schauerliche Begegnung mit dem Reiter war wie ein stummer Weckruf gewesen, der in seinem Innersten einen Widerhall erfahren hatte. Und zitternd musste Bragi erkennen, dass sich seine Seele diesem Ruf entgegengebeugt hatte. Ja, so war es. Noch war seine Zeit hier auf Erden nicht gekommen!

Und als suche jene entfesselte Kraft, die Bragis Willen soeben geprüft hatte, noch ein letztes, untrügliches Zeichen zu setzen, fuhr im nächsten Moment mit ohrenbetäubendem Krachen ein gleißender Blitz in die hohe Esche vor Bragis Heim und spaltete deren Krone entzwei. Bragi blieb vor Schreck fast das Herz stehen. Meterweit prasselten Funken zu Boden, während die Rinde des Baumes sich in ein Meer aus glühenden Würmern verwandelte, die sich den Stamm entlang kräuselten. Es gab eine leichte Verpuffung, dann schlugen ausgewachsene Flammen aus dem Baum hervor. Als ihr gelblicher Schein Bragis Gesicht erhellte, verharrte er vor dem brennenden Baum wie vor einem Mahnmal und eine tiefe Demut ergriff von ihm Besitz.

Dann endlich kam der Regen. Und Bragi, zerschunden und noch immer am ganzen Leibe zitternd, war glücklich und unendlich dankbar dafür, noch immer am Leben zu sein. Er öffnete die Hände, öffnete den Mund, blickte gen Himmel und genoss den kalten, klaren Schauer auf seinem Gesicht, der ihn reinwusch und auf seltsame Weise zu erneuern schien. Gnädig löschte der Regen das in Brand geratene Gezweig der alten Esche, die all die Jahre so treulich über Bragis Seelenheil gewacht hatte.

Am kommenden Morgen bot der einst mächtige Baumriese ein Bild des Jammers. Hrolf, der von den Ereignissen der vergangenen Nacht nichts mitbekommen zu haben schien, würdigte die Esche jedoch keines Blickes. In aller Gemütsruhe begann er seinen Schimmel zu satteln, der seinen Herrn schnaubend begrüßte.

Bragi, von den Ereignissen der vergangenen Nacht noch völlig zerschlagen und übermüdet, trottete benommen ins Freie und reckte gähnend die steifen Glieder. Als er die schlimmen Sturmschäden an seiner Behausung sah, kratzte er sich verwundert an der Stirn und sagte kopfschüttelnd: „Mein Freund, wahrlich, Ihr schlaft wie ein Stein. Habt Ihr denn heute Nacht gar nichts von dieser Bande schauriger Gestalten mitbekommen?"

Doch Hrolf, weiter mit seinem Zaumzeug beschäftigt, blickte nicht einmal zu ihm hin; gerade so, als sei er über Nacht plötzlich taub geworden.

„Mich hätten sie fast fortgeschleppt, diese Halunken", fuhr Bragi missmutig fort, da Hrolf seinem Erlebnis offenbar keinerlei Beachtung zu schenken gewillt war. „Ich dachte wirklich, mein letztes Stündlein sei gekommen. Den Anführer hättet ihr sehen sollen. Ein finsterer Geselle, ebenso einäugig wie ihr, und ritt euren Schimmel. Ich glaubte, er hätte ihn Euch heute Nacht fortgeführt und gestohlen."

Hrolf, mit dem Aufzäumen fertig, wandte sich Bragi jetzt zu und sagte leichthin: „Nun ist er ja wieder da und alles in bester Ordnung, nicht wahr?! Nun kommt, Herr Bragi, denn wir haben heute ein gutes Stück Weges vor uns!"

Bragi stutzte und musste sich einmal mehr über das Verhalten seines seltsamen Besuchers verwundern. Wieso nahm dieser die Geschehnisse so gelassen hin? Oder hatte Bragi all diese nächtlichen Erscheinungen vielleicht doch nur geträumt? Allerdings hatte der Sturmriese ringsum unzweifelhafte Tatsachen geschaffen, denn Bragis Heim bot einen derart jämmerlichen Anblick, dass etliche Reparaturarbeiten nötig gewesen wären, um es aufs Neue in Stand zu setzen.

„Lasst es gut sein, alter Knabe", nahm Hrolf seine Gedanken auf. „Dieser Ort hat seinen Zweck erfüllt. Nun lasst ihn hinter Euch, denn neue Aufgaben harren fortan Eurer. Und Ihr sollt sehen, dass sie Euch nicht zu Eurem Nachteil gereichen sollen!"

Bragi schulterte seine Leier. Das einzige Stück, das er mit sich nahm. Seine rostige Axt, seine löchrige Decke, die selbst geschnitzten Küchenbestände, alles ließ er zurück. Pfeifend wie ein alter Blasebalg stieß Bragi die Luft aus und sagte: „Manches Mal braucht es wohl erst einen wütenden Sturmtroll, der einem des Nachts das eigene Heim zu Schanden reitet, um einen am Morgen die Welt in einem klareren Licht erblicken zu lassen!" Nach diesen Worten ließ er sich von Hrolf auf dessen großes Pferd hinauf helfen und sagte seiner zerstörten Heimstätte Lebwohl.

Und so kam es, dass Bragi, nach fast neun Jahren völligen Zurückgezogenseins, noch einmal einen Schritt zurück in die Welt der Menschen wagte.

Bragi, der in der vergangenen Nacht kaum geschlafen hatte, nickte während des folgenden Rittes immer wieder ein. Das müde Haupt an Hrolfs warmen Rücken gelehnt, träumte er von einem weichen, trockenen Bett, lecker duftenden Speisen und einem prasselnden Kaminfeuer. Zuweilen wurde sein leichter Schlaf von menschlichen Stimmen unterbrochen, die immer dann an seine Ohren drangen, wenn sie auf ihrem Weg vereinzelte Bauernhöfe passierten. Die wurden immer zahlreicher, je weiter sie kamen. Müde blinzelnd blickte Bragi dann auf, um einmal mehr die Sturmschäden zu sichten, die das Unwetter vielerorts angerichtet hatte. Stroh- und Reetdächer waren zum Teil völlig zerstört worden und würden neu gedeckt werden müssen. Karren, Zäune und bäuerliche Gerätschaften lagen wild verstreut umher oder fanden sich als befremdlicher Baumschmuck in Ästen hängend wieder. Ebenso waren ganze Reihen von Baumstämmen wie Reisighalme umgeknickt und entwurzelt worden. Je mehr Bragi davon entdeckte, desto ersprießlicher erschien ihm von Stund an die Rückkehr in den sicheren Schoß einer königlichen Langhalle.

Als der vertraute Schrei eine Möwe an ihre Ohren drang, überzog ein Lächeln Bragis faltenreiches Gesicht. Ja, sie näherten sich der Küste und dem Meer, das Wiederzuerschauen sein Herz mit freudiger Zuversicht erfüllte. Bald blies ihnen der frische Wind salzige Seeluft entgegen, die Bragi begierig in seine Lungen sog.

Am späten Nachmittag, die Dämmerung war nicht mehr fern, hielt Hrolf sein Pferd plötzlich an, um dem überraschten Bragi mitzuteilen, dass er noch etwas Wichtiges zu erledigen habe. Er deutete Bragi, dass Trondheim nur noch eine knappe Meile entfernt vor ihnen läge. Bragi könne den restlichen Weg nun auch gut alleine gehen. Bei den Torwachen solle er sich dann gleich nach der Küchenvorsteherin erkundigen, die würde ihm erst mal eine kräftige Mahlzeit zubereiten. Alles Weitere werde sich dann schon von selbst ergeben, er müsse nur Vertrauen haben. Hrolf selbst wolle dann am späten Abend wieder zu ihm stoßen. Dass es nicht dieser Abend sein würde, sollte Bragi allerdings erst viel später erfahren. Etwas irritiert aber folgsam, ließ Bragi sich darauf von Hrolf auf die Erde hinunterhelfen. Die beiden Männer schüttelten noch einmal die Hände, winkten sich zum Abschied, dann trabte Hrolf auf seinem Schimmel von dannen. Bragi sah ihm noch eine ganze Weile hinterher, währenddessen er einmal mehr erfolglos darüber nachgrübelte, wer ihm diesen seltsamen Kerl wohl geschickt haben könnte. Da ihn aber der Hunger plagte, ging er bald zügigen Schrittes weiter und folgte dem ihm von Hrolf gewiesenen Weg.

Kurz darauf stieg ihm der Rauch von vielen Feuern in die Nase. Dazwischen mischte sich der Duft von Fisch und feuchtem Stroh, der schwach von tierischen und menschlichen Ausscheidungen überlagert wurde. Eine Ansammlung von Gerüchen, die Bragi fast schon vergessen hatte und bei ihm augenblicklich eine ganze Fülle alter Bilder und Erinnerungen wachriefen.

Mehr davon, als ihm lieb waren.

Dann, als er über einen schmalen Hügelkamm gelangt war, wurde die Sicht frei auf eine Ansiedlung von gewaltigen Ausmaßen. Vor ihm lag Trondheim. Ja, hier hatten sich in der Tat etliche Menschen zusammengerottet und ein beeindruckendes Bollwerk aus dem Boden gestampft. Ebenso wie Stocksundet, dem prächtigen Sitz des Schwedenkönigs Björn, war auch diese Stadt direkt an der Küste errichtet worden, deren Bewohner den gleichen ausgiebigen Handel betrieben. Ein breiter Sund trennte die Stadt vom Festland, die zum Meer hin offen war und in einen Hafen mündete. Eine hohe Holzpalisade zog sich im Halbkreis um die ganze Insel. Trondheim selbst war komplett von Wasser umgeben, was den perfekten Schutz vor Angriffen vom Landesinneren her bot. Lediglich ein breiter und stabiler Holzsteg ermöglichte den Zugang zur Stadt. Direkt am Ufer des Festlandes hatten sich eine Vielzahl von Bauernhöfen angesiedelt, die mit ihren Erzeugnissen die Stadtbewohner belieferten.

Drohte von außen Gefahr, begaben sich die Bauern über den Steg unverzüglich in die Feste. Hinter den Häusergiebeln waren zum Meer hin zahlreiche Mastspitzen auszumachen, doch wagte Bragi nicht, sie zu zählen. Noch weiter draußen sah Bragi eine kleine Insel, die jedoch nicht besiedelt schien.

Der Lärm von blökenden Tieren, bellenden Hunden, schreienden Kindern und arbeitenden Menschen tönte ihm entgegen. Welch befremdliche Welt, dachte sich Bragi, der eine solche Anhäufung von Menschen, Tieren und Lärm nicht mehr gewohnt war. Und unversehens spürte er eine seltsame Beklemmung in sich aufsteigen. Er nahm sich seine Leier vom Rücken und umfasste sie wie einen Schutzschild. Die Stadt wartete. Und Bragi erschien sie wie ein rastlos pulsierendes, schnaubendes Ungetüm.

Voenix 2011

Es kam gewandert zum Hofe des Königs,
zaghaft und leise der Meister der Laute.
Stumm und staunend der ferne Sänger,
fand auf sich gerichtet manch forschenden Blick.
Fremd mutete an ihn die Welt der Menschen,
laut ihr Gelärme, ihr Blick stumpf und leer.

# 26. An König Hakons Hof

Lange zögerte Bragi weiterzugehen und stand nur reglos da, bis ihn plötzlich von hinten jemand ansprach. Ein Bauer war es, der tagsüber ins Holz gegangen war und sich nun auf dem Heimweg befand. Der Mann, der wie Bragi keine Schuhe trug, hatte seine Axt über die Schulter gelegt und besah sich Bragi jetzt von oben bis unten. Als er stirnkräuselnd zu dem Schluss gelangt war, dass von Bragi wohl keinerlei Gefahr ausging, schüttelte er den Kopf und sagte mit bedauernder Stimme: „Bei Thors rotem Barte, und ich dachte noch, uns hätte der Sturm übel mitgespielt. Aber wenn ich mir dich so besehe, weiß ich, dass du es bist, der echte Hilfe benötigt!"

Überrumpelt von der Freundlichkeit des Mannes, ließ Bragi sich willenlos von diesem mitführen und fand sich kurz darauf auf dessen kleinem Hof wieder. Sein baufälliges Haus stand nur unweit vom Tor der Festungsanlage entfernt. Das Dach hatte vom Sturm ebenfalls ein paar Löcher davongetragen, doch niemand schien es zu interessieren. Der Bauer erklärte Bragi, dass er vor kurzem erst zum Witwer geworden sei, er deshalb eben mit seiner alten Schwiegermutter reden müsse, bevor er ihn hereinbitten könne. So also blieb Bragi alleine auf dem Hof stehend zurück, sich dabei interessiert umblickend. Auch hier hatte das nächtliche Unwetter überall seine zerstörenden Spuren hinterlassen. Der aufgeweichte Boden war von Regenpfützen durchsetzt, sodass die Menschen bis zu den Knöcheln im Schlamm einsanken. Nur wenige von ihnen waren an diesem Tag auf den Feldern gewesen. Die meisten Bewohner waren bei ihren Häusern geblieben, um die Schäden der vergangenen Nacht auszubessern.

Durch Bragis schäbiges Äußeres neugierig geworden, bildete sich schnell eine größere Ansammlung von Menschen, die den fremden Besucher staunend in Augenschein nahmen. Bragis Auftauchen erinnerte sie an ein verwittertes Gespenst, dessen zerlumpte, löchrige Kleidung wirkte, als sei sie einer Schar von Nagetieren zum Opfer gefallen. Einzig die kostbare Leier, die Bragi nervöser denn je umklammert hielt, störte das Gesamtbild seiner jämmerlichen Erscheinung.

Bragi allerdings hatte nicht weniger den Eindruck, von einer Schar fleischgewordener Gespenster umringt zu werden. Fremde Gesichter und Fratzen wohin er auch sah, mal schaulustig, mal spöttisch, ihn dabei allesamt aus großen, stumpfen Augen beglotzend. Einzig die Kinder verstanden es, die unsichtbare Mauer des Befremdlichen zu durchbrechen. Sie lachten unverhohlen, zeigten mit den Fingern auf ihn, drehten ihm Nasen oder streckten ihm ihre Zungen entgegen. Es waren einfache Menschen, dreckig und ausgezehrt von der schweren Arbeit auf den Feldern, mit harten Zügen, die verrieten, dass auch ihnen der Hunger nicht fremd war. War das etwa die von Hrolf so überschwänglich gepriesene Großzügigkeit seines Königs? Bragi überkamen weitere Zweifel. Bekümmert blickte er zu seinen schmutzigen Füßen hin, um mit seinen Zehen den Schlamm dazwischen hervorzuquetschen.

Endlich kam der Bauer wieder heraus. Er nahm Bragi am Arm und führte ihn ins Innere seines Hauses, worauf die zurückbleibende Menge sich rasch wieder zerstreute. Drinnen im Haus war es muffig und düster, gleichwohl das Tageslicht von oben durchs kaputte Strohdach hindurchfiel. Bragi wurde von einer sehr schmutzigen, von der Feldarbeit krumm gewordenen, alten Frau begrüßt. Schweigend bot sie ihm einen Platz am Feuer, um das herum zwei halbnackte Kinder in der Asche saßen. Deren Gesichter waren von Rotz verschmiert und sie starrten Bragi aus großen Augen an. Vor ihnen brodelte in einem dampfenden Kessel eine wässrige Fischsuppe, in die sie jetzt wieder gierig hineinschielten. Kaum genug, um ihre ausgehungerten Mäuler satt zu bekommen. Obwohl Bragi selbst nicht mehr als die Lumpen auf seinem Leib besaß und sein Magen ganz erbärmlich knurrte, dauerte ihn doch die Ärmlichkeit dieser Leute. Gerne hätte er ihnen etwas gegeben, doch er besaß nichts, und zum ersten Male in seinem Leben schämte er sich für seine Armut. Da fiel ihm wieder ein, was Hrolf ihm aufgetragen hatte, und so erklärte er dem verdutzten Bauern, dass man ihn am Königshof bereits erwarte. Sich tief verbeugend, bedankte Bragi sich für die freundliche Aufnahme und empfahl sich. Sich selbst aber gab er das Versprechen, dem Bauern dessen Freundlichkeit eines Tages zu vergelten.

Diesmal führte Bragis Weg ihn direkt auf das große Stadttor zu, vor dem zwei gepanzerte Wächter standen. Als sie ihn entdeckten, maßen sie ihn mit solch verächtlichen Blicken, dass Bragi augenblicklich der Mut sank, ihnen weiter entgegenzugehen. Ratlos blieb er stehen und sah an sich herab. Er wirkte wahrhaftig wie eine wiederbelebte Vogelscheuche, die höchstens noch Straßenhunde in ihrer Nähe duldeten. Ja, die Hunde schienen ihn sogar zu mögen, denn fünf von ihnen, einer räudiger als der andere, tappten treulich hinter ihm drein, gerade so, als hätten sie ihn zu ihrem neuen Rudelführer erkoren. Bragi seufzte resigniert. Hatte er allen Ernstes geglaubt, in diesem Aufzug alleine durch dieses gut gesicherte Stadttor marschieren zu können? Wie naiv er doch war. Es würde ihm wohl nichts anderes übrig bleiben, als sich irgendwo in Sichtweise des Tores niederzulassen und auf Hrolf zu warten, der ihm sein Kommen versprochen hatte. Dumm nur, dass Bragis Magen bereits so laut knurrte, dass einer der struppigen Hunde, der eben noch schwanzwedelnd neben ihm gestanden hatte, jetzt erschrocken vor ihm zurückwich. Nun ja, Bragi war Entbehrungen gewöhnt.

Doch gerade, als er sich bereits wieder abwenden wollte, drang eine Frauenstimme an sein Ohr: „Da seid Ihr ja endlich!“

Verdutzt blickte Bragi sich um, doch außer ihm war da keiner. Im nächsten Moment kam eine stämmige Frau durch das Tor geschritten und hielt nun zielstrebig auf ihn zu. Sie trug eine verspritzte Schürze, doch ansonsten war ihre Kleidung tadellos sauber. Sie war wohlgenährt und trug auf ihrem Kopf eine Haube aus Leinen. „Kommt nur herein“, sagte sie freundlich. „Man hat Euch mir bereits angekündigt, Herr Bragi Boddason.“

Wie es schien, hatte er Hrolf wohl verpasst. Vermutlich, als er auf dem kleinen Hof des Bauern gewartet hatte. Zudem war es inzwischen dunkel geworden. Ein Glück, dachte Bragi, sonst hätte ich hier gehockt, bis ich schwarz geworden wäre. Da er erneut in steifer Reglosigkeit verharrte, nahm die Frau ihn kurzentschlossen bei der Hand. Gleich einem unbeholfenen Kind, ließ Bragi sich von ihr widerstandslos an den Wächtern vorbei durch das breite Stadttor ziehen. Sie mussten noch einige Meter zurücklegen, bis sie den breiten Holzsteg hinter sich gelassen hatten, der direkt in Trondheims Königsfeste hineinführte. In der Tat schien man Bragi dort bereits erwartet zu haben. Zwar rief sein Äußeres auch hier und da verstecktes Gelächter hervor, seine altwürdige Erscheinung mit der kostbaren Leier jedoch nicht weniger Verwunderung. Einige Leute aus der Dienerschaft versuchten Bragi zu berühren, als wäre er ein gestaltgewordener Waldgeist, dessen Anwesenheit sie nicht glauben wollten.

Doch immer dann, wenn er verwundert stehen blieb, um die tastenden Finger der Menschen auf sich gewähren zu lassen, wurde er von seiner kräftigen Begleiterin weitergeschoben. „Ihr Plagegeister!“, schimpfte sie. „Lasst den armen Kerl sich doch erst einmal setzen und ausruhen!“ Sie zog ihn eine breite Holztreppe hinauf, die zu einem großen, zweistöckigen Haus führte, das in mehrere Räume unterteilt war.

Endlich in der Hofküche angelangt, drückte die Frau Bragi auf eine Sitzbank, gab zwei herbeieilenden Mägden mit befehlsgewohnter Stimme Anweisungen und beugte sich darauf prüfend über einen großen Kessel. Der brodelte fröhlich über einem Feuer, während seinem Inhalt ein verführerischer Duft entstieg. Bragi, dessen Blick unweigerlich auf dem ausladenden Hintern der stämmigen Frau haften blieb, wurde von einer warmen Welle aufsteigender Sinnlichkeit erfasst. Unverkennbar gehörte diese gute Frau zu jener Sorte Menschen, denen es große Freude bereitet, Leidgeplagte und Bedürftige wieder aufzupäppeln. Mit einer großen Eisenkelle schöpfte sie dikken Eintopf aus dem Kessel hervor, füllte damit einen tiefen Holzteller und reichte ihn dampfend an Bragi weiter. Sie wies ihm einen Platz am Feuer und dankbar ließ er sich das Gereichte munden. Wonniglich seufzte Bragi auf. Wahrlich, im Vorhof zur göttlichen Walhall mochte es kaum prachtvoller zugehen.

„Ganz eingefallen und verkümmert schaut ihr aus", tadelte die Frau ihn in fürsorglichem Tonfall, während sie zufrieden beobachtete, wie Bragi sich ihren Eintopf schmecken ließ. „Euer Hintern beißt ja schon in die Hose, die nur noch um Eure Beine schlackert. Und riechen tut Ihr", sie rümpfte die Nase, „wie ein aufgeweichter Hammel. Gab's denn kein Wasser und keine Seife dort, wo Ihr herkommt? Wohl nicht!", gab sie sich gleich selbst die Antwort und trug nun ohne Umschweife etwas Wildbret, Haferfladen, Schafskäse und einen würzigen Met auf. Bragi, der all diese Leckereien seit einer Ewigkeit nicht mehr genossen hatte, verdrehte selig die Augen. Die Frau strahlte, als habe sie soeben einen König bedient. Und genau so fühlte sich Bragi.

Auf diese zuvorkommende Weise reichlich bewirtet, machte Bragi gesättigt die Glieder lang, die ihm von seinem ungewohnten Ritt nun ordentlich schmerzten. Und entgegen seiner früheren Erfahrungen stellte er zufrieden fest, dass auch ein voller Bauch durchaus zu inspirieren weiß. Und weil er sich bei der guten Frau für ihre Gastfreundschaft irgendwie erkenntlich zeigen wollte, sprach er müde aber wonniglich seufzend:

„Es neigt ein freudenreicher Tag
dem wohlverdienten End' sich gegen.
Zu Hof und Herd kehr ich nun heim,
an Speis und trank mich labend.

Strecke aus die müden Glieder,
im Ohr noch alte Odinslieder,
tat singen sie auf meinen Wegen,
Allvaters Sinne zu erfreu'n.

Sah zwei Raben in der Ferne,
den Aar im Wipfel obenauf.
Hei', wie liebe ich die Berge,
möchte noch lange wandern drauf!"

Die kräftige Frau klatschte begeistert in die Hände und schenkte ihm Met nach. Sein Genuss wärmte Bragi von innen und machte ihn schläfrig. Da ließ ihn eine andere Frauenstimme den Kopf wenden.

„Ein feiner Dichter seid Ihr, mein Herr, auch wenn Ihr so gar nicht danach ausschaut." Eine weitere Magd war hinzugetreten und stellte sich ihm als Kammerfrau vor. Mit einer respektvollen Verbeugung eröffnete sie ihm, man habe dem Gast ein Nachtlager zurichten lassen. Der kam aus dem Staunen gar nicht mehr heraus und ließ sich von der Magd wortlos zu seiner Kammer führen. Kurzum, es wurde alles getan, um Bragis Ankunft so angenehm wie möglich zu gestalten. Nur diesen Hrolf hatte er seither nicht mehr zu Gesicht bekommen. Doch egal, jedenfalls hatte er Wort gehalten.

Am kommenden Tag, nachdem Bragi reichlich geruht, sich mit einem kräftigen Frühstück gestärkt und in einem heißen Wasserzuber gebadet hatte, sollte er am Abend dem König vorgeführt werden. Dafür wurde er zunächst völlig neu eingekleidet. Die alten, vom Strauchwerk zerrissenen Lumpen, nahm man ihm ab und übergab sie dem Feuer. Mit gemischten Gefühlen sah Bragi zu, wie seine Kleidung, die ihn all die vergangenen Jahre gewärmt hatte, ein Opfer der Flammen wurde. Da gehen sie dahin wie eine alte Zottelhaut, dachte er von sich selbst befremdet. Eine Haut, die ich für immer abstreife und nun hinter mir lasse. Seine speckige Kopfbedeckung, Boddas letztes Vermächtnis, die sich bereits an allen Stellen auflöste, warf er selbst hinterher. Es war wie ein Abschied von seinem einstigen Lehrer, den er nun hinter sich gelassen hatte.

„Die Wanderfahrt ist aus", murmelte Bragi leise. „Auf dürrer Heide huscht mein einsamer Traum dahin, leise welkend, wie der Herbst." Mit diesen melancholischen Worten schlüpfte er in die noch etwas steife Tunika, die man ihm auf sein Bett gelegt hatte. Das Gewand war aus fein gewebtem Leinen und an Hals, Ärmeln und Saumende mit einer kunstvollen Borde abgesetzt, für die eine Frau am Webrahmen so manches Stündlein zugebracht haben mochte. Ein Paar Schaftstiefel, aus stabilem Rentierleder gefertigt, wurden ihm vor die Füße gestellt. Sie passten, als habe der Schuhmacher bei ihm Maß genommen. Zuletzt noch eine neue, wollene Mütze, wie sie für Skalden in jenen Tagen üblich war. Haare und Bart waren ihm bereits sorgfältig gestutzt und durchgekämmt worden, als er sich die Kappe aufs Haupt setzte. Bragi, der gar nicht aufhören konnte sich selbst zu betrachten, meinte, man habe ihn in eine neue Gestalt gesteckt. Wie eine Schlange, die sich häutet, um darauf ihr Dasein in einer neuen Hülle fortzusetzen.

Auf diese Weise herausgeputzt, führte man den Gast am Abend in die lange Königshalle. Dort hatte sich bereits viel erlesenes Volk versammelt, das den Neuankömmling interessiert bestaunte. Frauen und Männer nickten ihm freundlich zu, als gehöre er bereits zu ihnen. Bragi wurde ganz nervös und war froh, dass seine vor Aufregung feuchten Finger seine Leier umklammern konnten. In meiner Waldklause hat es niemandem geschadet, dass ich bin wie ich bin, dachte er unbehaglich, aber wenn ich hier mit anderen Menschen zusammentreffe, muss ich alle meine Mühen aufwenden, um so zu sein, wie ich wohl sein sollte. Ich war solange nicht unter Menschen.

Und mehr als einmal an diesem Abend, wünschte er sich in die sichere Geborgenheit seines Waldes zurück.

Als man ihm einen Platz zuwies, und er nicht länger inmitten des großen Raumes stand, löste sich langsam seine Befangenheit und er begann sich müßig umzublicken. Zugegeben, die Größe von Hakons Halle war beeindruckend, die kunstvoll beschnitzten Säulen und aufwändig geknüpften Wandteppiche eine Augenweide. Doch am Gehabe der Menschen, die diese Halle plappernd füllten, hatte sich seit seinem Fortgang in die Wildnis nichts verändert. Zofen und Hausdamen, sofern sie nichts zu tun hatten, steckten schnatternd ihre Köpfe zusammen. Ihr Gegurre glich einem Taubenschlag, ihr Gegacker einem Geflügelstall. Anstelle der Körner pickten sie nach Nüssen und Beeren, während sie ihre Schnäbel in geharzten Wein tunkten, der in goldenen Bechern schimmerte. Bedürftig war man hier nicht. Die Männer standen ebenso schwatzend in kleinen Gruppen beieinander. Wie einem Gockel der Kamm schwillt, trug da mancher sein Haupt zur Schau, tüchtig darauf bedacht, eine gewichtige Miene aufzusetzen.

Da Hakon noch auf sich warten ließ, wurde Bragi von dessen erstem Sprecher höflich ersucht, ob er bis zu des Königs Eintreffen nicht für ein wenig Kurzweil sorgen wolle. Bragi, der bereits eine kleine Sammlung von Vorträgen und Liedern vorbereitet hatte, gab sich einverstanden. Und als der Sprecher ihn ankündigte und erklärte, dass der wiederauferstandene Skalde Bragi Boddason etwas zum Besten geben wolle, erstarben rasch alle Gespräche. Bragi, der sein Programm eigentlich erst vor dem König hatte aufführen wollen, erinnerte sich spontan all jener Sturmschäden, die ihm auf seiner Reise hierher begegnet waren. Und da es ihn unhöflich dünkte, mit seinem Leierspiel in Abwesenheit des Königs zu beginnen, entschloss er sich, zunächst ein paar freie Verse vorzutragen:

„Gestern traf ich nen Sturmtroll, ihr glaubt es kaum,
der war größer und höher als jeder Baum.
Wollt er wohin, er der Länge nach fiel,
dreimal gefallen, schon war er am Ziel.
Und glaubt ihrs mir nicht, dann blickt raus und seht,
dass bis zum Fjord hin kein Baum mehr grad steht."

Diese Art von Reimen war gut gewählt, denn sie lösten unter den Anwesenden eine befreiende Heiterkeit aus. Hatte der nächtliche Sturm vielen von ihnen doch übel mitgespielt. Und dem Wüten der Natur auf solche Weise etwas von ihrem Schrecken zu nehmen, wurde von den Leuten gut aufgenommen. So also ließ Bragi den Mund laufen wie schon lange nicht mehr und gab zum Besten, was er die letzten Jahre an Naturbeobachtungen zusammengetragen und zu manch drolligen Reimen gefügt hatte. Als der König noch immer nicht kam, griffen Bragis geübte Finger schließlich doch in die Saiten seiner Leier. Und da gab es nicht einen unter den Gästen, den ob Bragis wundervollen Klängen nicht ein angenehmer Schauder überkommen hätte. Viele warfen sich tief beeindruckte Blicke zu, nickten anerkennend in Bragis Richtung und waren sich bald alle darüber einig, dass dieser Skalde ein großer Gewinn für diese Halle sei.

Diese Ansicht wurde auch König Hakon zugetragen, als der, mit einiger Verspätung, endlich eintraf. Während Hakon sich von seinen Dienern den Umhang abnehmen und dafür mit schweren Goldketten schmücken ließ, lobte man vor ihm Bragi bereits in den höchsten Tönen. Mit seinem wertvollen Geschmeide behangen, betrat der König darauf die Halle. Augenblicklich verstummte alle Rede und ein jeder beugte sein Haupt. Auch Bragi, der die Leier hatte sinken lassen und seinen Gastgeber nun neugierig ins Auge fasste.

Mit vom Golde klingenden Schritten begab sich Hakon zu seinem Hochsitz, ließ sich majestätisch auf diesem nieder und maß Bragi mit wachem Blick. Hakon war ein mittelgroß gewachsener Mann von etwas untersetzter Statur. Er trug einen sorgfältig gepflegten Kinnbart und legte auch sonst großen Wert auf eine würdevolle Erscheinung. Lediglich eine böse Narbe, die von der Stirn her bis quer über die rechte Wange lief, störte das Erscheinungsbild vom vollkommenen Herrscher, gemahnte aber jeden daran, dass Hakon das, was ihm gehörte, wohl zu verteidigen wusste. Vom Alter her dünkte er Bragi ein wenig jünger wie er selbst. Allerdings war dies lediglich eine Mutmaßung, denn wer wie Bragi alleine draußen gelebt hatte, alterte schneller als ein König, dem seine Dienerschaft jeden Wunsch von den Lippen ablas.

Dann wandte sich Hakon an ihn: „Ihr also seid der so lange verschollen geglaubte Bragi Boddason?“

Bragi, der sich wie alle Anwesenden von seinem Sitzplatz erhoben hatte, bejahte und machte eine tiefe Verbeugung. Auch die weiteren Fragen des Königs, ob es ihm bisher an seinem Hof behage und die neuen Kleider und Schuhe nach seinem Geschmack seien, beantwortete Bragi in aller Höflichkeit. Er kannte diese Art von selbstgefälliger Prozedur ja bereits. Bisher sei alles zu seiner vollsten Zufriedenheit vonstatten gegangen und er verneige sich vor soviel Edelmut und Güte, versicherte Bragi seinem Gastgeber.

Hakon, der sichtlich Freude daran hatte, seine Großzügigkeit vor seinem Hofstaat entsprechend gewürdigt zu sehen, machte ein zufriedenes Gesicht und sagte: „Das freut mich zu hören. Haben doch eine warme Mahlzeit, ein anständiges Bad und ein bequemes Lager schon manchen verwilderten Mann wieder gefügig gemacht!"

Gefügig? Bragis buschige Augenbrauen hoben sich erstaunt. So verblüfft war er über Hakons Worte, dass er laut sagte: „Ihr sprecht, mein König, als hättet Ihr vor, mir an Eurem Hofe eine Stellung anzubieten!?"

Hakon lachte so schallend, dass viele der Hausleute in sein Lachen mit einfielen. „Macht Ihr Witze, Mann?", rief Hakon amüsiert. „Ihr seid Bragi Boddason, eine lebende Skaldenlegende. Ich wäre wohl der Welt größter Narr, würde ich Euch so einfach wieder ziehen lassen!"

Bragi starrte ihn verdattert an: „Aber Herr, Ihr habt von meiner Kunst bisher noch keinen einzigen Ton vernommen!"

„Ganz recht, Herr Bragi", sagte Hakon glucksend. „Doch mir genügt, was meine Berater mir eben während meiner Ankunft über Euch zugetragen haben. Ihr Gutbefinden und mein eigenes Urteil über das, was ich hier vor mir erblicke, sollten wohl genügen!" Er machte eine Pause, in der Bragi sämtliche Augen auf sich gerichtet fand. Erneut war ihm unwohl zumute.

Hakon legte die Fingerspitzen aneinander und fuhr fort: „Ich sehe vor mir einen ergrauten Mann von großer Würdigkeit und Wortgewandtheit, dem die einsamen Jahre in der Abgeschiedenheit nichts von seiner Höflichkeit haben nehmen können. Und weder Gold, noch Titel, noch Ansehen scheinen Euch bisher korrumpiert zu haben. Gleichwohl erzählt man sich, dass Ihr über eine Weisheit verfügt, wie sie sonst nur den Druidenbarden der grünen Inseln weit unten im Westen nachgesagt wird."

„Ihr beschämt mich, mein König", sprach Bragi verlegen, der sich nicht erklären konnte, weshalb Hakon ihm solche Ehren angedeihen ließ. Wieder machte er eine Verbeugung und räusperte sich: „Mein König, wäre es unhöflich zu erfragen, welche weiteren Gerüchte über mich im Umlauf sind?"

Hakon lächelte selig und schob sein Kinn nach vorne: „Aber mitnichten, mein Guter. Gerne gebe ich hier vor allen bekannt, wessen man Euch rühmt. Man sagt, Ihr hättet den salzigen Kies mit der Leidenschaft eines stürmischen Liebhabers umarmt, als Ihr als Knabe vom Bug eures kleinen Nachens gesprungen seid. Dort sollt Ihr an einem einsamen Fjorde aufgewachsen sein, wo Ihr in die Lehre eines alten, ansehbaren Skalden ginget. Ja, gar von einem Asen sollt Ihr gezeugt worden sein, weshalb seit Eurer Geburt an Zauberrunen auf eurer Zunge eingeritzt sein sollen."

Verwundert vernahm Bragi, welch ausschmückende Legenden über ihn bereits im Umlauf waren. Doch wer hatte diese über ihn verbreitet? Bragi lächelte verlegen und streckte die Zunge so heraus, dass sie von allen Anwesenden in Augenschein genommen werden konnte. „Wie ihr alle sehen könnt", sagte er bescheiden, „werdet ihr auf meiner Zunge keine Zauberrunen vorfinden. Doch mit allem, was ich sonst für Euch zu tun vermag, will ich Euch gerne zu Diensten stehen, mein König. Was immer es ist, verlangt danach!"

Hakon schmunzelte beglückt, denn solches Wort hört ein jeder Herrscher gern. „In der Tat, mein Bester, das könnt Ihr. Euch eilt ein großer Name voraus, Herr Bragi Boddason. So groß und erhaben, dass viele hier es anfänglich gar nicht glauben mochten, dass Ihr wahrhaftig wieder von den Toten auferstanden seid. Doch dass Ihr ein begnadeter Skalde seid, steht nun außer Frage und wird hier niemand mehr anzuzweifeln wagen. Und schon jetzt freue ich mich auf all die Kostbarkeiten aus Eurem Munde, mit denen Ihr unser aller Ohren vergolden werdet." Er breitete die Arme aus und genoss den zustimmenden Applaus seiner Gefolgschaft. „Wisset", fuhr Hakon fort, „dass ich einen neuen ersten Sprecher und Hofskalden für mein Haus suche. Ragnar Einarson, der dieses Amt bis zu seinem Tode zu meiner vollsten Zufriedenheit ausfüllte, ist bedauerlicherweise vor zwei Monden zu den Göttern aufgefahren. Auf meinen eigenen Wunsch hin ist seither kein Lied mehr in dieser Halle erklungen. Zwar sind seither viele Skalden an meinem Hofe vorstellig geworden, die darauf drängten, Ragnars frei gewordenen Platz einzunehmen, doch war bisher keiner von ihnen darunter, der Ragnar auch nur annähernd das Wasser hätte reichen können. Deshalb befand ich, die mit Ragnars Tod einhergehende Stille als Mahnmal seines einstigen Wirkens zu ehren. Hierdurch sollten alle seiner einstigen Taten gedenken, mit denen er uns manch langen Abend versüßt hat."

Bragi gefiel, was er hörte. Nie zuvor hatte er vernommen, dass einem verstorbenen Skalden solche Ehren zuteil geworden waren.

„Doch nun, mit Eurem unverhofften Auftauchen, Herr Bragi Boddason", sprach Hakon weiter, „erscheint es mir nur angemessen, die Zeit der Trauer um Ragnar für beendet zu erklären. Welch glücklicher Zufall also, dass Ihr nun hier vor mir steht!"

Bragi konnte kaum glauben, welch großartiges Heil ihm hier so unvermittelt in den Schoß fallen sollte. Dieser Hrolf hatte wahrhaftig nicht zu viel versprochen. Komisch, wo steckte der nur? Bisher hatte Bragi ihn nirgendwo entdecken können. Doch rasch war er wieder bei Hakon, der in hier so unverdientermaßen ehrte. Was dazu führte, dass Bragi der altbekannte Zweifel überkam, all die in ihn gesetzten Erwartungen nicht erfüllen zu können. „Herr", setzte er deshalb vorsichtig an, „verzeiht mein Zögern, doch woher nehmt ihr die Gewissheit, dass ich Euch nicht enttäuschen werde? Schon manch fahrender Skalde stellte sein Glück auf die Probe, indem er länger als ein paar Nächte an ein und demselben Hof verweilte. Gast ist wie Fisch und stinkt meist nach drei Tagen." Betreten blickte er zu Boden.

Hakon nickte anerkennend und sagte bedächtig: „Ihr sprecht wahrlich mit der Stimme des Weitgereisten, Herr Bragi Boddason. Und eben darum lasst uns nun gemeinsam herausfinden, ob mein Urteil, dass Ihr mich der richtige Mann für diesen Posten dünkt, kein falsches ist."

Eine schlaue Formulierung, die Hakon mir da entgegensetzt, dachte Bragi, denn den König jetzt zu enttäuschen, hieße, sein Urteil über Bragi öffentlich in Frage zu stellen. So schalt Bragi sich selbst für seine eitle Tiefstapelei, die ihn nun völlig unnötig in diese Lage gebracht hatte, sich vor aller Augen prüfen zu lassen.

Dass Hakon sich über ihn bereits gut informiert haben musste, entnahm Bragi dessen folgenden Worten: „Man hat mir berichtet, dass Ihr Euch, von Eurem kleinen Vortrag während meiner Abwesenheit einmal abgesehen, sonst recht wortkarg gebt. Für einen Skalden, die doch sonst meist recht wortbeflissen und umgänglich sind, ein eher ungewöhnliches Verhalten. Sagt mir deshalb, Herr Bragi, rührt dies aus Eurem einsamen Leben in der Wildnis, wo Eure Zunge ja wohl kaum groß Verwendung fand oder steckt vielleicht Befangenheit dahinter? Fürchtet oder scheut Ihr gar den Menschen? Denn dann wäret Ihr hier an meinem Hofe wahrhaftig fehl am Platze!"

Damit hatte Hakon zielsicher Bragis wunden Punkt getroffen. Und da eine Spur von Aufreizung in dieser Frage lag, erwiderte Bragi gerade heraus: „Nicht schelten soll man den, der schweigend zur Wohnstätte eines Fremden kommt, denn seltener trifft Unglück den Achtsamen. Wenn er zum Mahl geladen wird, spitzt er die Ohren und späht mit Blicken, was ihn umgibt. Der plappernde Unkluge aber, wenn er unter Besonnenen sitzt, fängt sich hinter seinem Rücken erst Augenzwinkern, bald Spott und endlich Schmähungen ein!"

„Ein gute Antwort, Herr Bragi", freute sich Hakon und seine Augen begannen zu leuchten, „vor allem, weil Ihr damit geschickt meiner eigentlichen Frage ausgewichen seid. Dafür erweckt Ihr mit Eurer Antwort mein Interesse daran, wie es mit Eurer Gescheitheit bestellt ist. Lange habt Ihr der Menschen Gesellschaft in der Wildnis entbehren müssen. Man sagt, dass einen dort auf Dauer die Trolle behexen. Sie rauben dem Einsiedler den Verstand und lassen ihn solange taumelnd durchs Dickicht irren, bis endlich Wolf oder Bär sich seiner erbarmen. Den wenigen Glückspilzen aber, die sich mit Tieren und Bäumen gutzustellen wissen, soll ab und an gar göttliche Weisheit zuteil werden. Und gerade Ihr, Herr Bragi, scheint mir zu den wenigen Günstlingen der Götter zu gehören, denen dies widerfahren ist. Wenn dem so ist, dann lasst uns etwas teilhaben an Eurer Weisheit, die Ihr unter freiem Himmel erworben habt, denn oftmals ist für einen König guter Rat mehr wert, als ein geschliffenes Schwert!"

Bragi entspannte sich. Dieser Hakon, gleichwohl herausgeputzt wie ein güldener Fasan, schien ein verständiger und beschlagener Mann. Also sprach Bragi freundlich: „Sagt mir, was Ihr wissen wollt, mein König, und ich will versuchen eine Antwort darauf zu finden, die nach Eurer Zufriedenheit auskommt!“

„Oh, das muss sie gar nicht!“ erwiderte Hakon überrascht. „Auch ein König lernt gerne noch dazu. Und was wäre ich für ein Führer, der nur denen sein Gehör schenkt, die ihm nach dem Maul schwatzen? Der mächtige Mann, der seine Gefolgschaft freigebig hält, hat viele Freunde, doch schwer vermag er einzuschätzen, ob ihm Entgegenkommen aus Dankbarkeit oder nur aus Furcht erwiesen wird, nicht wahr?!“

Bragi nickte ergeben. Hakon stieg in seiner Achtung.

Der besann sich einen Augenblick und sprach dann: „Sagt mir, Herr Bragi, in welchem Vergleich, wo sich der eine Mann mit dem andren misst, ist der Sieg des einen nicht unweigerlich die Niederlage des anderen?“

„Nun...“, begann Bragi gedehnt, um etwas Zeit für seine Antwort zu gewinnen, „dort, wo sich zwei Knaben zum spielerischen Kräftemessen tummeln, mag der Sieg des einen auch ein Gewinn für den anderen sein, sofern er aus seiner Niederlage etwas zu lernen bereit ist. Im blutigen Waffengang zwischen zwei Männern kann es indes geschehen, dass es am End gleich zwei Verlierer gibt. Anders hingegen im geistreichen Wortstreit, aus dem durchaus zwei Sieger hervortreten können. Denn wer seine Betrachtungen im Gefecht der Gedanken widerlegt sieht, gewinnt doch stets an Erkenntnis hinzu. Zumindest sofern er gewillt ist, die Grenzsteine seines ihm bis dahin vertrauten Weltgefüges zu verrücken!“

Bragis Worte führten zu einem raunenden Gemurmel unter den Anwesenden, die ihre erwartungsvollen Blicke bald wieder dem König zuwandten. Dessen Miene zeigte unverhohlene Bewunderung für seinen Gast. „Auch dies eine gute Antwort, Herr Bragi“, lobte ihn Hakon. „Habt Ihr weiteres kluges Wort für uns, dann lasst uns gerne hören. Wie ist es beispielsweise mit der Weisheit im Alter bestellt? Stellt sie sich von alleine ein oder ereilt sie einen lediglich als Laune der Götter?“

Dazu wusste Bragi sogar etwas in Versform vorzubringen:

„Erst wird der Geist beim Klugen alt,
der Körper aber hinterher.
Beim Dummen altert dieser erst,
doch jener Geiste nimmermehr.“

Hakon nickte anerkennend und deutete Bragi fortzufahren.

„Dem einen schenkt's Odin im Schlafe, dem anderen verwehrt er Weisheit trotz härtester Zucht. Doch immer noch besser ist des Verständigen Schlaf, als das Opfer eines Dummen an die Hohen. Denn wer ohne Einsicht ist mit seinem Verstand und ohne Herz und Güte handelt, hat seine Gier ebenso wenig in der Gewalt, wie ein Wagenlenker wilde Rosse!“

„Vortrefflich!", freute sich Hakon und hatte sogleich ein weiteres Anliegen an Bragi: „Nun sagt uns etwas zur Feindschaft unter den Menschen!"

Bragi besann sich kurz und sagte: „Ein kluger Feind ist dem dummen Freund stets vorzuziehen, denn er lehrt uns Wachsamkeit, während der Tor nur unsere Trägheit nährt." Sich langsam warmlaufend, begann Bragi wieder in Versen zu sprechen:

„Müßig ist's, gegen eine Überzahl den Schild zu heben.
Besser ist's, sich dann mit Wortwitz zu erwehren.
Doch dem allzu Forschen entlastet man den Hals,
dem Zungenfertigen winkt eher Gnade.
Sippen und Häuser gehen durch Streit zugrunde,
der Männer Ruhm durch schlimme Taten,
Freundschaften oft durch böses Wort,
durch schlechte Herrscher ganze Staaten.
Eines aber wird niemals vergessen werden,
und das ist das Nachwort über den Toten!"

Hakon klatschte begeistert. „Nun sagt uns zu guter letzt noch etwas über die Wahrheit, Herr Bragi!"

Bragi überlegte angestrengt, während es in der Halle mucksmäuschenstill wurde. Dann sprach er: „Kühn und tapfer, mit Gefahr des Lebens, soll man bereit sein, Wahrheit und Recht zu verteidigen. Wahrheit ist Kraft. Und alles, was einen dagegen schwach macht, körperlich, geistig und im Glauben, verwerfen soll man es und tilgen, denn es ist Gift für Leib und Seele. Oft schmiedet der Mensch Pläne, damit sie von den Göttern wieder umgestoßen werden, doch wenn das Streben ganz der Wahrheit dient, ist das Ergebnis niemals wirklich schädlich. Oftmals sogar besser als das, was wir erwartet hätten, sooft unsere Pläne auch durchkreuzt worden sind. Der Mensch schreitet nicht vom Irrtum zur Wahrheit, sondern stets von der einen Wahrheit zur nächsten. So sind wir angehalten, die Pforten unseres Geistes stets offen zu halten, sodass keine Wahrheit, und sei sie noch so gering, sich wieder abwenden muss, weil sie unsere Türe verschlossen fand. Doch ganz gleich, wie nahe wir der letzten Wahrheit vielleicht auch kommen mögen – keiner ist da, der sie uns bestätigt!"

„Haha, trefflich beobachtet und wahrlich gesprochen!", beklatschte Hakon Bragis Rede. Er schüttelte beeindruckt den Kopf, dann machte er einen Wink und sogleich brachte ein Diener dem Gast ein gefülltes Trinkhorn. Bragi nahm es dankend in Empfang und hielt es Hakon zuprostend entgegen. Der hob darauf ebenfalls seinen Becher, um gemeinsam mit seinem Hofstaat auf Bragi anzustoßen: „Seid hiermit nun als mein erster Hofskalde und Sprecher an diesem Hof willkommen, Herr Bragi Boddason!" Und nachdem sie alle einen tiefen Zug getan hatten, sagte Hakon noch einmal an Bragi gewandt: „Wollt Ihr uns nun die Ehre geben, den Trinkspruch auf die Götter zu verfassen?“

Bragi nickte bedächtig, hob das Horn erneut und ließ etwas von seinem Inhalt auf den Boden schwappen. Dann sprach er in feierlichem Ton:

„Odin alleine vermag zu geben,
Schwert und Sieg den Menschensöhnen,
Helm und Brünne dem hehren Helden,
Mannesmut und Ruhm dem Mächtigen,
Rat und Rede dem redlichen Dichter.
So bitten wir heute zu erlangen Heervaters Huld,
damit dem Gerechten Gunst wird gewährt.“

Und dann, fast mehr noch zu sich selbst sagend, fügte Bragi laut hinzu:

„Maß zu halten allezeit, sei des Edlen Streben,
nicht zu fasten, wenn Hunger dich plagt,
und nicht des Waldes Einsamkeit zu trinken,
wenn nach herzlicher Gesellschaft dich dürstet.
Heil dir nun Odin und Heil euch Asen!“

Darauf dröhnte aus allen Kehlen ein stimmengewaltiges: „Heil euch Asen!“ durch Hakons Halle, der endlich den Befehl gab, das Nachtmahl auftragen zu lassen. Und Bragi, umringt von etlichen Bewunderern, war redlich bemüht, seinen an Entbehrungen gewöhnten Magen dafür zu wappnen, was seine neue Stellung an Anforderungen mit sich bringen würde. Eine Anstellung, zu der er so unverhofft gelangt war, wie manche Jungfrau zu ihrem ersten Kinde.

Am kommenden Tag, als Bragi sich nach dem Verbleib von Hrolf erkundigte, widerfuhr ihm jedoch Sonderbares, denn einen Mann solchen Namens, auf den Bragis Schilderungen zutrafen, schien niemand zu kennen. Gleich wen er auch befragte, nicht einer konnte sich entsinnen, bisher einem Hrolf an Hakons Hof begegnet zu sein. Und als Bragi schließlich die gewichtige Küchenvorsteherin aufsuchte, um dieser zu entlocken, woher sie denn von seiner Ankunft gewusst habe, entgegnete diese knapp, Bragis abgezehrte Gestalt hätte ihr Mitleid geweckt, weshalb sie ihn mit in die Küche genommen habe. Aber wer ihr denn verraten hätte, dass er draußen vor dem Tor gestanden habe, bedrängte Bragi sie weiter. Doch mit einem Schulterzucken erklärte die beschäftigte Frau, dass sie davon nichts wisse, Bragi sie doch bitte in Ruhe weiter ihre Arbeit verrichten lassen solle.

Das alles nun kam Bragi äußerst eigenartig vor. Da er aber niemanden fand, der ihm hierauf hätte eine Erklärung geben können, blieb ihm nichts anderes übrig, als sich mit diesem Rätsel zu begnügen. Und als er wieder allein in seiner Kammer saß und darüber nachgrübelte, murmelte er in altgewohnter Weise zu sich selbst: „Wenig sinnvoll schien es mir stets, das eigene Leben der unerprobten Treue von Fremden anzuvertrauen. Und doch habe ich wider meinen eigenen Grundsatz gehandelt, als ich diesem Hrolf hierhin nach Trondheim folgte. Tja, und hier bin ich nun einmal gelandet. Wissen die Götter, für was dies noch gut sein soll." Er zuckte die Schultern und schloss: „Hm, ich werd's wohl noch früh genug erfahren." Schließlich war er es ja inzwischen gewohnt, dass die Seele sich zuweilen auf den verschlungensten Pfaden bewegt. Für den Moment freuten sich seine schon mit leichtem Rheuma geplagten Knochen, dass sie sich endlich wieder auf eine trockene, wollige Lagerstatt betten durften. Bis zum kommenden Frühling eine willkommene Bleibe. Was danach kam? Was kümmerte es ihn heute?! Im Wald hatte er gelernt im Augenblick zu leben und seine Tätigkeiten nach den Launen des Wetters zu richten. Und so gedachte er es auch für seinen weiteren Lebensweg beizubehalten.

Mit einer für ihn selbst ungewohnten Bereitwilligkeit, begann Bragi sich an Hakons Hof einzuleben. Wo immer er am Tage seine Schritte hin lenkte, begegnete man ihm voller Respekt und Ehrerbietung. Fürsten und wichtige Händler, die an Hakons Hof ein- und ausgingen, neigten vor ihm höflich das Haupt oder traten beiseite, um ihn vorbeizulassen. Kein Vergleich mehr zu jenen neidvollen Blicken und Anfeindungen, die Bragi in jüngeren Jahren anfänglich am Hof von Fürst Arnkel hatte erdulden müssen. Und dies nach nur wenigen Wochen mit einer Selbstverständlichkeit, dass es schien, als habe Bragi sein Leben lang nichts anderes getan, als an Hakons Hof zu dienen. Am Abend beknieten und bettelten die Menschen ihn geradezu an, sie mit seiner Kunst zu ergötzen. Bragi fühlte sich ob dieser zahlreichen Zuwendungen sehr geschmeichelt und sog die so lang entbehrte menschliche Aufmerksamkeit auf wie ein Schwamm.

Zeitgleich wuchs sein Ruf im ganzen Lande. Überall begann sich herumzusprechen, dass der weithin berühmte, längst totgeglaubte Bragi Boddason aus dem Exil zurückgekehrt sei und nun an Hakons königlichem Hofe in Trondheim residiere, an dem er seine Kunst zum Besten gab. Auch Hakon tat alles, was in seiner Macht stand, um den Ruhm seines neu erworbenen Sängers über die Grenzen seines Reiches hinaus zu mehren. Er ließ große Bankette anberaumen und die wichtigsten und vornehmsten Häupter Skandinaviens standen Schlange, um auf diesen zugegen zu sein. Alle waren sich darüber einig, wenigstens einmal in ihrem Leben Bragis göttergleichem Spiel lauschen zu müssen.

Ja, mit einem Male hatte der eben noch kümmerlich dahindarbende Einsiedler es zu großem Ruhm und Ansehen gebracht. Und dies zu einem Zeitpunkt, als Bragi mit seinem Leben fast schon abgeschlossen gehabt hatte. Ach, wenn Bodda das doch noch hätte miterleben können, dachte Bragi seufzend. Die Nornen schienen den Faden seines Wyrds tatsächlich versilbert zu haben. Es war, als lebe Bragi nun den letzten großen Traum seines Ziehvaters.

Darüber aber vergaß er sein zu Beginn gegebenes Versprechen nicht, sodass der Bauer nicht schlecht staunte, als Bragi eines Abends seine ärmliche Hütte betrat. Der Mann erkannte Bragi kaum wieder, so gut gekleidet und wohlgenährt wie er nun war. Und als des Königs erster Hofskalde dem armen Mann offenbarte, dass Bragi es alleine ihm zu verdanken habe, dass er noch vor seiner Ankunft in Trondheim nicht gleich wieder die Flucht ergriffen hätte, um einfach wieder im Wald zu verschwinden, konnte der diese Geschichte kaum glauben. Sogleich rief er seine alte Schwiegermutter und Kinder herbei und verkündete ihnen voller Stolz, dass vor ihnen kein anderer als Bragi Boddason persönlich stehe, des Königs erster und berühmtester Hofskalde. Da klappte ihnen allen die Kinnlade herunter. Und Bragi bedankte sich, indem er für die kleine Familie aufspielte und ihnen hierdurch einen unvergesslichen Abend bescherte, von dem in fernen Jahren noch die Kindeskinder des Bauern ihren Kindern berichten sollten. Ja, es war ein gutes Gefühl für Bragi, etwas geben zu können, wenn man selbst nicht länger im Mangel stand.

Doch wie es zuweilen geht, wenn der Mensch nach langem Dahindarben endlich in einem warmen Nest zur Ruhe kommt, gingen all die vielen Feierlichkeiten auch an Bragi nicht spurlos vorüber. Doch waren es diesmal weder der Überdruss, noch Langeweile oder gar die Enge, die ihm das Leben schwer machten, nein, diesmal war es die Enge seines Gürtels, die ihn drückte. Sein Bauch nämlich gedieh unter all den genossenen Zuwendungen prächtig. Schuld waren die reichhaltigen Mahlzeiten an Hakons Hof, die ihm nach den langen Entbehrungen so vorzüglich schmeckten. Dies hatte zur Folge, dass Bragi nach nur wenigen Monaten wieder so gut im Futter stand, dass die Küchenvorsteherin und Hakon ihn ob seines gesunden Aussehens lobten. In einem wohlgenährten Leib klänge auch seine Stimme wieder voller, erklärte ihm Hakon augenzwinkernd, der ebenfalls ein Freund der guten Küche war.

Auch sonst wurde Bragi jeder Wunsch von den Lippen abgelesen und nach bestem Vermögen erfüllt. Sogar ein persönlicher Leibwächter wurde ihm für seine Spaziergänge zur Seite gestellt, der bald zu Bragis zweitem Schatten wurde. Dies nun fand unser Skalde, der ans Alleinsein gewöhnt war, äußerst befremdlich, da er sich hierdurch in seiner Bewegungsfreiheit stark eingeschränkt fühlte. Und da er seine Inspiration nun einmal aus der Einsamkeit der Natur schöpfte, bat er Hakon, diese Entscheidung wieder rückgängig zu machen. Der zeigte sich ob Bragis Gesuch jedoch zum ersten Male verstimmt. Die Sicherheit seines ersten Skalden läge ihm sehr am Herzen, beteuerte Hakon nachdrücklich. Längst wäre er selbst nicht mehr der einzige im Lande, der untröstlich darüber wäre, wenn Bragi irgendetwas zustoßen würde, so der König weiter. Schließlich einigten sie sich darauf, dass man Bragi einen Mann zur Seite stellte, den er nicht bemerken würde. Obwohl Bragi anfänglich berechtigte Zweifel hegte, hatte er dem Vorschlag zugestimmt, da er Hakon nicht verärgern wollte. Bragi wurde ein maurischerWaldläufer zugeteilt, der schon seit vielen Jahren an Hakons Hof lebte und diesem treu ergeben war. Und obwohl der seine neue Aufgabe vortrefflich beherrschte und sich niemals in Bragis Nähe blicken ließ, fühlte der sich doch von nun an auf unangenehme Weise beobachtet. Immer wieder ertappte sich Bragi dabei, wie er Ausschau nach diesem Mann hielt.

Irgendwann aber begann Bragi sich sogar daran zu gewöhnen, auf Schritt und Tritt belauert zu werden. Er vergaß es sogar. Und eines Tages rief er den Mauren dann zu sich, um ihm eine seiner soeben ersonnenen Dichtungen vorzutragen. Der Mann trat aus dem Dickicht heraus, setzte sich brav hin zu ihm und tat, was Bragi ihm sagte. Und da der Maure ein schweigsamer Geselle war, hatte Bragi fortan einen willigen Zuhörer, wann immer ihn danach verlangte.

Zum Hofe von Trondheim es kam gezogen,
ein fahrender Trupp aus Trommlern und Tänzern.
Vor Hakons Tafel sie wünschten zu tanzen,
mit Singsang und Frohsinn zu füllen den Saal.
Im Reigen bunter Bänder die Halle erbebte,
auf blanken Gliedern erschimmerte die Glut.

# 27. Eine alte Liebe

Wie im Fluge verging der Winter für Bragi. Es folgten Frühling, Sommer und Herbst, bis sich ein zweiter Winter über Trondheim senkte. Die Jahreszeiten kamen und gingen, als der Frühling für Bragi an Hakons Hof zum dritten Male wiederkehren sollte. Die Sonne stand wieder länger am Himmel und rang der Dunkelheit mit jedem kommenden Tag weitere kostbare Minuten ab. Und mit dem Einschießen der Säfte in die Natur, verspürte auch Bragi das altvertraute Ziehen, das ihn noch immer an Leib und Seele zu packen verstand, und ihn drängte, wieder hinaus in die Ferne zu ziehen. Während ausgedehnter Spaziergänge sann er viel darüber nach, ob es wohl lohne, seinem jetzigen, vor Überfluss wahrlich strotzenden Wohnsitz noch einmal den Rücken zu kehren. Er wog dieses gegen jenes ab, fand es dann am Abend aber umso behaglicher, sich an eine gedeckte Tafel setzen zu können, um sich hernach von Hakons Hausleuten zum Aufspielen bitten zu lassen. Ja, das Alter förderte Bequemlichkeit zutage, und Bragi, der nun besser als jeder andere beide Seiten des Lebens kannte, wollte keinen wirklichen Grund mehr dafür finden, warum er Trondheim, das für ihn zu einer Insel der Glückseligkeit geworden war, wieder verlassen sollte. Wäre da nur nicht immer wieder dieser lästige Ruf in seinem Inneren gewesen, den zum Verstummen zu bringen ihm einfach nicht gelingen wollte. Er hasste es, sich feist und träge zu fühlen, doch die Aussicht, seine von Rheuma und Gicht geplagten Knochen erneut den klammen Wäldern auszusetzen, dünkte ihn ein immer größer werdendes Wagnis. Vielleicht ist es besser so, mahnte er sich dann immer selbst zur Einsicht. Hier hast du nun dein Gnadenbrot gefunden, das wohl weitaus geringer hätte ausfallen können. Also sei zufrieden mit dem, was du hast, und vergräme mit deinem Undank nicht die Nornen.

Und in der Tat schienen die drei geheimnisvollen Schwestern alles ihren Kräften Mögliche anzustellen, um Bragi bei Laune zu halten. So geschah es einmal, dass ein hoher Fürst Namens Ragnar, der für eine Woche als Gast an Hakons Hof weilte, Bragi zum Dank für die allabendlich genossene Unterhaltung einen kostbaren Prunkschild überreichen lies. Dieser zeigte in kunstvoll ausgeführter Miniaturarbeit vier bunte Szenen aus der Welt der Götter, wie sie unter den Menschen bereits erzählt wurden. Bragi war über dieses völlig unverhoffte Geschenk so dankbar, dass er zu Ehren Ragnars eine Drápa über diesen kostbaren Schild verfasste. Und da Ragnardiese Drápa stets in Ehren hielt und später aufzeichnen ließ, gilt sie auf Midgard bis heute als das älteste erhaltene Werk skaldischer Dichtung.

Dann aber geschah etwas, das Bragis gefassten Entschluss noch einmal auf die Probe stellen sollte. Kurzfristig wurde bei Hofe eine fahrende Spielmannstruppe angekündigt. Von großartigen Tänzerinnen war die Rede, und Bragi, der hierdurch an seine eigene Vergangenheit erinnert wurde, erwartete ihren Auftritt mit großer Spannung. Viel zu langsam kam der Abend, doch als er endlich da war, betrat eine Gruppe von sechs prächtig geschmückten Tänzerinnen die große Königshalle. Ihre bauchfreien Gewänder bestanden aus bauschigen Stoffen und waren auf Taillenhöhe mit breiten, prächtig verzierten, Gürteln versehen, an denen allerlei Zierrat aus gehämmerten Metallplättchen und Troddeln befestigt war. In ihren Händen hielten die Frauen bunte Tücher, die sich bei ihren Drehungen wie Schleier aufbauschten. Eine Handvoll Männer, allesamt mit schweren Trommeln ausgestattet, fanden sich hinter den Frauen ein, bereit, für diese aufzuschlagen. Hakon hatte bereits ausgiebig getafelt und eine wohlwollende Miene aufgesetzt. Zufrieden betrachtete er die Ankömmlinge, bis er durch sein Klatschen das Signal für den Beginn der Vorstellung gab. Die Trommeln hoben an und in die Tänzerinnen kam Bewegung. Sie hatten ihre Formation so gewählt, dass sie sich direkt vor Hakons Hochsitz aufreihten. Was folgte, war eine selten gesehene Glanzleistung rhythmischer Akrobatik. Die Frauen drehten und wirbelten in so vollkommenem Gleichmaß, dass Bragi, der an diesem Abend ein wenig abseits saß, vor Begeisterung laut in die Hände klatschte. Während die Tänzerinnen sich drehten, hüpften und umherwirbelten, ließen sie abwechselnd immer wieder eine andere Frau an ihre Spitze, die sodann den Ablauf vorgab.

Eine der Tänzerinnen stach ganz besonders hervor. Wie vollkommen sich diese zu bewegen weiß, dachte Bragi bewundernd. Welch eine Ästhetik, welch eine Anmut! Wie diese Frau ihre Haare wirft, ihre Hände dreht und versteht, ihr Becken kreisen zu lassen. So, wie es einst Olga getan hatte. Ein mildes Lächeln überzog Bragis Gesicht. Ja, in der Tat, sie glich ihr wie – Moment mal! Konnte es etwa sein, dass...? Schlagartig veränderte sich seine Sitzhaltung, und nervös begann er, auf seinem Schemel hin und herzurutschen. Bragis Augen nahmen einen lauernden Ausdruck an, als sie nun die Reihe der Trommler abwanderten. Mit fiebrigem Blick suchte er unter den Musikern seine alten Kameraden zu entdecken. Doch war kein Gorm unter ihnen auszumachen. Aber der da hinten, der Plumpe, der wegen seines steifen Beines gleich auf zwei Schemeln Platz genommen hatte und mit recht dumpfer Miene seine Trommel schlug, war das nicht Glaumar? Und ob!

Bragi erhob sich mit einem solch kräftigen Ruck, dass der Stuhl, auf dem er saß, hinter ihm polternd umfiel. Einige der Gäste starrten halb erstaunt, halb verstimmt zu ihm hin. Im nächsten Moment verstummte die Musik. Das erste Stück war beendet. Die schwer atmenden Tänzerinnen verharrten eindrucksvoll in ihrer letzten Bewegung und ein stürmischer Applaus brandete durch den Saal. Die Frauen verbeugten sich tief in Hakons Richtung, als die Trommeln auch schon erneut anhoben. Ihr dumpfes Wummern ließ die Halle erbeben, und schon begann die muntere Truppe ihren nächsten Tanz vorzuführen.

Diesmal jedoch wandten die Tänzerinnen ihre Aufmerksamkeit von Hakon ab und steuerten ein anderes Ziel an. Und das war Bragi. Der stand jetzt wie angewurzelt, während die Frauen in eine Reihe geglitten waren und nun wie ein schunkelnder Tatzelwurm auf ihn zuhielten. Die Zuschauer waren über diesen unvermuteten Richtungswechsel nicht weniger erstaunt, als Bragi selbst, und rasch sprangen einige Gäste beiseite, um Platz zu schaffen. Lachend nahm die Gruppe den völlig verblüfften Hofskalden jetzt in ihre Mitte. Bragis Augenlider zuckten im flatternden Farbenspiel der bunten Bänder, mit denen die Frauen ihn umwirbelten. Die zahlreichen Kettchen und Reifen an ihren Handgelenken und Armen klapperten im Takt.

Und dann war sie vor ihm. Seine Olga. Ihre Augen begegneten sich und ein Aufleuchten darin verriet ihm, dass auch sie ihn erkannt hatte. Bragi glaubte fast ohnmächtig werden zu müssen. Noch immer lauerten Geheimnisse in ihrem unergründlichen Blick, der von seinem einstigen Zauber nichts eingebüßt hatte. Denn wenn je etwas Olga als unverwechselbar ausgezeichnet hatte, dann waren es diese grünlichen, alles durchdringenden Augen. Wenn sie einen damit ansah, gab es für Bragi nichts anderes mehr auf dieser Welt. Und mit ihrem entwaffnenden Lächeln entfachte Olga jenes alte Feuer, dessen Glut Bragi längst schon verloschen geglaubt. Doch es war nicht das zarte Aufflackern alter Gefühle, sondern ein emotionaler Flächenbrand, der ihn binnen Sekunden lichterloh in Flammen zu setzen verstand.

Sieh, nun lächelt sie dir wieder zu, dachte er benommen vor Glück, und das Leben braust durch dieses Lächeln hindurch, in dem ich doch immer nur ein Sklave sein werde. Gut sah sie aus, trotz all der vergangenen Jahre, die ihrer Schönheit keinen Abbruch getan hatten. Reifer und vollständiger war sie geworden, zweifelsohne. Olgas Selbstbewusstsein hatte einen Grad erreicht, dem Bragi, trotz seiner Abgeklärtheit, noch immer nichts entgegenzusetzen hatte. Und so war es auch diesmal an ihm, den Blick zwischen ihnen wieder als erster zu senken. Sie war einfach zu viel für ihn. Noch immer. Und das nach all dieser Zeit. Ihr war es seither offensichtlich recht gut ergangen, zumindest hatte sie wohl kein so kärgliches Dasein gefristet, wie er all die Jahre.

Die Frauen umtanzten ihn weiter, während Olga ihn nun mit ihren Schleiern umgarnte. Bragis Augen schimmerten wässrig. Vergessen war der alte Schmerz, vergessen sein Groll über ihren einstigen Treuebruch, ihren Verrat mit Gorm. Nach so einer langen Zeit hatten sie einander endlich wiedergefunden. In seligem Verzücken ließ Bragi seinen Freudentränen freien Lauf. Was kümmerte es ihn, dass Hakons gesamter Hofstaat ihm dabei zusah. Er sah nur noch sie. Olga – die einzige Frau, die Bragi jemals wirklich geliebt hatte.

Als die Frauen ihren zweiten Tanz beendet hatten und der erneute Applaus versiegt war, scholl Hakons Stimme durch den Saal. „Sieh da, sieh da", frohlockte er, „da muss unser hochgeschätzter Skalde erst zum Hahn im Korb werden, dass er uns einmal an seiner eigenen Rührung teilhaben lässt!"

Bragi erwachte wie aus einem Traum. Mit verstörtem Blick machte er eine entschuldigende Verbeugung in Hakons Richtung. Der amüsierte sich köstlich, seinen sonst so gefasst wirkenden Hofskalden in solch aufgewühltem Zustand zu erblicken.

Hakon erhob sich und augenblicklich wurde es völlig still im Saal. Dann sprach er: „Hört her, ihr alle, denn ihr sollt wissen, dass unser verehrter Bragi und diese wunderbare Tänzerin Namens Olga hier, vor langer Zeit ein Liebespaar waren!"

Ein interessiertes Gemurmel erhob sich unter den Leuten. Bragi aber runzelte die Stirn. Woher konnte Hakon wissen, dass er und Olga...? Sein fragender Blick suchte Olgas Augen, doch sie blickte, wie alle jetzt, zu Hakon. Was wurde hier gespielt? Doch zu weiteren Überlegungen kam er nicht, denn Hakon fuhr mit seiner Rede fort. Gleichzeitig schritt er auf Olga zu, ergriff mit großartiger Gebärde ihre Hand und hob sie mit der seinen an. Er drehte sie zweimal im Kreise, sodass ihr Rock sich weit aufbauschte und sie ein jeder noch einmal ausführlich in Augenschein nehmen konnte. Alles wirkte seltsam aufeinander abgestimmt.

„Ja, meine lieben Freunde", klärte Hakon sie alle weiter auf, „ich war ebenso überrascht wie ihr, als diese schöne Frau hier mich um eine Unterredung aufsuchte, bei der sie mir mitteilte, dass der eigentliche Grund ihres Besuches nicht meiner Unterhaltung, sondern einem Wiedersehen mit ihrem einstigen Liebhaber gälte." Hakon wies mit der anderen Hand auf Bragi. Die Menschen lachten, einige applaudierten. „Kurzum", fuhr Hakon fort, „ich versprach, ihr kleines Geheimnis einstweilen zu wahren, um unserem lieben Skalden auf diesem Wege eine besondere Überraschung zu bereiten!"

Und diese nun war wohl gelungen. Unter donnerndem Beifall führte Hakon Olga jetzt an der Hand auf Bragi zu und übergab ihm diese. Der konnte ein lautes Aufschluchzen nicht verhindern, das im lauten Applausgetöse jedoch völlig unterging. Dann endlich durfte er seine Olga vor aller Augen in die Arme schließen. Bragis Knie wurden weich und er fürchtete, auf der Stelle tot umfallen zu müssen. Sogleich sprangen mehrere Tänzerinnen herbei, fingen Bragi auf und halfen, ihn auf seinen Platz zurückzugeleiten. Dort setzten sie ihn wie ein zu betüddelndes Väterchen ab, um sich sogleich wieder einzureihen und in neuer Formation aufzustellen.

„Schenken wir unserem großen Meister der Dichtkunst einen Moment der Besinnung und inneren Sammlung", sprach Hakon nachsichtig, wäh-

rend er mit gewichtiger Miene zu seinem Thron zurückschritt, „und wenden uns stattdessen noch einmal diesen wunderbaren Tänzerinnen zu!" Wieder Applaus, dann das erneute Einsetzen der Trommeln, und die Frauen, mitsamt Olga an ihrer Spitze, hoben zu einer weiteren Darbietung an.

Eine Stunde später, in einer der dunkleren Ecke von Hakons großer Königshalle, saßen sich Bragi und Olga endlich alleine gegenüber. Eine kleine Schale, in der eine tranige Flüssigkeit flackernd vor sich hin qualmte, tauchte ihre Gesichter in ein schummriges Licht. Lange wagte keiner von ihnen etwas zu sagen, dafür hielten sie einander fest an den Händen. Ihre Blicke sagten mehr, als tausend Worte es jemals vermocht hätten, setzten stattdessen aber eine Sturzflut aus alten Bildern und verschütteten Gefühlen in Bewegung. Nur die Tischplatte trennte sie noch voneinander.

Endlich fasste Bragi sich ein Herz: „Wie hast du mich gefunden?"

Ganz wie früher, legte Olga den Kopf leicht zur Seite, senkte den Blick und sagte lächelnd: „Nun, inzwischen ist es einiges leichter geworden, dich zu finden. Nachdem ich über zehn Jahre lang gar nichts von dir vernommen hatte, ist dein Name plötzlich in aller Munde. Und ich komme noch immer viel herum, weißt du?!"

Bragi nickte, ein dicker Kloß steckte in seinem Hals. „Verzeih. Ich habe mich hier seit fast drei Jahren nicht mehr fortbewegt", erklärte er bedauernd. „Da bekommt man nicht mehr so viel mit von dem, was sich da draußen tut."

Sie hob erstaunt die Augenbrauen: „Hier, an Hakons prächtigem Hofsitz, wo sämtliche Neuigkeiten zusammenlaufen? Wirklich nur sehr schwer vorstellbar. Ist es nicht eher so, dass dich gar nicht interessiert, was in der Welt so vor sich geht?!"

Bragi lächelte. Warum sollte er ihr etwas vormachen? Sie kannte ihn eben doch besser.

„Du genießt inzwischen einen sehr guten Ruf da draußen, der dir weit vorauseilt", sagte sie anerkennend. „Zunächst wagte ich kaum zu hoffen, dass es sich bei der Erwähnung deines Namens tatsächlich um dich handeln könnte. Doch als ich unterwegs auf Leute aus Trondheim traf, die wahre Lobeshymnen auf dich sangen, war mir bald klar, dass nur du alleine damit gemeint sein konntest." Und bewundernd seinen grau gewordenen Bart betrachtend, fügte sie hinzu: „Was für eine ehrwürdige Erscheinung du nun abgibst. Ein echter Skalde durch und durch."

Ihr Lächeln schlug ihn noch immer ganz in ihren Bann. Er himmelte sie an.

„Wie schön, du wirst noch immer rot, wenn man dich lobt", freute sich Olga.

„Das schaffen nicht mehr viele", entgegnete Bragi geschmeichelt. „Wie ist es dir ergangen in all den Jahren? Gut schaust du aus!"

Jetzt war sie es, die leicht errötete. Doch schnell hatte sie sich wieder gefangen. Die nächsten Worte verrieten, warum: „Oh, nach deinem plötzlichen Fortgang schlugen wir drei uns eine Weile mehr schlecht als recht durchs Leben. Du hattest eine schlimme Leere hinterlassen, hast uns damals wirklich gefehlt. Oft mussten wir uns hungrig schlafen legen. Ein unstetes, rastloses Dasein, na, du kennst es ja. Dann hatte ich eines Nachts einen Traum, in dem ich mich selbst an der Spitze einer Gruppe von Tänzerinnen sah, die sich alle gemeinsam wie nur eine Person bewegten. Wir waren wie eine Schlange, die den Menschen Lust und Freude brachte. Und wie du siehst, habe ich ihn verwirklicht."

„Das hast du!", stellte Bragi strahlend fest und drückte ihre Hand. „Das war sicherlich nicht einfach. Du hast also keine Familie gegründet, keine Kinder in diese Welt gesetzt, wie du es einst vorhattest? Eine so wunderbare Frau wie du sollte ihr Blut unbedingt weitergeben. Dir müssen doch noch immer unzählige Freier zu Füßen liegen?!"

Sie spielte etwas verlegen an ihren Haaren. Dabei rutschten ihre zahlreichen Armreifen klirrend aufeinander. „Nun ja, die meisten Männer fürchten sich vor Frauen, die frei und unabhängig sind. Und außerdem ... das Tanzen war immer mein Leben, mein einziger wirklicher Traum. Welcher Mann würde mir so ein Leben zugestehen? Auch du hattest große Probleme damit, dass ich meine eigene Herrin war. Du erinnerst dich?"

Bragi, der seine Freude darüber, dass Olga nicht geheiratet hatte und Mutter geworden war, kaum verbergen konnte, wechselte schnell dieses für ihn äußerst unangenehme Thema und fragte: „Und Gorm und Glaumar? Wie geht es ihnen?"

„Das kannst du Glaumar gerne selber fragen", sagte sie bestimmt und deutete mit dem Kopf in jene Richtung, wo jetzt der Rest ihrer Truppe an einem langen Tisch gesellig beieinander saß und ausgiebig zechte. „Er freut sich schon sehr darauf, dich zu treffen."

Bragi lächelte selig. „Und Gorm? Habt ihr ihn nicht mehr bei euch? Rennt er noch immer jeder Schürze hinterdrein? Lüstern und unersättlich wie ein großes, neugieriges Kind?"

„Wir haben ihn vor drei Jahren begraben", sagte Olga ernst. „Er verstarb an den Folgen einer schweren Lungenentzündung. Allerdings war er zuvor schon geschwächt. Hatte sich bei einem seiner zahlreichen Stelldichein irgendetwas eingefangen. Nun ja, er sagte am Sterbebett, er habe, dank dir, Glaumar und mir, ein erfülltes Leben gehabt."

Die plötzliche Kunde von Gorms Tod berührte Bragi mehr, als er erwartet hätte. Gleichzeitig war ihm, als ob das Vernehmen von Gorms letzten Sterbeworten einen finsteren Brodem hinfort wehte, der all die vergangenen Jahre hindurch wie unbewegt über Bragi gehangen hatte. Eine dunkle, vergiftete Wolke, einst von Bragi selbst heraufbeschworen, als er und Gorm sich wegen Olga zerworfen hatten. Wegen dieser schönen Frau, die ihm nun gegenübersaß und ihn aus wehmütigen Augen anblickte. Und mit einem Male, tat sich die Erinnerung an ihre gemeinsame Vergangenheit wie eine Kluft zwischen ihnen auf. Und Bragi, der nicht länger mehr an sich halten konnte, weil die bittere Anklage, die er so viele Jahre über zentnerschwer mit sich herumgeschleppt hatte, nun wieder im Raum stand, flüsterte leise: „Ich hätte mein Leben für dich gegeben. Warum hast du dich damals nur wieder zu Gorm gelegt, nachdem du doch wusstest, was ich für dich empfand?!"

Nun war es also endlich heraus. Jene bohrende Frage, die ihn seit jener schicksalhaften Nacht seines Fortgangs immer und immer wieder in seinen Träumen gequält hatte.

Olga sah ihn eindringlich an. Ihr abschätzender Blick schien sich bis in seine Seele zu bohren, als sie ihm eine Gegenfrage stellte: „Hast du mich denn dort bei Gorm damals liegen sehen?"

„Was?", entwich es Bragi verdattert. Unzählige Male hatte er sich bereits vorgestellt, was Olga ihm auf diesen Vorwurf hin wohl antworten würde, wenn er noch einmal die Gelegenheit finden sollte, sie zur Rede zu stellen. Hatte sich ausgemalt, dass sie darauf möglicherweise Scham, Reue oder irgendeine andere Regung des Bedauerns zeigen würde. Aber das? Eine Gegenfrage. In ihm überschlugen sich die Gedanken und angestrengt mühte er sich, den Ablauf der Ereignisse in jener unheiligen Nacht sich noch einmal in Erinnerung zu rufen. Er wurde nervös. „Ich ... nein. Aber..." stammelte er verwirrt und eine bitterböse Vorahnung beschlich ihn. Olga lächelte ihn noch immer an, doch es war jetzt ein mitleidiges Lächeln. Ein Bedauern lag in ihren Augen, dass Bragis schlimmste Befürchtung bis ins schier Unerträgliche anwachsen ließ.

Endlich sagte sie: „Es war das blutjunge Mädchen. Die mit den blonden Zöpfen, die einen von euch beiden dazu auserkoren hatte, in dieser Nacht ihre Unschuld an ihn zu verlieren. Sie muss uns im Dunkeln heimlich nachgekommen sein."

Das plötzlich wiedererwachte Reptil in Bragis Herzen erhob sich zuckend.

„Und als sie unser kleines Feuer aufgespürt hatte", fuhr Olga leise fort, „ist sie dann wohl zu Gorm unter die Decke geschlüpft. Wir wissen ja beide, wie er mit solch unverhofften Angeboten verfuhr. Als ich von ihrem Treiben erwachte, bat ich die beiden, ihr Getändel doch etwas weiter abseits fortzusetzen. Das taten sie dann auch. Leider nicht weit genug für mich, sodass ich wieder hätte einschlafen können. In der Hoffnung, dass ihre Paarung nicht die ganze Nacht über andauern würde, erhob ich mich also und ging noch ein wenig alleine spazieren..."

Ihre letzten Worte vernahm Bragi nur noch aus weiter Ferne. Ein monotones Summen hatte sich darüber gelegt, das jetzt seinen gesamten Gehörgang erfüllte, während er Olga in ungläubigem Entsetzen anstarrte. Bragis Stimme war ein kraftloses Gestammel, als er hervorstotterte: „Du ... du warst gar nicht?... Du bist..."

„Spazieren gewesen, genau", sagte sie ruhig und blickte ihn nun traurig an.

Oh ihr Götter, dachte Bragi ohnmächtig, womit nur habe ich euch erzürnt? Die Gewahrwerdung seines Irrtums, seiner eigenen Verfehlung, traf ihn mit der Wucht eines Faustschlages in die Magengrube. Das erwachte Un-

tier in seiner Brust kreischte heulend auf und wand sich wimmernd durch seine Eingeweide. Bragis in den vergangenen drei Jahren nur mühsam wiedererlangter Glaube an das Gute am Menschsein, erlosch so zischend wie ein glühendes Stück Eisen, das ein Schmied in einen Bottich voll eiskalten Wassers taucht.

„Ich dachte...", krächzte er trocken. Alles begann sich um ihn zu drehen.

„Du dachtest, ich wäre das mit Gorm unter seiner Decke, nicht wahr?", stellte sie nüchtern fest.

Bragi nickte finster und senkte den Blick. Nicht länger wagte er es, Olga anzusehen. Seine Beschämung schwoll so unermesslich an, dass es körperlich schmerzte. Sein Herz begann sich zusammenzukrampfen und nur mühsam rang er nach Atem.

„Ja, kein sonderlich feiner Zug von dir, dich ohne ein Wort zu verabschieden und wie ein Dieb davonzuschleichen", bohrte Olga weiter im Gift seiner schwärenden Wunde. Doch weder Vorwurf, noch Tadel oder Häme schwangen in ihrer Stimme mit, was Bragi jedoch noch als weitaus schlimmer empfand. Hätte sie ihn geschmäht, verflucht, geschlagen, egal was, aber dieses Verständnis in ihrem Blick, das war zuviel für ihn. Ja, sie hatte ihm bereits vergeben. Doch sich selbst würde Bragi niemals vergeben können.

Nur langsam begann sich sein geschwächtes Herz wieder zu entkrampfen. „Aber warum bist du mir nicht gefolgt? Mir hinterhergelaufen, um mich zurück zu holen?", japste er. In Bragis Augen stand ein vergebliches Flehen.

Doch Olgas Schweigen dauerte lange genug, um Bragi die Gelegenheit zu geben, sich über die Dummheit seiner Frage ausgiebig schämen zu können. „Natürlich", sagte er endlich. „Warum solltest du einem liebeskranken Narren hinterdrein laufen, der, von Eifersucht zerfressen, feige das Weite sucht..."

„Nicht deine Eifersucht war es, die mich verletzt hat, Bragi", sagte sie und strich ihm dabei eine Träne der Reue von der Wange. „Damit hätte ich leben können. Wenngleich es für mich nicht einfach gewesen wäre, mit einem Dichter zusammenzubleiben, der auf der einen Seite die reine und vollkommene Natur der ewigen Liebe besingt, gleichzeitig aber nicht imstande war, diese Liebe über meine Inbesitznahme hinaus zu erheben. Nein, was mich wirklich tief in meinem Innersten verletzt hat, war, dass du mir zugetrautest, dass ich mich nach all dem, was wir beide miteinander geteilt hatten, erneut mit einem wie Gorm einlassen würde. Dieses Misstrauen in unsere Freundschaft war der eigentliche Grund dafür, warum ich dich gehen lassen musste..."

Und endlich erkannte Bragi das ganze schmerzhafte Ausmaß seines Irrtums. Nicht Gorm und Olga hatten ihn damals miteinander betrogen, ihn verraten, nein, er selbst war es gewesen, der ihre Freundschaft verraten hatte, als er sich in jener schicksalhaften Nacht ohne ein Wort des Abschieds von ihnen allen abgewandt hatte. Sich verletzt und gedemütigt in sich selbst zurückgezogen hatte, um in einsamer Stille sein Schicksal zu beweinen und fortan die Welt für ihre herzlose Falschheit zu verachten. Bragi schwieg. Gedemütigt, getreten, am Boden zerstört. Jedes weitere Wort von Olga war wie ein Stich in sein zuckendes Herz.

Aber sie fuhr fort: „Heute weiß ich, dass ich damals falsch reagiert habe, nachdem du mir deine Liebesode vorgetragen hattest. Ich habe dich damals verletzt, tief verletzt. Und es tut mir so unendlich leid. Aber ich war zu dieser Zeit einfach noch nicht so weit. Ich konnte weder begreifen, noch wollte ich erkennen, wie aufrichtig deine Liebe zu mir war."

„Aufrichtig?", schnaubte Bragi schroff. Alles, was er im Augenblick zu fühlen imstande war, waren Verachtung und Selbstekel. Wenn sie ihn schon nicht verurteilte, würde er sich eben selbst geißeln müssen.

„Sei nicht so streng zu dir!", ermahnte ihn Olga. „Deine Liebesode war ganz und gar durchdrungen von diesem schönsten Teil deines wunderbaren Wesens. Doch bestehen wir Menschen leider aus noch weit anderen Dingen, als diesem romantischen Anteil. Ich selbst war zu diesem Zeitpunkt noch so tief verletzt von dem, was mir zuvor angetan worden war. Um mich zu schützen, hatte ich mir geschworen, mich niemals wieder mit einem Mann einzulassen." Sie machte eine Pause und wurde leiser: „Ein furchtbarer Schwur, der mich bis heute schützt. Auch vor mir selbst..."

Jetzt fand Bragi doch wieder die Kraft, zu ihr aufzublicken. „Du, du hast seit unserer letzten gemeinsamen Nacht keinen anderen Mann mehr geliebt?“ Ein dünner Hoffnungsstreifen schimmerte am düsteren Abgrund seiner Seele.

Sie schüttelte verneinend den Kopf: „Es brauchte lange, bis deine Ode das Eis meines erstarrten Herzens durchdrang, es zaghaft zum Schmelzen brachte und mich endlich dort erreichte, wo unsere einstige Unschuld vergraben liegt. Doch irgendwie fanden deine Worte einen Weg dorthin. Gleich einem sanften, doch unaufhaltsamen Zauber, drangen sie zu mir hindurch und ließen mich wieder jene Kraft schöpfen, deren es bedurfte, um meine verlorenen Träume wiederzuerlangen.“ Sie verstummte. Auch ihr fiel es jetzt schwer, weiterzusprechen.

„Ich, ich habe ... seit damals bei keiner Frau mehr gelegen“, stammelte Bragi hilflos, als könne er hierdurch mildernde Umstände vor ihrem Urteil über ihn erlangen.

„Das macht das Ganze nicht unbedingt einfacher, nicht wahr?!“, lächelte sie schwach.

„Nein, tut es wohl nicht“, entgegnete Bragi matt.

Olgas Oberkörper straffte sich. „Nun, zumindest ist das wohl der geeignete Stoff für eine neue Ode“, sagte sie unerwartet. Ihre Stimme hatte sich schlagartig verändert. Sie war wieder ganz bei sich. Eine Führerin und Kämpferin, die ihr Leben aus eigener Kraft in die Hand genommen hatte. „Zwar traurig und voller Tragik, doch mit versöhnlichem Ende. Zumindest wird dir unsere Geschichte wohl zahlreiche, gewogene Ohren bescheren. Eine Ode, die das Leben selbst erdichtet hat. Die Leute mögen so etwas. Also gräme dich nicht, lieber Bragi. Was geschehen ist, ist geschehen, weshalb man die Vergangenheit ruhen und irgendwann hinter sich lassen sollte. Dies zumindest haben mich deine Worte von damals gelehrt, und dafür bin ich dir bis heute zutiefst dankbar. Das war es auch, was ich dir unbedingt noch sagen wollte und weshalb ich dich hier an diesem Ort aufgesucht habe. Nun entschuldige mich bitte, aber ich bin müde. Ich wünsche dir eine gute Nacht. Leb wohl!“ Sie beugte sich zu ihm vor, gab ihm einen zärtlichen Kuss auf den Mund und ließ Bragi alleine am Tisch zurück.

Kurz darauf erfolgte ein herzliches Wiedersehen mit Glaumar, an dessen Wortkargheit sich allerdings nicht viel geändert hatte. Nur mühsam ließen sich dem träge und selbst alt gewordenen Kameraden vergangene Begebenheiten entlocken. Zudem kreisten Bragis Gedanken fast ausschließlich um Olga. So saßen die beiden einstigen Gefährten bald wieder schweigend voreinander, sich ein ums andere Male müde zuprostend, bis sie schließlich ganz verstummten. Endlich fand Bragi die Kraft, sich zu erheben. Er empfahl sich und suchte sein Nachtlager auf.

Doch wie zu erwarten, fand Bragi in dieser Nacht keinen Schlaf. Zu viel war passiert an diesem Abend. Die ganzen Jahre seines selbstgewählten Einsiedlerdaseins dünkten ihn plötzlich nutzlos, vergeudet und weggeworfen. Doch da war niemand, den er für sein Versagen, der Liebe einst abgeschworen zu haben, hätte verantwortlich machen können. Keiner, dem er diese Schuld hätte aufladen können. Nur er selbst. Doch was blieb einem noch, wenn man glaubte, sein Leben als einen einzigen großen Irrtum erkannt zu haben? Bragi fühlte sich wie ein einsamer, gebrochener und vor seiner Zeit ergrauter Mann, der die ihm noch verbleibenden Jahre mit der Gewissheit würde leben müssen, dass er die beiden einzigen Frauen, die er jemals wirklich geliebt hatte, seine Mutter und Olga, nun für immer verloren hatte.

Es war einer jener Zeitpunkte in Bragis Leben, da seine Vergangenheit mit seiner Zukunft verhandelte. Es war der Moment, in dem Bragi auf der Kante seines Bettes saß, aufrichtig bemüht, ein Bündnis zu schließen zwischen dem, was geschehen war: Schmerzen, Verlust und Niederlagen, und dem, was noch kommen mochte: Hoffnung, Freiheit, ein wenig Glück, oder aber seelische Einsamkeit in dauerhafte Finsternis. Bragi hatte darauf vertraut, dass die Zeit, angefüllt mit seinen Grübeleien und den Ablenkungen durch seine Aufgaben an Hakons Hof, dieses Wunder würde bewirken können – das Wunder der Aussöhnung mit dem eigenen Schicksal. Diese Aussöhnung in der Einsamkeit der Natur zu erlangen, war ihm versagt geblieben, und so hatte er es denn als gegeben hingenommen, hier in Trondheim als erster Hofskalde noch einmal ein neues Leben zu beginnen. An diesem Ort begegnete man ihm mit Respekt und schätzte seine Kunst, jubelte ihm zu und versorgte ihn mit allem Nötigen. Doch wollte er diesen gesicherten Posten wirklich bis zu seinem Tode innehalten? Er, ein Skalde, dem Schmerz und Leid mit in die Wiege gelegt worden waren, weil man sich anscheinend nur durch fortwährende Enttäuschungen der einen letzten, unaussprechlichen Wahrheit näherte, die man sein Leben lang, hinter unzähligen schönen Schleiern verborgen, unablässig besungen und gesucht hatte. Sollte das wirklich schon alles in seinem Leben gewesen sein? Warum sollte es nicht auch für ihn noch einmal einen Neuanfang geben? Warum nicht gemeinsam mit seiner Olga?! Dieser mysteriöse Hrolf, der sich seither nie wieder hatte blicken lassen, hatte es ihm schließlich eindringlich ans Herz gelegt. Erst wer sitzen blieb und in starrer Reglosigkeit verharrte, von dem wandten sich die Götter ab.

Entschlossen erhob Bragi sich mit einem Ruck von seinem Lager. Nein, er würde Olga kein zweites Mal verlieren. Sie war zu ihm gekommen und hatte ihm vergeben. Nun war es an ihm, sich selbst zu vergeben, sie zurückzuerobern und ihr zu beweisen, was er wirklich wert war!

Er griff sich eine Fackel, eilte zwei dunkle Korridore hindurch und trat auf den dunklen Innenhof hinaus. Obgleich es um diese sommerliche Jahreszeit selbst nachts nicht mehr richtig dunkel wurde, musste es bereits weit nach Mitternacht sein. Auf dem kürzesten Weg steuerte Bragi jenes Langhaus für Besucher an, in welchem Olgas Musikantengruppe Quartier bezogen hatte. Er würde sie wecken. Jetzt. Sofort. Um ihr seine Liebe zu gestehen!

Ein Wächter, der ihn bemerkte, warf ihm einen erstaunten Blick zu, ließ ihn aber wortlos passieren. Als Bragi auf Höhe des großen Haupttores entlang kam, hielt er im Schritt plötzlich inne. Eine Gruppe Menschen, etwa ein gutes Dutzend, hatte sich davor zusammengefunden und war offensichtlich im Begriff, die Feste zu verlassen. Ohne nachzudenken, steuerte Bragi auf die Leute zu und erkannte erschrocken, dass es sich um Olgas Truppe handelte. Vier Wachtposten hatten den schweren Holzbalken, der das Haupttor sicherte, bereits angehoben und entfernten ihn jetzt. Bragi beschleunigte seine Schritte und suchte Olga unter ihnen ausfindig zu machen. Sie entdeckten sich gleichzeitig. Rasch wandte sich Olga ein paar der Frauen zu, flüsterte irgendetwas und der kleine Haufen setzte sich in Marsch.

„Was geht hier vor?", rief Bragi von hinten kommend den Wachmännern in so brüskem Tone zu, dass zwei von ihnen erschrocken zusammenfuhren.

Ein fünfter Mann trat aus dem Schatten und stellte sich Bragi in den Weg. Es war einer von Hakons engsten Beratern. „Die Tänzergruppe verlässt uns wieder!", entgegnete der Mann Bragi knapp.

„Das sehe ich selbst", rief Bragi unwirsch, nicht bereit, sich mit diesen Worten abspeisen zu lassen. Gleichzeitig machte er sich lang, um an dem Mann vorbei einen weiteren Blick auf Olga zu erhaschen. „Aber warum um diese Zeit? Mitten in der Nacht und ohne Abschied?", forderte er eine Erklärung.

„Es geschieht auf Anordnung des Königs!", bekam er zur Antwort, während Hakons Gefolgsmann zwei der Torwachen herbeiwinkte, damit diese sich ebenfalls zwischen Bragi und die Abreisenden stellten.

„Aber warum? Weshalb?", raunzte Bragi den Mann an, da er langsam zornig wurde. Seine Augen fanden Olga erneut. Mit den anderen Frauen und Männern wurde sie von den anderen beiden Wachen durch das Tor hinaus ins Freie gedrängt. Im Schein einer Fackel sah er für einen kurzen Moment Glaumar auf dem kleinen, mitgeführten Ochsenkarren sitzen, der ihm mit wehleidiger Miene lächelnd zuwinkte.

Da fasste Bragi all seinen Mut zusammen und rief: „Bei Odins einem Auge, tretet zur Seite, oder so wahr ich hier stehe, werde ich Sorge dafür tragen, dass der Name eines jeden hier fortan zum größten Gespött in ganz Trondheim wird!"

Voenix2011

Diese Drohung verfehlte ihre Wirkung nicht, denn in den Gesichtern der drei Männer begann es merklich zu zucken. Sie alle wussten, dass Bragi der Liebling ihres Königs war und somit eine besondere Stellung genoss. Dies war das eine. Nicht weniger wog die Drohung, es sich mit dem Hofskalden besser nicht zu verscherzen. Verfügte der doch über eigene Mittel der Rache, und keiner der Männer verspürte große Lust darauf, zum Ziel von Bragis künftigen Spottversen zu werden.

Hakons Berater besann sich noch einen Augenblick, dann nickte er den Wächtern einlenkend zu. Sie traten beiseite, sodass Bragi endlich an ihnen vorbeikam. Eilends durchquerte er das noch offene Tor und lief der kleinen Gruppe nach, die mit ihrem rumpelnden Ochsenkarren nun im Dunklen den breiten Holzsteg zum Festland hin überquerte. Olga, die ihn kommen sah, löste sich von den anderen und ging ihm entgegen. Als Bragi zu ihr trat, zwang sie sich zu einem Lächeln, doch konnte es die Furcht in ihren Zügen nicht vollständig überdecken. Doch wovor?

Verwirrt fragte Bragi: „Warum verlässt du mich ohne Abschied? Ist es wahr, dass Hakon dies befohlen hat? Oder ist dies gar deine späte Rache dafür, dass ich dich einst auf die gleiche schmähliche Weise habe sitzen lassen?"

Olga sah ihn kummervoll an: „Ach Bragi, rede keinen Unsinn. Du weißt doch, dass ich dir längst verziehen habe. Nein, dein König ist es, dem offensichtlich sehr viel an dir gelegen ist. Vielleicht mehr, als dir recht sein mag."

„Wie meinst du das?" Bragi verstand nicht.

Sie blickte zu den Torwachen hinüber und senkte die Stimme in verschwörerischem Ton: „Als ich vor Hakon hintrat und ihm von uns erzählte, merkte ich leider viel zu spät, dass es wohl ein Fehler war, mich ihm auf diese Weise anzuvertrauen. In meiner Naivität, vielleicht auch in meiner Geltungssucht, mich vor ihm mit deinem Namen zu schmücken, habe ich ihm von unserer gemeinsamen Vergangenheit erzählt. Ich hoffte wohl auf ein größeres Interesse bei ihm, vielleicht auch auf einen höheren Lohn für unseren Auftritt, ach, was weiß ich..." Sie schien wütend auf sich selbst. „Jedenfalls stimmte er meinem Vorschlag, dich am Abend während unseres Auftritts zu überraschen, erst zu, nachdem er mir eine Gegenbedingung gestellt hatte."

„Eine Gegenbedingung?", erstaunte sich Bragi mehr und mehr. In dieser Nacht schienen die Überraschungen kein Ende nehmen zu wollen.

Olgas Stimme wurde noch leiser: „Hakon sagte, er gewähre mir meinen Auftritt einzig und alleine unter der Bedingung, dass wir seinen Hof noch in derselben Nacht wieder verlassen würden."

„Aber ... aber", stammelte Bragi. Er begriff noch immer nichts. „Warum sollte er das tun?"

Olga sah ihn gefasst an: „Weil er dich auf gar keinen Fall mehr entbehren möchte, deshalb!"

Bragi stutzte. „Aber ... ich bin ein freier Mann. Ein freier Skalde, der dorthin gehen kann, wohin immer es mich verlangt!"

Ihr Gesicht zeigte Spuren von Mitleid, als sie sagte: „Bist du das wirklich? Mir scheint vielmehr, dass der Ruhm, nach dem du einst gestrebt hast, sich nun wie eine goldene Fessel um dich gelegt hat. Schau dich doch an, Bragi!" Sie stupste auf sein Bäuchlein. „Gut genährt bist du wie nie zuvor und fein herausgeputzt wie ein Edelmann. Du bist jetzt der größte Skalde im ganzen Land. Eine lebende Legende. Deshalb wird Hakon nicht zulassen, dass irgendwer dich ihm wieder abspenstig macht. Und schon gar nicht wird er seine Pläne von einer dahergelaufenen Wanderhure durchkreuzt sehen wollen!"

„Wanderhure? Was sprichst du denn da?", entrüstete sich Bragi. „Hakon würde niemals..." Er brach ab. Zweifel kamen ihm. Sein maurischer Leibwächter kam ihm in den Sinn, dessen Anwesenheit ihm nun plötzlich in einem anderen Licht erschien.

Olga schüttelte den Kopf: „Lass nur. Ich weiß wie man an den Fürstenhöfen über unser Gewerbe denkt. Wandernder Dirnenzirkus oder fahrende Friedelschau sind noch die harmloseren Titel, die sie uns geben." Als sie sein maskenhaftes Gesicht sah, musste sie sogar schmunzeln. „Hast du nicht selbst einst in jungen Jahren nach allen Regeln der Kunst die fahrende Buhlschaft zelebriert?"

Bragi schwieg betroffen und war froh, dass sie diesen Abschnitt seines Lebens nicht weiter ausführte.

„Sei's drum", sagte Olga flüsternd. „Wir waren alle mal jung. Das wichtigste aber ist, dass ich dich noch einmal wiedersehen durfte, und das war es mehr als wert." Sie schenkte ihm ihr schönstes Lächeln, blickte dann aber sogleich wieder angespannt in die Dunkelheit. Dort verharrte ihre Tanztruppe in angemessenem Abstand. Das gleiche taten die Wachen am Tor. Allesamt schienen darauf zu warten, dass sie beide zum Ende kamen. Glucksend schwappte das Wasser um die dicken Holzpfeiler, die den Steg zu ihren Füßen trugen.

„Oh geliebte Olga", platzte es plötzlich aus Bragi hervor. „Lass mich mit dir kommen! Ich will mit euch fortziehen, wieder hinaus in die Welt. Glaub mir, ein weiteres Mal werde ich dich nicht enttäuschen. Ich ... ich liebe dich doch noch immer!"

Sie blickte ihn zärtlich an und sagte: „Ich weiß, Bragi. Aber unsere Zeit ist vorbei, endgültig vergangen, unsere Liebe verblüht. Und so wie es dem Herbst niemals vergönnt sein wird den Frühling zu erreichen, werden auch wir nicht mehr jung sein, um zueinander zu finden."

„Sie ist nicht verblüht!", rief Bragi aufgebracht und spannte sich zu seiner vollen Größe. „Ich werde es dir beweisen. Hier – gleich jetzt! Ich werde mit euch kommen. Und zwar sofort. Jawohl!"

Überrascht hob sie die Augenbrauen. Diesen spontanen Eifer hatte sie nicht von ihm erwartet. Und ein wenig besorgt fragte sie: „Und deine Leier, dein goldenes Zwergenwunder? Dein ein und alles? Willst du sie einfach so dem König überlassen?"

Bragi schluckte. Richtig, seine kostbare Leier. Sein zweites Ich, von dem er sich für Nichts auf der Welt jemals getrennt hatte. Bis heute. „Soll er sie doch behalten", sagte er entschieden. „Vielleicht lindert sie ja Hakons Schmerz über meinen Fortgang."

Olga streichelte ihm die Wange: „So sehr liebst du mich, Bragi Boddason, dass du dafür sogar das Wertvollste in deinem Leben aufzugeben bereit bist?!" Ein strahlendes Lächeln überzog ihr Gesicht, doch vermochte es den Schatten darauf nur kurz zu vertreiben.

Bragi nickte eifrig: „Jetzt und hier. So wahr ich hier stehe. Es ist doch nur ein Instrument, nichts weiter, und die findet man überall." Sie wussten beide, dass er Unsinn redete, doch war es Bragi egal.

„Oh, ich spüre deine Liebe, Bragi", seufzte Olga und ihre Züge wurden noch einmal ganz weich. „Und diese Liebe wärmt mich tiefer und reicher, als du auch nur erahnen kannst. Und dennoch darf unsere Liebe niemals mehr sein, als ein Glimmen aus der Ferne, ein Liebestraum, der uns beide durch dieses Dasein trägt..."

Mit offenem Mund stand er da: „Aber wieso ...?"

Erneut fiel Olgas Blick an Bragi vorbei auf das offene Tor. Dort weilte noch immer Hakons Berater. Nun waren es sogar acht Wächter, die dort beieinander standen. Misstrauisch beobachteten die bewaffneten Männer jede ihrer Bewegungen.

„Was meinst du wird wohl passieren, wenn du dich uns jetzt anschließt?", sagte Olga ernst. „Glaubst du wirklich, Hakon wird dich so einfach davon spazieren lassen?" Sie schüttelte spöttisch den Kopf. „Oh Bragi. Du bist noch immer so herrlich naiv und gutgläubig wie eh und je. Doch genau darum liebe ich dich bis zum heutigen Tage. Glaub mir, mein Liebster, wenn du dich nur noch wenige Schritte weiter von diesem Tor dort entfernst, werden sich Hakons Männer auf uns stürzen. Dich werden sie in deine Kammer zurückschleifen und uns als lästigen Zeugen sicherlich nachhaltig einbläuen, uns hier nie wieder blicken zu lassen. Möglicherweise stecken sie mich auch als Pfand für dein Bleiben in irgendein finsteres Loch. Irgendetwas Geistreiches wird ihnen dazu schon einfallen, dessen sei dir gewiss!"

Ohne sich zu bedenken rief Bragi: „Aber dann wären wir für immer zusammen. Ich habe Einfluss auf Hakon, er würde mir dein freies Geleit niemals verweigern!"

Olgas Augenbrauen hoben sich erstaunt. Herausfordernd blickte sie ihn jetzt an und sagte: „Ach, ist es das, was du dir für uns beide ersehnst? Dein Traum vom gemeinsamen Glück? Eingesperrt in einen goldenen Käfig!?"

Über seine eigenen Worte bestürzt, senkte Bragi den Blick: „Nein, wohl nicht. Verzeih mir. Nicht, wenn dieser Traum nicht auch der deine ist..."

„Du kennst meinen Traum. Ich lebe ihn bereits", sagte sie entschieden. „Den anderen, von einer eigenen Familie, habe ich längst begraben. Die Menschen, mit denen ich umherziehe und die dort in der Dunkelheit treu auf mich warten, sind jetzt meine Sippe. Wir zahlen immer einen Preis für unsere Träume, Bragi. So wie du ihn hier an diesem Ort entrichtest, nicht wahr?!"

„Ich, ... ich könnte den Wachen befehlen lassen, dich zu ergreifen!", wagte Bragi einen letzten Versuch. Es war seine verzweifelte Ohnmacht, Olga diesmal für immer zu verlieren, die ihm diese Drohung auf die Lippen gelegt hatte. Doch schon als er sie ausgesprochen hatte, hätte er sich dafür die Zunge abbeißen mögen. Es tat ihm leid.

„Oh ja, das könntest du. Zweifelsohne", pflichtete Olga ihm bei. „Eine tanzende Kebse für den Hofskalden. Warum nicht? Hakon würde es dir kaum verwehren. Wahrscheinlich hätte er sogar Freude daran, dass du dich mit ihm auf eine Stufe stellst."

Bragi schämte sich: „Verzeih mir bitte abermals. Es war töricht, das zu sagen. Es war die Angst, dich ... für immer zu ..." Er brach ab.

„Ich weiß, mein Liebster", sagte sie sanft. „Und deshalb, Bragi, um unserer Liebe Willen, musst du mich wieder ziehen lassen. Loslassen, genauso wie ich dich einst habe loslassen müssen."

Da sank Bragi der Mut. Er wusste, dass sie Recht hatte. Dass aus allem, was sie bisher zu ihm gesagt hatte, die reine Vernunft sprach. Er hingegen war seit Olgas Auftauchen zu einem kindischen Trotzkopf entartet, der sich gleich einem zu entwöhnenden Säugling weigerte, von der nährenden Zitze der Mutter zu lassen.

„Irgendwann wirst auch du dein vollkommenes Lied spielen", suchte sie ihm Mut zu machen, doch Bragi schüttelte nur kummervoll den Kopf.

„Doch, glaube mir", fuhr sie tröstlich fort, „ich weiß es so tief und fest in mir drinnen, dass dieser Glaube für uns beide reicht. Irgendwann wirst du es vollbringen und dann mag vielleicht endlich auch deine getriebene Seele zur Ruhe kommen." Sie umarmte ihn noch einmal lange und herzlich. „Nun leb wohl, mein Liebster. Auf immer die deine!" Sanft küsste sie Bragi ein letztes Mal auf die Lippen und verschwand in die Nacht. Bragi war, als wäre mit ihrem Fortgang die Sonne für immer ins Meer gesunken.

VoeniX 2011

Ein Aufruf erging durch Land und Auen,
dass anhob ein Wettstreit in Hakons Halle.
Wem vergönnt zu siegen bei diesem Vergleich,
der dürfe sich nennen, größter aller Dichter.
So strömten in Scharen Barden und Skalden,
gewillt sich zu messen im Wechsel der Weisen.

# 28. Der Sängerwettstreit

Noch lange stand Bragi stumm vor Hakons Feste und blickte mit leeren Augen auf jene Stelle, an der Olga soeben für immer aus seinem Leben verschwunden war. Wären die Torwachen ihn nicht holen gekommen, er wäre noch bis zum Morgen dort gestanden. Vielleicht auch bis ans Ende aller Tage. Wortlos ließ er sich zurück in Hakons Feste geleiten, über den Hof zu den Gesindehäusern und schließlich in seine Kammer. Dort setzte man Bragi auf sein Bett und überließ ihn seinen Gedanken. So fand ihn am kommenden Vormittag noch unverändert seine Kammerfrau vor, die täglich kam, um sein Bett aufzuschlagen und sein Zimmer zu richten. Zum Frühstück solle sie ihn holen kommen, sprach die gute Frau verlegen hüstelnd. Es war das erste Mal, dass sie ihn dazu auffordern musste.

„Sieh da", stellte Bragi mürrisch fest. „Offenbar beginnt sich Hakon um seinen kostbaren Schoßhund zu sorgen."

Die Magd tat so, als hätte sie Bragis Ausspruch überhört und machte sich an ihre Arbeit. Als Bragi jedoch keinerlei Anstalten machte sich zu erheben, wollte die treuherzige Frau ihm aufhelfen. Sie griff nach seiner Hand, doch Bragi entzog sie ihr wieder mit solch einem groben Ruck, dass die Frau erschrocken aufkeuchte.

„Scher dich fort, du aufgeplusterte Henne!", ließ Bragi jetzt seinen Ärger an der armen Magd aus. Er begann sie aufs Übelste zu beschimpfen, und als sie endlich die Flucht ergriff, warf er ihr einen Schemel nach, der hinter ihr laut polternd im Gang verschwand. Unverzüglich begab sich die gescholtene Frau darauf zu Hakon, um diesem Bericht zu erstatten. So übel umgänglich sei der Herr Boddason noch nie zu ihr gewesen, breitete sie ihren Rauswurf in allen Einzelheiten aus, entrüstet und beglückt zugleich, endlich selbst einmal in der Aufmerksamkeit ihres Königs zu stehen. Der aber zeigte sich von Bragis Wutausbruch weit weniger beeindruckt, als seine beunruhigten Berater. Hakon erklärte ihnen weltmännisch, man müsse dem Skalden nur etwas Zeit geben. Eine alte Liebe zu verlieren, sei schließlich für niemanden ein leicht zu tragendes Los. Doch wäre absehbar, dass der Herr Dichter sein Unglück sicherlich schon in Bälde in eine Reihe neuer Verse zu gießen verstehe. Denn während der gewöhnliche Mann seinen Kummer meist im Bier ertränke oder gar den Tod auf dem Schlachtfeld suche, gehe ein Dichter eben auf diese Weise mit der enttäuschten Liebe um. Sie würden schon sehen, dass einer wie Bragi daraus am Ende eine vortreffliche Dichtung zu schmieden wisse.

Doch dieses Mal täuschte sich Hakon, denn das Herz eines Dichters kann ebenso empfindsam wie nachtragend sein. Und da Bragi seinen Verdruss gänzlich Hakon anlastete, beschloss er, dem König seine Kunst fortan zu verweigern und von Stund an in einen Hungerstreik zu treten. Als dies nun Hakon zu Ohren kam, erwiderte der nicht weniger trotzig, dass man Bragi nur gewähren lassen solle. Ein leerer Magen habe bisher noch jeden wieder auf Kurs bekommen. Doch auch hier irrte Hakon, denn sein erster Skalde, durch seinen jahrelangen Aufenthalt in der Wildnis an Hunger und Entsagungen gewöhnt, nahm widerborstig den Kampf auf. Um ihn beim Wort zu nehmen, ließ Hakon darauf, unter Androhung schwerster Strafe, einem jeden bei Hofe untersagen, Bragi auf irgendeine Weise mit Nahrung zu versorgen. Man nahm ihm seine Leier fort und er erhielt verschärften Hausarrest, womit Bragi jedoch gerechnet hatte.

Fünf Tage später, die Sonne lachte vom Himmel, konnte man Bragi an einem Fenster des Gesindehauses stehen sehen, aus dem er sehnsüchtig hinausblickte. Ein prächtiger Schmetterling flatterte herbei und setzte sich auf seinen hingehaltenen Handrücken. Als das Insekt seine farbenprächtigen Flügel auffächerte, lächelte Bragi traurig und seufzte: „Ach, wenn du singen könntest, dann hätten sie dich längst schon in einen Käfig gesperrt. So wie alles, was der Mensch an schönen Dingen nicht selbst hervorzubringen imstande ist. Er sucht es sich durch Gold oder mit Zwang anzueignen, um es sodann neidvoll vor der Welt wegzusperren."

Da saß Bragi nun also in seinem goldenen Zwinger, unter dessen Gitterstäben nun an allen Ecken plötzlich der Rost zum Vorschein kam. Und seinem damaligen Misstrauen gegenüber Hrolf gedenkend, gewahrte er bitter, dass er einmal mehr vom Regen in die Traufe gekommen war. Doch begriff er ebenso, dass es nicht alleine Hakons Verschulden war, dass er hier gefangen saß. Nein, er selbst war ein Sklave seiner Bequemlichkeiten und seiner eigenen Trägheit geworden. Mürbe und schwach war er, hatte seinen Biss im Wald zurückgelassen, ebenso wie seine Zuversicht, seinem Dasein jemals wieder einen tieferen Sinn abzuringen. Hakon hatte ihn damals bei seiner Rückkehr in die Welt nur noch auflesen müssen; ganz so wie einen reifen Apfel, der einem glücklich in den Schoß fiel, wenn man nur zur rechten Zeit unter dem richtigen Baum stand. Wie oft hatte Bragi sich in den letzten drei Jahren vor Hakons Gästen wie ein seltenes Schmuckstück vorführen lassen. Der Vergleich hinkte nicht. Bragi war derzeit Hakons kostbarstes, lebendes Kleinod, dessen Glanz seinen Besitzer inzwischen weit über die Grenzen seines Landes hinaus schmückte. Und so wie die Dinge standen, betrachtete ihn Hakon inzwischen als sein persönliches Eigentum. Er hatte Bragi nicht einmal den Treueid schwören lassen müssen. Gekauft hatte er ihn, mit einem warmen Bett, geregelten Mahlzeiten und dem abendlichen Applaus der Menschen, die Bragi in Scharen zu Füßen lagen. Hakon hatte die Bühne gebaut und Bragi drehte sich auf ihr brav wie ein abgerichteter Tanzbär. Ja, Bragi war einmal mehr seiner eigenen Gefallsucht aufgesessen. Denn zugegeben, es gefiel ihm noch immer, wenn die Leute ihm zujubelten, verzückt seinen Namen riefen und das vollkommene Versmaß seiner Werke priesen.

Ha – vor allem vollkommen! Was wussten diese Erztröpfe schon von vollkommener Poesie?! Und er selbst? Nie zuvor hatte er sich unvollkommener und vom Leben betrogener gefühlt, als hier zwischen Hakons prachtvollen Säulen, die auf den Schultern von etlichen armen Bauern und Sklaven standen. Errichtet und unterhalten vom Schweiße und Blut kleiner Leute, die unter Hakons Fron ein erbärmliches Dasein fristeten. Bei diesem Vergleich schnitt Bragi natürlich weit besser ab, hatte er es nach außen hin inzwischen doch zu hohem Ansehen, Ruhm und Wohlstand gebracht. Aber war er darüber nicht schleichend zu einer seltenen Zierpuppe verkommen? Ein Hofnarr fast oder besser noch, die musikalische Hure eines Königs? Wie einst sein Ziehvater Bodda, der von seinem Herrn genötigt worden war, seine Schüler zu maulgerechten und seelenlosen Sängern heranzubilden, war auch Bragi erneut in die Tretmühle des herrschenden Adels geraten. Bodda hatte zu Lebzeiten seine Lehre daraus gezogen und für sich die für ihn einzig gangbare Entscheidung getroffen. Sollte dies nun auch Bragis Schicksal werden? Sollte er fliehen, um dann, für den Rest seines Lebens, in den Fußstapfen seines verstorbenen Ziehvaters zu wandeln? Gehetzt wie ein wildes Tier, ständig auf der Flucht und in ewiger Furcht davor, von Hakons Häschern eines Tages wieder entdeckt zu werden? Auch Bragi war jetzt keine zwanzig mehr, seine besten Jahre lagen unwiederbringlich hinter ihm. Und wohin hätte er sich auf seiner Flucht überhaupt wenden sollen? Inzwischen war er ja überall bekannt wie ein bunter Hund. Unwillkürlich tauchte Boddas alte Hütte vor ihm auf. Ob sie wohl noch an diesem Strand stand, fragte er sich beklommen.

Damals hatte sein Ziehvater versucht ihm nahe zu bringen, welche Schattenseiten ein gewichtiger Titel bergen konnte. Je größer der Name, den man führte, desto größer auch sein Fluch, der auf einen zurückfiel, sobald die Dinge nicht mehr so auskamen, wie man sie sich ursprünglich ersehnt hatte. Bragi malte sich aus, wie man ihn bei der vergeblichen Anstrengung eines Fluchtversuches aufgriff und er in Ketten vor Hakons Thron zurückgeschleift wurde. Doch soweit wollte Bragi es nicht kommen lassen. Zudem erschien ihm eine geheime Flucht aus Trondheim nach Art des feigherzigen Mannes. Er war lange genug vor den Widrigkeiten des Lebens davon gelaufen. Diesmal würde Bragi sich seinem Schicksal stellen.

Doch wohin sollte es ihn führen? Olga hatte es ihm vorgemacht, indem sie Bragis Rat, die Schrecken der Vergangenheit abzustreifen und hinter sich zu lassen, beherzigt hatte. Auf seltsame Weise hatte sie ihm seine eigene Belehrung zurückgebracht, an der er sich jetzt selbst zu messen hatte. Olga war ihrem großen Traum gefolgt, den sie jetzt mit all ihrer Hingabe lebte. Sollte er ihr nachfolgen, sie suchen gehen, sobald Bragi Hakon seine Freiheit wieder abgepresst hatte? Doch hatte Olga ihm nicht deutlich zu verstehen gegeben, dass sie sein Werben auch diesmal nicht hatte erhören wollen? Ja, es war an der Zeit, sich auf seine eigenen Träume zurückzubesinnen. Wie lange schon dümpelte sein sehnlichster Wunsch in den vergessenen Tiefen seiner Seele dahin? Sein großes, hochgestecktes Ziel, irgendwann das vollkommene Lied zu spielen? Nicht für sein Publikum und auch nicht für Hakon, nur für ihn ganz allein. Olga hatte ihn wieder darauf gebracht, hatte sich bemüht, seinen Mut und Glauben an sich selbst ihm ins Gedächtnis zurückzurufen. Doch wie nur sollte er diese Wundertat vollbringen? Bragi wusste keine Antwort darauf. Sein leerer Magen knurrte wie ein waidwunder Bär, und einmal mehr fand er sich in tiefer Verzweiflung wieder.

Die Tage von Bragis selbst auferlegter Marter zogen sich in trister, stiller Eintönigkeit dahin. Wenn er des Nachts alleine und tatenlos in seiner Kammer vor sich hinstierte, stiegen alte Erinnerungen aus seiner Kindheit in ihm auf. Warum nur, fragte sich Bragi beklommen, gerate ich immer wieder in Gefangenschaft und bin der Willkür irgendwelcher selbsternannten Herrn ausgesetzt, die meinen, mich vor der Welt wegsperren zu können. Das einzig Tröstliche daran war, wie Bragi voller Genugtuung feststellte, das gemächliche Dahinschwinden seines Wohlstandbäuchleins.

Und Hakon, der von außen immer öfters lästige Fragen nach dem Verbleib seines berühmten Hofskalden zu beantworten hatte, musste sich nach drei Wochen zerknirscht eingestehen, dass er den Durchhaltewillen seines aufsässigen Skalden gehörig unterschätzt hatte. Als man ihm berichtete, dass Bragi bald nur noch aus Haut und Knochen bestünde, wetterte er zornig: „Was nimmt sich dieser starrköpfige, alte Esel heraus?! Na, dem werd' ich schon zeigen, wer hier König ist!"

Da Bragi am zweiundzwanzigsten Tag jedoch einen Schwächeanfall erlitt und man um seine Gesundheit fürchten musste, ließ Hakon eine Krisensitzung einberufen. Während dieser nötigte er alle seine Ratgeber, möglichst rasch eine Lösung für dieses alberne Problem zu finden, das sich langsam aber sicher zu einer kleinen Staatskrise auszuweiten drohte. Derweil nämlich hatte sich die Nachricht von der Inhaftierung und dem Hungerstreik von Norwegens bekanntestem Skalden überall wie ein Lauffeuer herumgesprochen. Vor allem Bragis Kollegen von der singenden Zunft waren unermüdlich unterwegs, um die Kunde vom Unrecht, welches ihrem prominentesten Vertreter seitens der adligen Obrigkeit widerfuhr, bis in den letzten

Winkel des Landes zu tragen. Diese mündliche Übermittlung hatte zur Folge, dass die Gerüchteküche brodelte und das Volk zu murren begann. Und wenn Hakon eines hasste, war es mit ansehen zu müssen, dass sein guter Ruf und sein Ansehen litten. Also brüteten Hakons schlaueste Köpfe eine halbe Nacht lang darüber, wie der bedeutendste und gleichzeitig störrischste aller Skalden wieder zur Vernunft gebracht werden könne. Man erwog sogar, Bragis einstige Geliebte suchen und ergreifen zu lassen, da diese offensichtlich ja der Grund für das bestehende Problem war.

Doch davon wollte Hakon nichts wissen. „Niemals!“, wetterte er. „Schon mancher hat um eines schönen Weibes Willen den Glauben seiner Väter hinter sich geworfen. Ihr seht's ja selbst. So eine Marketenderin bringt nur Scherereien. Auf gar keinen Fall kommt mir dieses Weibsstück noch einmal an den Hof. Zur Hel mit dieser Hexe. Ich hätte sie mitsamt ihrem Pack gleich wieder an die Luft setzen sollen!“

Doch da es für solche Einsichten nun einmal zu spät war, musste eine andere Lösung her. Weiter wurde diese und jene Anregung diskutiert, bis man schließlich zu einem übereinstimmenden Vorschlag gelangt war. Der sah vor, dass Hakon im ganzen Land einen Sängerwettstreit ausrufen lassen solle. Dem Gewinner des selbigen gebühre sodann nicht nur der höchste Ehrentitel, nämlich sich fortan größter Skalde nennen zu dürfen, sondern oben-

drein stehe ihm ein Wunsch beim König frei. Der Berater Namens Ulf, dem dieser Einfall zu verdanken war, sprach zuversichtlich: „Hierdurch werden wir eine Auslese treffen können und die Elite der begabtesten Sänger zu hören bekommen. Und sollte sich tatsächlich einer darunter befinden, der unserem Bragi das Wasser reichen kann, warum sollte er nicht dessen Platz einnehmen? Dann wird dieser alte Holzbock vielleicht kapieren, was ihm blüht, wenn er sich weiterhin weigert, für Euch aufzuspielen!"

Hakon stimmte zu und der Plan wurde in die Tat umgesetzt. Auf diese Weise hofften sie den trotzigen Skalden bei seiner Ehre zu packen. Eine Überlegung, die aufgehen sollte.

Soso, einen Sängerwettstreit gedenkt Hakon also austragen zu lassen, dachte Bragi in seiner Kammer, der wieder etwas zu Kräften gekommen war. Nachdem er in eine Ohnmacht gefallen war, hatten sie ihm mit Gewalt eine dünne Suppe eingelöffelt. „Doch wenn Hakon sich erhofft, mich dadurch wieder auf Kurs zu bringen, hat er sich gewaltig geschnitten!", schimpfte Bragi in trotzigem Aufbegehren. Dennoch musste er sich eingestehen, dass es sich um einen schlauen Einfall handelte, da der Preis, welcher dem Sieger winkte, für seinesgleichen von nicht geringer Bedeutung war. Zusätzlich stand dem Gewinner ein Wunsch vor dem König frei, und selbst dem dümmsten Troll war klar, was jeder Sänger, der hierbei antrat, sich erhoffen würde. Die besten Skalden aus dem ganzen Lande, wahrscheinlich sogar aus allen Nordländern, würden an Hakons Hof pilgern, danach gierend, Bragi von seinem Platz zu verdrängen. Eine Anstellung, die zu verteidigen sich mittlerweile jedoch alles in ihm sträubte. Sollten sie sich doch ruhig alle um seinen Rang schlagen. Er würde dem Gewinner gerne die Hand schütteln, damit der ihn ablöste.

Bei dieser Vorstellung, wie eine Meute von Dichtern und Sängern keifend übereinander herfielen, musste Bragi glucksend auflachen. Das Leben war schon ein wunderlich Ding. Er, der derzeit wohl bekannteste Skalde, hielt die begehrteste Anstellung inne und wünschte sich doch nichts sehnlicher, als sie endlich wieder räumen zu dürfen. War er am Ende vielleicht doch nur ein undankbarer Tölpel, dem Erfolg und Hochmut zu Kopfe gestiegen waren? Bragi überlegte angestrengt. Zeit hierfür blieb ihm in seinem Kämmerlein ja genügend, und je länger er über dieses Sänger-Turnier nachsann, desto mehr geriet sein anfänglicher Trotz ins Wanken. Vielleicht war seine Teilnahme an diesem Wettkampf für ihn ja gerade die entscheidende Möglichkeit, sich für immer von Hakon loszusagen. Würde ein anderer Skalde Bragi bezwingen, bestand zwar die Aussicht, dass er seinen Posten als Hakons erster Hofskalde verlor, ob er dadurch jedoch seine Freiheit wiedererlangte, war allerdings mehr als fraglich. Möglicherweise beabsichtigte Hakon mit seinem Einfall Bragi ja genau dies zu beweisen. Dass er nämlich nicht der einzige fähige Skalde an seinem Hofe und damit auch nicht zwingend unersetzlich für ihn war.

Bragi hatte offensichtlich Hakons Stolz verletzt, so wie dieser nicht weniger den seinen, als er Olga gewaltsam hatte fortschicken lassen. Doch Bragi wusste auch, wie nachtragend der König sein konnte, und vor allem, wer von ihnen beiden am längeren Ruder saß. Suchte der gekränkte Hakon ihm vielleicht eine Lehre zu erteilen, indem er Bragi öffentlich gedemütigt sehen wollte? Was bezweckte Hakon mit diesem Vorhaben?

Endlich schloss Bragi, dass sich seine Freiheit dem König nur durch einen Sieg bei diesem Wettstreit abtrotzen lassen würde. Und diesmal war es Bragis lang unterdrückte Kämpfernatur, die sich meldete. Und natürlich sein Stolz, denn sie würden schon sehen, wer der fähigste Skalde im ganzen Lande war. Er würde es ihnen allen zeigen. Und dann, wenn er die Krone des Siegers in Empfang nahm und keinerlei Zweifel mehr über seinen Anspruch auf diesen Titel bestanden, würde er vor aller Augen Hakon um seine Freiheit ersuchen. Er, der unter Hausarrest stehende Skalde, würde den König herausfordern und mit seinen eigenen Waffen schlagen. Ein ebenso tollkühner wie gefährlicher Plan, wie Bragi fand, doch war er fest entschlossen. Fortan erfüllte ihn dieses Ziel mit neuer Zuversicht.

Nachdem Bragi hatte mitteilen lassen, dass er seinen Hungerstreik als beendet erkläre und an dem Wettbewerb teilzunehmen wünsche, beglückwünschten sich Hakons Berater zu ihrem gelungenen Einfall. Man händigte Bragi seine Leier wieder aus und sein Hausarrest wurde unverzüglich aufgehoben. Dafür wich nun der Maure nicht mehr von Bragis Seite, sogar sein erster Wächter wurde ihm wieder zur Seite gestellt, der sich ebenfalls stets in Blickweite von ihm aufhielt.

Um Hakon und die hohen Herren in Sicherheit zu wiegen, nahm Bragi seine Pflichten wieder auf und gab wie gewohnt sein Bestes, um allabendlich Hakons Gäste zu unterhalten. Die waren hocherfreut, endlich wieder auf solch vorzügliche Weise bespielt zu werden. Dünn war Bragi geworden, und als er zum ersten Mal die Festhalle wieder betrat, flüsterten und tuschelten die Menschen um ihn herum in einem fort.

„Der Arme, der Liebeskummer hat ihn darben lassen", hörte er eine der Frauen mitfühlend sagen, worauf zwei weitere Damen aufseufzten und ihm sehnsüchtige Blicke hinterherschickten. Ja, beim anderen Geschlecht erfreute sich Bragi nach wie vor großer Beliebtheit. Wie von Hakon prophezeit, begann sich die Gerüchteküche bald wieder zu beruhigen, da die Leute Bragis plötzlichen Gesinnungswandel als endlich überstandenes Herzeleid abtaten. Viele, die Hakons Inszenierung mit der schönen Tänzerin in seiner Halle hatten verfolgen dürfen, hatten nun vollstes Verständnis für Bragis Schaffenspause. Der eigentliche Grund für seinen Hungerstreik war rasch vergessen. Ein Gerücht von vielen, mutmaßten die Leute an Hakons Hof, die eine Neuigkeit so gut aufnahmen wie die andere. Die Hauptsache war doch, dass Bragi endlich wieder für sie aufspielte. Alles atmete wieder auf, besonders Hakon, der seinen Beratern zum Dank für ihre Idee ein üppiges Festmahl spendierte, zu dem Bragi, der nichts davon ahnte, sogar noch aufspielte.

In diesem wiederhergestellten Burgfrieden vergingen die kommenden Monate wie im Fluge, sodass der ausgerufene Sängerwettstreit schon bald vor den Toren stand. Ganze sieben Tage waren für dieses Großereignis angesetzt worden. Von überall her strömten die Menschen nach Trondheim. Keiner, der Rang und Namen hatte oder sonstwie auf sich hielt, wollte dieses Jahrhundertspektakel verpassen. Hakon, der es liebte, wenn die Massen ihm huldigten, hatte für diesen Anlass vor Trondheims Toren von seinen Zimmerleuten extra eine Reihe von barackenähnlichen Häusern errichten lassen. Dort fanden viele der von weither angereisten Gäste ein Quartier. In den Küchen herrschte Ausnahmezustand, und wie immer, wenn der König ein Fest von diesen Ausmaßen anberaumte, schufteten Sklaven und Gesinde bis zum Umfallen.

Nur mäßig interessiert beobachtete Bragi den großen Andrang von Menschen, die schon seit Tagen in Hakons Stadt quollen. Viele Musikanten waren darunter, doch mindestens ebenso viele Händler und Handwerker aus allen Teilen der Welt, die sich von dieser Veranstaltung einen satten Gewinn versprachen. Da spazierten reiche Händler und Edelleute mit ihren herausgeputzten Damen die Straße entlang, von denen manche gleich einen ganzen Tross von Kammerzofen in ihrem Schlepptau führten. Auch Krieger und Söldner waren unterwegs, angeheuert, um das kostbare Geschmeide der Edelleute vor unerlaubtem Zugriff zu schützen, mit denen sich diese im Übermaß behängt hatten. Man zeigte eben gerne vor, was man hatte. Und ebenso natürlich die vielen Waren, die manchen Langfinger anzogen. Entsprechend groß war die Masse an Schaulustigen. Bragi konnte sich nicht entsinnen, jemals zuvor eine solche Anhäufung von bunt gemischtem Volk gesehen zu haben. Und gewiss hatte er niemals zuvor eine größere Ansammlung von Skalden erblickt. Die Konkurrenz war groß, keine Frage, doch sie ließ Bragi kalt. Er hatte sogar beschlossen, sich nur einige wenige der fremden Beiträge anzuhören. Lieber wollte er sich in aller Ruhe auf seinen Vortrag vorbereiten. Da an Ruhe und Stille in diesen Tagen jedoch nicht zu denken war, unternahm er ausgedehnte Spaziergänge in den nahe gelegenen Wäldern. Jetzt war Bragi froh um seine beiden Leibwachen, die alle Hände voll zu tun hatten, um ihn gegen aufdringliche Anhänger oder neugierige Spaziergänger abzuschirmen, die jetzt überall um Trondheim herumstreiften.

Um der Massen von teilnehmenden Skalden überhaupt Herr zu werden, wurde an den ersten fünf Tagen bereits eine Vorauslese getroffen. Ein von Hakon bestimmtes Schiedsgericht beurteilte im Schnellverfahren, wer von den Teilnehmern für die Endrunde geeignet erschien. Nur die besten unter ihnen erhielten so die Gelegenheit, am letzten Abend vor dem König persönlich aufzutreten, der nach einem üppigen Festmahl den Wettstreit eröffnete und als krönenden Höhepunkt schließlich den Sieger küren würde.

Bragi, als Hakons Favorit, blieb die Teilnahme an dieser Vorauswahl freilich erspart. Die Reihenfolge der Aufritte wurde durch Lose bestimmt. Als Bragi jedoch vortrat, um sich sein Los für den letzten Abend zu nehmen, wurde ihm mitgeteilt, dass Hakon angeordnet habe, ihn als letztes auftreten zu lassen. Dies nun fand Bragi recht merkwürdig, fügte sich aber ohne zu murren und verschwand wieder in seiner Kammer.

Niemand wagte es, Bragis Teilnahme in der Endrunde in Frage zu stellen, weshalb ihm genügend Zeit und Muße blieb, sich entsprechend vorzubereiten. Da er seine eigene Unterkunft hatte und mit sämtlichen Begebenheiten und Abläufen von Hakons Feste gut vertraut war, hatte er zudem den Heimvorteil. Die Menschen kannten und liebten ihn und brannten geradezu darauf, endlich vernehmen zu dürfen, mit welchem Vortrag er seine Vormachtstellung zu verteidigen gedachte.

Da Bragi sich die Tage zuvor rar gemacht hatte und immer nur frühmorgens oder des Nachts vor die Türe getreten war, wurde alleine schon sein Auftauchen mit frenetischem Jubel bedacht, als er am entscheidenden Abend des Wettbewerbes seine Kammer verließ, um Hakons große Festhalle aufzusuchen. Für diesen Anlass trug Bragi seine beste Tunika, während seine Stiefel auf Hochglanz poliert waren. Seine Leier hatte er sich unter den Arm geklemmt. Vier mit Speeren gerüstete Wachen waren eigens für ihn abgestellt worden, die sich nun mühten, ihm den Weg freizumachen. Doch das war leichter gesagt als getan. Überall um Bragi herum war jetzt ein Drängen und Schieben von Menschen, wie es diese Halle nie zuvor erlebt hatte. Edle, Freie und höheres Gesinde. Alle wollten sie den begnadeten Skalden erleben, von dem ihnen schon so viel Wundersames zu Ohren gekommen war. Bragi wurde gedrückt, bedrängt und sogar gestoßen. Jeder wollte ihn sehen, ihn anfassen, ihn küssen, um ihm viel Glück zu wünschen, ihm wenigstens aber doch zuwinken. Es war ein Lärmen, Rufen, Klatschen und Pfeifen, sodass Bragi meinte, ein weiteres Mal in seinem Leben in einen brodelnden Hexenkessel geraten zu sein. So groß war der Andrang um seine Person, dass Hakons Leibwache schließlich einschreiten und für Ordnung sorgen musste.

Endlich war Bragi bis zu Hakons prächtiger Festtafel vorgedrungen, an der sich bereits, satt und trunken vom üppig kredenzten Honigwein, der gesamte Hofstaat zusammendrängte. Er wurde beglotzt und gefeiert, als habe er den Wettstreit bereits für sich entschieden. Dankbar nahm Bragi auf dem ihm zugewiesenen Ehrenstuhl Platz, der sich direkt an Hakons rechter Seite befand. Links vom König saß seine Gemahlin. Um sie drei herum platzierte sich alles an wichtigen Leuten, was Rang und Namen führte. Immer wieder prostete Hakon ihm überschwänglich zu und bedachte seine Berühmtheit des Abends mit allen nur erdenklichen Aufmerksamkeiten.

Du falscher Hund, dachte sich Bragi, ließ sich von einer außergewöhnlich hübschen Magd jedoch gerne sein Essen servieren und machte gute Miene zu diesem Spektakel. Alle sollten an diesem Abend sehen, welches Glück dem künftigen Sieger winkte. Dem köstlichen Wein allerdings sprach Bragi nur wenig zu, gerade genug, um sich ein wenig anzuwärmen. Ansonsten recht gelangweilt von dem ganzen Trubel, war Bragi froh, als Hakon den Sängerwettstreit endlich eröffnete.

Ein kurzer Hornruf kündigte jeden neuen Kandidaten an. Der als erstes aufgerufene Skalde begab sich in die Mitte der prächtig geschmückten Langhalle, wo auf einem leicht erhöhten Podest der für ihn vorbereitete Sängerstuhl stand. Ein Hochsitz, der seinen jeweiligen Besitzer gut vier Köpfe über all die anderen Leute erhob und ihn so von allen Seiten her ebenso gut vernehmbar wie sichtbar machte. Ob man sich auf dem stuhlähnlichen Gerüst niederließ oder seine Kunst darauf lieber im Stehen vortrug, war jedem freigestellt. Aufgrund der Vielzahl von Bewerbern durfte der Stuhl jedoch nicht länger als zehn Minuten in Beschlag genommen werden, dann folgte schon der nächste. Wie und auf welche Weise der jeweilige Skalde die Menschen während dieser Zeitspanne unterhielt, ob er also sang, dichtete oder nur sein Instrument spielte, lag ebenfalls im Ermessen des Einzelnen. Da dem Sieger aber der Ehrentitel ‚größter Liederschmied im Lande' winkte, war der Rahmen, in welchem sich die Teilnehmer zu bewegen hatten, bereits vorgegeben. Folgte doch die hohe Kunst der frei vorgetragenen und gesungenen Dichtung bereits einer langen Tradition.

Diese Regeln, die vor allem das Versmaß betrafen, einzuhalten, war nicht jedermanns Sache, wodurch die Anzahl der in Frage kommenden Kandidaten letzten Endes überschaubar geblieben war. Insgesamt fünfzehn Teilnehmer waren verblieben, die nun der Reihe nach antraten, um ihr Glück zu versuchen.

War ein Beitrag beendet, wurde der darauf erfolgende Beifall zum ersten Gradmesser für sein Gefallen. Die letzte Wahl allerdings traf das Schiedsgericht, dem Hakon selbst, bescheiden wie immer, als Hauptrichter vorsaß. Desweiteren setzten die Juroren sich aus drei seiner engsten Ratgeber, sowie einem ausrangierten Hofskalden zusammen. Der war bereits ein gebrechlicher Greis, hatte dünnes, schlohweißes Haar und war kaum mehr als ein Schatten seiner selbst. Fast taub, diente ihm als Hörverstärker ein breites Trinkhorn, dessen abgesägtes Ende er sich ans Ohr setzte, sobald ein Vortrag begann oder jemand ihn ansprach.

Bragi nickte dem greisen Skalden respektvoll zu, der diese Geste ebenso freundlich erwiderte. Aus den klaren Augen des Greises blitzte ihm die Weisheit eines in Würde gereiften Menschen entgegen, wie sie nur selten anzutreffen ist. Bragi freute sich, dass Hakon diesen alten Mann, der nun zu alt und gebrechlich fürs Musizieren war, in sein Gremium berufen hatte. Doch so angenehm die Vorstellung für Bragi auch sein mochte, selbst irgendwann sein Gnadenbrot unter Hakons großzügiger Schirmherrschaft in Anspruch zu nehmen, wurde sie heute Abend doch von dem brennenden Wunsch überlagert, seine vielgeliebte Freiheit wiederzuerlangen.

Die nächsten Stunden war die große Königshalle von den ergötzlichsten Klängen erfüllt, von denen einige die aufmerksamen Zuhörer in geradezu rauschhafte Stimmung zu setzen verstanden. Der mit würzigen Kräutern versetzte Honigwein und das aus zwei riesigen Kesseln reichlich geschöpfte Bier, taten das ihrige hinzu. Immer wieder ließ König Hakon seinen zufriedenen Blick durch die bis zum Bersten angefüllte Festhalle kreisen, seinen wichtigsten Gästen dabei stetig zuprostend. Diese dankten es ihm, indem sie ihren Wohltäter ein ums andere Male hochleben ließen. So zog sich der Abend in geselliger Kurzweil dahin, während Bragi andächtig dem kunstfertigen Spiel seiner Konkurrenten lauschte.

Der Abend war bereits ein gutes Stück vorangeschritten, als sich unter der feiernden Gesellschaft die ersten Anzeichen von Ermüdung bemerkbar machten. Nachdem nun der letzte Sänger von außen, ein kleiner, unansehnlicher und buckliger Mann, der jedoch die süß tönende Stimme eines Knaben besaß, geendet hatte, war die Reihe endlich an Bragi. Noch immer war ihm nicht klar, warum Hakon ihn auf diese Weise bevorzugte und als letztes auftreten ließ. Sicher, der letzte Teilnehmer sah sich gewöhnlich noch einmal der gesamten Aufmerksamkeit versichert, doch hatte Bragi dies wirklich nötig? Fast schien es ihm, als wolle Hakon ihn als Sieger sehen.

Auch so war jedem Anwesenden klar, dass Bragi das krönende Glanzstück dieses Abends war, an dem sich ein jeder zu messen hatte. Entsprechend großspurig ließ Hakon ihn von einem Sprecher ankündigen. Er, Bragi Boddason, die schon zu Lebzeiten erhobene Sängerlegende, gäbe nun eine Weise zum Besten, die den Vergleich mit einem die Menschen einlullenden Feenzauber nicht zu scheuen brauche. Augenblicklich senkte sich eine totenähnliche Stille über Hakons große Festhalle. Jene, die bereits schon müde und schlaff in ihren Stühlen gehangen hatten, wurden angestoßen oder rafften sich von selbst noch einmal auf. Eine fast greifbare Spannung lag in der Luft. Alles lechzte danach, endlich jenem vielgerühmten Skalden lauschen zu dürfen, für den sie alle gekommen waren und der ihnen von Hakon nun bis zuletzt vorenthalten worden war.

Bragi, bereits ganz steif vom langen Sitzen, reckte die Glieder, nahm seine Leier auf und trat schweigend in die Mitte der Halle. Selbst jetzt noch rief der schimmernde Anblick seines kostbaren Instruments bei vielen ein beeindrucktes Staunen hervor. Sittsam verbeugte Bragi sich vor seinen Zuhörern in jede Richtung und nahm auf dem noch warmgesessenen Sängerstuhl Platz. Das Signalhorn ertönte und Bragi, beflügelt von der Aussicht, nach diesem Vortrag endlich wieder ein freier Mann zu sein, griff beherzt in die Saiten. Nachdem viele der zuvor Aufgetretenen sich die Gunst des Publikums mit fröhlichen Beiträgen zu erspielen versucht hatten, überließ sich Bragi einmal mehr seiner ewig ungestillten Sehnsucht nach dem Meer.

Und wie gewohnt verstand er es, seinem Instrument ein solch betörendes Spiel zu entlocken, dass sich ihm keiner der Anwesenden zu entziehen vermochte. Manche blickten verstört einander an, sich bei ihrem jeweiligen Nachbarn hilfesuchend vergewissernd, ob der gerade demselben entrückten Rausche erlag wie man selbst. Zutiefst ergriffen kullerten vor allem bei den Damen schon nach wenigen Augenblicken die ersten Tränen. Hände griffen zärtlich nacheinander oder wurden sich aufs Herz gedrückt. So anrührend und fein gewählt waren Bragis Klänge, dass eine hochschwangere Frau, die in einem Nebenhaus schwitzend in den Geburtswehen lag, darüber augenblicklich all ihre Schmerzen vergaß und noch während seines Vortrags glücklich niederkam. Die Kranken und Lahmen in den Gesindehäusern vergaßen ihre Leiden und sogar die Hunde hielten beim Benagen ihrer Knochen lauschend inne. Wie die Biene an der Blume, so hingen die Zuhörer an Bragis Lippen, um sich keine noch so kleine Unze des kostbar süßen Honigseimes entgehen zu lassen, der ihnen hier entgegenfloss. Und mancher, der an diesem Abend von Bragis Spiel gefesselt, schwor später Stein und Bein, er habe auf der Zunge des Skalden die vielgerühmten Zauberrunen leuchten sehen.

Bragi selbst aber weilte nicht länger mehr in dieser Halle. Die Augen geschlossen und alles um sich herum vergessen, fanden seine Finger traumwandlerisch die richtigen Saiten. Etwas in ihm glitt aus sich selbst heraus, um dafür in jenen unwirklichen Gefilden zu erwachen, die aufzusuchen uns sonst nur in unruhigen Träumen gestattet ist. Zu Bragis eigenem Erstaunen war es jedoch nicht die blaugrüne See, die er vor seinem inneren Auge erblickte, sondern weite grüne Wiesen, über die er hinfort zu fliegen schien. Angenehm warm erstrahlte die aufgehende Morgensonne am Himmel, und am fernen Horizont erblickte er schneeglitzernde Berge. Unter sich gewahrte er einen prachtvollen Hain, der in voller Frühlingsblüte stand, gleichzeitig aber schon goldglänzende Früchte trug. Bedächtig begann er sich dem Wäldchen zu nähern, bis seine nackten Füße weiches Gras berührten. Frühling und später Sommer schienen an diesem Ort zusammenzufallen, an dem die Zeit ihre Bedeutung verloren hatte. Ein zarter Hauch von Apfelduft stieg ihm in die Nase. Zutiefst beglückt gewahrte Bragi vor sich ein gleißendes Licht, das seine Quelle irgendwo zwischen den blühenden Bäumen hatte und sich ihm jetzt langsam näherte. Aus dem Leuchten schälte sich die zierliche Gestalt einer jungen, schönen Frau hervor, die ihn freundlich anlächelte. Ihre Wangen erstrahlten in einem gesunden rot, ihre geflochtenen Haare glichen gesponnenem Gold und ihre Augen waren zwei tiefe Seen, die auf ihrem Grund das Mysterium des Lebens bargen. Sie öffnete ihre vollen, rosigen Lippen und sprach leise: „Sei willkommen, Asensohn. Lange habe ich dein Kommen ersehnt. Nun ist es Zeit!"

„Wer bist du?", formten Bragis Lippen seine stumme Frage. „Bist du meine Walküre?"

Doch anstelle einer Antwort schenkte sie ihm ein geheimnisvolles Lächeln. Sie erhob ihre schneeweißen Arme und im nächsten Moment senkte sich ein Schleier aus Hunderten von flatternden Schmetterlingen über die Szene.

Im selben Moment gewahrte Bragi, dass sein Lied verklungen war. Der letzte seiner Finger hatte sich soeben von den Saiten seiner Leier gelöst. Ganz von alleine hatte sein Lied geendet und niemand war darüber erstaunter, als Bragi selbst. Niemals wieder wirst du für die Sterblichen spielen, hörte er eine Stimme in seinem Innersten nachklingen. Diese Worte hatten etwas so endgültiges, dass er darüber verwirrt sein Instrument absetzte. Gerade noch bekam er mit, wie das bläuliche Leuchten, das seine Leier umgab, langsam wieder verblasste.

Es dauert noch einen Moment, bis das Leben wieder Einzug in die überfüllte Festhalle hielt. Die Menschen blickten einander zwar an, wussten sich aber doch nicht zu regen. Frauen wie Männer schienen allesamt unter einem tiefen Bann zu stehen. Viele hätten ihr eigenes Gesicht in einem Spiegel nicht wiedererkannt. Verhärtete Züge waren weicher, verbitterte Gesichter wieder schöner, die schönen noch hübscher geworden. Nur hier und da war ein verhaltenes Seufzen zu hören. Einige Damen schluchzten betroffen auf oder schnieften benommen, andere taumelten, als ob sie gleich in Ohnmacht sinken müssten. Wohin man auch blickte, überall glitzerten feuchte Augen und Wangen im flackernden Schein der Langfeuer.

Erst als sich Bragi von seinem Sängerstuhl erhob und verbeugte, fiel die Erstarrung wie ein Schleier von allen ab und das leise Schluchzen wandelte sich erst in verhaltenen, dann in immer stärker werdenden Applaus, der bald derart tosend anschwoll, das er auch den letzten Holzsparren in Hakons

Halle erbeben ließ. Bragi, selbst noch ganz betäubt von seiner unwirklichen Reise, stand im Zentrum eines Begeisterungssturmes, der wie tosende Brandungswellen über ihn hinwegrollte.

Als der laute Jubel und die unzähligen Rufe nach einer Zugabe endlich nachließen, rief Hakon seinen Hofskalden unter Zustimmung sämtlicher Schiedsrichter zum unbestrittenen Sieger aus. Selbst Bragis gesamte Konkurrenz war sich einig darüber, nie zuvor einem makelloseren Liedgut beigewohnt zu haben. Jetzt gab es für die Menschen kein Halten mehr. Sie stürmten nach vorne, umdrängten begeistert den Sängerstuhl, auf dem Bragi bedrohlich ins Wanken geriet. Alle wollten sie ihn berühren, beglückwünschen und an dem teilhaben, was unter seinen Zauberfingern soeben verklungen war. Unentwegt brachte man ihm Lob entgegen und man hörte solche Sätze wie: „Nie zuvor ist ein größerer Liederschmied über uns gekommen!", oder: „Preiset Sága, dass wir dem göttlichen Odem ihres verleiblichten Sohnes lauschen durften!"

Hakon, der fast platzte vor Stolz, forderte die feiernde Menge auf, seinen Hofskalden vortreten zu lassen, damit der den Siegerpreis, einen goldenen Pokal, aus seinen Händen in Empfang nehmen könne. Es dauerte etwas, bis Bragi den Sängerstuhl wieder verlassen konnte und sich einen Weg durch die Menge gebahnt hatte. Dann trat Bragi vor Hakons Thron und ihre Blicke begegneten sich.

Hakon hatte ein seliges Lächeln aufgesetzt, doch seine funkelnden Augen hatten etwas lauerndes, als er Bragi die schimmernde Trophäe überreichte und laut ausrief: „Nun denn, verehrter Bragi Boddason, nehmt diesen wohlverdienten Siegespreis entgegen und lasset Euch huldigen!" Er hob Bragis Arm mit dem überreichten Pokal in die Höhe, um sich mit ihm gemeinsam dem Publikum zuzuwenden. „Alter und neuer erster Skalde bei Hofe und fürwahr größter Liederschmied aller Zeiten", rief Hakon mit stolzgeschwellter Brust der Menge entgegen, deren Jubel jetzt noch einmal bis ins Unerträgliche anschwoll. Und als der Beifall wieder leiser wurde und Hakon Bragi laut und vernehmlich darum bat, ihm als Sieger nun seinen Herzenswunsch zu verkünden, da endlich erkannte Bragi Hakons wahre Absicht. Dieser Mann hatte dieses gewaltige Spektakel nur aus einem einzigen berechnenden Grund inszeniert. Und der war kein geringerer, als Bragi vor aller Welt seine absolute Macht zu demonstrieren. Und in einem jähen, kurzen Aufflackern erkannten Hakon und Bragi, König und Skalde, im gespiegelten Blick des anderen, ihren eigenen, unbeugsamen Stolz. Ein König, der sich schmückte mit den kostbaren Federn eines seltenen Vogels, die ihm selbst niemals wachsen würden, und der unbeugsame Skalde, der sich anmaßte, einem König eine Abfuhr erteilen zu können, weil er darauf vertraute, durch seinen Sieg bei diesem Wettstreit das Volk auf seine Seite gebracht zu haben.

Noch immer stand Hakon mit glänzendem Gesicht vor ihm, darauf wartend, welchen Wunsch Bragi vor ihm nun auszusprechen gedachte. Ein Mann, der weiß was er will, dachte Bragi finster, und vor allem, wie er es bekommt. Wohl ein Grund dafür, warum ein Dichter niemals ein großer König und ein König wohl niemals ein großer Dichter sein wird. Es gelang ihm nicht seine Enttäuschung zu überspielen, denn er hatte sich von Hakon wie ein Frischling vorführen lassen. Hier, auf Hakons Bühne, im Augenblick von Bragis größtem Triumph, würde Hakon ihn vernichten, wenn Bragi nicht spurte. Das Blut wich aus Bragis Gesicht und ihm wurde ganz elend zumute. Doch noch wollte Bragi sich nicht geschlagen geben. Und da bereits sämtliche Gäste sehnsüchtig darauf warteten, welches Anliegen er denn nun an Hakon hatte, nahm Bragi all seinen Mut zusammen, verbeugte sich und sagte tapfer und mit fester Stimme: „Ihr kennt meinen Wunsch, edler Hakon. Schenkt mir die Freiheit und lasst mich meiner Wege ziehen!"

Kaum waren Bragis Worte verklungen, als sich im Publikum auch schon ein betretenes Schweigen ausbreitete. Mit dieser Bitte hatte nun freilich keiner gerechnet und allenthalben sank die Feierlaune dahin wie eine ersterbende Flamme. Alle Augen ruhten jetzt wieder auf Hakon. Viele ihrer Besitzer voller Bedauern und Anteilnahme für ihren edlen Spender, der sich hier augenscheinlich mit dem Undank seines völlig verrückt gewordenen Hofskalden konfrontiert sah. War es doch ein offenes Geheimnis, welch große Stücke ihr König auf diesen außergewöhnlichen Sänger hielt, der inzwischen zum Aushängeschild von ganz Trondheim geworden war.

Alleine Hakon schien einen kühlen Kopf zu bewahren, denn er tat erstaunt: „Wie das, verehrter Bragi? Gerade jetzt, wo ich mich glücklich preisen darf, den weit und breit größten jemals auf Erden wandelnden Skalden an meinem Hofe zu wissen, da wollt Ihr mir einfach den Rücken kehren? Wollt Eurem König davonlaufen und ihn in Schanden zurücklassen?!" Hakon setzte eine untröstliche Miene auf, breitete seine Arme aus und blickte um Unterstützung heischend in die Runde seiner zahlreichen Gäste.

Oh, du gerissener Fuchs, dachte Bragi gallebitter und musste nun erkennen, wie Hakon seinen letzten Pfand gegen ihn einsetzte. Denn wenn schon ein König Bragi nicht zu halten vermochte, dann doch vielleicht sein Publikum, in das nun neues Leben kam. Die Bitte des Siegers roch nach Skandal, und wie zu erwarten, erhob sich unter den Gästen jetzt ein lautstarkes Gemurre. Bragi erntete lange Gesichter und unverständige Blicke. Andere machten ihrem Unmut durch laute Protestrufe Luft und spielten Hakon damit in die Hände. Hakon wusste nur zu gut, wie viel einem Skalden sein Ruf galt, und indem er nun die versammelte Zuhörerschaft gegen Bragis Entscheidung aufbrachte, erzeugte er auf diesen einen Druck, dem Bragi sich nur schwerlich entziehen konnte.

Da der noch immer schwieg, ergriff Hakon erneut das Wort. Gleichzeitig hielt er Bragi versöhnlich die Hand entgegen und sagte laut und vernehmlich: „Ich bitt' Euch, Herr Bragi Boddason, nehmt meine Hand. Mit ihr bietet sich Euch alles, was das Herz eines berufenen Skalden, wie Ihr einer seid, begehrt. Mein königlicher Hofsitz war es bisher und soll auch künftig der Eure sein. Und wenn Ihr Euch eines fernen Tages nicht mehr imstande sehen solltet, Eure göttergleiche Gabe auszuüben, habt Ihr mein Wort hier vor allen Zeugen, dass Ihr bei mir das Gnadenbrot eines Fürsten erhalten sollt!"

Ein in der Tat verlockendes Angebot, dachte Bragi wankend, und war schon fast geneigt darauf einzugehen, als Hakon flüsternd etwas hinzufügte. So leise, dass nur Bragi ihn hören konnte, zischte er: „Schlage diese Hand aus, und du wirst mein Missbehagen zu spüren bekommen. Dann werde ich dafür sorgen, dass dein Ruf für immer verwirkt ist!"

Bragi zuckte zurück, denn er wusste, dass Hakon sein Wort halten würde, ganz gleich, welche Wahl er nun traf. Doch anstatt Hakons Hand zu ergreifen, sah er diesen nur traurig an. Der begegnete ihm mit einem halb grimmigen, halb lauernden Blick.

Aber es war gar nicht so sehr Hakon, von dem Bragi sich in diesem Moment verraten fühlte. Der König suchte ihn lediglich mit allen ihm zur Verfügung stehenden Mitteln weiterhin an sein Haus zu binden. Das war nichts Neues für Bragi und für ihn nachvollziehbar. Was Bragi weit mehr bekümmerte, ja, ihm einen rechten Stich ins Herz versetzte, war die Haltung der ihn umringenden Menschen. Bis gerade eben noch hatten sie ihm begeistert zugejubelt, ihn als strahlender Sieger und Helden gefeiert und nun schwappte ihm von den gleichen Menschen eine Woge des Unmuts entgegen. Weiter aufgestachelt von einer Schar eifriger Hofschranzen, die Bragi kurzerhand zum Verräter erklärten, glaubten viele Menschen ihre Treupflicht zu Hakon dadurch beweisen zu müssen, indem sie Bragi nun mit lauten Buhrufen bedachten.

Bragi suchte abermals Hakons Blick, der jetzt eine königliche Unschuldsmiene aufgesetzt hatte, als habe er mit all dem hier nichts zu schaffen. Verzweifelt sann Bragi über einen Ausweg nach, wie dieser Schlinge, die Hakon hier öffentlich um seinen Hals gelegt hatte, noch zu entkommen war. Vor wenigen Augenblicken noch hatte er vor einem blühenden Apfelhain gestanden, und jetzt sah er sich einem aufgestachelten, wütenden Mob gegenüber, der ihn einen undankbaren Verräter schimpfte. Er sah in ihre erhitzten Gesichter, die jetzt zu seltsamen Fratzen wurden, während sie sich über ihn ereiferten. Bragi wusste, dass es keinen Sinn hatte, seine Stimme über diesen Tumult zu erheben. Er wollte auch nicht. Die Kraft dafür war nicht vorhanden, denn etwas in ihm war zerbrochen. Etwas altes, zartes, tief in seinem Innersten, das schon einmal zerstört und vor drei Jahren durch Hrolf wieder notdürftig geflickt worden war. Nun lag es endgültig in Scherben. Die schwarze Brodem, der seine empfindsame Natur schon einmal zutiefst verdunkelt hatte, senkte sich erneut über seine Seele.

Und während die Buhrufe um Bragi herum immer lauter wurden, fiel sein Blick auf einige seiner Kollegen. Aber auch unter ihnen suchte Bragi vergeblich nach Verständnis. Wollte denn keiner von ihnen sehen, welch falsches Spiel Hakon mit ihnen allen trieb? Doch nein, aus ihrer Sicht war das Amt des Hofskalden an Trondheims Königssitz ja die höchste Ehre, die einem Mann ihrer Zunft jemals zuteilwerden konnte. Dass dieser so heiß begehrte Posten von Bragi nun freiwillig abgelehnt wurde, stieß in ihrem Weltbild auf völliges Unverständnis.

Und doch war es gerade dieses blinde Unvermögen in ihren stumpfen Augen, dass Bragi plötzlich frische Kraft einhauchte. Kraft, die ihm half, seine Bitte an den König noch einmal zu wiederholen. Und mit einer Stimme, so voll, dass er damit das gesamte Spektakel übertönte, rief er an Hakon gewandt: „So üppig auch die Tafel in eurem Hause, edler Hakon, so weich auch die Bettstatt sich ausnimmt, die ihr mir zugesteht, so muss ich euch doch bitten, meinem Anliegen zu entsprechen. Haltet Wort, mein König, so wie ihr es versprochen habt und gewährt mir die Freiheit, denn mein Herz ruht nun einmal in der Ferne, und nur aus ihr beziehe ich meine Kraft, aus der ich jene Schöpfungen hervorbringe, mit denen ich euer Ansinnen und das eurer Gäste soeben erfreuen durfte!"

Da wurde es erneut still im Saal. Und abermals hingen sämtliche Blicke auf Hakon, einer begehrlicher als der andere. Seine Gäste, Gefolgsleute, Skalden und Untertanen, sie alle erwarteten voller Ungeduld, wie ihr König auf Bragis Gesuch nun reagieren würde. Der hatte jetzt eine äußert missbilligende Miene aufgesetzt. Gekränkter Stolz, Verachtung und kalte Wut spiegelten sich in seinem Gesicht. Und man musste kein großer Menschenkenner sein, um daraus zu schließen, was Bragi längst wusste. Niemals würde Hakon ihn freiwillig ziehen lassen.

Zu später Stunde trat ein in den Saal,
ein Gast, gekommen aus einem Grunde.
Nicht Furcht vorm König der Fahrende kannte,
wählte frei seine Rede, trug vor kühnen Rat.
Doch gallig nahm auf dies der stolze Gebieter,
nicht hören er wollte des Allweisers Wort.

# 29. Ein später Gast

Schon hatte Hakon schnaufend die Luft eingesogen, um in seiner Position als König Bragi sein Bleiben zu befehlen, als sich aus der Reihe der vordersten Gäste plötzlich ein Mann löste. Zielstrebig schritt er auf Bragi und Hakon zu, um sich sodann genau zwischen die beiden Kontrahenten zu schieben. Diese Aktion kam für alle Anwesenden so überraschend, dass sich nun sämtliche Blicke diesem fremden Mann zuwandten, der es wagte, sich direkt vor Hakon zu stellen. Selbst die Leibwache war von dieser Aktion überrascht worden, denn ein königlicher Attentäter war das letzte, woran man in diesem Moment dachte.

Niemand schien den Fremden bis zu diesem Moment seines Hervortretens bemerkt zu haben, gleichwohl er nur schwerlich zu übersehen war. Er besaß eine große, ehrfurchtgebietende Gestalt und trug einen dunklen Mantel, über den sich ein breiter Halteriemen spannte. Daran hing ein ausladendes, schweres Saiteninstrument, das der Fremde auf dem Rücken geschultert hatte. Es war eine Harfe, die ebenso groß war, wie der Mann selbst. Doch obgleich sie ein beträchtliches Gewicht haben musste, schien sein Besitzer mit ihrer Last kaum Mühe zu haben, der sich erstaunlich gerade hielt. Auf seinem Haupt trug er einen breitkrempigen, abgespeckten Lederhut, unter dem die markanten Züge eines hageren, aber wohlgestalteten Gesichts hervorschauten. Ein gepflegter grauer Kinnbart verlieh ihm die natürliche Würde des weltgewandten Mannes, der schon viel herum gekommen sein mochte.

Der Unbekannte war so vor den König hingetreten, dass er Bragi, der nun in seinem Rücken stand, die Sicht auf Hakon versperrte. Bragi stach als erstes die prachtvoll gearbeitete Harfe ins Auge, die er mit einem Blick als etwas ganz Außergewöhnliches erkannte. Feinste Schnitzarbeiten waren auf solch kunstvolle Weise mit hauchdünnem Blattgold überzogen, wie Bragi es bisher nur auf seinem eigenen Instrument hatte erblicken dürfen. Zweifelsohne war auch dies die Arbeit von Alben. Und gleichwohl Bragi in diesem Moment wirklich andere Sorgen hatte, verspürte er augenblicklich den sehnlichen Wunsch, dem Klang dieser wundervollen Harfe lauschen zu dürfen, deren Besitzer sie sicherlich meisterhaft zu spielen verstand.

Den Überraschungsmoment seines forschen Auftritts nutzend, richtete der Fremde das Wort an Hakon, den er scharf ins Auge gefasst hatte: „Ihr habt den Wunsch Eures ersten Skalden vernommen, König Hakon." Seine Stimme war fest und ihr war eine Autorität zu eigen, die es gewohnt war, selbst Befehle zu erteilen. „Wer einen so großen Namen wie den Euren führt, dem sollte sein Wort doppelt gewichten", fuhr der Mann fort, „denn die Umkehr seiner Größe wird ihm dort zum Fallstrick, wo seinen Untertanen törichtes Wort bald gleiches gilt wie weises. Warum also schmälert Ihr Eures Skalden Sieg, indem Ihr ihm nun statt goldener Fesseln eiserne anzulegen gedenkt? Eine unwürdige Haltung für einen Mann Euren Ranges, wie ich meine!"

Hakon, zu überrumpelt, um irgendetwas zu erwidern, glotzte wie ein Mondkalb. Solch eine Dreistigkeit war ihm in seinem eigenen Haus bisher noch nicht untergekommen. Als nächstes stellte sich der hoch gewachsene Unbekannte nun neben Bragi und legte diesem die Hand auf die Schulter. Bragi war über diese vertrauliche Geste nicht weniger verblüfft als Hakon, der sie nun beide völlig fassungslos anstarrte. Dann endlich kam Leben in den König. Alles in ihm spannte sich, um seiner Empörung über diesen unverschämten Auftritt Luft zu machen.

Doch bevor auch nur eine Silbe über Hakons Lippen kommen konnte, hob der Fremde die Hand und schnitt ihm erneut das Wort ab. Es war, als habe die Handbewegung des fremden Hakons Lippen mit einem Bann belegt, denn der öffnete zwar die Lippen, aber nichts war zu vernehmen. Dafür sprach der Fremde weiter, der sich jetzt ebenso ans überraschte Publikum wandte: „Ein jeder Eurer Gefolgsleute hier weiß, wie trefflich Euch dieser Mann die letzten drei Jahre hindurch in genügsamer Weise zu Diensten war. Doch nun ist der Zeitpunkt gekommen, das Wirken von Bragi Boddason auch anderen Ohren zugänglich zu machen. Ich spreche von edlen Damen und Herren von nicht geringem hohen Rang, die ein ebensolches Anrecht auf die Kunst dieses Skalden besitzen, die Ihr euch durch ausgeübten Zwang nun länger zu sichern trachtet, als dies Euch zusteht!"

Dieser letzte Satz, der Hakons königliche Autorität vollständig untergrub, brachte das Fass zum Überlaufen. Hakon sah aus, als müsse er gleich platzen, denn seine Augen sprühten vor Zorn, als er mit sichtlich unterdrückter Erregung so ruhig wie noch irgend möglich sagte: „Von welchen Damen und Herren sprecht Ihr, Herr Fremdling? Alles was Rang und Namen in diesem meinem Lande hat, ist heute Abend in dieser Halle hier versammelt. Da ist niemand, der noch über mir stünde, hört Ihr? Niemand! Hier ist mein Wort Gesetz und keinen werdet Ihr finden, der dies anzuzweifeln wagt!"

Da umspielte ein wissendes Lächeln die Lippen des Fremden, der unbeeindruckt entgegnete: „Wohl wahr, edler König. Da ist niemand, der hier in euren Landen noch über Euch und Eurem Worte stünde. Doch ich spreche von jenen Hohen, denen Rechenschaft und Gehorsam zu leisten selbst Ihr einst geschworen habt. Oder habt Ihr in eurem Eigendünkel bereits vergessen, welchen Göttern Eure Treue gilt?"

Jetzt kam Bewegung in die Halle. Vor allem unter Hakons Beratern erhob sich ob dieser frevelhaften Rede lautstarkes Gemurmel. Hakons Gode, ein verknöcherter Mann, der Sprecher und Priester in einem war, machte eine verächtliche Miene, die verriet, wer seiner Meinung nach das alleinige Vorrecht innehielt, den König über die Einhaltung religiöser Pflichten zu belehren. Schon wollte er vortreten, um seinem Herrn beizustehen, als Hakon ihn zurückhielt. Dem war solch kühnes Wort lange nicht mehr untergekommen, weshalb er selbst nun alle Höflichkeit beiseite ließ und schroff bellte: „Wer bist du überhaupt, Fremder, dass du, ohne dich vorgestellt zu haben, dich in meiner eigenen Halle erdreistest, ein solch freimütiges Wort an mich zu richten? Ich entsinne mich nicht, dir hierfür die Erlaubnis erteilt zu haben!"

Doch der Fremde blickte Hakon weiterhin furchtlos an. „Hrafnar Borson ist mein Name, und weder Schimpf noch Zank in deiner prächtigen Halle zu säen ist mein Begehr. Lediglich als Fürsprecher des Siegers deines Sängerwettstreits will ich mich verstanden wissen."

Bragi wusste nicht, wie ihm geschah. Wer war dieser edel gesinnte Mann, der ihm hier ungeachtet aller Gefahren beistand und seine Sache so furchtlos vortrug? Ein Hrafnar Borson war ihm niemals zuvor begegnet, geschweige denn hatte er diesen Namen je zuvor vernommen. Vorsichtig schielte Bragi von der Seite ins Gesicht dieses Mannes, das etwas im Schatten seines breitkrempigen Hutes lag. Er sah den Ansatz einer hohen, fliehenden Stirn, auf der sich zahlreiche Denkfalten abzeichneten. Ein ehernes Antlitz, in dem das Leben seine zahlreichen Spuren hinterlassen hatte, doch ohne es davor zu verschließen. Leicht erschrocken gewahrte Bragi, dass Hrafnars linkes Auge fehlte. Als der seine Neugier bemerkte, wandte er Bragi kurz sein Gesicht zu, und zwinkerte ihm mit seinem verbliebenen Auge verstohlen zu. Unweigerlich fiel Bragis Blick dabei auf Hrafnars leere, dunkle Augenhöhle, in deren Tiefe er für einen Sekundenbruchteil glaubte, die gestirnte Schwärze des Nachthimmels erkennen zu können. Er schüttelte den Kopf. Das war doch völlig unmöglich! Unversehens fand Bragi sich in einer noch größeren Verwirrung wieder.

„Ich kenne dich nicht, Hrafnar Borson", tönte Hakons Stimme nun noch eine Spur schärfer durch den Saal. Gleichzeitig fiel des Königs Blick auf die große Harfe, deren vergoldeter Kopf hinter den Schultern seines ungebetenen Gastes hervorschimmerte. Und so gerne Hakon auch damit fortgefahren wäre, diesen frechen Fremden vor aller Augen in die Schranken zu weisen, um endlich klarzustellen, wer hier der wahre Herr im Hause war, so hatte doch die prachtvolle Harfe schlagartig seine Neugier geweckt. Und da Hakon ein großer Kenner und Bewunderer guter Musik war, schluckte er seine bösen Worte hinunter und sprach in leicht versöhnlicherem Ton: „Doch wenn du meinst, dich als Fürsprecher meines Hofskalden aufspielen zu müssen, dann tue dies nicht mit tadelnden Worten, sondern indem du uns etwas von deiner eigenen Sangeskunst vorträgst. Denn dies hier ist ein Sängerwettstreit. Und nur dem Sieger ist heute gewährt, ein Anliegen an mich zu richten!"

Wieder umspielte ein dünnes Lächeln Hrafnars Lippen. „Eben deshalb bin ich hier, edler Hakon", erklärte er in übertriebener Höflichkeit und deutete eine leichte Verbeugung an. Und schon löste er den breiten Halteriemen von der Schulter, um sein schweres Instrument herabzulassen. Sogleich trat Bragi helfend hinzu. Hrafnar dankte es ihm mit einem freundlichen Zunikken. Als sie die schwere Harfe gemeinsam auf dem Boden absetzten, entfuhr ihr ein lauter, nachvibrierender Klang. Er hörte sich an wie die Klage eines Menschen. Als in diesem Moment an der Wand eine Fackel verlöschte, warfen die Menschen einander furchtsame Blicke zu, und nicht wenige dünkte dies ein Unheil verkündendes Omen.

König Hakon, redlich bemüht, die Zügel wieder vollständig in der Hand zu halten, legte den Kopf etwas zur Seite und sprach herablassend: „Nun, Herr Hrafnar Borson, leider steht der Sieger des Abends bereits fest. Wenn du aber glaubst, dass es dir tatsächlich gelingen sollte, meinen Hofskalden, dessen Ruhm inzwischen bis hin zu den grünen Inseln reicht, mit deiner Sangeskunst überflügeln zu können, dann ..., aber nur dann, magst du mir deinen Wunsch vortragen, dem ich daraufhin gerne entsprechen will. Falls aber nicht, wirst du augenblicklich wieder meine Halle verlassen." Er schielte begierig auf Hrafnars Instrument. „Deine Harfe aber will ich dann einbehalten als Wiedergutmachung für deine Dreistigkeit!"

„Eine hübsche Startgebühr, die Ihr Euch da ersonnen habt", lobte Hrafnar den Einfall des Königs, „doch damit kann ich leben!"

Diese Antwort hatte Hakon nicht erwartet, sodass er scheppernd auflachte: „Haha, wer ist hier jetzt vom Eigendünkel befallen, Herr Hrafnar Borson? Du scheinst zu vergessen, wen es hier zu schlagen gilt. Denn sei versichert, sich mit dem einzigartigen Bragi Boddason zu messen, wird dir am Ende nur mehr Spott als Ruhm einbringen!"

„Das wird sich weisen, König", entgegnete Hrafnar zuversichtlich. „Doch sollt Ihr zuvor noch wissen, dass meine Musik weit mehr vermag, als die Menschen nur vergnügt zu machen. Deshalb sagt mir, edler König, ob Ihr vielleicht einen besonderen Wunsch hegt, mit dem ich Eure Ohren und die Eurer zahlreichen Gäste versüßen soll?"

Hakon besann sich einen kurzen Moment und meinte dann spöttisch: „Nun, die Nacht ist inzwischen weit vorangeschritten und viele meiner Gäste sind müde und erschöpft. Warum also spielst du uns zum Abschluss dieses gelungenen Abends nicht ein nettes Schlaflied, und versetzt uns damit alle in einen süßen Schlummer?" Er lachte, als habe er einen vortrefflichen Witz gemacht. Einige der Gäste, durch die frohe Laune ihres Königs angesteckt, fielen in Hakons Lachen mit ein.

„Wenn dies Euer Wunsch ist, so will ich ihm gerne entsprechen", erwiderte Hrafnar.

„Bedenke aber", sprach Hakon munter weiter, „dass du es hier nicht mit abgearbeitetem Gesinde oder müden Kleinkindern zu tun hast, sondern mit den edelsten Fürsten und Damen meines gesamten Reiches. Ein ausgesuchteres Publikum für deine Sangeskunst wirst du nirgendwo vorfinden!" Statt einer Antwort machte Hrafnar eine ergebene Verbeugung. Hakon, dessen infrage gestellter Autorität hierdurch vorerst genüge getan zu sein schien, blickte wieder recht selbstzufrieden in die Runde und sagte frohgelaunt: „Hier sieht mir im Augenblick allerdings keiner so aus, als wolle er dieses gelungene Fest vor seinem natürlichen Ausklang träumend beenden!"

In der Tat. Die vergnügliche Feierlaune war in die Gesichter der Menschen zurückgekehrt, von denen nach Bragis Siegesernennung keiner mehr mit einem weiteren Teilnehmer gerechnet hatte. Nahm man nun das kühne Auftreten dieses geheimnisvollen Fremden und kombinierte dieses mit seinem beeindruckenden Instrument, so versprach dessen Vortrag ein weiterer Höhepunkt an diesem ohnehin ereignisreichen Abend zu werden. Jubelnd und klatschend tat die Menge ihre Zustimmung kund.

Zur unverhohlenen Freude Hakons. Als der aber sah, dass Hrafnar keinerlei Anstalten machte, seine Behauptung zurückzunehmen, wurde sein Tonfall wieder schärfer: „Nun gut, Hrafnar. Ich wiederhole also: Wenn es dir tatsächlich gelingen sollte, dieses Wunder zu vollbringen, mich und all meine Gäste hier einzuschläfern, sollen der Sieg und der Titel ‚größter aller Liederschmiede', dir gehören. Dann kannst du deinen Schützling hier gerne mit dir nehmen." Hakon warf Bragi einen geringschätzigen Blick zu. „Es wird wohl ohnehin nicht mehr allzu lange dauern, bis auch Bragi sein Gnadenbrot einfordern wird. Soll er die letzten seiner spärlichen Jahre also von mir aus in deiner zweifelhaften Gesellschaft zubringen!" Diese Rede ihres Königs wurde von seinen Gefolgsleuten mit lautem Beifall und Tischgeklopfe bedacht. Hakon streifte sich mit herrischer Geste seinen Umhang zurecht und ging energischen Schrittes zu seinem Thron zurück. Auf diesem ließ er sich schwer niederfallen, schnappte sich sein Trinkhorn und prostete Hrafnar damit übertrieben freundlich zu: „Nun denn, Herr Hrafnar Borson, auf ein gutes Gelingen!"

„Ich werde Euch beim Wort nehmen, Hakon!", erwiderte sein später Gast darauf so überzeugend, dass dem König darüber der Schluck fast im Halse stecken blieb.

Hierdurch sichtlich wieder aufgereizt, reckte Hakon sich nach vorne und zischte drohend: „Und ich nehme dich bei dem deinen. Und ich warne dich, Hrafnar Borson. Sollte sich nach deinem Vortrag auch nur ein einziger Besucher dieser Halle noch auf den Beinen halten, werde ich deinem unerträglichen Hochmut begegnen, indem ich dich wie einen Hund aus dieser Halle peitschen lasse!"

Voenix 2010

Ergeben deutete Hrafnar eine weitere Vorbeugung an und sprach: „Euer Wunsch ist mir Befehl, Herr König!"

Während Hrafnar sich jetzt nach einer geeigneten Stelle für sein Spiel umblickte, meldete sich einer von Hakons Beratern zu Wort. Der hatte das ganze Geschehen bisher aufmerksam verfolgt und flüsterte seinem Herrn nun zu: „Verzeiht meinen Einwurf, mein König, aber sagt, wer wird den Sieg des Fremden bezeugen können, wenn wir am Ende tatsächlich alle schlafend am Boden liegen sollten? Einer zumindest sollte sich die Ohren mit Wachs verschließen, um uns später berichten zu können, ob dieser Mann dort Wort gehalten hat!"

Hakon strich sich nachdenklich den Bart entlang und sagte: „Wohlgesprochen, Ulf, gleichwohl ich dies als überflüssig erachte. Aber bitte. Willst du selbst also nicht dieser Zeuge sein?"

Der Angesprochene erschrak. Damit hatte er nicht gerechnet. Da er sich Hrafnars Vorstellung auf gar keinen Fall entgehen lassen wollte, begannen seine huschenden Augen flink die Reihe aller Anwesenden abzusuchen. Als sein Blick auf einem der Wachmänner haften blieb, hellte sich Ulfs Miene sichtlich auf und erleichtert rief er: „Gunnar dort hinten wird unser Zeuge sein. Gunnar ist einer eurer treusten Krieger und seit einem Ohrenleiden so taub wie eine Eibe!"

Man ließ jenen Gunnar vortreten und nachdem man ihm mit Zeichensprache etwas umständlich erklärt hatte, worin nun in den kommenden Minuten seine Aufgabe bestand, schaute der zunächst zwar etwas dümmlich drein, straffte darauf aber seinen sehnigen Körper und ließ ein lautes und gehorsames „Jawohl!" vernehmen.

Hakon nickte und räkelte sich in seinem Thron zurecht. Ganz und gar davon überzeugt, als habe er mit der Benennung eines Zeugen Hrafnar bereits als Scharlatan entlarvt, warf er diesem einen vernichtenden Blick zu. Nach und nach erstarb das Gemurmel in der großen Königshalle, unter deren unruhigen Gästen sich in dieser Nacht zum letzten Mal eine fiebrige Spannung ausbreitete.

Alle in Hakons Halle schienen wieder zufrieden. Alle bis auf Bragi. Eben noch im Zentrum jeglicher Aufmerksamkeit stehend, hatte er sich jetzt plötzlich mit einer Nebenrolle abzufinden. War er es nicht gewesen, der als Sieger aus diesem Wettbewerb hervorgetreten war? Und jetzt wurde hier plötzlich über seine Zukunft verhandelt, indem man sie als Unterhaltungspreis aussetzte. Sollte er etwa tatenlos dabei zusehen, wie Hakon und dieser Hrafnar um seine Freiheit feilschten? Natürlich war Bragi froh über den unerwarteten Beistand. Aber was focht diesen Fremden an zu glauben, ihn, Bragi

Boddason, den größten Skalden weit und breit, so einfach von seinem eben erst in Besitz genommenen Sängerthron stoßen zu können? Bragi spürte eine wachsende Abneigung gegen Hrafnar aufsteigen, dessen selbstgefällige Art ihn zunehmend verdrießlicher stimmte. Unentschlossen blickte er umher und entdeckte Hunderte von erhitzten Gesichtern, die in gieriger Vorfreude Hrafnars angekündigtem Wunder entgegenfieberten.

Hrafnar, der nicht vorhatte, sein schweres Instrument auf den erhöhten Sängerstuhl zu hieven, sah sich nach einer passenden Sitzgelegenheit um. Bragi griff sich den nächstbesten Schemel und stellte ihn Hrafnar vor die Füße. Der bedankte sich mit einem erneuten Nicken, nahm auf dem Dreifuß Platz und rückte sich seine Harfe zurecht.

Obwohl Bragi Hrafnars Spiel nicht weniger herbeisehnte, konnte er seine verletzte Eitelkeit doch nicht im Zaume halten und sagte höflich: „Ihr macht es einem gestandenen Skalden nicht leicht, guter Herr Hrafnar. Zwar tretet Ihr hier mutig für mich ein, wofür ich Euch zu tiefem Dank verpflichtet bin, doch gleichzeitig tut Ihr dies ungefragt. Zudem maßt Ihr Euch an, mir mit Eurem Spiel den Sieg zu nehmen. Einen Sieg, den ich mir wohl redlich verdient habe. Verließ doch niemals zuvor ein vollkommeneres Lied meine Lippen."

Hrafnar schenkte ihm ein verständiges Lächeln und entgegnete knapp: „Nur deshalb bin ich hier, bester Bragi."

Doch Bragi, in diesem aufgewühlten Moment nicht imstande zu begreifen, was hier vor sich ging, schob hinterher: „Und gleichwohl ich mehr wie alle anderen Anwesenden hier darauf brenne zu erfahren, wie Ihr Euer angekündigtes Kunststück nun in die Tat umsetzen wollt, wird mir, sofern Ihr haltet, was Ihr versprecht, doch versagt sein, Eurem Siege wachend beizuwohnen!"

Hrafnar, der sich bereits in eine leichte Trance versetzt zu haben schien, flüsterte leise: „Darum weicht während meines Spieles nicht einen Schritt von meiner Seite!"

Diese unmissverständliche Ansage ließ Bragi augenblicklich verstummen. Widerspruchslos tat er wie ihm geheißen und stellte sich darauf so dicht neben seinen Fürsprecher, dass dem grade noch genug Bewegungsfreiheit zum Musizieren blieb.

Sämtliche Blicke und Ohren waren nun auf Hrafnar und Bragi gerichtet, die jetzt, wie sie so gemeinsam beieinander verharrten, nicht wie Konkurrenten, sondern vielmehr wie Gefährten erschienen. Zwei Brüder im Geiste, die jene hohe magische Kunst miteinander verband, mit ihrer Musik die Menschen zu verzaubern.

In der großen Langhalle war es nun mucksmäuschenstill geworden. Kein Flüstern, kein Räuspern, selbst Atemgeräusche waren nicht mehr zu vernehmen. Sogar die hell zuckenden Flammen der Langfeuer schienen ihr Geprassel eingestellt zu haben, um dem zu lauschen, was nun folgen sollte. Hrafnars Finger fuhren die Saiten der Harfe entlang, prüfend, ob sein Instrument richtig gestimmt war. Schon als Bragi den ersten gezupften Ton der straff gespannten Harfensaiten vernahm, begannen sich ihm sämtliche Nackenhaare aufzustellen.

Dann durchschnitt Hrafnars volltönende Stimme den Raum: „So vernehmet denn die Ode von Ymir, dem ersten, den die Götter einst in den Schlaf zurücksangen, um aus seinen Gliedern und Gebeinen die Welt zu formen!"

Bragi schluckte schwer und rieb sich die Augen. Täuschten sie ihn oder...? Nein, ganz deutlich sah er, wie von Hrafnars Händen plötzlich jenes bläuliche Leuchten ausging, das er von sich selbst bereits gut kannte. Wahrhaftig! Es war das gleiche vertraute Glimmen, das auch während seines Spiels schon einige wenige Male aufgetreten war. Das erste mal als Kind, als er, mehr tot als lebendig, auf seinem sturmgepeitschten Wellenfänger Rans hungrige Töchter in die Tiefen des Meeres zurückgesungen hatte. Dann erst wieder als junger Mann, als er spielend jene drei Räuber dazu gebracht hatte, aufeinander loszugehen. Schließlich war es in unregelmäßigen Abständen aufgetreten, wenn die Tiere des Waldes sich um ihn geschart hatten. Und zuletzt vor nicht einmal einer halben Stunde, als er mit seinem Siegerlied durch die Sphären reisend diese Halle verlassen hatte.

Außer Bragi aber schien auch hier niemand dieses bläuliche Leuchten wahrzunehmen. Das fahle Schimmern dehnte sich nun immer weiter aus, sprang über auf die kostbare Harfe und bildete schon bald eine Art Lichtkokon, der jetzt Hrafnar und schließlich auch Bragi komplett einhüllte. Und als Hrafnars Mund sich öffnete und der erste gehauchte Laut seine Lippen verließ, da rauschte mit ihm die einstige Prophezeiung Boddas durch Bragis Gedanken: *„Wenn du eines Tages das vollkommene Lied in dir zum Erklingen bringen wirst, dann lädst du Odin damit ein!"*

Und da endlich wurde Bragi gewahr, dass hier vor ihm kein geringerer saß, als der Großmeister aller Skalden selbst. Und er, Bragi, hatte ihn durch sein eigenes, vollkommenes Lied herbeigerufen! Ihm schwindelte. Traum und Wirklichkeit, Wunsch und Wollen, Vergangenheit und Zukunft flossen ineinander in eben diesem Moment, in dem Bragi mit jeder einzelnen Faser seines Seins Zeuge dessen wurde, wonach er sich sein ganzes Leben lang gesehnt hatte. Benommenheit und Verzücken schwebten gleichermaßen über dem Trümmerfeld seiner entfesselten Gefühle. Welch unvergleichliche Gnade, dem Schöpfer aller Sangeskunst, Gottvater selbst, zu Lebzeiten lauschen zu dürfen. Dann begann Hrafnar mit seinem Spiel. Und er sollte Bragi nicht enttäuschen.

Laut und klar hob Hrafnars Stimme zu singen an, während seine Finger die große, eherne Harfe mit solcher Kraft anschlugen, dass sie die Luft ringsum zum Erzittern brachte. Mit weit geöffneten Augen gewahrte Bragi, wie jetzt sogar die einzelnen Töne sichtbar aufzuleuchten begannen. Ton um Ton formte sich unter den schlanken Fingern ihres Erzeugers, bildeten ein schillerndes Spiel aus Farben, die sich miteinander zu einer Art leuchtendem Klangteppich verwoben, der sich beständig weiter ausdehnte und bald über den Köpfen der Menschen schwebte. Unvermittelt wurde Bragi an das nächtliche Funkeln des Nordlichtes erinnert, jenes geheimnisvolle Himmelsfeuer, das er während seiner Abgeschiedenheit in Norwegens Wäldern oft stundenlang betrachtet hatte.

Immer höher hinauf stieg das farbenprächtige Klanggebilde, wurde zum Gewölbe, zur schillernden Himmelsburg. So großartig und raumfüllend, dass es bis in die letzten Fugen des mächtigen Sparrwerks drang, welches das schwere Dach der großen Königshalle trug. Wie vom Donnerschlag gerührt saßen und standen die Menschen da, starrten auf den fremden Harfner, während auf ihren Gesichtern ein seliges Verzücken lag.

Am Boden sprangen die Hunde erschrocken auf, doch wagte keiner aufzuheulen. Das Kommende erwitternd, eilten sie mit eingeklemmtem Schwanz nach draußen, wo sie sich in den hintersten Winkeln verkrochen. Auf dem Hofe standen die noch gesattelten Hengste und legten ihre Ohren an, doch wieherten sie nicht. Die Stuten wimmerten leise, bis sie mit gesenkten Köpfen stehend einnickten. Drinnen in der Halle erging es den Menschen nicht anders. Den eben noch zechenden Gästen entfielen Trinkhorn, Krug und Wildkeule, und die edelsten Häupter des Reiches sanken reihenweise auf die Tafel nieder. Die Damen rutschten ebenso schlaff geworden von den Bänken, wie all die aufmerksam lauschenden Teilnehmer der singenden Zunft. Platten voller Krüge und Wildbret entglitten dem Gesinde und fielen zu Boden, doch ihr Zerscheppern ging unter in Hrafnars verzauberndem Harfenspiel, das jeden fremden Laut mit in sich aufsog und in flimmerndes Licht verwandelte. Den Kriegern fielen die Speere aus den Händen, sie sanken zu Boden und schliefen auf jener Stelle ein, wo sie eben noch wachend gestanden hatten. König Hakon war auf seinem Thron zusammengesunken. Sein Mund war noch immer geöffnet, während der Wein ihm in roten Bahnen den Bart hinabrann. Sein Trinkhorn war den kraftlos gewordenen Fingern entglitten, das Kinn ihm auf die weinnasse Brust gesunken und die Krone ihm bis auf die Nase herabgerutscht.

Als wäre Hrafnars Vortrag genauestens abgestimmt, beendete der sein Spiel, als keiner der zahlreichen Gäste mehr bei Bewusstsein war. Als hauchfeines Farbengespinst stiegen die letzten schillernden Töne zur Hallendekke hinauf und zerstoben unterm Dachfirst, bis sie sich vollständig aufgelöst hatten. Ihr Zauber aber ruhte jetzt wie ein zarter Schleier auf den schwer gewordenen Augenlidern der Menschen, die nun alle gemeinsam im Reich der Träume wandelten.

Als Hrafnar sein Harfe absetzte, befanden sich noch drei Personen auf ihren Beinen. Hrafnar selbst, Bragi, und zuletzt der taube Gunnar, der sich nun kreidebleich und mit weit aufgerissenen Augen umblickte. Als habe eine schlimme Seuche binnen Sekunden alles Leben dahingerafft, wirkte der eben noch mit Lachen erfüllte Saal jetzt wie eine gewaltige, gespenstische Totenhalle. Überall verstreut, nebeneinander und übereinander, lagen die Menschen auf Tischen und Bänken, auf nacktem Boden oder an Balken und Wände gelehnt. Als der taube Wächter die beiden Skalden als einzige noch wachende Personen inmitten dieses Chaos erblickte, ließ er in abergläubischer Furcht seinen Speer fallen und stürzte aus der Halle davon.

Zufrieden blickte Hrafnar sich um und fand seinen Schützling neben sich in kniender Haltung vor. Tiefe Ergriffenheit schimmerte in Bragis feuchten Augen, als er mit rauer, zittriger Stimme sagte: „Wahrlich, mein Herr, Euch alleine gebührt der Ruhm dieses Abends. Ihr seid und bleibt der größte aller Dichterfürsten. Und zutiefst ehrt Ihr Euren unwürdigen Diener durch Euer Erscheinen und Euer unerreichtes Spiel, dem ich wachend lauschen durfte. Verfügt über mich, denn Euch alleine habe ich mein ganzes Wirken geweiht. Wie kann ich Euch je für diese Gnade danken, mein Fürst...?"

Da trat der enthüllte Göttervater auf Bragi zu, packte ihn bei den Armen, zog ihn daran wieder auf die Beine und sprach lächelnd: „Indem du mir nach Asgard folgst, mein Sohn!"

„Asgard?", wiederholte Bragi ungläubig und machte ein Gesicht, als hätte Hrafnar seinen Satz in fremden Zungen gesprochen. Lag es möglicherweise noch an der eben verklungenen Musik, die Bragis Geist vollkommen in Watte gepackt zu haben schien oder war es einfach die Gegenwart eines Gottes, die dazu führte, dass sich irgendetwas in seinem Verstand weigerte, ordnungsgemäß einzuhaken. Sein Blick schweifte durch Hakons Halle. Es war jetzt so still wie auf einem Totenacker, ein unheimliches Szenario, weil es wirkte, als seien alle Menschen vergiftet worden. „Welch unvergleichlicher Zauber", stammelte Bragi beeindruckt, „und wären meine eigenen Augen eben nicht Zeuge dieses vollkommenen Wunders geworden, dann..."

„Oh, wütende Meerhexen und wilde Tiere zu bestricken, bedarf es keiner geringeren Kunstfertigkeit", rühmte Odin ihn lächelnd. „Du trägst den Zauberskalden bereits von Geburt an in dir, mein Sohn. Doch wenn du diese Gabe noch weiter vertiefen möchtest, dann folge mir dorthin, wo man deiner schon voller Ungeduld harrt!"

Bragis Blick schien sich in der Ferne verloren zu haben, als er leise erwiderte: „Alles ... ist so unwirklich. Ihr wollt wahrhaftig, dass ich Euch nach Asgard folge, dorthin, wo die Götter leben? Dann ist es also wahr und mein Vater Bodda hat nicht gelogen! Asgard existiert wirklich?“

Odin nickte: „Dein Ziehvater sprach die Wahrheit.“

„Dann ist meine Lehrzeit hier also endlich beendet?“, fragte Bragi hoffnungsvoll. Sein Blick klärte sich wieder, doch seine Stimme klang müde. Erschöpfung hatte ihn ergriffen. Da plötzlich durchzuckte ihn ein jäher Gedanke: „Dann bin ich tot? Denn ich muss es wohl sein, wenn Ihr, ein Gott, hier leibhaftig vor mir steht, während alle anderen um uns herum in totengleichem Schlummer liegen. Heißt es nicht, dass Asgard zu betreten jedem Lebenden versagt bleibt?“

„Das ist wahr“, bestätigte ihm der Göttervater. „Doch ab und an, wenn wir auf unserem Thing in Einstimmigkeit darüber befunden haben, machen wir eine Ausnahme. Denn so wie die Ströme zum Meere hin fließen und auf ihrem Weg den rauen Stein zu einem glatten Kiesel schleifen, lässt der Mensch im Tod Gestalt und Wesen hinter sich, um wieder eingehen zu können ins geistige Meer der Ewigkeit. Deine Gestalt aber soll fortan die Gesellschaft unser Sippe erfreuen, während dein ruhmreicher Name noch viele Jahrhunderte als Bragi Boddason, der Ältere, unter den Menschen weiterleben wird.“ Hrafnar verstummte und hob lauschend den Kopf in Richtung Ausgangsportal, durch das der taube Wachmann eben hinausgestürmt war. Eine Sorgenfalte überzog seine Stirn.

Bragi, der dies nicht mitbekam, fragte selig: „Ihr wollt mich wahrhaftig mit Euch nehmen? Dorthin, wo die Sonne immer scheint und weder Hunger noch Krankheit existieren?“

„Nun“, sprach Odin gedehnt, „auch dort ist nicht alles Gold, was glänzt, aber wir...“

Doch Bragi ließ ihn nicht ausreden: „Ganz gleich, von wo Ihr kommt, Herr. Keine Macht kann und wird mich aufhalten, Euch dorthin zu folgen, wo mir in Aussicht gestellt ist, diese Art der musischen Zauberkunst zu vervollkommnen!“

„Wohlan, so spricht die Stimme des wahren Skalden“, freute sich der Asenfürst und wandte sich nun dem Ausgang zu. „So ist es denn beschlossen!“ Mit wehendem Umhang eilte er den hölzernen Flügeltoren entgegen und gab diesen einen kräftigen Stoß. Weit sprangen sie auf und gaben die Sicht auf den nächtlichen Hof frei.

Schon wollte Bragi ihm folgen, als sein Blick auf die schimmernde Harfe fiel, die jetzt wie ein stummes Mahnmal inmitten Hakons überbevölkerter Halle stand. „Euer kostbares Instrument“, rief er dem Göttervater beschwörend nach, „wollt Ihr es nicht wieder an Euch nehmen?“

„Nein", rief der ihm von der Schwelle zu. „Sie dünkt mich einen guten Tausch für den größten Liederschmied von ganz Midgard. Die Harfe wird Hakon nach seinem Erwachen ein wenig versöhnlicher stimmen und ihm Trost spenden, wenn dein Nachfolger auf ihr zu spielen gelernt hat. Vor allem aber wird sie Hakon daran erinnern, niemals wieder wortbrüchig gegenüber einem Zauberskalden zu werden." Er blickte wieder nach draußen und seine Stimme wurde eine Spur schärfer: „Nun komm. Eile ist geboten. Alleine die Besucher dieser Halle habe ich in Schlaf versetzen können, sodass es nur eine Frage der Zeit ist, bis der getreue Gunnar mit einer Schar Bewaffneter zurückkehren wird!"

Bragi fasste seine Leier fester und folgte seinem Retter nach draußen. „Selbst die Tiere schlummern", stellte er bewundernd fest, als er in den Hof hinaus trat. Sein Blick fiel auf einen großen, eisgrauen Schimmel, dessen Risthöhe die anderen Tiere um eine ganze Spanne überragte. Offenbar Hrafnars Ross, denn es drehte ihnen den mächtigen Schädel zu. Mit zügigen Schritten ging Hrafnar dem Tier entgegen. Als der Hengst seinen Herrn erkannte, stieß er ein freudiges Wiehern aus, schnaubte und trabte leise heran. Bragi glaubte, diesem Hengst schon einmal begegnet zu sein; damals, in jener Nacht vor drei Jahren, als ein gewaltiger Sturmriese durch den Wald gefegt war und er diesem unheimlichen Geisterreiter gegenüber gestanden hatte. Bragi blieb abrupt stehen und versteifte. Plötzlich überfiel ihn eiskalte Furcht. Waren Hrafnar und dieser Sturmreiter etwa ein und dieselbe Person? War dieser späte Gast ein finsterer Zauberer, einzig und allein aufgetaucht, um ihn diesmal, nachdem Bragi ihm bereits einmal entkommen war, nun endgültig zu sich zu holen? War Hrafnar am Ende kein geringerer, als der leibhaftige Sendbote des Todes?

Odin, der Bragis Zögern missverstand, sagte: „Keine Furcht. Dieses Ross, gleichwohl größer und wilder als alle anderen seiner Gattung, ist mir treu ergeben." Und noch bevor Bragi eine weitere Frage hätte stellen können, hatte Hrafnar sich auf den Rücken des riesigen Schimmels geschwungen. Wie einstmals jener geheimnisvolle Hrolf hielt Hrafnar ihm jetzt seine geöffnete Hand entgegengestreckt. „Auf denn, Bragi Boddason", rief er beschwingt. „Meine Sippe erwartet dich bereits!"

Wenn lang ersehnte Erfüllung erschrecken kann, so tat sie es hier, denn Bragi, aus Leibeskräften bemüht, das um ihn Geschehende zu erfassen, fühlte sich abermals in einen Tagtraum versetzt, in dem er Schein und Wirklichkeit nicht voneinander zu trennen vermochte. Zu keinem bekannten Gefühl mehr fähig, verkrampfte sich sein müdes Herz und er zuckte schmerzhaft zusammen. Doch Bragis Seele begriff, was hier geschah, denn sie brach sich Bahn, indem sie Tränen der Rührung sandte, die dem erschöpften Skalden die wettergegerbten Wangen entlang rannen. Und als sich seine Augen damit füllten, da war ihm plötzlich, als nähme er zwischen seinen feuchten Wimpern die schillernden Farben des Regenbogens wahr. Bragi kamen die Worte des diebischen Zwerges in den Sinn, der ihm einst von Bifröst, der nach Asgard führenden Regenbogenbrücke, berichtet hatte. Wie sie entstünde, wenn Regentropfen und Sonnenstrahlen miteinander Hochzeit feierten. Und da wurde Bragi gewahr, dass es seine eigenen Tränen waren, die mit der wiederauferstandenen Sonne in seinem Herzen Hochzeit hielten. Ja, es schien, als habe er den so lange ersehnten Aufstieg zum fernen Horizont endlich gefunden. Nicht im Außen und auch nicht an den Grenzen der ewig gähnenden, grundlosen Schlucht, sondern alleine in sich selbst, in der Tiefe seines Herzens, das sich wieder geöffnet hatte, seit er während seines Spieles dieser geheimnisvollen Frau begegnet war.

Doch erst als Bragi den Druck der ihm dargereichten Hand verspürte, die ihn darauf mit einem unerwartet kraftvollen Ruck zu sich nach oben auf den Rücken des mächtigen Schimmels zog, schien sein Verstand wieder einzusetzen. In Hrafnars Rücken nahm er platz, und schlang die zitternden Arme um dessen Leib, wie ein ängstliches Kind um den des Vaters. Schon vernahmen sie Waffengeklirr und laute Schreie, die rasch näher kamen. Eine große Schar Männer, die aufgeregt Fackeln, Schwerter und Speere schwenkten, stürmte von allen Seiten auf den großen Hof vor der Königshalle. Bragis Augen weiteten sich und der Schrecken fuhr ihm in die Glieder, als die Männer sie erblickten. Unter bellenden Befehlen und Drohrufen begann man sie einzukreisen. Gleichzeitig spürte Bragi die sehnige Gestalt Hrafnars, der nun aufrecht und stolz vor ihm im Sattel saß, während er das große Pferd herumführte und in Position brachte. Seit Hrafnar in Hakons Halle aufgetaucht war und Bragi unter seinen Schirm genommen hatte, gab er ihm Kraft und neue Zuversicht. Und Bragi spürte die Wärme des mächtigen Hengstes zwischen seinen Schenkeln. Es war die zitternde Erregung sich nun spannender Muskeln und Sehnen, die sich darauf vorbereiteten, im nächsten Moment pfeilgleich hervorzuschnellen.

Unbeirrt der sie umgebenden Gefahr aus lärmenden Kriegern, beugte Hrafnar sich vor, legte dem Hengst seine Hand ans Ohr und flüsterte diesem etwas zu. Das Tier schien verstanden zu haben, den es nickte mit seinem mächtigen Schädel und schnaubte laut wie ein Drache. Dann plötzlich schwang Hrafnar einen langen Speer in seiner rechten Hand, als wäre ihm dieser wie durch einen unsichtbaren Zauber geradewegs dort hineingewachsen. Im nächsten Moment bäumte sich der riesige Hengst wiehernd auf und schien vor Kraft förmlich zu explodieren. Erschrocken warf Bragi sich nach vorne und krallte sich in Hrafnars Umhang, um nicht herabzufallen. Schon stürmten Ross und Reiter in dröhnendem Galopp auf die hohe Palisadenmauer zu, die Hakons Königssitz umgab. Bragi stieß einen heiseren Schrei aus, als er das große, massive Holztor entdeckte, auf das sie jetzt in mörderischem Tempo zurasten. Die Wachen hatten es soeben geschlossen und verriegelt und sprangen nun furchterfüllt zur Seite. Nur wenige Meter davor spannten sich die Flanken des Tieres erneut und stießen sich diesmal so kraftvoll ab, dass Ross und Reiter mit einem gewaltigen Sprung über Tor und Palisade hinwegsetzten. In blankem Entsetzen und mit zusammengekniffenen Augen erwartete Bragi den mörderischen Aufprall, der sie nach diesem unglaublichen Sprung unversehens ereilen musste. Doch zu seinem großen Erstaunen blieb der Aufschlag aus. Bragi blickte nach unten und glaubte erneut, seine Augen würden ihn trügen, denn Ross und Reiter hatten sich mit ihm in die Lüfte erhoben. Unter sich erkannte er die strohgedeckten Dächer von Hakons Königssitz, zwischen denen die flackernden Lichter der Fackelträger wild hin- und herwuselten. Ein paar fassungslose Rufe und Schreie drangen noch an sein Ohr, bis der Wind sie in Fetzen davontrug.

Hrafnars schwerer Umhang begann wie eine Fahne im Sturm zu knattern. Und erst jetzt, als der kalte Fahrtwind ihm eisig ins Gesicht schlug und Wälder und Berge immer rascher unter ihnen dahinflogen, da gewahrte Bragi unmissverständlich, wer ihn in dieser Nacht aufgesucht hatte und nun mit ihm gen Asgard fuhr.

VoeniX 2011

Hoch hinauf des Rosses Hufe flogen,
zerteilten Wolken zu Fetzen im Wind.
Rasch ging die Fahrt, im eisigen Fluge,
hinauf zu den Ratern, den seligen Hohen.
In Ehren und Würden ward Bragi empfangen,
mit Segen bedacht, der heimkehrende Sohn.

# 30. Asgard

Im Zauberfluge ging es weiter über Berge und Täler, während sich Bragi, ängstlich und berauscht zugleich, gegen Hrafnars schweren Mantel presste. Eiskalte Luft peitschte Bragi ins Angesicht und bald fror ihn ganz erbärmlich, sodass seine Glieder ihm kalt und steif wurden. Als Odin das Zittern seines Schützlings gewahrte, bot er diesem seinen flatternden Umhang. Bragi griff danach und zog den dicken Stoff so weit zu sich herab, dass er sich schützend darunter bergen konnte. Wie unter einer dunklen Haube kauernd, lugte Bragi darunter hervor, immer wieder den Blick auf die vorbeiziehenden Wolkengebilde richtend, über die sie stetig weiter hinfortbrausten.

Ja, sie flogen. Sie flogen so wahrhaftig wie die Möwen am Himmel es taten, denen Bragi so viele Male sehnsüchtig wie neidvoll hinterhergeblickt hatte. Doch wie konnte dies vonstatten gehen? Wie nur konnte ein Pferd den Erdboden verlassen und den Gesetzen der Schwerkraft trotzen? Als sein Blick auf die Hufe des Pferdes fiel, glaubte er, seine vom Fahrtwind feuchten Augen würden ihn abermals täuschen. Waren es zwei Pferde, auf denen sie dahin glitten? Nein, unmöglich, denn es war nur ein Leib, ein Pferderükken, auf dem sie saßen. Und dennoch sah Bragi unter sich vier Hufpaare dahinschnellen. War dies die Antwort auf seine Frage oder schnappte er jetzt völlig über? Aus dem letzten Winkel seines maßlos überforderten Verstandes eine Erklärung ziehend, folgerte Bragi: die Beine des Pferdes bewegen sich so rasch, dass du sie verdoppelt siehst. Klar, natürlich, warum bin ich nicht gleich darauf gekommen? Mit dem Met ist es nicht anders. Hab ich dem Rauschtrank allzu gut zugesprochen, hat sich beim Hinschauen schon mancher Mann verdoppelt. So wird's wohl auch hier zugehen, beruhigte er sich.

Doch je länger er auf die dahinfliegenden Hufe starrte, desto verstörter wurde Bragi, und nur mühsam gelang es ihm, sich zur Ruhe zu zwingen. Schloss er die Augen, schwindelte ihm und sein Magen rebellierte. Denn da war kein Fixpunkt mehr, keine feste Achse, an der er sein altes, so lang vertrautes Weltbild noch hätte ausrichten können, das aufrechtzuerhalten sein verwirrter Geist sich mühte. Endlich aber forderten die vielen Eindrücke der Nacht ihren Tribut. Bragi fielen die Augen zu und so bekam er nicht länger mit, wie weitere Wolkengipfel an ihnen vorbeizogen, endlich aufrissen und die Sicht auf Abertausende von Sternen freigaben.

Der langgezogene und durchdringende Ruf eines Hornes riss Bragi für Sekunden aus seinem Dämmerschlaf. Noch immer ritten sie durch die Lüfte. Blinzelnd spähte er unter Hrafnars Mantel hervor. Unter ihnen waberte jetzt eine dichte Wolkendecke, aus der an verschiedenen Stellen karge Bergspitzen emporragten. Am Nachthimmel über ihnen gewahrte Bragi das schimmernde Leuchten eines Nordlichts, das in grünlichen Schleiern über den Felsengipfeln auf- und abtanzte. Ein weiterer Hornruf ließ seinen suchenden Blick nach dessen Erzeuger Ausschau halten. Gut zweihundert Meter unter ihnen entdeckte er einen großen Mann, der auf einem Felsenplateau stand. Der trug einen Speer in der einen Hand, in der anderen hielt er ein Horn, in das er nun zum dritten Male hineinstieß. Sein Signalruf hallte weit über die Bergspitzen, wurde von einigen Felswänden schmetternd zurückgeworfen, bis er schließlich erstarb und sich im Nichts verlor. Dann fielen Bragi wieder die Augen zu.

Und weiter ging die brausende Fahrt. Als sie die schneebedeckten Gipfel einer hohen Gebirgskette überquert hatten, ging hinter ihnen gleißend die noch junge Morgensonne auf und überzog den Gebirgskamm mit einem goldenen Schimmer. Doch es war nicht ihr blendendes Licht, das Bragi aus seinem Halbschlaf hochschrecken ließ, sondern das ruckartige Aufsetzen trommelnder Hufe. Der Erdengrund hatte sie wieder und sie fegten in vollem Galopp darüber hinweg. Noch immer kauerte Bragi in Hrafnars Rücken, der unermüdlich wachend und gleich einer Statue seiner selbst, mit festem Griff die Zügel hielt. Bragi rieb sich die verschwollenen Augen und setzte sich mit einem Ächzen etwas auf. Er blickte sich um und erkannte, dass sie nun über eine saftig grüne Wiese hinweg galoppierten. Gleichwohl der nächtliche Flug ohne größere Erschütterungen vonstatten gegangen war, schmerzten ihm von der ungewohnten Sitzhaltung nun doch Rücken und Beine. Die groben Erschütterungen machten es nicht besser und erinnerten ihn qualvoll daran, warum er nie ein begeisterter Reiter gewesen war. Er wurde derart durchgerüttelt, dass ihm vom Kopf bis zum Fuß jeder Knochen im Körper zu tanzen schien. Als ihm ein schmerzhafter Klagelaut entfuhr, verlangsamte der Göttervater augenblicklich das Tempo und ließ den laut aufschnaubenden Hengst in einen leichten Trab fallen.

„Verzeih mir mein ungestümes Aufsetzen, mein Bester", sprach der Göttervater ihn freundlich an, blickte über die Schulter und wünschte Bragi einen guten Morgen. „Ich vergaß, dass du kein Reiter bist und deine Knochen nicht mehr die jüngsten sind."

Bragi antwortete nicht. Ihm war übel. Auch erschien ihm alles noch viel zu unwirklich. Schließlich rang er sich doch zu einer Frage durch: „Ist dies bereits Asgard?"

„Das ist es", entgegnete der Asenfürst stolz. „Ich dachte mir, du fändest vielleicht Gefallen daran, unsere Ländereien ein wenig mit mir abzureiten, bevor wir meine Feste erreichen."

Bragi, ein wenig enttäuscht darüber, dass er die Überquerung der Regenbogenbrücke Bifröst offenbar verschlafen hatte, nickte nur und sah sich weiter um. Grüne Wälder mit hohen Bäumen säumten die Ränder der weiten Wiese, durch deren Gras sie nun gemütlich hindurch trabten. Auch hier gab es manche Äcker und Felder zu sehen, auf denen Bragi in der Ferne Bauern entdeckte, die dort ihre Feldarbeit verrichteten. Überhaupt erschien ihm hier vieles vertraut und unterschied sich in seiner Beschaffenheit kaum von dort, woher sie kamen. Außer vielleicht den Farben. Alles um sie herum schien irgendwie intensiver eingefärbt. Es war, als leuchteten die Dinge von innen heraus, als würden sie von einer unsichtbaren Quelle gespeist, die alles mit einer schwachen, pulsierenden Aura umgab.

Bald erblickten sie weit vor sich eine mauerartige Steilwand. Hoch und mächtig war sie. Eine Konstruktion aus grobem Stein und von gigantischem Ausmaß, die stetig weiter in den Himmel wuchs, je näher sie ihr kamen. Nie zuvor hatte Bragi einen vergleichbaren Wall erblickt und entsprechend eingeschüchtert hob er den Kopf, als sie in den Schatten der gewaltigen Anlage ritten.

„Vor dir erhebt sich jener Trutzwall, den wir einst zum Schutz gegen die Riesen errichten ließen", erklärte ihm Odin und beschrieb mit seinem Speer einen weiten Kreis. „Ein riesischer Baumeister war es, der uns diesen Ringwall hochgezogen hat. Er und sein Arbeitspferd vollbrachten diese Aufgabe gänzlich ohne fremde Hilfe.[1] Swadilfari lautete der Name dieses wackeren Hengstes. Ein vorzügliches Tier mit bärenstarken Kräften, das seinem Herrn bis kurz vor Fertigstellung der Anlage treulich zur Seite stand. Sleipnir hier, mein getreues Streitross, stammt in direkter Linie von ihm ab!" Stolz tätschelte der Göttervater dem prächtigen Schimmel den Hals, der ein zufriedenes Schnauben ausstieß. Offenbar witterte das Tier bereits den heimischen Stall.

Bragi, dem sich angesichts dieser Erklärung die Frage aufdrängte, warum der Name eines Arbeitspferdes höher gewichtet wurde als sein Besitzer, der doch immerhin dieses beeindruckende Bauwerk geschaffen hatte, verwarf diesen Gedanken wieder, als der Göttervater den Hengst zum Stehen brachte. Er zog unter seinem Wams ein verziertes Rufhorn hervor, in das er zweimal kurz hineinstieß. Wieder warfen die Felswände den Ruf des Horns laut schmetternd zurück. Im nächsten Moment ertönte ein träges Knirschen und Mahlen, als würden sich zwei gewaltig schwere Mühlsteine in Gang setzen. Inmitten der groben Steinmauer tat sich eine kleine Öffnung auf, gera-

1 vgl.: In Lokis Feuerschmiede

de groß genug, um sie beide aufrecht hindurchreiten zu lassen. Mit offenem Mund gewahrte Bragi, dass sich der Durchlass hinter ihnen wie von Zauberhand wieder schloss.

Noch bevor Bragi erfragen konnte, wie dieses Wunder denn vonstatten gehe, erklärte ihm Odin, dass für die Apparatur des Tores zauberkundige Alben verantwortlich seien. Vor ihnen erstreckte sich jetzt eine weite Ebene, an deren Ende sich eine große, schimmernde Stadt erhob, um welche die Luft herum in blassen Regenbogenfarben erstrahlte. Die Stadt war ebenfalls von einer hohen Mauer umgeben, und auch wenn sie nicht einmal halb so hoch war wie jene, die sie eben noch hinter sich gelassen hatten, war sie von imponierendem Ausmaß und weit größer und massiver als jede Mauer, die Bragi jemals auf Midgard erblickt hatte. Hier schien man sich wirklich vor einem Angriff durch Riesen gewappnet zu haben.

Hinter der Mauer ragten die zahlreichen Dächer von prachtvollen Gebäuden hervor, deren verzierte Giebel in der Sonne golden schimmerten. Je näher sie kamen, desto beeindruckter zeigte sich Bragi von der gewaltigen Größe dieser Stadtanlage. Nachdem sie ein weiteres Tor, diesmal aus purem Gold wie es Bragi schien, durchritten hatten, hielten sie nun auf eine Halle von nicht minder gewaltigen Ausmaßen zu. Überhaupt besaßen viele der Gebäude so überdimensionale Abmessungen, dass er auch die Erklärung gläubig hingenommen hätte, mitten in Riesenheim gelandet zu sein. Bragi erblickte einige Wachposten und Arbeiter, die zu ihnen aufsahen, ihnen zuwinkten oder, wenn sie näher an ihnen vorbeikamen, sich respektvoll verneigten. Die Bewohner Asgards schienen den Menschen auf Midgard in mancherlei Hinsicht zu gleichen. Außer vielleicht in ihrer Größe und Kleidung. Alles schien ein wenig höher und gerader gewachsen, auch sah Bragi nirgendwo jemanden in Lumpen umherlaufen. Allesamt, Männer wie Frauen, selbst die von niederem Range, waren sauber und ihre Kleidung in gepflegtem Zustand. Sklaven entdecke Bragi keine. Nicht das letzte an diesem Tag, das ihm zufrieden auffiel.

Der Göttervater wies mit seinem Speer nach vorne und sprach: „Vor dir nun erblickst du die Walhall, letzter Ruhehort der im Kampfe gefallenen Recken!“

Bragi, der seinen Mund vor Staunen gar nicht mehr zu bekam, stieß beim Anblick des genannten Gebäudes, vor dem sie nun unmittelbar standen, ein heiseres Krächzen aus. War zu Beginn schon der gewaltige Steinwall beeindruckend gewesen, so verschlug es ihm nun völlig die Sprache. Vor ihnen lag ein Bauwerk, das selbst seine kühnsten Träume noch bei weitem übertraf. Gesäumt von hochragenden Säulen, erhob sich die prunkvolle Totenhalle des Göttervaters. Uralte, mächtige Pfeiler aus massiven Eichenstämmen, vom

Boden bis zur Decke hinauf über und über mit kunstvollen Holzschnitzereien versehen, stützen ein Dach von unbeschreiblichen Ausmaßen. Schimmerndes Gold deckte den First des Saales und die ausladenden Flügel der turmhohen Pforten erstrahlten in flammendem Erz. Überhaupt schien Gold hier das gebräuchlichste Metall, denn überall war es in reichem Maße verwendet worden.

Ich bin zu meinen Wurzeln gelangt, dachte Bragi berührt, dem vor soviel Kunst und Schönheit die Augen zu tränen begannen. Ach liebster Bodda, seufzte er leise zu sich selbst, wenn du mich doch jetzt nur sehen könntest. Dies ist die Erfüllung des Traumes, wie sie dir vom Vater deines Vaters erzählt worden ist und von dessen Vaters Vater und noch vieler, weiterer Generationen davor. Dies ist das gelobte, goldene Land jenseits des Nordwindes, von dem du mir so viele Abende unermüdlich berichtet hast. Und ich habe nun das unvergleichliche Glück des Auserwählten, es mit meinen eigenen Augen erblicken zu dürfen.

Das gleißende Funkeln der goldenen Dachschindeln im Lichte der Morgensonne trieb Bragi weitere Tränen in die Augen. Geblendet und mehr hörend als sehend, bekam er mit, wie sich die riesigen Flügeltore der Halle dröhnend auftaten und sie beide ohne abzusteigen hindurchtrabten. Mit ruhiger Hand lenkte Odin Sleipnir durch den breiten Hauptgang der gewaltigen Halle. Als sich hinter ihnen das Portal wieder schloss, war es, als habe man die Sonne mit einem Schlag vor die Türe gestellt. Das Dämmerlicht im Inneren legte sich wohltuend über Bragis tränende Augen. Er rieb sich die Lider trocken und sah sich blinzelnd weiter um. Es dauerte einen Moment, bis er sich an das vorherrschende Dämmerlicht gewöhnt hatte. Gleichwohl an einigen Säulen flackernde Fackeln befestigt waren und durch den zur Seite hin offenen Dachfirst das Sonnenlicht in dicken gelben Strahlen hindurchfiel, verschwanden die hohen Seitenwände der Halle völlig im Dunkeln. Überall funkelten blank polierte Speere und Schilde in ihren Vorrichtungen, welche die baumdicken, in einer langen Reihe gehaltenen Trägersäulen wie metallische Dornenkränze umsäumten. Klobige Langtische und Sitzbänke aus dunklem Holz reihten sich gleichmäßig aneinander und schienen in endloser Anzahl vorhanden. Männer daran entdeckte Bragi keine, doch schwindelte ihm bei der Vorstellung, wie unermesslich viele hungrige Mäuler an diesen Tafeln Platz finden mussten. Das Küchenpersonal, das hier auftrug, war wahrlich nicht zu beneiden. Über dem Ganzen hing der vertraute Geruch von verbranntem Holz, Bratenfett und Bier in der Luft, wie Bragi ihn bereits aus dem Besuch anderer Fürstenhallen kannte.

Endlich kam das Ende der riesigen Langhalle in Sicht, an dem Bragi eine Ansammlung mehrerer Gestalten entdeckte, die sie bereits zu erwarten schienen. Seine Anspannung wuchs, desto näher sie kamen und er die dort

Voenix 2011

versammelten Personen besser in Augenschein nehmen konnte. Groß waren sie, diese Asen. Groß und von erhabenem Wuchse. Bragi erblickte ebenso viele Männer wie Frauen. Allesamt wie sie dastanden waren sie in prächtige Kleider gewandet. Die Männer trugen schön bestickte Tuniken, die auf Taillenhöhe mit goldgepunzten Gürteln versehen waren. Die Frauen trugen faltenfreie Kleider aus feinstem Stoff, die auf Brust oder Schulterhöhe von schimmernden Fibeln zusammengehalten wurden. Alle Säume ihrer Gewänder waren mit Fell oder aufwändig gewebten Borden abgesetzt. An ihren Hälsen und Armen funkelte kostbares Geschmeide und ihre Füße steckten in Sandalen, die mit goldenen Spangen geschmückt waren. Ein jeder dieser Edelleute hielt einen goldenen Trinkpokal in den Händen und hatte seinen Blick auf die beiden Neuankömmlinge gerichtet.

Odin brachte den Hengst zum Stehen. Ein Mann löste sich von der Seite und trat mit geneigtem Haupt auf sie zu. Offenbar ein Diener. Er fasste den Schimmel am Zaum und der Asenfürst warf ihm Zügel und Speer entgegen, die der Mann beide geschickt auffing.

Eine schöne, große Frau mit würdigen Zügen, löste sich jetzt aus der Menge. Sie blieb vor Sleipnir stehen und blickte zu ihnen hinauf. Gleichwohl ihr Alter noch keine fünfzig Lenze zählen mochte, hatte sie bereits silbergraues Haar, das ihr in schimmernden Bahnen bis zu den Hüften hinabfiel. Ihr hellblaues Kleid schillerte wie kostbare Seide aus dem Morgenland. Die Frau fasste sie beide freudig lächelnd ins Auge, erhob ihren Kelch und sprach mit warmer Stimme: „Sei gegrüßt Odin, mein Gemahl. Deine Sippe heißt dich aufs Herzlichste willkommen!"

Der Göttervater, der nun erstmals vor Bragi bei seinem wahren Namen genannt worden war, erwiderte den Gruß mit einem dankbaren Nicken. Mit beiden Händen nahm er den ihm dargereichten Kelch entgegen, tat einen tiefen Schluck daraus und gab ihn der Frau zurück. Dann zog er ein Bein an und ließ sich so schnell aus dem Sattel gleiten, dass Bragi davon überrascht wurde und unversehens etwas nach vorne kippte. Odin trat neben seine Gemahlin und stellte sie ihm als Frigg vor. Bragi, der nun alleine auf Sleipnir thronte, verbeugte sich von oben und wurde unter den zahlreichen, ihn nun gründlich musternden Blicken immer nervöser.

Doch Frigg erlöste Bragi aus seiner Pein, indem sie ihren Kelch nun ihm darbot und sagte: „Und ich grüße Euch, Bragi Boddason. Seid willkommen in unseren immergrünen Gefilden, die auch Euch fortan Heim und Hort sein mögen!" Sie trat so nahe an Bragi heran, dass dieser den Pokal entgegennehmen konnte. Verdattert nahm er ihr das goldene Gefäß ab und sah ihr ins Antlitz. Ihm war, als blicke ihm daraus die gestaltgewordene Weisheit vergangener Jahrhunderte entgegen. Ihre dunklen Augen waren wie der Nachthimmel, an dem die Pupillen wie funkelnde Sterne erstrahlten. Unvergänglich und zeitlos schlugen sie ihn in ihren Bann. Ihr Blick wog die Welt. Bragi hätte nicht zu sagen vermocht, wie lange er in diese Augen gestarrt hatte, als die schöne Himmelsgöttin ihn mit einem liebenswürdigen Nicken zum Trinken aufforderte. Errötend setzte er den Kelch an die Lippen.

„Auf Euer Heil, Bragi Boddason!", scholl die Stimme von Odins Gemahlin durch den Saal, und wie auf Befehl erhoben alle Asen ihre Kelche, prosteten Bragi zu und taten ebenfalls einen tiefen Schluck. Bragis Ohren glühten. Die kühlende Frische eines vorzüglichen Mets rann seine Kehle hinab. Erst jetzt bemerkte er seinen großen Durst. Er leerte den Kelch bis zur Neige, um ihn sodann dankbar lächelnd seiner Gastgeberin wieder auszuhändigen.

Der Göttervater nahm nun seinen Hut vom Haupt und reichte ihn einem weiteren Diener. Dann sprach er mit feierlicher Stimme in die Runde: „Möge es aus allen Kehlen und Hörnern und von den Bergen und Zinnen ganz Asgards erschallen. Nach langer Suche ist ein Sohn Odins endlich heimgekehrt. Und mit ihm wurde uns ein neuer Skalde beschert, klug und wortbeflissen, vieler alter Weisen und Zauberlieder mächtig. Sehet hier nun Bragi Boddason Odinson, den größten Zauberskalden, der je unter den Menschenkindern gewandelt ist!"

Es nahm der Waise seine Wohnung,
im Saal des Lehrherrn aller Skalden.
Schweigend gegenüber sich standen
Vater und Sohn, erstmals vereint.
Begegneten einander mit stummen Blicken,
das Wort zu beginnen, die Stille zu wenden.
Voenix 2010

# 31. Vater-Sohn-Gespräche

Einige Zeit später, nachdem Bragi ausreichend geruht und ein stärkendes Frühstück zu sich genommen hatte, wurde er von einem Diener in Odins Privatgemächer geführt. Als Bragi eintrat, stand der Fürst der Asen an einem hohen Fenster, sodass seine Gestalt sich im Gegenlicht abzeichnete. Ehrfurcht und tiefe Befangenheit ergriffen von Bragi Besitz. Das also ist mein Vater, dachte er beklommen, ein Asengott und ein König, und von beidem wahrlich nicht der Geringste. Wie jemals, soll ich diesem fremden Manne nahe kommen?

Langsam wandte der Göttervater sich um und endlich standen sie sich alleine von Angesicht zu Angesicht gegenüber. Schweigend musterten sie einander. Es war eine seltsame Begegnung. Zwei gestandene Männer, äußerlich an Jahren beide etwa gleichweit gealtert, doch der eine der Sohn des anderen. Diese Verkehrung der Natur schien, nun, da sie einander anstarrten, auch Odin erstmals zu gewahren. Ein seltsam unsicheres Gefühl, wie er es zuletzt in seiner Jugend verspürt hatte, überkam den Asenfürsten, und seine natürliche Autorität als Herrscher, eben noch vertrauter Schutzmantel vor zu viel Nähe, rutschte von ihm herab wie ein fallender Vorhang.

Die Stille zwischen ihnen war jetzt greifbar. Beide Männer mit jenem Unwohlsein behaftet, das nur jene kennen, die selbst schon Einblicke in den kalten, weiten Raum des Nicht-Ausgesprochenen zwischen Vätern und Söhnen getan haben. Einer befremdlichen Welt, in der unerlöste Gefühle und Befindlichkeiten jener zwingenden Notwendigkeit untergeordnet werden, die allenthalben unter dem Begriff Männlichkeit verstanden sein will. Dort, wo Unverständnis und ständiges voreinander Ausweichen vorherrschen, wo gehasst, verflucht, geneidet und ersehnt wird, und man lieber weiter schweigt und verdrängt, anstatt die Dinge auszusprechen, um hierdurch die ewig alten Konflikte durch immer wieder neue Missverständnisse am Leben zu halten. Konflikte, die zwischen Vätern und Söhnen endlos tiefe Klüfte erschaffen, die zu überbrücken oft genug der nachkommenden Generation aufgebürdet werden.

Sein leibhaftiger Vater stand vor ihm. Wie lange hatte Bragi auf diesen Augenblick gewartet, gehofft, ihn herbeigesehnt? Eigentlich sein ganzes Leben. Doch nun, wo er seinem Schöpfer endlich gegenüberstand, konnte er weder Freude noch Liebe zu diesem verspüren. Das einzige Gefühl, zu dem er sich in diesem Moment befähigt sah, war der alte Harm, der jetzt nach oben drängte und ihm den Hals zuschnürte.

Odin räusperte sich verlegen, denn aus Bragis meerblauen Augen sprach die stumme Anklage des einstmals im Stich gelassenen Sohnes, der nun all seine Kraft zu sammeln schien, um seinem Unmut über sein hartes Los endlich Luft machen zu können. Fieberhaft mit sich ringend, welche seiner vielen Rollen in diesem Moment wohl die am ersprießlichsten schien, begann Odin sich eine Strategie zurechtzulegen. Man hätte eine Stecknadel zu Boden fallen hören können. In der Hoffnung, dem drohenden Unheil etwas den Wind aus den Segeln zu nehmen, fasste Odin sich endlich ein Herz und sagte aufmunternd: „Sprich dich nur aus, mein Sohn. Sicherlich hast du viele Fragen, die ich dir gerne beantworten will. Nur Mut, jetzt bin ich für dich da und warte!"

Bragi tat einen tiefen Atemzug, um ausreichend Puste für all das zu haben, was ihm seit Jahr und Tag auf der Seele lastete. Doch anstatt endlich loszulegen, stieß er die Luft schnaubend wieder aus und sagte matt: „Ich habe auch gewartet, Vater. So viele, viele endlos lange Jahre. Ein ganzes, verfluchtes, vom Leid zerrupftes Leben lang." Sichtlich erschöpft, blickte er Odin aus traurigen Augen an. „Warum? Wofür all diese sinnlosen Leiden und Prüfungen?"

Odin, erleichtert, dass ihr unheilvolles Schweigen endlich ein Ende gefunden hatte, blickte Bragi forschend an: „Muss ich dir diese Frage wirklich beantworten, mein Sohn? Hast du die Antwort darauf nicht selbst schon längst erkannt?" Doch Bragis bittere Miene machte rasch deutlich, dass eine Gegenfrage im schulmeisterlichen Ton der falsche Einstieg für ihre Unterhaltung war. Rasch bemüht, eine zufriedenstellende Antwort auf Bragis Frage zu finden, begann Odin deshalb noch einmal: „Die ersten Schritte ins irdische Leben markieren gewöhnlich nur den Anfang eines langen und gefahrvollen Weges. Dieser Weg ist voller Enttäuschungen, Niederlagen und Schmerzen, doch ebenso auch voller Eroberungen, Freuden und kurzer Augenblicke der Erkenntnis. Immer wieder aufs Neue sind unvermutete Hindernisse zu überwinden, hinter denen sich doch nur eine Unzahl neuer Prüfungen verbergen. Wieder und wieder sind Drachen zu besiegen, an deren Überwindung wir wachsen und unsere Fähigkeiten reifen dürfen."

„Oder wir zugrunde gehen müssen", entgegnete Bragi kühl. „Hättest du noch ein klein wenig länger gewartet, wäre ich ohnehin gestorben."

Diese Aussage seines Sohnes schien Odin zu amüsieren: „Nun, da du kein Freund der Waffenkunst bist, war die Aussicht, dich nach deinem Tode hierher zu bekommen, nicht gerade vielversprechend. Wie du sicherlich weißt, stehen mir in meiner Walhall nur jene Mannen zu, die ihr Leben im Kampf gelassen haben. Wäre dein Körper demnächst eines natürlichen Todes gestorben, wären wir beide füreinander für immer verloren gewesen. Warum also hätte ich noch länger warten sollen?"

„Die Frage ist doch", brummelte Bragi griesgrämig, „warum du nicht schon viel früher in meinem Leben aufgetaucht bist?"

„Oh, das bin ich", stellte Odin mit einem vielsagenden Blick fest. „Da du es aber nicht bemerkt zu haben scheinst, nehme ich dies als Kompliment für meine Verkleidungskünste. Du musst wissen, dass mein Erscheinen auf Midgard stets mit gewissen Mühen und Risiken verbunden ist. Dazu kam, dass du nicht der einzige warst, den ich im Auge behalten musste." Er wies auf seine leere Augenhöhle und grinste schief. „Keine einfache Aufgabe, wenn man nur noch eines davon besitzt. Sicher kannst du dir denken, dass ich viele Verpflichtungen habe, mehr, als du dir vorstellen kannst. Und da mein oberstes Anliegen ist, all meine Kinder zur Selbstständigkeit anzuhalten, habe ich dich den Zeitpunkt unserer entscheidenden Begegnung selbst bestimmen lassen!"

„Was?", platzte es aus Bragi hervor. Seine Entrüstung über diese ungeheuerliche Eröffnung ließen seine aufgerissenen Augen hervorquollen. „Und wie bitte soll ich dies bewerkstelligt haben?"

„Indem du dir bereits schon als Knabe das Gelübde auferlegtest, mich mit deinem vollkommenen Lied zu dir rufen zu wollen. Wollte ich dich also nicht als Schwurbrecher dastehen lassen, galt es auf jenen Tag zu warten, an dem du deinen dir selbst auferlegten Eid einlösen würdest. Und dies geschah vergangene Nacht, als du mit deinem vollkommenen Lied Hakons Sängerwettstreit für dich entscheiden konntest. Hierdurch war ich endlich imstande, deiner Einladung Folge zu leisten und mich dir zu offenbaren."

Bragi war sprachlos. Tausend Gedanken schossen ihm gleichzeitig durch den Kopf. „Aber du bist ein Gott, ein Ase!", rief er aufgebracht. „Du kannst tun und lassen, was du willst. Was hat dich da der Schwur eines törichten Knaben zu kümmern, dessen verwaistes Herz sich nach dem Vater sehnt?"

Der Göttervater blickte Bragi ernst an und sagte: „Wenn eine Seele ihrer Berufung folgt, spielt Zeit keine Rolle. Vielen Menschen auf Midgard ist das Schicksal auferlegt, als Waise aufzuwachsen. Du aber kamst in Boddas Obhut, einen der größten Skalden seiner Zeit. Ihm hast du das Grundgerüst deiner Kunstfertigkeit zu verdanken, auf dem du dich Zeit deines Lebens bewegtest." Als Odin erkannte, dass mit dieser Erklärung Bragis Unwille noch längst nicht besänftigt war, fügte er hinzu: „Und deshalb möchte ich diesen Moment gerne nutzen, um dir gegenüber meine Hochachtung zum Ausdruck zu bringen." Er trat jetzt näher an Bragi heran und drückte ihm die Hand. „Empfange meinen aufrichtigen Glückwunsch für deinen meisterlichen Vortrag, den du in Hakons Halle zum Besten gabst und mit dem du verdient gewonnen hast!" Während Odin Bragis rechte Hand noch drückte, führte er sich die linke zur Brust und machte eine leichte Verbeugung.

Bragi errötete und senkte beschämt den Blick: „Ein Lob aus Eurem ... aus deinem Mund, Vater..." Nun war es Bragi, der von einer Welle bis dahin unbekannter Gefühle überrollt wurde. Sein totgeglaubter, stets unerreichbar erscheinender Erzeuger zollte ihm Anerkennung für das, was Bragi sich sein ganzes Leben lang zu veredeln gemüht hatte. Er war tief berührt. Doch hielt dieser verklärte Zustand nicht allzu lange an. Da brauchte es schon etwas mehr als ein Kompliment, um Bragis alten Harm zum Verstummen zu bringen, und kam es auch über die Lippen des größten aller Dichterfürsten. Also sah Bragi wieder auf und sagte anklagend: „All die verzweifelten und sorgenvollen Momente meines Lebens. Schuldgeplagt und erfroren mein Herz, ungeliebt dahindarbend in der grausamen Gewissheit, die eigene Mutter entseelt zu haben..."

Odin nickte und entgegnete behutsam: „Ein übler Streich, den dir die Meerhexen da in deiner Kindheit gespielt haben, weil du ihre Gunst verschmähtest. Doch wisse, dass damals deine Mutter bei eurem Abschied nicht verstorben ist."

Bragi erstarrte. „Sie ... sie war nicht tot? Sie ist nicht...?", stammelte er fassungslos. „Aber ich sah sie doch am Ufer zusammensinken. Dann .... ich ... ich habe sie nicht mit meinem Lied getötet...? Dann ist sie noch am Leben?" Die zweite Erschütterung an diesem Morgen.

Doch sein Vater schüttelte verneinend das Haupt: „Nein, jetzt nicht mehr. Soviel ich weiß, starb sie vor einigen Wintern nach einer schweren Krankheit.

„Aber, ... wie ist das möglich? Ich dachte...?"

„Du dachtest, euer Abschied hätte ihr vor Kummer das Herz gebrochen", sagte Odin. „Nun, das hat es fast. Doch man unterschätze niemals die Antriebskraft des Hasses. Denn davon hatte sich genügend in Gunnlöds gepeinigtem Herzen angesammelt, um wenigstens solange weiterzuleben, bis sie ihren Oheim für all das hatte bezahlen lassen, was er ihr all die Jahre über angetan hatte. Und da Baugi mit deinem Fortgang nun kein Druckmittel mehr gegen sie in der Hand hatte, ging deine Mutter nach eurem Abschied wieder in den Berg zurück, um dort Baugis Tod zu planen. Ich weiß nicht, wie sie es angestellt hat. Vielleicht hat sie ihm, als er sie das nächste Mal aufsuchte, Gift in einem Getränk gereicht. Schlüssiger aber scheint mir, dass sie ihm im Dunkeln auflauerte und ihm mit jener Keule den Schädel einschlug, mit der sie auf meiner Flucht einst ihren Vater alarmiert hat. Jedenfalls wurde sie für Baugis Tod von ihresgleichen nicht zur Rechenschaft gezogen. Wie schon dein Urgroßvater Gilling und nach ihm sein Sohn Suttung, war auch Baugi nicht sonderlich beliebt gewesen. Vor allem seinem schlimmen Geiz war es zu schulden, dass sich niemand darüber erboste, als nun Gunnlöd den Besitz ihres Vaters übernahm. Da Baugi neben deiner Mutter kein anderes Weib mehr zu sich genommen hatte, war da ja kein weiterer Stammhalter, der Gillings Ländereien hätte erben können. Das Gesinde zeigte sich ebenfalls erfreut über die neue Herrin, die ihre Zügel fortan nicht mit Gewalt und Furcht, sondern mit Umsicht und Respekt führte. Eigenschaften, die einer würdigen Herrin anstehen. Denn Gunnlöd, als Suttungs Tochter in ihrer Jugend selbst noch ein herrisches Weibsbild, hatte durch ihre Pein und jahrelange Gefangenschaft zu Genüge erfahren müssen, was Unterdrückung und Gewalt in einem für unschöne Wesenszüge hervorbringen. Wie ich herausfinden konnte, heiratete deine Mutter später einen recht umgänglichen Mann aus ihrer Nachbarschaft, an dessen Seite sie bis zu ihrem Ableben noch ein zufriedenes Leben geführt haben soll."

Bragi seufzte. Diese versöhnliche Kunde aus dem Munde seines Vaters, nahm ihm den größten Stein von der Seele. Nach einer Weile sagte er: „Es ist Trost und Segen zugleich, nach all dieser Zeit noch erfahren zu dürfen, dass mein Fortgang letztlich doch zu etwas Nutze war."

Odin nickte bestätigend: „In der Tat war es das. Es war die alleinige Entscheidung deiner Mutter, dich frei zu geben und in die Welt der Menschen hinauszusenden. Und es war die einzig richtige. Die Nornen hatten deiner Mutter ein übles Geschick zugedacht, als sie den Preis für jene drei Liebesnächte festsetzten, in denen du gezeugt wurdest. Doch Gunnlöd war jung und stark. Und so war genug Kraft in ihr, dich sieben Jahre lang in ihrer Obhut aufzuziehen. Mit ihrem Leib, den sie Suttungs schändlichem Bruder überließ, hat sie die letzten drei Jahre deines jungen Lebens erkauft. Erst mit

eurem Abschied durfte auch sie wieder hoffen, denn die Trennung von dir gaben ihr die Kraft und den Mut zurück, ihr Wyrd selbst wieder in die Hand zu nehmen." Und Bragi stolz ins Auge fassend, fügte Odin hinzu: „Und du hast durch dein stetes Ringen mit der hohen Kunst früh bewiesen, dass das Opfer deiner Mutter nicht vergebens war, mein Sohn!"

Doch Bragi war noch immer verstimmt. „Wenig ehrvoll dünkt es mich, meiner Mutter Schicksal alleine der Willkür der Nornen zuzuschieben", sprach er nachtragend, während sein Wunsch nach Vergeltung wieder anschwoll. „Du warst es doch, der sie alleine zurückließ, nachdem du von ihr erhalten hattest, wofür du dich zu ihr geschlichen hattest. Der Boshaftigkeit zweier barbarischer Riesenbrüder ausgeliefert, ließest du sie schändlich im Stich!"

„Das tat ich", gestand Odin ein. „Wie ein Dieb stahl ich mich davon und vergalt Gunnlöds genossene Gunst mit Leid und Jammer. Ehrlos habe ich sie sitzen lassen, nachdem ich sie mit dir geschwängert hatte. Doch lag ursprünglich weder das eine noch das andere in meiner Absicht."

„Na bestens", ereiferte sich Bragi höhnend. „Ich war also weder gewollt, noch hat es dich nach deinem flüchtigen Abenteuer einen Dreck geschert, was du meiner Mutter damit antatest!"

Odins Augenbrauen rutschten nach oben: „Eine bemerkenswerte Betrachtung aus dem Mund eines Mannes, der über einen nicht unerheblichen Zeitraum hinweg selbst recht sorglos seinen Samen in allerlei Weiberschößen hinterlassen hat."

„Der Apfel fällt eben nicht weit vom Stamm!", konterte Bragi bissig.

Um Nachsicht bemüht, es zwischen ihnen nicht zu einem Streit kommen zu lassen, sagte Odin ruhig: „Mein flüchtiges Abenteuer, wie du es nennst, diente einem höheren Zweck, den nachzuvollziehen ich dir gerne erklären möchte."

Doch Bragi, sich in trotzigem Aufbegehren weiter in seine Vergangenheit hineinsteigernd, rief zornig: „Einem höheren Zweck, als eine junge, schutzbefohlene Mutter den Gelüsten ihres grausamen Oheims zu überlassen und einem Sohn den Vater vorzuenthalten? Weggesperrt vom Tageslicht, eingekerkert in ewige Dunkelheit auf kaltem Fels, die unsere Haut so fahl werden ließ wie ein Leichentuch. Gleich einem weggesperrten Tier, hungernd und missbraucht, war Gunnlöd gezwungen, mich bar allen Trostes zu gebären, zu stillen und in schmutzige Lumpen zu hüllen. In ständiger Furcht vor ihrem Peiniger verharrend, der sie stets unangemeldet aufsuchte, und sie wieder und wieder gegen ihren Willen auf ihr Lager zwang, weil er zu dumm und zu geizig war, sich ein eigenes Weib zu suchen. Wie ein Stück Fleisch musste sie seinen viehischen Gelüsten dienen!" Tränen der Wut waren Bragi in die Augen geschossen. „Keiner stand Gunnlöd bei gegen diesen brünstigen Unhold, dem sie jahrelang zu Willen sein musste, weil er ihr damit drohte, mich, ihren von einem unbekannten Dieb empfangenen Bastard, vor ihren Augen zu zertreten." Mit dem Handrücken wischte Bragi sich zornig die Tränen von den Wangen. Seine Augen funkelten jetzt in kaltem Zorn. Viel zu lange hatte er auf diesen Moment gewartet, und so spuckte er Odin die kommenden Worte geradezu ins Angesicht: „Oh ja, ich bin mir sicher, es gab einen höheren, weit ehrbareren Grund dafür, warum du dies alles geschehen ließest, Vater!"

„Oh ja, den gab es!", entgegnete Odin streng, dessen Stimme sich nun ebenso erhoben hatte. Sich hierdurch wieder ganz in seiner vertrauten Herrscherrolle bewegend, sprach er: „Auch wenn dieser Grund keinem von uns beiden behagen mag und ich nicht erwarte, dass du ihn verstehst oder gar gut heißen wirst, sobald du gehört hast, was ich dir zu sagen habe. Doch eben diesem wichtigen Anlass galt es alle persönlichen Dinge unterzuordnen. Darum höre. Ging es doch bei meinem Abstieg in den Berg, in dem deine Mutter saß, um nichts Geringeres, als die Rückgewinnung jenes kostbaren Nektars, der in sich das geistige Destillat zweier Göttergeschlechter vereint. Eine mächtige Ursubstanz, die dem höheren Gesetz des freien Willens dient, weil sie den Geist dessen enthält, was das noch Werdende beständig vorantreibt. Die Sippe der Asen war darauf angewiesen, dass jener von zwei boshaften Zwergen geschaffene Trank, den zu bewachen dein Großvater deine Mutter zwang, in den Besitz seiner ursprünglichen Erzeuger, nämlich uns, zurückkehrte!"

Doch nicht Verstehen, sondern lediglich Verachtung glomm in Bragis Augen. Nie hatte er einen Hehl daraus gemacht, dass er auf die Beweggründe der Mächtigen nicht gut zu sprechen war. Zu oft schon hatte er sich selbst verbiegen müssen und verzweifelt abgemüht, deren Wohlwollen zu erlangen. Doch nur, um jedes Mal enttäuscht festzustellen, dass für die Mächtigen dieser Welt am Ende stets nur der eigene Vorteil zählte.

„Mir ist wohl vertraut, wie du über uns Herrschende denkst", fuhr Odin fort, der Bragis missbilligenden Blick richtig deutete. „Doch fälle dein Urteil nicht vorschnell über Dinge, die sich deiner Kenntnis entziehen. Vergiss nie, dass jene, welche die Macht in ihren Händen halten, stets eine große Verantwortung zu tragen haben. Und eben deshalb muss zum Wohle der Sippe oder gar eines ganzen Volkes das Geschick des Einzelnen stets hintangestellt werden. Du selbst hast die Vorzüge und Schwierigkeiten einer in sich gewachsenen Gemeinschaft nie am eigenen Leibe erfahren."

Odins Worte trafen eine empfindsame Stelle bei Bragi. Er hatte Recht. Außer dass Bragi für ein paar Jahre mit Glaumar und Gorm unterwegs gewesen war, denen sich für eine Zeit lang noch Olga angeschlossen hatte, hatte Bragi nie in einem sippenähnlichen Verband gelebt. Er war Zeit seines Lebens ein heimatloser Vagabund gewesen, meist frei wie ein Vogel und zuweilen sogar ein Friedloser, dabei stets nur sich selbst verpflichtet. Er hatte keine Kinder und niemals wirkliche Verantwortung für andere Menschen übernehmen müssen.

„Trost suchtest und fandest du stets in deinem feinsinnigen Talent, das dir durch mein Blut bereits mit in die Wiege gelegt worden war", führte Odin seine Gedanken weiter aus. „Das harte aber nicht unübliche Los eines Jüngers der freien Künste, dessen Seele nach Vervollkommnung dieses inneren Rufes dürstet. Ein Ruf, der immer Segen und Fluch in einem birgt. Segen, weil er einem das Hochgefühl vermittelt, sich über seine oft unverständigen Mitmenschen hinauserheben zu können. Fluch, weil er gerne als Ausrede gebraucht wird, um echte Verantwortung schultern zu müssen und einen für die Belange anderer nur allzu leicht taub werden lässt!"

„Mag sein", gestand Bragi missmutig ein, bei dem Odins harte aber klare Worte zumindest bewirkten, dass er aus der Rolle des trotzigen Siebenjährigen heraustrat und sich wieder daran erinnerte, ein gestandener Mann in den besten Jahren zu sein. „Nun gut. Dann erkläre es mir", sagte Bragi einlenkend, „denn ich will verstehen, welche Rolle meine arme Mutter in diesem üblen Ränkespiel einnahm..."

Dankbar, dass die Besonnenheit seines Sohnes offensichtlich zurückgekehrt war, erklärte Odin, dass er, um Bragis Verständnis zu erlangen, ein wenig weiter werde ausholen müssen. Bragi nickte zustimmend und so berichtete der Göttervater von den zwei großen Kriegen zwischen Asen und Wanen und wie aus ihrem friedlichen Zusammenschluss des gemeinsamen Speichelmischens schließlich Kvasir, das weiseste Wesen, das jemals existiert habe, hervorgegangen sei. Sprach weiter davon, wie er einst Bragis Mutter beigelegen und von dieser alles über Kvasirs Tod durch die beiden habgierigen Zwerge erfahren hatte. Bragi erfuhr, wie der aus Kvasirs Blut gemischte Trank den Namen Odrörir erhalten hatte und darauf in die Hände von Suttung gelangt war. Und wie Odin, nachdem er Kunde über dessen Existenz erhalten habe, sich aufgemacht hatte, um diesen zurückzugewinnen. Bragi lauschte andächtig, wie Odin einen Sommer lang bei Baugi den Frondienst als Erntehelfer verrichtet hatte, nur um im Gegenzug einmal von jenem magischen Trank kosten zu dürfen, hinter dem seither ebenso Alben wie Riesen und auch Asen gleichermaßen hinterher zu sein schienen.

Bragis skeptischem Gesichtsausdruck begegnend, setzte Odin zu weiteren Erklärungen an: „Wie bereits gesagt, vereinigt Odrörir in sich das Wissen und die Erfahrung zweier alter Göttergeschlechter. Und als Kvasir den Tod fand, fiel seinen beiden Mördern durch das Auffangen seines Lebenssaftes weit mehr als nur das sichtbare Zeugnis unseres teuer erkauften Friedens in die Hände. Von weitaus größerem Übel für uns war, dass sie hierdurch Zugang zu unserem Ahnenvermächtnis erhielten. Beinhaltete doch Kvasirs Blut den verstofflichten Träger unseres höchsten wie tiefsten Gedankenguts. Kurz gesprochen, jene beiden ruchlosen Alben waren im Besitz unseres geistigen Erbes. Und in selbiges drangen sie nun ein, als sie das Blut verwendeten, um daraus jenen wundersamen Met zu brauen, der fortan jedem, der von ihm kostet, Einblicke in unser tief gehütetes Geheimwissen beschert. Wissen, das von einem Berufenen wie dir beispielsweise in Form prosaischer Inspiration erfahren werden kann. Wie du ja bereits am eigenen Leib erfahren durftest, genügen bereits wenige Tropfen dieses Trankes, um einen zerrütteten Geist sich sammeln und neu entfalten zu lassen." Odin warf Bragi einen vielsagenden Blick zu, doch der sah seinen Vater nur mit großen, unverständigen Augen an. „Es geschah in jener Nacht, als du in den Armen einer jungen Königstochter zum Manne wurdest", half Odin ihm weiter. „Erinnerst du dich? Seltsame Ironie des Schicksals, dass ich damals, als ich deiner jungfräulichen Mutter beilag, mich selbst in ganz ähnlichen Umständen befand. Allerdings mit dem nicht unerheblichen Unterschied, dass mein Techtelmechtel keine solch gewaltsame Störung erfuhr, wie es dir leider beschert war."

Doch Bragi hatte die letzten Worte seines Vaters nicht mehr vernommen. Endlich war ihm die Erkenntnis gekommen. Und wie er sich an diese Nacht erinnerte, die ihm zunächst erst die süßesten Wonnen und dann die schrecklichsten Schrecken beschert hatte! Und gleichwohl diese Nacht inzwischen mehr als ein halbes Leben zurücklag, waren all die Bilder und Eindrücke daran augenblicklich wieder präsent. Noch völlig unerfahren hatte Bragi erst Hand an Siglind gelegt und kurz darauf an ihren Vater, der sie beide überrascht hatte. König Björn Haraldson, den Bragi mit seiner Verzweiflungstat davon abgehalten hatte, weiter auf seine Tochter einzudreschen. Eine Verzweiflungstat, die ihn umgehend in den stinkenden Wolfszwinger befördert hatte. Noch einmal sah Bragi sich vor Kälte zitternd in der finsteren Wolfsgrube kauernd, in welcher ihm, den sicheren Galgentod bereits vor Augen, dieses kleine, hilfreiche Männlein begegnet war, das ihm ein winziges Trinkhorn überbracht hatte. Dank eines wundersamen Schluckes daraus hatte er allen Beschwerlichkeiten seiner Lage trotzen können und noch in derselben Nacht ein Preislied auf König Björn Haraldson ersonnen. Selbiges hatte ihm am kommenden Morgen erst den Kopf gerettet und darüber hinaus sogar seine Freiheit beschert. Beschämt senkte Bragi den Blick, denn erst jetzt, gut dreißig Jahren später, hatte er endlich die Antwort darauf gefunden, welcher heimliche Helfer ihm damals in der Not beigestanden hatte.

Geduldig gewährte Odin seinem Sohn diesen Moment der Rückbesinnung, dann fuhr er fort: „Ja, bei jenen Auserwählten, die bereit sind einem höheren Ruf zu folgen, vermögen schon wenige Tropfen dieses kostbaren

Nektars erstaunliche Dinge frei zu setzen. Bei jenen aber, deren ganzes Ansinnen auf die Befriedigung ihrer niedrigsten Begierden ausgerichtet ist, kann dieser Met gefahrvollere Auswüchse bewirken, als das geschliffenste Schwert in den Pranken eines dümmlichen Trolls. Und Kvasirs Mörder, durch Odrörirs Genuss noch beflügelt, begannen fortan zu betrügen und zu stehlen, wann immer sich ihnen eine Gelegenheit bot. Gleichwohl die Gier zweier einfältiger Schwarzalben von uns unbemerkt blieb, spitzte sich die Lage weiter zu, als der Trank in die Hände eines unserer größten Feinde gelangte: Suttung, deinem Großvater. Dieser hatte als erster den unseligen Einfall, deine Mutter zu dem Trank in jenen finsteren Berg wegzusperren, in dem du später aufwuchst. Suttung war ebenso gierig wie ehrgeizig, ein gefährlicher Mann, den der Besitz Odrörirs zu einem nicht mehr einschätzbaren Gegner werden ließ. Seine Pläne, ein gewaltiges Heer zu versammeln, um mit diesem gegen Asgard zu marschieren, müssen bereits weit vorangeschritten sein, da die Kriegshäuptlinge einiger benachbarter Bergstämme bei ihm inzwischen ein- und ausgingen."

„Ich verstehe langsam", sagte Bragi nachdenklich, der seine zornigen Schimpfworte nun bereute. „Darum vergib einem unwissenden Sohn seine bitteren Worte. Führer eines ganzen Volkes, ja, einer ganzen Weltordnung zu sein, ist sicherlich eine Aufgabe, um die dich nur wenige beneiden. Sicherlich tatest du das, was dich für das Wohl deiner Sippe am besten dünkte, Vater."

Versöhnlich legte Odin seinem Sohn darauf die Hand auf die Schulter und sagte: „Es freut mich, dass du die Tragweite der Verkettung dieser unseligen Ereignisse erkennst, in welche deine Mutter durch Suttungs Machenschaften verstrickt war. Und auch wenn es dir vielleicht nur ein geringer Trost sein mag, so wisse doch, mein Sohn, dass ich deine Mutter in der kurzen Zeit, die uns beiden vergönnt war, aufrichtig und von ganzem Herzen geliebt habe. Als von Baugi selbst geprellter Dieb schlich ich mich zu ihr, doch als ich Gunnlöd wieder verlassen musste, war sie mir zu einer liebgewonnenen Ohrraunerin geworden, die zu hintergehen mir nicht leicht fiel. Auf einen Drachen oder Schlimmeres als Wächter des Trankes wäre ich vorbereitet gewesen, doch nicht auf den Liebreiz und die Not deiner Mutter."

Da endlich huschte ein befreiendes Lächeln über Bragis Gesicht. Die Vorstellung, dass seine unter Tage gefangene Mutter wenigstens dieses eine Mal glücklich in den Armen seines Vaters gelegen hatte, bedeutete ihm mehr, als er je für möglich gehalten hätte. Und doch war da noch immer ein leichter Groll in ihm, etwas, das sich starrköpfig weigerte, seinem Vater all dies so einfach zu vergeben, und so stellte Bragi trocken fest: „Leider war dein zu Gunnlöd geflochtenes Liebesband wohl nicht fest genug, um sie aus den Klauen ihres widerlichen Oheims zu befreien. Du hättest später zu ihr zurückkehren können, um Baugi ebenso zu erschlagen wie zuvor meinen tyrannischen Großvater!"

„Das hätte ich tun können, wohl wahr", gestand Odin ein. „Doch in Asgard harrten bereits viele andere Aufgaben meiner, die mich nach meiner Rückkehr ganz in Beschlag nahmen. Zwar ließ ich meinen Blick auch weiterhin immer wieder über Jötunheim schweifen, doch vermag mein weitsehendes Auge leider keinen Fels zu durchdringen. Erst Jahre später erfuhr ich durch eine Gruppe mir ergebener Schwarzalben überhaupt von deiner Existenz. Sie berichteten mir von eurem bedauernswerten Schicksal, dass du und deine Mutter in den oberen Höhlen ihres Berges fristen musstet."

„Schwarzalben?", entfuhr es Bragi erstaunt. „Du meinst ... jene Zwerge, die sich meiner in Kindesstatt annahmen, handelten ebenfalls auf..."

„Auf meinen Befehl, ganz Recht", verschaffte Odin ihm umgehend Gewissheit. „Sie nahmen mit dir Kontakt auf und führten dich tiefer hinein in den Stein, um dir so die Möglichkeit zu eröffnen, dein feinsinniges Talent bereits recht früh zu Tage zu fördern."

„Meine Leier...?", kam es zaghaft über Bragis Lippen, doch wusste er die Antwort schon, bevor er seine Frage beendet hatte.

Odin nickte abermals: „Wurde von den Alben auf meinen Wunsch hin für dich angefertigt. Es war das verspätete Wiegengeschenk eines Vaters an seinen unbekannten Sohn."

Bragi schluckte schwer betroffen. Um ihn nicht weiter in Verlegenheit zu bringen, wies Odin auf Bragis Instrument, das dieser wie üblich zu ihrer Unterredung mitgebracht hatte. „Sicherlich hast du dich manches Mal gefragt, warum ihre Saiten sich bisher weder abgenutzt haben, noch jemals gerissen sind. Das kommt daher, dass sie aus den Sehnen eines Drachen gefertigt wurden. Genauer gesagt aus jenen Fasern, die dieser in seinen Flugschwingen trug."

Bragi betrachtete seine Leier mit neu erwachtem Interesse. Ehrfürchtig glitten seine Finger über die straff gespannten Saiten, denen er schon unzählige Male die wunderbarsten Töne entlockt hatte. „Ich trage sie ständig bei mir. Nur zwei Mal war ich bereit, mich von ihr zu trennen", sagte er leise. „Einmal, wollte ich sie einem Zwerg geben, um von ihm den Aufenthaltsort von Bifröst zu erfahren. Das andere Mal war ich bereit, sie für eine Frau König Hakon zu überlassen."

Odin schmunzelte vergnügt: „Jetzt hat er dafür eine wunderbare Harfe." Nun wanderten auch die Finger des Göttervaters sanft über Bragis kostbares Instrument, an dem sie prüfend die Festigkeit der Saiten befühlten. „Nirgends wirst du einen reißfesteren und doch schmiegsameren Strang finden, als den einer Drachensehne", erklärte er bestimmt.

Voller Bewunderung stellte Bragi die Leier zur Seite und wandte sich wieder dem knisternden Kaminfeuer zu. „Ich bin auf Midgard zwar viel herumgekommen, aber einen Drachen habe ich niemals zu Gesicht gekriegt", sagte Bragi sehnsuchtsvoll.

Voenix 2008

„Das glaub ich dir gern", erwiderte Odin. „Das liegt daran, dass die meisten Drachen sich mittlerweile in andere Welten zurückgezogen haben. Sie sind uralte Wesen, die teilweise schon vor den Riesen und auch vor uns Göttern existierten. Es gibt nicht mehr viele, und nur noch äußerst selten verirrt sich dieser Tage einer von ihnen in die Welt der Menschen. Doch sei froh, dass du noch keinem begegnet bist. Es gibt nur wenige Menschensöhne, die eine solche Begegnung unbeschadet überlebt haben, um von ihr noch Kunde geben zu können."

„Wie mir zu Ohren gekommen ist, sollst du ebenfalls schon viel herumgekommen sein", versuchte Bragi ihr Gespräch nun in eine andere Richtung zu lenken. Die Neugier, Odins faszinierendes Wesen besser kennenzulernen und so viel wie möglich über seinen Vater in Erfahrung zu bringen, hatte wieder die Oberhand gewonnen.

„Ja, das Wandern liegt unserer Sippe im Blut", stellte der Göttervater nachdenklich fest und wurde wieder ernst: „Oberstes Gebot ist uns Asen die beständige Erweiterung unseres Horizonts sowie die geistige Innenschau. Denn Wissen und Erkenntnis schlummern überall, zuweilen sogar unter einem unbedeutenden Stein. Wer hingegen niemals seinen Hintern aus der eigenen Türe bekommt, der wird die Welt stets nur nach seinem eigenen, kleinen Maß bemessen. Du aber, Bragi, bist der Sohn einer Riesin und meiner Wenigkeit, womit du die Anteile von zwei sehr unterschiedlichen Strömungen in dir vereinst. Deine Eigenart, dich von der Welt zurückzuziehen, dich einzuigeln und in dir selbst zu verharren, ist die riesische Natur in dir. Sie ist von großem Nutzen, wann immer deine Skaldenkunst dich wieder einmal in entrückte Sphären hat davongleiten lassen und es gilt, dich an die Erde rückzubinden. Aus ihr schöpfst du jene Kraft, die du benötigst, um im Irdischen verhaftet zu bleiben."

„Ich entstamme also der Verbindung einer Riesin und eines Asen", unterbrach Bragi die Ausführungen seines Vaters. „Da ich in meiner Kindheit niemals Kontakt zu anderen Kindern hatte, ist mir nie aufgefallen, dass meine Mutter eine Riesin war. In diesem Alter erscheinen einem die Eltern ohnehin übergroß. Doch über dich, meinen leiblichen Vater, hat Mutter mir nie viel erzählen können." Bragi warf Odin einen scheelen Blick zu. „Offensichtlich hattet ihr in diesen drei Nächten Besseres zu tun, als euch einander vorzustellen."

Sein Vater, unsicher, ob er Bragis Aussage als Scherz oder aber versteckten Vorwurf werten sollte, erwiderte: „Niemals hätte ich deiner Mutter meine wahren Absichten offenbart, ebenso wenig meine Identität. Das Risiko war einfach zu groß, dass sie mich an ihren Vater verraten würde. Sieh ihr also nach, warum sie dir nicht mehr Auskünfte über mich geben konnte."

„Oh, ihr habe ich nie die Schuld dafür gegeben", stellte Bragi nüchtern fest. „Selbst nach ihrem vermeintlichen Tod nicht. Ich habe mich anfänglich nur gefragt, warum sie mich immer ängstlich versteckte, sobald ihr Oheim uns aufsuchen kam. Kaum wurde oben vor der Öffnung der große Felsen zur Seite gerückt, ergriff sie die nackte Angst. Dann hatte ich umgehend unsere Höhle zu verlassen und durfte mich erst später wieder einfinden. Natürlich wurde ich mit der Zeit immer neugieriger, warum sie mich immer furchtsam wegschickte. Also stahl ich mich einmal heimlich zurück und überraschte die beiden auf unserer Bettstatt. Ein widerlicher Anblick, den ich wohl niemals vergessen werde. Baugis fleischig rotes Gesicht, sein triebhafter Blick voll grausamer Entschlossenheit. Heute verstehe ich, warum er mich damals einen kümmerlichen Bastard schimpfte, denn offenbar hatte ich weder den Wuchs noch die gewünschte Größe, die ein Kind in meinem Alter hätte aufweisen müssen." Er musterte Odin abschätzend von der Seite. „Dein Blut scheint sich in mir wohl behauptet zu haben!"

„Wenn du damit ansprichst, dass dein Körperwuchs über den eines gewöhnlichen Menschen niemals hinausgelangt ist, mag dies auf die kärgliche Nahrung sowie das Fehlen jeglichen Sonnenlichtes in den Anfängen deiner Entwicklung zurückzuführen sein. Angesichts dessen, dass deine Mutter sich entschloss, dich mit sieben Jahren nach Midgard zu entsenden, kein wirklicher Nachteil für dich."

„Das heißt...", erkundigte sich Bragi zögerlich, denn mit einem Male war ihm der Mut wieder gesunken und der siebenjährige Junge in ihm beanspruchte erneut seinen Raum, „...das heißt, dass ... dass du meine Mutter und mich nicht dafür verachtest, dass wir der Blutlinie einer deiner Todfeinde entstammen?"

Odins Körper straffte sich, er packte Bragi fest an beiden Armen und blickte ihm eindringlich ins Angesicht. Dann sagte er streng: „Machst du Witze? Auch wir Asen stammen von den Riesen ab. Die Riesen sind die Urväter von uns allen. Und auch wenn uns dieser Umstand heute nicht mehr mit Stolz erfüllt, so leugnen wir doch nicht unsere Wurzeln. Das gleiche mag ein Mann beherzigen, dessen Vater nicht mit jenen Vorzügen ausgestattet ist, auf die er als Knabe bestenfalls ein Anrecht gehabt hätte. Oft geht es schlimm zu auf der Welt, und nicht immer dürfen die Dinge so auskommen, wie man sich's ersehnt. Vätern ergeht es da nicht anders, denn auch sie waren einst die Söhne vorangegangener Väter. Zuweilen dürfen diese an Alter und Erfahrung bereits vorangeschrittenen Männer in ihren Söhnen das Beste von sich verkörpert finden. Ebenso aber begegnen sie in ihnen ihren eigenen ungelebten Träume, Versäumnissen und Niederlagen. Die Jungen hingegen erblicken in ihren Vätern die eigene Zukunft. Und ganz gleich, ob sie das Wesen und die Taten ihrer Erzeuger nun ablehnen, sie verdammen oder ihnen unermüdlich nachzustreben suchen, immer wird es ihr gemeinsames Blut sein, das sie noch über den Tod hinaus miteinander verbindet. Dies ist das Gesetz des Lebens und des Blutes. Warum also sollte ich dich oder deine Mutter für eure

Herkunft verachten? Jeder für sich wart und seid ihr zwei ganz wunderbare Wesen. Und ich bin stolz darauf und deiner Mutter zutiefst dankbar, dass sie mir einen solchen Prachtsohn wie dich geschenkt hat, in dem ich die leisere und nachdenklichere Seite meiner selbst erblicken darf."

Odin ließ Bragi wieder los und füllte darauf zwei große Trinkhörner mit goldenem Met. Eines davon reichte er Bragi. Dann stieß er mit seinem eigenen Horn gegen Bragis und sprach: „Und nun lass uns auf den alten Bodda Birkason anstoßen, der ein guter und großer Mann war. Auch ihm bin ich zu großem Dank verpflichtet, denn er hat dir eine Erziehung angedeihen lassen, die eines Königssohnes wert war!"

So sprach Odin. Und Bragi, der an diesem Tag die ganze Geschichte über den Hintergrund seiner Zeugung erfahren hatte, dankte den Nornen, dass sie ihm zwei solch wunderbare und verantwortungsvolle Väter zugedacht hatten, die Bragi endlich mit seiner düsteren Kindheit versöhnten.

Im stillen Saal in des Hohen Stätte,
gab Kunde dem Sohne der König,
ihm Huld zu gewähren als Sprecher bei Hofe.
Doch zu empfangen raubeinige Einherjer,
stimmte betrübt den freudlosen Skalden,
und Zaudern überkam da den Zweifler.

# 32. Odins erster Sprecher

Es folgten ein paar wundervolle Tage für Bragi, in denen sein Vater ihm seine ganze Aufmerksamkeit schenkte. In Walaskjalfs Sälen, wo Boden und Bänke mit dichten, weichen Pelzen ausgelegt sind und im Kamin stets ein gemütliches Feuer prasselt, dort tauschten Vater und Sohn nun Berichte über manch bestandenes Abenteuer aus. Langsam löste sich die Spannung zwischen den beiden und die anfängliche Befangenheit wich einem lockeren Plauderton. Im Wechsel ihrer Worte verflog Bragis alter Harm und doppelt und dreifach wurde dem Findling vergolten, was er all die Jahre über hatte bitter entbehren müssen. Denn wer vermag sich schon so glücklich zu preisen, von Odin selbst, dem weisen Hohen, unterhalten zu werden. Sie tranken und lachten miteinander, spielten sich ihre schönsten Oden vor und sangen gemeinsam manch alte Lieder. Bis in die frühen Morgenstunden hinein, wenn des Hahnes erster Weckruf über Asgards goldenen Dachschindeln ertönte und das Gesinde zum Wecken rief, sah man die beiden in weltkundiger Kurzweil über Werden und Vergehen des Lebens plauschen. Manche Nacht lang bekam da Frigg ihren Gatten nicht zu Gesicht, und trotz der wenigen Stunden Nachtruhe, die den beiden verblieben, war ihren zufriedenen Mienen doch anzusehen, dass sie sich an diesen langen Abenden aneinander ergötzten, wie es nur zwei herangereiften und weit gewanderten Männern ansteht.

Odin hatte seine Amtsgeschäfte weitgehend in die Hände seiner Gattin Frigg übergeben, die, wann immer ihr vielbeschäftigter Gemahl durch Abwesenheit glänzte, dieser Pflicht mit größtmöglicher Sorgfalt nachkam. Seit seiner Ankunft in Asgard hegte Bragi eine geheime Bewunderung für diese selbstbewusste Frau. Gleichwohl Frigg ihm gänzlich unnahbar erschien, begegnete sie ihm doch stets mit Achtung und großem Wohlwollen. Bragi wusste, dass dies beileibe keine Selbstverständlichkeit darstellte. War er doch der uneheliche, mit einer unbekannten Riesin gezeugte Bastard ihres untreuen Gatten, der, dies schien in ganz Asgard ein offenes Geheimnis, mit weiteren Riesinnen bereits mehrere Kinder gezeugt hatte. Bragi besaß also eine nicht unerhebliche Anzahl von Halbschwestern und Halbbrüdern. Wie viele es aber genau waren, darüber hüllte man sich lieber in Schweigen. Überhaupt war dies ein Thema, über das niemand gerne zu sprechen wünschte. An wen immer Bragi sich auch wandte, ließ man ihn wissen, dass sich derartige Fragen für einen Neuankömmling nicht schickten. Nun gut, dachte Bragi, der rasch erkannt hatte, dass seinen Vater an diesem Ort eine Art unantastbare Aura umgab. Odin schien der uneingeschränkte Herrscher seiner Sippe und genoss offensichtlich deren gesamtes Vertrauen. Er war den Asen Führer, Schild und Fahne, weshalb man ihm wohl großzügig nachsah, dass er dafür im Gegenzug manch eigenwillige Privilegien genoss.

Bragi fragte sich wiederholt, wie Odins Gattin mit dieser eigentlich doch recht undankbar erscheinenden Rolle zurechtkam. Da hatte er auf Midgard ganz andere Frauen kennengelernt. Frauen, die zu reißenden Wölfinnen werden konnten, sobald sie nur den Anflug einer Nebenbuhlerschaft witterten. Und ließ sich der triebhafte Drang der Natur nicht mehr ungeschehen machen, kam es nicht selten vor, dass die hintergangenen Ehefrauen ihren Zorn am unwillkommenen Nachwuchs ihres untreuen Gatten ausließen. Nicht aber Frigg, die selbst in ihrer kühlen Distanziertheit stets noch ein freundliches Lächeln für Bragi übrig hatte, sobald sie einander in Odins Gemächern begegneten. Und nun übernahm sie wie selbstverständlich die Aufgaben ihres Mannes, damit dieser ausreichend Zeit mit ihm, seinem lange verschollenen Sohn, verbringen konnte. Eine großartige, verehrungswürdige Frau, eine Königin, um die sein Vater wirklich zu beneiden war.

Dann endlich sollte jener Moment kommen, als Odin seinem heimgeholten Sohn eröffnete, mit welcher Aufgabe er ihn künftig zu betrauen wünschte. Viele Male schon, so versicherte er Bragi, habe er die Seinen am abendlichen Feuer mit der hohen Kunst der Skalden unterhalten. Doch da die Zuspitzung bedeutsamer Ereignisse eine stetig wachsende Aufmerksamkeit seinerseits erfordere, könne er hierdurch immer seltener Zeit für die Dichtkunst erübrigen. Deshalb sei nun der Zeitpunkt gekommen, einen würdigen Nachfolger für diese Aufgabe zu bestimmen. Weshalb es Odin nun mit besonderem Stolz erfülle, dieses hohe und anspruchsvolle Amt an seinen eigenen Sohn weiterreichen zu dürfen. Fortan solle Bragi dafür Sorge tragen, dass all die vergangenen und noch kommenden Taten ihrer Sippe weiterhin im abendlichen Kreise erklingen dürften, auf dass diese noch ihre Kinder und Kindeskinder mit Stolz erfülle.

Als Bragi all dies nun aus dem Mund seines Vaters vernommen hatte, da wurde ihm ganz bang und schummrig zumute. Die altbekannte Furcht überkam ihn, dieser großen Herausforderung nicht gewachsen zu sein und den in ihn gesetzten Erwartungen nicht gerecht werden zu können.

„Warum gerade ich?“, machte er seinem Selbstzweifel Luft, was ihm den aufmerksamen Blick seines Vaters einbrachte.

Odin erwiderte: „Du besitzt Weisheit, Anstand und geistreichen Manneswitz. Kurz, du bist einer der größten Skalden, die jemals über Midgard gewandelt sind; vielleicht sogar der größte von allen. Das hast du erst vor kurzem noch unter Beweis gestellt. Wer also wäre besser dafür geeignet, in meine Fußstapfen zu treten, als du? Selbst in ganz Asgard gibt es niemanden, der sich mit dir im Wortstreit messen könnte." Odin besann sich einen Augenblick. „Nun ja, Loki vielleicht", sagte er nachdenklich.

„Einer deiner Söhne?", hakte Bragi nach.

„Schlimmer", entgegnete Odin und seufzte. „Ein sehr alter Gefährte von mir und ein Bruder im Blute. Neben seiner Klugheit und der Gabe, für anstehende Probleme oft die erstaunlichsten Lösungen zu präsentieren, leider mit einer ganzen Reihe weniger ersprießlichen Eigenschaften ausgestattet. Im Gegensatz zu dir ist Loki ein böser Spötter und Tunichtgut. Also in keinerlei Hinsicht für dieses Amt geeignet, für das ich dich vorgesehen habe. Nun, du wirst ihn noch früh genug kennenlernen."

„Ist er ein guter Kämpfer?", wollte Bragi weiter wissen, der in jenem Genannten bereits einen künftigen Rivalen witterte.

„Wer? Loki?", erstaunte sich der Göttervater. „Nein ... nun ja, vielleicht doch. Sagen wir lieber, er gehört zu jener Sorte Männer, die es verstehen, andere ihre Händel für sich austragen zu lassen. Doch wollen wir es damit bewenden lassen."

„Ich frage deshalb", setzte Bragi nach, „weil hier offenbar jedermann eine Waffe zu führen weiß. Sogar einige Frauen sah ich in Brünne gewandet einherschreiten."

„So, das ist dir also nicht entgangen!", stellte Odin in leicht amüsiertem Ton fest. „Nun ja, hier in Asgard sind wir von Feinden umgeben. Und es sind nicht nur die Berg-, Frost- und Feuerriesen, die uns nach dem Leben trachten. Da gibt es zum Beispiel noch den Eisenwald. Ein düsteres, unwirtliches Gehölz von endlosen Ausmaßen, in dem mehr gefährliche Kreaturen hausen, als die meisten sich in ihren schlimmsten Träumen auszumalen in der Lage sind. Seine Bewohner sind allesamt nicht gut auf uns zu sprechen, wodurch sie uns stets zu größter Wachsamkeit anhalten."

„Ich verstehe", sagte Bragi und erinnerte sich etwas beschämt an seine Knabenzeit, als Bodda ihm vergeblich versucht hatte, das Kämpfen beizubringen. Etwas mutlos ließ er die Schultern hängen. „Ich meine, du bist ein König, ein Skalde, ein Heiler, ein Wissender, ein Zauberer und Krieger", fuhr Bragi in leicht resigniertem Ton fort. „Ich hingegen vermag nicht mal ein Schwert zu führen. Mein Talent besteht alleine aus meiner Stimme und meinem Spiel. Die einzige Waffe, die zu führen ich imstande bin, ist meine Leier."

Odin, der sah, woraufhin Bragis Sorge abzielte, erwiderte beschwingt: „Deine Leier ist dein Bogen, auf dem du deine goldenen Pfeile gegen Trübsal, Stumpfsinn und Vergessenheit abschießt. Und eben deshalb bist du hier. Schließlich habe ich dich nicht hergebeten, um für mich zu kämpfen. Mir ist wohl vertraut, dass du kein Freund von Kampfgetümmel oder ruhmheischenden Heldentaten bist. Dennoch genießt du mein höchstes Ansehen. Zudem sei dir versichert, dass ich für das Kriegshandwerk und ähnliche Taten auf genug andere Söhne zurückgreifen kann. Du aber bist derjenige unter ihnen, der die Gabe der Dichtkunst, des Gesanges und der Beredsamkeit in die Wiege gelegt bekommen hat. Von deiner Mutter hast du die Bescheidenheit, die Sanftmut und jene Fähigkeit mitbekommen, dich in die Herzen der Menschen hineinfühlen zu können. Und dein alter Ziehvater Bodda, zu seiner Lebzeit selbst einst ein großer Liederschmied, verhalf deinem noch ungeschliffenen Wesen, all diese Gaben miteinander zu verschmelzen, damit sie später in diese hier vor mir stehende Form finden durften. Die langen Jahre deiner Wanderung, deine rastlose Suche voller Hingabe an die Vervollkommnung deiner Dichtung, gepaart mit deinem leidenschaftlichen Streben, irgendwann ein Zauberskalde sein zu wollen, das alles hat dich zu dem unverwechselbaren Mann werden lassen, der du heute bist. Und das soll hier genügen, weshalb ich dich alleine für diese große und wichtige Aufgabe vorgesehen habe, die zu bemeistern kein anderer in ganz Asgard befähigt ist!"

Nach diesen lobenden Worten, die Bragi tief in seiner Seele berührten und ihn mit einem nie zuvor gekannten Stolz erfüllten, blieb ihm nichts anderes zu tun, als dankbar seine Zusage zu geben.

Doch damit ließ Odin es nicht bewenden. „Nein, kämpfen wirst du nicht für mich müssen", fuhr er fort. „Aber über deine Aufgabe als Hofskalden hinaus, suche ich noch einen geeigneten Sprecher für meine Walhall. Einen redegewandten Mann, der mit freundlichem Wort all die toten Helden begrüßt, die zeitweise sogar täglich in meiner Kriegerhalle eintreffen. Einen Sprecher, der sie freundlich mit Willkommensworten empfängt und nach ihren Kampfspielen beim abendlichem Gezech gleichsam mit klugem Wortwitz und bildreichem Liedgut zu unterhalten versteht."

Soso, einen Sprecher für seine Totenhalle sucht Odin also ebenfalls, dachte Bragi missmutig, dem schwante, dass er bald nicht mehr auf der faulen Haut liegen würde. Missmutig verzog er das Gesicht, denn vor seinem inneren Auge sah er sogleich einen gewaltigen Haufen von Totschlägern und wilden Raufbolden auftauchen. Hartgesottene und trinkfeste Männer, die hier in Asgard als Einherjer, bezeichnet wurden. Zum einen deshalb, weil man ihnen beibrachte, sich in Formation zu bewegen, und zum anderen, weil sie sich jederzeit auch als Einzelkämpfer behaupten mussten. Bisher wurde jeder einzelne von ihnen nach seinem Tod auf Midgard von Odin persönlich in dessen Walhall begrüßt, der sich stets nur die stärksten und zähesten Streiter aussuchte. Eine zeitraubende Verpflichtung, die dem Fürst der Asen wohl zunehmend lästiger wurde. Auf einem riesigen Exerzierplatz, der sich des Lärmes wegen etwas außerhalb von Asgards Mauern befand, übten sich die Einherjer tagtäglich im harten Kriegshandwerk. Abend für Abend kehrten sie dann erschöpft und abgekämpft wieder in die gewaltige Walhall zurück, in der sie von Asgards schönen Töchtern, den Walküren, bewirtet wurden. Dort rühmten sie sich dann schmausend ihrer blutigen Taten, rissen derbe Männerzoten und feierten sich selbst mit Unmengen an Bier und Met. Unter diese wilden Spießgesellen gedachte sein Vater ihn also zu stecken. Bragi musste schwer schlucken. Das war nicht gerade das, was er sich erhofft hatte.

Als Bragi wieder aufblickte, bemerkte er, dass sein Vater ihn jetzt so durchdringend ansah, dass er sich von diesem bis auf den Grund seiner Seele hin durchleuchtet fühlte.

„Bist du dieser Mann?", forschte Odin prüfend nach. „Oder hat dich das raue Leben auf Midgard zu einem Skalden werden lassen, der in seinem Herzen für die Taten gestandener Krieger lediglich Abneigung, losen Spott oder gar Verachtung übrig hat?"

Bragi, den der stichelnde Ton seines Vaters aufreizte, antwortete eigensinnig: „Des wahren Dichters Aufgabe ist es zu schöpfen und zu heilen, die des Spötters ist ein ätzendes und zerstörendes Werk, denn mit beißender Häme lästert er den Schwächen seiner Mitmenschen. Ich aber sehe mich der ersten Riege zugetan und verpflichtet. Und wenn ich mit meiner Gabe ein wenig dazu beitragen kann, Asgards Kriegsmannen bei Laune zu halten, so will ich dies gerne versuchen!"

Odin nickte: „Dann ist es wohl getan. Nun, wir werden sehen, ob du mit dieser Aufgabe zurechtkommst. Doch bedenke dabei stets, dass es diese gefallenen Recken sind, die uns eines Tages mit ihrem Mut beistehen werden, um das zu verteidigen und zu bewahren, was wir uns hier in Asgard aufgebaut haben!"

Doch dazu hatte Bragi seine eigene Meinung, mit der er auch nicht hinterm Berg zu halten gedachte, und so sagte er forsch: „Ich weilte lange genug auf Midgard, um die wahre Gesinnung vieler deiner, von dir offenbar so hochgeschätzten, Totschläger kennenlernen zu dürfen. Manche ihrer blutigen Taten mögen wohl im Zeichen von Gerechtigkeit oder sogar zur Verteidigung ihrer Nächsten ausgeführt worden sein. Doch die meisten von ihnen haben ein Leben voller Gräueltaten geführt und solch zweifelhafte Großtaten wie Raub, Mord und Schändung begangen. Wenn das die Elite ist, die dereinst für Asgard in den Krieg ziehen soll, bin ich neugierig zu erfahren, wie das Pfand ihrer noch unerprobten Treue aussieht. Denn was macht dich so sicher, dass diese Männer dir nicht den Rücken kehren, oder schlimmer noch, euch verraten, wenn es darauf ankommt?"

„Weil sie ihr Leben schon einmal in meinem Namen hingegeben haben!", erhob Odin seine Stimme plötzlich so energisch, dass Bragi erschrocken zusammenfuhr. Mit einem Satz hatte der Fürst der Asen sich von seinem Sitz erhoben, so dass sein Mantel weit auseinander bauschte. Sichtlich erregt rief er: „Sie alle haben mir einst mit dem Blutschwur ihr Leben geweiht und sind in meinem Namen in den Tod gegangen! Und das ist das einzige, was für mich zählt", dröhnten Odins Worte nun durch den Saal. „Wie kannst ausgerechnet du es wagen, ihre Treue in Frage zu stellen? Einer, der sein ganzes Dasein ausschließlich seiner Kunst gewidmet hat, sollte besser wissen, was es heißt, sein Blut und sein Leben für seinen Herrn und Gott hinzugeben!"

Mit einem Male schien Odins Aura der Macht den ganzen Raum zu erfüllen. Seine ohnehin große Gestalt schien noch einmal angewachsen und hatte sich auf eine Weise ausgedehnt, dass Bragi zum ersten Male wirklich bewusst wurde, wen er dort vor sich hatte. Und auch wenn sein Vater ebenso viele Seiten wie Gestalten innehatte, so war Odin doch vor allem ein mächtiger Kriegsherr und Zauberer. Ein Führer von erhabener Größe und Würde, der seine Autorität gewiss nicht von jenem seiner Söhne würde untergraben lassen, der Zeit seines Lebens niemals eine Waffe gegen einen anderen Mann geführt hatte. Hier ging es um Kriegerehre und echte Opferbereitschaft, und beides schien Odin nicht gewillt, von Bragi in Frage stellen zu lassen. „Ein jeder von diesen Männern hat mir gehorsame Treue bis in den Tod geschworen", fuhr der Göttervater erregt fort. „Und dafür verdienen sie von dir weit mehr als dein Misstrauen oder ein mitleidiges Lächeln. Einige unter ihnen mögen zu Lebzeiten nicht die Tugendhaftesten gewesen sein, doch für das, was ich in ferner Zukunft von ihnen einfordern werde, ist dies nicht weiter von Belang. Ich benötige befehlsbereite Recken und Soldaten, kampferprobte Krieger, die ohne Furcht mit uns in den Krieg ziehen, wenn es irgendwann gegen grimmige Riesen zur Schlachtbank gehen sollte. Das ist ihre Aufgabe, ihre Bestimmung und dafür wollen wir sie ehren, wie es ihnen gebührt und ansteht! Vergiss das niemals, wenn du künftig deinen Fuß über die Schwelle der Walhall setzt!"

„Ich werde es nicht vergessen!", erwiderte Bragi gehorsam, der einsah, dass er hier den Bogen überspannt hatte. Odins klare Worte hatten etwas in Bragi berührt und ihm einmal mehr deutlich vor Augen geführt, das offensichtlich alles, was auf Midgard und offensichtlich auch noch in der nächsten Welt existierte, seine Bestimmung und ganz eigene Daseinsberechtigung innehatte. Deshalb fügte Bragi entschlossen hinzu: „Und ich bin dankbar und fühle mich geehrt, für diese Aufgabe, die ich gerne annehmen will!" Überrascht über die Festigkeit seiner eigenen Stimme, fragte sich Bragi, was es wohl war, dass seine Vorbehalte so schnell zerstreut hatte, und ihn so rasch seine Einwilligung zum ersten Sprecher benannt zu werden, hatte geben lassen. Zweifelsohne lag es an diesem ungewöhnlichen Mann vor ihm, dessen ganze autoritäre Erscheinung eine solche Erhabenheit ausstrahlte, dass man nicht umhin kam, es ihm recht machen zu wollen. Odins ganzes Wesen verstand es, einen zu ergreifen und mitzureißen, und Bragi konnte sich gut vorstellen, wie Abertausende von hartgesottenen Kriegern glücklich singend mit Glanz und Glorie in die Schlacht zogen, sobald es dieser Mann von ihnen forderte. Ja, Odin besaß ebenfalls die Gabe der Sprachmagie, mit der er es offenbar verstand, das Beste aus einem hervorzuholen. Und auch Bragi musste sich eingestehen, dass er nicht gewillt war, seinem Vater einen Anlass dafür zu geben, sich seiner zu schämen.

„So ist es denn beschlossen, mein Sohn!", sprach Odin zufrieden, dessen Erregung augenblicklich wieder verraucht schien. Er legte Bragi die rechte Hand auf die Schulter. „Fortan sollst du als mein erster Sprecher bei Hofe ebenso geehrt werden, wie als Unterhalter unserer Sippe und Gäste, auf dass die Taten unserer Väter und Söhne niemals dem Vergessen anheim fallen mögen!"

Dann setzten sich Vater und Sohn wieder auf ihre gewohnten Plätze am Kamin, um nebeneinander schweigend ins knisternde Feuer zu starren. Eine ganze Weile saßen sie so in ihre Gedanken versunken da, bis Odins Stimme noch einmal die Stille durchdrang. Jetzt war sie ruhig und besonnen, als er sagte: „Denn so kalt, öde und trostlos es in der Welt ohne den wärmenden Glanz der Sonne zugehen würde, wäre es um unser aller Dasein bestellt, müssten wir der Poesie und hohen Künste entbehren."

Einige Abende später, nachdem Vater und Sohn wieder einmal gemeinsam musiziert hatten, bemerkte Odin, wie Bragi etwas stiller als sonst war. Als der Göttervater sich nach seinem Befinden erkundigte, sprach Bragi gedankenvoll: „Als du mich damals im Wald in der Maskierung von Hrolf aufsuchtest, zog in der Nacht ein großer Sturm auf. Und gleichwohl ich dich schlafend in meiner Behausung liegen sah, erblickte ich zwischen den Bäumen einen geisterhaften Reiter, der mich mit zwingender Geste zu sich rief. Nicht viel hätte gefehlt, und er und sein Geisterheer hätten mich mitgenommen..."

„Womit du für mich in deiner menschlichen Form für immer verloren gewesen wärst", nahm Odin Bragis Worte auf. „Zum Jahresende hin ziehe ich als nächtlicher Jäger über Midgard, um dort die Schatten jener Verdammten einzusammeln, die zu Lebzeiten anderen oder sich selbst viel Leid und Schaden zugefügt haben. Sie sind die verlorenen und vergessenen Seelenanteile einstiger Menschen, die sich in den Wirrnissen des Lebens verlaufen haben. Unfähig, ihre einstige Daseinsform loszulassen, klammern sie sich an die verkrusteten Bilder ihrer Erinnerungen. Als leblose Hüllen ihrer Vergangenheit sind sie dazu verdammt, zwischen den Welten umherzustreifen; tote Gespenster, unfähig, ihren elenden Zustand aus eigener Kraft zu verlassen.

Voenix 2005

Im Sturmwind treibe ich sie zusammen, fege sie hinfort und bringe so den frischen Wind, den es bedarf, um Platz für Fruchtbarkeit und neues Wachstum zu schaffen. Gleichzeitig stellt dieser Teil meines Selbst die Lebenden auf die Probe, wie stark ihr Überlebenswille, ihre Seelenflamme noch in ihrem Körper lodert."

Trotz der Wärme des zu ihren Füßen prasselnden Kaminfeuers, überkam Bragi eine Gänsehaut. „Du drängst mutlos gewordene Menschen dazu dir nachzufolgen, um in deinem wilden Geisterheer aus Verdammten mitzuziehen?", rief er empört. Bragi wollte nicht glauben, was er da vernahm. Der menschlichen Verzweiflung auf solch herzlose Art zu begegnen, erschien ihm ungeheuerlich.

Der Göttervater aber nickte geheimnisvoll: „Nur jene, die tief in sich den Ruf ihrer Seele nach Verwandlung ignorieren und doch darum wissen, dass dieser wichtige Schritt aus eigener Kraft vollzogen werden muss, sind meine Opfer. Zu Lebzeiten ist jeder freie Mensch seines eigenen Glückes Schmied. Denn was auch immer ihm widerfährt, so kann er seine Entscheidungen doch jedes Mal aufs Neue treffen. Jene aber, die ihre Ziele längst aus den Augen verloren, sich selbst aufgegeben oder gar verraten haben, müssen getilgt werden aus der Zwischenwelt, da sie ihren Anspruch auf Dasein verwirkt haben!"

Angestrengt versuchte Bragi, das Vernommene in seinem vorhandenen Weltbild zu verstauen.

„Wisse, mein Sohn", fuhr Odin fort, „dass nichts, das zu besitzen sich lohnt, jemals ohne Schweiß und Mühen errungen werden kann. Deshalb sind uns hier in Asgard nur die edlen und stark Gesinnten willkommen. Bei uns ist kein Platz für wankelmütige Seelen. Zu groß ist unsere Verantwortung gegenüber den Menschenkindern, die anzuleiten wir uns verpflichtet haben. Willst du dazugehören, musst du dir deinen Platz an unserer Tafel verdienen. Und eben dies war der Zweck meines Erscheinens, als ich dich als nächtlicher Jäger vor deiner Waldklause aufsuchte. Ich musste wissen, ob du dieser Huld noch wert warst oder du dich bereits schon aufgegeben hattest!"

Bragi schwieg. Zweifel stiegen in ihm auf, ob er solch einer Satzung überhaupt dienen wollte. Sein Vater sprach daher, als würden lediglich die Starken und Unbeugsamen es verdienen, einen Sitz in Asgard zu beanspruchen. Doch was war mit all den Schwachen, den Armen, Kranken und Bedürftigen, die ihr erbärmliches Dasein auf Midgard fristeten?

Doch unbeirrt sprach Odin weiter: „Bragi Boddason, du bist mein Sohn. Der Sohn eines Königs. Und wahrlich, ich sage dir, du selbst hast nicht weniger den beschwerlichen Weg eines Königs beschritten, wie er auch mir einst zu Füßen gelegt war, bevor ich diesen Thron besteigen durfte. Denn der Königsweg ist immer jener Pfad, der dem tiefsten Ruf der eigenen Seele folgt. Er ist steinig und beschwerlich, doch ihm allein musst du folgen, wenn du dauerhaften Frieden mit dir selbst finden willst! Dein Ziehvater Bodda lehrte dich einst, dass man, um ein Zauberskalde zu werden, diesen Pfad der Kraft mit all seiner Hingabe beschreiten muss - ohne wenn und aber. Es gibt keinen Mittelweg. Niemals! Entweder du gehst diesen Weg ganz oder gar nicht! Für all jene, die meinen, ihn nur halbherzig beschreiten zu können, wird er irgendwann ins Verderben führen. Denn Beklemmung und Furcht, in der sichtbaren, irdischen Welt nicht bestehen zu können, nähren den ewig nagenden Zweifel, der alle bisher schon überwundenen Mühen vergeblich werden zu lassen droht."

Wenn sein Vater gehofft hatte, Bragi mit diesen Worten aufzurütteln, ja, ihn gar zu bestärken, so erreichte er doch genau das Gegenteil. Es war, als ob Odins Worte Bragis ganze Erschöpfung zurückkehren ließen. Noch einmal sah er seinen beschwerlichen, mit Leid und Sorgen gepflasterten Lebensweg an sich vorbeiziehen, während die Last der Erkenntnis ihn wie eine starre Faust umklammerte, die ihm, wie schon so viele Male zuvor, das schmerzende Herz einzwängte.

Der Göttervater, der ihn scharf beobachtete, nickte und bestätigte ihn ernst: „Ja, es ist ein beschwerlicher und einsamer Weg, der einem von Beginn an zu Füßen gelegt ist und den bis an sein Ende zu gehen nur wenigen vergönnt ist. Doch wer zur Quelle will, wird immer gegen den Strom schwimmen müssen. Und daran wird sich nichts ändern, so wenig, wie der Lachs sich ändert, der seit Jahrtausenden aus der Tiefe des Meeres zu seinem Geburtsfluss zurückfindet. Und hast du die gewünschte Quelle dann eines Tages, müde und ausgebrannt, endlich gefunden, harret dort deiner lediglich die Erkenntnis, dass ausnahmslos alles, was du jemals vollbracht und hinter dir gelassen hast, nie einem anderen Zweck diente, als dem Ruf deiner Seele zu folgen, der da lautet - ausschließlich du selbst zu sein!"

Bragi schluckte schwer, denn die niederdrückende Erkenntnis von Odins Worten wog wie ein zentnerschwerer Mühlstein.

Verständig blickte der Vater auf den erschöpften Sohn. Etwas Ermutigung tat Not, und so sprach er ruhig: „Sieh dich an, Bragi. Vor mir erblicke ich keinen altersschwachen Greis, der mit seiner Existenz bereits abgeschlossen hat, nein, ich unterhalte mich hier mit einem dem begabtesten Zauberskalden, der jemals über Midgard geschritten ist. Einem gereiften Mann, der heute weiß, wovon er spricht. Und dies alleine verdankst du dem Umstand, dass du deine eigene Geschichte gelebt, dein ganz dir wesenseigenes Lied gewoben hast!"

Der Göttervater hielt kurz inne, um Bragi Gelegenheit zu geben, etwas zu erwidern. Doch der sah nicht einmal auf. Also fuhr Odin fort: „Schau, ich selbst bin ein Mann, der ständig auf der Suche nach neuem Wissen Ausschau hält, und du wirst wohl in ganz Asgard niemanden finden, der Weisheit höher gewichten wird als ich. Doch was haben Wissen und Worte für einen Nutzen, wenn sie nicht nachvollzogen werden können? Wir beide sind Zauberskalden, beseelt von dem Wunsch, die Menschen mit der Magie unserer Worte zu betören, sie tief in ihrem Innersten zu berühren und zuweilen sogar über die Grenzen ihres Gewohnten hinauszuheben. Doch diese Kunst vermag uns nur dann vollständig glücken, wenn wir das, was wir zu transportieren suchen, zuvor selbst erfahren und am eigenen Leib durchlitten haben. Dieses Wissen aber muss sich jeder wahrhaft Suchende stets selbst aneignen. Er muss bereit sein, durch Schmerz, Trauer, Leiden und seine tiefste Furcht hindurchzuschreiten. Nur so wird er irgendwann imstande sein, die schillernde Regenbogenbrücke zu betreten, die seinen Leib wieder mit jenem inspirierenden Geist verbindet, den wir Asen als unser höchstes Gut erachten."

Zwar hatte Bragi inzwischen eingesehen, warum sein Vater den Odrörir-Met um jeden Preis hatte rauben müssen, doch seine tiefe Abneigung gegenüber der Welt, auf der es oftmals so grausam zuging, war damit noch längst nicht befriedet. „Aber genau das habe ich doch so unendlich viele Male vergeblich versucht", begehrte Bragi bitter auf. „So oft habe ich mit mir selbst gerungen, habe dich angerufen, mir beizustehen, irgendein Zeichen zu senden. Doch nie kam eine Antwort", schloss er vorwurfsvoll.

Odins Miene zeigte jetzt aufrichtige Güte, als er erwiderte: „Die Antworten und Zeichen waren immer um dich herum, mein Sohn, doch zu jedem Zeitpunkt bestimmst nur du selbst, ob du sie zu sehen gewillt bist oder nicht. Denke nur an den Raben, als du damals in die Gewalt dieser drei Räuber gerietst. Du hast seine Botschaft verstanden, weil du innerlich bereit warst, ihm zuzuhören. Verstehe doch endlich – um dich selbst erfahren zu können, musst du den blutigen, dampfenden, gewaltsamen und furchtbaren Pulsschlag des Lebens durchschreiten. Nur im irdischen Sein wirst du zu dem geschmiedet, was du heute bist! Nur dort, im verstofflichten Geist, vermagst du deinen wahren Eisenkern aus dir selbst hervorzuschälen. Niemals ruhend, rastlos und doch gleichgültig, ob du ihn nun in lockendem Glanze oder trügerischer Dunkelheit zu finden hoffst. Geburt und Tod, Lust und Schmerz, Vertrauen und Furcht, Höhen und Tiefen, ganz gleich. Erst wenn du alle Seiten des Lebens erforscht und am eigenen Leibe erfahren hast, erst dann dürfen alle vermeintlichen Gegensätze in dir wieder zu einem göttlichen Kern verschmelzen!"

„Kein Menschenleben reicht dazu aus, diese Vielfalt des Seins zu erkunden", stellte Bragi trocken fest.

„Wohl wahr", pflichtete Odin ihm bei. „Aber die Seele bemisst Zeit nicht nach menschlichen Maßstäben. Gib dich deshalb mit der Antwort zufrieden, dass du deinem großen Ziel immer näher gelangst, desto mehr Erkenntnis und Wahrheit zu bewältigen du imstande bist."

„Von welchem Ziel sprichst du?", kam es gedämpft über Bragis Lippen, der in sich eine dumpfe Leere verspürte. „Etwa dich als obersten Gott anzubeten?", fügte er spöttisch an.

Darüber erstaunte nun der Göttervater und brach plötzlich in ein schallendes Gelächter aus: „Ha, ha, ha, nur die einfältigen Anhänger meines Kults auf Midgard streben eine Vereinigung mit mir als Gottheit an. Hast du es denn noch immer nicht begriffen? Der wirklich Suchende strebt alleine nach der Vereinigung mit sich selbst! Er weiß tief drinnen in seinem Herzen um die unvergängliche und unverwechselbare Existenz seiner unsterblichen Seele. Die meisten erinnern sich dieser Wahrheit jedoch erst wieder im Angesicht des Todes, sobald sie ihren irdischen Körper abstreifen und ihr geistiger Odem in jenen ursprünglichen Zustand zurückkehren darf, aus dem heraus sie ihre Reise einst angetreten haben."

„Und obwohl du dies alles wusstest, warst du dennoch bereit mich einfach aufzugeben? Bereit, mich für immer fallen zu lassen, wenn ich damals im Wald nicht deiner Erscheinung als Hrolf, sondern dem dunklen Jäger in dir gefolgt wäre?", erkundigte sich Bragi. Das alles war so furchtbar verwirrend für ihn.

Odin blickte ernst: „Du allein trafst diese Entscheidung, die niemand sonst für dich hätte fällen können. Und ich bin froh und dankbar dafür, dass du den Weg zurück ins Leben wähltest, denn dies allein eröffnete uns beiden die Möglichkeit, deinen Wunschtraum, dein großes Ziel am Ende doch noch zu erreichen. Und du hast es erreicht. Alles, was du jetzt noch benötigst, ist ein wenig Zeit, um das Geschehene sich setzen zu lassen!"

Bragi sah endlich wieder auf und nickte einsichtig. Richtig, er war in Asgard. Und ihm gegenüber saß sein leiblicher Vater, großer Anführer eines Stammes von Auserwählten, zu denen er fortan gehören würde. Bragis ureigne Familie und Sippe. Er würde niemals wieder so alleine und mutlos bleiben müssen wie auf Midgard. War nicht alleine schon dieser Umstand all die Leiden und Mühen wert gewesen?

„Warum schicktest du mich ausgerechnet an Hakons Hof?", wollte Bragi weiter wissen, der auch die letzten Rätsel seines Weges gerne noch gelüftet haben wollte.

„Das hatte seine guten Gründe", erläuterte Odin gelassen. „Bevor ich dir die Möglichkeit eröffnen wollte, als erster Sprecher an meinem Hof zu dienen, wollte ich dir die Gelegenheit bieten, dich am derzeit prächtigsten Königshof auf Midgard wieder einzuleben. Ich wollte herausfinden, ob du für das Leben in einer festen Gesellschaft überhaupt noch zu gebrauchen warst. Außerdem schien es mir bedeutsam, dass du noch die Gelegenheit bekamst, in deinem Herzen Frieden mit dieser Tänzerin schließen zu können."

Lange Zeit war das Prasseln und Knacken des Kaminfeuers wieder das einzige Geräusch, das durch Odins Saal drang. Die ganze Nacht hindurch hatten sie wieder miteinander gesprochen. Draußen graute bereits der neue Morgen und der wiederholte Weckruf eines Hahnes gellte über Asgards Dächer.

Bragi war müde und sein Kopf tat ihm weh von der Fülle der Worte, die er mit seinem Vater gewechselt hatte. Noch immer saß Odin ihm schweigend gegenüber, nippte zuweilen an seinem großen Trinkhorn und starrte wie er ins Feuer. Als Bragi kurz zur Seite blickte, sah er in der Dunkelheit zwei gelbliche Augen, die ihn schimmernd anfunkelten. Bragi zuckte kurz zusammen, entspannte sich jedoch gleich wieder, als ihm einfiel, zu wem dieses Augenpaar gehörte. In einer finsteren Ecke des Raumes lagen zwei riesige, graue Wölfe, welche die meiste Zeit jedoch friedfertig schlummerten. Geri und Freki waren ihre Namen, und sie folgten ihrem Herrn, wohin immer er ihnen erlaubte, ihn zu begleiten. Eines der Tiere hatte wohl eben kurz den Kopf angehoben, um nachzuschauen, ob alles in Ordnung war. Wer immer bei Nacht unangemeldet Odins Gemächer betrat, würde jedenfalls sein blaues Wunder erleben.

Immer mehr Gedankenfäden begannen hinter Bragis Stirn zusammenzulaufen. Und nach und nach erschienen ihm die zahlreichen vermeintlichen Wirrnisse seines Lebens in einem immer klareren Licht. Ja, fast kam es ihm vor, als ob das langsame Aufgehen der Morgensonne, die sich jetzt aus den Tiefen der Dunkelheit heraus gleißend ihren Weg über Asgards Gefilde bahnte, seinem eigenen Gemütszustand entsprach. Etwas Neues in ihm hatte sich auf den Weg gemacht. So wie sich die ewig strahlende Hoffnungsträgerin am Firmament Tag für Tag aufs Neue der Welt schenkte. Doch was wohl würde passieren, fragte er sich nachdenklich, wenn sie eines Tages nicht mehr wie gewohnt für sie alle aufgehen würde. Sein Vater hatte von düsteren Vorzeichen gesprochen, auf die er jedoch nicht weiter einzugehen gedachte. Bragi musste an seine tiefe Verzweiflung im Wald denken, als sein Vater in der Gestalt von Hrolf aufgetaucht war. Damals war Hrolf für ihn zu diesem Lichtblick in der Dunkelheit geworden. Dann kam Bragi jene Begebenheit in den Sinn, als Hrolf ihn wieder verlassen hatte und er alleine auf dem Hügel

Voenix 2011

vor Trondheim gestanden hatte. Darüber nachgrübelnd drängte sich Bragi eine neue Frage auf: „Was wäre geschehen, wenn ich damals vor Hakons Hof umgekehrt hätte und wieder in den Wald zurück gegangen wäre?"

„Nichts", kam Odins knappe Antwort.

„Nichts? Was soll das heißen - Nichts?", hakte Bragi empört nach. So ausufernd die Ausführungen seines Vaters zuweilen auch waren, so spärlich konnten sie auch ausfallen.

Ohne Bragi anzublicken, sagte der Göttervater: „Du wärst dort im Wald verstorben und vermutlich wie jede beseelte Energieform zurück nach Wanaheim eingegangen. Dorthin, wo all die Pflanzengeister, Tiere, Feen und Dryaden weilen, um mit ihnen gemeinsam ihren vielfältigen, bunten Traum vom Leben zu träumen." Doch plötzlich, mit einer Bestimmtheit, die ihre Wirkung bei Bragi nicht verfehlte, sprach der Göttervater: „Doch wir sind Asen! Unsere Pflicht ist es, den menschlichen Geist zu wandeln, ihn zu erweitern und beständig zu erneuern. Wir prüfen ihn und schmieden ihn stetig um im ewigen Schmelzfeuer des Lebens. Immer und immer wieder, bis ans Ende aller Tage!" Odins Körper hatte sich wieder gestrafft. Alle Müdigkeit schien von ihm abgefallen. Gewappnet, erneut einer von Bragis verbalen Attacken zu begegnen, funkelte er diesen mit seinem verbliebenen Auge scharf an.

Doch Bragis Empörung war schon wieder verpufft. Er war übermüdet und so entgegnete er leise: „Als ich im Wald weilte, gab es nur wenig, das ich begehrte. Ich ging hinein mit einem wunden Herzen, leerer Seele und einem ungesättigten Geist. Mein enttäuschtes, einsames Herz suchte die Verbindung zu einer anderen Welt, einer übergeordneten Macht, deren demütiger Diener zu sein ich anstrebte." Er seufzte. „Die Menschen meinen immer, dem Morgen nachjagen zu müssen. Doch dort war ich zufrieden mit dem, was ist. Nicht länger stand mir der Sinn nach Wissen, geistigem Austausch oder irgendeiner wichtigen Erkenntnis. Die Zeit stand still, die Natur umfing und umarmte mich leise, wie die wiegenden Arme einer nährenden Mutter. Ich war schwerelos, hatte kein Alter mehr und wusste Dinge, die längst vergessen schienen. Zuweilen vernahm ich das Ein- und Ausatmen der Bäume und Pflanzen, ihre Gerüche und Farben. Ich spürte das Flüstern des Windes, hörte das Gemurmel des Mooses. Ich verschmolz mit jedem Grashalm und jedem Farn um mich herum, und meine gehetzte Seele fand endlich Ruhe und den so lange ersehnten Frieden." Träumend versank Bragi in seinen Erinnerungen.

Doch Odin unterbrach ihn: „Bis zu jenem Moment deiner leisen Verzweiflung, als du tief in dir drinnen gewahrtest, dass dein Wunsch nach Verwandlung noch immer vor sich hin schwelte. Und eben dieser tiefe Ruf deiner Seele schaffte die Voraussetzung, damit ich erneut in dein Leben treten konnte.

Denn es ist unser brennender Wunsch nach Umgestaltung, der uns von unseren Feinden unterscheidet. Riesen und Trolle haben die Welt gerne einfach. Sie sind in ihren Gedanken meist dumpf und träge und in ihrem Tun stets auf die niederen Sinne beschränkt. Ihr Wunsch ist es, die Dinge so zu belassen wie sie sind. Deshalb verabscheuen sie jegliches Gebilde von Menschenhand und hassen uns Asen, weil wir die Menschen anleiten, die Welt zu verändern, um sie nach eigenem Willen zu gestalten!"

„Du hast Recht", gestand Bragi ein. „Meine Zeit dort im Wald war wichtig, um mir selbst zu begegnen und mich neu zu finden. Doch erst jetzt vermag ich die Tragweite deiner Worte zu ermessen. So glücklich ich zuvor in der Wildnis auch gewesen war, so unerträglich trostlos war sie mir nach all diesen Jahren doch erschienen. Ich hätte mich wohl vollständig in ihr verloren, wäre irgendwann verrückt geworden und damit zurückgesunken in jenes Naturreich, das Tieren, Pflanzen und Bäumen gemeinsam ist. Jene Welt, die du als großen Traum bezeichnet hast. Wie nanntest du sie? Wanaheim?"

In diesem Moment fielen die Lichtstrahlen der aufgehenden Morgensonne durch das hohe Fenster, vor dem Odin an ihrem ersten Treffen gestanden hatte. Fast gleichzeitig erhoben sich Vater und Sohn von ihren Plätzen und schritten bedächtig darauf zu. Nebeneinander blickten sie nach draußen, wo sich hinter Asgards Mauern eine endlos grüne Weite erstreckte, die nun nach und nach aus den Schatten der weit entfernten Berge ins Licht rückte.

„Wanaheim, richtig", sagte Odin sinnend. „Weißt du, dieser Traum der Lichtalben ist nicht der Schlechteste. Und auch wenn er nicht der Traum von uns Asen ist, so ist er doch die Vorraussetzung von allem. Ohne diesen Traum vom Leben wären unsere Ziele von ewiger Wandlung und vollständigem Erwachen im Geiste nicht möglich!"

„Das also meintest du damit, als du sagtest, dass der göttliche Geist im Menschen nur dann erwachen kann, nachdem er sich zuvor vollständig ins Irdische hinab versenkt hat", folgerte Bragi.

Ein zufriedenes Lächeln umspielte jetzt Odins sonst meist recht streng wirkende Züge: „Ganz recht, mein Sohn. Die von den Sternen stammende Seele muss zuerst kosmisch erblinden, um irdisch erwachen zu können. Auch wir Asen sind einst aus dem großen Traum eines schlafenden Riesen hervorgetreten. Und wie die meisten Menschen waren wir anfänglich zu verbohrt, um zu erkennen, dass man einen Traum, aus dem man selbst hervorgetreten ist, nicht dadurch umgestaltet, indem man ihm ständig seinen eigenen Willen und eigene Regeln aufzuzwingen sucht. Dieses Lehrgeld mussten auch wir teuer bezahlen. Als wir vor langer Zeit in diese Gefilde kamen, trafen wir auf die Wanen, welche die Hüter dieses Traumes sind. Nachdem wir uns jahrelang mit ihnen eine harte Fehde geliefert hatten, sahen wir unseren Irrtum jedoch ein und schlossen Frieden mit ihnen. Denn lachende Dritte wären am

Ende die Riesen gewesen, die sich bald überall wieder ausgebreitet hätten. So aber gingen wir mit Wanaheim jenes wichtige Bündnis ein, über dessen Zustandekommen auch du nun Kenntnis besitzt. Die höchsten Häuptlinge der Wanen kamen als Friedgeiseln nach Asgard und wurden von uns in allen Ehren aufgenommen. Weitere Wanen folgten ihrem Beispiel nach und leben seither mit uns in friedlicher Eintracht. Unsere Stämme haben gelernt, dass Geist und Natur niemals voneinander getrennt betrachtet werden dürfen, sondern einander bedingen wie der Tag und die Nacht. Und eben deshalb ist dieses Bündnis zwischen unseren beiden Völkern wichtiger denn je. Ein Bund, den zu erneuern auch du deinen Beitrag leisten kannst."

„Ich?", fragte Bragi verwundert. „Auf welche Weise?"

„Nun, du kennst noch nicht alle Mitglieder unserer Sippe. Sicher erinnerst du dich an jenen Abend, als ich dich in unseren Kreis einführte und dich fast all meinen mir Anvertrauten vorstellte? Neben dem Wächter Heimdall und meinem Sohn Widar, fehlte noch eine Tochter aus der Reihe der Wanen, die sich für diesen Abend entschuldigen ließ. Eine sehr anmutige, junge Frau, die von uns mit einer sehr wertvollen Aufgabe betraut ist." Odin zupfte sich den Schnurrbart. „Im Übrigen hegt sie eine ganz besondere Vorliebe für Poesie."

Odins Worte verfehlten ihre Wirkung nicht, denn ein Anflug von Neugier legte sich über Bragis Miene. Doch er war bereits zu müde, um weiter nachzuhaken.

Ungeachtet dessen grinste Odin ihn jetzt breit an und sagte: „Ja, ich denke, es ist an der Zeit, dass du ihr deine Aufwartung machen solltest."

Nun verlangte es Bragi doch, den Namen besagter Dame zu erfahren.

„Ihr vollständiger Name lautet", antwortete Odin beflissen und hielt sein breites Grinsen bei, „Iduna Iwaldisdóttir!"

Er fand den Weg halb träumend wach,
wo sich Laubgrün wölbt zu einem Dach.
Wo goldene Früchte an Ästen prangen,
die Dichter seit jeher hold besangen.
Und traf dort an in ihrem Kleid,
die liebreizend schöne Apfelmaid.

# 33. Iduna

Mit etlichen Fragen hatte Bragi seinen Vater bedrängt, und geduldig hatte sie ihm dieser nach bestem Vermögen beantwortet. Und natürlich waren sie irgendwann auf jene sagenumwobenen goldenen Äpfel gekommen, die für die Asen das Geheimnis der ewigen Jugend bargen. Voller Ehrfurcht und Verzücken hatte nun auch Bragi das erste Mal von diesen Früchten kosten dürfen. So erquickt und gestärkt hatte er sich davon gefühlt, dass sein Verlangen, der Hüterin dieser goldschimmernden Kostbarkeiten endlich einmal selbst zu begegnen, beständig angewachsen war.

Iduna. Alleine schon der Klang ihres Namens schien Bragis Blut zu erfrischen und seine Gedanken zu beflügeln. Dennoch brauchte er noch drei weitere Tage, bis er eines Morgens endlich den Entschluss fasste, besagte Dame aufzusuchen. Die vergangenen Tage und Nächte waren fast gänzlich mit langen Gesprächen und dem gemeinsamen Musizieren von Vater und Sohn ausgefüllt gewesen. Dann hatte Odin einem dringlicheren Ruf Folge leisten müssen. Auf Midgard war ein hoher Fürst in Schwierigkeiten geraten, und da dieser ein treuer Verehrer der Asen war, erforderte dies Odins Eingreifen. Dadurch waren die ausgiebigen Treffen mit seinem Vater erst einmal auf Eis gelegt. Was Bragi jedoch nicht weiter störte, dem noch immer der Kopf von all den gewonnenen Erkenntnissen brummte. Deshalb freute er sich umso mehr, endlich wieder herauszukommen, um die Gegend um Asgard herum etwas ausgiebiger inspizieren zu können.

Dem Ruf des klaren Sonnenaufgangs folgend, sog Bragi die köstlich milde Frühlingsluft in seine Lungen. Glasir, der Glänzende, nannte sich der wundersame Wald, zu dem Odin selbst ihm die Richtung gewiesen hatte. Dort solle er jenen immergrünen Apfelhain vorfinden, in dem die tugendhafte Frühlingsgöttin tagtäglich zu lustwandeln pflegte. Der Weg dorthin führte über eine weite, herrlich duftende Blumenwiese, die in allen Farben leuchtete. Das bereits fast hüfthohe Gras war noch nicht gemäht worden und vergnügt ließ Bragi seine Hände darüber streichen, während er das sanfte Kitzeln an den Innenflächen genoss.

Schon von weitem stieg ihm der betörende Duft zarter Apfelblüten in die Nase. Und mit ihm kehrte die Erinnerung an jene wundersame Vision zurück, die ihn heimgesucht hatte, während er in König Hakons Halle sein vollkommenes Lied zuwege gebracht hatte. Es war dieses Bild einer jungen, unbekannten Frau gewesen, die ihn vor einem ganz ähnlichen Wäldchen begrüßt hatte. Doch von Bragi nach ihrem Namen befragt, war sie hinter einem Schleier aus Schmetterlingen wieder verschwunden; so wie eigentlich alles, nach dem Bragi in seiner Sehnsucht jemals gehascht hatte. Und mit diesem Gefühl von Verlust wurde er plötzlich ganz traurig und wusste doch nicht recht warum. Es war diese undeutliche Empfindung jenes altvertrauten Kummers, die ihn zuweilen bedrückte, gleichwohl er sie niemals so recht in Worte zu fassen vermocht hatte. So ging er weiter mit jener Melancholie behaftet, die in einem Moment zum nächsten alles in uns aufzurühren vermag.

Doch für Trübsinn schien kein Platz an diesem lichten Ort, denn zu Bragis großem Entzücken erhob sich wie in seiner Vision plötzlich ein großer Schwarm schillernder Schmetterlinge. Wild flatternd umtanzten sie den eben noch schwermütig einherschreitenden Skalden, begleiteten ihn und wichen nicht mehr von seiner Seite, bis er schließlich den Rand des immergrünen Wäldchens erreicht hatte. Der Anblick des schimmernden Haines änderte Bragis Stimmung schlagartig, denn ebenso plötzlich fühlte er sich nun von einer hoffnungsvollen Freude übermannt. Nein, dies war wahrhaftig kein gewöhnlicher Wald, denn zwischen stämmigen, uralt wirkenden Apfelbäumen, erblickte Bragi eine üppige Fauna von farbenfroher Vielfalt. Angefüllt war sie mit dem Summen, Zirpen und Gezwitscher unzähliger kleiner Tiere. Der launische Frühlingswind blies in die duftenden Kronen der Bäume, aus denen sich eine Wolke zartrosiger Apfelblüten löste. Wie große Schneeflokken umwirbelten sie den Skalden, rieselten auf ihn nieder, und bestreuen ihn vom Kopf bis zu den Füßen. Ihr süßer Duft betäubte Bragi die Sinne und machte ihm die Lider schwer, doch ward ihm das Herz davon ganz licht und warm. Es schien fast, als ob der Wald auf diese Weise einen lang erwarteten Gast begrüßte.

Innerlich aufgewühlt und von einem Schauer nahenden Glücks durchrieselt, wurde Bragi vor Aufregung die Kehle ganz trocken. Sollte gleich alles so auskommen, wie ihm seine Vision gekündet hatte? Eine fast qualvolle Spannung legte sich über ihn, während er gleichsam einen leisen Widerwillen verspürte. Er war nicht angekündigt worden, und dieses Heiligtum einfach so ungebeten zu betreten, erschien ihm nicht die Art eines Ehrenmannes. Entschlossen, seine Hüterin auf die gleiche Weise herbeizurufen, wie es ihm schon einmal gelungen war, nahm er sich die Leier von der Schulter und setzte sich damit auf einen breiten Wurzelstrunk. Bragi musste sich nicht lange besinnen, denn dieser lichte Ort war für eine fröhliche Ode wie geschaffen. Wie von selbst öffneten sich seine Lippen, und während seine Finger über seine Leier strichen, hob er zu einem klangvollen Loblied auf die überirdische Schönheit dieses Platzes an:

„Edle Dame,
hier steh ich nun vor eurem kostbaren Hain,
Schönheit mich blendet mit güldenem Schein.
Verzagtheit muss weichen an diesem Ort,
der Frieden birgt wie einen kostbaren Hort.
Im Traume einst sah ich euch wandeln,
wecktet mir Hoffnung, mit euch anzubandeln.
Ich erblickte zwei Wangen, die rosig erblühen,
als würde die Morgenröte zweifach erglühen.

Ihr seid allen Hoffens lebendiger Quell,
spendet dem Zweifler Mut auf der Stell.
In euch, holdes Wesen, ist glücklich vereint,
was im Herzen von Sol an Güte erscheint.
Oh du blinkend Stern am Himmelszelt
du goldene Sonne, Lichtstrahl der Welt,
O wärst du doch mein, du Glanzgebild,
du wärst mir fortan mein Lebensschild."

Und richtig. Von solch lieblichen Klängen hervorgelockt, dauerte es nicht lange, bis die schöne Hüterin des Haines sich neugierig näherte. Leise raschelnd durchstreiften ihre nackten Füße das Gras, unter deren Abdrücken sogleich neue Blumen entsprossen. Zuerst bemerkte Bragi sie gar nicht, zu sehr war er wieder in sein eigenes Spiel vertieft. Und als sie ihn mit sanfter Stimme ansprach, schien er diese zunächst nur wie von Ferne wahrzunehmen.

„Seit mir gegrüßt, edler Bragi", sagte sie freundlich. Lautlos war die junge Göttin herangetreten und hatte sich gegen einen der Bäume gelehnt. Iduna besaß langes, weizengelbes Haar, das sorgsam zu zwei Zöpfen geflochten war, die golden schimmerten. Sie trug ein blassblaues Kleid, das auf Taillenhöhe mit einem goldenen Flechtband gegürtet war. Als sie eines ihrer Beine anzog, teilte sich ihr Gewand und ihr nacktes Knie kam zum Vorschein. Einige Sommersprossen leuchteten auf ihrem rosigen Gesicht, das Bragi nun freundlich entgegenlächelte. Bei ihrem Anblick versagte dem gestandenen Skalden so abrupt die Stimme, dass Idunas Lächeln zu einem breiten, spitzbübischen Grinsen wurde.

„Nun, Herr Dichter, hat es Euch die Sprache verschlagen?", fuhr sie ein wenig neckend fort, als Bragi nichts erwiderte. „Dabei habt Ihr doch eben noch so wortgewandt Sols glänzenden Leib besungen. Oder war es am Ende vielleicht gar nicht der Sonne Schein, den Ihr hier rühmend gepriesen habt?!"

Keck hatte sie ihre Augenbrauen jetzt angehoben und aus ihren Augen blitzte der Schalk.

Bragi schien seine Stimme tatsächlich verloren zu haben, denn er saß auch weiter nur mit leicht offenem Mund einfach da und starrte sie an, als habe ihn eine plötzliche Verblödung heimgesucht. Als er nach einer geschlagenen Minute noch immer keinen Ton hervorbrachte, schwand Idunas Grinsen. Sie errötete leicht und senkte verlegen den Blick. Doch nicht lange und sie erhob ihn wieder. Auch in ihre Augen war jetzt etwas Neues getreten. Ihr eben noch unbeschwertes Gehabe war einer leisen Nervosität gewichen. Auf diese Weise nun beide befangen, blickten sie einander eine zeitlang in scheuer Verwunderung an.

Doch je länger die Frühlingsgöttin Bragi betrachtete, desto mehr gewann ihr kindliches Wesen wieder die Oberhand. Zu komisch erschien ihr plötzlich diese erste Begegnung mit einem Mann, der ihr als einer von Odins lang verschollenen Söhnen geschildert worden war. Der jüngste wohlgemerkt. Da Bragis Aussehen seinem Vater an Jahren aber beinahe gleichkam, war dies eine so seltsame Verdrehung der Natur, dass sie nicht länger mehr an sich halten konnte und laut losprusten musste. Sie lachte und lachte und konnte sich gar nicht mehr einkriegen.

Bragi aber, der schnell begriff, dass hier ein Spott auf seine Kosten getrieben wurde, senkte finster den Blick und sagte verstimmt: „Teure Dame, ich bitte Euch inständig, nicht zu Beginn schon das zarte Flämmlein zum Verlöschen zu bringen, das soeben erst beginnt, meine Zuversicht neu zu nähren, die mir in vielen leidvollen Jahren auf Midgard abhanden gekommen ist."

„Ooch, so griesgrämig heute, Herr Dichter?", sagte sie und machte nun selbst ein leicht schmollendes Gesicht. Doch als sie erkannte, was sie offenbar angerichtet hatte, strich die junge Frau sich fahrig ihr Gewand wieder zurecht und sagte in bedauerndem Tonfall: „Bitte verzeiht mir, Herr Bragi. Eure Worte lassen mich vermuten, dass das Ausmaß meines Gelächters mir zum Verhängnis gereicht. Wenn ich hierdurch Euren Unmut geweckt haben sollte, so seid versichert, dass mir nichts ferner lag." Da blickte Bragi wieder auf und erleichtert stellte sie fest, dass der dunkle Schatten, der eben noch über ihm gehangen hatte, sich hinfort hob.

„Nein, edle Dame", begann Bragi mit belegter, jetzt schuldbehafteter Stimme, „nicht ihr, sondern ich bin es, der um Verzeihung bitten muss. Euer unschuldiges Lachen war rein und kam aus offenem Herzen, doch fiel es bei mir auf einen von Narben übersäten Acker. Doch es ist Eure unbeschwerte Leichtigkeit, die mir das Ausmaß meines eigenen Missbehagens wie ein Spiegelbild entgegenwirft." Als die junge Göttin etwas erwidern wollte, hob Bragi rasch die Hand, um fortfahren zu können. Erst jetzt wurde ihm bewusst, dass er noch immer saß – und das in Gegenwart einer Dame! Schnell erhob er sich, nahm sich seine Mütze vom Haupt und sagte mit tiefer Verbeugung: „Nein, nichts Falsches war an Eurem Verhalten, Schönste unter den Schönen. Euer zauberhaftes Lächeln war es, das mich wie berauscht dahinsinken ließ. Und Euer jugendliches Gelächter über mich alten Griesgram lindert mir den bitteren Harm, der mein Herz so lange wie zu Stein hat erstarren lassen."

„Nehmt dennoch meine Entschuldigung an, edler Bragi", sagte sie nun mit glühenden Wangen. „Es war nur so, dass ich einen ... nun ...", sie rang nach unverfänglichen Worten, „...etwas jüngeren Besucher erwartet hatte...", schloss sie leise und biss sich dabei leicht auf die Unterlippe.

„Ich weiß, das tat wohl schon mancher hier", entgegnete Bragi rasch und kratzte sich an einer Stelle am Kopf, wo sein graues Haar bereits lichter wurde. Schnell setzte er sich seine Mütze wieder aufs Haupt und sagte: „Doch wie es scheint, sah mein Vater sich nicht dazu veranlasst, mich früher nach Asgard zu holen. So muss ich mich denn mit dem zufrieden geben, was mir die grausame Natur an vergänglicher Jugend noch gelassen hat. Ja, schaut mich nur an – einen alten Mann seht ihr vor euch stehen!" Eine schmerzhafte Beschämung trat ihm ins Angesicht und weil er nicht wusste, wie damit umzugehen, ließ er sich nervös wieder auf seine Baumwurzel zurücksinken.

Er ist wie ein mürrischer, alter Dachs, auf dessen Schultern die ganze Last dieser Welt zu ruhen scheint, dachte die junge Göttin berührt. Sie betrachtete ihn lange und aufmerksam. Sie sah in sein wettergegerbtes, von Falten durchfurchtes Gesicht, sah die verhärmten Züge darinnen und seine eingefallenen Wangenknochen. Seinen bereits silbrig schimmernden Bart, den er für den Besuch bei ihr zweifelsohne sauber gestutzt hatte. Ihr Blick wanderte zu seinen gepflegten Händen und stellte erfreut fest, dass Bragi sehr zarte und feingliedrige Finger besaß. Welch bittere Jahre dieser Mann auch hinter sich haben musste, an seinen Händen waren sie fast spurlos vorübergegangen. Wenngleich seine Mutter auch eine Riesin war, dachte Iduna, mehr gestandene Reife und Würde kann ein Mann nicht besitzen. Sie suchte seine Augen. Gehörten diese einem bereits Verlorenen? Einem Mann, den das harte, kärgliche und beschwerliche Leben auf Midgard bereits schon vor langem gebrochen hatte oder...?

Doch als habe Bragi ihre stumme Frage vernommen, blickte er in diesem Moment erneut zu ihr auf. Nur ganz kurz, doch genügte sein Blick der schönen Hüterin, um darinnen etwas von jenem zarten Leuchten aufzuspüren, das sonst nur bei Kindern zu erschauen ist. Sein Schmerz und seine Aufrichtigkeit sind Ausdruck seiner reinen Seele, dachte Iduna berührt, und doch schämt er sich in meiner Gegenwart ob seines Alters.

Von einer Welle aus Mitgefühl und Sympathie ergriffen, presste sie sich die Hände auf die Brust, fasste sich ein Herz und sagte leise: „Alles ist vergänglich, mein Freund. Selbst wir, die wir von den Menschenkindern als

Voenix 2011

Götter bezeichnet werden, können daran nichts ändern." Sie deute auf einen der Äste, die dicht mit Äpfeln behangen waren. Sie pflückte einen besonders großen davon ab, schnitt ihn mit einem Messer in zwei Hälften und hielt eine davon nun Bragi hin. Selbst biss sie in die andere Hälfte, kaute ein paar Mal und sagte: „Zwar befähigen uns diese Früchte unser Alter hinauszuzögern, doch den ständigen Lauf der Welt vermögen wir mit ihnen ebenso wenig anzuhalten."

Bragi nickte dankbar und biss in die ihm dargebotene Apfelhälfte. Er überlegte, ob dies ein günstiger Moment war, um Iduna jene Frage zu stellen, wofür er eigentlich gekommen war. Andererseits dünkte es ihn plötzlich taktlos, diese anmutige, junge Frau, die ihn überhaupt nicht kannte, so unverblümt auf das Geheimnis der Unsterblichkeit anzusprechen. Während er kauend noch überlegte, sein Anliegen in etwas unverfänglichere Worte zu kleiden, sprach die Frühlingsgöttin erneut.

„Sagt mir etwas Schönes!", forderte sie ihn plötzlich auf. Ihr unbeschwertes Lächeln war zurückgekehrt. „Eben noch habt ihr die Pracht und Schönheit dieses Ortes gerühmt, da wird es euch doch nicht schwer fallen, eine weitere Zeile über mich, seine Hüterin, hinzuzudichten. Nicht wahr?!" Sie kicherte wie ein Backfisch.

Bragi, augenblicklich bei seiner Berufsehre gepackt, besann sich einen Moment, räusperte sich und sagte in geübtem Ton:

„Nur Frieden ist an diesem Ort,
der aller Unrast Zufluchtshort.
Seiner Hüterin Haupt so schimmernd erglänzet,
von strahlendem Haargold prachtvoll umkränzet.
Und seid Ihr einstmals auch hundertjahrig,
narbig wie ein Runenstein und silberhaarig,
wird doch niemals verlöschen der Liebe Schein
mit der ganz durchtränkt dieser herrliche Hain."

Sie klatschte begeistert in die Hände und drängte ihn, in seinem Tun fortzufahren. Und Bragi, durch ihre Nähe bis in die Haarspitzen inspiriert, ließ den Mund laufen und gab zum Besten, was ihm gerade in den Sinn kam. Die junge Wanin konnte gar nicht genug von seinen Reimen bekommen und so verstrich der Mittag in süßer Kurzweil. Und je mehr an Versen der gestandene Skalde ihr schmiedete, desto gewogener wurde ihm die junge Göttin. Schließlich wurde es Nachmittag. Man war einander jetzt vertrauter und Bragi wagte mehr und mehr:

„Schon früh mir ward die Mutter genommen,
allen Trost ich fand stets im Ansatz zerronnen.
In stillem Schmerze den Mut ich verlor,
wollt nimmer mehr lieben, hatte Furcht stets davor.
Zog nur einsam umher, von Hunger geplagt,
wollt nie erkennen, was hielt mich verzagt.
Doch nun steht die Antwort auf alles vor mir,
in diesem blühenden Garten in liebreizender Zier.

O holdes Wesen, so lieblich und rein,
lässt mich vergessen meine Seelenpein.
Dein Lächeln erstrahlt so hell wie die Sonne,
wärmt mein kaltes Herz mir mit Wonne.
Ausschau mein Seelenschiff hielt alle Tage,
nach Euch holdem Wesen, das nennt die Sage.
Wie mochte ich ahnen, welch Wunder hier wirkt,
dass bei Euch sich der verlorene Hafen verbirgt.

Doch wie könnte ich sagen,
was mit mir geschehen,
seit jenem Tage, als ich Euch gesehen?
Diesen Rausch nun zu stillen,
mir bleibt nur das Singen,
so will ich mit Worten
aus Gold Euch umhüllen.
Will preisen Eure Anmut,
in endlosen Versen,
will Euch tragen auf Händen,
bis wund mir die Fersen."

Als Bragi die Reime schließlich ausgingen, war seine Zunge bereits ganz dick von all den schwülstigen Ergüssen, dennoch hob er unermüdlich zu weiteren Lobpreisungen an. Es war wie ein Zwang, als müsse er den Raum zwischen ihnen mit immer neuen kandierten Worten füllen: „Gepriesen sei die Luft, die ich auf meinem Weg zu Euch durchteilt, denn sie erfüllt Eure Lungen. Gepriesen der Tau unter meinen Füßen, denn es ist der gleiche, der Eure zarten Füße netzt..."

Und Iduna, ganz trunken und vollgesogen von all den süßen Werbungen und Schmeicheleien, hatte endlich ein Einsehen mit ihm und sagte: „Oh welch anmutiger Geist doch in Euch waltet, verehrter Herr Bragi. Seid tausendfach bedankt für diese unvergesslichen Stunden voller Lustbarkeit. Zwar finde ich nicht annähernd so schöne Worte wie Ihr, doch vermag mein Herz der Freude darüber nicht minder zu empfinden." Entgeistert schlug sie sich plötzlich gegen die Stirn und rief erschrocken: „Oha – wo bleiben nur meine Manieren als Gastgeberin? Sicherlich ist Eure Kehle bereits am Verdorren und Euch schon ganz flau im Magen." Sie sah ihn erwartungsvoll an.

„Den Durst, den Eure Nähe mir lindert, vermag keine noch so klare Quelle zu stillen", antwortete Bragi selig und sah sie schmachtend an.

Dankbar schenkte sie ihm ihr schönstes Lächeln und sprach geziert: „Aber gelüstet Euch zuweilen denn nicht auch nach greifbaren Genüssen? Auf nur, kommt mit. Ich will ihn Euch doch zeigen, meinen Garten, dem Ihr eben so köstlich gehuldigt habt!"

Sie reichte ihm lachend die Hand. Als Bragi sie ergriff, durchfuhr ihn ein sanfter Schauer. Dann folgte er ihr ins Innere des Heiligtums.

Immer tiefer drangen sie vor in den wundersamen Hain, der hell war und bunt und so wohlduftend roch, wie ein blühender Garten nur riechen kann. Überraschend ließ Iduna seine Hand wieder los, doch nur, um sich vor ihm tanzend im Kreise zu drehen, wobei sich ihr blassblaues Kleid weit aufbauschte. „Seht Euch nur um", rief sie ihm lachend zu, „überall ringsum ist Leben! Vernehmt Ihr der Nachtigall Stimme, ihr Geseufze dort aus dem Blütenbusch? Sie singt hier bei Nacht und bei Tag. Und dort, die zirpenden Grillen, ja sogar die Unke im Gras? Wo ist das Lebendige, das da nicht sänge und dichtet? Hier im Herzen der Natur muss die Dichtung sich nicht mühen, denn sie ist Dichtung selbst. Himmel und Erde treibt sie an, das Herz des wildesten Kriegers vermag sie zu besänftigen und Mann und Frau vereint sie in zarten Liebesbanden. Solange der Himmel über der Erde ist und die Natur besteht, solange wird es auch Dichtung geben!"

Sie suchte Bragis Augen, hoffte auf seine Zustimmung, doch er war stehen geblieben. Sein Gesicht hatte wieder denselben verklärten Ausdruck angenommen, den es schon zum Beginn ihrer Begegnung gezeigt hatte. Abermals fühlte die junge Frau sich unter seinen starrenden Augen mit einem scheuen Unbehagen behaftet, und wagte es kaum, Bragis Blick zu begegnen. Ganz duselig machte sie dieser fremde und ihr doch irgendwie vertraute Mann, der es tatsächlich schaffte, dass sie sich in ihrem eigenen, bekannten Heim plötzlich wie eine Fremde fühlte.

„Mein Vater hatte Recht. Ihr seit wahrhaftig eine große Zauberin", sagte Bragi mit belegter Stimme, „denn Ihr habt mich verzaubert von jenem Augenblicke an, da ich Eurer zum ersten Male in einem Traume ansichtig wurde. Und so wie ich auf Midgard niemals davon lassen konnte, Euch zu suchen, so kann ich denn nun nicht mehr meinen Blick von Euch wenden." Er verbeugte sich tief. „Vergebt mir deshalb meine Blicke und Worte, denn nicht Euch zu bedrängen oder gar zu ängstigen ist mein Begehr."

Doch sie lächelte nur wie ein großes Kind, das sein Geheimnis verbergen möchte und sagte dankbar: „Ihr müsst euch für nichts entschuldigen, Herr Bragi. Doch glaubt nicht nur an Träume", rief sie fröhlich und schnappte ihn plötzlich wieder bei den Händen, „denn wer die Tat ausgeführt will sehen, der muss wachend sie beginnen!"

Angesteckt von ihrer Heiterkeit, ließ Bragi sich von ihr im Kreise drehen, bis ihm ganz schummrig davon wurde. Sie hielt lachend ein und ließ ihn ein wenig verschnaufen. Dann griff sie nach einem Krug voll kühlen Wassers, der wie von Zauberhand plötzlich vor ihnen im Gras stand, und reichte ihn ihrem Gast. Dankbar tat Bragi ein paar Züge daraus, wischte sich die Tropfen aus dem Bart und sagte: „Aber fühlt ihr euch denn niemals einsam hier inmitten dieser üppigen Natur, in der alles durchpulst wird von jener nährenden, fruchtbaren Kraft, die alle Wesen miteinander verbindet und zueinander drängt?"

„Alleine? Ich? Aber nein, seht Euch doch nur um!", sagte sie eine Spur rascher, als es nötig gewesen wäre. „Kann jemand weniger einsam sein, als inmitten dieses vor Leben und Liebe sprühenden Gartens?!" Doch sie wusste Bragis Frage wohl zu deuten, weshalb sie schnell hinzufügte: „Dieser Hain wird von den Menschen als jener Ort nicht enden wollender Glückseligkeit verehrt. Ein Platz, von dem zurückzukehren niemand mehr gewillt ist, da hier weder Zeit, noch Alter, noch Krankheiten existieren."

Bragi blickte sich verzückt um. „Dann habe auch ich sie endlich gefunden. Jene Insel der Glückseligen, die kein Dichter auch nur zu erwähnen vermag, ohne dass sich seiner Seele ein tiefes Sehnen bemächtigt?!", stellte Bragi halb fragend fest.

„Ganz recht, ehrwürdiger Sänger", bestätigte ihm die Göttin lächelnd, dabei neuerlich zart errötend.

Bragi blickte sich weiter suchend um und fragte: „Aber dann sagt mir, Schönste unter der Sonne, wo sind all die Sterblichen, die bereits ihren Weg in diesen Garten gefunden haben?"

Erneut lachte Iduna auf, dass es glöckchenhell in Bragis Ohren klang. Wieder breitete sie die Arme aus und wirbelte sich vergnügt im Kreise, sodass ihre goldenen Zöpfe flogen und ihr helles Kleid sich abermals radgleich bauschte. Als darunter ihre nackten Schenkel hervorblitzten, wandte Bragi verlegen den Blick ab.

„Oh, seht nur genau hin!", forderte sie ihn auf, was Bragi irritierte, der noch immer ihre Beine im Sinn hatte. „Sie sind überall", fuhr Iduna heiter fort. „Hier, um uns herum. Zwischen uns und in den Bäumen. In den Büschen, im Gras und darunter. Überall. Ein jeder genau dort, wo er sein Plätzchen findet. Wenn ihr sie zu sehen wünscht, so will ich den dünnen Schleier des Unsichtbaren gerne einen Moment für euch anheben."

Bragi stutzte verblüfft und tat sein stummes Einverständnis durch ein kurzes Nicken kund. Augenblicklich stand die junge Hüterin still, schloss ihre Augen und schien sich nach innen zu versenken. Dann öffnete sie wieder ihre Augen und klatschte entschlossen zwei Mal in die Hände. Und wie von Zauberhand schien sich hinter ihr in der Luft plötzlich ein Tor in eine andere Welt zu öffnen – eine Welt, die unsichtbar neben der diesseitigen existierte. Bragis Augen weiteten sich in ungläubigem Staunen, denn eine unüberschaubare Anzahl an seltsamen Wesen bot sich jetzt seinem Blick dar. Ein Tross von Sylphen, Waldgnomen, Nymphen und Dryaden schwebte tanzend über Blumen und Farne hinweg, in ihrem Schlepptau mit sich führend die wonnetrunkenen Gestalten einstiger Sterblicher. Dazu schwebten ganze Schwadronen von schillernden Libellen und Faltern im gleißenden Licht der Nachmittagssonne, deren Strahlen nun überall durch die Baumkronen hindurch fielen. Dies alles war ein Bild von solch beeindruckender Farbenpracht, das Bragi schwindelte. Alle von ihm zu Lebzeiten jemals geschaute Schönheit verblasste gegen dieses grelle Spektakel aus Farben, Formen und fröhlichem Gewisper.

Bragi stand da wie versteinert, schaute nur und staunte. Solange, bis plötzlich eine der schlanken Nymphen auf ihn zuhuschte, ihn an der Hand schnappte und lachend mit sich riss. Den Protest schon auf den Lippen, wollte Bragi sich wieder losreißen, als er verwundert feststellte, dass er sich mit der gleichen Leichtigkeit durch die Lüfte bewegte, wie es dieser fröhlich dahintanzende Haufen tat. Rasch bildeten die Wesen einen illustren Kreis, packten Bragi an Kittel, Gürtel, Armen und Händen und nahmen ihn zwischen sich. Wusch! – und los ging der fröhliche Reigen. Da war ein Jauchzen, Tanzen, Lachen und Springen, vergessen aller menschliche Hader, vergessen alle Sorgen, Trübsal und Not.

Mit strahlendem Lächeln stand Iduna nahe bei, bis der ausgelassene Schwarm nun sie ansteuerte und huldvoll in seine Mitte nahm. Übermütig wurde die junge Frühlingsgöttin umtanzt und gepriesen, die den umherwirbelnden Bragi keinen Moment aus den Augen ließ. Dessen Augen waren weit aufgerissen, seine Mütze bereits fast vom Kopf gerutscht, was den Eindruck verstärkte, dass ihn dieser unverhoffte Kreistanz deutlich zu überfordern schien. Da Bragi zunehmend die Orientierung zu verlieren drohte, klatschte die Göttin erneut in die Hände, worauf das ausgelassene Treiben abrupt ein Ende fand. Augenblicklich kamen die Naturwesen wieder zur Ruhe, ließen von Bragi ab und zogen sich unter vielen Verbeugungen leise raschelnd in die Tiefe des Gartens zurück.

Vocnix
2008

Laut schnaufend und mit erhitzten Wangen stand Bragi auf seinen zittrigen Beinen. Seine Mütze war herabgesegelt, das ergraute Haupthaar stand ihm wirr nach allen Seiten und sein Herz pumpte den Lebenssaft durch seine Venen, dass er meinte, gleich ohnmächtig werden zu müssen. Seine verdatterte Miene war die eines Mannes, der sich anstrengte, das soeben Erfahrene zu verarbeiten. Als ihm die Knie nachzugeben drohten, reichte Iduna ihm helfend den Arm, auf den er sich wankend stützte.

„Nun habt ihr gesehen, was jene erwartet, die uns hier zu besuchen gewillt sind", sagte sie vergnügt. „Für manch einen ein ersprießlicherer Ort, als in Odins Walhall zu landen, findet ihr nicht?"

„In… der Tat…", stammelte Bragi fassungslos, noch immer nach Luft ringend. „Das ist…", er stockte abermals, „…keine Worte vermögen auszudrükken, was ich soeben durchleben durfte. Welche Wonnen der Glückseligkeit. Seit tausendfach bedankt, Ihr schönste aller schönen Zauberinnen!"

Iduna kicherte erneut, denn Bragis Komplimente wollten so gar nicht zu seiner zerzausten Erscheinung passen. Doch schnell besann sie sich wieder; wollte ihre eben glücklich wiedererlangte Souveränität nicht erneut durch albernes Gebaren verscherzen. Als sie Bragis Blick suchte, erkannte sie in seinen Augen, dass der Dichter erneut in ihm erwacht war. Gleichzeitig aber schob sich wieder diese tiefe Sorgenfalte über Bragis Augenbrauen zusammen, für die sich die junge Göttin einfach nicht erwärmen mochte.

„Wie nur soll ich all diese wunderbaren Geschehnisse, all diese Schönheit in Worte fassen?", klagte Bragi in gequältem Bedauern. „Das Schallen meiner wunderbaren Leier, mir bisher lieblichster Klang auf Erden, dünkt mich nun eine alte Schnarre bei dem Versuch, dieses holdselige Schauspiel wiederzugeben." Ratlos blickte er Iduna an.

Doch es war ihr bezauberndes Lächeln, das Bragis zwanghafte Getriebenheit erlahmen ließ, ihm seine schöpferische Hast nahm. Tiefes Verständnis für seinen erwachten Tatendrang lag in ihrem Blick, der ihm das stumme Versprechen schenkte, dass er an diesem Ort hier alle Zeit der Welt haben würde. Langsam dämmerte es Bragi, dass dieser fröhliche Tanzreigen versucht hatte, ihm seine ewige Unrast aus den müden Knochen zu schütteln. Und wirklich, ihm war, als sei mit einem Schlage alle Unruhe von ihm abgefallen. Das ganze Sein umhüllte ihn an diesem Ort mit einer vertrauten Zärtlichkeit, die er, sofern dieser Vergleich gestattet ist, zuletzt nur im Mutterschoß erfahren hatte. Wie seltsam es sich doch anfühlte, wenn Träume endlich in Erfüllung gehen durften. Sie, Iduna, diese zeitlos junge Frühlingsgöttin, sie war dieser Traum, sie war seine Erfüllung und Bestimmung. Bragi wusste es in eben diesem Moment mit jener unzweifelhaften Gewissheit, die einmal zu erleben nur wenigen Menschen vergönnt ist. Iduna war seine persönliche Sága. Er hatte sie tatsächlich gefunden.

Diese ungeheure Erkenntnis ließ Bragi erneut schwindeln. Doch als die junge Frau ihn stützen wollte, entzog er ihr seinen Arm und sank stattdessen vor ihr auf die Knie. Bis in die tiefste Pore seines Seins war er mit Demut und Dank erfüllt. Ein Zustand, der selbst den größten Dichter zum Verstummen brachte. Worte waren nichts mehr. Hier war nur Jetzt. Sein. Bragi hatte endlich nach Hause gefunden.

Vergessen waren die gemeinsamen Nächte mit seinem Vater, wie weggeblasen die langen Gespräche am knisternden Kaminfeuer. Fortan galt Bragis ganze Aufmerksamkeit nur noch Glasirs schöner Hüterin. Und Odin ließ seinen Sohn gewähren, freute sich in stiller Genügsamkeit, dass er diesem den rechten Weg gewiesen hatte. Sollten er und die junge Wanenpriesterin nur in aller Ruhe ihre frisch erblühte Zuneigung genießen. Die Zeit, in der Bragi seine neue Aufgabe als erster Sprecher wahrnehmen sollte, würde früh genug kommen.

Idunas Gesellschaft hatte in Bragi ein längst vergessenes Bedürfnis nach empfindsamer Zärtlichkeit geweckt. Ihm schien, als ob die schöne Gärtnerin mit allem, was ihren wundersamen Wald umgab, durch ein unsichtbares Band verbunden war. Er ahnte, dass der Hain ein Teil von ihr selbst war, sodass keiner von beiden ohne den anderen länger würde existieren können. Sie selbst schien die Quelle der Jugend zu sein, ohne welche die Asen aus eigener Kraft nicht weiter zu existieren imstande waren.

Bragi ging nun täglich ein und aus in Glasir, wo er ein nur allzu gerne gesehener Gast war. Seine blödsinnige Hast, dessen prachtvolle Vielfalt bereits bei seinem ersten Besuch in eine Ode gießen zu wollen, erschien ihm jetzt nur noch peinlich. Führwahr, er hatte in dieser Laube ja alle Zeit, konnte tun und lassen, wonach ihm der Sinn stand. Alles lächelte ihm zu. Also verbrachte er fortan viele Mittage im kühlenden Schatten der Bäume sitzend, dichtete und sang, was Herz und Zunge ihm eingaben.

Und Iduna, ganz bezaubert von der wundervollen Stimme ihres neuen Dauergastes, genoss dessen Aufmerksamkeiten aus vollen Zügen. Unablässig schwelgte sie in Bragis romantischen Liebesversen, mit denen der gestandene Dichter sich sanft aber unaufhaltsam in ihr tugendhaftes Herz zu schmeicheln wusste. Denn ganz leise und sacht begann auch in der schönen Gärtnerin eine zarte Zuneigung zu diesem feinen Mann zu keimen, der ihr seit seinem ersten Besuch stets mit dem allergrößten Respekt begegnete. Jedes Mal brachte er ihr einen großen Strauß Blumen mit, küsste ihr die Hand und wurde nicht müde, ihre Schönheit zu preisen. Und welche junge Frau hört nicht gerne Komplimente. Immer schwerer fiel es ihr, sich aus Bragis prosaischen Banden zu lösen. Und da es niemanden gab, der ihr vorstand, musste sie sich ein ums andere Male selber schelten, wenn sie darüber wieder einmal ihre Pflichten vernachlässigt hatte. Also half Bragi ihr das tägliche Obst zu ernten, das sie behutsam in eine kostbare Kiste legten. Berührten sich dabei wie zufällig ihre Hände, bemerkte sie beide verstohlen, wie sie dabei ein verliebter Schauer durchrieselte.

Am Nachmittag dann begleitete Bragi sie stets zu den Asen, um einem jeden Auserwählten seinen täglichen Apfel zu überreichen. Ja, Iduna genoss diese langen Spaziergänge zu zweit und immer vertraulicher wurde ihr Bragis Anwesenheit. Gleichzeitig aber fühlte sie in ihrer Brust ein beharrliches, ständig lauter werdendes Mahnen, sodass in ihrem Herzen bald ein schrecklicher Zweikampf tobte. Denn mit dem Verlangen, Bragi näher zu kommen, wuchs auch ihr schlechtes Gewissen. Die drohende Gewissheit, dass ihre Tugend, die sie als jungfräuliche Priesterin auszeichnete, auf eine immer härtere Probe gestellt wurde, wogte ihr bald heftig im Herzen, sobald sie morgens erwachte und an Bragi dachte. Jetzt war sie es, die ganz verdattert den Tag begann, übertrieben darauf bedacht, dass ihr Kleid stets geglättet war und jedes Haar so saß, wie sie es als recht befand.

Schließlich hielt Bragi die Zeit für gekommen und fand den Mut, Iduna nach dem Geheimnis ihres Gartens zu befragen. Sie saßen wie meist im Schatten jenes alten Baumes, unter dem sie sich das erste Mal begegnet waren. Er räusperte sich verlegen, da er nicht recht wusste, wie er beginnen sollte. Endlich sprach er: „Sagt mir, edelste aller Damen, vom Wuchse her seid Ihr von etwas geringerer Körpergröße als die meisten, die ich bisher hier in Asgard antraf. Wurdet Ihr vielleicht gerade deshalb zur Hüterin dieses prachtvollen Hains bestimmt? Und welches Wunder lässt diese Bäume zum einen noch in voller Blüte, zum anderen bereits in grün belaubter Reife stehen, sodass selbst die stärksten Äste sich unter der Last vollendeter Früchte zur Erde niederbiegen? Woher kommen diese goldenen Äpfel, denen so sonderbare Gabe zu eigen ist?“

Die junge Frau lachte herzhaft auf: „Ach, liebster Bragi. So viele Fragen auf einmal. Aber nun gut. Schließlich habt Ihr mir durch Eure geschätzte Aufmerksamkeit bisher viel Freude bereitet und eine noch größere Ehre erwiesen. Somit denke ich, dass Ihr Euch das Vertrauen verdient habt, um mein Geheimnis zu erfahren.“ Bragi machte ein sichtlich erleichtertes Gesicht, weshalb sich Iduna bemüßigt fühlte hinzuzufügen: „Welches ich im Übrigen nicht jedem auf die Nase binde, müsst Ihr wissen!“

„Gewisslich“, erwiderte Bragi ehrfürchtig und machte eine tiefe Verbeugung.

Zufrieden lächelnd sprach Iduna weiter: „Gerne bin ich gewillt, Euren Wissensdurst zu stillen und Euch Auskunft über meine Vergangenheit zu geben. Zunächst zu Eurer Frage, die meine Körpergröße betriff. Mein Vater ist der ehrwürdige und heute bereits hochbetagte Iwaldi, ein sehr angesehener König in Schwarzalbenheim.“

Bragi erstaunte. Idunas Vater war ein Zwerg! Das erklärte natürlich manches, vor allem ihr goldenes Gärtnerhändchen. Seit jeher wurde den Alben jene wundersame Gabe nachgesagt, mit der sie selbst bereits totgeglaubten Äckern wieder üppiges Wachstum einzuhauchen verstanden. Sie waren die Hüter der Erde und der verborgenen Goldschätze in Midgards Tiefen.

„Mein Vater war noch ein junger Bursche, als er meiner Mutter begegnete“, fuhr sie fort. „Da ein Schwarzalbe, ist es ihm und seiner Sippe, wie Euch ja sicherlich bekannt ist, versagt, bei Tageslicht einen Fuß auf die Erdoberfläche zu setzen, da das Sonnenlicht ihren sofortigen Tod bedeuten würde. Entsprechend groß war meines Vaters Schrecken, als er sich eines Nachts auf einem Erkundungsgang auf der Erdoberfläche befand, und plötzlich von einem hellen Licht geblendet wurde. Schon fürchtete er, die Göttin Sol habe ihren gewohnten Lauf aus einem unerfindlichen Grund beschleunigt und er müsse nun selbst zu totem Stein erstarren, als das seltsame Leuchten langsam auf ihn zuzuschweben begann. Als seine geblendeten Augen sich an die Helligkeit gewöhnt hatten, erblickte er zu seiner großen Verwunderung eine hochgewachsene, schlanke Frauengestalt. Sie war völlig nackt, lediglich ihre seidenschwarz schimmernde Haarpracht, die fast bis zum Boden fiel, verhüllte notdürftig ihre verlockenden Reize, die sogleich die Aufmerksamkeit meines Vaters erregten. Er erzählte mir, dass ihr Haar von Abertausenden kleiner Perlen durchsetzt war, die wie Sternenglanz gefunkelt hätten. Oder waren es glitzernde Tautropfen? Wie dem auch sei, Iwaldi wurde von einem bis dahin unbekannten Verlangen überwältigt. Und ohne auch nur ein Wort miteinander gewechselt zu haben, fanden sich ihre Lippen und ihre Körper wurden eins. Bis zum Morgengrauen ruhten sie so beieinander. Kurz bevor der erste Sonnenstrahl über die Berggipfel fiel, verabschiedete sich die schöne Dame des Nachthimmels so wortlos wie sie gekommen war und verschwand auf Nimmerwiedersehen. Mein Vater aber, ebenso glücklich wie verwirrt, suchte rasch wieder die Öffnung auf, die ihn unter die sichere Erde zurückbrachte.

Noch viele Male kehrte mein Vater darauf an jene Stelle zurück, wo er und die geheimnisvolle Fremde einander begegnet waren. Doch seine brennende Sehnsucht nach ihr sollte für immer ungestillt bleiben. Dann, eines Nachts, nachdem der fahle Minderer sich zum neunten Male wieder gerundet hatte, fand Iwaldi an jenem Platz ihrer einstigen Liebe ein kleines Binsen-

körblein vor. Darinnen lag, in feinstes Tuch eingewickelt, ein nackter Säugling mit goldenem Haar, und der war ich. Das einzige, was bei mir lag, war ein seidener Beutel, in dem sich eine Handvoll getrockneter Apfelkerne befand. Mein Vater nahm mich also auf und trug mich zu den seinen in den Stein hinab, wo er mich die ersten Jahre meines Lebens aufzog. Doch ich war ein sehr blasses und schwächliches Kind. Bald wurde ich schwer krank und mein Vater ahnte, dass ich aus eigener Kraft und ohne das Wärme spendende Licht der Sonne nicht weiterzuleben imstande sein würde. Da dies für ihn aber den sicheren Tod bedeutet hätte, brachte er mich schweren Herzens zu einem Stamm ihm befreundeter Wanen, bei denen ich fortan aufwuchs. Ab und an des Nachts, besuchten mein Vater und ich uns noch einander. Doch als ich größer wurde, kamen diese Zusammenkünfte immer seltener zustande, da ich mein neues Zuhause endgültig bei den Wanen gefunden hatte. Als ich meine erste Blutung erfuhr, entschloss ich mich, die Priesterschaft anzustreben. Ich erinnerte mich jener Apfelkerne, die mir von meiner Mutter mit in die Wiege gelegt worden waren. Ich pflanzte die Hälfte davon in die Erde und schon nach nur wenigen Wochen erblühte an jener Stelle ein prächtiger Hain. Nicht lange und die Äste der Bäume bogen sich unter der süßen Last goldener Äpfel, deren Geschmack ihresgleichen suchte. Und ich fand heraus, dass wer von ihnen kostet, nicht länger zu altern braucht."

„Was für eine wundersame Geschichte", sagte Bragi beeindruckt, dem es sehr bedeutsam erschien, dass auch Iduna die ersten Jahre ihres Lebens unter der Erde zugebracht hatte und von Zwergen aufgezogen worden war. Beide waren sie die Kinder ungleicher Elternpaare, wobei ein Elternteil unzweifelhaft über ganz besondere Kräfte verfügte. Zufall? Oder war dies vielleicht gar höhere Bestimmung?

Doch Bragi entschloss sich, seine Gedanken zunächst für sich zu behalten und sagte: „Wie geschah es, dass Ihr schließlich nach Asgard gelangtet?"

Die Frühlingsgöttin fuhr fort mit ihrer Erzählung, und zum zweiten Male vernahm Bragi von dem großen Krieg zwischen Asen und Wanen, der das Schicksal zweier Götterfamilien von Grund auf verändern sollte. Ein verächtlicher Zug legte sich um Idunas Mundwinkel, als sie sagte: „Mit Abscheu im Herzen erfuhr ich, dass die Sippe meines Vaters sich auf die Seite der Asen gestellt hatte und diese nun mit geschmiedeten Waffen für den Kampf versorgte. Erst Jahre später begannen sie damit, ihnen auch Geschmeide und andere Kostbarkeiten zu fertigten. Im Gegenzug erhielten Iwaldis Söhne von den Asen zunächst ganze Wagenladungen voller Gold. Schande über die Gier meiner Sippe. Weiter verrieten ihnen die Asen noch manches Geheimnis über die Bearbeitung und Veredelung von Erzen, die sie aus ihrer alten Heimat mitgebracht hatten." Iduna machte ein nachdenkliches Gesicht. „Ich bin mir nicht sicher, aber ich glaube, dass die Asen ohne die Beihilfe der Schwarzalben niemals gegen die Wanen hätten bestehen können. Zahlenmäßig waren die Asen uns stets unterlegen, doch da sie nun über die besseren Waffen verfügten, wog dies ihren Nachteil auf. Als es dann fast schon zu spät war, fand das sinnlose Abschlachten endlich ein Ende, und beide Völker schlossen ein Friedensbündnis. Neben dem Austausch einiger Friedgeiseln wurde vereinbart, dass an jener Gemarkung, an der beide Parteien den Friedensbund besiegelt hatten, ein Heiliger Hain gepflanzt werden solle. Als ich davon vernahm, meldete ich mich freiwillig, diesem künftigen Mahnmal für den Frieden als Hüterin vorzustehen. Es schien mir ein nützlicher Gedanke, an diesem besonderen Ort die restlichen der mir noch verbliebenen Kerne auszusäen." Die Frühlingsgöttin blickte zu den Baumkronen, machte eine ausladende Armbewegung und sprach nicht ohne Stolz: „Das Ergebnis seht Ihr nun vor Euch!"

Bragi, nachdenklich wie selten, sagte leise: „Dann ist das Geheimnis der Unsterblichkeit also von den Sternen zu den Asen gelangt."

Iduna nickte: „Ja, es war meiner Mutter, die diesen Zauber sponn. Ihr Segen ist es, auf dem Glasirs Pracht wurzelt, dessen Gedeihen uns seither der Zeit entrückt und die Macht verleiht, das Alter zu beherrschen." Ihre Stimme wurde traurig. „Ich weiß leider überhaupt nichts von meiner Mutter. Nicht einmal ihren Namen."

Gedankenvoll sagte Bragi: „Auch auf Midgard ist diese Dame nicht unbekannt. Wir Dichter nennen sie Nott, die ewige Göttin der Nacht."

Sie sah ihn dankbar an und sprach: „Welch hübscher Name. Ja, ich glaube, so will ich sie ebenfalls nennen. Nott, die Tochter der Sterne, die ihre Liebe einem Alben schenkte, um mich mit ihren Früchten in diese Welt zu senden."

Bragi begann all seine Kraft zu sammeln, um noch einmal wiederholen zu können, was er Iduna bereits am Tag ihrer Begegnung offenbart hatte: „Und wahrlich, in denselben Bann, den einst die Dame des Himmels auf euren Vater legte, bin nun auch ich geraten. Denn es ist Euer Antlitz, Eure Anmut, der ich mich, seit ich Euch das erste Mal erblickt habe, nicht mehr zu entziehen vermag. Und Ihr sollt wissen, dass ich erst jetzt, seitdem ich hier an Eurer Seite weilen darf, mich zum ersten Male wirklich und wahrhaftig am Ziel meiner langen Suche wähne."

„Still!", ermahnte sie ihn mit vorwurfsvollem Blick und legte ihm einen Finger auf die Lippen. Röte war ihr wieder ins Gesicht geschossen, dessen erschrockener Ausdruck jetzt die Qualen offenbarte, die sein Eingeständnis ihr verursachten. „Ich bin eine Priesterin, ... mein Platz ist hier...", stotterte sie nervös.

Doch entschlossen ergriff Bragi ihre Hand, legte sie in die seine und entgegnete: „Und das soll er auch bleiben, liebste Idun. Aber Eure Nähe, Eure Stimme, Euer Duft, all das macht mich schon seit Tagen und Nächten trunken, raubt mir den Schlaf und bald wohl auch noch meinen Verstand. Nein, lasst mich fortfahren, denn mein Herz muss mir bald zerspringen, wenn ich nicht endlich aussprechen darf, wovor ihr Euch fürchtet."

„Nein, hört auf!", rief sie energisch und sprang auf. „Nichts davon will ich länger hören. Es ... es hat keinen Sinn ... es geht einfach nicht!"

Doch Bragi erhob sich nun ebenfalls und sagte entschieden: „Verzeiht mir, aber ich komme nicht dagegen an. Ein Leben lang habe ich in meinem Herzen ein Bild mit mir herumgetragen, habe es gehütet wie ein Kleinod, und doch war es alleinig der Betrachtung durch meine Augen geweiht. Doch nun bin ich Euch begegnet. Nie zuvor traf ich eine Frau von solch betörendem Antlitz wie dem Euren, der Ihr mit solch verständigem Sinn für Dichtung und die Schönheit der Natur ausgestattet seid. Ihr seid für mich wie der endlose Ozean, in den sich der Strom meiner Seele ergießen möchte. Ich bin ganz und gar der Eure, und sofern Ihr geneigt seit, mir hierzu die Erlaubnis zu geben, würde ich Euch gerne weiter den Hof machen."

„So schweigt doch endlich!", rief sie verzweifelt und sehnte doch nichts mehr herbei, als dass er sie endlich umarme.

Bragi aber, durch die Standfestigkeit ihrer Abwehr bekümmert, sprach: „Auch ich beging als junger Mann einst den Fehler, die Worte der Liebe höher zu gewichten, als ihre fleischliche Umsetzung, die doch nur Enttäuschung und neue Leiden versprach!"

„Die Angst, Euch in der Fleischeslust zu verlieren, trieb Euch dazu", flüsterte die junge Frau verständig, froh darüber, dass er auf diese heikle Angelegenheit zu sprechen kam.

Bragi seufzte reuig, denn der Drang, vor Iduna seine Lebensbeichte abzulegen, wurde plötzlich übermächtig: „Anfänglich wollte auch ich meine Vorstellung von Liebe nicht dem niederen Triebe opfern. Wollte ihre Reinheit nicht besudeln, indem ich namenlose Maiden umarmte, die sich mir willig anboten. Und dann traf ich auf Siglind, die Tochter eines Königs. Eigentlich war sie es, die mich fand, denn nie hätte ich auch nur gewagt, ihr nahe zu kommen. Sie war die erste Frau in meinem Leben und ich der erste Mann, den sie umfing. Doch übel vergalten uns die Nornen unser Wagnis, das mich fast meinen Kopf gekostet hätte. Dann traf ich auf zwei fröhliche Gesellen, und von da an war mein einst unbefleckter Edelmut wie ausgelöscht. Dem Galgen nur knapp entronnen, ersäufte ich meinen Kummer in Bier und Wein und suchte Trost an zahlreichen Frauenlippen. Ich tauchte ein in den süßen Rausch von Begehren und Vergessen, nur um am Ende umso elender zu erwachen. Bis ich schließlich, nach Jahren des rastlosen Umherschweifens, auf Olga traf, die eine Tänzerin war." Bragi stieß schwer die Luft aus. „Was ich mit ihr erlebte und durchlitt, spottet jeglicher Beschreibung. Zutiefst enttäuscht, floh ich schließlich der Liebe, um meine Zuflucht in der Abgeschiedenheit eines tiefen Waldes zu finden..." Er machte eine Pause, sah Iduna inständig an und fügte leise hinzu: „... So wie Ihr hier, an diesem Ort."

Aus weit aufgerissenen Augen blickte die junge Göttin ihn jetzt an. „Keiner, der die Leiden der Liebe kennt, wird Euch verübeln, dass Ihr der Liebe floht", druckste sie kleinlaut hervor. Verzweifelt bemüht, ihre Unruhe zu verbergen, denn Bragis Beichte hatte tief in ihr etwas aufgerührt. „Ist doch kein Wein so süß wie die Liebe, und lange müssen wir suchend reifen, bis wir eines Tages möglicherweise würdig sind, sie selbstlos zu empfangen", fügte sie altklug hinzu, was so gar nicht zu ihrer jugendlichen Erscheinung passen wollte. „Denn die schlimme Pein, die uns ein kleiner Dorn unter der Haut bescheren kann, ist doch nichts im Vergleich zu dem Schmerz, den die Liebe uns sendet, sobald ihr Abbild uns entgleitet. Nie habe ich die entsetzlichen Qualen vergessen können, die mein armer Vater durchleiden musste, da meine Mutter ihn nach dieser einen Begegnung wieder verlassen hatte. Es gab Nächte, da schreckte ich als Kind von meinem Lager hoch, weil er im Schlaf nach ihr schrie, während er sich aus Verzweiflung die Fäuste am Felsen blutig schlug." Nun war sie es, die schwer aufseufzte. „Wenn endloser Liebeskummer der Preis für die Lust einer Nacht war, wollte ich dieser Art von Liebe niemals begegnen. Deshalb schwor ich mir schon als kleines Mädchen, meinen Lebtag lang lieber unbemannt bleiben zu wollen, als mich solch entsetzlichen Qualen ausgeliefert zu wissen. So wählte ich das Los einer Priesterin und kam schließlich zu den Asen, um hier meine Pflicht zu erfüllen." Ihre Augen schwammen jetzt in Tränen. „Ihr seht, lieber Bragi", sagte sie tapfer, während sie ihre aufgewühlten Gefühle wieder zurückzudrängen suchte, „wir beide sind uns nicht unähnlich in unserer Furcht. Wohl deshalb nimmt unsereins Zuflucht in der Stille des Waldes, dessen einsamen Frieden wir uns durch Enthaltsamkeit erkaufen. Darum urteilt nicht zu hart über Euch selbst."

Sie hörte sich diese Worte sagen und wusste doch, dass sie zu sich selbst gesprochen hatte. Ihr Atem ging stockend und sie presste sich die Hände auf die Brust, als müsse sie damit ihr empfindsames Herz schützen. Doch längst schon hatte Bragi ihr selbst errichtetes Bollwerk zum Wanken gebracht, hatte in liebevoller Duldsamkeit Stein um Stein dieses gefühlskalten Gemäuers abgetragen. Ja, sie hatte mehr als nur Gefallen an diesem wortgewandten Dichter gefunden, dessen ganze Art sie in mancherlei Hinsicht an ihren Vater erinnerte; den inzwischen längst ergrauten Iwaldi, den sie immer schmerzlicher vermisste, seit sie in Asgards immergrünen Gefilden weilte. Konnte es sein, dass Bragi dieser eine Mann war, für den sie sich all die Jahre über aufgespart hatte? Er, der nicht aufgab immer tiefer in sie vorzudringen, um ihr heute, als erster Mann überhaupt, den Beweggrund dafür zu entlocken, was sie einstmals den Weg einer Priesterin hatte wählen lassen. Der Mann, der hinter ihre Rolle als Hüterin dieses Haines blickte, mit der sie sich nun schon seit so vielen Jahren vor der Liebe versteckte? So vielen einsamen Jahren, die sich, da dem Zeitenfluss nicht länger ausgesetzt, immer mehr zu einem abgesonderten Traum in die Ewigkeit ausdehnten. Sie wagte kaum, diese Gedanken weiter auszuführen, wollte ihrem stillen Sehnen durch vergebliches Hoffen nicht weitere Nahrung geben. Ihr flehender Blick aber war der des schmachtenden Weibes, das in seinem Gegenüber gleichsam furchtsam wie schwärmend forscht, ob all seinen schönen Versprechungen zu trauen ist.

Und so, wie Idunas Gedanken bei ihrem Vater verweilten, gedachte Bragi im selben Moment seiner Mutter Gunnlöd, die von ihrem grausamen Vater einst ins Verließ eines dunklen Berges weggesperrt worden war. Ihr ausgehungertes Verlangen nach Nähe und Geborgenheit hatte sie damals Zuflucht in Odins Arme nehmen lassen. Auf tragische Weise war es also ihre Einsamkeit gewesen, die Bragis Zeugung überhaupt erst in die Wege geleitet hatte. Salzige Tränen der Erkenntnis rannen über Bragis Wangen, und mit ihnen hallte in seinem Inneren die Stimme seines Vaters wieder, der ihm erst vor kurzem noch offenbart hatte, dass man erst tiefe Wunden graben muss, bis sich einem der klare Quell der Erkenntnis offenbart.

Eine leise, mitfühlende Berührung an der Schulter brachte ihn in Idunas Hain zurück. Sie hatte es gewagt, ihn von sich aus zu berühren. Bragi drückte sanft ihre Hand, und ohne sie dabei anzublicken sagte er leise: „Ich bin so voller Liebe für diese wundervolle Schöpfung und weiß doch nicht, wohin damit. Ich habe alles versucht, um die Menschen und ihr Tun zu begreifen, doch ist es mir stets misslungen, weshalb ich ihrer Welt den Rücken kehrte. Lange Zeit dünkte mich die Liebe zur Natur die einzige Liebe, die einen nicht enttäuscht. Heute aber weiß ich, dass es falsch war, so zu handeln, denn indem wir uns der Liebe zu anderen verweigern, verweigern wir uns auch dem Leben. Und damit begraben wir uns schon zu Lebzeiten selbst. Denn trotz all dieser furchtbaren Kämpfe, trotz all diesen Qualen geboren aus unerfüllter Leidenschaft, bin ich doch nicht gewillt aufzugeben an das zu glauben, was diese, unsere Schöpfung zusammenhält...“, schloss er flüsternd.

Lange sah Iduna ihn an, spürte, wie plötzlich etwas Neues und doch nicht ganz Unbekanntes in ihr nach oben drängte. Spürte, wie Bragis einfühlsame Worte die Wurzeln einer Kraft weckten, die weit größer war, als sie selbst. Behutsam sprach sie: „Grämt Euch nicht, liebster Bragi, denn das, was Ihr heute erkannt habt, konnte erst sprießen auf dem Acker Eurer Entsagung. Ist das Leben nicht ein seltsam Ding? Seht, Ihr seid ein großer Sänger und Dichter, ich hingegen bin eine Priesterin und zur Hüterin dieses Haines bestimmt. Beide haben wir, ein jeder auf unsere Weise, für lange Zeit unseren Gefühlen und der Fleischeslust entsagt. Und jetzt begegnen wir uns hier, an diesem friedlichen Ort, wo sich schon einmal zwei mächtige Völker in Eintracht verbunden haben.“ Sie hielt kurz inne, hatte plötzlich Furcht weiterzusprechen. Doch das Neue in ihr, etwas, das sie all die einsamen Jahre über nicht hatte aufkommen lassen, die Stärke und Bestimmtheit der heranreifenden Frau, gab ihr die Festigkeit fortzufahren. Noch einmal atmete sie tief durch, dann

sagte sie: „Auch wir beide sind noch lange nicht am Ende unseres Weges angelangt. Denn wie die Nornen es bisher gefügt haben, scheint unser Wyrd auf wundersame Weise miteinander verflochten. Und mich dünkt, dass es nun an der Zeit ist, mutig einen neuen Weg zu beschreiten. Der wirkliche Lehrmeister ist wohl die eigene Seele, doch Dank Euch weiß ich nun, das empfundenes Glück nur dann wirklich vollkommen ist, wenn man es mit einem geliebten Gefährten teilen darf."

Da endlich wagte Bragi wieder aufzublicken. Er sah ihr Gesicht, fand es von einem glückseligen Lächeln erhellt und fühlte glücklich, wie ihn jener goldene Schauer durchrieselte, wie er ihn bisher erst einmal bei einer anderen Frau verspürt hatte.

„Längst schon ist mein Herz Euch gewogen, liebster Bragi", sagte Iduna nun mit bebender Stimme. „Denn so sehr mein Vater auch gelitten haben mag, so hielt er mich doch stets an nicht zu vergessen, dass die Liebe das einzige ist, was in jenem Maße anwächst, wie wir sie zu teilen und von uns zu geben bereit sind."

Dem war nichts mehr hinzuzufügen. Und Bragi fühlte wohl, dass jedes weitere Wort diesen kostbaren Augenblick nur zerstört und den hauchzarten Keim ihrer eben erst wiederentdeckten Liebe erstickt hätte. So aber nahmen sie sich bei den Händen und saßen weiter da, schweigend, allein ihre Nähe genießend, bis es schließlich Abend wurde. Langsam kroch die Feuchtigkeit über die Wiesen und in ihre Kleider, doch sie nahmen es nicht wahr. Noch immer blieben sie sitzen, um gemeinsam den vielen Geräuschen der hereinfallenden Nacht zu lauschen. Tausende von Glühwürmchen durchtanzten das Dunkel, lockten einander, als hätten sie auf eben diesen einen besonderen Abend gewartet, um ihr grünliches Leuchtfeuerwerk der Liebe abzubrennen. Und mit ihnen reckten sich aus zahlreichen Ritzen, Spalten und Astlöchern die kleinen und größeren Köpfe der Waldbewohner hervor, neugierig und unwiderstehlich angezogen durch die Liebe ihrer schönen Herrin, die an diesem Abend auf ungewohnt kraftvolle Weise ihren schimmernden Hain durchpulste. Bis tief hinein in die Nacht konnte man Bragi und Iduna dort noch beieinander sitzen sehen. Glücklich und furchtsam zugleich, was die Zukunft ihnen beiden wohl bringen mochte.

Nur einen Monat später hielt Bragi erst bei Odin und schließlich bei Iwaldi, dem ehrwürdigen Zwergenkönig, um Idunas Hand an, die dem neuen Skalden und ersten Sprecher Asgards von beiden Vätern gerne gewährt wurde. Mit großer Pracht wurde drei Monate darauf ihre Hochzeit begangen, zu der viel Volk beisammen kam. Wanen, Alben und Alfen, sowie etliche wundersame Wesen, die Bragi bisher nur aus Fabeln kannte. Sie alle fanden sich mit Geschenken in Asgard ein, um dem glücklichen Paar ihren Segen mitzugeben. Und alle waren der Meinung, dass es eine gute Sache war, den Bund zwischen ihren Völkern auf diese Weise neu gefestigt zu sehen. Es wurde ausgiebig geschmaust, gezecht und gesungen. Und als die Feierlichkeiten nach sieben Tagen ihr Ende fanden, da konnten Bragi und seine junge Braut ein neues Heim beziehen. In Windeseile hatte Odin ihnen in der Nähe Glasirs von seinen besten Zimmerleuten einen schönen kleinen Hof errichten lassen, den er ihnen nun als Hochzeitsgeschenk überreichte. Brunnakker ward er genannt, und die beiden Frischvermählten richteten ihn mit all den Hochzeitsgeschenken und Gütern ein, die sie zur Vermählung erhalten hatten. Und Bragi, stolz und überglücklich, war ganz verwundert über all die Liebe und Zuwendungen, die ihm im Kreise seiner neuen Sippe zuteil wurden.

Und so endet die Geschichte um Bragi Boddason, der am Ende seiner langen Reise doch noch nach Asgard gelangen durfte, um dort endlich sein großes Glück zu finden. Und auch, wenn ihre Ehe seither kinderlos geblieben ist, so führen Iduna und Bragi doch beide bis zum heutigen Tage ein zufriedenes Leben, bescheiden in ihren Aufgaben, mit denen sie von Odin betraut sind.

Bei den Menschen aber sollte Bragi nach seinem geheimnisvollen Verschwinden noch höchste Ehre zuteil werden. Denn immer dann, wenn außergewöhnliche Persönlichkeiten einem ungeklärten Tod zum Opfer fallen, sprießen darüber Sagen und Legenden wie Pilze aus dem Boden. So auch bei Bragi Boddason, von dem es heißt, dass er zu den Asen aufgefahren sei, denen er seither mit seinem Spiel die Ohren vergolde. Auf Midgard von seinen Verehrern und Nacheiferern zum großen Vorbild nachfolgender Generationen erhoben, belegten sie den berühmten Zauberskalden in ihren Versen und Liedern fortan mit solchen Kenningar wie: Sohn des Odin, langbärtiger Ase, Gemahl der Idun, Dichterfürst oder schließlich sogar Urheber der Skaldenkunst.

Und da Bragi der erste seiner Zunft war, dessen Name selbst über die Grenzen der nordischen Länder hinaus bekannt wurde, wird seither die Dichtung nach ihm *bragr* benannt. Und alle Männer und Frauen, die sich vor anderen durch dichterische Begabung hervortun, führen deshalb seinen Namen mit in ihrem Titel, und werden nicht müde, mit dem weithin bekannten Bragi-Becher auf den größten aller menschlichen Dichterfürsten anzustoßen.

# Nachspiel

Mit diesen Worten schloss der blinde Hödur seine Erzählung. Es war spät geworden in Odins hoher Halle. Die Langfeuer waren fast niedergebrannt und von draußen ertönte der erste Weckruf eines Hahnes. Nicht mehr lange und die Morgendämmerung würde einsetzen.

„Ein bewegtes Leben", stellte der Donnergott Thor anerkennend fest und drückte fest die Hand seiner Gattin Sif, die an seiner Seite weilte und jetzt müde sagte: „Welches Wunder, dass in Asgard nur eine einzige Nacht ausreicht, um das ganze Leben eines Dichters wiederzugeben."

„Nicht, wenn ein Hoher wie Odin das Zeitmaß bestimmt!", sagte Balder, der jüngste gemeinsame Sohn von Odin und Frigg, gähnte und reckte sich ausgiebig.

„Wahrlich, wahrlich", sprach nun auch Tyr von seinem Platz. „Zeit ist eine seltsame Erfindung der Menschenkinder. Denn erst jener, der sie nach eigenen Wünschen strecken oder schrumpfen zu lassen vermag, ist der wahre Beherrscher seines Seins!"

Fast sämtliche Asen und Asinen ließen darauf ein zustimmendes: „Heil!" ertönen, erhoben sich darauf ruckend von ihren Bänken und Stühlen und entfernten sich aus Odins Halle, um ihre Schlafstätten aufzusuchen.

Bragi jedoch, durch Tyrs letzte Worte einmal mehr in seiner Befindlichkeit aufgereizt, blickte verdrießlich drein. Er mochte solche Reden nicht, weshalb er es von Zeit zu Zeit für nötig befand, die Asen daran zu erinnern, mit welchen Übeln die Bewohner von Midgard zu kämpfen hatten. Schon drängte es ihn die Stimme zu erheben, um aufzubegehren und sich in seiner Rolle als Fürsprecher der Menschenkinder Gehör zu verschaffen. Doch da der Saal sich bereits leerte und alle müde von Hödurs langer Erzählung waren, schwieg er. Neben ihm saß seine schöne Frau Iduna, deren Kopf an seiner Schulter ruhte. Längst war sie eingeschlafen und hatte so das Ende ihrer eigenen Geschichte nicht mehr mitbekommen. Zärtlich nahm Bragi ihren Kopf und bettete ihn sanft gegen die hohe Lehne ihres Stuhles, sodass ihr Nacken nicht abknicken konnte. Dann erhob er sich, um zu seinem Vater hinzutreten, der als letzter noch immer auf seinem Stuhl saß und Bragi nun aufmerksam beobachtete. Auf seinem Weg dorthin dankte Bragi noch dem blinden Hödur dafür, dass dieser seine Lebensgeschichte so einfühlsam vorgetragen hatte. Hödur lächelte und ließ sich darauf von einem Diener in seine Schlafkammer führen.

Odin saß schweigend auf seinem Hochsitz und nippte an seinem Trinkhorn. Als Bragi jetzt vor ihm stand, sprach er diesen als erstes an: „Nun, lieber Bragi, sicherlich hat das Vernehmen deiner eigenen Lebensgeschichte so manchen neuen Gedanken in dir angeregt. Erscheint uns doch vieles oftmals in einem anderen Licht, sobald wir erst einmal Abstand zu den Dingen, vor allem aber zu uns selbst gewonnen haben."

Bragi nickte kurz und sagte dann: „Ihr habt gut reden hier oben in Asgard, denn da ist nicht einer unter euch, der sich nicht im besten Mannesalter befände. Mächtige Fürsten von hohem Rang und Geblüt, auf dem Zenith ihrer leiblichen wie geistigen Schaffenskraft seid ihr alle. Ist es da nicht einfach, auf all jene herabzublicken, die den Auswirkungen der Zeit weiterhin unterworfen sind?"

Sein Vater, der Bragis tadelnden Unterton inzwischen nur allzu gut kannte, lächelte geduldig und entgegnete ruhig:

„Das Alter naht, es ergrauen die Haare,
doch nutzlos vergeuden wir unsere Jahre,
und fragt uns das Alter nach unsrem Benehmen,
so müssen wir uns meist nur vor ihm schämen."

Bragi blickte verwirrt, und einmal mehr fühlte er sich von seinem Vater nicht ernst genommen. Doch noch bevor er diesem etwas erwidern konnte, sprach Odin: „Es ist keine Schande in Würde zu altern, mein Sohn!"

Doch genau das war es nicht, das Bragi hatte hören wollen. „Ha – du hast gut reden", brauste er nun auf, denn es war nicht das erste Mal, dass ihn die salbungsvolle Art seines Vaters aufreizte. „Dich mag mein Alter ja wenig scheren. Aber mich, der ich an Jahren so alt wie mein eigener Erzeuger daherkomme, überzieht man dafür bis heute mit üblem Spott. Hättest du mich nur ein paar Jahre früher zu dir geholt, wäre mir wenigstens dieser Kummer erspart geblieben!"

Odin seufzte, doch hielt er Bragis trotzigem Blick stand, als er entgegnete: „Ich dachte, du, als großer Dichterfürst, zu dem du nun geworden bist, hättest inzwischen verstanden, warum mir dies nicht früher möglich war."

„Dann erklär es mir eben noch einmal!", blaffte Bragi eine Spur lauter, als er dies beabsichtigt hatte. Seine Stimme hallte schneidend durch die leer gewordene Halle. „Ich dachte immer, du seiest hier der unumschränkte Herr!? Warum also musstest du mich so lange auf Midgard schmoren lassen?"

Doch Bragis anklagende Worte trafen auf Odins mildes Lächeln, der bedächtig antwortete: „Weil die skaldische Weisheit und Beredsamkeit unter allen menschlichen Künsten die einzige ist, die ihren Höhepunkt erst im Alter erreicht!"

VoeniX 2011

Die hier aufgeführten Texte möchten dem interessierten Leser zusätzliche Informationen geben. Darüber hinaus liefern sie Einblicke über Ideen und Gedankengänge, die bei der Entstehung dieses Romans miteinflossen.

## Die Rückgewinnung des Odrörir

Eine deutliche Anspielung auf diese Sage findet sich bereits auf einem gotländischen Bildstein aus dem 7. Jh. u.Z. Dieser Stein zeigt eine Frau (Gunnlöd?), die einer menschlichen Figur mit Adlerflügeln (Odin?) ein Trinkhorn reicht, während dahinter ein schwerttragender Mann (Suttung?) über einer angedeuteten Schlange (Odin/Bölverk?) abgebildet ist. Die Sage wird am ausführlichsten bei Snorri geschildert (Skaldskaparmal 1), etwas abweichend im Havamal wiedergegeben und schließlich in einer Reihe von skaldischen Kenningar aus dem 10. Jh. u.Z. erwähnt.

Dass diese Sage, die Odin unter anderem die Rolle eines Kulturheroen beschert, vermutlich indogermanische Wurzeln besitzt, zeigt sich in der noch älteren indischen Mythologie. Dort ist es der vedische Gott Indra, der den göttlichen Rauschtrank Soma in der Gestalt eines Vogels (oder mit Hilfe eines solchen) aus einem Berg stiehlt und bei seiner Flucht selbst nur mit knapper Not entkommt. In der klassischen Antike des Mittelmeerraumes ist es der Adler des Göttervaters Zeus, der den Nektar der Götter aus einem Felsen hervorholt.

**Die Sage vom Skaldenmet**, seine Entstehung und Rückbeschaffung ins Reich der Götter strotzt nur so vor Symbolik und weist viele urheidnische Elemente auf, die wir später in ähnlicher Form ebenso in der weit bekannteren keltischen Sage um den Heiligen Gral wiederfinden. Da ist zum einen der dreifache Kessel mit seinem inspirierenden Inhalt, auf den Odin zunächst nur einen Blick tun darf. Dann der alles verhüllende Berg als weibliches Sinnbild für die Reise des Helden ins innere Selbst, in das der Suchende nur unter Zuhilfenahme seiner gesamten Willenskraft (Odin in Schlangengestalt als Vertreter der erwachten Kundalini-Kraft) vordringt. Dort angelangt, teilt der Initiant schließlich drei Nächte lang mit der Priesterin (der Geheimnis-Hüterin der inneren Schwelle) das Liebeslager.

Da nach C.G. Jung das Verständnis des ganzheitlichen Selbst nur durch das Ausloten und Kennenlernen der eigenen Schattenanteile erlangt werden kann, geht der Weg für Odin zunächst in die Knechtschaft bei Baugi, welcher den Vertreter des „sichtbaren Wachstums“ und der Erde verkörpert. Danach muss Odin sich in das dunkle Reich der Materie (die unterirdische Welt als Symbol für das Unbewusste) begeben, wo es den verlorengegangenen göttlichen Geistfunken erst aufzuspüren und schließlich zurückzugewinnen gilt.

Allegorisch wäre der Mensch demnach aufgefordert, sich seiner eigenen göttlichen Herkunft wieder zu erinnern und diese „ekstatische Erkenntnis" durch Fleiß und zielbewusstes Streben wiederzuerlangen. Alchemistisch gesprochen also den „Akt der Transformierung vom kriechenden Wurm (Schlange) zum fliegenden Adler (Phönix) durch das Eintauchen in den weiblichen Urgrund zu vollziehen (Berg). Dies unter respektvoller Zuhilfenahme des Weiblichen (Gunnlöd), ohne sich dabei aber restlos in den sinnlichen Verlockungen des Fleisches zu verlieren.

**Odrörirs Kenningar:** Bekannte dichterische Umschreibungen, die sich dem Zuhörer erst durch die genauere Kenntnis des Mythos vom Skaldenmet erschließen, lauten z.B. „Kvasirs Blut", „lebensrettendes Fahrzeug der Zwerge" oder „die im Berg verborgene Zwergesflut". Ebenso auch „Odins Diebstahl" oder „Saat des Adlerschnabels".

**Kvasir:** der Name dieses weisesten aller Wesen ist vermutlich von dem norwegischen „kvase" (russ. „kvas") abgeleitet. Eine Bezeichnung für den aus Beeren gewonnenen und dann vergorenen Saft, der zuweilen mit weiteren Bestandteilen wie Honig, Milch etc. vermengt wurde. In archaischen Kulturen stellte man diese berauschenden Getränke her, indem man gemeinschaftlich um ein Gefäß saß, in das man die zerkauten Beeren dann hineinspuckte. Der Trank war willkommen bei Festen, in besonders hoher Konzentration ebenso bei Schamanen beliebt, die seine berauschende Wirkung nutzten, um „fliegen" zu können, worauf sie mit den Göttern kommunizierten. Der Bericht von der Speichelmengung zur Kräftigung des Friedensschlusses weist auf ein hohes Alter des Kvasir-Mythos hin. Sowohl das Vermengen des Speichels wie auch der gemeinschaftliche Genuss des damit versehenen Rauschtrankes war ein fester Bestandteil von Zeremonien, die zum Abschließen von Bündnissen dienten.

**Draupnir:** „der Tröpfler" lautet der Name von Odins goldenem Zauberring, dem nachgesagt wird, dass in jeder neunten Nacht acht gleichgroße Goldringe von ihm abtropfen.

**Bölwerk:** bzw. Bölverkr. Altnord. „der Übelstifter". Ein für Odin in diesem Abenteuer sinnig gewählter Deckname. Das Motiv von der Überlistung der riesischen Kornknechte findet sich bis heute in solchen Volksmärchen wie dem „starken Hans" oder „dem tapferen Schneiderlein", in denen der listige und gewitzte kleine Mann dem tumben Großen (etwa durch das Hochwerfen eines alten Käsestückes) eine Nase dreht. Wetzstein: Die List vom in die Höhe geworfenen Zankapfel in Form eines Wetzsteins, wendet in der griechischen Argonautensage ebenso der Held Jason an. Auch dieser muss mit einer Schar gefährlicher Kämpfer fertig werden, die durch dunkle Zauberei aus dem Boden eines frisch gepflügten Ackers hervorsprießen. Erst nachdem er mit Hilfe der Tochter seines Feindes, Medea, sämtliche Prüfungen erfolgreich hinter sich gebracht hat, gelingt es ihm, das Goldene Flies zu rauben. Diesem glänzenden Fell eines einstigen Opferwidders wurden große Zauberkräfte nachgesagt, die seinem jeweiligen Besitzer Macht, Reichtum und ein verlängertes Leben versprachen. Bis heute tragen Schnitter einen Wetzstein für ihre Sense in einer (schlesisch so genannten) „Wetzkieze" am Gürtel. Früher gebrauchte man stattdessen ein Horn.

**Gunnlöd:** altnord. in etwa „die zum Kampf Einladende", ein Titel, der bis heute Fragen aufwirft. Der Germanist Prof. Wolfgang Golther (1863-1945) wies im Zusammenhang mit Gunnlöd auf alte Volkslieder aus Dänemark und Schweden hin, in denen sich Inhalte des alten Mythos wiederfinden. Darin ist von einem Ritter Tinne die Rede. Der wird von der Tochter eines Zwerges durch ihr bezauberndes Harfenspiel (bzw. einen verzaubernden Runenschlag) in einen Berg gelockt. Dort platziert man Ritter Tinne auf einem goldenen Thron und schenkt ihm trefflichen Met ein, worauf er einschläft. Später wird er von den Unterirdischen mit einem reichhaltigen Weisheits- und Wissensschatz wieder an die Oberfläche entlassen. Ähnliches widerfährt dem Helden Sigurd (Siegfried) in der nordischen Völsungensage. Nachdem er die Walküre Sigdrifa (Brünhild) auf einer von einer Waberlohe (bzw. Schildburg) umgebenen Bergkuppe befreit/erweckt hat, wird er von dieser in die Geheimnisse der Runen eingeweiht. Sagen von Bergjungfrauen und schönen Feen, die Jünglinge in ihr ober- oder unterirdisches Reich locken, kennt auch der deutsche Sagenkreis (z.B. Tannhäuser).
In der Auslegung moderner neo-matriarchaler Strömungen wird in Gunnlöd gerne eine Gestalt der alten Erdgöttin erblickt, in deren verborgenem Schoß bzw. aus deren dreifachem Kessel der Göttervater das „Blut der Unsterblichkeit" stahl, um hierdurch die (patriarchale) Götterherrschaft an sich zu reißen, bzw. neu zu festigen. Zweifelsohne eine interessante These, jedoch hinter jedem alten Mythos gleich das „heilige Menstruationsblut der Großen Göttin" zu vermuten (wie es z.B. Barbara G. Walker gerne tut), schießt über das Ziel wohl ein wenig hinaus.

**Odrörir:** altnord. in etwa: „der zur Ekstase Anregende". Für den Trank oft verwendete Kenningar in der Skaldendichtung lauten „Odins Beute/Fund/ Trunk oder Gabe" oder auch „Trunk der Asen". In Anlehnung an seine Entstehung aber auch „Zwergenfahrzeug", weil die Aussicht auf den Met den Riesen Suttung dazu veranlasste, die beiden Alben wieder von der Schäre zu rudern.

**Suttung:** altnord. von *sud-hungr*, „der vom Sud Beschwerte oder Betrunkene". Die archetypische Gestalt Suttungs findet sich in vielen Kulturen, in denen er zumeist als alter Tyrann auftaucht, der sich weigert, seine Herrschaft/Macht abzugeben. Dies versucht er zu verhindern, indem er seine Tochter vor der Welt wegsperrt, da er fürchtet, von seinem zukünftigen Enkel entthront und getötet zu werden (übliche Vorgehensweise innerhalb des sakralen Königtums, in dem der alte König stets durch einen jüngeren ersetzt wurde). Da der zyklische Erneuerungsprozess des Lebens die Abdankung des Alten bedingt, der Tyrann sich dem natürlichen Nachrükken der Jugend durch seine gewaltsame Verweigerung jedoch widersetzt, muss er gewöhnlich ebenso gewaltsam entfernt werden. Während Odin (als der neue Herrscher über den Met) also die Flucht gelingt, muss Suttung, der alte Widersacher und Gegenspieler, der den „Geistfunken der Zukunft" (den Met) mitsamt seiner Tochter im tiefen Berg versteckt gehalten hat, am Ende im läuternden (transformierenden) Himmelsfeuer verbrennen. Suttung steht hier wie die meisten Riesen für die Gegenkräfte des Unbewussten, die neue Visionen und Ideen beständig mit Zweifeln, Unlust und anderen Widerständen traktieren, um auf diese Weise alles Neue zu verhindern suchen.

**Kieljauche:** In der Bootssprache Bezeichnung für jenes Wasser, das sich in der Bilge, der tiefsten Stelle eines Bootes (gewöhnlich oberhalb des Kiels), sammelt.

**Schäre:** durch Gletscher der Eiszeit abgerundete kleine Felseninseln. Häufig vor der finnischen u. schwedischen Küste anzutreffen.

**Gungnir:** Odins Häuptlingsspeer. Ihn schleudert er zu Beginn einer Schlacht übers Gegnerheer, um damit die künftigen Toten für seine Walhall zu weihen.

## Bragis lange Heimkehr

### 1.Kindheit unter Tage

**Bragi als Sohn des Odin und der Gunnlöd:** Das Studium nordischer Schriften veranlasste mehrere Forscher zu der Annahme, dass der mythische Bragi durchaus als Sohn der Gunnlöd und des Odin in Frage käme. So ist z.B. in den *Sonatorrek* 2 und 3 vom Raub des göttlichen Dichtermets die Rede, wobei der „fehllose Bragi auflebte". Ob aus dieser knappen Erwähnung tatsächlich die Geburt Bragis infolge dieses Ereignisses herauszulesen ist, bleibt zwar spekulativer Natur, erschien mir jedoch als Grundlage für die Fortsetzung der Geschichte vom Skaldenmet recht plausibel. In der irisch-keltischen Sage bspw. werden verwaiste oder ausgesetzte künftige Helden des öfteren von wundersamen Hirschkühen aufgezogen, während im isländischen Sagenkreis als Amme mehrmals der Typus der Riesin anzutreffen ist.

Zuweilen steht sie ihrem Zögling dann später durch ihre Riesenkräfte und Zauberei hilfreich zur Seite, wenn dieser sich in der Welt behaupten muss.

**Baugi:** altnordisch: „der Krumme". Im nachfolgenden Kapitel lasse ich ihn in die Fußstapfen seines von den Göttern erschlagenen Bruders Suttung treten, wobei seine Grausamkeit noch einen draufsetzt.

Während ich im Jahre 2008 erstmals die Umstände von Bragis Kindheit unter Tage sowie das schlimme Schicksal seiner Mutter Gunnlöd niederschrieb, beschlichen mich anfänglich Zweifel, damit der ein oder anderen Leserin, die selbst auf einen ähnlichen Missbrauch zurückblicken muss, vielleicht ein wenig zuviel zuzumuten. Doch als ein paar Monate später die Medien ausführlich über den Österreicher Josef Fritzl berichteten, der mehr als 20 Jahre lang seine eigene Tochter in einem hauseigenen Keller eingesperrt, missbraucht und das gleiche Schicksal auch seinen inzestuösen Kindern hatte angedeihen lassen, war mir klar, dass solche finstere Eigenarten beileibe keinen Einzelfall darstellen und nun mal leider im unseligen Erbgut der Menschheit verankert sind.

### 3. Der Sänger im Boot

**Elivagarströme:** Élivagar heißen nach Snorri die eisigen Flüsse, die aus der Quelle Hvergelmir in die Urschlucht Ginungagap flossen. Als ihre giftigen Reiftropfen mit der Hitze aus Muspelheim zusammentrafen, entstand das erste organische Leben. Diese Flüsse sollen auch die Welt der Götter von jener der Riesen trennen. Elf davon zählt Snorri in der Edda mit Namen auf.

### 4. Bragi Boddason

**Bragi Boddason:** Eine Theorie lautet, dass es sich bei dem von Snorri in die Göttergemeinschaft der Asen mit aufgenommenen Bragi ursprünglich um den aus dem 9. Jh. ersten geschichtlich beurkundeten norwegischen Skalden Bragi Boddason gehandelt habe, der nach seinem Tod zur Verherrlichung seines Standes/Werkes unter die Asen versetzt worden sei. Jener Bragi „inn gamli" (der Ältere) gilt als der älteste nachweisbare Skalde überhaupt. Mit Iduna, der Göttin der ewigen Jugend, wurde er möglicherweise erst von Snorri literarisch vermählt; worin sich das märchenhafte Motiv wiederfindet, dass Poesie und Dichtung den göttlichen Geist nicht nur beflügelt, sondern er sich hierdurch auch stets aufs Neue verjüngt. Ein Grund, warum Skalden und keltische Barden gewöhnlich alt und mit weißem Bart dargestellt wurden, ist in jener Aussage zu suchen, dass die Beredsamkeit die einzige Kunst ist, die erst im hohen Alter ihren Höhepunkt erreicht – und für mich einen schönen Abschluss meiner Geschichte darstellte.

**Skalde:** alnord. Bezeichnung für einen Dichter. Der Begriff Skalde wird ausschließlich mit der Skaldik in Verbindung gebracht, also der kunstvollen Dichtung in strenger, metrischer Form mit vielen Umschreibungen, den sogenannten Kenningar, die bis heute manchen Übersetzer zur Verzweiflung bringen. Jemand, der eine Saga (siehe hierzu auch weiter unten) erzählte oder niederschrieb, musste aber nicht zwingend ein Skalde sein, sondern nur halbwegs zusammenhängend eine Geschichte erzählen können.

**Kenning:** altnord. Plural: Kenningar. Poetische Umschreibungen von Begriffen in mehreren Wörtern, sowohl zahlreich in der Edda als auch der Skaldendichtung auftretend. Die Skalden vermieden, aller Dichtkunst gemäß, das Überdeutliche, das bei ihnen *ofljóst* hieß. Da die Kenningar manche Begriffe bewusst verschlüsseln, sind sie ohne die entsprechende Kenntnis der Mythologie nicht zu entziffern, was deutlich macht, dass das Studium der eigenen Sagen und Mythen für den Skalden eine seiner obersten Pflichten war. Weil uns heute zu manchen Kenningar keine entsprechenden Mythen mehr vorliegen, dienen sie zuweilen als zusätzliche Quellen.

**Zauberskalde:** Dichter, die nach dem Volksglauben mit besonderer magischer Macht begabt waren, nannte man im Norden kraftaskáld („Kraftdichter“) oder ákvaedaskáld („Zauberdichter“). Aus einigen Sagas sind uns solche Verse in Ansätzen noch überliefert, so z.B. in der bekannten Egils-Saga, in der sich dessen Fluchstrophen finden.

**Odin, der Dichtergott:** In der Ynglinga-Saga (Kap.6), der Heimskringla heißt es, Odin habe immer in Reimen gesprochen, und er und seine Tempelpriester hätten ljódasmidir („Liederschmiede“) geheißen, da die Skaldenkunst allein von ihm ausgegangen sei. Damit wurde die Dichtung, ebenso wie bei den Griechen oder Kelten, ihrem eigentlichen Wesen nach göttlicher Art und Abstammung.

**Galdr:** altnord. Bezeichnung für Zaubergesang. Galdr war ein fester Bestandteil altskandinavischen Schamanentums. Relativ ausführlich berichtet die *Eireks-Saga* darüber, in der eine alte Völwa zur Unterstützung ihrer zu treffenden Weissagung ein solches Zauberlied durch eine junge Frau vortragen lässt. Rudolf Simek weist in seinem Lexikon auf die Verwandtschaft des Wortes galan („singen/zwitschern“) hin, was bekräftigt, dass es sich bei Galdr um eine Art Gesang handelte.

**Skáldskaparmál:** „Lehre von der Dichtkunst, Poetik der skaldischen Dichtung“. Der zweite Abschnitt der Snorra-Edda gibt einige Auskünfte zum Studium der einstigen Skaldendichtung.

**Skaldendichtung:** wird normalerweise jener Teil altnord. gebundener Dichtung bezeichnet, welcher sich im Gegensatz zur anonymen Eddadichtung mit der Person eines bestimmten Dichters (Skalden) verbinden lässt. Rudolf Simek bemerkt hierzu in seinem Lexikon weiter: „Für die Mythologie des germ. Nordens ist die Skaldendichtung aus zwei Gründen sehr wichtig: erstens verwenden die Skalden für die Kenningar gerne mythologische Bilder, die für uns oft die einzigen Hinweise auf sonst nicht oder nur anders überlieferte Mythen des heidnischen Skandinaviens sind. Zweitens sind neben Runeninschriften die skaldischen Gedichte die ältesten datierbaren literarischen Quellen, welche durch die meist historisch fixierbaren Personen der Skalden in einen frühzeitlichen Abschnitt eingeordnet werden können.“

**Sága:** oder Saga ist eine Göttin, die in den *Grimnismál* der Edda kurz erwähnt wird. Ihr Saal nennt sich Sökkvabekkr („gesunkene Bank“, „Sturzbach“ oder „Schatzbank“), der von kühlen Wasserfluten durchströmt wird. Dort soll Sága häufig mit Odin sitzen und „aus goldenen Schalen alte Weisheit trinken“. Je nach Etymologie wird sie als Göttin der Sagen und Geschichten oder als Seherin gedeutet. Da Frigg, die Frau Odins in Fensalir („Sumpfsääle“) wohnt, könnte die in Sökkvabekkr wohnende Sága mit ihr identisch sein. Leider geben auch andere Erwähnungen ihres Namens in der Skaldik keinerlei weiteren Aufschluss über die Natur dieser möglichen Göttin.

Dem Isländischen Wörterbuch von Cleasby und Vigfusson ist zu entnehmen, dass der Eigenname Sága (sagen) von saga kommt. Dort heißt es weiter: „ Saga bedeutet eine Geschichte, Erzählung, Sage oder Historie. Das Wort selbst verdankt seinen Ursprung der Tatsache, dass erste historische Aufzeichnungen stets auf mündlicher Überlieferung basierten.“ Die Saga war also zunächst eine (gesagte) Erzählung, die der Schrift anvertraut worden war. Die so niedergelegte Geschichte musste nicht neu sein, sondern konnte schon lange Gestalt angenommen und viele Generationen hindurch erzählt worden sein. Geschichtenerzählen war eine der Vergnüglichkeiten bei Zusammenkünften auf Island, bei Festen, Hochzeiten oder Begräbnisfeiern. Dieser Zeitvertreib wird selbst für das isländische Althing erwähnt.

Damit bezeichnet der Begriff „saga“ (im Altnordischen wie heute) nicht automatisch „Sage“, sondern ist ein allgemeiner Begriff für jegliche Form von Erzählung (und natürlich auch für eine Sage.). Ein moderner isländischer Krimi ist demnach ebenso eine saga wie jede andere erzählende Literatur. Die weitaus meisten der altisländischen Sagas haben somit nichts mit dem zu tun, was wir Deutschen unter einer Sage verstehen, sondern sind zuweilen knallharte und realistische „Tatsachenberichte“ über Auseinandersetzungen, Blutrachevollzug und andere damalige Sippenfehden.

Einen Geschichtenerzähler nannte man einen **sagamaðr** (Saga-Mann), die Erzählerin war eine **sagakona** (Saga-Frau).

**Sága als nordische Muse:** Ich habe lange nachgeforscht, ob es im Altnordischen ein Wort oder einen vergleichbaren Begriff für das gab, was die Griechen meinten, wenn sie von ihren Musen sprachen. Die Musen waren die Töchter des Zeus und der Mnemosyne. Neun anmutige Schwestern, ursprünglich Schutzgöttinnen des dichterischen Gesangs, wie er von den griechischen Rhapsoden (Dichtern) gepflegt wurde. Traditionell wendeten sich die Rhapsoden angeblich für jedes neue Werk an ihre jeweilige Muse, um sich von ihr entsprechend inspirieren zu lassen. Nach und nach übertrugen sich dann die musischen Schutzfunktionen auch auf andere Gebiete und Künste. Gleichwohl natürlich nicht belegbar, erschien mir jene geheimnisvolle Göttin **Sága**, die in der Edda erwähnt wird, hierfür am ehesten in Frage zu kommen. Auch der Walküren wäre hier zu gedenken, bei denen vor allem aber der kriegerische Aspekt im Vordergrund stand.

### 5. Der gehängte Gott

**Ask und Embla:** Das erste Menschenpaar. Laut mythischer Herkunft aus einer Esche und einer Ulme geformt. Als die Götter Odin, Loki und Hönir ihre körperähnlichen Formen am Meerufer entdeckten, hauchten sie ihnen Lebenskraft und Geist ein, um mit ihnen darauf Midgard zu bevölkern.

### 8. Lebensleite

**Hel:** Die nordische Unterwelt- und Todesgöttin. Sie ist eine gemeinsame Tochter Lokis und der Riesin Angrboda und bekam von Odin die Herrschaft über das gleichnamige Totenreich Hel zugesprochen. Es heißt, dass zu ihr all jene kommen, die auf dem Bett den Strohtod finden, während die im Kampf gefallenen nach Asgard in Odins Walhall fahren.

### 10. Auf der Suche nach Bifröst

**Singende Melkerin:** Dass Kühe, wenn sie beim Melken von schöner Musik begleitet werden, mehr Milch geben, ist ein offenes Geheimnis und erfreut sich auch in heutigen Viehställen wieder zunehmender Beliebtheit. Die traditionelle Gepflogenheit, eine gute Sennerin früher nach ihrer Stimme auszusuchen, rührte aus der nachweislichen Erfahrung, dass der Gesang einer melodischen Stimme die Milch aus der Kuh reichhaltiger hervorlockt.

**Dwalins Zwang:** dem Alwislied nach bei den Zwergen eine Umschreibung für die Sonne, anspielend auf den für Alben tödlichen Umstand, dass sie im aufgehenden Sonnenlicht zu Stein erstarren müssen. In der Edda ist es der Donnergott Thor, der den Zwerg Alwis, nachdem dieser um die Hand von Thors Tochter wirbt, mit einer Reihe von Fragen so lange hinhält, bis der von der Sonne überrascht wird. Auch J.R.R.Tolkien nahm dieses Leitmotiv mit auf in seinen Roman vom kleinen Hobbit, in dem Gandalf drei Trolle bis zum Sonnenaufgang miteinander streiten lässt.

## 13. Bragis Verzagtheit

**Grabesfisch:** Dichterische Umschreibung für eine Schlange.

**Narstrand:** altnord. Náströnd, der Toten- oder Leichenstrand in der Unterwelt. Dort haust laut der Edda die schreckliche Niddhögschlange, auch als die Leichenkauerin bezeichnet. In ihrem Rachen landen alle Meineidigen, Mörder und Schwerverbrecher, die von ihr bis in alle Ewigkeit verdaut werden.

## 14. Siglind

**Stocksundet:** Das vormalige Stockholm, die Hauptstadt Schwedens. Der Ort, wo heute Stockholm steht, wird bereits vom isländischen Dichter und Sagenschreiber Snorri Sturluson (1179-1241) erwähnt: Er beschreibt eine Pfahlbarriere über die heutige Wasserstraße Norrström, die er *Stocksundet* nannte. Bei Ausgrabungen in den späten 1970er Jahren kamen tatsächlich Überreste von Wasserpfählen zum Vorschein, die aus dem 11. Jh. stammen. Außerdem wird von Snorri ein Befestigungsturm aus dem 12. Jh. erwähnt, der an genau der Stelle gestanden haben soll, an der heute das königliche Schloss steht
In historischen Dokumenten (in der mittelalterlichen Erik-Chronik) ist von Stockholm erstmals 1252 die Rede. Dort steht, dass der Gründer Stockholms, der Regent Birger Jarl, um das Jahr 1250 eine Festung bauen wollte, um den Mälarsee vor Piratenplünderungen zu schützen.

## 15. Der Zwerg im Zwinger

**Garm:** ist der wolfsähnliche Wächterhund, der an der Grenze zum Totenreich lauert. Er haust in der Höhle Gnipahellir und empfängt jeden Neuankömmling mit lautem Gebell.

**16. Bragis Haupteslösung**

**Gastprostitution:** Bei einigen sogenannten primitiven Völkern war die Gastprostitution ein fester Bestandteil des Gastrechts. Diese Gepflogenheit beinhaltete, dass man dem Gast sein eigenes Bett anbot. Darin sich selbst oder, je nach Geschlecht und Ausrichtung, den Ehepartner oder den geschlechtlichen Nachwuchs. Was mitunter zu schwerwiegenden Missverständnissen führen konnte, vor allem dann, wenn der Gast ablehnte, womit er den Gastgeber beleidigte. Eine Sitte, die dazu beitrug, dass sich das Blut innerhalb bestehender Sippenstrukturen weiter vermischen konnte.

**Haupteslösung:** Wenn Skalden oder Dichter in Gefangenschaft gerieten, konnten sie sich durch vortragen eines ausschmückenden Preisliedes (altnor. Drápa) manchmal ihr Leben erkaufen. Haupteslösung ist in der altnordischen Literatur mehrfach belegt. Als Vorgabe für dieses Kapitel diente mir eine kurze Erwähnung in der isländischen *Egils Sage.* Dort rät ein Mann Namens Arinbjörn dem in Not, weil in königliche Haft geratenen, Helden Egil Skalla-Grimsson, ein Preislied auf König Eirik zu verfassen. An dieser Stelle berichtet Arinbjörn, wie sein Verwandter, Bragi Boddason der Ältere, einst durch einen zwanzigzeiligen Lobreim auf den Schwedenkönig Björn, dessen Zorn er sich zugezogen hatte, seinen Kopf habe retten können.

Die Entscheidung, diese Drápa von immerhin 20 Versen (wie sie auch die *Egils Sage* wiedergibt) auf gerade mal 10 Verse zu begrenzen, traf ich, um den Fluss des ohnehin recht langen Kapitels nicht noch mehr in die Länge zu ziehen.

Hier nachfolgend nun die Erklärungen der Kenningar zu Bragis vorgetragener Drápa:

**Schwertfeuers tapferen Schwinger** = Kriegsheld

**Wellenross** = Langschiff

**hungrig schieden da Ägirs Töchter** = Ägirs Töchter sind die gleichen Wogenweiber, die bereits im 3. Kapitel auftauchten, in dem sie ebenfalls mit leeren Händen davonziehen müssen. Neun Töchter sind es insgesamt, die Ägir, der Meeresriese, gemeinsam mit Ran zeugte.

**Pferdebäume Häupter** = die Schiffssteven, die oft mit geschnitzten Tierköpfen versehen waren.

**des blasenden Riesen Mundhauchs Bezwinger** = sind die entfesselten Sturmwinde, über die der Seemann triumphiert.

**Verteilte glanzvolle Ringe an den Gott der Gehängten** = das erbeutete Gold wurde dem Odin geopfert.

**Schwerttau** = Blut

**gemästet mancher Aar im roten Gezweig** = Manche Stämme hängten die Leichen der erschlagenen Feinde zu Ehren ihrer Götter in Bäume. Diese sogenannten „Fleischbäume", von denen das Blut an den Zweigen herunterlief, waren bei Adlern, Raben und Wölfen entsprechend beliebt, die sich an den Leichen gütlich taten.

**Führer der Schlange** = Der Kapitän des Drachenschiffes

**Armschlangengeber** = großzügiger Verteiler von goldenen Ringen und Armreifen, die sich wie Schlangen um Finger und Arme winden. Wollte ein Führer etwas gelten, war seine Freigebigkeit ein wichtiger Gradmesser für seine Beliebtheit bei seinen Untertanen.

**Mehrer von Frodis glänzendem Mehl** = Umschreibung für Gold in Anspielung auf das Eddalied von Grottis Zaubermühle (Grottasöngr), in dem zwei Riesinnen einem Schwedenkönig Namens Frodi aus einer Zaubermühle anstatt Mehl Gold hervormahlen mussten, wodurch das Mehl zu einem Kennig für Gold wurde.

**Draupnirs Hagel und Freyjas güldene Zähren** = weitere Kenningar für Gold. Von Odins Ring Draupnir tropfen alle 9 Nächte 8 gleichschwere Goldringe ab, wobei mit Freyjas Tränen vermutlich Bernstein gemeint ist. Diese vergoss sie auf der Suche nach ihrem ersten Gatten Odur, nachdem dieser sie verlassen hatte.

**von Sols Lidern gepriesen** = von den Augen der Sonne geliebt bzw. beschienen. Mit dieser Zeile versichert Bragi dem König, dass er niemals Ansprüche oder Hoffnungen auf Siglind erhoben hat, die ja einem anderen versprochen ist.

**Sprossende Linde des Lauchs** = Björns noch heranwachsende Tochter Siglind. In nordischen Sagen werden anmutige Frauen ebenso wie kräftige Helden häufig mit Lauch in Verbindung gebracht bzw. mit selbiger Pflanze verglichen, was wohl im nahen Zusammenhang mit dem schnellen und geradlinigen Wachstum von Lauch stand, das sich wegen seiner innewohnenden Vitalsäfte großer Beliebtheit erfreute.

### 17. Lümmeljahre

**Muspelheim:** Die Welt aus ewigem Feuer und Rauch, in der die Feuerriesen leben. Surt, der Schwarze, ist ihr mächtiger Herrscher. Er wird zu Ragnarök die alte Welt mit seinem Feuer überziehen.

### 18. Eiszeit

**Fimbulwinter:** Der strenge, drei Jahre andauernde Winter, der Ragnarök vorausgeht und mit solchen Begriffen wie „Wolfszeit“ oder „Schwertzeit“ assoziiert wird.

### 19. Olga, die Tänzerin

**Mamluk:** veraltete Bezeichnung für Sklaven in arabischen Ländern. In dem Reisebericht des Arabers Ibn Fadlan, der eine Seereise von Bagdad zu den Bulgaren im Jahre 921 aufzeichnete, finden sich einige interessante Hinweise auf das Verhalten und die Bräuche einer Gruppe von „Rus“, die als Waräger (besser bekannt als Wikinger) an einem Ufergebiet der Wolga seinen Weg kreuzten. Dort trieben die Seefahrer aus dem hohen Norden regen Handel mit Sklaven und anderen Waren, die sie zuvor auf ihren Raubzügen erbeutet hatten. Der recht bekannte Hollywood-Film „Der 13. Krieger“ schöpfte einen Teil seines Inhalts aus diesen Aufzeichnungen, der zusätzlich mit Motiven aus der Beowulf-Sage vermischt wurde.

**Seifenherstellung:** Bereits die alten Sumerer wussten, dass in Wasser gelöste Asche von Pflanzen Lauge ergibt, und fanden die Wirkung dieser Lösung auf Fett und Öle heraus. Auf diese Weise begründeten sie das Geheimnis der Seifenherstellung. Sie verkochten Fett und Lauge und erhielten Seife in einer sehr reinen Form.

### 21. Bragis Ode an die Liebe

**Mani:** ist die personifizierte Gestalt des Mondes, der als Wagenlenker mit einem leuchtenden Gespann die Welt umkreist. Allgemein richtete sich die Zeitrechnung der germanischen Völker nach dem Monde, und nicht, wie heute üblich, nach der Sonne. Deren Name lautet Sol oder auch Sunna und sie ist die Schwester Manis.

**Frille:** Eine Frille war eine Nebenfrau (Konkubine), die sich der Hausherr, sofern er es sich leisten und erlauben konnte, neben seiner regulären Ehefrau hielt. Während die Ehefrau mit allen ihr zur Verfügung stehenden Rechten ausgestattet war, hatten bspw. die mit einer Frille gezeugten Kinder kein Anrecht auf das Erbe ihres Vaters, es sei denn, dass dieser es ihnen zusprach.
Das altnordische Wort „frilla“ steht in enger Verbindung mit dem Wort „friedel“ von althochd. Friudil (Geliebte(r). Eine Friedelfrau bezeichnete im Mittelalter ebenso eine Nebenfrau.

Die Island-Sagas bezeichnen ca. 50 namentlich genannte Frauen als Frillen, doch ist im Einzelnen schwer nachweisbar, ob diese Verhältnisse stets neben aufrechten Ehen bestanden. Ebenso konnte wohl auch ein Witwer ein neues Verhältnis haben, dessen Geliebte dann als frilla galt. Mehrfach werden dort kriegsgefangene Frauen adliger Herkunft, die später von sozial hochstehenden Männern an ihrem Hof gehalten wurden, als Frilla bezeichnet. Frilla bedeutet aber nicht immer automatisch eine Nebenfrau, sondern meist eine Frau, von der man sich ohne vermögensrechtliche Probleme wieder trennen konnte.

### 22. Der Verrat:

**Hacksilber:** In Zeiten, in denen es keine einheitlichen Zahlungsmittel gab und geprägte Münzen kaum im Umlauf waren, behalfen sich die Menschen damit, dass sie vom Silber(-Schmuck) entsprechend schwere Teile abschnitten bzw. abhackten, das dann abgewogen wurde.

### 26. An König Hakons Hof:

**Trondheim:** Norwegens Königssitz. Offiziell wurde Trondheim im Jahre 997 von König Olav I. Tryggvason gegründet, gleichwohl bekannt ist, dass kleinere Siedlungen auch vorher schon existierten, bevor die Stadt von christlichen Schreibern erstmalig urkundlich erwähnt wurde. Anschließend war die Stadt Sitz des Königs und hierdurch Hauptstadt Norwegens. Um das Jahr 1000 soll Leif Erikson, der Entdekker Amerikas, ein Jahr lang als Mitglied der Leibwache König Olavs in Thronheim gelebt haben.

Da Bragi Boddason, der Alte, im 9. Jahrhundert gelebt haben soll, ist in meiner Geschichte Hakon der König von Trondheim, da König Olav Tryggvason zu diesem Zeitpunkt noch gar nicht geboren war.

**Ragnarsdrápa:** Als Bragi Boddasons einziges gesichertes Werk gilt die *Ragnarsdrápa*, die gleichzeitig das älteste erhaltene Werk skaldischer Dichtung darstellt. Sie wurde von Bragi über einen ihm vom Fürsten Ragnar geschenkten Prunkschild verfasst, um hierdurch seinen Geber zu ehren, wodurch sie bis heute zu den sogenannten Schildgedichten gezählt wird. Vier Szenen des geschenkten Schildes werden beschrieben, die entweder geschnitzt und koloriert, oder nur aufgemalt waren. Eine der Szenen enthielt den Kampf von Thor mit der Midgardschlange. Auffallend ist bei der *Ragnarsdrápa*, dass die meisten Stilmittel, vor allem die Kenningar, bereits auf meisterliche Art eingesetzt waren, was darauf schließen lässt, dass die Skaldik sich zu jenem Zeitpunkt, sowohl in metrischer wie auch sprachlicher Hinsicht, bereits über einen längeren Zeitraum hinaus entwickelt hatte.

**Wyrd:** oder auch Wurd, angelsächsische Bezeichnung für das Schicksal(-Netz), entspricht in etwa dem Verständnis vom Begriff des festgelegten Karmas.

## 28. Der Sängerwettstreit

**Vom Regen in die Traufe kommen:** ein nicht mehr allzu gängiges Sprichwort. Traufe bezeichnet die untere waagerechte Dachkante, heutzutage üblicherweise mit einer Regenrinne versehen. Das Sprichwort meint damit im übertragenden Sinne, von einer üblen in eine noch schlimmere Lage zu geraten. Von Traufe leitet sich auch das Wort „träufeln“ bzw. „(ab-)tropfen“ her.

**Marketenderin:** Bis ins späte Mittelalter noch gebräuchliche Bezeichnung für fahrende (und oft auch unverheiratete) Frauen, die sich ihren Lebensunterhalt mit Kräutern, Arzneien oder anderen hilfreichen Diensten bestritten.

## 29. Ein später Gast

**Hrafnar Borson:** „Hrafnagud“ weist Odin als „Rabengott“ aus. Einer der zahlreichen Decknamen des Göttervaters, wie diese zahlreich in der Edda aufgeführt sind. Borson, also Sohn des Bor, nennt sich Odin nach seinem Vater, einem Riesen.

**Der Odinsritt** durch die Lüfte ist ein beliebtes Sagenmotiv. Der Einäugige taucht recht unerwartet auf und nimmt seinen Schützling zu sich aufs Pferd hinauf, worauf die Reise durch die Lüfte geht. So wiederfährt es z.B. dem nordischen Helden Hadding, der von Odin/Wodan auf den Rücken seines Rosses gezogen und in dessen Mantel gehüllt wird. Hadding, ängstlich durch eine Öffnung des Gewandes hindurchblickend, erkennt staunend, wie die stürmische Fahrt übers Meer geht. Heute weithin bekanntestes Motiv ist die Novelle vom Schimmelreiter oder die Sage vom Erlkönig.

## 33. Iduna

**Iduna** oder Idun (altnord. „die Verjüngende"). Die Gattin Bragis und Hüterin der goldenen Äpfel. Snorri zählt sie in seiner Edda unter den Asinen auf und als ihr Vater wird der Zwerg Iwaldi genannt. Es gibt keinerlei Anzeichen dafür, dass Iduna zu irgendeinem Zeitpunkt an irgendeinem Ort eine Volksgöttin gewesen ist oder ihr ein Kult geweiht gewesen wäre. Gleich ihrem Gatten scheint sie gänzlich eine Schöpfung der Skaldendichtung, in der sie lebendig wurde. Iduna, die ewig Verjüngende, ist sicherlich nicht zufällig an Bragis Seite gestellt, wo sie als eine Art jugendliche Muse seit jeher Gesang und Dichtung zeitlos neu erblühen lässt.

Ein ähnliches Bild malt die griechische Mythologie über den geheimen Garten der Himmelsmutter Hera. Dort wachen die drei grazilen Hesperiden-Töchter über die goldenen Äpfel der Unsterblichkeit, von denen einige zu rauben einmal dem Helden Herakles aufgetragen wird. Möglicherweise hat diese antike Sage einst sogar als Vorbild für Idunas Wirken/Walten hergehalten. Wir wissen es nicht.

Mit dem Vorwurf, Iduna habe ihre Schenkel um den Mörder ihres Bruders geschlungen, beschuldigt Loki die Göttin in der 17. Strophe seiner Spottreden (*Lokasenna*). Ob Loki damit ihren Gatten Bragi dieses Mordes bezichtigt oder aber sich hierdurch möglicherweise selbst als Täter preisgibt, wird nicht ersichtlich. Vielleicht aber liegt in der *Lokasenna* auch eine Verwechslung vor. Wissen wir doch aus dem Skirnirlied (*Skirnismàl*), dass es die Riesin Gerda ist, die mit Freyr (Skirnir im übertragenen Sinne als ausgelagerter Wesenszug Freyrs) den Mörder ihres Bruders umarmt und darauf ehelicht. Für mich ergab sich aus diesem Vorwurf die Idee, Bragi ungewollt einen indirekten Totschlag an jenem Zwerg begehen zu lassen, der ihm im 10. Kapitel seine Leier zu entwenden sucht und schließlich von der Morgensonne in Stein verwandelt wird.

Lokis Vorwurf, Iduna sei die mannstollste von allen, kommt aufgrund ihrer uns durch die Edda überlieferten Stellung, die eher an eine jungfräuliche Priesterin gemahnt, freilich recht unglaubwürdig daher. Darf doch nicht vergessen werden, dass bei der Niederschrift der Edda christliche Einflüsse bereits vorhanden waren. Besonders die *Lokasenna* mutet stellenweise wie eine Götterschelte an, mit der christliche Mönche bereits versuchten, die heidnischen Götter der Lächerlichkeit preiszugeben. Ihre Waffe gegen Aberglauben und heidnischen Götzendienst war das geschriebene Wort. Insofern klingt Lokis Vorwurf der Unkeuschheit an die gesamte Damenwelt nicht gerade originell, wenn wir z.B. zur keltischen Mythologie hinblicken, in der junge Damen aus der Anderswelt Helden und Königen Äpfel oder Apfelzweige überreichen und sie unter der Versprechung glückseliger und sexueller Freuden in ihre Welt zu locken versuchen. Auch hierin lassen sich ältere Züge eines einstigen Sakralkönigtums entdecken, in dem der heilige König am Ende seiner Regierungszeit von der Hohepriesterin mit einem Liebes- bzw. vergifteten Apfel in den Tod gelockt wurde. Der „Apfel der Unsterblichkeit" als ältestes Liebessymbol, dessen Überreichung und Genuss gleichzeitig irdischen Tod wie ewiges Leben im Paradies (Avalon) versprach.

**Glasir:** atnord: „der Glänzende" nennt Snorri in der Edda einen goldenen Hain, der vor den Toren Walhalls liegt. Zwar wird nirgendwo erwähnt, dass es sich bei Glasir um Idunas Apfelgarten handelt, doch schien mir der Name hierfür schlüssig. Vor allem, da das altnord. Wort Glasisvellir („die glänzenden Gefilde") ein paradiesartiges Reich im Jenseits bezeichnet, das einigen nordischen Sagen zufolge von dem sagenhaften König Gudmundr regiert wird. An anderer Stelle (Helgakvida Hjörvardssonar 1; Edda), wird mit Glasislundr („glänzender Hain") jener Ort angegeben, in dem König Hjörvard wohnt.

**Sol:** die personifizierte Sonnengöttin. Eine Dame, die auf einem leuchtenden Wagen die feurige Himmelsscheibe über das Firmament zieht. Im Deutschen lautet ihr Name Sunna.

**Nott:** oder auch Nött („Nacht") die personifizierte Göttin der Nacht, welche die Ägypter mit Nuit bezeichneten. Die Edda nennt drei ihrer Gatten: Naglfari, Annar und schließlich Dellingr, der aus dem Geschlecht der Asen stammt. Mit letzterem zeugt sie den Sohn Dagr („Tag"). Laut Snorri reitet Nott auf dem Pferd Hrimfaxi über den Sternenhimmel, und in der Frühe des anbrechenden Tages betaut sie die Erde mit dem vom Biss tropfenden Schaum ihres Reittieres.

**Bragi-Becher:** altnord. Bragfull (etwa „Häuptlins-Becher") wurde laut Snorri beim Festmahl oder Blot jener Becher genannt, mit dem man auf die Götter anstieß, bevor man auf die Verstorbenen trank (minni).